"十二五"国家重点出版物出版规划项目

中国海员史

(现代部分)

交通运输部海事局 编

人民交通出版社股份有限公司
China Communications Press Co.,Ltd.

内 容 提 要

《中国海员史》(现代部分)叙述了自中华人民共和国成立至2010年中国海员队伍的组建、发展情况及相关背景,不同时期海员队伍的结构性变化和职业发展方向,以及海员工资待遇、生活状况、劳动权益和社会保障等方面;记录了海员管理体制的发展完善过程,揭示了海员职业发展与科学管理之间的关系,分析了我国加入STOW公约对海员管理制度体系的建立和海员职业发展的历史意义;阐述了航海教育的发展情况,并探讨了国际化视角下航海教育的发展方向;展示了中国当代海员在国家航运事业发展中的不朽功绩,突出了他们建设海运强国的先锋队和主力军地位,描绘了其群体和个体的光辉形象,弘扬了他们热爱航海、甘于奉献的职业精神。

图书在版编目(CIP)数据

中国海员史. 现代部分 / 交通运输部海事局编. —北京:人民交通出版社股份有限公司, 2019.4
ISBN 978-7-114-14995-5

Ⅰ. ①中… Ⅱ. ①交… Ⅲ. ①海员—工作—历史—中国—现代 Ⅳ. ①U676.2

中国版本图书馆 CIP 数据核字(2019)第 037645 号

Zhongguo Haiyuan Shi
书　　　名:中国海员史(现代部分)
著　作　者:交通运输部海事局
责任编辑:陈　鹏
责任校对:张　贺
责任印制:张　凯
出版发行:人民交通出版社股份有限公司
地　　　址:(100011)北京市朝阳区安定门外外馆斜街 3 号
网　　　址:http://www.ccpress.com.cn
销售电话:(010)59757973
总 经 销:人民交通出版社股份有限公司发行部
经　　　销:各地新华书店
印　　　刷:北京印匠彩色印刷有限公司
开　　　本:880×1230　1/16
印　　　张:30.5
字　　　数:741 千
版　　　次:2019 年 4 月　第 1 版
印　　　次:2019 年 4 月　第 1 次印刷
书　　　号:ISBN 978-7-114-14995-5
定　　　价:180.00 元

(有印刷、装订质量问题的图书由本公司负责调换)

一、新中国海员的社会贡献

▲ 招商局"飞虹"轮运送解放军渡江作战

▲ 1951年1月,中国海员工会主办的《中国海员报》号召海员们积极参加解放海南岛的宣传画

▸ 霍英东船队的主力之一"黑猫"号，在朝鲜战争期间为新中国运输物资，遭遇港英水警和工商署缉私船的武力追捕

▸ 1949年4月13日，装运国民党伞兵三团的招商局"中102"登陆艇，在由上海开往神州途中，船员们积极配合该完备起义，调头北上，于4月15日抵达连云港，宣布起义

▲ 1949年9月28日，招商局"海辽"轮起义全体船员。该轮是招商局在中国共产党地下组织直接领导的第一艘海轮起义船

▶ 1950年7月,招商局"民302"轮起义的船员合影。该轮获交通部授予"起义先锋船"光荣称号

▲ 原招商局起义船员40周年纪念合影

◀ 招商局机构支援解放军前线战斗,参与运送兵员和军需物资的任务

▲ 香港海员积极报名，协助新中国恢复海上运输

▲ 香港海员积极参加支前运输

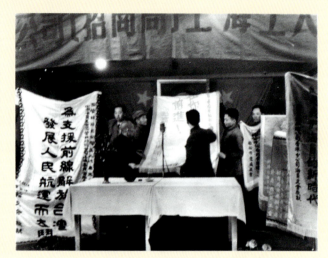

▲ 召开招商局支援前线海员工人大会

▲ 招商局驻船军代表整风学习班结业典礼

▲ 招商局海员训练班开学典礼。海员们在"割尾巴"运动中,纷纷将解放前的证书和徽章上缴销毁,表达重获新生的愿望

◀ 上海海运局职工代表会议

▶ 工会将《爱国公约》列入海员政治学习

▲ 烟台救捞局在大连港外整体打捞"汉阴"轮

◀ 广州救捞局在西沙浪花礁成功救助美国籍搁浅集装箱轮"美狮"号

▶ 1961年4月,新中国第一家远洋运输企业——中远广州分公司隆重举行成立大会暨"光华"轮首航典礼

◀ 欢送"光华"轮首航，前往印尼接侨

▶ "光华"轮上的新中国第一批女海员

◀ 远洋船舶承担了大批国家建设重要设备的进口和大件设备出口运输任务

◀ "大丹霞"轮在南通装载大型驳船

◀ 两伊战争炮火中的"阳春"轮

▶ 曾赴南沙群岛参加国防建设的"红河口"轮

◀ 黑龙江冰上客运口岸

▶ 黑龙江内河客运口岸

▲ 1993年9月,"银河"轮船员面对美国飞机、军舰的恫吓骚扰,表现出大无畏的英雄主义精神,受到邹家华副总理等国家领导人的接见

▲ 开通台湾海峡直航航线的"红旗121"轮

▲ 我国第一艘液化石油气船

▲ "渤海晶珠"轮滚装船

▲ 我国第一艘2000吨级以上大型小水线面双体船(SWATH)，也是我国第一艘小水线面综合科学考察船

◀ "科学"号上的科考队员和船员在安装深海潜标

◀ 船员和科考队员正在风雨中齐心协力进行科考作业

◀ 海洋石油开发现场

◀ 中国半潜船为俄罗斯运送核潜艇

二、船员教育与培训

◀ 学员正在进行海图作业

◀学员正在驾驶台学习

▲船员进行艇筏操练

▲船员进行海上求救训练

▲ 船员开展消防学习

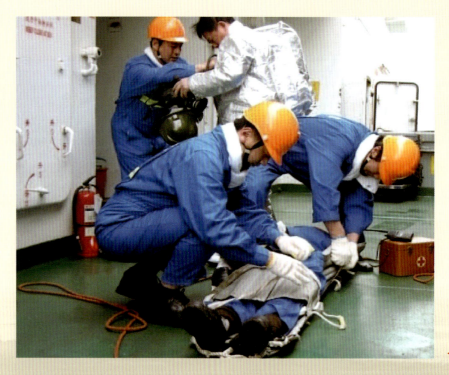

◀ 船员在进行船上急救训练

◀ 船员在进行海上求生训练

▶ 船员在进行船上防海盗学习

◀ 船员在进行钳工训练

三、船员考试发证及船员管理

▲ 参加船员适任证书理论考试

◀ 开展船员训练实操考试

▶ 船员正在模拟实操考试

◀ 船员正在进行实操考试

▶ 进行船上培训实操考试

▶ "船员条例"宣贯大会

◀ 研究船员航线考试方案

▲ 中国海事局在广州召开"内河船舶船员适任考试和发证规则"配套规定研讨会

◀ 为配合新规则实施,中国海事局研发"内河船舶船员信息管理系统"

▶ 2010年,中国海事局召开全国船员管理座谈会

▶ 2005年,鲜销船船员交接仪式

四、新中国成立后船员证件的历次变化

▲ 20世纪50年代的各等级职务轮船船员证书

 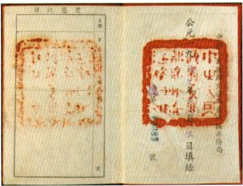 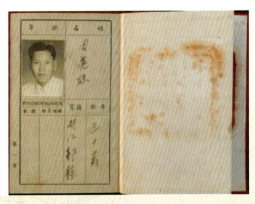

▲ 20世纪50年代由上海区、广州区港务局颁发的海员手册

▲ 1963版轮船船员证书

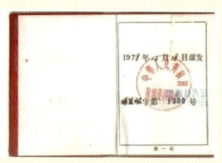

▲ 20世纪70年代的海员手册

▲ 20世纪70年代改版后的轮船船员证书

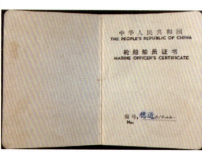

▲ 1979年后的远洋（近洋）、沿海（内河）船员证书

▲ 20世纪80年代的部分船员专业训练合格证

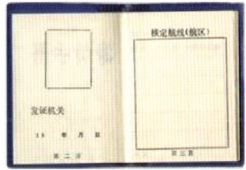

▲ 20世纪80年代的海员手册

D类

A类

B类

C类

◀ 1987版的A类（远洋）、B类（沿海）、C类（近岸）、D类（近洋）船员适任证书

▶ 从1985版到2008版，船员服务簿的改版变化

21

▲ 1992版内河船员适任证书

甲类

乙类

丙类

丁类

GMDSS

▲ 1997版海船船员各类别适任证书

◀ 1997版船员专业培训合格证和特殊培训合格证

1979版引航员证书

1997版引航员证书

2008版引航员证书

2008版引航员服务簿

▲ 引航员证书的变化情况

▲ 部分海员证的历次改版变化情况

五、船员履约及国际合作与交流

▲ 召开"STCW78/95"公约履约报告审定会

▲ 1998年3月，国际海事组织第一个由澳大利亚、美国、挪威、日本和新加坡等国专家组成的评审组，在日本东京对"中国履行STCW公约报告"进行评审。图为与中国履约答疑小组代表的合影

▶ 2003年，组织我国第一次履约独立评价报告研讨

◀ 2005年，我国代表参加国际劳工组织海事大会

▲2005年，赴印度参加"海上保安培训研讨会"论坛

◀2006年，在深圳举办国际海事论坛

▶2006年，经船员培训发证委员会研究，向IMO STCW38次会议提交"关于修改STCW公约附则及STCW规则相关条款的建议"和"关于GMDSS操作员适任情况的调查报告"两个提案

▶ 2009年11月在广州召开船员分委会会议,讨论提交STCW第41次会议预案

▲ 2010年,与IMO在上海举办亚太地区"STCW公约"马尼拉修正案研讨班,中国海事局郑和平副局长在"STCW公约"马尼拉修正案亚太地区培训研讨会上讲话

▲ 2010与IMO在上海举办亚太地区"STCW公约"马尼拉修正案研讨班,40余名各国专家代表参加,其中我国10余名代表参加了培训研讨

六、参与南极科考

◀ 1984年10月，中国南极考察编队成立，11月20日，"向阳红10号"科学考察船和海军"J121"打捞救生船，从上海首赴南极洲，开辟南极新航线的处女航

◀ "向阳红10号"全体船员在狂风巨浪中，坚守各自岗位，全力以赴抗风保船

◀ "向阳红10号"船长张志挺向全船发布紧急部署，指挥全体船员抗击风浪

▲ 南极编队利用南极风暴间隙，穿过德雷克海峡，于1984年12月26日，进入南极乔治王岛民防锚地

▲ 1984年12月30日，南极考察队员登岛，五星红旗第一次在南极洲飘扬。12月31日，南极洲考察队登上南极洲乔治王岛，考察测量地形

▲ 中国首次南极考察编队历时 142 天，总航程 26433.7 海里，开辟了一条从祖国到南极的新航线，在冰天雪地的南极完成了艰巨的任务，成功建立了一座中国的南极越冬考察站

七、护航编队部分

▲ 2008 年 12 月 26 日，中国海军首支护航编队从海南三亚起航。2009 年 1 月 6 日，中国海军首批护航编队抵达亚丁湾，开启了我国海军远洋护航之旅

▲ 为有力配合我海军远洋护航行动，中国远洋船长负责中国军舰上的对外沟通、联络、翻译和制订护航方案等工作

▲ 中国海军护航编队确保了被护船舶和人员安全，以实际行动赢得了国际社会的广泛赞誉

《中国海事史籍丛书》编纂委员会

主 任 委 员	许如清	陈爱平					
副主任委员	王泽龙	刘福生	寿　涛	李世新	李宏印	李　青	李青平
	李国祥	杨新宅	张双喜	陆鼎良	陈毕伍	林　波	郑和平
	徐国毅	徐俊池	徐津津	黄　何	曹德胜	梁建伟	智广路
	翟久刚						
顾　　问	刘功臣	何建中	沈志成	林玉乃	洪善祥	徐祖远	黄先耀
	梁晓安						
委　　员	马　军	马道玖	王士锋	王　勇	王　路	王　磊	邢士占
	曲义江	孙大斌	李大泽	李光辉	李欣元	李剑雄	李恩洪
	杨　文	杨　春	杨晓林	杨善利	邱　铭	宋永强	张九新
	张吉庆	陆卫东	陈德丽	林　浦	季求知	郝立志	胡锡润
	聂乾震	贾　琪	柴进柱	徐新中	曹　玉	鄂海亮	崔景波
	葛仁义	葛同林	董乐义	蒋青扬	韩　伟	程俊康	曾　晖
	谢笑红	谢　辉	鲍郁峰	戴厚兴			

办 公 室

主 任 张双喜 郑和平 徐津津

成 员 于树海 王如政 王志贤 王宝宏 邓少彪 田为民
白 刚 宁 波 曲义江 朱可欣 孙大斌 苏本征
杜国光 李文华 李恩洪 李雪松 杨善利 吴克彪
邱 铭 宋永强 张九新 张志刚 张显平 张重阳
陆立明 陈永忠 陈洪国 周 旻 赵凤龙 胡 伟
段彦仁 钱 闵 徐斌胜 徐新中 曹 鹰 鄂海亮
梁 军 葛同林 韩杰祥 曾 晖 戴厚兴

(注:人员依姓氏笔画排名)

《中国海员史》编纂委员会

主 任 委 员 郑和平

副主任委员 梁建伟　陈毕伍

顾　　　问 卓东明　孙　继　孙光圻　王　娟　朱临庆　林文正
　　　　　　　吴昌世　朱锦昌　林天琪　李景森　龚　鎏　袁明钊
　　　　　　　王安翔　唐　越　沈邦根　杨懋修　刘国基

委　　　员 杨　文　林　浦　陈　鹏　芦庆丰　宋　溱　李忠华
　　　　　　　李恩洪　葛同林　孙大斌　朱可欣　王玉洋　修　建
　　　　　　　章少平　郑乃龙　梁　军　李雪松　陈永忠　张显平
　　　　　　　毛洪鑫　魏　薇　潘新祥　康盛忠　李志伟　郭　树

办　公　室

　　主　任 杨　文　林　浦

　　副主任 张显平　陈永忠　李雪松

　　成　员 白桂芳　冯小萍　劳　声　伍倩莹　贺文明

评　审　组

　　组　长 芦庆丰

　　组　员 陈　鹏　李忠华　申春生　杨　哲　陈　煜
　　　　　　　刘建军　钱　闵　谭　鸿　韩亚楠　张征宇
　　　　　　　司徒尚纪　陈　鹏(交通出版社)　孙　波
　　　　　　　杨　波　吴　裘　龚艳平　杨新标　王　雷
　　　　　　　张海蓁　杨开强

编 写 组
  主　　编　韩　庆　逄文昱
  副 主 编　白桂芳　冯小萍
  参编人员　劳　声　伍倩莹　于仁海

前　言

中华民族有着悠久的航海历史和灿烂的航海文明，从汉唐远洋航路的开辟，到宋元海上丝路的繁荣，再到明清民间航海的勃兴，中华航海文明长期居于世界领先地位。虽然近代中国航运业一度衰落，但新中国成立后航海事业迅速恢复发展，短短几十年便重新跻身世界航运大国之列。如此辉煌功业的创造者属于一个古老而光荣的职业群体——中国海员。

然而，在以往的相关语境中，人们更多关注的是震古烁今的航海大事件和彪炳千秋的著名航海人物，从而有意无意地忽略了航海历史和文明的真正创造者——广大普通的中国海员。这不能不说是一种遗憾和不公。

而现在，我们终于有机会弥补这个千古遗憾和不公。2010年，交通运输部策划编写《中国水路交通史丛书》，《中国海员史》作为新增书目入列。借此机会，我们可以梳理一下中国海员的非凡历史，向世人展示这个职业群体存在的价值。

在漫长的职业发展过程中，中国海员以万死不辞的勇气、坚强不摧的意志和不断精进的技艺，万里梯航，乘风蹈海，发展航运贸易，开辟海上丝路，传播中华文明，展示中国力量。

他们是先进生产力的代表，在农业经济占据绝对主导地位的中国古代，他们为中国的发展顽强地保留了一种必要的选择；他们是社会变革的先锋力量，在近代民族主义革命中，他们毅然投身革命大潮，为世界反法西斯战争的胜利和新中国的建立立下不朽功勋；新中国诞生后，他们是海外华人的坚强依靠，每当我们的同胞生命和财产遭受威胁的危难之际，他们总是如保护神般及时出现；他们是中国联通世界的强韧纽带，作为"21世纪海上丝绸之路"上的光明使者，承载着中国对世界的责任和担当……

中国海员理应在史册上留下浓墨重彩的一笔。

当下，中国已是世界第一的海员大国，但却并不是公认的海运强国，这不能不让每个航海人略显尴尬。在建设海运强国的过程中，我们既要正视差距，又不可妄自菲薄，中华航海先民传承下来的宝贵精神已成为新一代中国海员的优秀基因。作为肩负着历史使命的当代航海人，我们有必要了解一下中国海员的发展历程，吸取成功的经验和失败的教训，接受中华航海文明的熏陶和滋养，树立职业自信心和自豪感。正如习近平主席在参观巴拿马运河新船闸与中远海运"玫瑰"轮船长通话时所说，希望你们善用巴拿马运河，不断优化物流运输,为促进国家航运事业和全球贸易繁荣作出更大贡献。[1]

回顾历史,让当代航海人豪情满怀:中国航海事业大有可为,海运强国指日可待,中国海员职业发展道路必将更加宽广。

编　者
2018 年 12 月

---

[1]《习近平和巴拿马总统巴雷拉共同参观巴拿马运河新船闸》,《人民日报》2018 年 12 月 05 日 01 版。

凡 例

一、本书以辩证唯物主义和历史唯物主义为指导思想,坚持实事求是原则,力求完整、客观、准确地反映中国海员从1949年中华人民和国成立至2010年间的发展状况。

二、全书共分为4章,体裁以编年体为主,辅以纪事本末体,即以时为经,以事为纬。

三、由于事件、法规以及人物活动等具有延续性,因此可不局限于每章的分期时限内。

四、正文后附大事记,以方便读者阅读和检索正文。选取与海员管理相关的重要法律、法规、公约等作为附录,以方便读者参考。

五、本书提及的"海员"与"船员"非作特别说明均为泛指,即从事水上运输、救助、打捞、辅助、科考、公务、调查等各类船舶上工作的专职人员。书中按照行文需要与当时习惯使用"海员"或"船员"。

六、文字、标点符号和数字的用法均以国家出版物有关规定为准。

七、引用文献和对正文的解释说明一律采用页下注。

目 录

- 绪论 ·· (1)
  - 一、现代部分概述 ·· (1)
  - 二、主要研究成果 ·· (2)
- 第一章 新中国海员队伍的初建与发展(1949—1965年) ······························ (3)
  - 第一节 航运业恢复发展与海员队伍建设 ··· (3)
    - 一、恢复和开通航线 ··· (3)
    - 二、对旧航运业的改造和接管 ·· (8)
    - 三、新中国主要航运企业及船员队伍建设 ··· (15)
  - 第二节 海员管理逐步开展 ·· (26)
    - 一、航政管理体制的建立与调整 ·· (27)
    - 二、船员培训、考试与发证管理 ·· (30)
    - 三、海员权益保障 ·· (37)
    - 四、海员工会与内河船民协会的成立 ·· (39)
  - 第三节 新中国初期中国海员的社会贡献 ·· (43)
    - 一、海上支前运输 ·· (43)
    - 二、海员起义和船舶回归 ··· (50)
    - 三、突破封锁和禁运 ··· (57)
    - 四、全国物资调配运输 ·· (59)
    - 五、开辟远洋航线 ·· (63)
    - 六、恢复与开展引航事业 ··· (67)
  - 第四节 高、中等航海教育与海员培训的蓬勃开展 ································ (68)
    - 一、高等航海教育 ·· (68)
    - 二、中等航海教育 ·· (69)
    - 三、各航运企业自办船员培训 ··· (72)
- 第二章 中国海员的曲折发展(1966—1976年) ·· (75)
  - 第一节 动乱中的航运业及海员的发展状况 ··· (75)
    - 一、"文化大革命"运动对航运业及海员职业的影响 ··························· (75)
    - 二、主要航运企业和船员规模、构成及变化 ····································· (80)
  - 第二节 海员管理体制的变化 ··· (87)
    - 一、交通部航运管理体制变化 ··· (87)
    - 二、地方船员管理制度的变化 ··· (90)
    - 三、各航运公司海员管理的加强 ·· (91)
  - 第三节 "文化大革命"时期的航运及海员的贡献 ································· (96)
    - 一、远洋运输的发展和壮大 ·· (97)
    - 二、沿海航运的恢复和发展 ·· (99)
    - 三、内河航运生产的恢复和发展 ··· (104)

四、引航业务曲折发展 …………………………………………………………（109）
　第四节　远洋船员教育继续开展 …………………………………………………（111）
　　一、大连海运学院恢复招生培养远洋船员 ……………………………………（111）
　　二、中远公司在职培训与院校教育并举 ………………………………………（112）

第三章　中国海员的国际化发展(1977—1997年) …………………………………（117）
　第一节　改革开放给海员职业发展带来的历史机遇 ……………………………（117）
　　一、对外开放逐步深入 …………………………………………………………（117）
　　二、港口生产迅速发展 …………………………………………………………（120）
　　三、航运业全面发展 ……………………………………………………………（121）
　　四、远洋运输业实施国际化发展战略 …………………………………………（122）
　第二节　航运企业改革与船员结构变化 …………………………………………（125）
　　一、远洋运输体制变革与外派船员的出现 ……………………………………（125）
　　二、沿海航运企业变革 …………………………………………………………（138）
　　三、内河航运企业整顿与改革 …………………………………………………（145）
　第三节　我国加入"STCW78公约" ………………………………………………（154）
　　一、我国加入"STCW78公约"及公约生效 ……………………………………（154）
　　二、我国全面有效履行"STCW78/95公约" ……………………………………（156）
　　三、我国加入"STCW78/95公约"对海员发展的意义 …………………………（157）
　第四节　海员管理体系的建立 ……………………………………………………（159）
　　一、航政体制改革与船员管理法规体系的建立 ………………………………（159）
　　二、船员考试发证工作的开展 …………………………………………………（160）
　　三、船员培训管理工作的开展 …………………………………………………（171）
　　四、船员证件管理的规范化 ……………………………………………………（175）
　第五节　航运业的发展与海员的贡献 ……………………………………………（179）
　　一、远洋运输 ……………………………………………………………………（179）
　　二、沿海航运 ……………………………………………………………………（186）
　　三、内河航运 ……………………………………………………………………（193）
　　四、引航业务 ……………………………………………………………………（201）
　　五、改革开放时期中国海员的特殊贡献 ………………………………………（205）
　第六节　多层次、多种类航海教育体制的形成和完善 …………………………（206）
　　一、航海教育体系不断完善 ……………………………………………………（206）
　　二、建立质量管理体系 …………………………………………………………（209）
　　三、航运企业船员培训蓬勃开展 ………………………………………………（210）
　　四、航海高等教育改革与加快发展 ……………………………………………（214）

第四章　航运强国建设与中国海员的全面发展(1998—2010年) …………………（217）
　第一节　航运形势的新变化以及海员供需矛盾 …………………………………（217）
　　一、中国海运大国地位的形成 …………………………………………………（217）
　　二、国际金融危机对我国海运业的影响 ………………………………………（219）
　　三、海员供需矛盾突出 …………………………………………………………（221）
　第二节　海员管理机构的调整与法规建设 ………………………………………（222）
　　一、海员管理机构的调整 ………………………………………………………（222）

二、船员法规体系的进一步完善 …………………………………………………（224）
三、海船船员考试发证规则的调整 ………………………………………………（228）
四、内河船员考试发证规则的出台和完善 ………………………………………（231）
五、船员管理各项业务的实施 ……………………………………………………（232）
六、国际合作与交流 ………………………………………………………………（251）
七、与香港海事处的联系 …………………………………………………………（252）

第三节 航运企业船员管理 ……………………………………………………………（252）
一、建立船员基地 …………………………………………………………………（252）
二、中远集团外派及远洋船员管理 ………………………………………………（256）
三、中海集团探索船员管理新模式 ………………………………………………（258）
四、船员工资及福利待遇 …………………………………………………………（261）

第四节 海员劳动权益与社会保障的加强 ……………………………………………（265）
一、中国海员建设工会成立与职能加强 …………………………………………（265）
二、推动《2006年海事劳工公约》制定与通过 …………………………………（265）
三、《中华人民共和国船员条例》关于船员劳动和社会保障的特别规定 ………（267）
四、全国海上劳动关系三方协调机制建立 ………………………………………（268）

第五节 航运业的发展及海员的贡献 …………………………………………………（270）
一、中远集团航运业务全面发展 …………………………………………………（270）
二、中海集团做大做强航运主业 …………………………………………………（276）
三、长江航运跨越发展 ……………………………………………………………（282）
四、中国海员参加防海盗护航行动 ………………………………………………（285）
五、新时期中国海员的特殊贡献 …………………………………………………（289）

第六节 海员教育与培训的发展 ………………………………………………………（293）
一、航海教育国际化 ………………………………………………………………（293）
二、航海高等教育全面发展 ………………………………………………………（296）
三、内河船员培训机构的发展 ……………………………………………………（299）

大事记（1949—2010年） ……………………………………………………………（301）

附录 …………………………………………………………………………………………（329）
一、国际公约 ………………………………………………………………………（331）
二、国内法规 ………………………………………………………………………（341）
三、附表 ……………………………………………………………………………（427）

后记 …………………………………………………………………………………………（439）

绪 论

中国人驾船航海的历史悠久,曾长期领先世界,创造了辉煌的古代航海文明。近代中国航运业虽然饱受摧残,但海员群体却顽强地生存发展,并完成了从传统帆船船员向现代轮船船员的转变。1949年10月1日中华人民共和国成立,开启了中国航运史上的辉煌时代,取得了过去任何时期都不可比拟的伟大成就。远洋航业砥砺奋进,远洋船队航遍全球,沿海和内河航运资源整合,科学发展。中国的海运大国地位业已形成,正在向海运强国迈进。而这一切都离不开那个平凡而伟大的职业群体——新时代的中国海员。

《中国海员史》作为交通运输部续编《中国水路交通史丛书》首批出版的重点书目之一,全书分为古、近代部分和现代部分两册。古、近代部分共8章,已于2017年6月由人民交通出版社出版,并得到了业界的一致好评。现代部分共4章,集中阐述从1949年至2010年中国海员的发展状况、历史背景和航海业绩。

一、现代部分概述

(一)新中国航运的恢复与海员队伍的组建(1949—1965年)

新中国的海员队伍,是在反帝、反封建、反官僚资本主义的新民主主义革命中发展起来。随着人民解放军由北向南迅速推进,北方沿海、华东沿海、长江沿线、东南沿海和华南沿海航线先后获得恢复和发展;内河航运也重获新生。军事管制委员会对国民党政府的航政机构及人员资产等分别予以接管,国民党统治下的航运界人士纷纷起义,在中国共产党领导下,船员们英勇机智,团结一心,经过曲折斗争,克服重重困难,将一艘艘船舶开回祖国大陆,为新中国航运事业的创建和发展奠定了基础。大陆基本解放后,广大海员协同人民解放军继续进军,在解放沿海岛屿战斗中,踊跃参加海上支前运输。中华人民共和国成立后,广大海员积极参加航运生产,全国内,大范围调运粮食、煤炭、木材等重要物资,开展支农运输。并在十分困难的条件下开辟了远洋航线,组建了自己的远洋运输企业——中国远洋运输公司,建立了远洋船员队伍,粉碎了国际敌对势力的封锁和禁运。在新中国航运业的恢复和发展中,海员管理体制初步建立,航海教育事业初步发展,中、高等航海院校为新中国培养了大量的航海技术人才,各航运企业自办船员培训也极大提升了船员的专业技能和文化素质。

(二)航运业的挫折与中国海员的曲折发展(1966—1976年)

"文化大革命"期间,航运业及海员职业发展均遭遇了挫折,贻误了发展良机,拉大了同航海发达国家的差距。幸运的是,经过"文化大革命"初期的动荡之后,在国家有关部门、航运企业和广大海员的共同努力下,航运生产特别是远洋运输逐渐得以恢复,并且某些方面还创造了不俗的业绩。在国家有关领导人的关怀下,重新组建了中国远洋运输总公司,加强远洋船队建设,船队规模和船员队伍迅速壮大,开辟多条远洋新航线,进一步贯通南北航线,开展班轮运输和租船业务,承担国家重点物资运输和特殊运输任务。内河方面,由于"大串联"等原因,长江客运一度猛增,干线油运迅速发展,船员队伍随之扩大;黑龙江和珠江经过调整体制,恢复生产,船员人数也有所增长。"文化大革命"后期,沿海运输企业和船员队伍也获得了恢复和发展。管理体制方面,国家对航运业和船员一度实行军事管制,后陆续撤销,逐步恢复正常管理;各航运公司自觉加强了船员管理。航海教育方面,远洋船员教育因受到保护而继续发展。

(三)改革开放与中国海员国际地位的提升(1977—1997年)

改革开放给航运事业和船员发展带来了宝贵的历史机遇,国家对远洋运输事业的管理实行政企分开,中远总公司逐步摆脱行政色彩,发展成为独立经营的纯经济实体,大力发展国际远洋集装箱运输和班轮运输,恢复了台湾海峡的正常通航。船岸现代化技术水平的提高,不仅改善了船员的工作条件,也改变了船员的结构。而船员外派业务的开展,为远洋运输行业提高经济效益走出了一条新路。沿海航业瞄准市场,革新发展,开创了沿海运输新局面;整合资源,深化用工和分配制度改革,打造了新型的船员队伍。内河运输生产稳步增长,抓住机遇开展外贸运输,同时整顿管理制度,加强船员服务。我国加入了《1978年海员培训、发证和值班标准国际公约》(简称"STCW 78公约"),成为"STCW 78公约"缔约国。在此基础上,中国政府积极参加"STCW 78/95公约"修正案的履约工作,并成为第一批进入履约白名单的缔约国。中国航运业与世界的进一步接轨,以此为契机建立了船员管理的完整制度体系。多层次、多种类航海教育体系不断完善,质量管理体系得以建立。中国海员职业形象和国际地位大幅提升。

(四)航运强国建设与中国海员的全面发展(1998—2010年)

21世纪前10年,国际航运市场充满动荡,中国航运业抓住快速发展的机遇,海运大国地位逐步形成,并向海运强国转变,给中国海员职业发展带来了巨大影响,海员供需矛盾突出,机构亟待调整。海员管理机构和法规体系进一步完善,STCW公约履约工作全面推进,《船员条例》颁布施行,加快船员队伍发展的相关措施相继出台,海员劳动权益与社会保障得以加强。航运企业纷纷建立船员基地,规范船员管理,提升工资及福利待遇。航海教育国际化,高等航海教育全面发展。远洋、沿海和内河航运企业经过资源整合,创新发展,成为航运强国建设的先锋队和主力军。

二、主要研究成果

(1)叙述了自中华人民共和国成立至2010年中国海员队伍的组建、发展情况及相关背景,不同时期海员队伍的结构性变化和职业发展方向,以及海员工资待遇、生活状况、劳动权益和社会保障等方面。

(2)记录了海员管理体制的发展完善过程,揭示了海员职业发展与科学管理之间的关系,分析了我国加入STCW公约对海员管理制度体系的建立和海员职业发展的历史意义。

(3)阐述了航海教育的发展情况,并探讨了国际化视角下航海教育的发展方向。

(4)展示了中国当代海员在国家航运事业发展中的不朽功绩,突出了他们建设海运强国的先锋队和主力军地位,描绘了其群体和个体的光辉形象,弘扬了他们热爱航海、甘于奉献的职业精神。

《中国海员史》的现代部分由大连海事大学逄文昱副研究员和韩庆副教授主笔,由广东海事局白桂芳、冯小萍统稿,相关资料的收集、整理由广东海事局劳声、伍倩莹以及大连海事大学于仁海老师负责。此外,史书编写过程中,人民交通出版社以及航运界相关人士给予了大力支持和悉心指导,在此一并致谢。

本书由于编著时间和著者能力所限,错漏之处在所难免,欢迎广大读者批评指正。

《中国海员史》编写组
2018年10月

第一章 新中国海员队伍的初建与发展
（1949—1965 年）

从 1949 年 10 月 1 日中华人民共和国中央人民政府成立到 1952 年底，祖国大陆统一，国民经济从战乱中得到恢复，抗美援朝战争取得胜利，国家开始走向新的发展阶段，史称国民经济恢复时期。1953 年至 1957 年，为新中国"发展国民经济的第一个五年计划"，在中国共产党的领导下，全国各族人民共同奋斗，"一五计划"得以提前一年完成，国家大治，社会安定，包括航运业在内的各行业稳步发展。然而 1958 年至 1960 年，全国开展了"大跃进"运动，刚获发展的航运业未能例外，遭受了严重的挫折与打击，经历了一段时间的低迷。1961 年至 1965 年，随着全国工农业生产的恢复与发展，海上运输获得了较大成就。纵观新中国成立到 1965 年这段历史时期，中国航海事业冲破了敌对势力在海上的封锁，逐步步入轨道并有所发展，新中国海员队伍随之建立。

第一节 航运业恢复发展与海员队伍建设

一、恢复和开通航线

国民党撤离大陆时，对原有航运业进行大肆劫掠和破坏，将大量轮船连同船员劫往台湾，把不能撤走的船舶或凿沉、或炸毁，留下的几乎都是不能用的小船，并持续对大陆进行轰炸。为了全中国的解放，人民政权必须尽快组织更多的船舶和船员投入营运，恢复和开通航线，建立正常的航运秩序。

（一）北方沿海航线的恢复和发展

由于中国大陆的解放基本上呈由北向南推进的态势，新中国的航运业，最先在以大连港为起迄港的黄、渤海水域得到恢复和发展。

1945 年 8 月抗日战争胜利后，大连地区是由苏联红军军管、中国共产党领导下的特殊解放区，是全国获得解放较早的地区。1949 年 4 月 20 日，大连轮船公司正式挂牌成立，这对于新中国成立初期北方沿海航业具有重大意义。当月，大连轮船公司即购买了第一艘客船——由旅大区党委开办的兴隆商行从海中打捞出的一艘 200 吨木质机动船，修复后定名"东方 6"号。6 月 2 日，第一条海上定期班轮航线大连—烟台航线正式恢复，航程 89 海里。7 月，兴隆商行转交给大连轮船公司一艘日本撤退时毁沉、经打捞修复的 800 吨位客货轮"河源"号，后改名"东方 7"号。8 月，"东方 2"号投入营运，曾代客货轮航行于大连—青岛等航线。9 月末，公司又接收了招商局起义驶归大连港的"海辽"轮，更名为"东方 1"号，该轮后作为主力客货轮投运于大连—石岛—青岛等班轮航线。12 月，公司从兴隆商行又接收了由其打捞的 471 载重吨钢质客轮"天津"号，后更名"东方 5"号，先后投入大连—烟台、天津—（烟台）青岛等客运班轮航线，旅客们称之为"大火轮"。

截至 1950 年 3 月，大连轮船公司成立不到一年，即拥有客、货轮 13 艘 19670 总吨，职工 270 名，先后恢复和开辟了大连—烟台，大连—天津，营口—烟台，大连—（石岛）青岛固定航线。

1950 年 3 月，以大连轮船公司为基础，建立了大连航务局，企业性质为国有企业，隶属东北航务总局。当月,交通部在天津召开北洋航务会议(又称北洋航线运输会议),决定恢复北洋海域定期班轮航线近10条(见表1-1-1):天津—大连、营口—烟台、天津—青岛、营口—天津、大连—烟台、大连—青岛、安东(今丹东,下同)—烟台、安东—青岛、青岛—连云港、天津—龙口定班航线。会后,在大连航务局的组织协调下,大连与黄海北部和南部、渤海沿岸各港间的海上航线全面恢复和发展起来。4月1日,天津招商局"海盛"号首航天津至大连客货运航班;同月,"海州"号开航大连—青岛客货运航班,"海安13"号开航安东—烟台客货运航班,"安海4"号开航安东—青岛客货运航班,"福绥"号开航青岛—(石臼所)—连云港客货运航班;5月开航的定期客货运航班有:"安福5"号开航营口—烟台航班,"辉南"号开航营口—天津航班,"东方5"号开航大连—烟台航班,"海隆"号开航天津—龙口航班,私营三一航业有限公司的"香山"号开航天津—青岛航班。上述航线共配备13艘客货船舶,最大的船为3240吨"东方1"号,最小的是60吨"青华"号。

1950年北洋海域客货班轮航线表[①]   表1-1-1

航　　线	船　名	班　期
大连—天津	海盛	每月6、16、26大连开,1、11、21天津开
营口—烟台	建航	每月2、12、22营口开,6、16、26烟台开
天津—烟台—(石岛)青岛	东方5	每月6、16、26天津开,1、11、21青岛开
营口—(秦皇岛)—天津	安乙	每周三开
大连—烟台	兴华、安丙	每月5、10、15、20、25、30两港对开
大连—(石岛)—青岛	东方1、海州	每月1、11、21两港对开
安东—烟台	青华	每月1、11、21安东开,4、14、24烟台开
青岛—(石臼所)—连云港	福绥	每周一青岛开,周四连云港开
天津—龙口、安东—青岛	海隆	每周一天津开,周四龙口开

此外,大连航务局还根据客运需求,于同年7月1日开辟了大连—威海客货运班轮航线,同年9月1日开辟了大连—龙口、大连—(石岛)—青岛客货运班轮航线。

1951年4月2日,东北航务总局根据渤海湾客货运输的实际情况,重新调整了北洋海区的客运航线,撤销了营口、安东、秦皇岛、石臼所、连云港的客运航线,在渤海湾正式划定6条客船定期班轮航线,即大连—烟台、大连—威海、大连—龙口、大连—天津、大连—石岛—青岛、天津—龙口—烟台。

1951年7月1日,以大连航务局和东北航务总局为基础的北洋区海运管理局成立,北方沿海的水运指挥系统得到了统一。

其时,北方另一个重要港口——天津港也积极恢复客货运输。

从新中国成立前夕到国民经济恢复时期结束的1952年底,整个渤、黄海水域航运业呈现日益活跃的局面。这在当时陆路交通尚很困难的情况下,对于夺取解放战争胜利,迅速医治战争创伤,恢复经济以及支援抗美援朝战争,都发挥了特殊作用,做出了历史性贡献。

(二)华东沿海航线的恢复和开通

1948年10月1日,国民政府统治下的国营招商局改组为招商局轮船股份有限公司。1949年5月27日上海解放,军管会航运处接管了招商局。在中共上海航运处党委领导下,全体员工共同努力,很快恢复了航运。6月8日,"永潇"号首航天津。接着,私营的"江通"号开往南通天生港。据统计,自6月1日至

[①] 大连市史志办公室编:《大连市志·交通志》,海运管理,沈阳:辽宁民族出版社,2004年,第378页。

6月20日的20天内,外地航赴上海港的船舶有125艘次,从上海港出口的船舶有165艘次。然而,国民党不甘心失败,6月下旬,在美国的支持下,对上海实施武装封锁,派军舰、飞机等对上海的工厂、设施、港口、船舶进行轰炸扫射,致使上海内外交通受阻,城乡物资不能流通,刚获新生的上海面临着严重的经济困难。至7月,市人民政府所掌握的必需物资几乎告罄,粮食只能供全市市民食用半个月,煤炭仅能供应7天,供纺织厂生产用的棉花仅能维持一个月。由于原料供应紧张,全市87个主要工业行业的13000多家私营工厂只有25.9%开工。针对这种严峻的形势,中共中央华东局和上海市委迅速地做出了反封锁的部署,果断地提出了粉碎敌人封锁的六项任务。招商局及其所属的广大海员坚决响应市委号召,采取一切措施,迅速打捞修复沉船,对国民党的封锁、轰炸、劫船进行英勇斗争,恢复江海运输。

国民党从上海溃逃时,招商局绝大部分适航船舶被劫走,来不及劫走的,就破坏沉在黄浦江里,以堵塞航道。自龙华至吴淞口的黄浦江上,除舢板外,就有54艘船舶沉在江底或被焚毁。十六铺至陆家嘴一段的江面上,"永洛"号、"永淮"号、"永洮"号、"永汉"号4艘油轮东倒西歪地躺在江里,只露出上层建筑及桅杆。把这些被破坏沉在江里的船舶迅速打捞起来,既能提供运力,又能疏通航道,成为反对封锁,恢复航运的首要任务和选择。

为此,上海市政府拨出旧人民币50亿元,对所有在黄浦江和长江下游打捞沉船的轮船公司提供有力的支持,并且公布了《打捞修理船舶贷款临时办法》和《参加军公运输而损坏船舶抢修抢救贷款临时办法》。1949年6月9日,船舶打捞修理指导委员会在军管会航运处成立。随后,招商局海事科对与打捞相关的公司、工具及潜水人员的情况,进行调查登记,统筹安排。招商局总军事代表派出军代表,组织和领导船员、工人打捞沉船。船员和打捞工人以高度负责的主人翁精神,积极地投入打捞修船战斗中。在打捞"永淮"号和"永济"号时,遭到了敌机的连续攻击,但是船员们英勇无畏,不分日夜坚持劳作。在所有船员与工人的不懈努力下,仅用1个月时间就成功打捞出沉在黄浦江陆家嘴一带江底的4艘油轮。在6、7两个月中,船员、工人一共打捞出公私营大小船舶67艘,为航运业提供14675吨运力,同时黄浦江航道也得以疏通(图1-1-1)。

图1-1-1 1951年9月刊登在《中国海员报》的新中国海员以主人翁精神,
为恢复和发展人民航运事业正在打捞船只的情形

1951年2月1日起,招商局总公司改称中国人民轮船总公司,并与交通部航务总局合署办公。

(三) 长江航运的全面恢复

长江作为我国东西交通的大动脉,在新中国航运业中占据重要地位。对长江旧航业的管理机构和官僚资本的接管，是按照各地区解放时间的先后，分上中下游三段，分别由华东军政委员会、中南军政委员会和西南军政委员会交通部执行。1949年5月至11月，武汉、上海、重庆等大城市相继解放，同时即开始了接管工作。1950年5月27日，根据政务院决定，成立交通部长江区航务局，后改为长江航务管理局，统一长江航运管理。

国民党军队撤往台湾时，大量征用招商局船舶。招商局原有船舶372369.23吨，被劫走280133.65吨，占总数的75.23%；其中江轮53252.04吨，被劫走24619.91吨，占总数的46.23%。遗留下来的10余万吨船舶，大多技术状况不良、设备陈旧、船龄长。上海接管32艘江轮，可航行船舶仅9艘；民生公司原有船舶97艘，解放后虽多数留在长江，但吨位较小且破旧，载重吨位仅占总吨位的47.70%。国民党军队撤退时将一艘1200吨的船凿沉在苏州河，妄图堵塞上海港；江阴要塞航道、吴淞口以及上海港码头均有大量沉船。

为迅速恢复和提高长江航运能力，沿江各地动员各方力量，采取边打捞沉船、边修理破旧船、边建造新船的办法，力求保证经济建设和支前军运的需要。

长江干线最初复航的是申汉客货班轮，1949年6月3日，招商局轮船总公司所属"江陵"号，以史立钧轮机长和军代表范仲尧负总责，由上海起航，12日抵达汉口。这是长江干线第一艘复航的客货轮，上海市军管会特授予"江陵解放"号的光荣称号，并颁发了"开路先锋"的锦旗（图1-1-2）。6月11日招商局的"江安"号由汉口首航上海，武汉市军管会命名为"人民江安"号。12月15日，民生公司的"民族""民联"两艘客货轮由重庆发航，19日抵汉，开通渝汉航线；接着两轮又继续下驶上海，开通渝申航线。继申汉、渝申复航后，宁沪、宁浔、汉宁、汉浔、宜汉、渝宜等航线和长江区间、支流客运相继复航。

图1-1-2　1949年6月3日，"江陵"号首航前，军事总代表航运处长于眉航前动员

在长江航运全面恢复之际，盘踞台湾的国民党军队妄图对长江进行军事封锁，经常派飞机对下游航线和各港狂轰滥炸。1949年10月，"江新"轮在上海浦东洋泾港被炸沉；12月，又有"江泰"轮、"明兴"轮、"江顺"轮遭到轰炸，造成船员伤亡。国民党的空袭给长江航运的恢复造成了极大的破坏，直至1950年5月舟山群岛解放，国民党设在舟山的空军基地被铲除，干线申汉航线才于5月11日起恢复白天航行。面对国民党飞机近一年的空袭，长江广大航运职工不仅完成了各项运输任务，还保证了客货运量的逐年提高，在促进城乡物资交流和国民经济恢复中，发挥了长江这条黄金水道的重要作用。

1950—1952年,长江区航务局(简称"长航局")改建干线船舶达55艘、20272载重吨。随着国民经济的恢复,长江重点发展拖驳运输。经打捞沉船、修复旧船和新建、改建船,长江船舶运力大幅增长。三年间,长航局新建船舶运力70艘,3920载重吨,778载客位。其中拖轮37艘、8996.4千瓦功率,驳船21艘、3250载重吨。云南、四川、湖南、湖北、江苏等5省新增船舶运力达83914载重吨。

(四)东南沿海航运的恢复和发展

新中国成立后,以福建厦门港为中心的东南沿海由于在台湾海峡两岸军事对峙中处于最前线,故其航业的发展直接受到台海局势的影响。国民党军队及美国第七舰队长期封锁台湾海峡航区,中国籍轮船无法直接通航,东南沿海航线于是以泉州为界,形成以福州、厦门为中心的南北两个航区,航线局限于福建省内沿海及相邻省沿海。航运人员在反封锁斗争中以武装护航,坚持海上运输生产。

1949年10月17日厦门解放,但与厦门隔水相望的金门岛仍由国民党军队驻守,进出厦门港的船只受到金门炮火的威胁曾一度停航。1949年11月14日厦门航务局成立,采取武装护航、夜间行船的办法,使近海运输于1950年初得到畅通。一些在香港地区的外国籍轮船公司纷纷派500吨级左右的轮船航行香港—广州—汕头—厦门之间,恢复了沿海航运。这段时期,航行香港至厦门的英籍船有"永兴"轮(563总吨)、"和乐"轮(921.67总吨)、"成兴"轮(564.77总吨)、"捷喜"轮、"民利"轮、"海门"轮(924总吨)、"和麒"轮(573总吨)、"民兴"轮(564总吨);巴拿马籍船舶有"斯乐"轮(360总吨)、"保利华"轮(657总吨)、"新裕"轮(560总吨)、"和安"轮(554总吨);菲律宾的"新宁"轮(1960总吨)。

福州港方面,也陆续开通本省沿海以及与香港、汕头、温州、上海等地的航线。

福建内海短途航运,以内海陆岛交通为主,定期客货班轮形式居多。主要航区有厦门内海、莆田内海及宁德(闽东)内海等。

(五)华南沿海航运业的恢复与发展

1947年内战全面爆发后,华南沿海航业遭国民党军破坏,至1949年广州解放之前,已基本中断。新中国成立之初,华南沿海仍受到美蒋军队严密封锁,周边政治和军事环境殊为险恶,航业恢复和发展困难重重。

1949年10月14日广州解放,22日,广州市军管会交通接管委员会航运处接管了原国民党政府招商局轮船股份有限公司广州分公司,经整顿和改制后,经营管理华南区域水上航运业务。此后管理体制、名称和管辖范围历经多次调整变动。

其时,由于此前国民党政府的征用和劫掠,仅剩有铁驳船5艘共2975载重吨,年久失修的小拖轮6艘,小型登陆艇1艘,供水船1艘,趸船1艘。恢复和发展客货运输,面临着基本无海船可用的尴尬。1950年前后,在人民政权领导的社会各界多方努力下,因各种原因滞留香港地区及南洋各港的原招商局船舶和民营船舶纷纷起义北归。1950年1月15日,香港招商局及留港的"民302""民312""中106""成功""邓铿""教仁""鸿章""蔡锷""海康""林森""海汉""海厦""登禹"等13艘海轮、500多名船员宣布起义,先后于1950年7月11日至10月21日成功地分批驶回广州。起义船中除"中106"艇移交海军、"海厦"轮奉调北上外,其余11艘船均委托广州分公司管理,其中大型出海拖轮2艘共3100匹马力,钢制海轮9艘共20350载重吨。此外,还有一大批私营航业船舶由香港等地回到广州,其中包括华侨船务行的"江安"轮、建通实业公司的"北京"轮、华达船务行的"伟南"轮、天一船务行的"峨眉"轮、联安船务公司的"华龙"轮、上海通安轮船公司的"乐斯陶"轮、民生实业股份有限公司的"民本""民俗""怒江""渠江"轮和"定远""绥远""黄海""虎门""玉门""雁门""祁门""石门""龙门""剑门"等10艘客货江轮,以及上海大达轮船公司的客货轮"长江"轮。这些回到广州的船舶,都成为恢复华南沿海航运的主力。

缺船问题解决之后,随着海南岛、万山群岛和南澎岛等主要岛屿相继解放,自1951年起,华南沿海航线逐步开通。1951年底,私营企业上海大达轮船公司的客货船"长江"轮临时开航海口,由此恢复了华南沿海的第一条航线——广琼线。1952年下半年,公私合营民生轮船股份有限公司广州分公司的客货江轮"民俗"轮首航广州—湛江,这也是华南沿海恢复的第二条航线。此后,各航线相继恢复和开通。

二、对旧航运业的改造和接管

全面废除帝国主义在中国的航运特权,没收官僚资本航运企业,建立社会主义国有航运企业是新中国成立初期我国航运事业建设的重要任务。对在华外资航业、官僚资本航业和旧有私人航业,新生的人民政权采取了不同的政策和措施,逐步使其纳入社会主义航运事业的轨道。

(一)在华外资航业的对价转让

中华人民共和国成立后,我国政府立即宣布彻底废除帝国主义在中国的一切特权,完全收回了丧失100多年的海关管理、沿海贸易、引水等各种权力。1950年1月,政务院做出了《关于关税和海关工作的决定》,准许海关总署在新海关税则尚未制定的情况下,输入货物暂按1948年的进口税则,输出货物暂按1934年订立、1945年修正的海关税则办理。1951年5月,海关总署正式施行新《海关法》和《海关出口税则暂行实施条例》,从而维护了国家的关税利益。沿海各大港口解放后即颁行了多种条例,严正地收回了航权。如上海港公布了《外籍轮船进出口暂行办法》,实行内河航行权、停泊权的自主;天津港公布了《拖轮驳船指派办法》和不准外籍船只航行内河的规定,禁止英商太古公司驳船在海河内营运,并严格管理外籍船只的进出口。这样就保障了本国航业的独立发展,给本国船只以航行的优先权。对外籍船舶的进口则规定了严格的审批手续。凡航行于我国沿海,或在我国港口有转口货的外籍轮船,必须经过我国航政部门单程批准。在引水方面,辞退了外籍引水员,将引水公会收归国营,并实行外国轮船进港必须由中国引水员引水的制度。

新中国成立初期,对于外资航业,在限制、监管的同时,也适当加以利用。解放初期,为打破国民党的军事封锁,尽快恢复和开展对外贸易,国家采取了租用外资船只的办法,积极开展对外贸易。1950年9月,交通部、贸易部联合在天津建立中国国外运输公司,租用外籍商船,开展对外贸易运输。该公司通过驻香港代理华夏公司,利用其同国际租船市场的关系去租船或合作租船,承运一些次要的"禁运"物资,并争取到一些北欧船东的合作。为了掌握一批租船,中国外贸运输采取了长期租用的方式,将租约定为一年、二年或更长时间,从而使外资航业为我所用,客观上帮助了中国的外贸发展。

抗美援朝时期,作为对美国对华封锁禁运的反击,中国以行政强制方式对包括航运业在内的英美在华企业进行处理,包括军事管制、征用、接管、代管等几种手段。1952年下半年开始,国家进入社会主义过渡时期,根据过渡时期总路线的精神,中共中央采取国家资本主义的形式对资本主义工商业进行社会主义改造。虽然改造对象并不包括在华外资企业,但对其处理总的原则是将其转变为国有企业,成为社会主义经济的有机组成部分。外资公司普遍感到大势已去,在中国经营企业已无前途。1952年底,英国怡和集团和太古集团等垄断企业陆续申请歇业,但未获批准。经过研究和酝酿,1954年上海市人民政府外事处在《关于肃清帝国主义国家在上海的经济势力》的报告提纲中明确提出,"有计划、有步骤、有重点地挤掉帝国主义在华的产业而与之加强平等互利的贸易往来"。这表明中国政府确定对在华外资企业采取清退政策,实际上已不允许在华外资企业继续存在经营,仅在国际上保持一定的贸易往来。

清退政策以对价转让为主要方式。人民政府对在华外资企业采取对价转让的清退方式,与资本主义工商业的社会主义改造中的赎买政策有所不同。人民政府对资本主义工商业改造中的赎买政策,当资本主义企业变成各种形式的国家资本主义以后,资本家可以继续从企业中取得一定数量的赎买代价。而对价转让是处理对外经济的一种方式,由中方代表公司与在华外资企业主要就资产、负债和职工安置等问题进行协商,一旦达成一致意见后,签订合同,由中方接管在华外资企业的全部资产和职工,同时也承担其未清偿债务。对企业资产超过负债的差额部分,中方将一次性支付外方,而外方彻底将企业产权交由中方。

在清退过程中,对于较有声誉的国际贸易商和与贸易有密切关系的航运商和银行则适当放宽管理,鼓励他们继续经营。1953年上海此类外资航运业5户,分别为英国怡和、太古、卜内门、通用电气公司和法国邮船公司,职工829人。[①] 在国际贸易业中,争取保留20余家外商进出口贸易企业,余下的贸易商将陆续促使歇业。1954年,中共上海市委通过转让谈判,接收了英国怡和、太古两家贸易航运商,承接了其在华资产和负债,并对职工给予妥善安置。还没有打算转让的企业,尚有荷商荷兰东亚轮船公司,英商信昌、卜内门、乐士德等公司。经过1955年的进一步清退,至1956年,有16家在华外资企业因其生产营业是社会发展所需要的对外贸易、远洋航运和金融业,故保留其在华机构继续营业,包括银行业两家(汇丰、麦加利),贸易商11家(亚细亚、卜内门、信昌、保和、永兴、巴黎、华加、宝隆、捷成、维昌、瑞丰),航运商3家(法国邮船、百利、挪威轮船)。至1960年,在华外资企业仅剩4家,包括航运业1家(英商中国马勒有限公司)和进出口行业3家。至此,中国政府基本上完成了对在华外资航运企业的对价转让。

(二)没收国民政府国营航运企业

1.各地对原国民政府国有航业的接管

随着解放战争的节节胜利,对于国民政府国营航运企业,中国人民解放军军事管制委员会代表国家实行军事接管。解放前,国民党国营企业约占中国全部工业、交通运输等近代产业资本的80%,控制着全国的经济命脉,垄断了全国轮船总吨位的44%和重要的港口、码头、仓库和水运工业。国民党国营航运业的最大、最典型的代表是轮船招商局。1948年10月1日,国营招商局改组为招商局轮船股份有限公司。至年底,招商局已占有船舶443艘,40404吨,约占当时全国江海运输船舶总吨位的57%,拥有沿海沿江各港码头64个,仓库224处,船岸职工15307人。长江各埠均设有分公司,连云港、青岛、天津、葫芦岛、营口、烟台、汕头、广州、福州、温州、宁波、台湾、香港等沿海港埠也设有分公司。在新加坡、仰光、加尔各答、日本等地则设有办事处或代理人。

对于国民党政府的国营航运业,人民政府采取了没收并把它改造成为社会主义国营航运业的政策,使之在整个社会主义国营航运业中占领导地位。1949年1月15日,中共中央发出了《关于接收官僚资本企业的指示》。同年4月25日,在《中国人民解放军布告》中又明确规定,原国民党政府和大官僚所经营的轮船、码头、仓库等,均由人民政府接管。为了保证没收官僚资本的工作有条不紊地进行,中共中央在总结东北城市接管经验的基础上,批转了陈云关于接管沈阳的经验,不久又印发了接收平津官僚资本企业的经验,对接收官僚资本企业的方针政策及办法,都作了明确规定。

1949年4月25日,镇江市军事管制委员会交通部接管了招商局镇江分公司和镇江航政局,接管码头4座、跳船9艘、仓库11座,职工43人,船员104人,船舶14艘、770马力、679.91吨,以及镇江联和轮船公司的船舶19艘,557马力,596.13吨。军事接管为苏南以后的航运管理、建设和发展提供了有利条件。

1949年5月16日,武汉市解放。次日,武汉市成立军事管制委员会,下设交通接管部,交通接管部按铁路、公路、航运、电信、邮政5大系统成立接管处。6月24日交通接管工作全面开始,航运接管处接管了

[①] 上海档案馆、财政部财政科学研究所:《上海外商档案史料汇编(一)》,上海:上海群众印刷厂,1988年,第47页。

原国民政府国营招商局汉口分公司、交通部长江区航政局、湖北省航业局、汉口储运处、船舶第三大队、武汉轮渡管理处、汉阳船舶修造厂以及国立海事学校等,共接管公营船舶162艘,总吨位为51500.98吨,分别占解放前的77%和60%;接管公营码头22处。

1949年5月,上海航运部门的接管工作班子,即在江苏丹阳制订了接管工作的具体方案,确定以接收招商局为重点。1949年5月27日,上海解放。中共中央对上海这座城市的接管工作非常重视,特派政治局委员陈云亲临上海指导接管工作。5月29日,中国人民解放军上海市军事管制委员会财政经济接管委员会航运处正副处长于眉、邓寅冬奉命兼任接管招商局正副军事总代表。当天由于眉宣布市军管会的接管命令,交代接管政策与法令,责成招商局所有人员各安职守。6月5日,在招商局办公大楼举行接管仪式,首先由于眉宣布:保持原来的组织机构,不更换原来的领导与职能人员,实行"原职、原薪、原制度",由招商局总经理胡时渊办理移交总体事项,接着宣布由各助理军事代表分驻招商局各处、室及所属单位,负责各部门的具体接管事宜。至7月30日,全部完成了对招商局及善后救济总署水运大队中华拖轮驳运公司、中国油轮公司、中华水产公司、台湾航业公司上海分公司等12个单位的交接与清点工作,共接收大小各类船舶406艘(见表1-1-2),计161203总吨。可营运的有288艘,116210总吨,85208载重吨,其中海轮23艘,41819总吨,23260载货吨。接管的海轮原为23艘,后"江泰"轮被国民党飞机炸沉,"元培"轮移交给海军。

1949年上海解放初期接管运输海轮船名录①　　　　　　　　　　　　　　　表1-1-2

船舶类型	船名	建造年份	建造国籍	总吨	载重吨	马力
客货轮	江泰	1940	日本	3214.89	2000	3936
客货轮	元培		加拿大	1476.18	300	2750
货轮	中101	1944	美国	3326.64	1700	1800
货轮	中102	1944	美国	3326.64	1700	1800
货轮	中104	1944	美国	3326.64	1700	1800
货轮	中107	1944	美国	3326.64	1700	1800
货轮	中111	1944	美国	3326.64	1700	1800
货轮	中114	1944	美国	3326.64	1700	1800
货轮	中116	1944	美国	3326.64	1700	1800
货轮	中119	1944	美国	3326.64	1700	1800
货轮	中120	1944	美国	3326.64	1700	1800
货轮	中121	1944	美国	3326.64	1700	1800
货轮	中122	1944	美国	3326.64	1700	1800
货轮	中123	1944	美国	3326.64	1700	1800
货轮	中124	1944	美国	3326.64	1700	1800
货轮	中125	1944	美国	3326.64	1700	1800
货轮	中126	1944	美国	3326.64	1700	1800
货轮	海甬	1946	加拿大	1351.48	1000	900
货轮	海新			2515.02	1200	2000
货轮	海有			462.75	500	390

---

①引自交通部上海海运管理局编《海运统计资料(1949—1978)》,第38页。1949年上海招商局增加货轮5艘,其船名是"通州""扬州""中州""盐川""海通";减少客货轮"江泰"(在芜湖被国民党飞机炸沉)、"元培"(移交海军)等两艘。1950年中字登陆艇改制的15艘货轮,除中119外,全部移交海军。

续上表

船舶类型	船名	建造年份	建造国籍	总吨	载重吨	马力
货轮	伯先	1949	中国	2200	1200	1300
货轮	宣怀	1944	美国	1872.80	2060	1300
油轮	建乙	1943	美国	601.50	875	560
	总计			63594.22	34635	40136

1949年11月30日,重庆市解放。12月3日,重庆军事管制委员会成立,下设交通接管委员会,交通接管委员会下设航运部等机构。航运部由郝炬(又名何郝炬)任部长,主持接管原长江区航政局重庆分局、招商局重庆分公司、国防部联合勤务总司令部水运办公室及其所属的船舶大队和船舶厂,以及停泊在重庆的"同德""同元"两艘运输舰。当时接管的港口设施有泵船两艘、小火轮3艘("飞骏""同清""同涛");接管招商局在重庆的仅有泵船1艘、拖轮1艘、营运船舶3艘,计1518吨。次年1月26日及2月7日,又根据西南财委会的指示,接管了西南公安部经营的德大、民立两公司,计德大公司"德大"登陆艇1艘、313.38吨,民立公司"新民"号货客轮及"民立"号客轮共两艘,分别为575.5吨及122.85吨。沿江各港及各省地方航运部门,由当地军管会交通部门接管。

1949年12月,南京市军管会接管了南京联和航运公司及其船舶、码头等设施,见表1-1-3。

南京市接管船舶、码头(仓库)、人员情况表 表1-1-3

时 间	接管单位	被接管、征用机构名称	人员、设备、船舶、码头情况
1949年4月28日	南京交通接管委员会航运部	招商局南京分公司 长江航政局南京办事处 南京港务工程局 广州港务工程局南京办事处	码头3座,泵船、跳船各5艘,起重机船1艘,拖轮7艘,驳船11艘,大型客货轮4艘(3000—4000吨),"飞信""飞策"号小拖轮2艘,驳1艘及公用码头4座
1949年12月19日	南京市军管会	南京联和航运公司	码头1座,职工57人,"荣兴""飞复"小客轮两艘
1951年2月27日	南京市军管会	征用英商太古、怡和、和记轮船公司码头	太古泵船1艘、楼桥1座、仓库2座

2.对香港招商局改造

1948年10月1日,招商局改组为招商局轮船股份有限公司,作为一等分局的国营招商局香港分局则更名为招商局轮船股份有限公司香港分公司,并于1949年2月10日向港英当局办理了注册手续,领取了营业执照。人们习称之为"香港招商局"。

1950年1月15日,香港招商局和香港海员成功地举行了起义;19日,中国人民解放军上海军事管制委员会领导的招商局总公司正式任命汤传篪为香港招商局经理。9月2日,中央人民政府交通部给香港招商局颁发了证明书,正式确认该公司为交通部下属企业。

1950年10月香港招商局将中国人民轮船总公司调来的"海康"轮更名为"岷山"轮、"海汉"轮更名为"新门"轮,以及1950年12月从招商局广州分公司调来的拖轮3艘("民302""飞华""钜昌")和铁驳船6艘("民泰""丰泰""国泰""裕泰""利105""YF325"),一起交给华东区海运管理局设在香港的航运机构——运通公司经营,开展穗港澳航线的货物运输。1950年12月至1951年1月,共计运货10231吨,收入141253港元。同时,遵照华南分局第一书记叶剑英领导的港澳工委的指示,不顾国民党特务的威胁破坏,积极抢运了中华航空公司和中央航空公司起义后存放在港澳地区的物资。之后,这条航线的货运业务中辍。

自1951年2月1日起,招商局总公司改称中国人民轮船总公司,并与交通部航务总局合署办公,香港招商局直属总公司领导。

1951年2月15日,香港招商局致函中国人民轮船总公司,由于中国和英国没有建立正式的外交关系,为了避免不必要的矛盾纠纷,要求沿用原名。3月15日,交通部航务总局复函同意,香港招商局的名称得以保留。事实证明,保留招商局的老字号招牌,对于杜绝可能的产权纠纷,恢复和发展业务,利用区位优势为国家航运服务,开展统战工作等,都是完全必要的。

此后,香港招商局经过了6年的战略守望。1953年朝鲜停战,1954年中英两国建立了互派代办的外交关系,国际形势渐呈缓和状态。新中国"一五计划"顺利实施并取得较大成就,对外贸易特别是经过香港的转口货物日益增多,然而国家服务航运的驻港机构实力薄弱,亟须加强。此时,积极慎重地恢复香港招商局的业务,已经成为国家社会主义建设的迫切需要。

1956年,上级批准香港招商局恢复业务,指示香港招商局采取"积极恢复、逐步发展"的方针。1956年6月14日,华南区海运管理局提出《关于恢复香港招商局业务情况报告和初步意见》,要求香港招商局"整顿机构、加强领导",明确规定香港招商局的业务范围是:"承办国内各贸易公司在香港的中转联运委托;统一组织回程货载;办理大小国轮船务及服务供应工作;办理仓库、装卸、驳运业务;团结当地航商,密切与外商联系;代理外轮一切业务。"

1961年11月3日,香港招商局召开董事会会议,修改了《招商局轮船股份有限公司章程》。1962年3月15日,经中华人民共和国交通部核准施行。1962年9月19日,北京市公证处予以公证。招商局章程的修改和获准施行,强化了招商局的法人地位。招商局作为中华人民共和国交通部的驻港机构和独立的经济实体,依法在香港开展更加广泛深入的业务活动,承担了国轮在香港的代理与中转业务,并代管中远租船,做出了特殊贡献。

(三) 旧有私营航业的公私合营

新中国成立伊始,旧有私营航业虽然遭到国民党当局和军队的蓄意破坏,但仍然为创建人民航运事业提供了宝贵的船舶设备,专业人才和管理经验。可以说,旧有私营航业是我国现代航运业起步的基础和不断获得发展的重要条件之一。而当时的私营航业之所以能对国家有所贡献,与党对其所采取的一系列正确政策是分不开的。

1.民生公司首先实现公私合营

公私合营是旧有私营航业焕发新生的重要途径,首先提出公私合营要求的是民生公司。民生公司原是长江上游的一家小轮船公司,初创时仅有一艘几十吨的"民生"轮,经过逐步发展,到新中国成立初期拥有轮船97艘,载重量8万多吨,航线也从初期的渝(重庆)合(合川)线扩展到整个长江航线以及沿海和外洋。然而由于要躲避国民党飞机的空袭,20世纪50年代初期民生公司的轮船大多停航,营运的不过30余艘,只占船舶总吨位的41.7%。营运不正常致连年亏损,而公司在管理上也存在一系列问题,比如因机构庞大而入不敷出等。从当时的状况看,如果人民政府不给以大力帮助的话,其自身不仅无力偿还债务,而且连存在也成了问题。为了尽快摆脱困境,民生公司创始人卢作孚曾多次要求尽早实现公私合营。这一愿望得到中央政府的支持。1950年6月18日至7月8日,中央交通部先后5次派员同民生公司负责人就公私合营问题举行座谈,并拟定了《民生实业公司公私合营过渡办法》和《民生实业公司公私合营协议书》两个文件。同年8月25日到9月5日,民生公司召开了董监事联席会议,会上通过了实行公私合营的决定及附属企业的处理办法。关于合营公司的负责人问题,经与有关部门协商决定,董事长由周怀孝(原民生公司董事)担任,另加派公股代表参与领导。同时对有关该公司各项欠款也做了妥善安排。经过一番准备后,经中央人民政府批准,民生公司于1952年9月1日首先实行公私合营。与此同时,在广州也成立了"公私合营民生轮船股份有限公司广州分公司"。至合营时,民生公司共有船舶近百艘,8万余总吨,实有员工7800余人。其业务重点主要在上海和重庆。重庆管辖长江航运,上海管辖沿海运输,负责指挥香港、广州、台湾、福州、汕头等分支机构。该公司的航线分长航线和短航线两种。除长江航线外,沿海航线有广州至榆林、琼崖、湛江、海口以及海口至北海等。公私合营后的民生公司机构做了精减,业务有了较大好转,盈利和运力均有发展。以1955年与公私合营前的1952年相比,全公司货运量增长4倍,货运周转量增长3倍,成本降低了50.1%,劳动生产率提高了13.2%。公私合营使民生公司和广大员工获得了新生。

2.上海私营航业的公私合营

民生公司率先实行公私合营并获得成功,给广大私营航业指出了一条光明大道。由于公私合营改变了生产关系,在党的领导下,极大地调动了职工的生产积极性,使运输生产呈现出前所未有的新气象,这一变化使广大私营航业深受鼓舞。于是,中央决定加快对私营航业社会主义改造的步伐,各地航运管理部门根据党中央"积极稳步地有计划有区别地进行社会主义改造"的方针,积极准备,逐步推进。

上海是我国私营航业的集中地,对私营航业改造的任务十分繁重。中兴、海鹰两家私营公司摊子大、困难多,因而要求公私合营的积极性也高。从1953年2月起,这两家公司就多次致函交通部海运管理总局,要求尽快公私合营。解放后,这两家公司虽经多次整顿,但经营上仍存在不少问题,其中最突出的问题是拖欠船员工薪而造成劳资关系紧张。截至1953年9月底,中兴公司欠薪达90亿元(旧人民币),海鹰公司欠薪也有11亿元(旧人民币)。两家公司困难日重,资方对搞好经营已丧失信心,都希望通过公私合营早日摆脱困难。政务院经研究做了批示,中兴、海鹰均可立即实行公私合营,其他则暂时实行联营并进行整顿,如经过贷款扶持,干部准备好的话,也可尽快进入合营,否则拖得太久,船员损失过大,从大处看对国家不利。于是,1953年5月中旬,中共上海市委先后召集有关部门,具体研究了江海轮船进行公私合营的步骤和计划,并决定成立水上临时党组,具体领导全市航业的公私合营工作。首先对中兴、海鹰两家公司的情况进行了研究,成立了公私合营筹备委员会,由公私方代表13人组成,下设办公室,并组成两个工作组,分赴中兴和海鹰两公司开展工作。当时,中兴、海鹰两公司实有可航船舶4艘,共15900载重吨;此外中兴还有停航的海轮、长江轮驳等30余艘。1953年9月28日至1954年10月2日,劳资双方作了协商,对如何解决欠薪欠伙,人员安置及职工待遇等问题达成了协议,决定用售船款偿还一部分欠薪。欠薪本来是两公司的棘手问题,这个问题的顺利解决大大缓和了劳资双方的关系。此外,为紧缩开支,大量的人员急需减员或做调整。这两个公司当时共有船岸人员800余人,其中生产船员400多人,经协商决定留用其中尚有工作能力的大部分,编余人员均作了妥善安排,这样既精减了机构又压缩了开支。两公司遗留的一系列工作完成后,中央交通部于1953年11月1日正式批准中兴、海鹰两公司公私合营,定名为"公私合营中兴海运公司"。接着,将中兴、海鹰两公司的原有机构加以合并,于同年12月8日召开首次职工代表会议。两公司合营后,一改过去那种海损事故多、工作无制度的混乱状态,各项工作均有了新的起色,合营后两个月的生产情况与同年的1—10月相比,营运率提高了14.5%,单位成本降低了26%。

华胜、新大陆、安达、民新、志新5家私营公司的情况虽然比中兴、海鹰两公司略好些,但负债也很多。在民生、中兴和海鹰等公司先后合营的带动下,上述5家也申请公私合营。交通部考虑到他们经济情况较好,拥有较大船舶,为了管理上方便,决定将这5家公司与公私合营中兴海运公司合并在一起。不久,在原中兴公司筹委会基础上扩充组成联合筹备处。在筹备处的主持下,公私双方对董事会的组成和正副经理的人选进行了协商,拟定了公私合营协议书。新的合营公司的机构编制以公私合营中兴海运公司为主,酌情录用5公司的原有人员,经上级批准,新大陆等5公司从1954年10月1日起正式公私合营。新组成的合营公司仍称"公私合营中兴海运公司"。它是继民生公司后我国海上运输系统又一个国家资本主义企业。

随着以上7家主要私营轮船公司公私合营后,上海尚有一些规模较小的私营公司或船行也陆续参加公私合营。三利等10家船务行于1956年初批准参加公私合营,同年3月私营华一轮船公司的"亚平"轮,钜元船行的"大昌"轮参加了公私合营;6月,原上海海运局南洋运输部代理的行驶于南洋航线的几家私营航业,成立了公私合营南洋轮船公司。从1954年开始,上海先后有一批私营船企、驳船企业、码头、仓库的资方向人民政府申请公私合营,如1955年1月211艘驳船参加了公私合营。它们合营后均并入上海港内驳船运输公司,由上海港务局统一领导。至1956年元旦,上海港共有私营驳船83艘,32604载重吨,均成为公私合营资产。从此,上海所有私营航业、码头、仓库的私人所有制均变为国家资本主义所有制。

3. 华南私营航业的公司合营

华南的私营航业大多集中在广州。新中国成立之初,广州有私营航业百余家,其中大型轮船少,500吨以上的海轮只有6艘,大部分为拖轮、木驳船和机帆船,总载重吨大约18000吨。其中经营广州—香港、广州—澳门航线的共70余家,总载重吨8000余吨;经营广州—海南、广州—湛江航线的14家,有船17艘,总载重量6728吨。经营广州—汕头航线有9家,有机帆船25艘,载重2528吨。华南的私营船舶不仅数量少,性能差,而且缺少修理能力,维修和燃料主要依赖香港。尽管如此,私营船舶在整个华南海运中却是举足轻重的,这是因为解放初期国有船舶一时难以掌握大宗货源,船舶载重大,不如私营船舶来得机动灵活,因此私营船舶承运的货物占整个华南运输量的大部分。据1951年统计,当年华南沿海总运量为18万吨,其中私营船运量占47%,到1952年私营承运量即上升到62.3%。继民生公司广州分公司公私合营后,广州一些私营航业也受到鼓舞,纷纷向人民政府申请公私合营。1953年9月1日广州海运局代管的私营"长江"轮首批参加公私合营。1954年12月成立公私合营建华轮船股份有限公司。另有华侨等四家船务行的私营船舶"伟南""峨眉""北京"和"江安"轮,合计3848总吨,4060载重吨。1954年5月专门成立了私营航业改造办公室,具体领导对这些轮船业的社会主义改造,本着先清理后合营的原则,发动各轮船员一起参加清产估价。经公私双方议定,确定了船舶的使用年限,并由人民政府投资20亿元(旧币)用于修船。1955年元旦正式成立"公私合营广州轮船股份有限公司"。此外,广东省沿海尚有一些规模甚小的私营轮船业,对他们的改造实际上早已进行。由于广东省地理上临近香港、澳门,私营航企显得更为复杂,因此早在1954年下半年即已进行公私合营试点,采取边管理边改进,边巩固边发展的方式进行,一般是先清理后合营,先大后小,先主后次逐步地推开。到1955年底,广州港已有108艘轮驳船加入了公私合营珠江轮船公司;1956年初,广州港参加公私合营的船户已达193户,共有369艘轮驳船,计18860载重吨。汕头港也有许多私营轮船业,早在解放初已先后被组织起来,分别成立了电船公会和民船公会。1954年又对其实行统一调度,在财务上分户立账、各记盈亏。1955年前后在清产核资的基础上,分别组成公私合营潮梅轮船公司和汕头港驳公司,随后并入国营,统归汕头航运局领导。

至1954年,广西省私营轮船企业尚有35家。广西省内河航运局根据党的政策和各港的具体情况,对这35家私营轮船企业分期分批进行改造。由于梧州是广西私营轮船业比较集中、航运比较发达的地区,因此,对私营轮船企业的改造工作首先在梧州进行试点。1955年初,经当地政府批准,私营珠江航业梧州分公司、私营国华电船公司,分别与国营梧州港务局实行合营后,再进行合并,成立公私合营梧州航运公司。随后,在南宁港、柳州港也开展了公私合营工作。同时,还对私营木帆船业进行了社会主义改造工作,通过改造组建起来的木帆船运输合作社,作为社会主义国有航运的补充,对壮大和发展社会主义经济航运有着积极意义。

三、新中国主要航运企业及船员队伍建设

在对价接管在华外资航业,没收原国民政府国营航业和旧有私营航业公私合营的基础上,社会主义国有航运企业逐步建立起来,新中国航运事业迅速走上正轨,广大海员成了航运业的主人,有了实现发展的广阔天地。

(一)远洋运输企业与船员队伍建设

新中国成立初期,我国远洋运输业是在十分严峻的历史条件下开创的。1949年9月起义回归的"海辽"轮为新中国第一艘远洋轮船。当时美国政府对华施行封锁禁运政策,台湾国民党海军经常在东南沿海袭击前来大陆贸易的外国商船。据统计,1959年远洋系统共有船员417人,其中高级船员110人。除后备船员103人外,航行船员314人在21艘远洋船上工作。[①]

1.中波轮船股份公司

中波轮船股份公司,简称中波公司。它不仅是新中国远洋运输业的开拓者,而且是新中国第一家中外合资企业。

新中国成立初期,国民经济亟须恢复,百废待兴。国家建设需要物资,向国外购买物资需要外汇,外汇又需要出口才能获得,这一切都离不开海洋运输。危难时刻,波兰政府和波兰人民向我们伸出了援助之手。在周恩来总理的亲自关怀下,经过多方面斡旋,1950年中国和波兰两国政府就合资创建航运公司问题进行了会商。同年9月,波兰远洋公司商船"瓦尔达"号首航中国天津港成功。1951年1月29日,两国政府的全权代表在北京签署了《关于组织中波轮船股份公司协定》。6月15日,中波轮船股份公司正式成立,对外称中波海运公司。总公司设在中国上海,分公司设在波兰格丁尼亚。自此,新中国远洋运输事业掀开了崭新的一页。

中波公司初建时,仅有"和平"轮、"国际友谊"轮、"普拉斯基"轮、"克修斯克"轮4艘旧船投入营运,船舶技术状况较差,平均船龄16年,航速不到12节,靠这些微薄的运力,开始经营亚欧航线件杂货班轮运输。1952年6月,双方投入10艘船舶,载重吨9万多吨。中波两国航线长达1.25万海里,由于帝国主义国家的掣肘,航行途中不但无法补给燃料和淡水,还时常遭到台湾国民党飞机、军舰的袭击和劫持。1953年10月和1954年5月,公司商船"工作"号和"哥特瓦尔德"号先后被劫持到台湾的高雄和基隆。两次遭劫62名波兰船员后被遣返,29名中国船员中,"工作"号政委刘学勇、二副姚森周,"哥特瓦尔德"号三副周士栋先后惨遭杀害,其余26人下落不明。其他拦劫事件亦屡有发生。在这种艰难环境下,中波公司依然发展壮大。从1956年至1960年,公司陆续订购、建造新船投入营运,船队规模和实力大增。至1961年4月,中波公司利用自身的积累,不断扩大、更新、调整船队,达到18艘船,19万多载重吨,平均船龄12.56年。而且随着老船的退出营运和新造船的加入,船舶技术状况也有了很大的改善,公司件杂货船队基本成型,船舶现代化程度也越来越高。

根据中波公司成立时的协定,公司船队应该每隔两年互换挂旗国,但考虑到新中国成立初期美国政府对华实施封锁禁运政策,悬挂中国国旗不利于公司业务的开展,因此中方一直没有履行这方面的权力。随着中国在国际上政治、经济地位的不断上升,中方开始考虑履行挂旗权力。经过磋商,1965年9月6日,"希望"轮改名"嘉定"轮,改挂中国国旗,并签署了形式上的船舶买卖合同,这是中波公司第一艘悬挂中国旗的船舶,也是第一艘全部配备中国船员的船舶。9月24日,"弗尔娜斯卡"轮改名"崇明"轮,改挂中国旗;10月19日,"波库依"轮改名"松江"轮,改挂中国旗。

[①]《1958—1965中华人民共和国经济档案资料选编(交通通讯卷)》,北京:中国财政经济出版社,2011年,第623页。

中波公司成立初期,船员主要来自以下几个方面。一是中国香港、新加坡起义归来的部分船员。1950年1月至3月,招商局15艘海轮(不含"海辽"轮)在新加坡、中国香港两地宣布起义。这些海轮约有700名船员,后来绝大部分被安排在广州海运系统,部分经过挑选政审,分配到中波公司。二是组建时由华夏公司(华润公司旗下的航运公司)"3M"船①的船员随船一起来到中波公司。三是从南京海训班调来。四是从沿海、长江水运企业抽调而来。

刚成立时,中波公司总人数297人,其中船员245人,中国船员71人,波兰船员174人。至1951年底,总人数达675人,其中船员587人,中方船员229人,波方船员358人。中方高级船员中甲板部34人,轮机部24人;中方一般船员中甲板部126人,轮机部45人。至1965年,公司总人数为1124人,其中船员875人,中方船员255人,波方船员620人。成立初期,中波公司的管理及人事问题在一定程度上以波兰远洋公司的组织机构为依据,中方对公司和人员缺乏有效管理,不能调配船员。根据形势需要,1960年1月1日起,公司中方船员全部交由中国远洋运输局管理,1965年11月19日,交通部决定,包括中波公司在内的3个合营公司②和中远广州分公司的中国船员及政治工作统归中远广州分公司政治部领导和管理。

中波两国海员,在艰难的环境中同舟共济,克服重重困难,使公司的业务蒸蒸日上,1955年的货运量比1951年增长3.8倍,船队载重吨位也增加了44%。成立初期,船舶从欧洲直驶中国华北各港口,后因台湾海峡形势紧张,一律改靠华南港口。1957年,公司船舶开始挂靠欧洲主要港口,同年,配备全波兰船员的船舶开始行驶华北港口,部分恢复华北航线。1960年,公司船舶开始弯靠越南海防港。1961年开辟澳大利亚散粮航线。至此,中波公司的亚欧航线基本成型。随着台湾海峡局势的缓和,1963年1月,远洋运输局同意中波公司配备中国船员的船舶试航华北港口,当年共完成了20个波兰(欧洲)—华北航次和22个华北—波兰(欧洲)航次,从而缓解了华北港口对货载的要求。③

除中波公司外,中国还与捷克斯洛伐克等友好国家组建合营公司,开展国际航运。

2. 中国海外运输公司——中国租船公司

中华人民共和国成立前夕,解放区对外贸易运输事业的发展奠定了我国国际货运代理业的基础。中华人民共和国成立以后,中央人民政府更加重视国际货运服务工作。1950年9月,华北对外贸易公司储运部改组为天津国外运输公司,直接受中央贸易部领导,统一组织国营对外贸易货物运输和租赁外国船舶业务,成为专业国际货运代理公司。1951年初,交通部所属中国人民轮船公司与贸易部所属天津国外运输公司合并,并联合华润公司,共同组成中国海外运输公司,统一掌握海上货物运输,办理对外租船手续。中国海外运输公司总部设在北京,实际上是个管理机构,船舶和船员都在华润公司旗下香港华夏航运公司。中波公司组建时,华夏公司部分船舶和船员拨赴中波公司。1952年9月对外贸易部成立,中国海外运输公司成为其直属公司。

1953年1月1日,对外贸易部成立中国陆运公司,整合原有港口、口岸货物运输机构,并入中国进口公司各口岸办事处和中国进出口公司各港口分公司。为了协调海、陆运输工作,中国陆运公司港口分公司内设海运科,对外使用"中国海外运输公司××办事处"的名义。同日,交通部成立中国外轮代理公司,统一办理航行国际航线和港、澳、台地区的船舶在我国港口、水域及有关地方的船舶代理和国际货运代理服务业务。1955年4月,中国陆运公司改组成立中国对外贸易运输公司,中国海外运输公司的海上运输

---

① 1950年我国在香港注册的华夏公司购买的3艘远洋船舶摩得拉(MODLA)、摩得利(MODRELE)、(蒙德沙)MOTESA,因首字母都是"M",故称"3M"船。
② 指中波(波兰)、中捷(捷克斯洛伐克)、中阿(阿尔巴尼亚)3个合营公司。
③《中波轮船股份公司发展史》,上海:上海世纪出版有限公司、上海古籍出版社,2011年。

业务移交中国对外贸易运输公司办理,由该公司负责进出口货物的订舱、配载、仓储、代运、报关、报验等国际货运服务业务。同时,中国海外运输公司更名为中国租船公司,专门负责对外租船运输和租船管理工作。为了加强进出口货物运输工作的组织和管理,1955年5月,中国租船公司并入中国对外贸易运输公司,为了便于对外开展租船业务,对外仍然保留中国租船公司的名义,并开始在各主要口岸设立分支机构。1956年以后,一直到1984年,中国对外贸易运输总公司一直作为各专业进出口公司的国际货运总代理人,我国的国际货运代理服务业务基本上由中国对外贸易运输总公司独家经营,经营活动的范围不断向深度和广度发展。①

3.中国远洋运输公司及广州分公司

中华人民共和国成立伊始,即谋求建立自营的远洋船队,但由于帝国主义的封锁禁运,条件还不成熟。于是,中国采取和波兰、捷克斯洛伐克等友好国家组建合营公司的方式,开展远洋运输。国际间合营船队的建立,不仅打破了帝国主义的封锁禁运,有力地支援了中国的经济建设,还为中国积累了管理远洋运输企业和远洋船舶的经验,培养和输送了远洋船员和业务骨干,加之对外贸易急剧发展的需求,中国建立自营远洋船队的条件逐渐成熟。

1958年7月,交通部在原有机构的基础上组建了远洋运输局(简称远洋局),统一管理全国远洋运输工作。8月4日,为积极开辟远洋运输工作,统一管理和领导华南地区的远洋船舶和外轮代理工作,交通部与广东省委、省政府协商后,决定在广州成立交通部远洋局驻广州办事处(简称广州办事处),实行中央和地方双重领导,以中央为主的体制。当月,交通部即从广州海运局、外代广州区公司共抽调干部27名,船员59人,到广州办事处工作。9月1日,交通部远洋局驻广州办事处正式挂牌办公。广州办事处成立后,为筹建中国远洋船队积极开展工作,整理了大量国际航运资料,抓紧整修轮船,同时想方设法配备了成套的船员并进行了必要训练。

1961年4月27日,中国远洋运输公司在北京成立。同一天,中国远洋运输公司广州分公司(简称中远广州分公司)也宣告成立。中远广州分公司由交通部远洋运输局驻广州办事处改组而来(一套机构,两块牌子),对外保留办事处名称至1965年。

中远广州分公司成立之初是一个仅有627人和"光华""新华""和平""友谊"4艘船舶共2.26万载重吨的小型船运公司。成立后第2天,陈宏泽船长驾驶远洋船"光华"轮从黄埔港首航印度尼西亚,我国自主的远洋船舶从此进入国际航运市场。1961年4月成立至1966年,中远广州分公司贯彻了"服从外交,服务外贸"的方针,远洋运输事业得到迅速发展。船舶从4艘2.2万载重吨发展到14艘15.5万吨;货运量完成170.6万吨,客运量完成5.92万人;相继开辟了东南亚、地中海、西非、东非、欧洲航线;建立了国外业务代理关系及一整套规章制度;了解了国际航运市场基本情况,积累了经验,为以后远洋事业的发展打下了基础。中远船队的建设得到党中央、国务院的大力支持,中远公司成立之时,国家就抽调大量资金,投资发展远洋船队。同时,中远公司也利用银行贷款买船,负债经营,自我发展,从而在较短时间内使远洋船队初具规模。

为组建新中国的远洋船员队伍,1961年5月13日交通部向上海海运局、长江航运局、广州海运局、大连港务局下发了《关于抽调船员支援远洋运输的通知》,各航运单位从1961年至1965年间陆续挑选了一批优秀的船员到远洋公司船上工作。

中远广州分公司的船员队伍主要由以下几个方面人员组成:(1)中国香港、新加坡宣布起义归来的部分船员。1950年1月至3月招商局15艘海轮②在中国香港、新加坡起义,归来海员约有700人,绝大

---

① 王学锋主编;陈莉、汪爱娇副主编:《国际航运代理理论与实务》,上海:上海交通大学出版社,2014年,第50—51页。
② 不含"海辽"轮。

部分被安排在广州海运系统工作,部分分配到中波公司成为中远的第一批远洋船员。(2)中波公司输送的船员。为提高中远自营船队的素质和技术水平,交通部远洋局决定,于1966年下半年将中波公司近500名船员调转给中远广州分公司管理。中波公司挂中国旗的船舶所需船员由中远广州分公司负责调配。(3)1961年至1965年,从沿海、长江水运企业抽调320名船员,支援远洋运输建设,其中部分进入中远广州分公司。(4)解放军复员、转业官兵。1964年和1965年复员士兵320人进入中远,其中部分分配在广州分公司。(5)航海院校毕业生。1964年和1965年,交通部从大连海运学院、上海海运学校、南京海运技工学校①等航海院校分配给中远大专生180人、中专生24人、技校生40人,其中部分进入广州分公司。1965年还从上海轮船公司和长航局调给中运20名厨工。

4.中远上海分公司

随着中国对外贸易的发展,中日、中朝之间的贸易往来和经济合作进一步加强。1962年11月5日,中国与朝鲜在北京签订了通商航约;当月9日,中日两国签订了民间贸易备忘录。根据备忘录的规定,1963年中日双方贸易物资将达到20万吨左右。中日民间贸易的剧增亟须货船往来运输。然而由于当时南北航线尚未贯通,中远广州分公司的船舶无法北上,南北航线的运输须靠大量租船,而1962年以来国际租船市场租费不断上涨。为维护中国海运利益,降低进口粮食、化肥等紧缺物资的运输费用,国家需要利用沿海国有船舶开辟中日、中朝航线。在这样的形势下,经过酝酿和筹备,1964年4月1日,中国远洋运输公司上海分公司在上海挂牌成立。公司成立时由上海海运局领导,翌年1月1日经交通部批准,上海分公司为北方区海运管理局内部独立经济核算单位,在体制上直属北方区海运管理局领导,在业务上实行双重领导。1968年4月因北方区海运管理局停止办公,中远上海分公司直属交通部远洋局(中远公司)领导。

中远上海分公司初创时,仅有8艘小型杂货船,往返中国—日本、中国—朝鲜等10条航线,员工488人,上海海运管理局配备船员419名,其中干部船员138人。② 1965年,中远上海分公司在浙江舟山、宁波和上海等地招收海军退伍军人194人;并按国家分配计划,接收大、中专毕业生20人,其中大专生14人:驾驶5人,轮机7人,水运管理2人。③ 1965年,中远上海分公司职工总数657人,其中船员565人。④

5.建立船员管理制度

远洋船舶由于长期航行国外,高度流动分散,对船员的管理有其特殊性。中远初创时期,对船员的管理制度是在不断摸索中建立和健全起来的。1961年6月13日,当自营远洋船队刚刚组建时,远洋局颁发了《关于远洋船员管理工作中若干问题的规定(草案)试行》:

(1)干部船员与普通船员的划分及管理范围。船舶上的船长、轮机长、大副、大管轮、二副、二管轮、三副、三管轮、电机员,以及政委、政工、保卫干部、驾助、轮助、电助、报务员、机要员、事务主任、事务员、医生等职务的船员,和上述见习职务及大中专毕业生等划分为干部船员,其余的船员统称为普通船员。

对干部船员的考核表现、培养提拔、提职晋级、转正定级、退职退休、政治审查、出国报批、档案管理、鉴定、奖惩、大专毕业生的审查接收以及从普通船员中选拔干部船员等工作,由各分公司政治部干部处管理。普通船员的有关工作由各分公司船员管理处管理。对干部船员中的大副、大管轮以上人员的考核了解、任免等事项,从中远成立开始到"文化大革命"期间,统一由中远公司负责管理。

(2)船员的调配管理。从1961年至1965年,即中远船员队伍初创的前四年内,中远广州分公司干部

---

① 后更名为南京远洋海员学校。
② 刘世文主编:《中远发展史》,北京:人民交通出版社,2000年,第38页。另据金忠明主编《上海远洋运输志》(上海社会科学院出版社,1999年,第303页)记载,上海海运管理局配备船员410人,其中三副、三管轮以上技术干部船员83人。
③ 金忠明主编:《上海远洋运输志》,上海:上海社会科学院出版社,1999年,第303页。
④ 金忠明主编:《上海远洋运输志》,上海:上海社会科学院出版社,1999年,第196页。

船员(包括中远公司管理的干部船员)和普通船员统一由人事部门(人事科)调配。从1965年起,所有船员(包括干部船员与普通船员)的调配工作由船员管理处负责,干部船员的动态和考核晋升工作由政治部干部处负责,以体现党管干部的原则。

试行船员固定管理。由于中远公司成立时间短,尚未建立一套完善的船员管理制度。同时,船员调动频繁,一定程度上导致管理不到位,不利于船员素质的提高和船舶的安全。因此,中远广州分公司于1965年10月,制定了《船员固定试行方案》。该方案是以船定线,以人定船;灵活安排船员公休。原则上一年公休60天,但公休时间须结合船舶运输航线情况机动安排。船长、政委、轮机长、大副、大管轮的公休,由船上提出申请,报分公司批准;其余船员的公休,由船上决定,报分公司人事部门备案。当时的船员定船,主要是实行单船固定,具体来说,一是按船舶船员定额加35%(轮休27%,轮训8%)配备船员;二是基本上采用以低职务代高职务的办法,如船长公休,由大副代,轮机长公休由大管轮代,如个别船员不能以低代高,则可视情况配双职船员,或在分公司内派人代替一个航次;三是在提拔船员时,原则上将新提升的船员留原船工作,把原职船员调到其他船上;四是部分船员可采用休航次假的办法,如电报员及其他可以休航次假的船员,不一定采取60天一次休;五是固定到某轮的船员,无论是在船上工作或公休在家,统一由该船船长、政委和党支部负责。谁公休以及何时公休,由船上负责安排,并将名单报分公司有关部门。

(3)在船船员的管理。一是船公司对在船船员的管理。中远各公司利用船舶自国外返航抵达国内港口停泊期间,由船员管理部门会同有关部门,上船了解和考核船员在航行中的政治思想情况及技术业务水平,检查和了解船员的培训工作,并给予指导和帮助。二是船舶党支部对船员的管理工作。在中远初创阶段,船舶的领导体制是实行船舶党支部领导下的船长、政委分工负责制。船舶党支部对在船船员负有考察、教育、鉴定等责任,并按照船舶的各项规章制度,对船员实施管理。三是使领馆对远洋船员的管理。中远船舶离开国内港口后,中国驻外使领馆便对船舶及船员进行领导和管理,保证了中远在国外能够顺利开展业务活动与涉外工作。

(4)公休船员的管理。中远公司为加强对公休船员的管理,设立远洋船员管理基地,即成立了广州、上海、天津船员处。按地区分工,分片包干负责公休船员及船员家属的思想教育工作,并组织公休船员学习政治与业务技术。

(二)沿海运输企业与船员队伍建设

新中国的航运业是从沿海航线的恢复和开通中开始的,在反封锁反轰炸斗争中,沿海航运队伍经受了炮火洗礼,逐渐发展壮大。在接收国民政府国有企业及资产的基础上,经社会主义改造,沿海航运企业纷纷建立,并组建了各自的船员队伍。

1.大连轮船公司

1949年4月20日,大连轮船公司在东北局财经委与旅大区财委合办的同利贸易公司基础上成立,同年6月恢复大连—烟台客班轮航线,同年9月末接管起义的国民党商船"海辽"号。

1950年3月,东北人民政府根据中央人民政府政务院决定,将大连轮船公司改制易名为大连航务局,隶属东北航务总局。是年,大连航务局已开通大连—天津、营口—烟台、天津—烟台—(石岛)青岛、营口—(秦皇岛)—天津、大连—烟台、大连—(石岛)青岛、安东—烟台、青岛—(石臼所)连云港、天津—龙口、安东—青岛等10条定期航线,共配备13艘客、货轮,1455个客位,其中最大的客货轮为3420吨"东方1"号(即原"海辽"号),最小的是60吨"清华"轮。同年秋,接受香港招商局起义商船"海厦"轮(后更名"利生")。

1951年7月,北洋区海运管理局成立,大连航务局并入,隶属交通部,统一了北方沿海的水运指挥系统。1952年,船舶大量增加,有货轮10艘4.17万吨位,客货轮5艘2191客位和3900吨位,将原大连航务局经营的10条航线调整为大连—烟台、大连—威海、大连—龙口、大连—(石岛)青岛、大连—天津、天津—(龙口)烟台等6条航线,当年完成客运量28.5万人次,货运量达171.7万吨。

1953年5月,根据交通部决定,北洋区海运管理局与华东区海运管理局合并为上海海运管理局,大连设办事处,只留下"海京"等5艘客货轮,共2241客位、4380吨位,其余船舶全部调到上海海运管理局。1954年,大连办事处船舶增加到7艘,5055吨位,3189个客位。大连办事处执行上海海运管理局确定的"以客运为主,兼顾货运,安全运行,准点开航"的经营方针,仅能按计划组织渤海湾海区的客货运输,虽然客运量增加明显,但货运量和货物周转量均大幅度下滑。1955年至1956年,国内自造的2000吨级客货班轮"民主10"号和"民主11"号相继投运,使北方海区的海上运输条件大为改善。

此后,企业建制多次发生变动。1957年1月1日,大连办事处改组为上海海运管理局大连分局;1958年1月1日,大连海运分局移交大连港务局,为其下属企业;1962年7月1日,大连海运分局从大连港划出,恢复为上海海运管理局大连办事处;1964年6月更名为上海轮船公司大连分公司;1968年7月又改回上海海运管理局大连分公司;1978年1月1日大连海运分局与上海海运管理局脱钩,并与筹建中的大连远洋分公司组建大连海运管理局,隶属中国远洋运输总公司。

2.交通部上海海运管理局

(1)机构沿革

交通部上海海运管理局由招商局肇端,几经易名和改组,自上海解放后至改革开放初期,一直为沪上唯一经营沿海客货运输的航运企业。

1949年5月上海解放后,市军管会接管并改组了招商局,又将接管的其他航运企业和机构先后并入。1950年4月,根据中央人民政府政务院关于统一经营全国国营轮船运输业务的决定,遂以招商局为基础,在上海成立国营轮船总公司;并以设在各地的原招商局分公司、办事处为基础,设若干区公司、分公司或办事处。全国公营船舶和非运输部门所经营之500吨以上的海轮和200吨以上的长江江轮,均归国营轮船总公司管理。

1951年2月1日,据交通部决定,国营轮船总公司改组为中国人民轮船总公司,并迁址北京,留沪的部分机构和人员组成中国人民轮船总公司上海区公司(是月5日改称中国人民轮船公司上海区公司),同时将海州、宁波、温州、福州、厦门分公司及镇海办事处划归上海区公司管辖。同年8月,据全国第二届航务会议决定,在交通部领导下成立海运管理总局和河运管理总局,原中国人民轮船总公司撤销,其上海区公司遂改组为交通部海运管理总局所辖的华东区海运管理局。其时,华东区海运管理局下辖厦门、宁波分局及海州、温州、海门办事处,并代管上海船舶修造厂。

1953年5月1日,交通部撤销华东和北洋区海运管理局,以两局合并,成立交通部上海海运管理局,统一经营长江口以北航区的客货运输。在大连设上海海运管理局办事处,保留原华东区海运局南洋运输部(下辖福州和海门办事处),隶属上海海运管理局管辖。

1956年6月,经国务院批准,公私合营中兴海运公司和公私合营南洋轮船公司并入上海海运管理局。同年9月,根据交通部命令,上海区港务管理局与上海海运管理局合并成立交通部华东区海运管理局,次月10日改名为上海区海运管理局,统一领导华东区域的港航工作,经营福州以北整个海上运输业务,直接管理原上海海运管理局所辖单位、船舶。1957年1月,原上海区海运管理局大连办事处改组为该局大连分局,以加强对渤海湾客货班轮的管理工作。1958年1月,根据交通部决定,大连分局及其所属渤海湾全部客货班轮移交大连港务局管辖。是年4月,交通部决定实行港航分管体制,撤销上海区海运管理局,改设上海海运管理局,隶属交通部海河运输总局领导。同年6月,根据交通部关于对地方运输和干线运输实行分管的决定,上海海运管理局将所属千吨以下(含千吨)船舶,分别下放给浙、闽、辽、鲁等省航运部门,组建和充实地方航运企业。

1964年3月,交通部将上海海运管理局改建制为上海轮船公司,专营北方航区的船舶运输业务,隶属在上海新成立的北方区海运管理局领导。下属单位除船舶外,有大连分公司、公私合营鸿翔兴船舶修造厂、海员医院等。

(2)船员队伍建设

上海解放初,许多失业海员被先后安排工作。通过师傅带徒弟,逐级传帮带,不少舵工被提升为驾驶员,铜匠被提升为轮机员,以扩充和发展船员队伍。在解放初3年里华东海员工会即介绍了1125名失业海员上船工作。随着招商局起义船员和私营公司船员相继北归,至1952年上海海运局有船员2100人,中兴等7家私营轮船公司有船员851人,南洋航线私营小船有船员268人,其中干部船员中有相当一部分船长、大副、轮机长、大管轮虽有丰富的航海经验,但缺少理论知识。1953年至1957年,上海海运局选拔适应船舶工作的复员转业军人945人充实船员队伍,成为骨干力量。其间,又有432名散落海外的海员陆续北归,其中有许多具有航海经验的老海员,工作热情高。由各专业学校输送至上海海运局工作的有269人,他们掌握知识,很快走上了驾驶员、轮机员岗位,有的则逐渐能胜任船长、轮机长。同一时期还向社会招收职工477人,进行短期培训后上船工作。1957年上海海运局有船员3700人。

"大跃进"开始后,海运船舶增加较多,1958年至1962年,上海海运局继续通过退役军人、社会招工和学校分配等渠道增加海员,并通过短期轮训、船舶办业余学校以及在实际操作中帮教等形式培养和提拔三副、三管轮以上干部船员1617人。1964年又接收复员转业军人1087人,技校毕业生150人,大学毕业生90人,补充船员缺额的同时,改善了船员队伍的政治、技术素质。至1965年,上海海运局有船员6500人。①

1953年6月,原在天津港务局工作的女青年孔庆芬要求上船工作,被安排在上海海运局万吨级货轮"和平1"号,成为新中国第一名海轮女海员,她从水手做起,逐级成为三副、二副、大副,1969年通过船长技术鉴定考试,被正式任命为"战斗67"轮船长,成为新中国培养的第一位海轮女船长,后又调至客轮、油轮和远洋货轮担任船长(图1-1-3)。1957年又有两名大连海运学院毕业分配的女船员上船见习驾驶员,逐级成为三副、二副、大副。同年从武汉河运学校毕业的两名女生,到海轮上任报务员,后被提拔为主任报务员。1959年上海海运局向社会招募女青年12人,上船任客运服务员,工作出色。此后逐年向社会招工,都有一部分女青年被安排在客轮客运部、分别任客运服务员、广播员和小卖员

图1-1-3 新中国第一位远洋女船长孔庆芬

等,成为客运服务的主要力量。1965年,大连海运学院轮机系女毕业生张兴芝分配至上海轮船公司,主动要求上船工作,从机匠到三管轮、二管轮、大管轮,1983年被任命为"长柳"轮轮机长。女船员的出色表现,打破

---

① 燕明义主编:《上海沿海运输志》,上海:上海社会科学院出版社,1999年,第424页。

了海船由男子一统天下的旧传统,为中国的海运事业贡献了自己的力量。

3. 广州海运管理局

1949年10月广州解放后,市军管会接管了国民政府国有企业原招商局广州分公司,划归广州区港务局领导,定名为招商局广州分公司。1951年2月,招商局总公司改称为中国人民轮船总公司后,便以招商局广州分公司为基础,成立了中国人民轮船总公司华南区分公司,辖汕头以南的华南海域,下设汕头、湛江分公司,海口、榆林办事处,专营沿海运输业。同年8月,改组为华南区海运管理局(隶属交通部)。为贯彻交通部领导关于港航分工的方针,1953年4月,改名为交通部广州海运管理局,曾先后将收发货物、代理业务等移交给港务局,转而以经营船舶运输为主。1956年1月,为了缓和港航之间的矛盾,使港航成为一个有机的整体,广州海运管理局与交通部广州区港务局合并成立华南区海运管理局。同年9月,改名为广州区海运管理局,当年底,私营航业并入广州区海运局。

1958年至1961年,管理机构的海、河合并及层层下放,使海、河运输的管理工作受到很大影响。自1961年起,根据交通部决定,广东省将其沿海主要港口和船舶(黄埔、湛江、八所、汕头、海口、榆林港及500吨以上海轮)分两批交回交通部直接管理,并于1961年6月1日重建成立广州海运管理局(简称广州海运局),结束了广东海河机构3年短暂的合并。国民经济调整时期,一些下放机构又陆续收回。

20世纪50年代初期,华南区海运管理局仅有拖轮、驳船6艘,3200载重吨,沿海货源大部分由私营小型船舶(500吨以下)承运。[①] 1950年7月至10月,原招商局13艘轮船起义回到广州,其中11艘留在广州,加上民生公司等从中国香港回归的私营轮驳船相继投入营运,华南沿海客货运输逐步发展起来。1957年,华南沿海专业运输船舶保有量已达42艘,5.86万吨,2600客位。当时的广州区海运管理局经营运输范围已分为广东沿海、穗港、中越三个部分,进行专线经营管理。

华南沿海客运是1951年底至1952年初恢复的,1957年以前,由私营的民生实业公司和大达公司的客货轮承运,主要经营广湛、广琼两条航线。1956年社会主义改造浪潮中,私营航业并入华南区海运管理局,客运业务随之转由该局经营,到1957年共完成客运量35.2万人。1953年和1956年,由于海南基建、垦殖等工作的需要,曾形成两次客运高潮。当时经营客运的均是江船,江船航海困难较多,基本采取近岸航线航行。广大海员共同努力,保证了客运安全,未发生任何严重事故,并且不断改善服务质量,为日后华南海上客运的发展奠定了基础。

广东沿海货运从1950年复航至1957年,共完成运量660多万吨,主要承运农产品和基建材料,为工农业生产提供了有力的支援。1958年开始的"大跃进"运动给海运带来了艰巨的煤炭、矿石运输任务,运量连年高速增长。但这种发展速度是不符合客观规律的,结果从1960年开始货运量逐步下降,直到1965年才再次回升。华南沿海货运量也从1965年开始在新的基础上迅速得到发展。

1957年,毕业于大连海运学院轮机系的王亚夫被分配至广州海运局,她本人要求上船工作。王亚夫从机匠做起,从1958年开始任三管轮,逐步升任二管轮、大管轮,1973年开始担任轮机长,为我国自己培养的第一位远洋船舶女轮机长。

(三)内河运输企业与船员队伍建设

我国有着丰富的内河资源,集水面积在100平方公里以上的河流有5万多条,总长度22.68万公里,总径流量约2.6亿立方米,全国内河通航里程11万多公里,长江、珠江、黑龙江、京杭运河、淮河、钱塘江等水系通航里程均在100公里以上。内河运输企业和船员队伍建设是我国航运事业的重要组成部分,对我国交通运输和经济建设起着举足轻重的作用。

[①] 谭玉琦主编:《广东航运史》(现代部分),北京:人民交通出版社,1994年,第30页。

1.长江航运管理局(长江航务管理局、长江航运公司)

长江的国有航运,基本上是在原招商局的基础上发展而来的。按照各地解放时间,招商局总公司和各地分支机构,先后为当地军管会分段接管。至1949年,长江全线职工人数为12908人①。1950年4月,招商局总公司改称国营轮船总公司,统一领导管理各分公司。5月27日,根据政务院决定,成立交通部长江区航务局,10月12日,更名为中央人民政府交通部长江航务管理局。1951年2月1日,国营轮船总公司易名为中国人民轮船总公司,并由上海迁至北京与交通部航务总局合署办公。总公司下辖上海、长江、华南三个区公司。原招商局汉口分公司也于1951年2月1日起改组为中国人民轮船总公司长江分公司,并与长江航务管理局合并办公,下辖镇江、南京、芜湖、安庆、九江、长沙、沙市、宜昌、万县、重庆各分公司及办事处。长江航务管理局又改称中央人民政府交通部长江区航务局。1951年9月,交通部撤销了航务总局和中国人民轮船总公司,总公司各分支机构也同时撤销。长江分公司撤销后,其业务合并于长江区航务局,再次更名为长江航务管理局。至此,长江航务管理局实际上成为"政企合一"机构。1952年元旦,成立交通部长江航务管理局上海分局。同年下半年,长江航务管理局进行了机构改革,直辖13个港口,一等港3个:上海(分局)、汉口、重庆。截至12月底,长江航务管理局有职工10821人,其中船员5571人②,超过半数。

1953年4月11日,按照交通部统一全国内河航运管理机构名称的通知,长江航务管理局改称中央人民政府交通部长江航运管理局(简称长航局)。"一五"期间,长航局组织机构经过多次改革和调整。1954年,部分港实行港航合一,撤销重庆港建制。以重庆港务局为基础,于4月成立长江航运管理局重庆分局,业务以港口生产为重点,除重庆港外,并管辖万县港、宜昌港及公私合营川江轮船公司。1955年,长航局对全线机构又进行调整,加强对上中游航运的经营管理,于6月间恢复重庆港务局建制,新成立重庆分局,管辖重庆港、万县港、宜昌港和泸州办事处,以及重庆航道区、泸州航道区,领导公私合营民生轮船公司重庆分公司和川江轮船公司。1956年4月,成立武汉分局,管理长航局原直属船舶,经营干线及宜昌—九江航段的客货运输,并管辖黄石港、九江港和沙市办事处,以及汉口港的调度业务。上海分局管辖安庆、芜湖、南京、镇江4个港务局。长航局除下属重庆、武汉、上海3个分局,还直接领导长江航道局、长航公安局和重庆、宜昌、汉口、白莲泾等修造船厂,以及1所干部学校,3所技术学校。1956年春曾一度把航道和部分船厂上交海关和交通部有关部门直接管理,1957年又要求收回长航局管理。

1957年11月,长航局又对体制机构进行了精简,撤销武汉分局,成立直属船务处,直接领导干线船舶和中间航区。重庆分局与港合并,仍称分局,为统一领导川江航区的一级机构。上海分局为统一领导安庆以下航区的一级机构。长航局所属船舶,原则上局管跨区干线船舶,分局管区间船舶。长航局在这次调整管理体制机构时,精减人员,规定管理人员占生产人员的比例为6%—9%,生产人员(包括管理人员)的比例为8%—11%,见表1-1-4。

1949—1957年长江干线各类职工人数③　　　　　　　　　　　　表1-1-4

年　份	全部职工总数(人)	按部门分(人)				
		航道	运输	港口	工业	其他
1949	12908	710	7259	3854	—	1085
1950	14481	750	7570	4019	1021	1121

---

① 夏国芬主编:《上海长江航运志》,上海:上海社会科学院出版社,1997年,第283页。
② 许可主编:《长江航运史(现代部分)》,北京:人民交通出版社,1993年,第29页。
③ 许可主编:《长江航运史(现代部分)》,北京:人民交通出版社,1993年,第161页。

续上表

年　份	全部职工总数(人)	按部门分(人)				
		航道	运输	港口	工业	其他
1951	14633	792	7615	4043	1093	1090
1952	18172	1252	8814	4680	2499	927
1953	24784	1664	10748	8077	3298	997
1954	46369	1994	17000	21894	3839	1642
1955	47344	2558	18356	20566	3942	1922
1956	57022	3855	20822	23135	5627	3583
1957	60056	3619	23744	26219	6058	416

1958年至1964年,长江航运的管理体制先后经历了部分港航下放地方管理,10大港口(重庆、万县、宜昌、汉口、黄石、铜陵、芜湖、马鞍山、南京、九江)收回干线统一管理。这些港口虽收回统一管理,而1958年下放的船舶和部分港口仍实行以地方为主的双重领导,长江航运的管理上出现了一些混乱状况。

在国民经济调整中,国家进行了一些经济体制改革的试验,在工业交通部门试办托拉斯。1964年8月,中共中央国务院决定从第3季度起,在交通部试办长江航运公司等12个托拉斯。9月下旬,交通部特派于眉副部长来武汉主持长江航运托拉斯的筹备工作。11月10日,在武汉成立了长江轮船公司。12月8日,长江航运管理局做出决定,撤销重庆、上海分局,成立长江轮船公司重庆、武汉、芜湖、上海4个分公司。至年底,共接收各省在长江干线经营的81条客货运输航线,752艘运输船舶,11201名职工,以及客运站、码头、仓库、货场、修船厂等。1965年1月1日,国家在长江试办的托拉斯——长江航运公司在武汉成立,下设长江轮船公司,13个港务局,277个营业站、点,5个修造船厂,1个港口机械制造厂以及航道局、物资供应公司、设计院、科研所、学校等32个企事业单位。有职工65000人,各类船舶2905艘,其中运输船舶1472艘。长江轮船公司负责统一经营管理重庆至上海间的全部轮驳船运输及航修站。长江航运公司成立后,统一了干线运输生产,取得了较好的经济效益,在支援农业方面还受到了中央的肯定和表扬。然而由于并没有改变以行政命令管理企业的传统,未能真正按托拉斯的要求采取经济办法建立一套科学管理体系,因而不可避免地存在诸多难以解决的问题。

为提高航运生产效率,保障航行安全,合理配备船员,长航重庆分局进行了船员重组和技术革新,推行"驾引合一",开展了以"四机一炉"(主机、电机、锚机、舵机及锅炉)为重点的轮机管理工作,取得了可观的成效。

值得一提的是,1953年初夏,长江上迎来了新中国培养的第一代女驾驶员。毕业于长江航务学校(该校原名广东省立潮汕高级商船技术学校)的林幼华、罗烈芳、杨梦月、郑慧凤等4位女生和同班的18名男生,获得了到长江轮船实习驾驶的资格。随后,石若仪、杜悦芸、陈美芳、李正容、李正德、杨淑莲、杨英琴、周纯哲、何意莉、陈少惠、曾洵斐、黄式玫、黄式玖等,也先后登上了长江轮船的驾驶台。其中,女驾驶员罗烈芳于1956年4月,出席了在北京召开的全国先进生产者代表会议,受到中央领导人的接见。同年7月,她还代表中国海员,参加了在匈牙利召开的世界女工大会;石若仪和黄式玫是新中国最早培养的江轮女船长,1958—1959年,石若仪在原江峡客轮上担任三副时,多次迎送过毛泽东、周恩来、刘少奇、朱德、董必武、陈毅等老一辈无产阶级革命家;李正容后来成为新中国唯一一位海港女引航员。她们是新中国妇女解放的先进典范。

2.珠江航运管理局(珠江轮船公司、珠江航运公司)

广州解放后,在各级人民政府的关怀下,广东各级航运机构和华南区海员工会、广东省民船联合运输社

(分别成立于1950年)一道,发动和组织广大船员、船工、船民迅速恢复内河航运。新中国成立初期,广东内河国营运力比重很小,因而亟待发展。1951年,广东省交通厅成立内河管理局,从其他单位接回31艘残旧船舶,其中有营运价值的只有"新利亨"客货驳和"利亨"客货驳两艘,又租了一艘拖轮,"广东内河国有航运一拖二驳起家"的说法便由此而来。1952年,又陆续接管了一批机关生产船舶,计有拖轮16艘、客货船13艘、货驳1艘、民船9艘、交通船1艘,修复后投入使用。同年,广东省人民政府又拨款购买拖轮2艘、货驳1艘、客货驳1艘、交通船1艘。以上所有船舶为建立广东省内河国营运输企业奠定了基础。

1952年9月,随着内河局的职能由单纯的行政管理发展到同时经营运输后,标志着广东国有内河运输企业正式形成。内河局是一个政企合一的运输企业。1953年,内河局集中资金73万元,大修各类船舶共计52艘,并用省政府拨款的55万元修复船舶22艘,新建船舶10艘,收购民船4艘。当年,国有船舶发展到161艘,占广东全省轮驳船总载重量的19.9%,大大增强了国营运力的实力。随着船舶的增加和业务范围的扩大,职工人数不断增加,1953年为2000余人,1954年初又增至3000余人。

1954年6月1日,在广东、广西两省内河局的基础上组建珠江航运管理局(简称珠航局),统管两广珠江水系与广东的内河运输,直属交通部。珠航局是一个带有行政管理、事业管理和企业经营管理3种职能的机构。当时国营船舶的一切管理工作由珠航局及其各分局办事处直接领导。珠航局也是当时两广最大的国有航运企业。珠航局的成立,为解决一江二主的矛盾,扭转航业管理分散、混乱的状况,平衡两广运力等方面起到了积极的作用,初步形成珠江水系运输管理体系。1957年5月,考虑到珠江水运物资的地方性,国务院决定珠江航运由统一管理改为两广分别管理和领导,撤销珠航局,其业务交由两广交通管理部门。广东省成立了航运厅。航运厅是广东省政府管理航运企业、事业、行政的综合职能机构。

1957年6月,广东全省轮驳航业实现了全行业的公私合营,改造成为社会主义全民所有制水运企业,国有航运企业的船舶保有量从1954年的202艘、7319载重吨增加至314艘、58983载重吨。全省航运职工、社员队伍已达16万余人,其中国营职工31194人。

1958年,广东航运机构经历两次比较大的变动,先是2—6月的水陆合并,即刚成立不久的广东省航运厅撤销与广东省交通厅的短暂合并。原航运管理机构改组为航运局,属省交通厅领导。同年7月,交通部直属的广州区海运局下放,与交通厅航运局合并,并接管交通部航务局第一工程局第一工程处和广东省打捞公司,再度成立广东省航运厅,实行海河合并水陆分管。广东省航运厅下设海河运输局与航务工程局,直管广州船舶修理厂与湛江港湾机械厂。

海河运输局属企业单位,除直接经营原广州海运局下放地方的海编船队外,还设立了内河船舶总队,下设三个船队:第一船队负责西江、珠江三角洲干线跨区货物运输;第二船队负责西江、珠江三角洲干线定期班轮(渡)客货(以客为主)运输;第三船队负责港澳线运输。

1961年6月1日,重建广州海运管理局,结束了海河机构3年的合并。1962年至1964年间,广东省航运厅也将原省管的港口、船舶、航道、船厂逐步收回;对珠江水系船舶实行集中管理,统一调度,统一核算;以原海河局船舶总队为基础,成立了珠江轮船公司,并在惠阳、清远、江门、石岐设立分公司(船队),肇庆设长航调度段。珠江轮船公司成为珠江水系国有航运企业的最大一家,后改称珠江航运公司。

3.黑龙江航运管理局

1946年4月,被日本帝国主义统治长达14年之久的哈尔滨获得解放后,组建松花江航务局,黑龙江诞生了第一个人民航运机构。5月7日,松江省政府接管改组松花江航务局;5月17日,"同昌"轮载客出航,开始了人民航运的第一个客运航程。7月1日,合江省政府在佳木斯组建了国营合江轮船公司,经营管理松花江中下游及乌苏里江航运业务。同年冬,原黑龙江省黑河专署在黑河成立了黑河造船工程处,

1947年改组为黑河航务处,1949年又改组为黑河轮船公司,经营管理黑龙江流域航运业务。

1947年5月11日,松花江航务局奉令接收哈尔滨市汽船60只及全部驳船,并被改称为东北航务局。至1949年,黑龙江水系经营船舶运输的航运企业有哈尔滨航政局、合江轮船公司、黑河轮船公司及松江省企业管理局运输队,各家分散经营,共有正式班期的客货轮6艘,总吨4915吨,净载重925吨,2116客位,1058千吨。

1950年1月26日,东北人民政府决定,松花江各水上运输机构统一由松江省人民政府领导,松江轮船公司(原合江轮船公司)并入哈尔滨航政局,成立东北内河航务局。4月19日,松江省政府将远东公司移交我国的4艘汽船拨给航务局。8月2日,东北内河航务局改称东北人民政府内河航运局,于1953年划归中央交通部领导,改名中央人民政府交通部东北内河航运管理局。

1954年5月3日,东北内河航运管理局接管了黑河轮船公司;当时有在册职工3267人,各类船舶128艘,计36424吨位,4258客位。① 1955年3月29日,东北内河航运管理局改称黑龙江航运管理局,全局职工4842人。② 1956年,黑龙江水系民船掀起社会主义改造高潮,建立了9各高级木帆船运输合作社,入社木帆船共计359艘,5992载重吨,社员1164人;并成立了公私合营松花江航运公司,共有船舶111艘,职工407人,其中船员370人。③ 1958年以后,原公私合营及私营船舶中较大型客货船、驳船均调入黑龙江航运管理局直营。1958年7月1日,交通部决定将黑龙江航运管理局下放黑龙江省领导,隶省交通厅,改名为黑龙江省交通厅航运管理局。1960年末,全局职工人数达9350人,为这一时期之最。此后有所下降,至1965年末为7243人(参见表1-1-5)。

1949—1965年黑龙江省水路交通职工人数④　　　　　　　　　　　　　　　　　　表1-1-5

年份	年末职工人数(人)	在岗职工人数(人)	职工年平均人数(人)	年份	年末职工人数(人)	在岗职工人数(人)	职工年平均人数(人)
1949	529	529	—	1958	8358	8358	5997
1950	1629	1629	—	1959	9035	9035	8261
1951	2248	2248	—	1960	9350	9350	9591
1952	2948	2948	2742	1961	9169	9169	9342
1953	3267	3267	3118	1962	7348	7348	7989
1954	3639	3639	3512	1963	7113	7113	7113
1955	4842	4842	5037	1964	7165	7165	—
1956	4699	4699	5407	1965	7243	7243	—
1957	7431	7431	5814				

第二节　海员管理逐步开展

1949年10月1日,中央人民政府正式成立,中央人民政府交通部(以下简称"交通部")同时组建。随着各地的相继解放,交通部领导的管理水运交通事业的各级航务局也随之成立,海员管理是其职能之一。

---

① 宋福辉主编:《黑龙江航运史》(现代部分),哈尔滨:哈尔滨市北航印刷厂(内部资料),1997年,第3页。
② 黑龙江省地方志编纂委员会:《黑龙江省志·交通志》,哈尔滨:黑龙江人民出版社,1997年,第837页。
③ 宋福辉主编:《黑龙江航运史》(现代部分),哈尔滨:哈尔滨市北航印刷厂(内部资料),1997年,第27—28页。
④ 资料来源:黑龙江省航务管理局编《1949—2005年黑龙江水路交通统计摘要》,第133页。

一、航政管理体制的建立与调整

(一)航政管理体制的初步建立

1948年东北全境解放,人民解放军接管日本与国民政府的航政与水运及各种资产,并在营口成立东北航政总局,设立安东(今丹东)、哈尔滨航政局。1950年3月东北航政总局迁至沈阳,5月在东北航政总局基础上成立东北人民政府航务总局。

1949年1月至8月,天津、宁波、上海、青岛、福州等城市相继解放,人民解放军军事管制委员会对国民政府的航政机构及人员资产等分别予以接管。

1949年9月27日,中国人民政治协商会议第一届会议通过了《中央人民政府组织法》,规定中央人民政府政务院下设有包括交通部在内的30个部(会、院、署、行)。新中国成立后,10月19日,由中央人民政府委员会第三次会议确定章伯钧为交通部部长;31日,交通部铜制印章启用。由于全国解放战争尚未结束,中央人民政府按照对东北、华北的国民政府管理机构与官僚资本的接管经验,接管国民政府的航政组织机构与人员资产等。

1949年11月19日至12月28日,交通部在北京召开第一届全国航务、公路会议,确立在交通部下设航务总局和国营轮船总公司,领导航务建设,管理航务工作。1950年2月21日公布的《中央人民政府政务院关于一九五零年航务、公路工作的决定》中"关于航务工作的决定",确立水路运输管理体制如下:

在交通部下设航务总局和国营轮船总公司,领导航务建设、管理与航运工作。

在沿海主要港口及长江各设航务局,分别为天津区航务局,下设烟台、威海卫、秦皇岛(或办事处)、青岛、连云港等航务分局;营口区航务局,下设大连、安东等航务分局;上海区航务局,下设宁波、福州、厦门等航务分局;广州区航务局,下设汕头、海口、榆林港、广州湾等航务分局;台湾区航务局;长江航务局,下设汉口、南京、重庆、芜湖、九江、沙市等航务分局。

以上各航务局在交通部航务总局直接领导下工作,但根据具体情况与领导上的便利,得由交通部暂行委托各大行政区或省、市代管。在台湾未解放前,广州区航务局暂托广东省人民政府代管,宁波航务分局暂托浙江省人民政府代管,福州、厦门航务分局暂托福建省人民政府代管,营口区航务局暂代东北人民政府代管。

为了统一航运业务,在上海设国营轮船总公司(将旧招商局业务归并),统一掌管国营轮船运输业务。

内河跨越两大行政区,由交通部航务总局直接领导;内河跨越两省以上,得成立某某内河管理局(如松花江、珠江、运河),归该管大行政区交通部领导,并受所经各省交通厅之指导。内河在一省之内者,受省交通厅管理,但与跨两省以上内河相通且能通行轮船者,得按实际情形,划归大行政区交通部或交通部航务总局直接领导。

成立航务专门学校,培养航务技术人员,并在今年普遍进行一次对高级船员的考试和甄别。

根据1950年2月编制的《中央人民政府交通部试行组织条例(草案)》职能设置方案,航务总局下设各处、室、会、公司共18个,其中有航政处、海务处、船员考试委员会、轮船总公司(招商局)等与船员管理相关的机构或部门。

1950年7月26日,政务院财经委员会发布《关于统一航务港务管理的指示》中,决定"建立统一航务及港务管理机构——中央人民政府交通部航务总局及各地港务局,并逐步颁布统一管理航务及港务的章则、法规、制度"。根据该指示成立了大连、天津、青岛、上海、广州5个区港务局及其分局或办事处。各地港务局为交通部所属机构,除长江管理局及青岛区港务局外,为便于管理,决定天津、上海、广州、大连区港务局暂托当地人民政府代管。各地海关也将其管理的港务、航标工作连同有关机构、人员、设施等移交交通部航务总局和各区港务局。"船员之鉴定、考核与管理"以及"引航工作和引航人员之管理"为各区港务局的主要职能之一。

1951年2月,交通部决定,国营轮船总公司(招商局)改组为中国人民轮船总公司,迁往北京,与交通部航务总局合并办公。同年3月20日至4月14日,交通部在北京召开第二届全国航务会议。会议做出《关于几项重要问题的决定》:撤销航务总局和中国人民轮船总公司,将原航务总局分为海运总局、河运总局、航道工程总局3个独立机构,另设船舶登记局;海运管理总局下设北洋、华东、华南三个区海运管理局;河运方面除已设立的长江航务管理局外,另设黑龙江、珠江航务管理局,同时撤销东北航务总局(于1951年5月8日划归交通部领导)。由此,沿海和内河均实行分区统一管理港口和运输生产的体制。据1951年11月《交通部编制员额表(草案)》显示,海运总局下设海务监督处,海务监督处下设港务监督科、海务监督科、船舶登记科;河运管理总局下设航行监督处、机运处,两处下设船舶检丈科、航行监督科。

1952年6月,交通部又调整部机关机构,海运、海港与长江、珠江、黑龙江三大水系的航运、港口改由交通部直接管理。因涉外管理需要,在不改变隶属关系、职责的情况下,海运管理总局管理的海务监督处对外称海港监督室,负责沿海对外的航政事务,主管北洋区、华东区、华南区海运管理局及沿海各港务局航政管理事务。河运管理总局下设航行监督科、航标科等20个科室(12月调整为23个)。航行监督科内设科长、船长、轮机长、大副、二副5个职位,主管长江、珠江、黑龙江三大水系及各省级地方内河航政事务。11月,全国海运专业会议决定,调整海运机构,统一北洋、华东两个航区,取消上海以北分区海运管理的体制。

(二)航政管理体制的不断调整

根据政务院财经委员会决定,"自1953年1月1日起,结束天津、上海、广州、大连青岛区港务局由当地人民政府代管关系,并自同日起,均由中央人民政府交通部海运管理总局直接管辖领导。"鉴于当时沿海口岸相继对外开放,外国籍船舶进出港增多,涉外管理工作量逐渐加大,1953年4月17日,交通部公布《交通部海运管理总局海务港务监督工作章程》。该《章程》规定,交通部海运管理总局设海务、港务总监督室,海港总监督长由总局副局长一人担任并负专责,负责沿海港务监督和海务监督两部分工作。各海区港务局及中型的港务分局设港务监督(室),各港务监督(室)对外均称"中华人民共和国××港港务监督"(简称"港务监督"和"港监"),港务监督长由各港务局副局长一人担任并负专责。《章程》规定,港务监督是国家政权机关,在港内进行行政监督,监督进入港之船只在港域内遵守国家法令、政策及各项规章制度。其职责之一是领导船员的管理、考核及检定考试工作、核发船员证书,培养及提高船员的业务及技术水平,规定船员的配额及职务。各海运局设海务监督(室)①,海务监督长由副局长一人兼任并负专责。海务监督的基本职责之一是管理海运船舶驾驶部分的船员,考查其技术,领导其学习,提高其业务及技术水平,参加其考试工作,并对其任免、调动、升降、奖惩等在技术上提出决定的意见,参加编制与审查培养船员的计划。5月,北洋区海运管理局与华东区海运管理局合并组建上海海运管理局,统一管理长江口以北的客货运输业务。

内河方面,1953年4月3日,交通部通知:"为明确今后内河航运的方针,经请准中央财委同意,规定统一全国内河航运机构的名称如下:中央河运管理机构称中央人民政府交通部内河航运管理总局,各水系按水系称航运管理局。"水系各省也相应称××省内河航运管理局。随后规定长江、珠江、黑龙江3个航运局的航行监督部门改为独立建制,隶属交通部内河航运管理总局。各省航运局港航监督部门由各省交通厅直接领导。1954年4月,交通部河运管理总局改为内河航运管理总局。5月,交通部航道工程总局

---

①兼管港务工作的海运局设海务、港务监督室,其负责人为海港监督长。

改称航务工程总局。11月24日,交通部公布《内河港航监督组织工作暂行章程》,规定在交通部内河航运管理总局内设港航监督室和港航总监督长;各水系航运管理局和所属分局、港务局、各省内河航运管理局和所属分局设置港航监督室(科、股)。港航监督室简称港航监督或港监,主要负责监督检查内河船舶技术安全状态、航行标志、港口作业安全及其有关法令、规章、制度的执行,维护航行秩序和安全,办理船员考核、教育和配额以及船舶证书事项,进行航政调查、处理、预防、统计,领导船上救护、消防工作等。

1955年3月,交通部再次更换机构名称,海运管理总局改称交通部海运管理总局,内河航运管理总局改称交通部内河航运管理总局,航务工程总局称为交通部航务工程总局。

1956年1月,全国航务会议后,交通部对海运体制进行调整,实行港、航区域统一管理。上海港务管理局和上海海运管理局合并,同年9月成立交通部华东区海运管理局,10月更名为上海区海运管理局。广州海运管理局与交通部广州区港务局合并成立华南区海运管理局,同年9月,改名为广州区海运管理局。同年8月,交通部改组部机关机构,撤销海运管理总局、河运管理总局,新设海河运输局,同时新设交通部港航监督局。

1958年1月,根据中央"精简机构、下放事权"的决定,交通部向国务院提交报告,拟对机构设置进行调整。3月31日,国务院批复,同意交通部将本部机关24个职能局、室合并为7个,撤销交通部港航监督局、海河运输局,新设海河总局和航务工程总局,船舶登记局变为事业单位(6月1日改称船舶检验局)。8月,交通部再次调整部机关机构并上报。10月16日,国务院批复:撤销航务工程总局,成立水、陆、空3个总局(海河总局、公路总局、中国民用航空局);航务工程总局撤销后,其工作并入海河总局,地方航运局也同时并于海河总局。

同年,水运企业体制下放,实行地方与中央双重领导。黑龙江航运局下放给黑龙江省。广州区海运局除保留管理和开展远洋运输的机构与适合航行于东南亚的船舶外,其余所有港口、船舶一律下放广东省。远洋运输仍由中央管理,广州区海运局下放广东省后,仍担负培养输送远洋船员的任务。长江和北洋沿海干线的水运企业体制下放,长江干线的长航船舶,长江口以北大港间的运输船舶,均系跨省运输,仍由中央统一管理。上海区海运管理局和长江航运管理局(包括重庆、上海两分局)仍保留,实行以中央为主的双重领导。①

1958年4月撤销上海区海运管理局,改设上海海运管理局,与上海港务管理局同属交通部海河总局领导。同年7月,交通部组建远洋运输局,统一管理全国远洋运输工作;9月1日,交通部在广州成立远洋局驻广州办事处,筹建中国远洋船队。

由于交通部下放企事业单位过快、过急、过多,产生了新的矛盾,缺乏协调统一,协作关系日趋松弛。1959—1961年间,交通部多次向国务院反映下放所带来的困难,并建议收回下放的企事业单位。1961年2月,中央下发通知,将大连、秦皇岛、天津、烟台、青岛、连云港、上海、黄埔、湛江、八所共10个沿海港口划归交通部管理。

1961年4月27日,中国远洋运输公司(在北京)和广州分公司②(在广州)同时宣告成立。同年6月1日,重建成立广州海运管理局。

1963年,经国务院批准,交通部机构又有变化,按专业恢复设置水运总局,单独成立航务工程局,安全监督局改称船舶检验局。

1964年7月,交通部机构又有调整,取消航务工程管理局,增设基本建设司;增设港务监督局。同时,根据统一领导、分级管理原则,交通部将直属水运干线划分为北方沿海、南方沿海、长江3个航区,原

---

① 《1958—1965中华人民共和国经济档案资料选编(交通通讯卷)》,北京:中国财政经济出版社,2011年,第574—575页。
② 中远广州分公司成立后,对外保留远洋局驻广州办事处名称至1965年(一套机构,两块牌子)。

则上按航区分设管理局,实行交通部统一领导的区域管理制。按航区分设的管理局既是联合企业,也是本航区的航运管理机构。

1965年1月1日,正式成立长江航运公司,同日长江航运管理局宣布撤销。1966年4月15日,成立长江航政管理局,长江干线初步形成政企分开的管理体制。船员管理为长江航政管理局职责之一。

二、船员培训、考试与发证管理

(一)船员考试委员会的建立

1.沿海各港船员考试委员会

中华人民共和国成立后,十分重视航运人才的培养。航运学校及航运企业积极开展船员培训,航政部门主管船员考试。各港航政部门成立了专门的船员考试委员会,统一组织船员培训及考试工作。

1950年4月,交通部航务总局指示上海区港务局成立船员检定考试委员会。根据交通部授权,航政主管部门负责组织实施本地区船员证书的考试和签发工作,指导船员专业培训,监督检查持证船员的任职情况。随后,大连、天津、青岛、广州等各沿海区港务局也相继成立了船员检定考试委员会,分别负责船籍港在本地区的船员检定考试和发证工作。1952年9月,原船员检定考试委员会进行改组,成立船员考试委员会。

1953年8月公布的《海上轮船船员检定考试暂行办法》,进一步明确要求,在大连、天津、青岛、上海、广州等五大港务局各设船员考试委员会,并由下列成员组织之:①港务局的港务监督长任主任委员;②海运局的海务监督长任副主任委员;③海员工会代表;④港务局船员管理部门;⑤海运局的机务部门;⑥海运局的人事部门;⑦海运局的政治部门;⑧专家及教授。具体人数及人选由各港务局自行拟订,呈报海运管理总局核准任命。该委员会的分工是:船员鉴定由人事部门、政治部门、机务部门、海务监督及工会共同领导,以人事部门为主;根据德、才,每半年民主评定一次。鉴定结果作为检定考试的参考资料。若考试成绩与鉴定有较大距离时,得由船员考试委员会专门小组进行调查研究。各区港务局根据该"办法"的要求,分别重新成立了船员考试委员会,并按照该"办法"的规定开展船员考试发证工作。1958年开始,因船员考试委员会成员不断调动,许多船员考试委员会自行解体。船员考试工作被迫中止。1961年调整政策实施后,各地船员考试委员会相继恢复和重组。1964年1月1日,各港又分别重新成立了船员考试委员会。

2.内河船员考试委员会

根据1953年11月交通部公布的《内河轮船船员检定考试暂行办法》《小型轮船船员检定考试暂行办法》,分别在汉口、上海、广州、天津、哈尔滨各设立船员考试委员会。该内河船员考试委员会设立主任委员1人或2人,委员7人至10人;正副主任委员由航运管理局及其他港务或航运主管机关负责人担任;委员由航运主管机关人事部门、监督部门、机务部门、政治部门以及当地其他航运机关主管人员组成,同时聘请专家、教授参加。委员经确定后,须报请总局审查批准。

各考试区划之隶属地区如下:

汉口:长江流域以及江西省、湖南省、湖北省及四川省的内河流域地区;

上海:江苏省、浙江省、安徽省、福建省及山东省的内河流域地区;

广州:珠江流域(包括东江、北江、西江)以及广东省及广西省的其他内河流域地区;

天津:河北省的内河流域地区;

哈尔滨:松花江流域以及东北其他内河流域地区。

(二)船员培训、考试和发证工作的开展

1. 海船船员培训、考试和发证

为提高船员技术理论水平,船员检定考试委员会在举行各期船员考试之前,均会举办船员考前培训班。船员培训基本有两种方式:一是由各航海专业学校组织毕业生参加船员培训,二是由各航运企业在航政主管部门指导下开展船员培训。船员培训教材大多由各考试委员会组织学校老师、有丰富航海经验的老船长、轮机长、港监主管人员共同编写。教材内容也是以实际运用的应知应会、逐步加深的航海理论知识为主,小型船舶船员则以实际操作为主。培训科目以驾驶和轮机专业分类设置,基本上按照需要船员掌握的基本知识为考核点,组织培训教材对待考船员进行考前理论和实际操作培训。培训时间1—6个月不等,培训的单元测验成绩、考勤等作为检定考试资格审查的条件之一。

1950年初,由交通部航务总局下设的船员考试委员会,负责全国200总吨以上轮船高级船员的检定考试及核发船员职务证书工作。而未满200总吨轮船船员的检定考试及核发船员证书则由各区港务局考试机关负责。船员检定考试主要是针对解放初期的新、旧船员两个部分群体,如是解放前已担任一定职务的船员,通过对他们的资历审核、技术考核、政治审查、单位鉴定等评定合格后,核发船员职务证书。若是普通船员晋升职务的,或航海学校毕业生,则需参加检定考试及格后,方可签发船员证书。10月30日,交通部公布《未满二百总吨轮船船员检定考试暂行办法(草案)》,该办法(草案)侧重于采用实际经验、考核评议相结合的做法,具体内容由各区或航务机构负责制定。1951年6月,交通部、教育部公布《为制定驾驶轮机实习生的领导关系、待遇及考试问题的暂行规定》,其中规定毕业生实习期满后,由区港务局会同学校主持考试,按船员检定考试办法办理,考试合格的由学校签发毕业证书,主管机关核发《船员职务证书》。如1950—1953年,上海区港务局航政部门共举办9届船员检定考试,有6810名船员参加考试,其中二百总吨以上船舶船员2578人,未满二百总吨船舶船员4113人,上海航务学校毕业生119人。1950—1952年,青岛港务监督组织船员检定考试有1545名船员参加考试,核发《船员职务证书》1541本。

1953年8月、9月,交通部先后颁布的《海上轮船船员检定暂行办法》《出海小轮船船员检定考试暂行办法》《船舶无线电报务员证书考试暂行办法》,合称为《53海船办法》。该办法首次对驾驶员划分为远洋、近海、未满200总吨出海小轮等三种航区,设置船长、大副、二副、三副等四个级别职务;轮机员以主机马力划分为未满500匹、500匹至未满2000匹、2000匹以上三种,设置轮机长、大管轮、二管轮、三管轮等四个级别;出海小轮驾驶员设未满200总吨船长、大副,轮机员设未满五百匹轮机长、大管轮;船舶无线电报务员分为一等、二等及三等三个级别。船员的考试类别分为:初级检定、升级检定、编级检定三种。符合资历要求或学历要求的属初级检定考试,合格者可发给相应等级的三副/三管轮证书;符合晋升资历要求的属升级检定考试,合格者可发给高一级职务的证书;对海外归国船员、待解放地区起义船员,或具有其他特殊情况者,则进行编级检定考试,根据其服务资历确定等级职务证书。该办法根据当时的实际情况,对考试科目的知识结构进行了主科、副科的设置,具体考试科目参见表1-2-1—表1-2-5。

远洋、近海驾驶专业考试科目 表1-2-1

职务	科目 分数	主科								副科				
		游泳	驾驶学	船员职务	船艺	货物装卸	海图	航用气象	引港避碰章程	语文政治常识	信号	罗经	外国语文	海商法规	造船及轮机大意
船长		60	60	60	60	60	60	60	60	60	40	40	40	40	40
大副/二副		√	√	√	√	√	√	√	√	√	√	√	√	√	√

续上表

职务\科目\分数	主科								副科				
	游泳	驾驶学	船员职务	船艺	货物装卸	海图	航用气象	引港避碰章程	语文政治常识	信号	罗经	外国语文	海商法规	造船及轮机大意
远洋三副	√	√	√	√	√	√	√	√	√	√	×	×	×
近海二副/三副	√	√	√	√	√	√	√	√	√	×	×	√	√

说明:

1. 船员各按实际技术条件分种,驾驶员以轮船航行区域及总吨划分标准,轮机员以主机马力划分标准,互不牵涉。不论检定或任派工作均不得互受牵制。亦即驾驶员不受主机马力牵制,轮机员不受航行区域及总吨牵制;
2. 船员考试题目以实际应用题目为主;
3. 海商法规一科在海商法规尚未编印以前,暂缓考试,另候通知。

二千匹马力以上轮机部考试科目　　　　表1-2-2

职务\科目\分数	主科								副科				
	游泳	汽旋机	往复蒸汽机	内燃机	锅炉	副机	机舱管理	语文政治	度量器表	电工学	绘图	造船大意	外国语文
轮机长大管轮	60	60	60	60	60	60	60	60	40	40	40	40	40
二管轮三管轮	√	√	√	√	√	√	√	√	√	√	√	×	×

五百至未满二千匹马力轮机部考试科目　　　　表1-2-3

职务\科目\分数	主科							副科			
	游泳	机舱管理	锅炉	副机	内燃机	政治常识	语文	度量器表	绘图	造船大意	外国语文
轮机长大管轮	60	60	60	60	60	60	60	40	40	40	40
二管轮	√	√	√	√	√	√	√	√	√	×	×
三管轮	√	√	√	√	√	√	√	√	√	×	×

未满五百匹马力轮机部考试科目　　　　表1-2-4

职务\科目\分数	政治常识	机舱管理	油机	副机	汽机	汽锅
轮机长	60	60	60	60	60	60
大管轮	√	√	√	√	√	√

各等级报务员考试科目　　　　表1-2-5

等级职务\科目\分数	游泳	语文	政治常识	外国语文	航务通讯业务规则	电工学	无线电基本原理	电码收发	地理	通讯用语(英文)	无线电常识
一、二等报务员	60	60	60	60	80	60	60	80	60	60 ×	60 ×
三等报务员	√	√	√	√	√	√	√	√	√	√	√

各地港务(航)监督均按上述办法划分的航区、等级、职务和考试规定,开展本辖区内的船员培训考试和发证工作。如在这一时期,由于大连海区远洋航线尚未开通,船舶公司和大轮船舶较少,大连港务监督主要是承办未满200总吨船舶船员的考试发证工作。考试对象主要是大连、安东、营口地区公务轮船船员(包括渔船)和大连海运学院毕业生。当时的小轮和渔船船员,大部分是由帆船船员转业,文化理论水平很低,一部分船员考试需要找人代笔应试,由港务监督予以认可。根据部分港务监督统计资料记载,1953—1963年,上海港务监督组织11期的船员检定考试,有2831人参加。1956—1957年,由青岛港务监督组织的船员检定考试,有2203人参加,核发《船员职务证书》1988本。

1958年2月,为加强对小轮船员考试管理,大连港务监督对外公布《关于变更小轮船员考试方式方法的通知》,改变原先随到随时考的方法,开展定期分批考试。1958年8月,根据交通部"渔轮船员的考试工作,由所属水产部门自行办理"的指示,各地港务监督陆续将渔船船员的考试发证工作移交给当地水产部门归口管理。

1958年后,船员考试曾一度被废除,但各地港务监督为航行安全,仍坚持船员管理。如1962年下半年,宁波港务监督恢复船员考试工作,共举行3期船员考试,及格73人;1963年举行4期船员考试,及格89人。

随着国家航运事业的发展变化,"53办法"已不能适应管理的需要。交通部于1963年12月制订和颁布了《中华人民共和国轮船船员考试办法》(简称"63办法"),于1964年1月1日实施,并废止了原先的"53海船办法"和"53内河办法"。"63办法"对船员考试进行了全面调整,主要有:一、整合了海船和内河航区的划分,重新设置了等级职务,并增加了电机和报务部门。二、对考试资历和申请手续、考试科目、证书使用范围等相关要求作出详细规定;三、明确规定"对外国籍轮船上服务的中国籍船员的船员考试工作,由上海、黄埔、大连、天津港港务监督部门负责办理"。四、对考试的方式也作了明确的要求。并且要求各负责主办船员考试的机关,可以会同各有关航运企业单位,组成船员考试委员会,进行出题监考和评卷工作。还要求对沿海、内河未满200总吨和主机功率未满150马力轮船船员,以及各类特殊船舶船员的考试发证,由各地主管机关视情况自行制定办法。为有效配合实施"63办法",1964年1月,交通部又发出《关于颁发新的船员证书核发办法和停止使用船员代职证书的通知》。1964年,上海港务监督向交通部船检港监局呈送《上海港小型轮船船员检定考试办法》,自3月15日起,对未满200总吨、主机马力未满150匹的航行沿海、内河、港内的小轮船船员考试发证。据部分港务监督统计,1964—1965年,大连港务监督对本地区的近海一、二等船长和驾驶员,一至三等轮机长和轮机员,二至三等报务员和小轮正副驾驶员/司机等船员进行考试,共577人。黄埔港务监督对辖区的远洋/近海/沿海及内河船员的考试,共679人。宁波港务监督共举行12期船员考试,及格人数为443人。1964—1967年,上海港务监督共举行7期船员考试966人参加,换发船员证书3586本。

2.内河船员考试和发证

中华人民共和国成立之初,内河运输多以木帆船为主要水上运输工具,也有一些机帆船(木驳船)、小火轮、摩托船、小艇等,基本上是民营或公私合营企业在经营。内河船员、船民和船工普遍存在年龄偏大、文化程度低的状况,技术学习大部分靠师傅带徒弟或短期训练班的方式。内河船员考试委员会成立后,在各期理论和实践考核之前,均举办船员学习班和培训班,或对船员进行集中学习,或分批开展技术讲座。一般学习和培训分为驾驶(包括引水)、轮机两部分,课程内容大体为政治常识、港航安全法规、船艺、船员职务等方面。在此基础上,各地船员考试委员会分别进行理论和实践操作两种方式的考试。有的地区还举行船员短期训练班,对待考船员进行基础培训和操练。一般由企业根据需求提出培训计划,港监审查同意后安排培训,培训结束后由港监进行检定考试。内河船员的考试、发证,按照授权分工由内河及各省级地方航政部门负责。

(1) 长江船员

1950年初,第一届长江航务会议后,为全面恢复对长江船员的技术考核,刚成立不久的长江区航务局的航政部门,在南京航务分局所辖的安庆至镇江各港区进行小规模的船员考试。1951年,南京分局航政科先后对镇江、南京、芜湖、安庆等港区217名船员统一进行了驾驶、轮机两部分的船员考试。这是长江航政部门对局部地区船员的首次技术考试,为后来全面开展长江船员技术考试提供可鉴的经验。

1953年,交通部先后颁布了《内河轮船船员考试暂行办法》《小型轮船船员考试暂行办法》,名称"53内河办法"。根据该办法的要求,当时分管长江航政事务的航务、港务机构,结合本地区的实际,积极筹备进行船员考试的各项工作,并成立船员考试委员会。根据暂行办法规定,内河轮船驾驶员考试科目有:游泳、语文、政治常识、外语、实用驾驶、航道图、引港术、内河航行规章、船艺、船员职务、运输管理、航行仪器、航用气象、载货字、信号、造船与轮机大意、现行河运法规;轮机员考试科目有:游泳、语文、政治常识、外语、内燃机、气旋机、往复蒸汽机、副机、锅炉、电工学、度量器表、机舱管理、绘图、造船大意。小型轮船驾驶员考试科目有:游泳、驾驶、船员职务、避碰章程、政治常识;轮机员考试科目有:游泳、蒸汽机或内燃机、副机、机舱管理、政治常识。

1953年底,汉口港务局组建长江上第一个船员考试委员会,由港务局主管领导担任主任委员,港航监督科负责人、机务、船舶检验、人事、政治部门以及聘请当地有驾驶、轮机学识,经验丰富的人士参加。考试委员会实施对船员的统一考核,建立船员档案,并规定每年举办两期武汉地区的船员考试。不久,重庆、南京等港也相继成立了船员考试委员会。

1955年,上海航运分局航政部门进行了长江下游的江苏、安徽沿江港航所有船员的第一届考试。是年长江下游各地区共举办船员考试7次,及格者322人。

1956年上半年,汉口港务局举办了武汉地区第一届船员考试,此后,武汉地区船员考试由长航武汉分局接管,汉口港务局只负责港内船员考试。1957年,汉口港务局又对海军转业人员进行考试。1958—1959年,长江干线船员考试停办两年。1960年率先在武汉地区恢复对小型船舶的船员考试,其他各港港航监督为所在港船员的考试机关,长江航运管理局所属船舶船员与上海、重庆分局的船员,分别由南京、武汉、重庆三个港务局的港航监督负责考试。

1961年下半年,长江全线采取分批考试和现场考试相结合的办法考核船员。1965年,全线报考的船员近3000人,经考试合格发给船员证书的占40%。

(2) 广东省及珠江船员

新中国成立初期,广东省内河运输多以木帆船为主,船员大多是以船为家的水上居民,文化程度普遍较低。1951年,广东省人民政府交通厅转发交通部《船员检定考试暂行办法草案》。2月10日,广州区港务局与广东内河管理局就海船船员、内河船员管理及考试职责进行了明确划分:200总吨以下海船船员考试管理及200总吨以上船舶(不论内河船或海船)船员考试管理统由广州区港务局负责。200总吨以下内河船员管理考试由广东省内河局负责。同时,进一步明确出海船与内河船的划分。

1952年5月20日,中南交通部批复广东省交通厅在实施《中南区内河未满二百总吨轮船及所带驳船船员管理暂行规则及检定考试考核暂行办法》中,对有关船员定员、船员考试、驾驶员与引水员之间职责等问题,以及体格检查标准、船员考试科目范围等方面提出了明确的指导意见。

1953年6月30日,为更好地实施交通部颁发的《内河小型轮船船员检定考试暂行办法》,广东省交通厅颁发《广东省内河未满20总吨轮船驾驶、司机检定办法草案》,驾驶分正、副驾驶,轮机分正、副司机;驾驶检定科目包括:游泳,语文,政治常识,驾驶学,船员职务;轮机检定科目包括:游泳、主机、副机。经船员检定考试委员会核准后,发给证书。

1954年10月11日,珠江航运管理局发布《为贯彻执行广州港内河驾引合一办法的通知》,规定"凡广州港内河的正、副驾驶,必须领有本局发给之船员证书及正、副驾驶手册"到本局航监科办理任职手续。改变原来内河驾驶员只能在港内驾驶船出港由引水员操舵的做法,驾驶员要熟悉航线,驾驶员出港也可轮流操纵,取消引水。

1956年3月2日,经呈交通部内河总局核准,珠江航运管理局公布《珠江水系三吨以上内河木船驾长登记管理暂行办法》,规定正、副驾长要通过申请登记评定合格后发给"登记证"方可上船任职。

1958年3月11日,广东省交通厅航运局发布《为函知驾驶员航线签证范围希照由》,公布了从广州至各地共23条航线,经核准后,签入证书内。

1964年7月,根据"63办法"的要求,结合本省实际情况,广东省航运厅公布"出海小轮、内河小轮、驾驶、轮机和非机动驾长三个考试检定办法"。

1965年11月24日,广东省航运厅公布《关于调整珠江水系固定航线考试办法》,主要是"将现行由广州起点至珠江水系及三角洲一带59条长短航线调整合并,划分为东、西、北江,三角洲及广州附近5个区域,归纳为9条航线"的规定。

(3)其他省份内河船员

1950年至1952年,其他省份内河船员考试主要是木帆船船员检定考试,福建、湖南、广西、贵州等省份航政部门分别组织了本辖区内河木帆船船员的培训、考试和发证。从1953年起,有条件的省份港航监督也开展轮船船员考试。1962年起,四川省港航监督先后在重庆、宜宾、南充建立3个港航监督站,并于当年对1159名船员进行了考试,及格668人;1964年对全省52个有船单位的654名船员进行了考试,及格483人。1963年,山东省港航监督对辖区内河各类船员进行考试。1964年,江西省港航监督成立船员考审委员会,分期分批组织船员学习、评审、考试。1962—1965年,上海市港航监督先后对3000余名内河船员培训考核。

(三)船员证书管理

航政管理机构对船员的管理,其中重要的一项就是船员证书管理。本书提及的"船员证书"即为统称包括船员的职务证书、海员手册、海员证等。

1.《职务证书》

传统的《职务证书》体系包括甲板部、轮机部、报务部以及电机部等4个部门高级技术船员所持的等级职务证书。船上这四大部门的职务证书体系,不是一朝一夕形成的,而是在航运发展及航海新技术的应用中逐步确立。

我国对传统的船员职务任职及持有职务证书的规定由来已久,1950年7月21日,中央人民政府政务院颁布了《公务轮船船员管理暂行规定》,规定了船上高等级技术船员系指甲板部的船长、大副、二副、三副,正、副驾驶,驾驶实习员和轮机部的轮机长、大管轮、二管轮、三管轮,正、副司机,轮机实习员。除实习员外,船员"必须领有中央交通部之船员证书,才可以担任所领船员证书载明之职务"。可以看出,这时期就已对甲板部、轮机部的高级技术船员实行了发证和任职制度。

1953年交通部颁布的"53海船办法",进一步明确了船员的《职务证书》,是表明持证人具有担任证书所载职务的任职资格;对海船驾驶员划分为远洋、近海、未满200总吨出海小轮三类及船长、大副、二副、三副4个等级;轮机员划分为未满500马力、500至2000马力、2000马力以上三类及轮机长、大管轮、二管轮、三管轮4个等级;船舶无线电报务员分为一等、二等及三等3个等级。职务等级证书由交通部颁发。通过这3个"办法"首次划定了航区,逐步建立并完善了船舶甲板部、轮机部以及报务部三大部门职务船员的证书体系。船员经过检定考试合格后,由各港的港务监督根据船员检定考试合格成绩按照申考的等级职务予以签发《船员临时证书》,交给本人使用;同时,港务监督将其考试成绩及船员有关资料呈报交通部备案,再由交通部发给统一印制的正式的《职务证书》。

1963年12月6日,交通部重新制订和颁布了《中华人民共和国轮船船员考试办法》,该办法所称船员是指"远洋、近海、内河的船长、轮机长、驾驶员(包括大副、二副、三副等)、轮机员(包括大管轮、二管轮、三管轮等)、电机员和船舶报务员",同时对航区的范围做了重新定义。办法对《船员证书》的各种类等级也进行了整合,具体为:船长、驾驶员分为三类十种;轮机长、轮机员分为三等六种;电机员和报务员各分为三种。办法还规定,"远洋船长、驾驶员,轮机长、轮机员,一、二、三等电机员,船舶一、二等报务员证书由交通部印制,负责主办船员考试的机关签发;其余各种类等级证书均由船员考试机关根据交通部规定的格式印制和签发",并对证书使用范围也做了详细的规定,并明确规定,船员证书是证明某一船员已经具备某等级船员技术水平的依据,不能作为职务任命书使用。至此,我国的船员考试发证管理体系已初步建成,并逐渐规范和完善了船舶驾驶部、轮机部、报务部、电机部四大部门船员职务证书体系,基本符合当时航运的实际情况和航海技术的发展水平,此证书体系的框架一直持续到20世纪90年代。

值得一提的是,新中国成立初期,因航运业迅速发展,各级船员的数量不能满足生产的需要,按现状配备船员,有些船员已提拔任用,但没有相应的职务证书,仅用信笺方式开具证明,单发给各船员以资代职证明之用。这种现象存在了相当长的一段时间。1961年9月10日,交通部下发《关于解决高级船员代职证明书的办法》,由各有船单位成立高级船员代职证明书政审委员会,政审代职高级船员和提拔高级船员,并发给代职证书。"63办法"生效后,1964年1月13日,交通部又下发了《关于颁发新的船员证书核发办法和停止使用船员代职证书的通知》,代职证书制度至此停止。

2.《海员手册》

根据1950年公布的《公务轮船船员管理暂行规定》,"船员上下船要凭《海员手册》,船舶所有人出具的任用文件或解职文件至主管机关认可,由主管机关在《海员手册》上填注,以凭考核。"由此可见,《海员手册》是记载船员水上资历的证明文件,作为船员参加考试、职务晋升、换领证书审核资历的主要凭证。港务监督在签发《船员证书》的同时发给《海员手册》。因此,《海员手册》发放对象均是持有《船员证书》的船员。对这些证书的管理方式,主要是由航运企业配合主管机关督促船员妥善保管,并按规定到港务监督办理到期换证,以及船员任职、解职手续。

3.《海员证》

《海员证》是我国海员出境执行任务时所必须持有的具有护照性质和作用的海员身份证明,它适用于世界各国或地区所有港口。新中国成立初期,为冲破国际敌对势力的封锁禁运,发展远洋运输事业,我国政府和波兰政府于1951年6月联合创建了中波轮船股份公司,对外称中波海运公司。船上的中国船员受雇于中波海运公司,故中方船员均持中波海运公司的《海员证》上船出国。

20世纪60年代初,中国远洋船员航行海外,经常出入西方国家港口。当时国民党盘踞中国台湾,在东南亚和港澳地区还有一定活动,一些敌对分子竭力反对新中国,伺机谋划破坏和骚扰。在这种复杂形势下,加强对船员队伍的管理尤为重要。为保证远洋船员队伍的纯洁性,根据中央组织部的规定,凡上远洋船舶工作的船员,必须历史清白,政治可靠,严守纪律,对党和国家忠诚,并要按照出国人员的要求,严格履行审批手续。

这一时期,《海员证》的审批,均是按照我国因公出国人员的手续办理,审批权限归国务院掌管。1961年4月,中国远洋运输公司成立,建立了自己的远洋船员队伍,还专门设计了新的《中华人民共和国海员证》。中国远洋公司的船员申请办理《海员证》前,需先经国务院审批,再由指定的港务监督根据出国任务批文,为远洋船员签发《海员证》。

三、海员权益保障

旧中国海员的工作、生活条件十分恶劣,主要表现在以下几个方面:一是工作时间长,劳动强度大。尤其是外轮上的中国海员,干的都是生火、水手、侍役等最繁重最低贱的工作,每天劳动11—12小时,服侍洋人的侍役甚至工作长达18个小时。二是工作和生活环境恶劣,生火整天为锅炉加煤,就住在锅炉和煤堆旁,没有降温设备,高温灼人,不堪忍受;在外轮上工作的服务员、厨工、杂工等,往往10多人挤住一间舱房,只能轮流睡觉,而且这些房间都在舱底,没有通风设备,冬如冰窖,夏似蒸笼。三是同工不同酬,外轮上工作的中国海员,工资待遇仅是外籍船员的三分之一,甚至五分之一。四是船上没有劳动保护设备和措施,健康无保证,海员发生伤病得不到及时治疗。五是外轮上种族歧视严重,中国海员人身权利毫无保障。中华人民共和国成立后,中国海员的劳动和生活条件有了巨大的改变。

(一) 船员的工作、生活保障

中华人民共和国成立后,船员的劳动权利有了基本保障。1951年2月26日,中央人民政府政务院公布《中华人民共和国劳动保险条例》,并决定从3月1日起实行。这个劳动保险条例以国家法律作保障,解决了包括船员在内广大职工生活中最感痛苦的生、老、病、死、伤、残的困难和顾虑,极大鼓舞了船员的生产积极性。

解放前夕国民党溃逃时,大量破坏船只,造成一部分海员失业,各地政府和海员工会十分关心失业海员。仅武汉市海员工会筹委会劳保部,在半年的时间内,就介绍了673名失业海员到各船工作;对于未获得介绍工作的5万余人,建立了"生产合作组",以"包工"方式,组织打捞船只,承制帆布和油漆、敲锈等工作,基本上解决了失业海员的生活问题。为谋求工人福利,各地创办了海员消费合作社,供给海员生活必需品(米、面、油、盐)和日常用品。在物价波动时,紧紧掌握平稳物价的原则,在平时也以低于市价的价格供应。同时各地都设立了工人休息棚,建立了医疗门诊部、医疗站,并新建了少量的职工宿舍。鉴于海员流动分散,常年生活在船上,缺乏集中的政治和文化活动场所,1949年12月第一次全国海员代表会议上,刘少奇同志提出建立7个全国性的海员俱乐部,从而极大丰富了海员的业余文化生活。

1955年5月,外贸部、卫生部、交通部、解放军总参谋部联合发布联合检查工作5个实施办法,《船员登陆管理办法》为其中之一;同年8月,交通部发布《关于优先录用归国船员并量才录用失业船员的指示》。这些措施从制度上保障了船员的生活待遇和工作权利。

(二) 船员工资改革

旧中国海员不仅工资低,而且等级制度极不统一。解放初期的船员队伍,绝大部分是接收官僚资本航运企业和航政机构人员,基本实行"原职原薪"政策。由于旧企业工资制度各有一套,因此船员工资差别很大,上海地区留用船员工资等级竟达70个,最高与最低相差38倍,长江地区也差10余倍。

解放初,为保证职工收入不受物价波动影响,实行以实物为计算单位,以货币支付的工资形式。但这样很难计算工资总额,影响各项事业的发展。1952年,中央决定以全国各大行政区为单位,在全国进行一次工资改革,统一工资计算单位,统一工资标准,企业建立了新的工人工资等级制度。

交通部对船员的工资改革,按照合理、统一、照顾现实的原则,于1952年制定了《船员工资暂行条例》

(草案),在交通部所属企业中实行。这是一次比较系统的船员工资制度改革,将船员则分海轮、江轮、港作三种类型,建立了统一津贴和船岸差。船员在船舶之间调动或代理高一级职务,按所在岗位的工资标准支付。船员在船舶停航或留岸工作期间,高级船员按原工资标准的71%—77%支付,业务及普通船员按原工资标准的83%—87%支付。统一工资标准,实行岗位(职务)等级工资制,每一岗位(职务)一般分3—4个级别的工资率,缩小船员之间的工资高低差距,江轮为5.1倍,其他船舶均不超过2倍。以全国统一含量的工资分为计薪单位。

经过这次工资改革,1952年职工工资平均增加12.89%,船员有了固定的收入,从根本上结束了"驾船上岸,不卖油条就讨饭"的穷困生活。

(三)落实劳动保护制度

积极保护职工的身体健康,是社会主义企业的鲜明特色,也是发展生产的根本条件。1955年8月,交通部发布《关于优先录用归国船员并量才录用失业船员的指示》;交通部、劳动部、外交部、海员工会联合发布《外轮在我国港口发生船员病死伤残和涉及我方员工伤亡事故处理原则》。同年12月,交通部发布《关于在航运系统普遍签订劳保协议书的指示》。

各港航管理机构积极落实劳动保护制度。以长航重庆分局为例,1955年6月成立安技劳保科,随即制定《安全技术劳动保护职责暂行规定实施细则》,明确了各级领导、各职能部门以及工程技术人员对劳动保护工作的职责。1956年开始编制年度《安全技术劳动保护措施计划》,行政与工会签订《劳动保护协议书》,共同组成5人检查组,定期检查措施计划的落实情况。与此同时,举办劳动保护训练班培训基层干部。各级领导通过历次安全生产大检查,对安全与生产的统一性及重要性逐步加深认识,纠正了"重生产,轻安全",不重视劳动保护的思想,有计划有步骤地开展了劳保工作。具体做法是,在原有安全规章的基础上,以安技劳保科为主,深入船舶观察水手、机匠、加油、生火等工种操作的全过程,座谈安全操作的经验教训,先后制定了《水手安全操作规定》和《轮机安全操作规定》。并建立了船舶新工人上岗前的"三级(即分局、船舶和班组)安全教育制度",切实加强现场安全教育和安全操作的指导。1957年1月,重庆分局召开67艘船舶96人参加的劳动保护专业会议,交流经验,学习了长航局颁发的《防止伤亡事故的安全规定》。会后,进一步贯彻各种安全规章,狠抓人身安全,严格制止违章作业,推动了劳保工作的深入发展。

(四)改善船员的船舶工作、生活条件

新中国成立初期,旧中国遗留下来的船舶工作条件十分恶劣,船员生活空间狭窄,生活设施很差。船舶机属具绝热物的包扎厚度不够,材料不符合质量要求,余热散失量大,加上机炉舱周围的船员房间及厨房的通风和隔热设备差(部分船舶无降温风机),船舶高温十分严重。新建船舶虽有所改进,但未能彻底解决,船舶高温仍很突出。每年夏季船员病休多,工伤事故急剧上升,对生产有很大影响。船舶防暑降温已成为劳动保护亟待解决的关键问题。在解决这一问题上,长航重庆分局的做法值得借鉴。

1956年4月,长航重庆分局以分管局长为首组成船舶防暑降温工作组,组织力量深入船舶调查研究,制订了防暑降温计划。1957年4月,由分局、工会和政治处组成防暑降温委员会,充实了领导力量。在工作组和委员会领导下,抽调技术人员对重点船舶的高温情况进行测定分析;对防暑降温材料进行质量鉴定,提出改进意见;对机炉舱机械通风的设计、安装,制订改进方案。由机务部门承担技术指导,及时解决存在的问题,全面开展防暑降温工作。

经过一系列具体工作,重庆分局各船舶改进了隔热条件和通风设备,使机舱温度有所降低;改善了船员生活条件,基本上保证了酷暑时船员能够得到较好的休息;减轻了生火工人的劳动强度,增加生火船员编制,延长了休息时间。1957年重庆分局营运各船基本上消除了船员在工作现场中暑的现象,病休人员

和工伤事故亦相应减少。

(五) 实行船员公休制度

在旧社会,船员公休假待遇没有保障,工作十分劳苦,更难于安排个人的私事或家事。新中国成立后,作为工人阶级的一份子,船员理应享受公休假期。

公休假系指星期日的休息假,由于船员劳动条件所限,不能享用每周应有一天的公休假日,故从实际出发,采用大礼拜制集中休息的方法,使船员每年可以得到定期上岸休息的机会。1953年7月21日,国家发布了《中央人民政府交通部船员公休假暂行办法》,共12条,具体操作如下:

船员公休假按大礼拜制集中休息的方法处理,即每年给予公休假26日,但是本年中途上船,应自上船之日起计算其公休假天数,中途退船的船员,不论已休或未休,不补假期。从事烧煤船的生火船员,因在高温下工作,劳动强度大,除享受26日公休假期外,另增加公休假6日。

船员在公休假期内,按规定领取职务工资和保留工资,没有津贴及生产奖金。公休假期满后,在岸候船及路程假(船员公休假期间回家,因个别船员家住遥远,可给予适当照顾,给一定的假期,一般往返路程载7天以上者,给予路程假期,一般不超过7天,单位按实际情况掌握)。其间,均按照在岸候船发工资。非生产上的特殊需要,不得使船员在公休假期内从事工作。企业主管单位应适当调剂掌握,以确保船员公休。

1957年6月,交通部颁发《航运系统职工工作时间和休息时间暂行规定的通知》,船员公休假期增为52天。经过船岸妥善安排,逐步做到"年休年完"。公休制的实施,使船员休息权有了切实保障,有利于船员妥善安排个人及家庭生活,并逐步改善了劳动条件,大大提高了生产积极性。

(六) 制定内河船舶航行规则,确保航行安全

由于内河河道狭窄,船舶密度较大,经常出现安全事故,为此,各地纷纷出台船舶航行规则。1950年1月,福建省水上公安局发布《福建省内河交通管理暂行规则》,初步规定内河的各类船舶在航行时应遵守的基本规则,例如船舶必须行驶在航线右侧,轮汽船应在航线内行驶并保持前后至少100米的距离,以及关于两船在任何相遇情况下的避让规则等。1952年1月,上海航务局发布公告,遵照执行华东军政委员会交通部的《华东区内河航行章程》。1953年,交通部颁发了《内河船员职务规则》,规范了各职务的行为职责,为保障航行安全明确了责任。同年,有的省航管局制定颁布了《内河船舶航行规则》,对内向轮汽船、木帆船航行及木排流放中有关行驶避让、过滩、遇险等应遵循的规则及使用的声号、灯号、旗号等,进行了较为系统、详尽的规定。有的公司针对各省份下发的规章制度,制定自己公司的规章。例如重庆轮船公司,1955年至1957年,根据季节变化的特点及船舶实际情况,多次开展安全大检查,陆续制定了《川江中、洪、枯水船舶拖驳载量和水位规定》《川江主要滩槽航行法和轮木船避让措施》《川江沿线锚地抛锚法和开靠码头操作法》《川江夜航注意事项》以及《轮艇船队航行安全守则》等具有川江特点的基本规章制度和操作规程。通过各种制度及行动的约束,内河安全得到了有效的保障,大幅度减少了事故受伤的船员,为船员提供了更好的工作环境。

此外,新中国海员在医疗保健、住宅分配以及文化娱乐方面都有了极大改善。

四、海员工会与内河船民协会的成立

(一) 海员工会

1.中国海员工会

1949年11月5日,中华全国总工会成立,组成全国统一的产业工会。中华海员工业联合会改称

中国海员工会全国委员会。据统计,当时沿海海员约15万人,内河船员40余万人,其他辅助人员约20余万人。12月,根据党中央的指示,在刘少奇同志的直接指导下,全国海员工会代表会议在北京召开,刘少奇同志接见了代表并做了重要指示,中华全国总工会副主席李立三出席会议并讲话。会议提出了当时的主要任务:一是夺取解放战争的最后胜利,在解放海岛战役中发挥海员的作用。二是恢复航运事业,全面恢复海运、江运、河运。三是保护海员工人自己的利益,包括订立集体合同、组织成立海员俱乐部等。四是团结国际海员,包括对国际海员进行革命宣传,让更多的外国人对新中国的了解和支持。五是把全国的海员组织起来。为此,从1949年至1951年,中国海员工会全国委员会制订和发布了一系列与海员有关的政策,包括《生产奖励办法》《起义与回国复航轮船的奖励与待遇办法》《协助海员搬家回国,安定海员生活的办法》《组织海员巩固海港边防与缉私防奸办法》《支前参战海员待遇、抚恤办法》以及《招待外国海员办法》。这些办法的实施,有力地解决了当时解放战争和抗美援朝前线军需物资的运输、恢复航运生产和城乡物资交流水上运输的问题,为后来有计划地开展社会主义人民航运建设事业奠定了基础。中国海员工会经过5年多的筹备,于1955年4月第一届全国代表大会上正式宣布成立。(图1-2-1,图1-2-2)

图1-2-1　中国海员工会第一届全国委员会代表大会代表合影

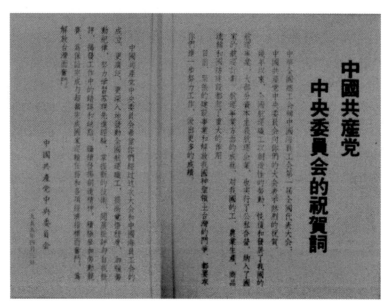

图1-2-2　中国共产党中央委员会发出的祝贺词

2. 上海海员工会

随着解放战争的节节胜利,原国民党辖下各地的海员工会亦被接收,并纷纷组织了筹委会,筹备建立新的海员工会。

各地成立较早的是上海区海员工会。1949年6月,上海区海员工会开始筹备,以产业原则着手组织基层分、支部,共34个单位,入会人数10011人。经3个多月的积极筹备,9月8日召开上海海员首届代表大会,选举了执行委员会;9日在上海海员工会筹备处当众开票,选出39名执行委员和候补执行委员11人,并另留执委空额10名,以待将来补选;10日举行了上海区海员工会成立大会,正式成立了海员工人自己的工会组织。1950年5月,第二次会员代表大会后,上海海员工会改为中国海员工会华东区委员会,组织范围扩大到华东各省市12个地区的水上运输职工。1953年,组织范围又做变动,改以上海地区的船员及码头、船厂和航道职工为主。至1954年,基层组织共77个,会员达42313人。1956年,上海海运局与上海港务局合并,工会组织相应变动。是年7月,上海海运管理局工会撤销,工作人员并入中国海员工会华东区委员会。11月,中国海员工会华东区委员会改名为中国海员工会上海区委员会,工会基层组织137个,会员44217人。1957年7月,增设中国海员工会上海区委员会上海海运工作委员会,其职责为着重抓好船舶基层工会工作,并直接办理船员的劳动保险、生活福利、家属等工作。1958年4月,港航分开,分别建立上海海运管理局工会和上海港务管理局工会,中国海员工会上海区委员会活动终止。1959年3月,上海海运管理局工会召开全局系统的会员代表大会,出席代表288人,代表100个基层组织,14000余名会员。至1966年,上海海运管理局工会发展到120余个基层组织,16000余名会员。①

3. 其他地区海员工会

武汉海员工会成立于1950年1月29日。1949年6月25日,由招商局、航务处和民生、太古、三北等26个在汉的公私航业工人代表,接收了原中华海员工会汉口分会,并正式组成新工会的筹委会。经半年的组织教育,在会员觉悟程度提高的基础上,经普选产生代表,在武汉海员工会首届会员代表大会上,选出25名执行委员和3名候补执行委员,宣告武汉海员工人自己的工会组织正式成立。

1950年3月24日,香港海员工会香港招商局支会筹委会成立,由51名委员组成。陈天骏为主任委员,"教仁"轮船长罗秉球被选为工会主席,"海汉"轮大副刘汉玉为秘书长,左文渊为机关工会主席。工会设有宣传部、文化部、娱乐部、福利部等机构。

1951年1月,江西省航运公司召开首届工人代表会议,出席代表68人。会上总结了1950年工作,成立了江西省海员工会。

1952年10月初,中国海员工会在汉口召开长江区工作会议,同时成立了中国海员工会长江区工作委员会。参加这次会议的有重庆、万县、宜昌、汉口、湖北、湖南、九江、安庆、芜湖、南京、镇江、上海等地代表共40人,确定中国海员工会长江区工作委员会是从上海至宜宾的长江干线轮船企业及各港码头、仓库、货驳全体职工的统一组织。

中国远洋公司广州分公司成立不久就建立了工会组织,1961年4月召开了工会代表会议。中远上海分公司工会于1964年5月15日开始筹建,1965年7月召开了第一次代表大会,选举产生了工会委员会,隶属北方区海运管理局。

(二)民船民主改革与内河船民协会

旧社会,木帆船航运业流动分散和个体经营,为了争取货源,联系运输业务,往往不得不投靠设在码

---

① 燕明义主编:《上海沿海运输志》,上海:上海社会科学院出版社,1999年,第406—408页。

头上各种形式的行商。这些行商没有运输工具,没有运输劳力,而是通过地方势力掌握和控制货主单位需要运输的货物,居间招雇木帆船承运,从中获取高额"佣金"。由于有利可图,地方封建势力趋之若鹜,拉帮结派,形成一个以招揽货源、调配运输为名,欺压船民、居间剥削为实的地方帮派势力。此外,旧社会衍留下来的青洪帮等组织在水上运输行业中仍然是十分顽固的帮派势力,他们在封建把头操纵下,与岸上的搬运把头、船行老板相互勾结,为非作歹,欺压广大船民、船工,对水上运输秩序的恢复和运输生产的发展构成了严重危害。

针对这种情况,成立船民协会,团结和组织广大船民,打击帮会势力,维护自身利益势在必行。1949年海员全国代表会议决定民船工会工作暂由海员工会领导,1950年4月底海员工会全国筹委会召开了民船工作会议。提出了发动群众,反封建把头,清除反革命特务,协助行政建设新航运的方针任务。交通部于1952年12月召开全国第一次民船工作会议,决定进行民船民主改革;又于1953年4月召开全国第二次民船民主改革工作会议,在全国各地普遍开展民船民主改革运动。

长江干线的民主改革运动,1951年首先在国营的长江航务局系统开展,私营航业民生公司也于1951年开展,有的省自1952年下半年开始,多数省于1953年上半年开始,下半年结束。安徽省内河航运局于1952年9月组成"水上民主改革工作组",对芜湖内河木帆船户进行民主改革运动,并在芜湖经验的基础上,全省开展水上民改。四川省于1953年1月间全面开展水上民主改革。同年江西省水上民主改革运动先后在各港展开,整顿和建立了基层组织机构,纯洁了干部队伍,以民主改选方式整顿了内河航运工会41个,发展会员4971人,建立船民协会52个。沿江其余各省也先后开展了水上民改运动,建立了船民协会,把大部分群众组织起来。

广东省于1951年8月在省交通厅内河管理局的领导下,成立了民船联合运输总社,加强了对木帆船的管理,并相继建立各地区(县)民船运输分社、支社(站),取代原有民船管理机构的运输业务工作。取缔"空头运输行",废除一些陈规陋习,建立了一些规章制度,运输秩序有所改善。但是,由于民船运输社(站)的管理人员多从原有民船管理机构里接管过来,他们使用惯有手法敲诈勒索,继续欺压船民、船工。加之尚有"空头运输行"剥削运费收入,广大船民、船工的生产积极性受到压抑。为了改变这种现状,1952年12月31日,中共中南局常委扩大会议决定,在广东内河实行民主改革。1953年1月15日,成立华南内河民船工作委员会,下设办公室,领导广东内河木帆船民主改革运动。从2月到10月,广东全省有4.8万多艘木帆船、15.7万船工船民参加了民主改革运动。通过民主改革,纯洁了船民、船工队伍,肃清了反革命和封建把头参与势力;培养积极分子7000人,建立和发展了共产党、青年团基层组织;在主要港口建立水上办事处、水上公安派出所,在其他中小港口建立治安保卫委员会(或居民委员会)等基层政权组织;成立了128个船民协会,入会船民达80280人,占全部船民总数的68%;建立航运工会119个。广大船民、船工有史以来第一次有了自己管理自己的组织。

贵州省于1952年开展了水上民主改革,都柳江流域系少数民族地区,主要是进行阶级教育,清理不纯分子,改组原有公会,建立船民协会。

河南省航运系统于1953年全面开展民船民主改革,对广大船工船民进行团结教育,活跃水上运输,建立人民航运新秩序。改革中,清除并实行专政的隐匿在水上的反革命分子134人,打击了水上封建残余势力,有效地肃清了阻碍运输生产的封建流毒与陈规陋习,进一步激发了广大船工、船民的热爱人民航运事业的热情和主人翁思想,巩固与加强了水上运输队伍的内部团结。在此基础上,又于1953年下半年,先后在各河系主要港口建立了船民协会。

建立船民协会是内河民船民主改革的重要成果之一。船民协会是根据自愿参加的原则组成的群众团体,会员以营运木帆船的在船船工、船民及其参加生产劳动的家属为对象。协会的任务是:加强对船工、船民的教育,调解纠纷,改善关系,增进团结,搞好生产;加强运输生产责任感、航行安全、爱护货物的教育,开展保质、保量、保安全和快装、快航、快卸、快回的"三保四快"竞赛;贯彻航政法规和运输规章制度,以及兴办福利事业等。各地建立的船民协会在摆脱封建把头剥削,抵制和取缔非法船行的斗争中发挥了较大作用,限制和削弱了船行的活动,使其无厚利可图,逐渐自行闭歇。在此过程中,船民协会自身也得到进一步巩固。

第三节 新中国初期中国海员的社会贡献

一、海上支前运输

随着大陆的解放,人民解放军继续进军,渡海作战,解放沿海岛屿。由于当时初创的人民海军还没有形成足够的战斗力,支前运输就成了海员的光荣任务。在解放舟山群岛、海南岛以及抗美援朝等战役中,全国有34000多名海员、6000多艘船舶参加了支前运输。支前海员以顽强的斗志和丰富的航海经验,协同人民解放军英勇作战,成为一支顽强的重要的海上战斗力量。

(一)解放长山岛的支前运输

1948年10月烟台第二次解放,但长山岛还被国民党军占据。国民党军有1600余人,配备大小20余艘舰艇,妄图长期据守,割裂东北、华北和华东三个解放区的海上联系,并将其作为向解放区进攻的桥头堡。1949年7月,华东军区决定发动长山岛战役,这是人民解放军第一次渡海作战。

解放长山岛战役得到胶东地区人民的全力支援,很短时间内,先后从烟台、福山、黄县及蓬莱调集汽船53艘、木帆船889只、船工3740余人。7月26日至28日,正当军民演练渡海登陆作战之时,强台风席卷胶东半岛,部分船只损毁,人员亦有伤亡,作战日期被迫推迟。此后,又在黄县、龙口等地征集船只,征调船工,并组织修理受损之船。8月上旬,烟台海员工会和烟台码头工会561名会员和20名渔工,驾驶41艘汽船和40余艘帆船开赴蓬莱,支援解放长山岛战役。

8月11日,长山岛战役正式打响,经过逐岛激战,至12日上午,南北长山、大小黑山、大小竹山和庙岛7个岛屿被攻克,余下各岛守敌于8月20日弃岛逃窜,长山列岛全部解放。

长山岛战役,参战的海员和码头工人中,有1人荣立特等功,7人荣立一等功,25人荣立二等功,252人分别荣立三等功和四等功,46名海员和20名码头工人壮烈牺牲。

(二)解放定海、舟山群岛的支前运输

1949年4月解放军渡江作战胜利,宁沪杭甬相继解放,国民党大批溃军连同党政机关人员涌入舟山,企图将舟山建成反攻大陆的跳板。7月,中共中央军委即根据大陆基本解放的局势,向解放军第三野战军和华东军区下达了"攻占定海,肃清舟山群岛之敌"的战略意图。华东军区按此战略意图,成立了浙东前线指挥所,调集22军、21军等部队承担解放舟山的任务,等待时机发起进攻。

1950年2月6日,盘踞舟山的国民党空军出动飞机空袭上海市区,造成严重的人员伤亡和工厂、市政设施破坏。5月16日,浙东前线指挥所下令全线出击:21军从东线进占登步岛,23军自中路进占大猫岛,22军由西路进占册子岛。17日,三路大军会师舟山岛。至19日,岱山、长涂、衢山、普陀山等全部解放。盘踞在嵊泗列岛的国民党军队主力亦于5月中旬撤逃。7月7日,解放军淞沪警备区98师派出4个营的兵力,于当日分头攻占大小洋山、泗礁、嵊山、枸杞等岛,至此舟山群岛全部解放。

在解放定海和舟山群岛的战役中,华东沿海广大船民、船工踊跃参加支前运输和渡海作战,为最后的胜利做出了卓越贡献。

上海和宁波毗邻舟山,经常遭到从舟山机场起飞的敌机轰炸,因此船员参战欲望强烈。1950年4月,刚在上海成立的国营轮船总公司派出27艘船舶,千余名船员支前参战。上海市还在内河征集船工、船民和一些适宜沿海航行、吨位较大的木帆船、机帆船运输支前物资。如川沙县,在1949年6月,就抽调了4艘木帆船到江苏浏河,帮助解放军进行上下船训练和适航训练;10月,又调集108名船员组成支前中队,前往舟山地区参加军事运输活动。上海除组织专业运输船舶和船员积极支前外,还组织了华东石油公司等企事业单位的船舶、船员投入支前运输。1950年4月,宁波港400名船员首先响应支援解放舟山群岛的号召,他们与22军官兵一起,成立第一支机帆船大队,下设4个中队,积极备战。战役打响后,宁波船员英勇无畏,用生命和鲜血出色完成支前运输任务。

江苏船民很早便加入了支援解放定海、舟山战役的军事运输。1949年5月5日,中共苏南区党委做出关于支援前线工作的决定,并建立了苏南支前司令部,统一领导全区支前工作,发动海员支前。5—6月,苏州各地组织支前民船1662艘、轮船320艘,总吨位在3万吨以上,担负军用物资和粮、煤运往上海及嘉兴、杭州等地的任务。无锡调集运送大米、面粉支前用船600多艘,供应军用品用船3300多艘。1950年3月,苏州又征集海船10余艘投入支前运输,并先后7次出动海船70余艘次。常州军管会生产建设处领导常州私营新商、新华等23家轮局,组成船舶中队部,负责支前运输。5月,宜兴县成立支前委员会,组织民船637艘赴无锡,运输军用物资。7月,无锡各地也先后调集船舶500余艘、船员1500余人支援解放定海的战斗。除苏南船工积极支前外,1950年2月,苏北地区也抽调40余名航务干部,组织木帆船519艘和3200名船工,支援解放舟山群岛战役。淮阴、盐城、南通等地调集80—200吨海船300余艘,支援解放舟山等沿海岛屿的战斗,射阳县政府动员30艘海船直接参加了渡海作战。

山东船员也为解放定海、舟山的战役做出了贡献。1949年10月,胶东行署在莱阳瞳水举办为期一个半月的船员培训班,参加培训的有胶东沿海船工四五百人,学习海上知识,目的之一就是为解放舟山群岛。1950年初,解放军决定攻打舟山群岛,烟台市组织了渔货船26条,船工220名参加支前。战役打响后,经过培训的山东船工都奋勇向前,无所畏惧。于培全等5名船工英勇献身(图1-3-1)。

图1-3-1 解放舟山群岛海员支前表彰大会

(三)解放福建沿海岛屿和保卫东山岛的支前运输

国民党败退台湾,福建成了最重要的海防前线。福建广大海员、船民响应党和政府号召,积极投身到解放平潭、厦门、东山等沿海岛屿和保卫东山岛等艰巨的支前运输中,凭借其熟练的航海技术、丰富的航海经验和英勇顽强的精神,建立起"打不断,摧不垮"的海上运输线,有力地配合了中国人民解放军的作战行动,成为战时运输保障中克敌制胜、不可或缺的力量。

1.解放福建沿海岛屿

1949年夏,随着大陆相继解放,国民党残余部队纷纷向福建沿海岛屿仓皇逃窜,企图保有这些岛屿,以屏障台湾,待机反扑。三野10兵团在解放大陆的同时,就准备乘胜实施渡海作战,逐一攻占这些岛屿。于是,支援解放军渡海作战,就成为广大福建海员、船民义不容辞的光荣职责。8月福州战役结束后,10兵团主力继续挥师南下,于9月12日起对平潭县各岛展开攻势。刚获解放的福州港200多名船员积极响应号召,以极大的热情投身支前运输,蹈风涛冒弹雨,驾船将一批又一批解放军作战人员及军需物资运送过海,配合解放军迅速解放平潭岛屿群,粉碎了国民党残军封锁福州、切断海上交通的企图,为日后解放厦门等要塞诸岛创造了有利条件,并积累了宝贵经验。在此次战役中,许多船舶和船工因立功受到福建省支前司令部的嘉奖。

1949年9月19日,三野10兵团发起漳(州)厦(门)战役,很快肃清了大陆地区残敌,即着手筹备渡海解放厦门岛。在各参战部队和地方支前机构大力动员下,厦门、同安乃至晋江、惠安等近陆沿海以及九龙江一带的船民、渔民,踊跃捐献船舶和报名参加战时支前运输。仅厦门港和同安县沿海就献出船舶106艘,参加支前船工180多名。龙溪县专门组织了"支前船工大队",从九龙江沿岸征集参战木帆船100余艘、汽船10余艘、船工200多名。31军在九龙江和沿海一带动员木帆船440余艘,船工1000余人;28军、29军也在晋江、惠安、同安等地动员了一批船舶,基本上满足了作战需要。这些支前船舶和船员,在部队船管部门的统一管理下,根据战术要求和船舶种类、大小、航速等进行了编组与战前训练。船工们在检修船舶、补充船具和学习战地常识、作战技能的同时,还积极帮助指导不谙海战的战士迅速掌握游泳、划船、起帆、司舵等基本航海技能。经过20多天的准备,10月15日晚各参战部队按预定计划发起对厦门岛及鼓浪屿的渡海作战。担负输送31军91师271团渡海攻击鼓浪屿任务的龙溪支前船工队第一中队,以汽船拖带数艘木帆船的方式,从海沧起航,冒着炮火强行向鼓浪屿进发。"漳荆""漳厦"等汽船先头行驶,将木帆船拖过三角急流海面,到达顺流处放开。然后,船工们奋力扬帆划桨,借东北风力,迅速将第一梯队顺利运抵预定登陆点。"漳荆"号汽船在进行第二航次输送时,在鸡(圭)屿附近海面被飞机炸沉,舵手阮茂盛、司机庄国壮烈牺牲。石美渔民黄正川一家五口,分别驾驶自家两艘船运送战士渡海,不幸船中炮弹,全部英勇献身。与此同时,龙溪船工第二中队漳码线小队运送92师274团从厦门岛西部的宝珠屿起渡,强行从厦门岛背后宝珠园牛屁股登陆。船工们避过国民党军飞机的疯狂轰炸扫射,一次又一次地将后续部队输送到战地。船工黄柑树驾船奋勇当先,安全完成4个航次的运送任务,在第5次输送中,不幸船中燃烧弹,英勇捐躯。小队长孙金发与父亲孙源连续多次将战士运抵登陆点。战后,父子俩均荣立一等功,其船获"勇往直前"奖旗一面。10月16日,解放军继续攻击厦门岛,船工们驾驶六七艘汽船拖带虎网渔船运载部队跨海增援。"漳厦"号汽船在第三航次不幸中弹,司舵蔡友榕身负重伤,仍坚持驾船在另两艘汽船夹持下前进,终于将战士运达登陆点。战后,蔡友榕被31军授予一等功。10月17日,厦门、鼓浪屿战斗胜利结束。此役,支前船工和青年学生58人牺牲,54人受伤,23人失踪,船舶被击毁和失踪71艘。

1950年,31军受命组织解放东山岛的战役。邻近的诏安沿海一带出动大小民船80多艘,云霄县动员民船70多艘,又从漳浦旧镇以及参加解放厦鼓战斗的支前民船中调集了一批,动员、集中支前船工达1500多名。部队于5月11日傍晚发起总攻,分兵四路呈包围之势,以木帆船载运,分别从诏安县四都湾、林头、大铲及云霄县陈岱、剒屿起渡进击。经过船工们奋不顾身地轮番强行抢渡登陆,各路登岛部队于次日晨即全部占领了东山岛,结束了战斗。由46艘运输船组成的大铲乡支前民船队因在战斗中表现突出,被31军授予"渡海作战第一功"的荣誉称号,其中李阿大、李美周、李阿谨、李福州等4人的运输船还各获"勇敢先锋艇"锦旗一面,该船队负责人、大嶝民船工会主席李阿大记一等功。

此外,福建沿海船民还参加了解放湄洲、南日、大嶝、小嶝等沿海岛屿以及攻击金门岛的海上支前运输。

2.东山保卫战

新中国成立初期,败退台湾的国民党当局利用金门、马祖等沿海岛屿作为前哨基地,经常派遣小股武装对福建沿海地区(尤其是近海岛屿)进行各种袭扰窜犯活动。身处海防前线的福建沿海船民在参加生产运输的同时,还担负起支援中国人民解放军反击来犯国民党军的运输保障任务。在历次反窜犯战斗中,以东山保卫战规模最大,船民、船工们的支前运输任务最为紧张艰巨。

1953年7月16日拂晓,国民党军以一个加强师万余人,分乘舰艇10余艘,在海、空军的配合下,由金门进犯东山岛。我军民顽强抗击,展开激烈的东山保卫战。战斗一经打响,与东山县毗邻的诏安、云霄、漳浦等县迅速集结支前民船555艘、船工862名奔赴前线,为前方战地运送大米、面粉、柴火等物资。东山县的后林、大嶝乡以及城关海员工会分别紧急组织支前运输船队,冒着国民党飞机低空轰炸扫射,频繁往返于陆、岛渡口之间,抢运增援部队、枪支弹药及其他物资过海峡进岛,并护送伤员和岛内群众撤退到后方安全地区。其中,后林乡支前船工队约100人在林玉隆率领下,划着小梭船,轮番强渡对岸陈岱,接运前来驰援的首批增援部队漳浦272团前卫营,率先由八尺门渡口进岛参战。船工林武郎在同伴林尖鼻中弹牺牲、林四川负伤的危急关头,毫不畏缩,只身驾船一马当先,将先头援兵抢运登岛。由46艘运输船组成的大嶝乡船工队,在夏德雨、张彩芳等带领下,投入到紧张的支前渡运中。在姑婆妈渡口,船工李圆目、李老实、李顺和3艘运输船遭遇国民党军伞兵。交战中,负责指挥的张彩芳不幸中弹牺牲,时年仅22岁,后被追认为革命烈士。城关海员工会也出动8艘运输船和40多人支前,八尺门船工陈满用小船摆渡,先后多次载运援兵进岛,还在前坑洞的山坡上智擒国民党伞兵两名。

东山保卫战的紧急支前渡运,为战斗赢得了宝贵的时间,使增援部队能够迅速跨海进岛,及时配合守备部队阻击来犯的国民党军,并随即转入反击,取得最后的胜利。战后,后林、大嶝乡支前船工队被授予"模范船工队"称号,林武郎、林玉隆、陈满等荣获"二等功臣"称号。

(四)解放海南岛及广东沿海岛屿的支前运输

1949年10月14日广州解放,人民解放军继续南进,横扫两广国民党残部,解放了雷州半岛和广东的大陆部分。国民党军队溃退到海南岛及沿海岛屿,负隅顽抗。为打好中南地区最后一仗,中共中央华南分局做出全力支援人民解放军解放海南等沿海岛屿的决定。中国海员工会积极响应,12月在北京召开代表会议,号召广大海员支前参战。据不完全统计,仅广东地区就有1万多名海员、船工、船民、渔民和400多名引水工人参加了支前运输。

1.南澳岛和涠洲岛登陆作战

解放广东沿海岛屿,首仗在汕头港东北角的南澳岛打响。1949年11月起,汕头地区动员了机动船34艘、民船69艘、海员和船工600多人支前参战。经过几个月的练兵准备,1950年2月23日下午6时,中国人民解放军向南澳岛发起进攻。参战的船员、船工、船民、渔民担任冲锋艇、炮艇、指挥船的引水员、舵工、机工和战斗员,协同解放军英勇作战,当晚22时胜利登陆,解放南澳岛。

涠洲岛位于北部湾北端,对于解放海南岛,战略地位十分重要。为了扫除敌人的前哨阵地和夺取岛上敌人控制的船只,中国人民解放军40军决定由119师组织解放涠洲岛的战斗。1950年3月10日,60多名船工、船民分别驾驶11艘木船和1艘机动船载着119师356团全体战士从北海外沙海面起航出征。由于潮水关系和海风不顺,两艘船搁浅。12日凌晨,10艘战船逼近涠洲岛时被敌军发现,战斗随即展开。船工、船民英勇无畏,配合解放军作战,只用8个小时就解放了整个涠洲岛。

2. 解放海南岛

海南岛扼祖国南大门,战略地位十分重要。从大陆溃退到海南岛的国民党军队,调集军力,加强防卫,企图困守。1949年12月18日,毛主席发出渡海作战,解放琼崖的命令。15兵团40军、43军担负解放海南岛的重任。

解放海南岛,势必要进行大规模渡海作战。由于人民海军正在组建中,未具规模,因此需要广大船员、船工和渔民驾船渡海,配合解放军作战。根据广东省支前司令部的要求,广东区海员工会在海员和船工中进行了广泛动员。经过深入宣传,广大船民、船工踊跃报名,出人出船支前参战。广东省仅南路地区就征集木帆船3470艘,参加支前的船工、船民达3090人,其中还有10多名妇女。粤中的阳江,动员227艘船只、310名船工前往雷州半岛参加渡海训练。台山县台赤地区也动员了216艘船参加支前。支前船工很多是兄弟、父子、父女一同参战。

广西方面也积极行动,组织船民、船工支前参战。1949年12月底,北海支前司令部成立,首要任务便是宣传发动港口工人和船员,征集和组织船舶。被征船舶很快便分别从钦州、防城、合浦等地陆续驶入北海,分散到市区范围的高德、外沙、南沥、大墩海一带,隐蔽待命。合浦县对达、营盘、南康等地的船工不但把船舶交出来,而且主动留下来和北海船工一起,协助解放军学习做好后勤运输工作。据不完全统计,仅北海供给解放海南的粮食即有10万余斤,船只400余艘。从钦州、合浦等地汇集到北海参加支前的运输船、打鱼船、机动船、风帆船和小型木船等大小船舶共计有12000余艘。

海南岛的船工、船民在琼崖中共党组织支前委员会的号召下,不仅纷纷把藏起来的船献出来,还积极报名为解放军做渡海向导,当舵工、水手。他们千方百计冲过国民党军队对琼州海峡的严密封锁,多次运送"琼崖纵队"干部到雷州半岛送情报。还先后组织了170条木帆船,400多名水手、领航员、向导渡海到雷州半岛接应大军。

1950年2月,15兵团40军、43军作战会议在广州召开,主要研究作战方针和部署战役的准备工作。同时成立中华海员全国委员会华南区筹备委员会,动员和组织海员参加支前工作。中南各地海员纷纷从武汉、衡阳、广州、香港、澳门赶来参战。集结待命的船民、船工还有一项重要任务:教会解放军战士学习游泳、驾船等基本技术。经过3个多月的艰苦训练,海员、船工们为部队培养了1万多名能在海上驾船的指战员。解放海南条件成熟。

1950年3月初,解放海南战役的序幕终于拉开。人民解放军采取"积极偷渡,分批小渡,与最后登陆相结合"的方针,由船民、船工驾船运送渡海作战。3月5日,林炳旺等80多名船工驾驶13艘木船载着800名解放军首批偷渡,于次日下午成功登陆。3月10日,湛江市船工队长王长英等100多名船工驾驶22条木帆船载运1000多名解放军战士,于次日上午成功登陆;3月26日晚,81艘木帆船载运近3000名指战员起航偷渡,途中遭到敌人猛烈炮击,船队于27日登陆。船工林望炳,在本船6名船工已伤亡过半的紧急关头,亲自掌舵,指挥船工配合大军作战,船靠岸后,登陆立即拿起枪投入战斗。3月31日,海康、徐闻及海南岛等地船工驾驶88艘木帆船,运送解放军指战员3751人再次起航偷渡,途中遭遇国民党军队疯狂阻击,涌现出"渡海作战功臣"李富兴以及海南岛船工周振朝、黄华等英雄海员,还有很多海员、船工和战士光荣牺牲,但偷渡还是获得成功。

有了4次偷渡作战的成功经验,大规模渡海作战开始了。4月16日上午,40军18700名指战员分乘382艘木船,43军6968名指战员分乘81艘木帆船分别从雷州半岛起航,发起进攻。经过激战,至5月1日,人民解放军在海员、船工、船民、渔民和海南人民的有力支持下,歼敌3.2万人,解放了海南岛。在这一时期的渡海作战中,几百名船工光荣牺牲。其中湛江地区牺牲111人,2470艘参战船舶只剩几十艘。徐闻县参加渡海船只509艘,船民、船工1516人,其中51名船工牺牲。战后,400多名船工被评为"渡海功臣"。邓建鸿、黄攀池、陈苏、林炳旺、符炎、李富兴、王长英等7名船工3次立大功,被评为特等功臣。李富兴的船被评为"渡海英雄船",受到中南军政委员会的嘉奖。所有参战船员、船工都获颁解放海南纪念章。

3. 解放万山群岛

万山群岛扼珠江口主航道,是广东内河和外海交通的咽喉,也是中国南海上的战略要地。海南岛解放后,国民党海军部署万山群岛防御,企图控制进出香港、澳门的主要航线,封锁珠江入海口,将其作为"反攻大陆"的跳板。

当时,广东江防部队(中国人民解放军南海舰队的前身)只有国民党海军起义过来的几艘小舰艇,舰艇上技术人员除一部分是国民党起义海军外,还招收了广东海事专科学校一批学生。此外,广东航运部门和私营航商还支援了几艘船舶,勉强改装成小"炮艇"。除了缺少舰艇外,引水员、舵手和轮机员等技术人员也十分缺乏。广东区海员工会动员了一批引水员、舵工支前参战。支前海员们冒着敌机轰炸和敌舰袭击的危险,一次次把物资和指战员运送到目的地。除广东船员外,武汉400多名船员南下助战,江防部队根据工作任务需要,从中挑选94人组成参战大队,其余返回武汉。武汉船员的到来,补充了技术人员的不足。

1950年5月24日各参战部队在中山县沿海集结,战役序幕拉开。5月25日凌晨,战役正式开始。登陆输送船队和火力支援船队由唐家湾起航,向敌人主要海军基地——垃圾尾岛进击。因为雾大,"解放"号和"桂山"号炮艇与船队失去联系。"解放"号遭到20余艘敌舰围困,临危不惧,英勇冲杀,抗击数十倍敌人,重伤敌舰和敌军司令,全船19人,16人伤亡,船身多处中弹,最终突出重围,返回基地。"桂山"号主动出击,直插敌舰群,中弹起火后,船员依然十分勇敢镇定,搬运炮弹,调整船位,救护伤员,灭火自救。由于多处中弹起火,人员伤亡很大,队长、舰长及舵手相继牺牲,轮机部只剩下轮机员一人,代理舰长一人领航、驾驶。"桂山"号带着熊熊烈火冲上滩头,战士涉水冲锋,与敌人激战,大部分战士和11名武汉船员牺牲。

1950年8月3日,万山群岛全部解放。在历时71天的战斗中,广东海员、香港海员、武汉海员和解放军并肩战斗,为最后的胜利做出了重要贡献。在参战的海员中,有柴大忠、乐生财、陈汉武、陶定万、柳同仁、陈国球、王承富、郭海波、邓基、陈福祥、朱三等11人牺牲在战斗岗位上,他们的名字已镌刻在解放万山纪念碑上。另外,还有26人立了功(其中曹翁和、毛鹏程、黄汉卿、刘初、黄国春、李德心等人立了大功)。招商局广州分公司"448"驳船的海员卢荣、卢西、林棠、梁胜等4人也立了大功(图1-3-2)。

此外,在1952年解放南澎岛的战斗中,参战的汕头海员、船工也表现得十分勇敢,出色地完成了运送解放军跨海作战的任务。战后,立功和牺牲船员受到了表彰。

(五) 抗美援朝支前运输

1950年6月25日,朝鲜战争爆发,中国人民志愿军渡过鸭绿江,与朝鲜军民并肩战斗,取得了最后胜利。在这场伟大的胜利中,全国广大海员做出了不可磨灭的贡献。

图1-3-2　1950年8月26日,《南方日报》特刊报道了解放万山群岛战役的详细内容

1950年11月10日,中共旅大市委和人民政府向全市发出抗美援朝动员,处在海防第一线的大连港务局积极响应号召,认真组织运力,投入支前运输。为了加强支前力量,把因战争从安东疏散到大连的40余艘私营机帆船、木帆船组织起来,成立大连民船公司,加入到支前行列。

江苏省水运职工多次接受了运送志愿军的任务。如南通专区就抽调轮船23艘、木船35艘,运送赴朝志愿军4600人从如皋到天生港。在护送志愿军伤病员的过程中,各级领导充分进行思想动员,使广大水运干部职工明确承担这项工作的意义,圆满完成了任务。苏州、无锡、松江、南通航运管理处,华东内河轮船公司苏州、镇江、淮阴分公司等单位,1951年都承担过运送伤病员的任务。镇江分公司特调货驳3艘作为水上趸船,放置于小火车站边,使伤病员就地上船,并尽量改善伤病员乘船条件。在航行中,船员们还在船舱内铺设简易病床,并经常向伤病员介绍乘船知识,帮助做饭,保证茶水供应,克服旅途中生活不便的困难。有的船上还张贴欢迎志愿军伤病员的标语,慰问伤病员,使他们感受到全国人民对子弟兵的热爱和对抗美援朝斗争的支援。1952年后,各地继续担负运送志愿军伤病员的工作。据1952年不完全统计,江苏派出内河船只由松江转运上海的伤病员有230余人,由杭州运送休养的伤病员两批共509

人,由镇江运送到淮阴的伤员至1953年2月止共达2000余人。

川江航运担负起了西南地区赴朝参战部队和军事装备的运输任务。1950年12月1日,由长航重庆分局、招商局重庆分公司、各私营轮船公司代表组成"川江轮船运输委员会",领导川江军运。运输委员会下设运输执行小组,掌握船期,执行配运工作。第一批军运从1950年12月2日开始,到1951年2月23日结束,从重庆、万县运送部队至宜昌83112人,使用轮船87艘,航行204次。第二批军运从1951年3月17日开始,到1951年5月13日结束,从重庆、万县、奉节运送部队至宜昌86923人,使用轮船49艘,航行174次。第三批军运从1951年5月16日开始,到1951年6月23日结束,从重庆、长寿、李渡、高家镇、奉节、万县等地运送部队至宜昌75179人;万宜、渝宜线使用轮船34艘,航行101次。第三批任务完成以后,1951年6月至9月又运送部队8万余人。整个抗美援朝军运于1951年9月结束,共运出部队32万余人,以及随军武器、弹药和其他军用物资。

(六)运送复员军人和部队官兵

随着中华人民共和国的建立,解放战争胜利结束,大批复员军人要运送,这是1950年航运界的一项艰巨任务。毛泽东主席指示:必须谨慎地进行此项复员工作,使复员军人回到家乡安心生产。

西南解放较迟,复员人数很多,交通又不方便,人员集中比较困难,运送出去也很困难。西南复员军人运输工作由长航重庆分局负责,西南复员委员会定期提供各地复员人数、起运日期、计划,分别按月做出调船计划,每隔3天召开各轮船公司运输工作会,了解船舶动态。复员军人乘轮运费按中央规定,干线七折,支线八折。

西南复员军人运输工作于1950年8月筹备,9月14日开始运输,12月结束。据统计9月份运出13865人,10月份运出21691人,11月份运出5793人,12月份运出458人,共计运出41807人。

此外,还运送部队官兵141290人(包括部分木船运输),各部剩余人员47920人,其他军公人员7517人等,共计23万余人。

二、海员起义和船舶回归

解放战争中,随着人民解放军由北向南迅速推进,国民党治下的航运界积极响应人民政府号召,纷纷起义。在中国共产党领导下,船员们英勇机智,团结一心,经过曲折斗争,克服重重困难,将一艘艘船舶开回祖国大陆,为新中国航运业的诞生和发展做出了巨大贡献。

(一)"海辽"轮起义

1949年9月19日,招商局"海辽"轮在中国南海冲破国民党政府的阻挠,拉开了海员起义的序幕。

"海辽"轮船长方枕流(图1-3-3),在工作中结识共产党员刘双恩,两人友情日增。在刘双恩的影响下,方枕流决心跟随共产党走革命道路,于是酝酿"海辽"轮组织起义。方枕流一面抓紧对船员进行教育,引导船员进步,另一面注意了解船员的思想觉悟和政治态度,调整船员队伍,清除起义的绊脚石,为起义精心做着准备。1949年6

图1-3-3 1949年9月率领"海辽"轮起义的方枕流船长

月,"海辽"轮航至广州黄埔港,方枕流找到刘双恩,汇报了船员渴望回归,和自己准备起义的计划,并要求加入中国共产党。刘双恩传达了中共组织赞同起义,由方枕流、马骏、席凤仪3人研究制定起义计划的指示。

已于1948年8月撤往台湾的招商局总部电令"海辽"轮在广州黄埔港装运军事物资往海南榆林港,再返航黄埔港运送国民党军队。返航途中,9月5日,在方枕流的指挥下,"海辽"轮以加油为由突然驶进香港。停驻香港期间,方枕流做了两方面的重要安排:一是"海辽"轮加紧检修轮机,更换电讯设备,添足燃油和淡水;二是进一步调整船员队伍,把值得信任的进步船员提拔到要害岗位。一切准备就绪,方枕流向刘双恩汇报海员思想和骨干分子情况,并要求起义,把"海辽"轮开往解放区。刘双恩经请示组织,同意了方枕流的起义计划,指示船可以开往大连港,并对起义的准备做了具体指示。按照指示,方枕流、马骏、席凤仪三人小组加紧工作,对全体船员进一步仔细研究,补足船上需要的物资,并划定了一条奇特的北归航线。

起义时机终于来临。"海辽"轮收到台湾招商局电令,9月19日早晨6时起航往汕头运兵。9月18日下午,方枕流做了最后一次汇报,并再次要求加入中国共产党。刘双恩代表组织对"海辽"轮起义成功到达大连后做了具体安排。

为迷惑敌人,9月19日下午6时,"海辽"轮悄然起航,顺利通过香港鲤鱼门信号台。方枕流召集除值班员外的全体船员开会,庄严宣布"海辽"轮不去汕头,要开赴东北解放区。当即有3人表示反对,但大多数船员慷慨发言,坚决拥护起义,船员的思想基本得到统一。

船到横澜岛灯塔,方枕流果断下令,照原定计划方向,驶向菲律宾海峡。19日晚9时,方枕流兴奋地说:"这是我们解放的庄严时刻,请大家永远记住这个光荣的时刻。"随后,在他的指挥下,"海辽"轮开始改装船形,经过三天两夜,伪装成外轮"玛丽玛拉"号。

9月21日至23日,"海辽"轮几次向汕头招商局发报,说"海辽"轮出现故障需要修理,以此争取时间。24日,敌人已经开始怀疑"海辽"轮的去向。25日,"海辽"轮利用台风警报,不再与电台联系,制造沉没的假象。27日,"海辽"轮到达韩国海域。28日清晨,按原计划,船员重漆了船名ANTONIA(安东尼亚),升起国际讯号旗P.R.B,胜利驶进大连港。至此,"海辽"轮历经9夜8天的惊险航程,顺利完成了党所交给的起义任务(图1-3-4)

图1-3-4　1949年9月28日,起义"海辽"轮升起了五星红旗

1949年10月1日,方枕流率领全体船员在大连码头举行了升旗仪式。10月24日,“海辽”轮收到毛主席致电嘉勉,电文如下:“‘海辽’轮方枕流船长和全体船员同志们:庆贺你们在海上起义,并将‘海辽’轮驶达东北港口的成功。你们为着人民国家的利益,团结一致,战胜困难,脱离反动派而站在人民方面,这种举动,是全国人民所欢迎的。是还在国民党反动派和官僚资本控制下的一切船长、船员们所应当效法的。”(图1-3-5)

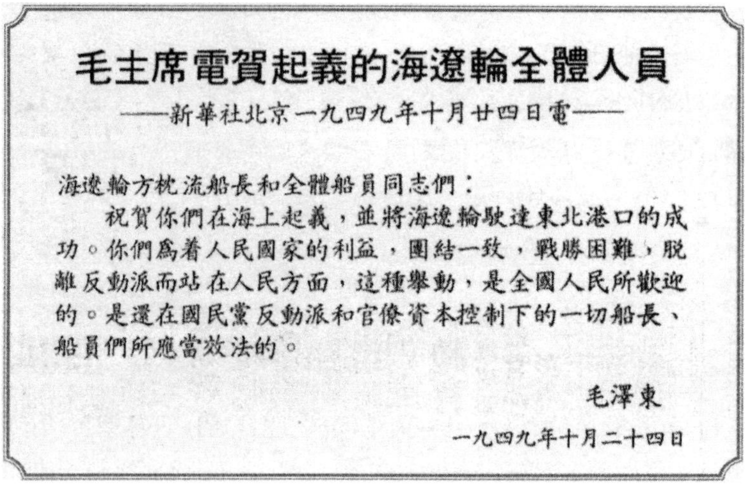

毛主席電賀起義的海遼輪全體人員

——新華社北京一九四九年十月廿四日電——

海遼輪方枕流船長和全體船員同志們：

祝賀你們在海上起義，並將海遼輪駛達東北港口的成功。你們爲着人民國家的利益，團結一致，戰勝困難，脫離反動派而站在人民方面，這種舉動，是全國人民所歡迎的。是還在國民黨反動派和官僚資本控制下的一切船長、船員們所應當效法的。

毛澤東

一九四九年十月二十四日

图1-3-5 毛主席发给“海辽”轮的贺电

“海辽”轮回归,是中国共产党地下组织直接领导的第一艘海轮起义,它的成功,给有着回归愿望的流落于中国香港和国外的中国船员莫大鼓舞,从而拉开了香港招商局和13艘海轮大起义的序幕。

(二)香港招商局及13艘海轮起义

1949年4月,国民党军政当局部署招商局总局迁往台湾。5月,上海解放前夕,招商局大批船只被调往台湾。国民党政府撤退时,把香港地区作为船舶燃料供应基地,而香港地区本就是个自由港,因而大批海员在那里聚集。由于可以收集到各方信息,海员思想十分活跃。上海解放后,上海招商局总经理胡时渊和副总经理黄慕宗联名发电给招商局各大海轮,呼吁在海外航行的轮船尽快开回解放区。

当时促使海员起义回归的原因有以下几个方面:其一,国民党强拉军差,船员们不堪其苦;其二,船员思念家人,不愿去台湾;其三,人民政府深入细致的宣传动员工作,坚定了在外船员回归的决心;其四,香港招商局领导层发生变化,汤传篪(代经理)、陈天骏(副经理)掌握实权,顽固派离去,为起义铺平了道路;其五,招商局“中102”舰①和“海辽”轮起义成功,鼓舞了香港招商局船员起义的决心。

在这种背景下,香港招商局及13艘海轮在中国共产党领导下,精心策划,实施起义。早在1937年,陈天骏就与共产党人结识,1948年前,曾研究过把船开回解放区,但迫于形势,未能行动。1949年8—9月间,中共中央华南分局的吴荻舟与陈天骏研究策划船只起义,做好起义前的准备。中共中央军事委员会派到香港地区的米国钧(化名高德华),中共中央华东局财委派到香港地区的陈明、刘若明(又名苏世德)共同工作,研究策划起义。与此同时,上海招商总局总军代表于眉,副总军代表邓寅东、总经理胡时渊、副总经理黄慕宗派陈邦达船长到香港地区,带去胡时渊、黄慕宗联名写给汤传篪、陈天骏的两封亲笔信,策动船只回归。陈天骏阅信后表示要起义,并给陈邦达办了一份总船长的证明文件,以便开展活动。海员工会也

①1949年4月13日,装运国民党伞兵三团的招商局“中102”登陆艇由上海开往福州途中,全体船员积极配合该团起义,调头北上,4月15日抵达连云港,起义成功。

进行了大量的思想发动工作。局势日渐明朗，起义在即，起义安排统由吴荻舟和刘若明负责领导。

在起义前，广大海员便不自觉地进行着各种斗争。船员们联合抗令，不替国民党开船，部分船员返回上海；以各种名义和借口，纷纷把船开往香港地区。到1949年12月，聚集在香港地区的招商局轮船，已有"海康""海汉""海厦""鸿章""林森""教仁""蔡锷""成功""邓铿""登禹""中106""民302""民312"等轮共13艘，起义的准备工作已基本就绪。

1949年12月29日，汤传簏、陈天骏在香港中环的思豪酒店以聚餐名义，召集招商局各轮船长开会。饭后陈天骏向大家介绍了情况，并分别宣读了上海招商局和台北招商局电文后，请大家就起义或去台湾表态。众船长一致赞成起义，"海厦"轮船长王俊山、"蔡锷"轮船长左文渊、"教仁"轮船长罗秉球、"鸿章"轮船长蔡良、"民302"轮船长谷源松、"民312"轮船长张事规、"海汉"轮船长朱颂才、"登禹"轮船长沈达才、"林森"轮船长杨惟诚、"成功"轮船长徐汉卿、从台湾回港的船长周鸿印以及香港招商局副经理陈天骏等，立即在起义宣言上签名。原"海康"轮船长朱聚遐把船交给香港招商局后便回上海去了，没有参加签名。"邓铿"轮船长刘维英(原"中106"轮船长)亦表示坚决拥护起义，但因家属在台湾，故未签名。徐汉卿签名后，因家属在台湾，又回了台湾。根据党组织指示，当时英国政府正在与人民政府进行外交谈判，各船在起义问题上不要操之过急，待英国政府正式宣布承认新中国时再宣布起义，免遭意外挫折。

1950年1月6日，英国正式宣布承认中华人民共和国，1月9日，中央人民政府政务院总理周恩来发布命令：驻港原属国民党一切机构的主管人员及全体员工各守岗位，保护国家财产档案，听候接收。留港的招商局员工和船员倍受鼓舞，起义时机成熟。经过商议，起义时间定于1月15日。

1950年1月15日，香港招商局暨留港的13艘海轮539名员工，在汤传簏、陈天骏率领下，向全世界庄严宣告光荣起义！8时正，香港招商局大楼及13艘海轮举行了隆重的升旗仪式。从这一天起，他们回到祖国怀抱。

起义当天，全体员工公开发表《告被劫持在蒋党区的招商局海员兄弟书》，号召被劫持到台湾的招商局海员起义归来；同时发表《香港招商局公司暨留港的全体员工启事》，宣布保产候命，听候接管。香港地区《文汇报》《大公报》及广东《南方日报》均对起义做了大幅报道。

宣布起义后，由于当时珠江口外岛屿尚未解放，南北通航受阻，起义船舶不能立即驶回广州，只能暂停香港地区。于是，国民党当局派出特务到香港地区，采取各种卑鄙手段来威胁、利诱、拉拢部分船员。面对敌特的破坏，上海招商局派出了董华民、杨在新等人组成的军代表小组，领导香港招商局开展护产工作。香港招商局员工和13艘起义轮船船员在上级党组织和招商局上海总公司的领导下，坚决执行周总理的护产命令，与国民党当局展开针锋相对的斗争。

1950年7月，珠江口外的万山群岛解放后，香港地区至广州的航道打通了。此时，港英政府借口港内船舶拥挤，强令招商局13艘起义轮船开出香港地区港口，到港外下锚。在这种形势下，组织轮船回归祖国已迫在眉睫。中共中央华南局书记叶剑英指示将船开回广州。

为达到破坏起义船舶回国的目的，台湾当局采取"杀一儆百"政策，于7月11日，悍然枪杀在日本起义失败的"海辰"轮船长张丕烈和报务主任严敦华。"海辰"轮于1950年1月由日本秘密开回青岛途中，因有人告密被国民党军舰截回，起义失败。

就在台湾当局枪杀张丕烈、严敦华的当晚，由谷源松船长驾驶的"民302"轮向广州进发，7月12日晚9时到达广州，受到广州人民热烈欢迎，成为起义先锋(图1-3-6)。7月16日，"民312"轮从香港开航，胜利回到广州。9月12日，"中106"回到广州。9月16日，"成功""邓铿""教仁"3轮按时开航回归广州。"鸿章"轮因受少数船员阻挠，经过顽强斗争，9月17日开航回广州。10月19日，"海厦"轮从香港开航回穗，航至大铲附近，特务安装于船上的定时炸弹爆炸，两名船员牺牲，3人受伤，经抢修，"海厦"轮继续驶至广州。"登禹"轮在船厂修理未竣，为防止特务破坏，10月18日雇两艘拖轮拖至外海，10月20日又雇拖轮拖至大铲，由广州派出"民302"轮接应，当日抵穗。至此，13艘船舶全部开回广州，起义胜利结束。

图1-3-6 招商局"民302"轮起义船长谷源松被中华人民共和国交通部授予"英雄船长"称号

香港招商局及13艘轮船海员的胜利起义，震惊了世界，被列为1950年世界十大新闻之一。在中国共产党领导下，广大海员坚持正义、大智大勇，为摆脱反动统治而殊死斗争，可歌可泣，永载史册。

在香港招商局13艘海轮起义鼓舞下，经过复杂斗争，招商局"海玄"轮于1950年1月24日在新加坡宣布起义，起义后船员又进行了激烈的护船斗争。1950年6月后，船员分批回到广州。由于长期装运工业盐，船体逐渐锈蚀漏水，1955年香港招商局将该轮在新加坡拍卖，最后一批船员于1955年回到广州。1950年12月17日，中国油轮公司"永灏"轮在香港地区修理即将完工之际宣布起义。起义后，爱国船员与国民党和港英当局展开激烈的护产斗争，挫败台湾勾结港英当局制造的"产权"案，英勇反抗港英当局征用。1951年4月15日，"永灏"轮60名海员在左文渊船长带领下回到广州。作为对港英强征"永灏"轮的反制措施，中国政府征用英国在我国境内各地的亚细亚火油公司除总公司和分支机构办公处及推销处以外的全部财产。由于"永灏"轮在香港地区修理期间委托香港招商局代管，"永灏"轮起义也算作招商局系的轮船起义。

香港招商局一同起义的13艘轮船与在新加坡起义的"海辰"轮以及代管的"永灏"轮，15艘起义轮船700余名船员，成为后来华南水运以及新中国远洋航运的重要力量。

（三）九龙海关27艘舰艇起义

1949年9月，随着人民解放军节节胜利，国民党军队退往台湾。时任总税务司李度（美籍）电令九龙海关全部缉私舰艇立即由香港地区驶往台湾，并提出"去台者赏，违者开除"来威逼利诱。10月6日，当"海康"舰返航香港地区后，华南缉私队队长马劳白（英籍）向舰长何炳材出示了李度的电令，被何炳材当场拒绝。

何炳材回舰后循例传达了李度的电令，并表达了他本人不去台湾的决心。随后分别向船员们开展思想工作，争取力量支持"拒开"行动。何炳材时为九龙海关唯一的华籍舰长，素有威望。船员们纷纷表示不开船去台湾，外籍船长、艇长也相继辞职返国。结果，有缉私舰艇27艘和辅助船艇7艘无法开出香港地区。经过艰苦工作和复杂斗争，英籍税务司经蔚斐于10月12日晚与中共地下党订立投诚协定，随后九龙关宣布起义,华南缉私舰队起义之举正式宣告成功。

九龙关宣布起义后,国民党特务对这批起义舰艇蓄意劫夺和破坏。宣布起义后3天,马劳白辞职返英,委派何炳材兼任华南缉私舰队代理队长。当时的香港地区环境十分复杂。过了两个月,国民党驻香港地区的特务通过关系找到何炳材,提出合作要求,将海关舰艇以试车名义开出鲤鱼门,然后由国民党海军劫去,全部船员送回香港地区,事成后将以27万美元酬报。何炳材断然拒绝,立即返回布置保卫工作:队长室外设传达员值班;把原来分散系泊在铜锣湾避风塘外浮筒的缉私舰艇集中并靠,使之能互相照应;严禁外界船艇靠近;严禁参观访问;日夜加强保卫值班,抓紧机驾保养工作,以备随时执行任务。

1950年6月8日,因人民海军急需舰艇,由广州支前指挥部派代表去香港地区,与何炳材等共同研究,决定在一个星期内把舰艇开回广州。经过复杂斗争和周密部署,全部舰艇于6月12日黄昏前列队驶出急水门,13日下午1时安全地驶回广州,有力地支援了人民海军解放万山群岛的战斗(图1-3-7)。

图 1-3-7　何炳材船长率领海关舰艇起义

(四)外流香港私营船舶的回归

1. 南船北归

新中国成立前夕,内地许多私营航商,或听信谣言,或为摆脱国民党的控制,或躲避拉军差,将不少船舶驶到中国香港或其他国家港口。据当时统计,从北方驶到香港地区的航运公司有28家,船舶80多艘,约39万载重吨。另有广东、广西的一些航商也把船舶驶到香港地区。新中国成立,为迅速恢复和发展水上交通,支援全国解放,中央航运部门和中国海员工会遂动员和组织"南船北归"。

香港海员工会根据中国海员工会的要求,即开始对外流香港地区的船员进行北归动员。经过细致的工作,从1949年底外流香港地区的船舶陆续北归。上海实业公司"新上海"轮,在海员工会帮助解决劳资纠纷后,于11月顺利北归;海鹰轮船有限公司的"海鹰"号、"海牛"号和"海羊"号3艘轮船,于12月启航北归,1950年1月抵达天津。至1950年5月31日前,又有大中华公司的"大江"号、上海实业公司的"大上海"号、民新公司的"新康"号、志新公司的"海王星"号、三一公司的"奥伦琪"号和"奥立屈"号等外流香港地区的轮船纷纷北归。

1950年6月24日,华胜公司的"华胜"号由秦皇岛装载煤8000吨运往日本八幡,因误信敌对分子的反动宣传,未经公司同意,于7月8日从日本驶向中国香港。后经说服教育,于8月21日返抵秦皇岛。

1950年6月,南惠公司的"南强"号(又名"北光"号)于北驶途中,在台湾海峡被国民党兵舰劫持到马公岛,因"南强"号系英国国籍,最后被释放,开回大陆。新大陆公司的"新亚洲"号,改悬巴拿马旗后,也于1950年6月离开香港地区驶抵秦皇岛。

1950年7月,通安公司的"通翔"轮,从菲律宾运矿砂到日本八幡,卸载后,船员们怀疑秦皇岛是危险区,又驶返香港地区。抵港后,有关方面把几个闹事的船员解雇,由香港招商局重新委任船长,在香港海员工会的协助下,配齐了船员,再次去菲律宾装运矿砂赴日本,然后驶返秦皇岛。

1950年7月起,中兴轮船公司的"昌兴""永兴""景兴""铭兴""鲁兴"和代管的"海兴"等6艘轮船,临时改悬巴拿马旗后,先后北归。

利华轮船公司的"泰顺"号(又名"华利"号),于1950年7月12日北归时,在厦门海面被国民党军舰劫持。因该轮悬挂的是巴拿马旗,经交涉后被释放,得以北归。

安达公司的"安达"号,北归后又返回香港地区,改悬巴拿马旗后,于1950年8月28日再次离开香港地区驶赴天津。

1950年6月,朝鲜战争爆发,国民党派特务大肆进行反动宣传,散布第三次世界大战即将爆发的谣言,并造谣说北洋水域是危险地带,从而使一部分私营轮船公司产生了动摇,给争取北归工作增加了阻力,加之由于当时上海有些单位未能正确执行中央有关政策,对已经北归的船员持怀疑、疏远甚至敌视态度,个别人把外籍船员视为帝国主义分子,将北归的中国船员疑为特务,在私营航商及船员队伍中造成了很大混乱,严重影响了"南船北归"的进程,一些已经北归的船舶甚至借故重新南移,如上述"华胜""通翔""安达"3艘轮船。

为了迅速克服"南船北归"工作中存在的错误倾向,1950年9月23日,交通部主持召开了专题座谈会,与会各方经讨论做出下列决定:明确对海员的政策,从思想上明确海员系工人阶级的一部分,消除对海员的敌视态度,由交通部会同有关单位发布联合指示;重新审查修改现有各种办法、制度,必要时重新拟定;保护边防,查禁走私,开办海员干部学校;加强海员工会的工作,适当解决海员工会存在的问题(经费、干部、房屋等);设立联合机构,积极团结广大海员,争取船舶尽早北归,调整劳资纠纷,并组织力量与破坏和阻碍北归的敌特进行斗争。

会议同时制定了具体措施:对资方采取团结和扶持的方针,继续大力组织货源,保障合法利润,争取中国香港地区轮船北归;协助说服船员,不提过高要求;宣传新中国对私营航商公私兼顾及扶助私营航商的实例,以达到逐渐消除私营航商思想上之顾虑;利用香港地区报纸,揭穿敌特无耻宣传;在香港地区的私营船舶北归确有困难者,经济上给以援助。对船员,尽力帮助、加强教育,发挥海员工会作用,保护船员合法利益,不提过高要求,以免增加北归困难;建立各对外贸易港的海员俱乐部,调剂海员海上的枯燥生活;协助海员和资方签订集体合同,保障工资收入及职业稳定;加强教育,以提高船员的政治觉悟;同时建议全国总工会加强香港、广州、天津、秦皇岛等工会的工作。

由于朝鲜战争,台湾海峡被封锁,因此回归船舶选择驶往广州。1950年8月至1951年9月,先后从香港地区回到广州的轮船有:华侨船务行的"江安"轮,广州联安公司的"华龙"轮,建通实业公司的"北京"轮,华达船务行的"伟南"轮,一天船务行的"峨嵋"轮,以及上海大达公司的"大达"轮(后改为"长江"轮)等。

2.民生公司留港船舶的回归

民生公司由著名爱国实业家卢作孚先生于1925年创办,经过25年的经营,发展到拥有148艘江海轮。民生公司对挽回长江航权,振兴民族工商业,支援抗日战争曾做过重大贡献。1948年,民生公司在中国香港设立分公司,为当时华南最大的民营航运公司。

1950年6月,卢作孚回北京参加了中国人民政治协商会议,此后,他积极响应"南船北归"号召,组织船舶回国。民生公司的广大海员,也积极支持卢作孚的爱国行动,同心协力,克服困难,把留港和航行海外的船舶先后开回中国大陆。

1949年5月,上海解放前夕,民生公司"民俗""民本""怒江""渠江""龙江"5艘船,被国民党征用到浙江舟山运兵。为摆脱军差,船员们以机器损坏、江船不能出海等为由,要求停止军运;民生公司又出钱买通有关国民党官员,"民俗""民本"两轮得以摆脱军运,驶到香港地区。"渠江"轮遇风搁浅,船员推说须到香港地区修理,也得以躲过军差,驶到香港地区。"怒江"轮经船员的坚持斗争和公司的安排,也开赴香港地区。"龙江"轮在横渡台湾海峡时遇风搁浅,后被国民党军舰击沉。同时,被拉军差的"宁远""怀远""平远"轮亦千方百计摆脱军差开进香港地区。

"民众"轮原航行上海至台湾航线,上海解放后改航香港至台北,后停航,泊于香港。在加拿大建造的7艘门字号轮船,于1948年至1949年初先后回到香港,航行穗港航线。

至1950年2月,民生公司20艘聚集于香港地区的轮船准备回归。

1950年五六月间,"怀远""宁远""民众"3轮的船员,率先冲破国民党封锁,驾船回到上海港。6月21日,"太湖"轮从香港地区驶往上海,途中被国民党军舰拦截到台湾。船长周曾贻被台湾当局判处有期徒刑12年,船员及随船家属经无数次审讯,于8月4日被押至公海,用拦截的渔船载至汕头海面,后由人民政府送回上海工作。

由于国民党军队对台湾海峡严密封锁,船舶回归上海非常困难,便改归广州。1950年8月至10月,"民俗""民本""怒江""渠江"等4轮先后回到广州。招商局13艘轮船在香港地区起义后,国民党方面就把目标集中在民生公司留港的"门"字号轮船上。为尽快实现这些船舶回归,人民政府派专人分别到广州和香港开展工作。当时,国民党特务频繁活动,密谋抢船,并拉拢高级船员,破坏船舶回归,但被船员识破。1951年,7艘"门"字号轮先后开回广州。跑南洋线的"绥远""黄海""南海""渤海"等轮,除"南海""渤海"两轮因钢质不好就地卖掉外,余3艘于1952年和1953年先后开回广州。

民生公司在香港地区的20艘轮船,除1艘在北归途中被国民党劫持到台湾,2艘在东南亚卖掉外,3艘北归上海,14艘回到广州。回到广州的船员457名。

这些外流香港地区的船舶回归新中国后,大都加入了华南和北洋航线的运输,少数轮船北归后加入了对外运输。由于这些船舶大多悬挂外国旗,可以减轻台湾当局的迫害程度,因此这支运力成了新中国成立初期突破帝国主义封锁禁运、承担新中国外贸运输的重要力量。南船北归的壮举,是华人航商、侨商愿以船舶为国效力的具体表现,也是广大船员高度爱国主义热情的生动体现。

三、突破封锁和禁运

(一)帝国主义对新中国封锁和禁运的破产

第二次世界大战结束后,国际形势发生了巨大变化。社会主义新中国的诞生,改变了世界政治力量的对比。帝国主义对新中国持敌视态度,妄图将其扼杀于摇篮之中。美国政府除怂恿台湾国民党当局在海上频频制造事端外,还直接对新中国进行一系列的封锁和破坏。

1951年5月18日,第五届联合国大会在美国操纵下,非法通过对新中国实行禁运的决议案。若干重要的海运国家,对使用该国船只进行对华贸易均规定了管制办法。美、英、法、加拿大、希腊等国规定,禁止在这些国家注册的船只同中国进行贸易运输和在中国港口停泊。

与此同时,美国还把其在台湾海峡地区的侵略范围扩大到金门、马祖等沿海岛屿,派军舰侵入金门、厦门地区的我国领海。帝国主义的封锁禁运政策及美国与台湾国民党当局的军事挑衅,造成了中国南北海域的隔离状态,也给中国远洋运输事业的开创设置了极大障碍,对内地同香港地区的贸易运输带来严重影响。1950—1956年,中国内地同香港地区的进出口贸易总额,除1951年因进口骤增而达到6.1亿美元外,其余各年均在2亿美元左右徘徊,并无起色。

然而,得道多助,帝国主义对新中国的航运封锁随着世界航运危机的爆发而发生了松动,一些资本主义国家也开始试探与中国进行航运合作的可能性。芬兰和瑞典的航运界提出要同中国组织合营轮船公司,比利时一家轮船公司则要求中国派出实习生,英国等国家的航商对与中国进行海上运输合作也颇感兴趣。许多国家表示愿意租船给中国。一些航商冲破封锁禁运,将船只驶往中国港口,进行贸易运输。国际经济形势已变得对中国较为有利,正如周恩来总理在1951年所预言的那样:"帝国主义的'封锁'和禁运,正好被我们用以肃清在中国经济中半殖民地的依赖性,缩短我们在经济上获得完全独立自主的过程,而真正受到打击的,反而是他们自己"。帝国主义封锁禁运政策宣告破产,中国远洋运输事业开始走上独立自主的发展道路。随着国内经济建设的蓬勃发展和外贸海运量的迅速增长,内地运往香港地区或经香港地区转口的货物亦逐年增多,内地对香港地区出口总额1955年为15475万美元,1956年为17233万美元,1957年再升至17521万美元。

(二) 突破国民党封锁线

面对国民党和美帝国主义的封锁,中国政府采取了各种措施,并且充分发挥海员的作用,在多年惊心动魄的武装护航运输中,肩负着运输生产和反封锁对敌斗争双重使命的广大船员发扬不怕牺牲、艰苦奋斗的精神,"一手持枪,一手操舵",在驻船护航战士、人民海军及岸防炮兵部队的保护和协助下,克服了恶劣航行环境和条件所带来的困难,勇敢而机智地与国民党军展开针锋相对的斗争,建立起一条封不住、炸不断的海上钢铁运输线,创下了可歌可泣、不可磨灭的光辉业绩。

航行榕温航线的"螺江"号货船全体船员骁勇善战,每次都胜利地完成运输任务。1951年10月间,当"螺江"号由温州驶至官岭海面时,突遭国民党军3艘武装机动船包抄进攻。富有战斗经验的全体船员临危不惧,立即各执武器,各就各位,迎击来犯之敌。后又有5艘国民党军武装木帆船加入围攻的行列。"螺江"号在管理员危德章指挥下,边战边航,经过两个小时的激战,终于击退火力猛于自身数倍的国民党军舰船,凯旋北关门,返航福州港。同年隆冬,国民党军3艘武装机帆船和2艘炮艇潜伏在平阳角附近海面,伺机劫持由福州开往温州的"螺江"号。海员们已事先得到海防部队的敌情通报,但为及时完成运输任务仍按原定计划出航。当船驶至沙埕湾海面时,即与国民党军舰船狭路相逢。对方先以猛烈而集中的火力轰击"螺江"号,接着从四面八方迂回围攻过来。早已做好战斗布置的"螺江"号全体海员们沉着应战,一面以炮火与对手周旋,一面利用"螺江"号功率强大的有利条件开足马力全速前进,全速冲出包围圈,再集中火力狠打一艘航速较快、尾追不舍的炮艇,使其中炮燃烧,狼狈逃窜。"螺江"号以突出的英雄事迹,为当时海运战线反封锁斗争树立起一面光荣的旗帜。

1952年,"南丰"号轮船由汕头回航厦门,途中经过东院岛附近海面时,遇到4艘国民党军炮艇的追击。"南丰"号上没有武器,且敌众我寡,无法正面作战。船员们遂当机立断,将船就近驶入海湾左边山角内侧锚泊,然后迅速降下小船靠滩登陆,隐蔽于山头,并立即派人通报当地民兵和海防部队。当国民党军舰艇尾随而至,企图登船洗劫时,船员们用借来的步枪,居高临下给予迎头痛击,迫使国民党军舰艇不能驶近。随后在海防部队与民兵的增援下,最终将国民党军舰艇击退,保护了船舶与船上货物的安全,胜利返航厦门港。

1954年9月3日中共中央军委命令福建前线炮兵部队炮击金门后,国民党军队在闽南沿海一带进行的疯狂报复性破坏活动,厦门港的海员们更坚决地展开了反封锁、反空袭的斗争,道出了"不管在任何情况下,要坚持运输,要船有船,要人有人,船到哪里人就到哪里,以实际行动支援解放军解放台湾"的豪言壮语。9月8日,"建大"轮由广州返厦途中,在东山岛锚泊,船员们获悉国民党军轰炸杀伤沿海居民,以及"凯旋"轮副舵手、"颖海"轮数十名旅客惨遭射杀等消息后,无不义愤填膺,均坚称不在国民党军事威胁下改变航线,要坚持航行完成任务。15日,该轮由东山岛开往厦门,当驶至旗尾湾海面,即遇有两架国民党军飞机向该船俯冲扫射。船上副驾驶坚持掌舵,并令机房加速前进,后因子弹射穿舵房,不幸中弹牺牲,其他船员随即接手操舵,继续驾船前进。无奈两飞机轮番扫射,该船机房输油管中弹爆炸,引致船身起火,不得抢滩,船员泅水上岸。当日,由穗驶厦的"裕国"轮正抛锚在南进屿山侧候风,船员们目睹国民党飞机在旗尾海面上疯狂扫射的情景,断定"建大"轮必遭不测。他们并未因此而踌躇不前,相反更加激发起对敌斗争的决心,遂于当晚驾船安全返抵厦门港,圆满地完成了运输任务。"裕国"轮船员闻听"建大"轮失事的实情后,正值再次准备出航,便不畏险阻,毅然发动机器,义无反顾地投入到新的运输任务中。

1954年冬,担负闽南沿海运输任务的"利达"轮在一次返航厦门途中,遭遇国民党军炮艇的尾随追击。在弹落如雨的险境中,老海员曾少木毫无畏惧,沉着地坚持驾驶,并告诫全体船员"人在船在,死也不能把船停下来交给敌人"。后因舵房被击中,轮机浸水,船舶无法继续操纵前行,全体船员被抓到金门,关进监狱。曾少木虽饱受酷刑折磨,遍体鳞伤,但始终坚贞不屈,最后趁国民党军士兵放松警惕之机,机敏地逃脱,回到大陆,重新活跃在海运战线上。

1955年1月19日,"南海163"货轮在汕头港卸货期间,遭到国民党飞机的轰炸扫射,甲板中弹8枚,上层建筑起火,一、二、四号货舱进水,船身倾斜。船长谷源松胸、腰和臂部多处受伤,两次被炸弹的气流震昏,耳膜被震破。全体船员和护航战士英勇抗击,打伤敌机1架,保全了船舶。交通部海运管理总局授予该轮"英雄船"的光荣称号和奖金1万元,授予谷源松船长"一等对敌斗争护产模范船长"称号,授予21名船员"对敌斗争护产模范"奖状。

1955年8月15日,以"安利"轮为首的船队在娘宫水道寄锚待潮。下午2时半,4架国民党军飞机突然来袭,"安利"等轮迅速起锚与之周旋。国民党军飞机分两批空投8枚炸弹,均未击中,又俯冲而下用机枪疯狂扫射,水手长林开弟、水手欧宝泉及护航战士吴云歌等3人当场牺牲。同年秋,"通州""金都""荣和"等轮正在官井洋虎尾山一带疏散防空,8架国民党军飞机来袭,"荣和"轮头部被炸,信号员牺牲。在场的船舶联合奋力还击,击落敌机一架。

四、全国物资调配运输

(一) 粮食调运

新中国成立初期,投机资本家囤积粮食和纱布等物资以牟取暴利。为了粉碎和遏制资本家的投机活动,1950年初,中央贸易部根据政务院指示精神,制定了通盘调剂全国粮食和物资的计划。依照这个计划,四川将从余粮中调运20万吨大米到华东,同时华东亦将为数甚巨的棉花、棉纱、布匹及日用品调拨到西南。

1950年3月17日,华东粮食调运指挥部与招商局轮船总公司订立了川粮运输合同,同时在上海成立川粮运输工作小组。为执行这个任务的需要,4月20日组织成立汉口小组,由招商局汉口分公司担任组长,参加单位有长江区航务局运输处、华东粮运指挥部汉口办事处及民生汉口分公司等公私机构。又因当时增加了一部分军运及湘粮、汉粮的运输,汉口小组扩充为汉口长江运输工作小组,并增加3个军方单位。

1950年3月23日,西南财政经济委员会召集西南财政部粮食局、航运局、贸易部、军区司令部等单位及华东贸易部代表,组成西南运粮指挥部,负责川粮东运的组织、调度、运输和武装保卫等事项。西南运粮指挥部下设川东、川南、川北三行政区指挥部,负责具体的调集粮食工作。重庆成立了运粮调配小组。成员中,长航重庆分局2人,招商局3人,华东贸易部1人,三兵站1人,私营航业3人(民生公司、强华公司、合众公司各1人)。长航重庆分局负责组织领导,招商局负责运粮业务,具体工作由重庆分局运输科负责。

长航重庆分局紧紧依靠地方党委和财委,迅速地把各地木船组织起来,1950年4月成立了重庆市川江木船合作社、渝合联营社、西南运输社以及重庆下游联益木船运输社等4个木船运输组织,积极参加川粮东运。一部分轮船公司因资金短缺,无力开航,重庆分局商得人民银行同意,1950年先后贷款93亿多元(旧人民币),还预付运费,使大部分轮船公司投入了川粮运输。

为了保证粮食运输任务的完成,重庆分局要求各轮船公司在保证安全的前提下,增加船舶载量。如"永通"轮由过去的340吨增加到380吨;民生公司登陆艇由350吨增加到430吨;招商局重庆分公司的"江岳"轮由140吨提高到182吨;"华207"艇由500吨提高到713吨。在增加船舶载量的同时,还缩短了航期。国营的"江发""江庆""江岳"轮从宜昌到重庆由4天缩短为3天。航期缩短后,这3条船每月即可增加一个往返航次。

川粮在宜昌港进行接转,分渝宜、宜汉、汉申三段运输。在各承运单位的紧密合作下,自4月7日起至7月23日止,总计完成川粮及湘汉米谷杂粮131194吨。至1952年,长江航运完成川、湘、鄂、皖、苏等地粮食运量近200万吨。

1952年前后,西南地区连年丰收,为支援工业建设和生产救灾,以及扩大国际贸易,中央决定大量调拨西南的粮食出口及满足长江中下游各地的需求。1953年开始的"一五"计划,具体规定长江的主要任务是保证川粮的外运,扩大西南地区同全国其他地区的物资交流,并担负长江中下游煤炭和其他主要物资的运输。粮食运输成为干支流的主要运输任务之一。自1953年起,国家实行粮食的统购统销,粮食运量逐年增加,特别是川粮外运更是大幅度上升。在贯通四川全省的80条河流上,数以万计的木船及船工,不间断将川中各地粮食向川江两岸的港口汇集,5年间共外运川粮719.9万吨,占西南出口总运量的73.38%,平均每年的运量比1949—1952年的总运量增加12.97倍。干线5年来共完成粮食运输1110.1万吨,平均每年占总运量23.38%,比1949—1952年平均增长7.36%,占总运量中的第一位。

除川粮东运外,"一五"期间湖南省运粮达223.59万吨,湖北省运粮达854.4万吨,江西省航运管理局也组织运粮103.6万吨。

(二) 煤炭、矿石、矿建材料、木材等调运

解放初期,上海有600万人口,是全国工业和经济重心。上海解放后,美国和国民党军事封锁,切断北洋海运,并派飞机骚扰长江航线,妄图使上海瘫痪。上海每天需要3万吨煤炭,当时靠沪宁铁路和长江供应。长江船员辛苦工作,保证了上海的煤炭供应。

长江下游干线运煤航线主要是裕(溪口)浦(口)申(上海)航线。交通部从天津港调给长江20余艘海驳,并配备新造的500马力拖轮,加强该航线煤炭运力。招商局南京分公司在1950年1—3月,无畏国民党飞机的空袭威胁,完成每月浦申12万吨煤运任务。自1949年至1952年,浦申煤运量达227万余吨。招商局芜湖分公司自1949年5月至1952年,由裕溪口援运上海的煤炭共90万吨。

上海市军管会航运处为进一步缓解华东缺煤的状况,提出了"面向内河"的发展方针。1949年9月,成立了华东内河航运管理委员会,先后在上海、南京、镇江等地组织木帆船4000余艘,计85975吨,仅到年底4个月完成30万吨煤运量。在保证上海市煤炭供应的同时,长江干支流运输对沿江河各大中城市也及时运送煤炭,保证了这些城市生活和工业用煤。广大船员对上海等大中城市煤炭供应的保障,稳定了工业经济和人民生活,粉碎了西方敌对势力和国民党的企图。

自1954年起全国煤炭实行分区产销平衡后,长江干线裕浦申煤运有较大幅度增长,以后每年逐步稳定增长。5年中,长江干线煤运量平均占总运量的22.46%,比1952年提高50%。江西、湖南两省的煤运

量平均每年比恢复时期的总和分别提高4.35倍和4.12倍。湖北省煤运量达141万吨,安徽省水运在北煤南运中也完成了任务。

长江水系各省矿建材料和木材运量也大幅上升。湖北省5年共运矿建材料1737.3万吨,占总运量的34%,木材运量达151.1万吨。湖南省矿建材料平均每年运量比1952年增长5.35倍,木材增长17.28倍。江西省矿建材料平均每年运量比恢复时期总和提高2.82倍,木材比恢复时期最高的1951年增长3.86倍。安徽省也大力组织黄砂东运。这些物资及时支援了华东、华北的基本建设。

"以钢为纲"的"大跃进"给航运业带来了艰巨的煤炭、矿石运输任务,长江干线煤炭、金属矿石、矿建材料等物资运量急剧上升。煤炭运量1957年为290万吨,1958年增加到502万吨,1959年再增加到613万吨,到1960年达718万吨。金属矿石运量1957年为80万吨,1959年增加到110万吨,1960年达159万吨。矿建材料1957年为80万吨,1959年为102万吨,1960年为171.3万吨。而且,逆水货运量和比重也相应增加。为保证煤炭和矿石运输,长航局开展了一场以增加运量,提高航速,多装快跑为中心的群众性运动,采取突击性措施,占总运量一半以上的船舶参加了保钢铁生产运输,才满足了当时的需要。在大跃进运输生产中,长江船员为完成艰巨任务发挥聪明才智,改进和推广先进的"顶推运输法",打破运量定额,大幅提高船速以及在川江全面实现顺水夜航,并组织了"一条龙"专线运输。

"大跃进"也给沿海运输带来了巨大变化,煤炭运量1958年比1957年翻一番多,1959年又比1958年增长了近1倍。金属矿石运量1958年比1957年增加了150%,1959年又比1958年增长1倍多。煤炭、矿石运量在年度货运量中的比重也急剧上升,从而使1959年年度货运量比1957年翻了一番多。这种增长是不符合客观规律的。从1960年开始,沿海年度货运量开始逐年下降,直到1965年才再次回升。

(三) 甘蔗运输

珠江三角洲是广东著名的甘蔗产地,糖厂傍河而建,甘蔗主要通过水路运抵糖厂。新中国成立后广东甘蔗产量剧增,50年代达300万吨,通过水运的有200万吨,成为水运大宗货源。

由于糖厂生产有很强的连续性、计划性和节奏性,榨季不仅24小时不间断生产,而且每班每时榨量都有严格的计划定额控制。为了保持甘蔗的新鲜度,需随砍随运随榨,因而要求运力安排合理,船舶运行组织工作有周密计划,运输过程中各个环节紧密配合。为此,早在1951年当时的广东省交通厅内河局,就从局本部及省民船运输社抽调人员组建第一个运甘蔗组,为东莞糖厂榨季服务,国有航运部门开始经营甘蔗业务。此后,随着市头、紫坭、顺德糖厂的建成及扩建,广东省在珠江三角洲共建立4个运甘蔗组。1957年广东省航运厅成立,运甘蔗组分别下放到有关港务站管理,但其商务、调度工作仍由航运厅有关科室直接指导,运蔗船舶也由航运厅统一安排。

1958年到1961年春的几个榨季,广东水上甘蔗运输最为困难。1958年,先后又有中山、南海、广州(华侨)、江门甘化4个大型糖厂投产,其生产压榨能力比以前4个厂大50%。珠江三角洲的8个大糖厂,榨季每日榨蔗15500吨,其中98%靠水运。加上各江的中小糖厂,广东全省大小20多个糖厂所需甘蔗全部或大部依靠水运,日运量达2.5万吨左右,一个榨季需用船70000多吨。1958年,随着航运体制的下发,糖厂各自负责运蔗。但糖厂本身缺船,又遇"大跃进",组织运力十分困难。农村砍下甘蔗积压在田头待运,糖厂却因原料供应不上榨榨停停。1959年后,甘蔗连续4年因灾害及种植面积减少而大幅度减产,运量也大幅度下降,有的糖厂停产,有的榨榨停停。

1962年国家调整农、轻、重比例,占全国产量40%的广东蔗糖生产重被重视。广东省航运厅成立"粮蔗运输办公室",加强对粮蔗运输工作的指导,并采取整顿措施,将运蔗站下放各港局、所管理。广东甘蔗产量迅速由下降转向增产,1964—1966年连续3年超过历史最高水平,蔗运工作也随之兴旺。1963年跨

1964年榨季,全省甘蔗产量近600万吨,水运量达322万吨,大大超过历史最高水平。停产的糖厂纷纷开榨,各糖厂都提出了庞大的蔗运要船计划,仅8大糖厂就要6.5万多吨,其中20吨以下的自划船需4.7万吨,总运力比上个榨季多2.1万吨,使原来就紧张的小船运力更增压力。为支援蔗糖生产,广东省航运厅及相关部门一方面要求糖厂节约运力,另一方面从省里及珠江抽调船舶,又从广西组织了4000多吨小船支援,该榨季蔗运问题终于解决。

为了完全解决蔗运运力紧张,广东省航运厅和佛山航运局围绕"少用船,多运蔗,提高船舶效率"的问题深入糖厂、蔗区调研,进一步改进管理方法,并总结推广各方经验,确保糖厂生产。经过努力,1964年跨1965年榨季,蔗运效率显著提高:驳船载运率从80%左右提高到95%~100%,自划船从78%左右提升到90%;船舶航次周期平均为2.25天,普遍比原来缩短1天,有的缩短1.5天;吨船日产量比原来提高28%。这样,在8大糖厂日榨量增多的情况下,用船反而少了8000吨,比一个大糖厂的运蔗用船量还多。

广东水运部门的蔗运工作,既支援了农业生产,又支援了工业生产,为广东蔗糖生产的发展以及全国食糖供应都做出了贡献。

(四) 支农运输

1. 华南沿海农垦人员和支农物资运输

华南沿海各航线相继恢复后,客货运量不断增长。1953年,高州、雷州和海南地区兴起农业垦殖和国防建设,民生公司组织其全部4艘客货轮和2艘登陆艇突击运送了大批垦殖人员和建筑工人,形成了新中国成立后华南第一个海上客运高潮。1954年初,华南农垦局压缩垦殖规模,海南基建工程也进入收尾阶段,大批人员陆续回流。1956年,海南垦殖建设再度兴起,广东省各县组织大批农民前往,广州海运局于5月开辟了广琼、广湛客运定班航线。同年8月,代客轮"南海183"轮投入湛江—海口—北海客运航线。

1956年,作为广琼、广湛航线的延伸,华南沿海增加了广州—乌石盐运航线,解决了积压多年的原盐运输。此外,还开辟了西沙群岛的鸟粪运输。海员们不顾风浪险恶和酷暑难耐,既当船员,又当装卸工人,将永兴岛上大量的鸟粪肥运回汕头、广州、湛江、海口等地,从1956年一直持续到1962年,共运回鸟粪肥10万吨,支援了农业生产。

2. 长江支农运输

由于"大跃进"和人民公社化运动的失误,加上"三年困难时期",我国农业遭受很大破坏。在实行调整的方针中,国家强调按农、轻、重的次序安排经济建设。长江航运也按照这个次序,优先安排支农运输生产,对支农物资"不计大小,不计长短,不计难易,不计高低","优先安排计划,优先派船,优先进港,优先装卸",及时运送。干线1962年、1963年和1965年分别完成支农物资运输37.5万吨、87.8万吨和225.2万吨,逐年大幅度增长,分别占总运量的2.6%、6.1%和11.4%。不少船舶在运猪、牛、鱼苗中,及时供水喂饲料,做到无死亡。"人民4"号运耕牛,饲草用完,船员省下菜喂牛。

在大力支农运输中,湖北省交通厅组织浅水轮驳船和木帆船深入支流,省航运局在汉江先后开辟短途货运专线10余条和支流货运专线6条,并将8艘小客货轮作为支农专用船。各专区、县水运部门也安排木帆船深入支流小港,及时承运支农物资。1963年至1965年,湖北省水运部门支农运量占货运总量的44.1%。

1962年11月,江苏省交通工作会议确定了支农转轨的方针,水运部门对支农物资运输简化托运手续,并分别与农用物资的生产、供销、分配等部门签订"一条龙"协作合同。同时在定期班货运航线上,船舶增加停靠17个中转站点,与支线客货班船衔接,组成支农运输网。1963年,全省安排1/3运力赶运农用物资。

安徽省1961年农业物资需运量占总运量的2/3,水运部门及时转轨支农,安排运输工具,各港站也都设立支农服务台。

3.珠江支农运输

1952年,广西农村完成土改后,经济迅速发展,大量农副产品和土特产亟须外运,为此,广西航运部门在西江干流和支流增开不少区间和短途运输航线,扩大运输网络,使农副产品和土特产能够及时运销各地。

1963—1965年,随着调整的进行,国家经济逐步好转,农业生产逐步恢复。珠江山区支流农副产品货源多,但运力不足,导致货物积压运不出来,严重影响农业和山区经济的发展。针对这种情况,广东航运部门牢固树立服务农业的思想,认真贯彻"面向山区,面向支流,优先安排支农物资和农副产品运输"的方针,调整运力布局,按船舶大小进行合理分工,组织协作,加强支农运力;调整船舶运行组织,开展直达运输。1964年,广东航运厅根据船舶航道状况,为克服干支流运输中转环节多的问题,在珠江水系干支流结合处指定20个水运中转点,形成了干支流合理分工,解决了干支流航道条件相差较大,影响船舶运行的问题。通过港航密切协作,减少了货物中转环节,提高了船舶运行效率。广东新会县开展直达运输,每月安排1000多吨船舶参加干流运输,并调剂1200多吨运力支援山区支流运输,解决了山区支流运力不足的问题。

五、开辟远洋航线

新中国成立初期,我国远洋运输业是在十分严峻的历史条件下开创的。美国政府对华施行封锁禁运政策,并于朝鲜战争爆发后派舰队入侵台湾海峡。台湾国民党海军经常在东南沿海袭击前来大陆贸易的外国商船。据统计,自1949年8月至1954年10月,遭到国民党军队拦截和扣留的英国、丹麦、挪威、意大利、荷兰、巴拿马、希腊、联邦德国、波兰和苏联的商船达228艘次,新中国的远洋运输遭遇了严重困难。但是,新中国坚持独立自主发展经济,同时也得到了许多友好国家的帮助和合作,加上海外华侨、华商航业的支持,在严密封锁下打开了通往东南亚及远至欧洲的航路,组建了自己的远洋运输企业,建立了远洋船员队伍,迈出了远洋运输的第一步。

(一)中波公司远洋航线

中波轮船股份公司是新中国远洋运输业的开拓者。初创时期,由于帝国主义的封锁,公司船舶主要航行于中国至波兰航线。在中国境内停靠华北、华东、华南各大港口。1951年5月,"布拉斯基"轮由波兰首航中国,宣告中波公司开始运行。该年,中波公司所属船舶均航行于波兰—中国航线,这是中波公司最初的航线,也是基本航线。

在1951年6月23日召开的中波公司第一届管理委员会上,对中波公司船队的发展提出首先要以自有船为基础,其次为代理波兰远洋公司船舶,再次为租船。原则上每月由双方口岸各开出两艘船舶,形成中波公司最初的班轮理念。至1951年底,中波公司共有10艘船舶、9万多载重吨,全年完成欧亚航线各18个航次,承运各类急需物资14.1万吨,货物周转量16.4万吨海里,创造了当年组建、当年营运、当年赢利的奇迹。到1952年底,中波公司共完成货物运输876120吨,大部分都是战略物资。

1953年,中波公司的油轮又开辟了康斯坦察—中国,康斯坦察—格丁尼亚航线。由于"布拉卡""哥特瓦尔特"轮先后被国民党海军劫持,中波航线经营遭遇严重威胁和困难。为避免遭受更大损失,1954年七八月间,中国交通部和波兰航运部举行"华沙会谈",做出实施船舶护航以及将中国船员调离行驶中波航线的船只等决定。1954年下半年起,中波航线原航行华南、华中及华北各港的船舶,全部改驶华南港口。1956年,埃及宣布苏伊士运河收归国有,中波公司船舶绕道非洲好望角,航行时间增加,利润有所减少,给航线经营带来困难。

1957年,中波公司船舶开始挂靠欧洲主要港口,同年,配备全波兰船员的船舶开始行驶华北港口,部分恢复华北航线。1958年底,公司船舶发展到17艘,17.66万载重吨。1959年完成货运量77.88万吨,货物周转量63.6亿吨海里。1960年完成货运量77.78万吨,货物周转量69.72亿吨海里。从1960年开始,中波公司船舶开始弯靠越南海防港,承运援越抗美物资。1961年开辟澳大利亚散粮航线,公司提供5艘船承运自澳大利亚来华的整船小麦、大麦和燕麦计7个航次68870吨。至此,中波公司的亚欧航线基本成型。随着台湾海峡局势的缓和,1963年1月,远洋运输局同意中波公司配备中国船员的船舶试航华北港口,当年共完成了20个波兰(欧洲)—华北航次和22个华北—波兰(欧洲)航次,从而缓解了华北港口对货载的要求。

从1951年到1960年的10年中,中波公司共为国家承运货物5355941吨,利润总额9800万瑞士法郎。20世纪60年代初,中国经历三年困难时期,加上国内"反修"运动影响我国与苏联等东欧国家关系,造成外贸萧条。1962年,中波公司出现货载量不足,运力过剩,利润下降。鉴于这种情况,中波两国政府给予优惠政策大力支持,公司自身也采取了一系列有力措施,经营状况很快好转。

(二) 中远公司远洋航线

1961年4月27日,中国远洋运输公司宣告成立,中国从此有了完全自主的远洋船队。当年,中远船队即成功开辟了5条东南亚航线,挂靠6个国家和地区(印尼、锡兰、缅甸、越南、新加坡、中国香港)的11个港口(雅加达、文岛、丹绒班丹、望家锡、棉兰、海防、中国香港、科伦坡、高尔、仰光、新加坡)。随着中远业务的开展,中远船队不断开辟新的国际航线。

1. 印尼接侨

中远公司和广州分公司成立伊始,"光华"轮就担负起一项重要使命——赴印尼接运华侨回国。可以说,中远船队的远洋航行是从印尼接侨开始的。

1959年,印尼出现一股反华、排华逆流,中国政府提出抗议,并宣布分批接运华侨回国。由于当时中国没有远洋船舶,只能高价租船接侨。为了接侨和发展中国的远洋事业,1960年中国政府从希腊轮船公司购进一艘远洋客货船"高原公主"号,修好后改名"光华"号,以陈宏泽为船长(图1-3-8,图1-3-9)。

图1-3-8 新中国首艘远洋轮船长——"光华"轮首任船长陈宏泽

图1-3-9 1961年4月28日,举行盛大的"光华"轮首航典礼,数千群众在码头欢送

1961年4月28日,即中远公司和中远广州分公司成立的第二天,陈宏泽船长率"光华"轮从黄埔港起航,驶往雅加达(图1-3-9)。"光华"轮首航面临重重困难,当时中国太平岛、东沙岛仍为台湾国民党当局占据,国民党军舰经常在那里巡逻。"光华"轮船员抱着背水一战的决心,誓死完成首航任务。5月3日,"光华"轮抵达雅加达,盼归已久的印尼难侨在中国驻印尼使馆和侨团的组织下依次登船,5月17日返抵黄埔,胜利完成首航接侨任务。当天,交通部致电"光华"轮全体船员,祝贺首航成功。

为了保证"光华"轮顺利首航,海运局、长江航运局、中波公司、中捷公司都抽调骨干支援。来自广东不同单位的胡淑贤、潘彩娇、何丽珍、谢凤欢、何少英、梁婉琼等女同志,在"光华"轮上担任服务员、医生、广播员等职务,广州港务监督正式给她们签发了《海员证》,成为新中国第一批远洋女海员。

"光华"轮胜利完成首航任务后,继续和"新华"轮赴印尼接侨,两轮出色地完成了任务。为此,1963年7月29日华侨事务委员会和交通部联合下文奖励全体船员,并授予"光华"轮"侨胞之友"的锦旗。对在接侨工作中有突出成绩并参加两次以上接侨的"光华"轮船长陈宏泽、政委刘炳焕、轮机长戴金根以及边同凯等16人,和前往印尼接侨的中侨委船上工作组成员陈兆祥等4人授予"接侨优秀工作者"称号,发给光荣证书。陈宏泽在广州远洋公司工作期间,先后6次完成接侨任务;多次率船首航,开辟新航线;主持制定了第一套船舶管理规章制度,实现了新中国第一艘远洋船的科学有效管理;为我国远洋航海事业做出了卓越贡献。

"光华"轮在中远经营的15年中,曾13次到印尼接侨,3次到印度接侨,全体船员不畏险阻,热情工作,维护了社会主义祖国的主权与尊严,在国际友人、海外侨胞中树立了新中国的光辉形象,受到了党中央、国务院的表彰和国际人士的高度赞扬。

2.远洋航线相继开通

东南亚航线:"光华"轮赴印尼接侨拉开了新中国远洋事业的序幕,1961年5月20日,船长贝汉廷驾驶"和平"轮从黄埔港起航赴雅加达,开辟了1949年以来第一条远洋货运航线。6月16日,"和平"轮航达缅甸仰光,7月9日抵达越南海防港,开辟了中缅、中越航线。12月29日,"和平"轮从黄埔港起航赴新加坡,开辟了新马航线,为进一步开辟欧洲、西亚及地中海航线创造了条件。1963年10月11日,"和平"轮航往柬埔寨西哈努克港,开辟了中柬航线。后上海分公司"安亭"轮又开辟了上海至菲律宾航线。

南亚、西亚航线:1961年8月1日,"友谊"轮首航斯里兰卡(原名锡兰)首都科伦坡,开辟了中国—斯里兰卡(南亚)航线。12月31日,"光华"轮由黄埔航行也门荷台达,开辟了中国至红海的西亚航线。1963年3月9日,"友谊"轮开往叙利亚的拉塔基亚港,开通了至地中海的西亚航线。4月12日,"光华""新华"两轮航达印度马德拉斯港,开通了至孟加拉湾(南亚)航线。1965年11月15日,"星火"轮开往卡拉奇,开辟了中国至巴基斯坦(南亚)航线。

朝鲜、日本航线:1964年6月12日,"和平60"轮从上海港起航,装载从叙利亚转口的棉花、橡胶960吨,首航朝鲜民主主义人民共和国的南浦港,6月25日装载大米、杂货共2592吨返回上海,开辟了中朝航线,这是中远上海分公司成功开辟的第一条国外航线。同年6月18日,"燎原"轮装载玉米等货物5846吨,从青岛港起航,首航日本的门司、东京和神户三港;7月6日装载人造纤维、机器设备2483吨以及运送日方访华代表团返航,9日抵达上海,开辟了中日航线。

欧洲航线:1962年4月30日,中远广州分公司在波兰格但斯克船厂建造的"国际"轮在接船后返国途中,经波罗的海和基尔运河,首航联邦德国汉堡、英国伦敦、比利时安特卫普和摩洛哥卡萨布兰卡等港口,航行12000海里,装运5926吨杂货,于6月15日返抵黄埔港。这是新中国第一艘开辟西欧、西非航线的货轮,打破了西方敌对势力对中国的经济封锁和贸易禁运。1963年2月26日,"新华"轮航往阿尔巴尼亚都拉斯港,开辟了至地中海的南欧航线。1965年5月22日,"光明"轮航往帕利斯港,开辟了中国至法国航线。5月27日,"黎明"轮从地中海穿过土耳其海峡,航达罗马尼亚的康斯坦察港,开辟了黑海航线。

非洲航线：1962年11月7日，船长鲍浩贤驾驶"和平"轮载着援助几内亚的建设物资2900吨、专家15人，从黄埔港起航，穿过苏伊士运河，经地中海出大西洋，历时54天，航行1万多海里，于12月30日抵达几内亚科纳克里港，开辟了西非航线。同年10月18日，"星火"轮从湛江港起航，经红海驶往埃及，11月10日抵达地中海东岸的塞得港，后又挂靠苏丹港，开辟了中国至北非航线。1964年5月15日，"和平"轮驶往桑给巴尔和达累斯萨拉姆，开辟了中国至坦桑尼亚的东非航线。1965年4月27日，"星火"轮驶往西非象牙海岸；10月5日，"星火"轮驶往蒙巴萨港，开辟了中国至肯尼亚的东非航线。

3．承担国际货物和特殊客运业务运输

1962年，中远广州分公司"和平""友谊""星火""国际"4轮共完成货运量11万吨，货物周转量2.88亿吨海里；中途港揽货收入达13万美元，占年计划外汇总收入的12%。1963年，中远自营远洋船舶增加到5艘，承运货物占当年中国外贸、援外货物总运量（57万吨）的43.5%。1964年中远广州分公司完成货运量16.4万吨，货物周转量9.6亿吨海里。1965年完成货运37.3万吨，货物周转量20.4亿海里。从1963年到1965年，中远广州分公司还先后承担了运往阿尔巴尼亚、柬埔寨、印尼、缅甸、也门、几内亚、桑给巴尔、坦噶尼喀、马里、刚果人民共和国等10个亚非欧国家的成套设备及物资共70333吨。不仅通航的国家越来越多，中远船舶援助的运输量亦逐年增长：1962年为2951吨，1963年17121吨，1964年26842吨，1965年第一季度达23419吨。中远船员不仅肩负着外贸运输任务，还承担着中国援外运输任务，为贯彻执行国家外交路线做出了贡献。

在承担国际货物运输的同时，中远还按照国家指派，开展接侨和接送援外人员的客运业务。1961年中远船队成立后，"光华"轮共5次到印尼接回华侨2649人，另接运中国艺术代表团及驻印尼使馆人员113人。1962年"光华"轮开始以不定期客货班轮方式经营远洋客货运输任务。6月20日"光华"轮从黄埔港开往印尼雅加达，载客317人，货287吨，返航时载客438人，货297吨，7月15日返回黄埔港。这是中国自营远洋轮首次航行东南亚的客运班轮，首次经营远洋客货班轮业务。1963年1月至3月，"新华"轮承运阿尔巴尼亚151人，首次靠泊阿尔巴尼亚港口。1962年中印边界冲突，"光华""新华"两轮又受命赴印度接侨。1963年4月，两轮从印度马德拉斯港运回难侨916人。5月和8月，"光华"轮又两赴马德拉斯港接侨1488人。1963年10月至11月，"光华"轮运送中国、朝鲜、越南三国运动员去印尼参加"第一届新兴力量运动会"。1964年由于没有指令性专运任务，为中远广州分公司完成客运周转量最低的一年。除承担指令性远洋客运外，中远广州分公司还经营沿海客运业务。是年，鲍浩贤船长将中国赠予阿尔及利亚的远洋轮"曙光"号顺利送达。

20世纪60年代，越南一直是中国提供援助最多的国家之一。中国人民积极支持越南抗美救国斗争。援越物资运输主要由广州海运局承担，中远广州分公司也承运一部分。中远船队曾冒着美国飞机轰炸的危险，将援越物资运抵海防港。美国封锁北部湾后，中国自营远洋船舶又改驶柬埔寨港口，转送至越南内地。新中国的远洋船员发扬了国际主义精神，同仇敌忾，不怕牺牲，战胜各种艰难险阻，圆满完成了援越运输任务。

中国对柬埔寨的援助始于20世纪60年代。1964年，"友谊"轮第12航次运载1550吨援柬物资前往西哈努克港，其中包括56辆汽车和5台内燃机车。

1964年4月，钱永昌任中远上海分公司"先锋"轮船长。10月，他驾驶着"先锋"轮在日本横滨锚地驶出时突遇险情，与另一艘船即将发生碰撞。钱永昌临危不乱，冷静操舵，避免了一次重大事故。

初创时期，中远国际航线的开辟很不容易，不少新航线的开辟是在克服各种艰难险阻的情况下完成的。如"和平"轮西非之行遭遇10级大风，船舶主要设备多处损坏，船员们舍生忘死进行抢修，终于转危为安。中远国际航线的开辟，打破了西方敌对势力对中国的经济封锁和贸易禁运，促进了中国经济和对外贸易的发展，有力援助了兄弟国家和友好国家的建设，具有重大的政治、经济意义。同时，也锻炼了中国的远洋船员队伍。

六、恢复与开展引航事业

引航,曾称为"引水"或"领港""领水"等①,是引领船舶进出港口或港内移泊,以免发生危险的一项重要工作。引航权所体现的是国家主权,并关系到国家安全,因而按照国际惯例,引航员须由本国籍人员担任。在我国,引航员管理纳入船员管理范畴。

(一) 新中国引航队伍的组建

新中国的引航业是在解放初接管各引航机构的基础上建立起来的。引航业由国家正式接收并统一管理后,引航成为港口(或航政)管理部门的一项直接业务。最初的引航员队伍,是将解放前即已从事引航工作的一批老引航员留下来,转为正式的国家公职人员,给予较高的薪酬待遇。20世纪50年代前期,随着港口航运业的恢复,加之老引航员年龄普遍偏大,各港普遍感到引航人员紧缺。面对这种情况,海运管理总局决定从两个方面来解决,一是批准本国轮船船长发挥技术,自行引航;二是从大连海运学院等航海院校毕业生中直接选拔人才,派往海港学习引航。1955年,海运总局大规模选拔航海院校毕业生学习引航,并专门下发了《对于训练培养学习引水员的意见》。20世纪到50年代末,新中国引航员的培养已形成一套比较完备的体系,即从航海院校的大中专毕业生中选拔优秀人员学习引航,同时也从船员及其他技术干部中选调人员充实引航队伍。

到20世纪60年代初,新中国首批培养的引航员已经基本成长为技术熟练、经验丰富且具有相当理论水平的成熟的引航员,成为引航界的中坚力量。其中还有一名女引航员,即汕头港的李正容。李正容1953年毕业于汕头高级商船技术学校,同年到川江船舶上实习,并考取了驾驶三副证书。半年后被破格提拔为二副、代大副,成为川江上第一代女驾驶员。1964年调到广州海运局,后调任汕头航政分局内港引航员,负责引领海船进内港和榕江。此后30余年一直在汕头港从事引航工作,先后被评为二级引航员、航海高级工程师。

(二) 反封锁斗争

新中国成立前后,由于国民党军队对东部沿海的封锁和骚扰,以及西方国家对中国实行禁运,海路运输受到很大影响,引航工作也遭遇极大困难。1949年6月23日,上海港引航员吴金样引领英商货船"安凯赛斯"号(Anchises)自长江口进靠上海港时,即遭飞机轰炸,无法航行。且这种情况相当普遍,上海港海运难以为继,引航业务亦陷于停顿。当时上海铜沙引水公会陷于极大的困境,资金短缺,引航员收入不保,外籍引航员于是纷纷离职。直到1950年5月舟山群岛解放,上海港的海运和引航业务才逐步恢复正常。

广州、汕头、厦门、福州等港口也受到了不同程度的封锁。在反封锁的斗争中,引航员发挥了积极作用。他们在困难形势下坚守工作岗位,协助船舶躲避空袭,帮助港口航运业务尽可能正常进行。在汕头港和珠江口的扫雷工作中,两名留用下来的老引航员积极出谋划策。1955年以后,朝鲜半岛和台湾海峡的局势相对缓和下来,东南沿海各港(除厦门外)的航运逐渐恢复,引航业务也逐步稳定。

(三) 引航业务的逐步开展

随着"一五"计划的实施和大规模经济建设的开展,加上外贸业务的发展,沿海各港航运事业稳步前

---

① 1976年10月6日,交通部下发《关于统一使用"引航"一词的通知》,将"引水"统一改为"引航"。

进,给引航业发展带来了大好机会。当然,对于人手不足的港口引航来说,也倍感压力。1953年上海港15名引航员,共引领船舶922艘次,人均引领61.5艘次,最多的一人引领了83艘次。秦皇岛港1950年的引航量只有189艘次,1952年增加到384艘次,1956年又上升为718艘次。大连港在接管当年(1951年)就引领中外船舶1587艘次,次年为1319艘次,1953年达到1810艘次,1954年突破2000艘次,达2300艘次。此后仍然连年增长,1957年达2580艘次。1958年和1959年虽有所下降,但总体保持增长势头,典型地反映了20世纪50年代大规模经济建设对海运的需求。广州港在20世纪50年代也是国家重点建设的港口之一,该港引航业务也随吞吐量的增长而上升。1954年,广州港引领外轮计252艘次,次年达328艘次,1956年为391艘次,1957年为420艘次,1958年为519艘次,1959年增至597艘次。沿海各中小港口的引航业务也稳步增长。

从1958年"大跃进"开始,国内经济形势高涨,港口货物吞吐量猛增,引航业务量随之攀升。这种势头一直持续到1960年。1961年以后,随着国民经济的调整,沿海港口吞吐量明显回落,引航业务也随之减少。到1963年、1964年前后,经济调整初见成效,港口吞吐量回升,引航业务又随之上升。"文化大革命"初期,各港引航业务量已经接近甚至于超过"大跃进"之前的水平。

第四节　高、中等航海教育与海员培训的蓬勃开展

一、高等航海教育

新中国成立后,航运事业逐步走上正轨,从长远来看,从业者的知识水平和技术能力是决定航运业发展的关键要素,因此党和国家十分重视航海教育事业,除了在接管旧中国的航海院校的基础上进行调整、合并外,还兴建了新的航海院校,并逐步扩大了办学规模和专业设置。这些院校为新中国航运事业的发展培养了大量航海技术人才,每年仅从大专院校毕业出来的航海专业学生人数,就远远超过旧中国几十年所培养人数的总和。

(一) 大连海运学院

大连海运学院最初由上海航务学院、东北航海学院和福建航海专科学校于1953年合并组建。

1909年,晚清邮传部上海高等实业学堂(南洋公学)开设船政科。1911年,以船政科为基础创办邮传部上海高等商船学堂。1912年更名为吴淞商船学校,1915年停办。1929年于上海复校,定名为交通部吴淞商船专科学校。1937年因校舍为日军炮火所毁,被迫再度停办。1939年,国民政府为继续培养商船人才,遂于重庆复校,更名为国立重庆商船专科学校。1943年并入位于重庆的国立交通大学。抗战胜利后,应原吴淞商船学校校友的要求和社会各界的呼吁,国民政府决定于上海恢复商船学校,1946年10月正式开学,定名为国立吴淞商船专科学校。1949年上海解放,1950年经中央人民政府交通部决定,吴淞商船学校与上海交通大学航业管理系合并成立上海航务学院,设航海系、轮机系、港埠工程系和无线电专修科。

1950春,东北商船专科学校(前身为国立辽海商船专科学校,系由1927年东北航警处创办的东北商船学校演变而来)由沈阳迁往大连,改称东北航海专科学校,1951年又改称东北航海学院,设航海系、轮机系、航务管理系和俄文专修科,1952年划归交通部领导。

1951年2月,私立集美水产航海职业学校,增办集美水产航海专科学校(简称集美水专)。同年8月,水专从水产航海职业学校分出,独立办校。1952年8月厦门大学航务系并入集美水专,成立福建航海专科学校,将原水产部分并入山东大学水产系,仅设航海专业。

1953年,根据中央关于院系调整方针,交通部和高教部决定将上海航务学院、福建航海专科学校集中到大连,与原在大连的东北航海学院合并,成立大连海运学院,整合了当时的高等航海教育资源,时为我国唯一的高等航海学府。大连海运学院建校伊始,设有船舶驾驶、轮机管理、航运管理、港务工程等4个系5个专业。后为了适应航海事业发展对人才的需求,经过几次调整和扩大专业设置,逐步发展到6个系12个专业。1960年,大连海运学院被确定为全国重点大学。1963年,国务院批准大连海运学院航海类专业实施半军事管理。

(二) 上海海运学院

上海航务学院迁往大连与另外两校合并成立大连海运学院,由晚清邮传部上海高等实业学堂(南洋公学)船政科肇端的现代高等航海教育在其发源地上海一度中断。1958年交通部决定在上海恢复高等航海教育,筹建上海海运学院。1959年,上海海运学院正式成立,初设航海和轮机专业,继而增设船舶机械和港口机械两个专业。1962年交通部对所属院校进行专业调整,将上海海运学院的航海、轮机专业调往大连海运学院,将大连海运学院的水运管理专业调到上海海运学院。在1963年和1965年又先后将上海海运学院的船舶机械和港口机械两个专业调往武汉水运工程学院,将武汉水运工程学院的水运经济与组织专业调到上海海运学院。到1966年,上海海运学院共有水运经济、水运管理、远洋运输3个系6个专业,成为一所管理性质的学院。

(三) 集美航海学校

1953年,福建航海专科学校迁往大连成为大连海运学院一部分后,福建私立集美高级水产航海学校这个老航海教育基地,也开始了有计划地发展。1955年中央决定将渔捞、养殖、轮机三个专业由农业部负责指导并安排毕业生,航海专业由交通部负责指导及安排毕业生。到1956年,该校学生人数达千余人,比解放前最高年限增加5倍多。1958年初,航海、水产分开建校,航海学校称福建省厦门市私立集美航海学校。1964年归交通部领导,改名集美航海学校,设海洋船舶驾驶、轮机管理、船舶电工三个专业。

(四) 武汉水运工程学院(中南交通学院、武汉交通学院)

1949年5月武汉解放后,将国立海事职业学校(1946年1月于武昌下新河创办)并入新创立的中南交通学院,成为该院的航业系。航业系设驾驶、轮机、造船、航政等四个专业。1950年3月,为响应"解放全中国"的伟大号召,学院派出28人参加解放海南岛、万山群岛战役。之后又派出124人参战,11人在战役中牺牲。1951年中南交通学院归交通部领导,改名武汉交通学院,将航业系分成航运和轮机两个系,驾驶、航政专业归属航运系,轮机、造船专业归属轮机系,并将驾驶专业过去专习航海培养海船驾驶员,改为江海兼习以江为主培养江船驾驶员。1952年全国高等学校进行调整,学校改名武汉河运学院。航运系改为水运管理系,停办驾驶专业,设立水运管理专业;轮机系改为船机系,停办轮机专业,改设船舶机械及机器专业。1956年学校再次更名为武汉水运工程学院,复设江船驾驶与轮机管理专业,仅办两届又停办,该校从此就不再办这两个专业。

二、中等航海教育

新中国成立后,为了培养不同层次的航运人才,国家在大力发展高等航海教育的同时,还积极发展中等航海教育。除交通部外,国家海洋局以及一些省市纷纷兴办中等航海学校等,比较重要且具代表性的有以下几所。

(一)南京海运学校

南京海运学校前身是1951年1月由交通部和中国海员总工会举办的中国海员干部训练班,至1952年11月,经4期轮训,培养了2721名船员和基层工会干部,并对部分起义人员进行了培训。1953年1月,中国海员干部训练班改建为中国海员干部学校,学制1年,旨在培养海员工会干部和基层政工干部。至1954年11月共办两期,培训学员1222人。1955年,为适应航运事业发展,交通部决定将海员干校改建为技术学校,经过一年筹建,1956年秋开始对外招生,改名为南京初级航海学校,由交通部海运管理总局领导,参照中等专业学校章程办校。1957年9月,经交通部与劳动部研究确定,学校为技工性质,改名为南京海运工人技术学校,划归交通部上海海运局领导。其间学校一面对外招生培养新船员,一面为上海海运局举办各类短训班,轮训水手、生火、机匠,同时还选拔德才较好的水手、机匠进行8个月的专业训练,培养成为驾驶员、轮机员。1960年1月,交通部决定将该校改为中等专业学校,命名为交通部上海海运管理局南京海运学校,设置驾驶、轮机两专业,学制3年。1961年3月又调整为技工学校,命名为海运技工学校,改驾驶、轮机两专业为水手、机匠专业,并相继开办船电、车工、钳工等专业。1957年至1964年,在归上海海运局领导期间,该校通过全日制和短训班,共为上海海运局培养船员2401人,其中指导员83人,驾驶员84人,轮机员85人,船舶技术工人2149人(全日制1396人,短训班1005人)。1964年8月,交通部决定该校划归交通部远洋运输局领导,改名为南京远洋技工学校。随着国家经济的发展和对外贸易的需要,1965年9月学校改名为南京远洋海员学校,重点培养远洋船员。

(二)大连海运学校

大连海运学校于1956年创建,隶属于交通部领导,是我国一所专门培养中级海运技术干部的学校。同年12月,经交通部批准,将原属海运总局的大连港口机械学校并入,成为其中一个专业。1958年6月,交通部将大连海运学校并入大连海运学院,成为它的一个中专部;1963年7月脱离大连海运学院,重新独立成为大连海运学校;2000年再次并入大连海事大学(原大连海运学院)。

(三)广东省航运学校

广东省航运学校(原名广东省河运学校)于1960年由广东省航运厅创建。1983年省交通、航运两厅合并成立省交通厅后,属省交通厅主管。开办之初,学校没有校址,没有校舍,没有设备,在停泊于珠江河上的两艘旧船上办学,历时半年。后来迁移岸上,在广州河南赤岗的珠江岸边,借了一座瓦房、四间草棚艰苦创业。1962年,学校迁至广州郊区花县新华镇航运厅的一间水泥厂旧址。当时在校学生由初办时的在校学生120名,轮机管理、船舶无线电通讯、水工等3个专业,增至224人,船舶驾驶、轮机管理、河运管理和船舶无线电通讯4个专业。1962年至1966年间,全校师生本着自力更生、艰苦奋斗的精神,自己动手改造学校环境,自制教具,建立教学实验基地,并培养了一批政治、业务素质比较好的毕业生。1980年11月,广东省航运学校被教育部确定为全国重点中专。

(四)广州海运学校

广州海运学校创办于1964年,行政关系归广州海运局领导。校址选在广州东郊的南海神庙(菠萝庙),设驾驶、轮机、船电、电讯4个专业,招收应届初中毕业生。1965年首批招生,依托集美航海学校联合招生,海船驾驶、轮机管理、航务电讯专业各招一个班,招生总数为148人。其中驾驶和轮机专业学制4年,电讯专业学制2年。原定的船电专业最终没有录取新生。建校初,由于校舍条件有限,仅能满足电讯专业师生的住宿需求,无奈之下,驾驶、轮机专业学生寄读集美航海学校,由其代为培养。1969年1月,仅仅招收与培养了一届学生的广州海运学校被撤销了。1973年10月,交通部批准广州海运局建立新的广州海运学校,与原校不同的是,新学校为技工培训类型,任务是为广州海运局和交通部所属华南地区的单位培训海上运输船员及其他相关技术骨干。经过几十年的建设发展,2013年升格为普通本科院校,更名为广州航海学院(图1-4-1)。

图1-4-1　广州海运学校的办学经历

(五)武汉河运专科学校

武汉河运专科学校位于九省通衢的武昌,北临长江,南依武昌沙湖,是我国内地培养海员人才的摇篮。武汉河运专科学校的前身是广东省立潮汕高级商船技术学校,创办于抗战胜利后不久的1945年11月,致力于培养海运驾驶和轮机管理专业人才。1952年改名为长江航务学校,归航务管理局管理,校址仍留在汕头。1955年1月内迁武昌,专业方向由"海"改"河",即易名武汉河运专科学校。同位于武昌的还有1954年动工兴建的交通部武昌航务学校。

(六)重庆河运学校

重庆河运学校创建于1956年3月,创建初期的校名为交通部重庆航务工程学校,时为西南地区唯一一所为我国内河水系和沿海培养交通人才的中等专业学校,由交通部直接领导。1958年9月,学校下放四川交通厅管理,更名为四川省重庆航务学校。1962年7月,四川省重庆航务学校与重庆长江航运学校合并,更名为重庆河运学校,由交通部委托长江航运管理局领导。后更名为重庆交通学校,现并入重庆交通大学。

(七)南京河运学校

南京河运学校是交通部长江航务管理局主管的水运中等专业学校,创办于1956年12月,原名南京河运工人技术学校,曾四易校名,1965年11月改名南京河运学校,是面向全国航运系统培养水上运输专门人才的中专学校,设有船舶驾驶、轮机管理、船舶港口、电气设备和通讯导航4个专业。学校还为各省市企、事业单位举办各类短期训练班和成人中专班。

（八）南通河运学校

南通河运学校于1960年4月由江苏省交通厅与南通专区共同创办，属江苏省交通厅和中共南通地委双重领导。学校明确规定为中等专业学校性质，招生对象为初中毕业生，培养目标是内河轮船驾驶和内河轮船司机，学制2—3年（包括实习）。同时附设技工班，招收有一定水上航运知识的在职职工进行短期培训，要求学会内河轮船驾驶和轮机操作，并达到对一般机器进行检修的水平。由于当时形势的需要，在学校正式招生前先开办船员培训班。建校后的第一批培训学员是由各地选调的在职驾驶和轮机人员，共273人。1960年暑期，学校正式招考录取新生235名，其中中专班75名，技工班160名，分驾驶、轮机两个专业，招收学生各占一半，学制均为3年。1961年9月学制缩短为两年，10月改名为南通河运技工学校，进行了紧缩调整。1962年，学校输送了第一批经过两年学习的应届毕业生。因响应上级支农号召，学校于6月上旬开始动员，对在校技工班全部农村学生发给肄业证书，办了退学手续，对中专班来自农村的学生维持到结业后也都归农，两次共送回农村学生169名。1963年学制又延长为3年，并扩大招生范围，从原局限于南通专区各县扩大到全省各地，当年共招收新生186名，使在校学生达到近300名。1964年11月9日改为半工半读学校，招收新生仍保持一年200人左右的规模。1965年5月恢复江苏省南通河运学校名称，是年共招收新生206名，其中轮机专业52名，新设驾机合一专业154名，另由南京交通学校运输管理专业转入46名学生，增设水运管理专业，以适应内河轮船技术改造和管理的要求。到1966年春，全校共有轮机、驾驶、驾机合一、水运管理4个专业、13个班级，在校学生603名、教师40名、行政人员29名。

三、各航运企业自办船员培训

新中国的航运事业是在接收旧航业的基础上发展起来的，从旧航业一并接收过来的船员，其中绝大部分缺乏专业知识和技能，往往凭经验和实践中所学行船，这成为航运事业进一步发展的严重阻碍。在这种情况下，一些航运企业积极行动起来，自办培训，努力提升旧船员的专业技能和文化素质，从而提高企业的劳动率，增强企业发展的原动力。

（一）长江航运管理局完善职工教育体系

长江航运管理局经过几年的发展，运输能力迅速提高，相应带来了技术力量的不足，技术干部缺乏，尤其缺乏高级船员。1955年，长航局340艘客、货轮，只有正式船长110人，大副161人，轮机长94人，其余均系代职，甚至个别船舶高级船员几乎全部代职。自1954年起，长航局制定了干部训练计划，在城陵矶设立干部训练班，训练船舶驾驶员、轮机员、航运管理人员、川江引水员以及航标人员等，轮训轮机、驾驶、客运服务员以及其他人员。第1期驾驶、轮机技术训练班自5月1日开学，经过半年学习，53名学员，50人领到合格结业证书。学员入学时绝大多数仅具初小文化程度，还有个别文盲和半文盲，经学习后已普遍具有高小文化水平。重庆分局1955年分批训练了川江船舶的船长、大副、二副、三副驾驶员和统计员80余人；1956年又采取个人教学合同、委托代训以及推广"大众"轮的集体教学活动，并拨出教练船3艘，共培养了高级船员1188人，中级船员3422人。宜昌川江引水员管理站通过训练班培养后备引水员，分别为大引水2人，二引水2人，三引水8人。民生总公司和重庆分公司也都举办了技术和业务训练班，培养技术业务人才。

在举办各种训练班的同时，也开展了群众性的技术教学活动。上海分局采取订合同形式培养了大批技术人才，由部分轮驳的老船员与实习生、新船员签订"教学合同"，在1955年下半年培养了驾驶、司机、舵工、加油、生火、水手共176人,其中结业担任正式职务或提升一级职务者有155人,这些人大部分是南京港装卸工人转业到船上工作的。对担任教员成绩较好的老船员,上海分局分别给予奖励。民生汉口分公司组成推行教学合同工作组,规定了教学合同的期限,有计划地培养高级船员;推行舵工、机匠学习三副、三管轮和驾驶员、轮机员学习高一级职务的课程,互教互学,理论联系实际,边学边做,结合生产,在工作实践中提高技术水平。芜湖港船舶团支部协助转业上船的原装卸工人同轮机、驾驶两部高级船员在互助互学的基础上订立师徒合同,限期提高技术水平。"利泰"轮在船上组织了轮机、驾驶两个技术学习小组,由文化技术较高的船员担任教师及辅导员,结合实际,提高全船的技术水平。

在提高专业技能的同时,长航局也非常重视职工的文化教育。1958年7月,长航局在380艘船轮上开展扫盲运动,1137人参加学习后,700多人脱盲,近200艘船舶成为无盲船舶。同年11月,重庆分局成立了重庆航运红专学校。1959年,川江船舶大力开展业余文化、技术教育,自办了从小学到大学的初步完整的教育体系,在船岸普及了小学教育,至该年4月,共有37艘船舶的3000多名职工达到高小速成水平。1960年9月,在武汉长航干部学校基础上筹建的长江航运大学正式开学,开设水运管理、机电、航务工程等6个专业,经两年学习达到大专水平,另设中专、技校专业班,前后招收1000多名学生。同时,长航局还开办多个技校或中专,不仅提高了长航局职工队伍的文化素质,还为长江航运事业的发展输送了大量人才。

1961年,长航局经过调整,停办了一些技校,重新整合了教育资源,长江航运大学下马,恢复长江航运学校。1964年,根据运输生产的需要,长航局在武汉创办了一所水运职业学校;同年,在武汉长航技校开办半工半读试点,第二年在全线推广。1965年,武汉分局以"人民16号"为基础,创办了教练船,两年培养船舶技术干部145名,在一定程度上缓解了新船增加和老船员退休所造成的困难。至1966年,全线共办有中专学校6所,技工学校或半工半读学校6所,职业学校1所。在广泛开展广大职工技术教育的同时,长航局也很重视职工子女的教育,至1965年,全线普及中、小学,建立中、小学30多所。

(二) 中国远洋总公司加强远洋船员培训

远洋运输由于是国际航运事业,远洋船员走出国门,代表的不仅是企业,也是国家形象,因此业务知识、外语水平以及政治思想方面都需要提高。早在中远成立前,交通部就对远洋船员培训工作予以重视,1956年9月开办了远洋运输业务专修班,1958年在南京海运工人技术学校开办远洋船员训练班,1960年在广州办事处开办远洋船员英语训练班、政治学习班,176名船员参加学习。

中国远洋运输公司成立后,远洋运输船队发展最突出、最迫切的问题就是船员培训问题,一方面由于船舶增长速度快,船员需求量大,现有船员数量跟不上船舶发展的需求;二是当时船员队伍底子薄,缺少船长、大副、轮机长、大管轮、报务员等技术干部船员。因此,培训船员就成了当务之急。1964年和1965年,远洋局两次召开会议,研究和落实船员培训工作,并于1965年2月成立船员培训办公室,5月下发《关于加强船员培训工作的通知》,从指导思想、培训方法、工作步骤等做了明确要求。

1966年4月,远洋局和中远广州分公司将船员及职工培训教育工作从船员处分出,单独设立教育处。各船舶普遍成立培训领导小组,船舶党支部将培训工作列为船上的主要任务之一。上海分公司于1966年成立船员培训领导小组,每艘船成立自学小组,由船长任组长,制订船员培训计划。这一时期的培训,首先加强思想教育,广大船员提高了对培训工作重要意义的认识,增强了学习的自觉性。

中远初创时期具体的船员培训,采取了多种有效措施。在职培训以岗位练兵为主,从远洋运输生产的实际需要出发,坚持学用一致的原则,干什么,练什么;缺什么,补什么;用什么,学什么。苦练基本功,熟悉应知应会。同时采取以老带新、师傅带徒弟以及互教互学等方法。选拔优秀人员到院校、工厂及短训班培训。对普通船员中有培养前途、有条件提拔者,调往训练船培训或送航海院校深造。分批分期将普通船员中的一些中专轮机、驾驶毕业生调出,进行短期集训,培养提拔为干部船员。建立健全各项培训制度,广州、上海、天津分公司均制订了船员技术考核办法,建立船员学习手册以记载业务学习情况及测验、提升等考核情况,建立船舶学习培训汇报制度。此外,办好在广州、上海、天津的船员基地,既管生活,也管学习;把"光华"轮等船舶作为培训船。

由于采取了这些行之有效的措施,中远的培训工作取得了较好的成绩,1965年在职培训了222名船员,船员整体素质获得显著提高,并尤其注重培养干部船员。

(三)大连轮船公司提升船员文化素质

在大连轮船公司乃至北洋区局和大连办事处时期(华东、北洋合并时期)的船员队伍结构,基本上还是早期录用或随船带进的老辈船员占绝大多数。这些船员不仅文化水平低,而且思想保守,不利于公司航运生产的发展。1953年北洋、华北两区合并时,全局职工4372人,其中有小学文化程度的占45.7%,中等文化程度的占45.8%,船员文化素质整体不高。有很大一部分船长、轮机长等高级船员,虽然具有丰富的航海经验,但也只有小学文化程度。到20世纪50年代后期,公司陆续接收一些海运院校毕业的大学生,又接收一些转业军人,充实到一线船员中,船员队伍的结构有了变化。

1958年9月港航合并不久,客运总站从社会上招收了21名青年女服务员,经过培训和短期实习,成为大连轮船公司首批女船员,她们为海上客运事业做出了自己的贡献。1962年港航分开后,办事处党总支十分重视船员队伍建设,特别是干部船员队伍建设,一方面有计划地接收海运院校毕业生,一方面积极、大胆地从在职船员中选拔、考核、培养驾驶、轮机及其他干部船员,以保证船员队伍后继有人。渤海湾船员队伍逐步走向年轻化、知识化。

此外,其他一些航运企事业单位也都非常重视船员的培训工作,采取各种方法,努力提高船员队伍的技术和文化水平。

第二章 中国海员的曲折发展
（1966—1976年）

20世纪60年代后半期至70年代上半期，世界上发达国家的海运业正处在空前发展时期，以运输集装箱化、船舶大型化以及船舶自动化为特征的技术变革，给这一时期的国际海运业带来了空前的繁荣和深刻的变化。在此之前，我国的海运事业刚处于起步后的发展阶段，并已具有追赶国际海运先进水平的物质基础，本应抓住机遇迎头赶上，然而，1966年5月，"文化大革命"爆发了。持续10年的动乱严重冲击了国民经济的所有部门，给航海事业及海员队伍造成了巨大损失，贻误了发展良机，拉大了同航海发达国家的差距。幸运的是，经过"文化大革命"初期的动荡之后，在国家有关部门、航运企业和广大海员的共同努力下，航运生产特别是远洋运输逐渐得以恢复，并且某些方面还创造了不俗的业绩。

第一节 动乱中的航运业及海员的发展状况

一、"文化大革命"运动对航运业及海员职业的影响

（一）"文化大革命"时期的内河航业

1.长江

"文化大革命"运动很快波及长江。初期，干线及流域各级航运机关开展"革命大批判"，混乱局面愈演愈烈。1966年8月24日，长航公司在汉单位，在"横扫一切牛鬼蛇神"的口号下，将大批干部、知识分子和技术骨干加上"黑帮""反动权威""反党分子""资产阶级代表人物"等罪名，进行游街示众，使这些同志身心遭到严重伤害。随着动乱的加剧，干线航运指挥中心——汉口长江航运公司山头林立，内战不休，各项业务出于半停顿状态。

1967年，在上海"一月风暴"的影响下，干线各级机关进入"全面夺权"阶段，船舶也刮起夺权风，生产指挥系统被严重破坏。各地相继而起的"武斗"直接威胁长江航运的安全，镇江港因武斗而封锁了航道，安庆港因武斗被迫停产两个月，芜湖港因武斗使客运一度中断。更为严重的是8月8日重庆港大规模武斗，击沉江轮3艘①。在武斗严重的日子里，广大船员只能在驾驶室采取防弹措施，每次驾船过武斗区都冒着生命危险。

1968年1月起，在干线直属驳船少数人的煽动下，先后有126艘驳船参与停航，其中直属机动船23艘，致使港口货物不能及时运出，物资积压严重，运输一度中断。由于川江武斗加剧，重庆港客运船舶相继停航，汉渝班停航3天，重庆至长寿班停航68天，重庆至涪陵班停航71天，港口滞留旅客达8000多人。

持续的动乱使长江航运设施也遭到极大破坏。在所谓的"破旧立新"中，原方块、圆球形航标被认为"毫无政治意义"，一律改为三面红旗、红五角星、灯塔等"新式标志"；航标种类由原来的3类19种改为3类10种；为了"突出政治"，将面向下游"左白右红"改为面向上游"左红右白"。这样的航标改革，不仅使

---

①分别是"人民28"轮、"渝港207"轮和"长江1"轮。

助航标志失去了应有的作用,更给船舶航行带来了危害。"航标改革"后不久,又进行了船舶改名,干线所有客轮舍弃了已为群众熟知的船名,一律改为以"东方红"编号命名。

在"革命大批判"中,把长江航运系统实行的各项规章制度说成是"修正主义的管、卡、压",鼓吹建立没有规章制度,不受任何约束的企业,煽动无政府主义;把按劳取酬,鼓励先进的奖励制度说成是"奖金挂帅,物质刺激",全盘否定计件工资制和奖励制度,鼓吹平均主义和"吃大锅饭"思想。1966年7月28日,宣布废除船员考试制度。

在这样的情况下,长江运输生产不可避免地受到严重影响,船舶运输、港口装卸、全员劳动生产率急剧下降。1967年与1966年相比,货运量下降了33.9%,计714万吨。港口吞吐量下降30.7%,计1180万吨,港口堵塞严重,船舶停港时间平均长达5.4天,比1966年增加了1倍,装不上、卸不下现象时有发生。全员劳动生产率,船舶下降28%,港口下降21.2%。1967年长江航运公司首次出现亏损,亏损金额达1512万元,到1969年3年累计亏损5915万元。客运方面,红卫兵大串联使干线客运量猛增,由1966年的1462万人增加到1969年的1935万人。但红卫兵乘船不买票,吃饭不给钱,不但造成客运秩序混乱,旅客积压严重,也造成了巨大的经济损失。而且,动乱使干线生产事故频发,据统计,1966年至1970年长江全线共发生严重海损事故1141起,死亡人数达224人,在群众中造成极坏的影响。

1968年2月,长江航运系统实行了军事管制,并成立长江航运公司军事管制委员会,此后又先后成立了革命委员会。9月,长江航运公司革命委员会成立。1970年4月,中共长江航运公司革委会核心小组成立,力排干扰,坚持运输生产,形势逐渐有所好转。

2. 珠江

"文化大革命"期间,珠江各级航运管理机构首先遭受冲击,生产管理和指挥系统基本瘫痪,而且管理机构不断变化。刚开始的一段时间,主要单位实行军管,到1968年下半年后,各单位成立三结合的革委会,统管各单位的生产和各项工作。1969年1月,交通部广州远洋运输公司和广州海运局下放到地方,广东成立了华南水运公司,将远洋、沿海、内河运输、航道、港口、基本建设等进行统管,由于坚持工作人员少,生产秩序混乱,规章制度被废除,根本无法进行有效管理。1970年1月,华南水运公司解体,远洋和沿海运输各自恢复建制,管理内河航运的原广东航运厅改为广东省航运管理局,基本上恢复了原来的管理职能。广东省航运管理局成立后,对地区航运管理部门进行了整顿。1971年,部分省属运输企业下放到地区管理,部分直属船队也下放给地方。1973年广东省再次调整交通管理体制,强调建立集中统一、指挥灵活的生产指挥系统,削弱基层管理机构。调整后,广东航运管理局改称广东航运局。

在"文化大革命"运动冲击下,从1966年开始广东内河航运生产连年大幅度下降。至1968年,全省内河货运量仅为2982万吨、196764万吨公里,相当于"文化大革命"前最低一年1963年的水平,比1966年减少了931万吨、72384万吨公里,下降幅度分别为23.9%和26.9%,其中国有航运企业货运量和周转量分别下降了41.7%和46%。与此同时,企业经济效益也大幅度下降。1966年,全省国有航运企业盈利1888.5万元,到1968年则亏损160.2万元。其中运输1966年盈利810.9万元,1967—1969年连续3年亏损,总额达907.5万元。港口盈利也大幅下降。民间运输同样受到冲击,处于停产和半停产状态,管理机构七零八落。集体水运企业1968年货运量下降到只相当于1962年的水平。1971—1973年,广东航运管理局采取一系列措施,使国有水运企业的生产管理逐步恢复正常。

广西十年动乱期间,航运管理体制也在不断变动,1971年成立了广西区航运公司,下设梧州、南宁、柳州、北海4个航运分局和几个办事处、船厂、航道工区。内河水运货运量1966年为187.5万吨,1967年下降到133.7万吨,1968年再下降到95.74万吨。动乱使生产人员大量离岗,致使船舶在港时间不断延长。入梧州港驳船在港停靠时间1966年平均为5.76天,1967年延长至8.94天,仅此一项就给梧州航运分局造成经济损失600多万元。梧州航运分局企业经济效益1966年盈利175.28万元,1967年已变成亏损233.92万元,1968年亏损更是高达677.47万元。南宁航运分局从1967年1月起,因武斗频繁,致使生产瘫痪,全部停航。6月至8月间,武斗群众烧毁船舶166艘、1030客位、12715载重吨、5438马力。到1969年9月革委会成立,航运生产才逐步恢复。两年多的停产,造成损失281万元。柳州航运办事处新修出厂的价值20多万元的"桂青"客轮(150客位、135马力)也在武斗中被烧毁。

"文化大革命"期间,两广内河水上客运却不断增加。先是红卫兵大串联,接着是清理阶级队伍内查外调,机关干部到"五七"干校,知识青年上山下乡等,使水上客运急剧增加。广东内河客运1966年为1431万人次,1976年增加到2427万人次,10年增长69.6%。其中国有运输完成客运量从1966年的1265万人次增加到1976年的2076万人次,增长了64.11%。

3. 黑龙江

"文化大革命"运动很快在黑龙江航运管理局掀起高潮。1966年8月26日,局机关成立"文革委员会"代替原机构,原领导人受到批斗。此后不久,"文革委员会"被机关、船舶工程等单位组成的造反组织夺权,组建了"文革筹委会",继续多次召开批斗大会。12月以后,航运群众造反组织相继成立,最多曾达14个。航运局党政机关的瘫痪和造反组织的活动严重影响了航运生产。

沿江各地的造反组织也对航运进行多次冲击,不仅影响了生产,还造成了船舶和其他一些设施的损坏。1974年6月,农垦建设兵团有的战士随意使用依兰航标段的汽艇和舢板,并砸碎汽艇玻璃,受到劝阻后,纠集众多"造反派"又来报复,打杂公物,殴伤人员,致使航道维护和管理工作间断半月有余,从而导致运输船舶多次搁浅。方正林业局职工因乘"东方红04"客货轮时同船员发生口角扭打,便纠集本单位"造反派"殴打船员,并扣押该轮21天,严重影响了客货班轮的正常运输。诸如此类的事件多次发生。

受"文化大革命"运动的冲击和影响,1967年至1970年的4年间,黑龙江航运系统发生的重大海损事故4起,重大人身伤亡事故15起,机损事故10多起。据不完全统计,1970—1976年,发生沉船、碰撞、火灾、人身伤亡等各类事故429起,损失金额达200余万元。

"文化大革命"对黑龙江航运破坏最大的还是航运生产。客运方面,以哈尔滨航运站为例,除大串联的红卫兵不买票乘船外,航运系统一些职工也无视规章制度,不买票将其亲友送上客轮,还有一些蓄意不买票的乘客硬闯上船,造成客运秩序十分混乱。1973年7月航运管理局有关部门对"东方红02"客轮进行调查,14日15时入港时船员、乘服人员通过检票口外送无票乘客150人,15日出港时售票510张,而上船旅客达700人。

货运方面,粮食和木材两大宗货物运量都呈严重下滑态势。1966年粮食运量为31.2万吨,到1971年完成18.2万吨,1973年完成13万吨,仅为1966年的41%。1976年水运粮食计划安排是36.6万吨,实际完成20.9万吨,为年计划的57.1%。而且由于"文化大革命"对铁路和航运的冲击,水陆联运处于失控状态,到港的大批粮食由于不能及时配车或装车而长期积压,不仅造成损失,还严重影响了兄弟省市的需要。木材运量1966年实际完成80.3万立方米,1967年仅完成30万立方米,为1966年的40%。1974年又下降到19.3万立方米,为1966年的24%。木材水陆联运的供、需、运管理也多方面出现矛盾,严重影响木材调运任务的完成和有关单位的迫切需求。

总体而言,"文化大革命"期间,黑龙江客货运输连续10年亏损,累计达3477.6万元。1974年管理局直营船舶货运量96.5万吨,周转量26663.6万公里,分别为1966年的72%和75%。货运量已降到1954年的水平,倒退20年。客运量完成52.4万人次,540.2万人公里,分别为1966年的82%和79%。年运输收入仅676万元,亏损478.4万元,是亏损最多的一年。造成这样的情况有自然方面的原因,但主要原因还是"文化大革命"运动的破坏和影响。

(二)"文化大革命"时期的沿海航业

1.北方沿海

1966年秋,全国的大、中学生开始了全国性的大串连。而运送串联红卫兵就成了各航运企业的一项特殊的政治任务。据不完全统计,仅1966年10月,北方沿海就运送了大串联红卫兵87505人,占客运量的50%。此项任务占用了大量的航运资源,一些航线运量剧增,挤占了正常运力,打乱了正常班次运行。而且,参与大串联的红卫兵在船上召开批斗会,查找所谓的"黑五类",使得船员在船期间整日惶恐不安,身心俱遭受了严重的冲击。

在1966年下半年的"文化大革命"批判浪潮中,大连轮船分公司效仿上海轮船公司,把客、货轮都改成了"工农兵""战斗"等新名。"大串联"开始后大连轮船分公司的所有船舶,包括停止货运改为客运的"战斗10"轮在内,都在超负荷运转,全力运送串联的师生,运力仍然远远不够用。8月,交通部决定急调大连海运学院"红专"轮参与渤海湾客运,同时催促天津新港船厂抓紧建造大连轮船分公司的一艘大型客轮。11月,这艘4054载重吨、1250客位的"工农兵2"轮由天津新港船厂接回大连后立即投入营运。尽管增添了两艘船,还是难以完成运送众多串联师生的"政治任务",海军北海舰队奉命多次派出多艘舰艇协助渤海湾客运,才算解了燃眉之急。

大串联使全国交通运输生产呈下降态势,1966年7月全国海运系统只完成计划的92.6%,8月份完成88.5%。沿海15个港口吞吐量7月份完成计划的97.2%,8月份完成90.3%。由于运输计划完不成,港口大量物资积压待运。而且,超负荷运输势必带来航行安全隐患。1966年11月4日6时30分,满载大串联师生的"工农兵11"轮航行于天津大沽口航道时,因视线不佳,险与"战斗70"轮发生碰撞。所幸采取措施得当,否则后果不堪设想。

1967年1月,上海刮起"夺权风暴",很快波及大连轮船分公司。不但分公司机关党政领导权被剥夺,连船舶也被殃及。船长们提心吊胆,无所适从,安全难以保障。3月,大连轮船分公司进驻了军事管制小组(海军),船上派驻军代表,公司从机关到船舶处于无专业人员管理状态。

1968年7月8日,北方区海运管理局和上海轮船公司同时撤销,重新恢复上海海运管理局建制,大连轮船公司改为大连海运分局;9月6日,大连海运分局革命委员会成立。1969年12月31日,分局革委会作出了"关于'五七战士'下乡"的安排,大批干部被下放到农村。1971年6月,大连海运分局选举产生了新一届党委,此后海上运输形势开始趋于好转。"文化大革命"给北方沿海运输造成的直接损失也相当严重,由于无政府主义思潮的影响,1974年11月和1976年3月先后发生了"大庆18"轮爆炸和"大庆23"轮跑油事故。

2.华东沿海

1966年五六月间,"文化大革命"运动开始波及上海轮船公司。9月,上海轮船公司所属船舶全部更换船名:原"和平"编号改为"战斗"编号,原"建设"编号改为"大庆"编号,原"民主"编号改为"工农兵"编号。10月,上海轮船公司先后抽调10艘货轮承担运送红卫兵大串联的任务,另有19艘客、货轮参与搭运,严重影响了运输生产的正常进行。"战斗7"货轮代客轮行驶申(上海)青(青岛)线,其定额为800客位,但在运行青申45航次时,青岛港务局竟向"红卫兵"发放船票1350张,仅持票"红卫兵"就超载550人,且还有大量"红卫兵"无票登船。该轮不得不让出船员房间,并加搭吊铺,才使400多名无票乘客随船全部运到上海。11月,上海轮船公司各级领导干部受到冲击,各级党组织无法正常开展工作,党员组织生活被迫停止。12月,上海轮船公司"造反派"成立"工总司海运局联络站",并自行将上海轮船总公司改名为上海海运局。

1967年1月,上海轮船公司"造反派"强行收缴公司党、政公章,宣称"接管公司党政财文大权"。6月,上海市革命委员会决定对上海轮船公司实行军管。

1968年2月,交通部军管会宣布撤销北方区海运管理局。4月29日,上海市革委会批准上海轮船公司改名上海海运局,并于5月2日成立了上海海运局革命委员会。由于"文化大革命"开始后5个船队先后撤销,6月29日上海海运局革委会决定在所有船舶都成立"抓革命促生产领导小组",作为临时性船舶权力机构。

1969年12月,上海海运局军管会、革委会决定恢复撤销的船队建制,将所属129艘船舶组成"货1""货2""客运""油运"4个船队。

1970年,上海海运局船舶发生了两起重大海上事故。4月16日,"战斗6"轮与"战斗29"轮在长江口鸡骨礁以南海面相撞,"战斗29"轮沉没。8月11日,"大庆15"轮在佘山附近海面与"辽大水353"渔轮相撞,渔轮沉没,死亡12人。

1971年8月14日,上海海运局决定撤销所属各轮的"抓革命促生产领导小组"。1973年1月,上海市革委会、驻沪部队"支左"办公室决定撤出上海海运局"军宣队",结束军管。从此,华东沿海航运形势开始好转。

3.华南及东南沿海

"文化大革命"对华南沿海运输业及船员职业发展造成了严重的干扰和破坏。1966年"红卫兵"串联使客运量陡增,广州海运局抽调了3艘客货轮,专船运送9.4万人次。1967年初,海轮船员考试制度被废除,实行群众评选推荐和领导审查批准相结合的办法,造成人事管理混乱,船员技术水平逐渐下降。1969年,海轮又取消了加油、生火、机匠的岗位分工,合在一起轮流值航行班;甲板部取消了一等水手和二等水手的分工,甚至扩大了轮值操舵班的范围,以至岗位责任制松弛,规章制度失去约束力,海损事故日益严重。而武斗频发、港口陷入瘫痪、铁路中断等混乱局面导致海运生产外部条件恶化,货运量急剧下降,海轮营运中出现亏损。1967年至1969年,海运生产处于低谷,共亏损2122万元。

1969年广州海运局下放并与内河、远洋合并为华南水运公司,但这次下放合并时间不长,1970年2月广州海运局重建,基本恢复了沿海运输体制的整体性。中越航线援越运输由交通部领导的体制基本未被破坏,保持了有关业务和战备建设项目的连续性。广东海运生产局面开始好转。

"文化大革命"运动对东南沿海运输秩序也造成了巨大破坏,主要表现在大量货物积压港口待运。最为严重的1967年下半年,福建各地武斗不断升级,交通运输管理一度陷入瘫痪。如8月份,不少船开到泉州港,有的船见码头无人卸货只得又开走,有的船干脆将100多立方米木材卸在海堤上,100多吨黄麻卸在港口,20多天无人问津。8月16日,厦门发生武斗,次日全市公路、水路交通全部断绝。由于厦门港停顿,海关等部门业务不能正常开展,广东主要港口也发生武斗,船舶到港不能装卸,导致厦门与广东、香港之间的海运陷入混乱,厦门海运直至9月中旬也未能恢复正常。海运不畅造成货物积压,严重影响了国计民生物资的供应。据当年10月底福建省革命委员会生产指挥部工交办的一份《情况简报》记载,上海待运福建的物资到月底共积压40470吨。当时面临的主要问题是,个别地区武斗仍在进行,生产指挥失灵,交通受阻,厦门市物资积压达16800吨,其中等待船舶装运的就有9000吨。运输不畅引发了全省煤、电等供应不足,直接影响了正常的生产和生活。

(三)"文化大革命"时期的远洋航业

1."文化大革命"对中远及远洋运输业的影响

"文化大革命"对远洋运输事业的破坏是严重的。中远贷款买船被作为"反革命修正主义路线"批判,一度被迫中止。各地武斗,特别是黄埔、湛江、大连、天津、营口等港口发生的武斗,曾使船舶无法靠港进行装卸作业,船期毫无保障。有的远洋船舶上的自卫武器被抢夺。在极"左"思潮的干扰和影响下,中远公司及广州分公司机构曾一度被打乱和取消,违背了经济发展规律,又脱离了远洋运输生产实际,严重削弱了远洋运输的建设和管理。中远组织机构反复改组,大伤元气,各种资料散失,企业财产损失严重。机关大批人员下放,各项规章制度受到严重破坏,船舶调度指挥系统被打乱,远洋运输业务无法正常进行。数百名远洋船员包括不少船长、轮机长和业务骨干遭受政治迫害,被以"不适合涉外单位要求和不符合上远洋船条件"为由调离远洋运输系统,严重破坏了远洋船队的正常建设。中国自营远洋船舶的保险从1969年1月1日起被迫停保3年之久,使国家财产和船员生命失去应有的保障。南京远洋海员学校于1970年被迫停办,改办船舶配件修理厂,教学培训中断3年,延误了远洋船员的培养。个别船舶受极"左"思潮的影响,在意大利、英国港口停泊期间,因坚持挂语录牌,引发外交纠纷,造成不良影响。

幸运的是,"文化大革命"期间国家对远洋运输采取了许多重要的保护措施。1967年5月,周恩来总理提出铁路、轮船交通不能中断,决定将沿海、内河的航运交海军军管包干。10月,周总理又发出"联合起来,保护海港运输"的号召,命令军管会对营运船舶加以保护,并检查船舶的靠泊和装卸,从而保证了远洋运输生产没有中断。中远广大干部和船员职工也很快醒悟,少数船舶成立的群众组织自行解散。发生武斗的一段时间,虽然交通瘫痪,但广大船员不怕困难和危险,从全国各地奔赴港口上船,保证船舶按时开航。国家的正确决策和船员们在动乱中以大局为重,排除干扰,坚守岗位,使"文化大革命"对远洋运输事业的危害减少到最低限度,并使远洋事业在某些方面有所发展。

2."文化大革命"对中波公司的影响

"文化大革命"给中波公司的经营也带来了极大干扰。1967年9月,军宣队进驻中波公司,搞所谓"大联合",并成立了"联合生产指挥部"。1968年,中波公司成立了6人组成的革委会,成为中波公司最高的权力机构。1969年3月,工宣队进驻中波公司,参加所谓"斗、批、改"。1970年3月,由于中央发出工宣队应回原单位的通知,驻中波公司的工宣队撤离。

"文化大革命"不仅给运输生产带来极大干扰,公司内部中波双方的合作也受到严重影响,一度关系紧张,导致双方在营运方针等问题上看法不一。以公司第十七、十八、十九次管委会为例,中波双方各有提案,各持己见,造成3次会议未达成任何实质性的决议。加之20世纪70年代燃油价格暴涨和公司管理上的松弛,营运成果大受影响,甚至出现了吃老本的现象。"文化大革命"的影响使中波公司的运输能力增长停滞不前,到1976年末,公司船队共有船舶18艘、21.4万载重吨,平均船龄11.4年。也就是说10年中运输能力基本没得到发展,仅保持在1965年的水平上。

二、主要航运企业和船员规模、构成及变化

"文化大革命"动乱进行一段时间后,由于国内外形势的变化,处于历史逆流中的航运业终于迎来了转机。广大干部职工坚持正义,排除干扰,努力工作,使航运企业和船员本身都获得了一定的发展。

(一)内河运输企业与船员队伍

1.长江航运公司

"文化大革命"动乱使长江航运遭受极大破坏,生产连年下降。面对这一严峻形势,长江航运公司广大干部职工积极排除干扰,坚持生产。发展生产中,船舶运力逐年增长,船员队伍稳中有升。

"三五""四五"期间,长江干线运力发展仍然坚持以拖驳运力为主,有三大特点:一是拖轮加快了机型更换,二是客运能力增长,三是油运能力发展。

干线内燃机拖轮马力在1957年占拖轮马力的11.94%,然而在1962年和1965年却大幅下降,仅占1.7%和6.95%,"三五"期间上升至22.37%。"四五"期间,长江干线加快了拖轮机型的更新换代,1976年内燃机马力比1970年增加3.93倍,占拖轮马力的60.8%,为干线拖轮实现内燃机化奠定了基础。

干线载客位有了大幅度增长,1965年试办托拉斯时,载客位比1957年提高120%。但是这批客船船龄长,技术状况差,经常停航修理,造成运力不足。1966年以后,从"大串联"开始,长江客运流量猛增。上海港1965年进港人数为17.87万人,到1970年猛增至32.02万人,增长79%。为缓解客运紧张局面,长江航运公司委托上海船厂等单位,设计并监造5艘航行上海至汉口的大型客班轮(计划共造20艘),逐步取代老旧船。1970年至1976年,干线共增加客货轮41艘、9305客位。1975年客位比1965年提高29.1%,完成客运量提高67.39%。[①] "四五"期间还开展了船舶定型研究,以逐渐解决船型复杂问题,淘汰老旧船,逐步实现干线船舶标准化。

"文化大革命"期间,长江干线石油运输迅速发展,运力也因此增长。随着大庆油田的投产和新油田的不断发现和开采,1965年以后,长江沿线先后在南京、安庆、九江、武汉以及湖南的长岭兴建5大炼油厂。这些炼油厂所需原油采用江海联运的方式从北方运来。万吨油轮由海进江,于南京中转。随着石油运输的日益繁忙,1974年12月15日,长江航运公司成立长航船管部油船管理处,为集中统一专业化管理长江油运摸索经验。油管处当时有油轮、油拖16艘,油驳142艘,船员1850人。这个时期,长江油运分别由长航武汉分局油管处和长航上海分局油轮大队专业化管理。1975年10月1日,交通部决定成立长江航运管理局南京分局,专管油运业务。1976年10月,长江航运公司按照交通部的通知,在罗马尼亚订造6艘5000吨级江海油轮,以"大庆"系列命名。至此,长江拥有油轮12艘、31000吨;油拖轮16艘、40560马力;各种油驳161艘、285835吨。

"文化大革命"10年长江干线船舶运力经过逐年增长,1976年的船舶艘数、载客位、载货吨分别比1966年增加27%、40%、75%。船员队伍也得到了相应的发展。同时,支流各单位也纷纷更新和增加船舶,运力获得了普遍增长。

2.珠江的航运企业

"文化大革命"期间,珠江各级航运管理机构因遭受冲击,生产管理和指挥系统基本瘫痪,而且管理机构不断变化。"文化大革命"刚开始的一段时间,主要单位实行军管,到1968年下半年后,各单位成立三结合的革委会,统管各单位的生产和各项工作。1969年1月,交通部广州远洋运输公司和广州海运局下放到地方,广东成立了华南水运公司,将远洋、沿海、内河运输、航道、港口、基本建设等进行统管,仅1年后,1970年1月,华南水运公司即告解体,远洋和沿海运输各自恢复建制,管理内河航运的原广东航运厅改为广东省航运管理局,基本上恢复了原来的管理职能。广东省航运管理局成立后,对地区航运管理部门进行了整顿。1971年,部分省属运输企业下放到地区管理,部分直属船队也下放给地方。1973年广东省再次调整交通管理体制,调整后,广东航运管理局改称广东航运局。航运局对民间运输也加强了管理。

广西十年动乱期间,航运管理体制也在不断变动,1971年成立了广西区航运公司,下设梧州、南宁、柳州、北海4个航运分局和几个办事处、船厂、航道工区。1973年,区交通局内设监理处,统一指导全区和各航区内的交通监理和航政业务。梧州、南宁、柳州、北海航运局设航监科。全区的木帆船管理,基本上维持了"文化大革命"前的体制,至1973年,区交通局内设民运组,专门管理全区民间运输业务。

3.黑龙江航运管理局

"文化大革命"期间,1968年4月1日,黑龙江省交通厅航运管理局改称黑龙江省航运管理局革命委

[①] 许可主编:《长江航运史》(现代部分),北京:人民交通出版社,1993年,第397页。

员会,同年9月26日,经黑龙江省革委会生产委员会批准,改为黑龙江省航运公司革委会。1970年1月8日,黑龙江省航运公司革委会行政管理人员由300人减为70人,被精减的人员下放到农村插队。1972年7月,下放人员分两批调回分配工作。1974年4月10日,经黑龙江省委批准,将省航运公司恢复原来名称——黑龙江省航运管理局。合江、黑河航运分公司恢复为合江、黑河航运局,沙河子港改为沙河子港务局。为加强对航运工作的领导,搞好界江和支边任务,经省委研究决定,从1975年3月1日起,将黑龙江省航运管理局从省交通局(厅)划出,为省革命委员会管理全省水运事业的一个职能部门。

"文化大革命"期间,黑龙江省航运管理局职工人数持续增长,1976年末职工人数达9500人,比1966年末的7493人增加了2007人(见表2-1-1)。

1966—1976年黑龙江省水路交通职工人数① 表2-1-1

年份	年末职工人数(人)	在岗职工人数(人)	职工年平均人数(人)	年份	年末职工人数(人)	在岗职工人数(人)	职工年平均人数(人)
1966	7493	7493	—	1972	9449	9449	9223
1967	7504	7504	7385	1973	9489	9489	9614
1968	6376	6376	6263	1974	9284	9284	9520
1969	7670	7670	6158	1975	9330	9330	9516
1970	8240	8240	8233	1976	7500	7500	9704
1971	8983	8983	8700		—	—	—

(二)沿海运输企业与船员队伍

1.大连轮船公司

红卫兵串联给渤海湾客运带来了空前的压力,隶属上海轮船公司的大连轮船分公司为解决运力不足问题,除临时调用大连海运学院实习船"红专"轮参加客运外,还委托天津新船厂加紧建造一艘大型客轮。1966年11月,这艘新客船投入营运,命名为"工农兵2",极大缓解了渤海湾客运的紧张状况。

1967年1月,上海刮起的夺权"一月风暴"很快波及大连轮船分公司。3月,大连轮船分公司进驻了军事管制小组(海军),船上派驻军代表。

1968年9月,大连海运分局革命委员会成立。

1971年6月,大连海运分局选举产生了新一届党委,此后海上运输形势开始趋于好转。

1972年4月,交通部召开全国交通工作会议后,大连海运分局根据会议精神,以周总理提出的关于加强企业管理、建立健全生产制度的七项要求作为加强海运管理的目标。这七项要求是:岗位责任制、考勤制度、技术操作规程、质量检验制度、设备管理和维修制度、安全生产制度和经济核算制。

1973年初,大连海运分局又以贯彻周总理提出的"三年改变港口面貌"为契机,开展海上运输的全面整顿。这次整顿以加强岗位责任制为重点。首先是搞好领导机关的机构建设,在组织机构上撤销了"文化大革命"时期设置的"组"的建制,恢复"文化大革命"前的处、科设置。7月30日,根据中央指示精神,又撤销了结合在领导班子中的军队干部。

在干部配备上,大连海运局平转了20名科级干部,提拔船舶政委5名,此前"靠边站"的领导干部全部调回,恢复职务。下乡的"五七战士"陆续调回,或恢复原职务,或重新安排工作。落实好知识分子政

---

①资料来源:黑龙江航务管理局编《1949—2005年黑龙江水路交通统计摘要》,第133页。

策。大连海运局的知识分子队伍中,船舶业务干部占绝大比重。特别是20世纪60年代后,随着海运业发展,陆续从海运学院、海运学校接收了多批大、中专毕业生,经过十多年的海上锻炼和实践,纷纷走上驾驶和轮机的领导岗位。此外,多年来还从工人中培养出60余名技术、业务干部。

船队规模也有发展。至1976年,大连海运分局接收大连海运学院"红专"轮1艘,购买二手船4艘(货轮),新建造客、货、油轮6艘,上海海运局先后向大连分局调拨客、货、油轮9艘(旧船),其间,先后报废旧船5艘。这样,大连海运分局共有适航船舶25艘,职工2222人,企业初具规模。1978年1月1日大连海运分局与上海海运管理局脱钩,并与筹建中的大连远洋分公司组建大连海运管理局,隶属中国远洋运输总公司。

2.上海海运管理局

1964年3月,交通部在上海成立北方区海运管理局,上海海运管理局改建制为上海轮船公司,专营北方航区的船舶运输业务,隶属北方区海运管理局领导。上海轮船公司下属单位除船舶外,有大连分公司、公私合营鸿翔兴船舶修造厂、海员医院等。

"文化大革命"开始后迅速波及上海轮船公司。1966年3月,"军宣队"进驻上海轮船公司,6月,上海市革命委员会对上海轮船公司实行军管,军管会由驻公司"军宣队"人员组成。11月,各级领导干部受到冲击。12月,"造反派"自行将上海轮船总公司改名为上海海运局。

1968年4月29日,上海轮船公司正式改名上海海运局。5月2日,上海海运局革命委员会成立。由于"文化大革命"开始后5个船队先后撤销,6月29日上海海运局革委会决定在所有船舶都成立"抓革命促生产领导小组",作为临时性船舶权力机构。

1969年12月,上海海运局军管会、革委会决定恢复撤销的船队建制,将所属129艘船舶组成"货1""货2""客运""油运"4个船队。

1971年8月14日,上海海运局决定撤销所属各轮的"抓革命促生产领导小组"。1973年1月,上海市革委会、驻沪部队"支左"办公室决定撤出上海海运局"军宣队",结束军管。

"文化大革命"期间,上海海运局继续招收、培养女船员。1968年12月,已任大副的孔庆芬被提升为"战斗67"轮船长,成为中国首位海轮女船长,后又调至客轮、油轮等各种不同类型的轮船任船长,1976年8月任远洋货轮"风涛"轮船长,远航日本。20世纪70年代,客运部门干部颜娟娟成为中国首位海轮(客船)上的女政委。1975年,上海海运局从社会招收七四届初中毕业女生40名,分配在船舶驾驶部和轮机部,由老船员以师傅带徒弟的办法带其学习水手、机匠等工作,其中个别担任过见习三副。1976年又招收第二批约40人,以同样的方法担任同样的工作。1978年,这两批女船员逐渐调岸上工作。

3.广州海运管理局

"文化大革命"对广州海运局及船员职业发展造成了严重的干扰。1967年初,海轮船员考试制度被废除,实行群众评选推荐和领导审查批准相结合的办法,造成人事管理混乱,船员技术水平逐渐下降。1969年,海轮又取消了加油、生火、机匠的岗位分工,合在一起轮流值航行班;甲板部取消了一等水手和二等水手的分工,甚至扩大了轮值操舵班的范围,以至岗位责任制松弛,规章制度失去约束力,海损事故日益严重。海运生产外部条件恶化,导致货运量急剧下降,海轮营运中出现亏损。1967年至1969年,海运生产处于低谷,共亏损2122万元。

1969年广州海运局下放并与内河、远洋合并为华南水运公司后,管理沿海运输业务的科室仅留68人。计划管理、技术管理、安全生产管理以及船员管理等制度,都以管、卡、压为名被否定,业务工作被置于可有可无的地位。幸而由于这次下放合并时间不长,其中中越航线援越运输由交通部领导的体制基本未被破坏,保持了有关业务和战备建设项目的连续性。因此,1970年2月广州海运局重建时,基本恢复了沿海运输体制的整体性。广东海运重新建立行之有效的安全制度和质量检查制度,海损事故下降,生产局面开始好转。

20世纪70年代,中越航线的营运和南北航线的贯通,促进了广州海运局的自身建设。1976年,全局拥有固定资产总值42089万元,其中船舶总值39843.1万元。拥有运输船舶84艘,其中货轮60艘,油轮15艘,客货轮9艘,已成长为一个大型海运企业。

(三)远洋运输企业与船员队伍

进入20世纪70年代,中国的经济和外交迎来了发展的契机,随着中美关系缓和与中日建交,各国纷纷与中国建交和发展贸易。在国内,国务院对国民经济的有效调整也使经济形势渐趋好转。这些都为远洋事业的发展创造了条件。中远公司利用这一契机,重新采用贷款买船的方式,使远洋船队以前所未有的速度发展壮大。船员职工成倍增加,经济效益不断提高,为国家建设作出了贡献。

1. 中远总公司重组与远洋局名称恢复

1968年,交通部军事管制委员会对交通部机关机构进行了调整。1969年初,交通部远洋局(对外称中远公司,也是外代公司)随部机构调整被并入运输组,1970年6月改为水运口,管理远洋运输业务。这种调整和变化严重影响了对远洋运输管理和船队建设,重组中远总公司成为完成外贸运输任务和发展远洋运输事业的迫切需要。

其一,国家需要尽快发展远洋运输事业。1970年1月周恩来总理指示,要加强远洋船队建设,"四五"期间将远洋船队从110万吨扩充到400万吨。根据这个目标,到1975年远洋船队还要再购买船舶290万吨,增加船员17000人。实现如此快速增长,需要重组中远总公司来实施领导。

其二,水运口分管远洋运输的体制不能适应工作的需要,不仅因为管理的部门和单位过多,还在于原由中远总公司行使的企业职能改由作为行政机关的水运口承担,造成管理上的诸多不顺。而且,水运口管理人员大量减少,仅能应付工作。其中分管远洋运输的业务人员由1968年原远洋局的195人减到不足10人。为适应工作量与日俱增的要求,恢复中远总公司专门管理远洋运输势在必行。

为此,1972年1月,交通部决定重组中国远洋运输总公司。2月22日,交通部向国务院呈报《关于重新组建中国远洋运输总公司的请示》。2月24日,李先念副总理批准了这个报告。3月4日,交通部党的核心小组开会传达了国务院领导的批示。7月,中远总公司临时党委成立。9月,交通部发出《关于重新组建中国远洋运输总公司的通知》。10月1日起,重组的中远总公司正式办公。中远总公司设在北京东长安街6号,1973年1月13日正式迁入。

中远总公司重组后,为方便远洋运输和国际间的海运合作(包括政府间海运协定、航线协议、国际航运会议等),中远总公司党委向交通部提出报告,建议恢复交通部远洋运输局,同时又是中国远洋运输总公司和中国外轮代理总公司。经交通部党的核心小组研究决定,从1974年10月1日起,恢复交通部远洋运输局。远洋局、中远总公司、外代总公司,一个机构三块牌子,具有行政和企业双重职能,属企业编制,不占机关行政编制。

2. 天津、青岛分公司成立

为了适应远洋运输发展的需要,统一领导和管理驶往华北港口的中远船舶,开辟中远在中国北方的远洋运输业务,中国远洋运输公司天津分公司的成立被提到议事日程上来。

1970年5月20日,交通部军管会向国务院业务组呈递了《关于建立天津远洋运输分公司的报告》。征得天津市革命委员会同意,并经国务院批准,决定成立中远天津分公司。同年8月,交通部从中远公司及广州分公司抽调28名干部组成筹备组,筹建中远天津分公司。10月19日,中远天津分公司在塘沽正式成立(后经研究确定10月1日为正式成立之日)。公司成立后,从中远广州分公司调拨10艘杂货船和786名船员组成了最初的远洋船队,采取不定期船的营运方式,主要经营天津至欧洲、天津至日本航线。

中远总公司重组后,到1974年底,船舶已达304艘,450万载重吨。当时,大连、青岛两港外贸运输任务不断增长等泊船舶日益增多,而中远在这两个地区没有统一的管理机构,在业务开展和船员管理等方面存在诸多不便。1975年5月,交通部向国务院报送《关于成立中国远洋运输总公司大连、青岛分公司的请示》,国务院副总理李先念等很快做了批示。6月,交通部正式通知中远总公司,同意成立青岛、大连两个分公司。11月,中远总公司开始筹建青岛分公司。

1976年7月,中远青岛分公司宣告成立。同时,青岛海员学校、青岛物资供应站、青岛船员基地3个单位划归中远青岛分公司管理和领导。1977年6月至10月,中远广州分公司根据中远总公司的决定,先后将10艘散货船交由青岛分公司营运管理。从此,中远青岛分公司成为专门经营国际海洋散装货船的专业公司。

中远大连分公司的筹建工作,由于种种原因,直到1977年6月才有所进展。

3.船队规模及船员队伍扩大

中远总公司自成立以来,始终把发展建设一支具有相当规模、多种类型的远洋船队作为各项工作的重点。进入20世纪70年代后,在国务院领导的关怀和国家计委、人民银行等部门的大力支持下,采取主要依靠贷款,买"二手"旧船和建造新船的办法,排除"四人帮"的干扰,克服困难,不断发展壮大远洋船队。截至1978年底,中远船队已达510艘、875.36万载重吨,分别比1971年增长了3.18倍和5.6倍。据1978年上半年世界商船吨位统计,中国(不含台湾省)商船队吨位增幅为世界第3位,在拥有300万吨以上商船的国家中,中国居第17位。

船队规模扩大必然要求船员队伍相应扩大。而由于"文化大革命"的影响,20世纪60年代末,一部分骨干船员被调离远洋船舶,安排去沿海船舶或其他陆上单位工作。进入20世纪70年代后,中远船队的发展迫切需要招收和接受足够的船员。然而当时国家对"农转非"指标控制很严,各有关院校由于"文化大革命"的冲击,又连续几年没有毕业生分配,因此远洋船员的来源问题十分突出。在这种情况下,中远总公司及各分公司依靠自己筹措和国务院、中央军委、交通部、国家计委及沿海、内河航运等部门和单位的大力支持和帮助,采取多种途径扩充远洋船员队伍。

其一,接收海军退伍水兵。1973年初,经国务院、中央军委批准,由国家计委下达通知,从海军退伍水兵中选调3000名到远洋船舶工作。1975年,中远总公司又从海军复员水兵中选调5000人,其中300人冲抵海运局向远洋输送干部的指标,其余4700人全部分配到中远各分公司。同时,总政治部还通知各军区和海军为中远选调干部。从1972年至1975年,先后共选调船舶正副政委、航海机电干部数百名。从1973年至1976年,4年间中远共接收海军水兵12000人,约占补充船员的一半。

其二,从兄弟单位选调干部船员。远洋船员队伍的扩充,最缺少的是干部船员。按照1974年初的船舶数,需要技术干部船员6200人,而当时只有3000人,其中驾驶、轮机、电机人员尤为缺乏。中远一半以上船舶的船员不得不在香港地区雇佣,并以租船形式经营。为解决干部船员奇缺的问题,1974年2月,经交通部领导与长航、上海海运局、广州海运局负责人商定,两年内由上述3个单位给中远选调驾驶、轮机和电机人员580名。1974年中远总公司接收兄弟单位支援的船员173人,此外还接收曾调离远洋的归队干部船员46人。1976年中远从地方交通部门先后接收干部船员408人。

其三,接收国内大中专航海院校毕业生。1974年,中远从国内大专院校毕业生(工农兵学员)中接收了191名驾驶、轮机专业学员。1975年,接收大中专毕业生达605人,为中远历年接收大中专毕业生人数之最。

其四,从内部培养、选拔干部船员。中远各分公司在依靠兄弟单位支持的同时,从各自的实际出发,将那些表现突出、胜任工作、有培养前途的工人船员选拔到干部船员岗位上培养锻炼,大胆使用。1973年和1974年两年,中远各分公司从工人船员中提拔的技术干部船员共1433人,占船舶技术干部船员提职总数的一半以上。

尽管如此,船员来源不足问题还是难以彻底解决。1975年10月,交通部在向国务院、中央军委报送的《关于扩大远洋船员来源问题的报告》中提出:当前最突出的问题是船员严重不足,来源狭窄,补充困难。今年的劳动指标仅完成25%,尚有4000余人未能招进。到1977年底,共需补充船员2万多人,其中干部船员9900人。除从原有渠道接收外,要扩大招收京、津、沪、粤、鲁、辽等省市的技术工人和厨师,外语学院毕业生和医生,以及招收退休或病故船员的子弟。

1975年12月,经国务院专门批准下达给远洋局增加劳动指标11650人。但由于买船工作曾一度被迫停止,原定1976年接船120艘的计划被压缩为66艘。面对这种情况,远洋局从远洋船队未来发展出发,决定仍按原计划接收船员,并有计划分批分期进行培训,凡能缓接收的就跨年接收,不能缓接收的就立即接收。到1976年7月中旬,中远共接收船员6852人,占接收计划总数的58%。其中3400人当年调拨给新成立的青岛分公司,解决了该公司对船员的急需。

1976年,中远广州分公司组建的远洋"三八"船"辽阳"轮配备了一批女海员,包括担任政委的焦湘兰(我国第一位远洋货轮女政委)和担任轮机长的王亚夫(我国第一位远洋女轮机长)(图2-1-1—图2-1-3)。

4.中波公司(中方)自行管理船员

20世纪60—70年代,中波公司船队规模稳步发展。根据形势需要,1960年1月1日起,中波公司中方船员全部交由中国远洋运输局管理,1965年11月19日,交通部决定,包括中波公司在内的三个合营公司和中远广州分公司的中国船员及政治工作统归中远广州分公司政治部领导和管理。

1972年,中远广州分公司代管中波公司中方船员几年后,向交通部提出了移交各合营公司船员管理的报告。1974年9月,国务院批示同意了由交通部、外贸部、外交部提交的有关报告中关于中波公司(中方)将自行管理中旗船船员的规定。经过一系列准备工作,1975年7月1日,中波公司与中远广州分公司签署了关于船员的交接书,将中远广州分公司原代管"泰兴""嘉兴""德兴""长兴"4条船的249名船员移交给中波公司(中方)自行管理。此外,中远上海分公司支援中波公司40名船员。这样,中波公司接受船员管理工作时,共有中国船员289名。

图2-1-1 "辽阳"轮新中国第一位远洋货轮女政委焦湘兰

图2-1-2 "辽阳"轮新中国第一位远洋女轮机长王亚夫

图 2-1-3 "辽阳"轮上的远洋女海员们

第二节 海员管理体制的变化

"文化大革命"给新中国的海运事业造成严重干扰,管理体制也遭到了严重破坏。作为主管机关的交通部经历了军事管制及与其他部委合并再分开等多次变化,各地方航运管理机构也受到严重冲击。在这种情况下,一些航运公司根据自身状况,自行管理,保证了企业在动乱中有所发展。

一、交通部航运管理体制变化

(一)航政及航运机构变化

从1966年末开始,"文化大革命"运动席卷全国,交通部不可避免地受到冲击,短短几个月,部长、副部长先后被打倒,交通部机关、直属单位及各地交通管理机构基本处于瘫痪状态。

为了保障远洋运输生产的正常进行,1967年3月6日,中央作出船舶一律不要搞夺权的决定。4月3日交通部党组向国务院呈送《关于远洋船舶文化大革命问题的请示》,5月10日国务院、中央军委发出《关于远洋船舶如何进行文化大革命的补充规定》,明确指出:远洋船舶在国外航行或在国内港口停泊装卸时,只进行"文化大革命"的正面教育,不搞"四大"(即大鸣、大放、大字报、大辩论)。

1967年5月,为了缓解"文化大革命"对部属机关、直属单位的冲击,根据毛主席关于"军队不但要协同地方管农业,对工业也要管"以及"只管工业,不管交通运输,是不对的"等重要指示,周恩来总理提出,铁路、轮船交通关系到全国交通命脉,决不能中断,决定将沿海、内河的航运交海军军管包干。5月31日中共中央、国务院、中央军委及中央文革小组发出《关于对交通部实行军事管制的决定》,成立军事管制委员会。6月1日,中央发布《关于坚决维护铁路、交通运输革命秩序的命令》:交通运输部门的广大职工必须坚守生产岗位,严格遵守劳动纪律,切实保证完成和超额完成运输计划,向一切消极怠工、影响运输秩序甚至中断交通运输的行为作坚决的斗争。6月2日,交通部军管会向中央报告,军管会于当日进驻交通部,召开了部机关全体人员会议,宣布了中央的决定,并于当日开始工作。6月24日,交通部军管会宣布成立"中国人民解放军军事管制委员会生产指挥部",下设水运、陆运、综合、行政4个组。在当时的特定条件下,对交通部门实行军管以及发布维护交通运输秩序的命令,对挽救国民经济危局起到了一定的积极作用。

1969年1月1日,交通部各司局被撤销,合并成几个大组,中远公司、外代公司与水运局等单位合并为运输组。

1970年6月22日,中央决定将铁道部、交通部、邮电部(邮政部分)合并组成新交通部,并对机构进行了调整。交通部的海运管理机构大部分被撤销与合并。远洋局(中国远洋运输公司)对内对外均被撤销,外代公司对外虽保留了名义,但只留下1个人工作,其余人员均被下放"五七"干校。中远广州分公司干部大部分下放,只有42人留守。

1972年9月,全国航政主管部门开始使用"中华人民共和国港务监督局"或"中华人民共和国港务监督"(简称"中国港监局"或"中国港监")名称,以独立机构正式对外。12月1日,经国务院批准,交通部设立船检港监局,对外称"中华人民共和国船舶检验局"和"中华人民共和国港务监督局",从船舶管理、船员管理、通航秩序管理、船舶检验等方面全面加强水上安全监督管理。

1972年10月1日,重组后的中远总公司正式办公。为方便远洋运输和国际间的海运合作(包括政府间海运协定、航线协议、国际航运会议等),中远总公司党委向交通部提出报告,建议恢复交通部远洋运输局。经交通部党的核心小组研究决定,从1974年10月1日起,恢复交通部远洋运输局。远洋局、中远总公司、外代总公司,一个机构三块牌子,具有行政和企业双重职能,属企业编制,不占机关行政编制。

(二)船员管理制度的变化

1.船员考试发证制度的废除与恢复

"文化大革命"开始后,船员管理工作受到严重干扰。1966年8月22日,交通部下发"通知",废除1963年12月公布的《中华人民共和国轮船船员考试办法》。"63办法"尚未全面贯彻实施即被废除,使全国的船员考试工作被迫停止,开始实行群众民主评选推荐和领导审查批准相结合的选拔船员制。这一制度的实施,造成船员选拔工作的混乱,船员技术水平逐渐下降。各港务监督和内河港航监督部门也纷纷废除包括船员管理在内的航政管理规章制度。各地的船员考试委员会被迫自行解散,负责船员考试的主管机关无法正常工作。

其实,船员考试发证制度的变化在"文化大革命"前夕已开始。上海港务监督因船员考试工作人员不足,向交通部北方区海运局建议,"大型轮船船员的考试工作暂由船舶单位自行办理,港务监督凭船舶单位出具的各种考试及格证明和指定医院体检合格证明发给正式船员证书"。该建议经交通部北方区海运管理局批准,同意于1966年12月21日实施。一些港航单位也提出,以船员岗位责任制代替船员职务制。于是,船员开始没有职务之分,只有由领导工作派工,造成此时船上职务的职责不清,责任不明。个别地方甚至出现了船长没有指挥船舶工作的最高权力。

这种情况极不利于船员的管理。1971年7月21日至8月7日,交通部运输组在北京召开全国航政工作座谈会,沿海港务监督、船舶检验处、长江航政管理局、上海海运局、广东省海运局和长江航运管理局等单位代表参加会议。经过讨论,明确了航政工作的主要内容,包括船舶管理、船员管理、港口、航道、海区管理,船舶检验等诸方面。船员管理方面,主要是办理船员考核,核发船员证书。

1972年交通部下发《关于加强安全运输生产的紧急通知》,提出"车船驾驶人员,必须经考试合格发给驾驶证书,方能开车、开船"。从1972年初起,各港(航)务监督陆续恢复船员考试发证工作。

1974年5月21日,中国港监局和中国远洋运输公司联合下发《关于换发远洋船员证书问题的暂行办法》,要求船员证书须经港务监督机构考试合格后方可发放。

虽然"文化大革命"运动对船员管理造成了一定的影响,但为了保证我国远洋运输不被中断,部分港务监督仍继续坚持办理《船员证书》。此时的《船员证书》仍是按"63办法"的等级职务划分,证书的格式略有一点变化。

据不完全统计,1966—1980年(因"79办法"实施前后,有一个过渡重叠期,故按旧办法发证的也统计在内),仅大连港务监督签发各类船员证书共1532本,其中远洋船员918本,外籍船员44本,近海船员531本,沿海及内河船37本,特免证书2本。黄埔港务监督签发各类船员证书7846本,其中远洋船员5781本,外籍船员76本(据查新中国最早为外籍船员签发的船员证书是1970年),近海船员546本,沿海及内河船1272本,救生艇员证书171本。

内河及各省(区、市)港航监督部门也根据实际情况,恢复以核发船员证书为中心的船员管理工作。1971年长江航政管理局开始对长航和沿江各地中央厂矿企事业单位的轮船船员证书进行换发管理工作。1972年12月恢复对船舶登记和船员考试后,长江航政局对长江船员进行理论和实际考试,应考者上千人。

船员考试发证制度的陆续恢复,逐步改变了全国船员管理混乱的局面,促进了船员技术水平的提高,保证了船舶航行安全。

2.《海员证》管理

由于港务监督在"文化大革命"的冲击下无法正常工作,1967年6月20日,中远上海分公司向交通部建议自行签发远洋船员《海员证》,7月20日交通部远洋运输局与交通部港务监督局协商后予以同意。自此,上海港务监督的《海员证》签发是由中远上海分公司持在主管栏内盖有港监印章的空白《海员证》自行填写,登船、离船签证也由中远上海分公司自己办理,照片骑缝章用"中华人民共和国上海港务监督远洋船员证书专用章"钢印。9月22日,交通部港务监督局和远洋运输局批准,《海员证》主管栏内不再使用上海港务监督公章。各地具有签发《海员证》权限的港务监督也参照这一做法。

1972年10月1日起,船员办理初次出国审批手续的权限不再由国务院掌管,改由交通部负责审批。获交通部批准后,船员即可办理护照,使出国手续明显简化。此外,针对船员因故离船回国以及携带物品问题,也做了相关规定。

20世纪70年代以前,《海员证》的审批手续是由国务院掌管,由于审批手续严格,程序复杂,办理时间较长,影响了船员及时出国接船。后经国务院批准,1976年9月8日,交通、外交、公安三部联合公布并实施《中华人民共和国海员证签发和使用范围暂行规定》,再次明确我国船员所持的《海员证》,是具有护照性质的海员身份证件,并适用于世界各国和地区的所有港口,有效期为8年。9月20日,交通部下发《〈中华人民共和国海员证签发和使用范围暂行规定〉实施办法的通知》,重新明确规定《海员证》由中国港务监督签发,同时授权"海员证的签发工作,目前先由大连、天津、青岛、上海、广州、黄埔港务监督具体办理",并负责相近省的出国船员海员证办理,如上海港务监督还负责浙江省和江苏省出国船员的《海员证》办理,黄埔港务监督还负责海南、广西出国船员《海员证》的办理。

3.《海员手册》管理

自"63办法"被废除后,《海员手册》也被当作"管、卡、压"制度而遭取消,全国大多数港务监督从此停止发放和使用《海员手册》。但广东地区的船员(除远洋船员外)仍继续使用《海员手册》,直到1985年实施《船员服务簿》,港务监督才停止发放及使用《海员手册》。此外,全国各地港务监督在"文化大革命"期间所存的大部分的船员技术档案也大部分也遭销毁。

二、地方船员管理制度的变化

"文化大革命"期间,各地方水运管理也受到冲击,原有的管理规章被视为束缚生产力的桎梏,多被更改或摧毁,纷纷出台新的规章和制度。但这些新的规章和制度由于普遍缺乏科学性和严谨性,不仅给水运事业带来危害,也直接影响了广大船员的职务晋升和职业发展。"文化大革命"后期,一些单位对此进行了纠正,使船员管理工作逐步走上正常轨道。

(一)广东省

从1966年开始,广东省内河航运生产连年大幅度下降。生产人员大量离岗,各项规章制度被废止,部分地区的航运生产受严重影响,甚至瘫痪。

1969年7月,根据交通部军管会关于船舶整改工作的指示精神,广东华南水运公司直接采用当时海军舰艇编制的相关规定,制定《沿海船舶人员编制方案初步意见》,船舶设正副船长和正副政委;甲板部设正副航海长,一水、二水均称水手;机电部设正副机电长,一火、二火、加油、机匠均称技工。另外,在船人员一般采用定船定员办法,如果船员休假以及短时间因病、事假休息调整,均不派人顶替。这期间岗位责任制混乱,航运公司机损、海损事故频发。如1969年广州海运局轮船亏损了382万元,其中海损事故损失就占了2/5。1970年,中共中央下达《关于加强安全生产的通知》后,安全生产制度逐渐恢复。

1971年9月8日,广东省港务监督革命委员会下发《关于做好船员培训考核发证工作的通知》,要求坚持远洋、省海运、航运单位的驾驶、轮机,必须经过培训和考核,并经群众评议,领导批准,港监核发证书或手册的程序。1972年9月27日广东省港务监督革命委员会发出《关于船员管理工作的几项规定》,12月21日又发出《关于重申驾驶员、驾长有关航线问题的规定》,都明确了船员管理制度不能动摇,驾驶员、客货驳及港澳航线驾长受航线规定限制,要做到"安全第一,预防为主"的方针。

1973年2月,广东省港务监督革命委员会发布《广东省船员考试暂行办法》,包括近海、沿海、内河各等级驾驶员、轮机员、报务员和非机动船驾长的考试办法。4月20日,广东省航运局革命委员会印发《船员岗位责任制》近万册,分发到各个单位,把职责落实到各个岗位上。

(二)江苏省

"文化大革命"期间,江苏省航运企业受到严重冲击,企业的基本管理制度,包括岗位责任制、技术操作规程、职工考勤制度、质量检验制度、安全生产制度、设备管理维修制度及经济核算制度等,或无人问津,或被视为"管、卡、压"而无法实施。1971年底,随着交通部"要把整顿企业加强管理作为第一重要任务"决定的出台,航运公司积极响应,全面恢复并不断完善、健全企业制度。各航运企业结合本单位实际,或者重新制定了工作、生产制度、考勤制度,或者完善了安全生产守则和船员岗位责任制等。这些制度的重新恢复及建立,严肃了劳动纪律,为安全生产起到保障与指导作用。

1972年,南京轮船运输公司拟订了《安全生产守则》和《船员岗位责任制》等,严格劳动纪律,为安全生产起到约束与指导作用,安全工作有了好转。

1973年后,江苏省港航监督恢复船员检定考试工作,同时一些航运企业,如扬州轮船公司与港航监督合编驾驶和轮机教材,开办短期培训班,促进了船员技术的提高。

1975年,交通部又作出"在领导班子、职工队伍、企业管理等方面进行全面整顿"的重要决定。江苏省的港航企业经过再次整顿,生产开始有序进行,运输形势再次明显好转。

(三)福建省

"文化大革命"期间,福建水运系统的造反派们提出"不要规章制度搞运输""要做码头的主人,不做吨位的奴隶""宁要社会主义的晚点,不要资本主义的正点"等口号,导致生产无考核、消耗无定额、客货运输无制度。一些人受无政府主义思潮影响,打着"不当奴隶主义""打破旧框框"等种种口号,离开生产岗位"干革命",一度使水运生产调度失灵,运输生产处于无序管理的混乱状态。在水运管理法规、制度被废弃的同时,船员技术职务的业务考核、发证制度被"政治考核"取代。高级船员的任用受"政治是统帅""政治是灵魂"的理论导向的影响,侧重于"政治表现","业务第一""技术第一"等所谓"走白专道路"的人员备受冷落,常遭遇造反派们的突袭审查,甚至戴高帽游街、挨批斗、关"牛棚"。部分业务管理人员和高级船员被迫离开工作岗位,或参加"革命"而脱离职守。受此影响,船舶运输监督和船员技术职务考核等管理工作开始削弱。在省属水运企业中,一些"政治成分好"而业务素质不够过硬的人开始顶替高级船员职务,一些"红色身份"出身的外行人员也充实到重要业务监督岗位上。这些都给水上运输安全埋下了隐患。

"文化大革命"后期,福建省通过对水运管理的不断调整,逐渐恢复了生产秩序。1975年以后,随着内河船舶机动化程度越来越高,"驾机合一"和"挂机"的机动船发展较快,过去管理发证办法中所划定的船舶种类、等级已不符合实际需求,于是《福建省内河船员考试发证办法》诞生。该《办法》不但对申考的种类、等级重新作了划分,而且还规定各级航政监督机关的分工和权限,以杜绝有些地方交通管理部门不按规范和标准,随意举行船员考试,造成船员技术水平不达标的情况。

1975年,福建省还参照《上海港机动船驾、机等船员配额规定》,并结合本省海上货船实际情况,制定了不同吨级沿海货运轮船的定员标准,规定:151—300吨为17—18人,301—500吨为19—24人,501—1000吨为25—30人,1001—3000吨为31—34人。此规定颁布后,20世纪50—60年代采用的定员办法即告废止。

三、各航运公司海员管理的加强

"文化大革命"给海员的管理体制造成了极大的破坏,严重干扰了正常的航运生产。在这种情况下,一些航运公司自身加强了对船员的管理,使企业在动乱中有所发展。

(一)中远总公司

1.完善船员管理制度

中远总公司创建时就建立了船员管理的有关制度,但在"文化大革命"冲击下,只有部分得以继续执行。

1973年11月,中远总公司根据船队和船员规模扩大的发展形势,草拟了《远洋船员管理暂行规定》(9章33条)。经远洋船员管理工作会议讨论,修订为《远洋船员管理工作若干规定》,包括总则、选调和报批、提升和任免、船员调配和考核、奖励与处分、休假与请假、船员配偶等7章24条。

为加强远洋船员证书的管理工作,1974年5月,交通部船检港监局和中远总公司联合制定并颁发了《关于核发远洋船员证书问题的暂行办法》,要求船员证书须经港务监督机构考试合格后方可发放。1975年10月,交通部船检港监局和远洋局又联合颁发了《关于远洋船员考核和职务证书签发暂行办法》,其中对技术干部船员的考核和签发船员职务证书的手续做了比过去更加严格的规定。11月,远洋局还下发了《关于加强"海员证"管理工作的通知》,对证件的领发、登记、收缴等问题做了具体规定。

对于在国外远洋船舶和船员的管理,1966年3月10日,远洋局政治部转发了外交部领事司给各使领馆的《关于管理中国远洋船舶和海员的情况和今后的意见》,明确规定中远船到达国外港口,凡驻有中国使领馆的,船长、政委要主动前往汇报工作,依靠和争取使领馆的领导。文件下发后,中远船舶加强了向中国驻外使领馆的请示汇报,各使领馆也进一步加强了对船舶的政治领导,加强了对船员的政治关怀,及时指导船舶处理涉外问题和其他事宜。至此,远洋船员管理工作由中远总公司宏观指导,主要是制定规划和有关政策、规定和管理部分干部船员。中远广州、上海、天津分公司分别成立了船员处和干部处,负责船员管理的具体工作,中远船员管理工作基本走向正规化。

2.船员定船管理

为了加强船员管理和船舶的使用与保养,中远公司探索出一种将船员班子与船舶相对固定的管理方式,即船员定船。1966年,广州分公司率先试行,但由于"文化大革命"的影响未能坚持下来。1974年,天津分公司重新试行船员定船,采用两种方案:一种是单船人员全部固定,并配有50%的预备人员;一种是单船人员部分固定,即船长、驾驶员、医生、管事、电机员不定船,其他人员固定。经过一年的实践,认为第一种方案更有利于工作的开展。1975年,中远公司正式开始实行船员单船固定。

船员定船的具体做法:一是分船定编,即将不同类型的船舶,按技术设备分别确定编制人数、在船人数和后备人数;二是配好领导班子;三是以原船船员为基础,避免大换班,一般情况下不再调动;四是定船船员的公休、航次假和病事假都由船舶统一安排。

1976年上半年,中远广州、上海、天津分公司和中波公司实行船员定船的船舶总数由1975年末的23艘增加到54艘。

船员定船虽然也带来了一些新问题,比如报务员、医生、管事、电机员等工种人员休假不好安排,但总体上的确起到了加强船舶和船员管理的作用。

1978年6月,远洋局统一制定下发了各类船舶定员定编方案(见表2-2-1)。

1978年远洋船舶定编定员方案① 表2-2-1

船舶类型	合计	在船船员编制数(人)										后备数(人)	后备数占在船编制数(％)
		小计	单工种职务数	非单工种职务数									
				水	轮	机	冷	冷藏	冷	电	服	译		
一般杂货船(大)	62	45	22	10	5	6					2		17	33.7
一般杂货船(小)	52	40	20	10	7				1		2		12	30.0
重吊杂货船	65	47	22	12	5	6					2		18	37.5
冷藏杂货船(大)	65	47	22	10	5	6	1	1			2		18	38.2
冷藏杂货船(小)	61	47	20	10	10	1		1	2	2	1		14	28.5
自动化船	43	33	18	8	6						1		15	45.5
冷藏自动化船	54	39	22	7	4	3	1				2		15	38.4
重吊自动化船	62	45	22	12		3				1	2		17	37.8
散装自动化船	58	42	22	10	4	4					2		16	38.0
油船自动化船	47	34	20	6	7						1		13	38.2
散装船	62	45	22	10	5	6					2		17	37.8
散装船	66	50	20	12		13				2	2		16	32.0

---

①据刘世文主编:《中远发展史——中国远洋运输公司史》,北京:人民交通出版社,2000年,第146页。

续上表

船舶类型	合计	在船船员编制数（人）										后备数（人）	后备数占在船编制数（%）
		小计	单工种职务数	非单工种职务数									
				水	轮	机	冷	冷藏	冷	电	服	译		
散装船	57	44	20	10		10				1	2	1	13	29.5
油船	64	46	22	10	6	6					2	1	18	39.1
客船	172	129											43	33.3
客货船	109	79											30	37.9
备注	1.单工种22个职务：船长、政委、副政委（政干）、大副、二副、三副、驾助、报务员、报助、水手长、木匠、轮机长、大管轮、二管轮、电机员、电助、管事、医生、大厨、二厨、三厨。 2.单工种20个职务中，不包括驾助和轮助。 3.单工种18个职务中，不包括副政委、驾助、报助和三厨。 4.冷藏船装冷藏货时，增加冷藏员、冷藏轮助或冷藏工1名。 5.上海分公司由于业务需要，增编翻译1名。 6.自动化船减少机工1—2名。 7."后备数"内，配备哪些工种为宜，由各分公司自行掌握。 8.上海分公司配备副水手长职务，未列入正式编制，后备数加1人。 9.客船执行旅游任务时，管事编制5名增至8名，大厨编制4名增至7名，服务员编制30名增至38名。													

3.改善工资待遇

远洋运输因其航业特殊性，船员工资待遇与其他行业有所不同。但20世纪60年代末，在批判"物质刺激""奖金挂帅"的政治气氛中，一直没能建立起一套比较合理的远洋船员工资制度和奖励机制，单纯靠思想政治工作调动广大船员职工的积极性。直到20世纪70年代中后期，中远船员的工资和奖励制度才得以恢复和健全。

1973年初，重组不久的中远总公司对远洋船员工资进行了调查研究，发现存在以下几个方面的问题：一是各分公司执行的工资标准不一，二是工资标准与职务不相适应，三是待派船员公司待遇低于其他行业工人。根据这些情况，中远总公司向交通部上报了《关于远洋船员升级的调查报告》，提出增加工资和工资改革建议。1974年9月，中远下发了《关于外单位支援船员来远洋船上工作的工资待遇的意见的通知》。1975年8月，远洋局又对大中专院校毕业上上远洋船工作的工资待遇做了暂行规定。

中远总公司还对船员航行补贴进行了修改，使其更加合理，从而更能调动船员的积极性；调整船舶的伙食标准，以保证船员的伙食质量；加强船舶医疗卫生工作，建立和健全船舶医疗管理机构和完善医疗措施，保障船员的身体健康。此外，中远公司还制定了国际通行式样、具有中国特色的海员制服。

4.建立船员基地

中远各公司的远洋船员来自全国各地，船员在国内上、下船抵达港口后的接待以及食宿、交通、就医、探亲等问题，需要给予妥善安排，这也是船员管理工作的重要内容之一。为此，中远总公司早在1962年就在上海成立了船员管理处。1972年10月交通部远洋工作会议上，国务院分管交通工作的粟裕同志建议建立船员基地。在国务院领导关怀下，经交通部批准，中远总公司即着手创建船员基地的各项准备工作。1973年，中远大连和青岛市船员基地先后竣工；1975年8月，中远总公司决定将广州分公司的黄埔招待所改建为黄埔船员基地；1976年，中远秦皇岛船员基地建成。几个船员基地的建立，加强了中远对国内各港口抵港船员的管理，比较妥善解决了抵港船员的食宿、交通、探亲、就医等实际问题。

（二）中波公司

1975年7月1日，中波公司从中远广州分公司接管了中波船队的中方船员后，即成立了船员管理组，由政工组负责中国船员的管理工作,中波公司开始正式管理本公司船员。

1.进一步加强中波双方船员友好合作

由于中波公司船员由中、波两国船员组成,在船员管理过程中,中波公司特别强调加强中波双方船员间的友好合作。在公司成立后相当长的一段时间里,中方船员的职位一般都不高,船长基本上都是由波方船员担任,与船长合作的好坏是双方船员能否搞好合作的关键。而政委的作用也非常重要,为此,公司制定有关规定,明确政委在船上的领导地位,以及两国船员的基本合作原则,以确保船舶生产的统一领导并充分发挥中方政委的领导作用。

关于船长和政委职责的具体规定有:船长是船上生产和行政的最高领导者,全体船员必须尊重并服从其指挥;政委是中方党组织在船上的代表,是负责处理中国船员内部事务的领导,是船长在生产工作中的助手,是负责处理双方船员合作问题的中方代表;为了更好地发挥船长的领导作用,船长有责任对较重大问题,特别是有关政治或中国船员的问题经常与中方政委协商,中方政委亦有责任对中方船员执行的生产任务、船员教育和生活等问题及时向船长汇报并提出改进工作的建议;关于中国船员的一般奖惩、提升等,船长应与政委共同研究决定,并在可能情况下报总公司或分公司批准;中波双方船员在海上或第三国发生纠纷时,船长和政委应从团结出发,本着友好合作,互信互谅精神,以适当方式求得在内部解决,防止事态扩大,以免影响中波两国的友谊和合作;船长和政委负有共同搞好合作的责任,并应将船上合作情况作为航次报告的内容之一;公司行政部门对在合作中有显著成绩的船长、政委或其他船员给予表扬或物质奖励,对在合作中有缺点或错误者根据具体情况给以适当的批评或处分。

同时,中波公司党委也注重加强船舶政治工作,加强与波方管理人员沟通,加强对双方船员合作的教育,及时化解矛盾。此外,公司党委对中方船员提出了更高的要求:全体船员在业务、技术和行政工作中,应以身作则,积极完成工作任务,以模范行动影响对方。纯属船舶技术和业务工作,无保留地服从船长,听从指挥。一切以团结友好为重,互助互让。加强请示报告制度,加强每一个船员的组织性、纪律性。

在公司党委重视下,通过这一系列措施,充分发挥了船舶党支部的作用,加强了双方船员的沟通和理解,消除了误解和成见,有效地促进了双方的友好合作,保证了安全生产。

2.加强船员调配管理

中波公司接管船员后,为使之尽快适应船队发展的需要,不断在船员调配上加强管理。在船员调配工作中,坚持思想领先,从政治力量、技术力量、新老船员、家庭住址远近四方面进行考虑,实行"四个搭配"。思想水平高、管理能力强的船长,配备工作能力一般的政委,而新船长或管理能力一般的船长,则配备责任心和工作能力较强的政委。定编人员少、技术要求高的自动化船,选派年富力强、文化水平高、技术业务精的船员。新船员上船,一般选派到思想作风好的船舶部门,带思想,带作风。整个船舶的人员,尽量不集中在一个地区或一个城市,以减少船舶停靠国内港口时争相探亲的矛盾。

认真帮助船员解决实际困难。公司刚接管船员时,由于船员数量少,部分岗位船员不能按照规定及时安排公休或公休时间不长就得继续上船工作,因而影响船员休息以及家庭生活安排,造成大量思想问题。对此,公司一方面积极做好思想工作,一方面着手解决实际困难,对公休时准备处理或因公休中断未处理完的事务设法帮助解决,保证船员调配的顺利进行。同时要求从事调配工作的人员,树立陆地为海洋、机关为船舶、调配为船员的服务意识,做好后方保障。

3.中波公司的船员定船管理

中波公司成立初期,中、波两国船员混编,船员调配权都在波方。中远广州分公司统管船员时,中波船队还是双方船员混编,波方船员基本不定船,随意性很大。这不利于当时船舶技术状况不好的中波船队发展,机损、海损事故也时有发生。虽然管委会多次决议,要求波方做到船员定船,但波方的执行还是存在很大问题。1975年公司接管中方船员,在全部配备中国船员的船舶,基本实现了固定船员的工作。定船定员,保证了船员更加熟悉船舶技术状况和熟练使用船舶各种航行设备,进一步加强了船员管理工作和船舶的维修保养,提高了船舶航行的安全性。

(三)长江航运局

1968年2月,长江航运系统实行了军事管制,并成立长江航运公司军事管制委员会,此后又先后成立了革命委员会。9月,长江航运公司革命委员会成立。1970年4月,中共长江航运公司革委会核心小组成立,力排干扰,坚持运输生产,形势逐渐有所好转。

1. 调整管理体制

1975年,邓小平同志主持党中央和国务院日常工作,从全面整顿入手,系统纠正工业发展中的"左"倾错误。在对长江航运的全面整顿中,首先对管理体制进行了整顿,以发挥中央和地方两个积极性。同年2月8日,国务院同意交通部《关于调整长江航运管理体制的报告》,以改变长江干线运输实行统一管理、试办托拉斯时造成的统得过死的情况。在这次管理体制调整中,将适合长江区间短途和支流运输的一些货驳船、拖轮客轮交给江苏、安徽、江西、湖南、湖北等省管理,一些小的港站也交给有关省管理,人员随船舶、港站成建制移交。10月1日,根据国务院重新调整长江航运管理体制的批文,长江航运公司改为长江航运管理局,下设重庆、武汉、芜湖、南京、上海5个分局,以及工业、航道、公安3个专业局和直属武汉、南京港务管理局。

2. 初步整顿企业

调整管理体制的同时,长航又着手对企业进行整顿。首先整顿领导班子,以解决"软、懒、散"的问题,建立健全岗位责任制、考勤制度、技术操作规程、质量检查制、设备安全与维修制、安全生产、经济核算制等主要生产管理制度,全面考核产量、质量、成本、效率、利润等8项主要经济技术指标。

其次对港口和水运工作进行初步整顿。1975年,根据中央统一部署,长航局党委组成工作组,分别对长江港口进行了认真整顿。客货运输秩序是这次港口整顿的主要内容之一。由于"文化大革命"的影响,干线客运秩序混乱:旅客随身携带物品严重超重,危及航行安全;本企业有些职工利用便利条件,大搞捎买带,影响船舶管理;有的利用船票拉关系,给企业经营造成损失;少数乘客也利用乘船之便,大搞倒买倒卖,扰乱市场,危害社会治安,等等。针对这些情况,长航局通过组织全线船、港、厂、航道各条战线的职工、家属学习先进经验和事迹来达到整顿客运秩序的目的,包括认真学习重庆客运站售票窗口反腐蚀斗争的经验,学习"东方红401"轮教育船员不搞捎买带的经验,学习"东方红229"轮不沾旅客伙食便宜和"货字1002"驳10年运百杂货290余万件一丝不苟、一尘不染的先进事迹。同时还加强客运管理,提高服务质量。

3. 加强航政管理

长江航政管理部门,是国家设在干线行使航政管理权的机关,具体管理船员签证、航行安全、海事处理、船舶检验以及维护国家主权和国家政策法令的贯彻实施,对长江船员职业和长江航运事业的发展起着重要作用。

"文化大革命"初期,长江航政管理由于受到干扰和破坏,机构瘫痪,工作一度中断。长江航政局所属18个航政分支机构,撤销了7个,有的虽然未宣布撤销,但也名存实亡,无法行使航政管理职能。

1970年6月,交通部开始恢复长江正常的航政管理秩序,同意干线各级航政部门由长江航运公司、分公司和各港领导,对外仍用"长江航政管理局"及其分支机构名义开展工作。1971年,周恩来主持中央工作,着手纠正"文化大革命"以来的"左"的错误,长江航政管理工作出现了新的转机。1973年3—5月,长航组织了一些单位、部门,组成水上安全宣传队,开展水上安全生产宣传活动。宣传队采用各种方式,对12891名船员和3397艘船舶进行了宣传。为了进一步加强长江航政管理,长航局党委于同年10月24日对长江航政管理机构设置进行了加强。航政管理体制仍按1966年的规定不变,长江航政管理局下设3个分局、8个航政处、7个航政站,增设9个监督站。

1974年5月,长江航政管理局着手对航政规章进行修订。7月1日起,长江航政管理局定为部直属事业单位。

(四)上海海运局

经过"文化大革命"前期的动乱,至20世纪70年代初,华东沿海航运形势逐渐好转,上海海运局开始进行管理制度的修订和建设。

1972年,上海海运局对1959年颁发的《航行安全生产规章制度汇编》和《船舶轮机部章则制度汇编》52项规章制度中的21项进行了修订,修订后合并为18项,又新增加了7项,合为《船舶安全生产规章制度》,于是年6月颁发试行,同时将原来的21项规章制度予以废止。同月,上海海运局结合轮机部工作,颁发了《轮机部航行和停泊值班、交接班制度》《看炉须知》《货泵间值班操作规则》等规章制度,对轮机部相关船员的工作做出了具体的要求。另外上海海运局针对海上台风频发这一特点,颁发了《船舶防台规则》。上海海运局又结合油类船舶营运中消防的重要性,于同年6月制定了《油轮防火、防爆规则》共16条,翌年10月又将《船舶消防知识》编印成册,下发各单位轮船学习运用,以将火灾发生的危害减到最低。

1973年,中国正式接受了《1960年国际海上避碰规则》,翌年10月28日,上海海运局发出通知,号召本局所属各轮认真学习和掌握避碰规则的内容,并编写了《〈1960年国际海上避碰规则〉条文修订部分简介》(特别是变动较大的渔船信号)。上海海运局还针对辖区历年船舶雾中航行碰撞事故频繁的状况,于1974年在北方海区尝试实行定线分道航行。经过一段时间的实践,船舶对遇中形成紧迫局面的现象明显减少,因此海运局总结经验,于1976年对定线分道航行办法进行了修订,并下发各轮要求常年按此执行。

1976年,上海海运局对1962年10月颁发的《海上船舶船员职务规则》进行了修订,修订后改为《船员职务规则》,明确了各类船员应具备的有关安全责任的各项岗位职责。

(五)广州海运局

1970年,中共中央下达《关于加强安全生产的通知》后,安全生产制度逐渐恢复。广州海运局开展以查思想、查纪律、查制度、查领导为内容的"四查"工作,对把规章制度看作是"管、卡、压"或可有可无的无政府主义思想予以批判和抵制,明确恢复原已行之有效的安全活动日、驾驶台规则、主机操作指南、航行停泊值班制度、航前碰头会、交接班、消防救生堵漏演习、危险品装载、船舶维修保养、水手瞭头、安全生产大检查等一系列安全制度。1973年3月,广州海运局革委会决定撤销1969—1971年整改时在"红旗158"等5艘船舶试行的海军舰艇人员编制,恢复以前的岗位责任编制。5月份,公布实施经修订的《船舶定员编制试行方案》,7月,颁发《广州海运局船员职务规则》试行草案,重新明确了船舶各部门的岗位职责。

第三节 "文化大革命"时期的航运及海员的贡献

"文化大革命"动乱给航运业造成的损失无法估量和弥补,但由于周恩来、邓小平等具有远见卓识的革命家的正确举措,加之航运界广大干部职工坚持正义,排除干扰,努力工作,中国的航运事业在历史逆流中及时止住滑坡,并一定程度上恢复了发展势头。

一、远洋运输的发展和壮大

20世纪70年代,中国远洋船队不断壮大,新航线不断开辟,业务范围逐步拓展,货运量大幅增加,远洋运输呈现出前所未有的发展势头,取得了良好的经济效益,基本改变了主要依靠租用外轮的局面。

(一)开辟远洋新航线

20世纪70年代初,国际形势巨变,中国外交工作借势打开了新局面。随着与中国建交的国家日益增多,外贸量激增,为中国远洋运输新航线的开辟提出了要求,也提供了条件。

在这种条件和背景下,新的远洋航线纷纷开辟。1972年10月,"济宁"轮首航马达加斯加。1973年3月,"前进"轮首靠马来西亚巴生港;6月,"海门"轮首航西非几内亚湾哈科特港;"昌都"轮首航西亚的伊朗霍拉姆沙赫尔港。1974年4月至5月,"金沙"轮先后首航古巴尼克罗港、牙买加金斯敦港、巴拿马共和国巴拿马港,并圆满完成环球航行任务,成为新中国第一艘实现环球航行的船舶,标志着中国远洋运输已达到先进水平。9月,"长海"轮由南海出巽他海峡,绕好望角,首航阿根廷布宜诺斯艾利斯港;11月,"盐亭"轮首航丹麦哥本哈根港,"江城"轮首航卡塔尔多哈港;12月,中坦公司"亚非"轮(挂中国旗)首航沙特阿拉伯吉达港。1975年5月,"衡水"轮首航越南岘港;6月,"海门"轮于苏伊士运河重新开放当日第一批通过。1976年3月,"建德"轮从智利的瓦尔帕莱索港开往尼加拉瓜的科林托港,开辟了上海至尼加拉瓜的中国至美洲航线。至1976年,基本缓解了外贸物资运输主要靠租用外轮的局面。1977年3月,"大德"轮首航濒临南美洲圭亚那共和国乔治敦港。1978年3月至4月,"武门"轮先后首航巴西的圣多斯港和西非加纳的特马港;4月,"庆阳"轮首航澳大利亚墨尔本港;9月,"平乡城"轮又开辟了上海至澳大利亚各港的集装箱班轮运输航线。到1978年10月,中远船队已航行于99个国家和地区的400多个港口。

(二)开展班轮业务和租船业务

中远重组后,大力开拓远洋运输业务,改善经营管理,远洋运输生产各项业务以较快的速度发展起来。

班轮运输是国际海运一种新的运输方式,它的特点是定船期、定港口、定货载、定航线,适合于要求快速、优质运输的货物。在1971—1973年中国外贸运量中,班轮年运量在200万吨左右。直到1974年,承运中国进出口货物的班轮仍然全部是外轮。为改变这种局面,中远总公司对承担中国进出口货物班轮运输的155艘外轮及其航线、船龄、技术设备状况等进行了调查,提出中远完全有条件开辟自己的班轮航线。1975年6月,悬挂五星红旗的中远班轮开始营运。至1977年9月,先后开辟了黄埔至日本、黄埔至西欧、黄埔至地中海、汕头至西欧、上海至日本以及上海至西欧等中远班轮航线,各航线每月都有数艘中远定期班轮驶往世界各国主要港口。1978年,中远总公司与对外贸易部和有关港口协商,又增开了天津、青岛、大连至日本、孟加拉、新加坡、马来西亚、西欧、地中海的班轮运输。至此,中国主要港口至欧洲、地中海、日本、新加坡、马来西亚地区的远洋运输实现了班轮化。

除积极发展自营远洋船舶运输外,租船运输也是国家外贸物资运输的一种重要方式。1971年,交通部在中远广州分公司成立了租船组,统一管理租船工作。1973年5月,交通部决定中远总公司设立租船处(对外称租船部),撤销广州租船组,同时决定在上海、广州、连云港、天津、青岛、秦皇岛、湛江等港的外轮代理分公司内设租船科,汕头外轮代理分公司设租船代表。1974年5月,中远总公司又在北京召开租船工作会议,进一步加强租船工作。由于租船工作领导的加强和有关机构的建立,租船业务快速发展。到1975年,中远总公司租船已达115艘,133万载重吨,当年完成租船货运量997.9万吨,为年计划的138.2%,完成货物周转量2617.3千吨海里,亦超过年计划。其他经济技术指标绝大部分均超过有史以来最高水平。随着远洋船队的发展壮大,租船业务的走势逐渐下降。到20世纪70年代后期,国家外贸进出口物资运输逐步从主要依靠租用外轮过渡到以国轮为主,反映了中国远洋运输事业的飞速发展。但租船运输的历史作用应予肯定。

(三) 完成国家重点物资运输

1973年,中国从国外进口了43亿美元的成套设备和单机,包括13套大化肥、4套化纤、3套石油化工、3个电站等大型设备。大件运输在装载、配载、绑扎加固等方面,有许多特殊要求,一旦出现货损,就会使全套设备无法使用,给国家造成重大损失。因此大件运输必须精心组织,精心操作,以确保质量和安全。

燃料化学工业部所属四川化工厂从日本引进的成套设备由中远公司承运,这套装置共约17000吨,其中4000吨超限的大件设备共80件,需要整体运输。按照常规,如果在广州或湛江卸货,经铁路运输,大部设备需要分段解体,这将会造成一定损失。因此,中远总公司根据厂方的要求,对运输方案进行了调整,将卸货港改在上海,再由江轮转运至重庆、乐山。

据统计,1973年中远船舶共承运进口成套设备总重量28万吨,其中超限大件747件。1974年承运进口成套设备7万余吨,其中有的大件达360吨。为了保证货物安全,广大船员群策群力,精心配载。

1977年11月,中远广州分公司"大安"轮承运广州石化厂从法国引进的一座高35.7米、直径3.5米、重350吨的大型尿素合成塔,船员在没有先例的情况下设法解决极强度超负荷、单边装载横斜的难题,冒着雨雪绑扎设备,并战胜比斯开湾大风浪,安全无损地将设备运回国内。1978年4月,中远上海分公司"汉川"轮由西德汉堡港承运大型成套设备、钢材和化纤共8638吨、18453立方米。船长贝汉廷带领全体船员,精心配载,充分利用舱容和甲板空间,在甲板装了44个大件,近5000立方米,共重573吨,其中最高的4.3米,最长的37.8米,创造了承运超大超长超高甲板货的先例,轰动了汉堡航运界。

此外,中远船队还承担了国家委派的特殊运输任务。1972年8月,菲律宾遭遇台风灾害。22日,中远上海分公司钱永昌船长驾驶着"安亭"轮,满载着大米、毛毯、药品等救灾物资赴菲。其间,他以正确且得当的方式处理了国际事务以及中国大陆与台湾地区关系问题。1976年3月,中远广州分公司"无锡"轮新定船名"向阳红11",配合国家海洋局"向阳红5"号科考船对南太平洋进行远洋考察,胜利完成任务。1977年1月,国家地质总局派海洋地质勘探船队赴中国南海进行勘探调查,中远总公司指示广州分公司安排有经验的远洋船长、二副、报务员等上勘探船帮助工作,以确保航行安全。1978年8月,中远公司利用从上海、广州去往日本的中远班轮承运去日本的邮件,从此开辟了中国至日本的海运邮路。

(四) 远洋船员的特殊贡献

中国远洋船员集中国人民解放军的优良传统、工人阶级的本色和中国海员的优良品质于一身,构成了独具特色的船员队伍。他们虽远离国土,远离家人,却忠于祖国、热爱人民,用实际行动谱写了一首首壮美诗篇,彰显了中国海员的大无畏精神。

1967年,中远上海分公司"东风"轮在两个航次中,船员自己动手绑扎205台大件,仅绑扎费和木料,就节省3000元外汇。表现了高度的劳动热情和强烈的主人翁意识。

1968年7月30日,中远广州分公司"兰州"轮停泊在黄埔沙角海域,船员放出小艇进行舷外作业。午餐期间,海面突然起风,小艇的缆绳被海风刮断,水手李文尧奋不顾身抢救漂走的工作艇。最后小艇失而复得,李文尧却被无情的大海吞没,把年轻的生命献给了远洋事业。广东省革命委员会批准李文尧为革命烈士。

1968年8月9日,中远广州分公司"兴宁"轮在大西洋海域航行时遭遇风浪。巨浪一个接一个呼啸着扑来,越过船头,涌向驾驶台。全体船员顽强地与风浪搏斗。水手长吴淦波和朱锡祥不顾个人安危,抢救国家财产,冒着危险把着栏杆一步一步地挪到船头。不幸的是,吴淦波被巨浪猛烈地抛起,碰到锚机的滚筒上,脑部大量流血,经抢救无效牺牲,后被批准为革命烈士。

1970年3月17日,中远上海分公司"红旗"轮从日本回国途中,遇到大风浪,船上装载的汽车吊大件发生移动。"红旗"轮的船员以"狂风恶浪何所惧,赤胆忠心为人民"的革命精神,奋不顾身抢险,七位船员光荣负伤,坚持不下火线。经过顽强拼搏,终于把移动的汽车吊大件重新绑扎固定好,胜利完成了运输任务。

1974年3月16日,中远广州分公司"大安"轮自地中海回国途中,于9时50分在西沙群岛附近发现因燃油用尽而在海上漂流的台湾地区"金逸升"号渔船。"大安"轮抽取自己3吨半的燃油,为该船续航,于14时10分离开。这是中远船舶第一次救助台湾地区的渔船。

二、沿海航运的恢复和发展

(一)华东沿海的重点物资运输

1973年1月,上海市革委会、驻沪部队"支左"办公室决定撤出上海海运局"军宣队",结束军管。从此,华东沿海航运形势开始好转,各项重点物资的运输得以恢复和发展。

1.煤炭运输

上海沿海煤炭运输始于清代。上海解放后,沿海煤运主要由上海海运局承担。最初运量很小,"一五"期间,随着上海市对煤炭需求的上升,海上煤运量稳步增长。1958年大炼钢铁,上海海运局煤运量骤增。20世纪60年代初,因缩短基本建设战线,压缩重工业生产,上海海运局煤运量锐减,煤运量占总运量的比重也大幅下降。1961年至1974年的10余年间,煤运量始终徘徊在600万吨左右。1975年,国内煤炭生产增长速度加快,上海海运局当年完成煤运量1014万吨,较上年增长22%以上。为适应海上煤运的发展,上海海运局在20世纪70年代内成批新建煤炭或煤矿专用船,相继淘汰一批20世纪五六十年代使用的设备陈旧、耗能高的蒸汽机船,逐步建成了实力雄厚的海上煤运船队。各城市与上海间的煤运航线相继恢复发展和建立。

秦皇岛至上海运煤航线一直为上海海上煤运的主要航线。1973年,上海地区煤炭库存急降,海上煤运任务趋于繁重。航行秦皇岛至上海航线的"长风""安源"等12艘煤船,克服恶劣天气及船舶设备问题带来的困难,10天内抢运煤炭11.5万吨。是年,上海海运局行驶该航线的货船共运煤341万吨,几乎比1972年运量翻了一番。20世纪70年代后期,随着国内煤炭生产的迅速增长,秦申线煤运量持续上升。

20世纪50年代,大连至上海煤炭运输在上海海上煤运中一度占有较大比重。20世纪60年代初,由于煤炭调拨贯彻"区内平衡,就近供应"原则,连申线煤运量被削减,一度几近停运。1967—1977年,又一度恢复东北煤对上海的调运,期间连申线年运量不足80万吨。1974年,由于华东铁路干线运输受阻,部分大同、开滦煤绕道至大连港装船转运上海。1978年,连申线煤运量又大幅减至4000余吨,且此后基本中止了东北煤的下海南运。

青岛港自"一五"期间开始向上海输出煤炭。20世纪60—70年代,青申线煤运量持续上升。1964年10月,上海海运局"和平27"轮实施青申线煤炭快速运输,以加快船舶周转,提高运输效率。1966年后,青岛港在原有设施基础上,以两年时间建成长160米的万吨级煤炭专用码头,年通过能力达450万吨。1973年春,上海地区煤炭库存紧张,"战斗24""战斗36""战斗37""战斗39"等航行青申线货船,尽力多装快跑,月均运煤3—4次。1977年,上海海运局再度在青申线试行煤炭快速运输,并调派他线运力抢运青岛港存煤。

2. 石油运输

沿海石油运输分为原油运输和成品油运输。解放前和解放初,沿海石油运输规模小,运量有限。20世纪60年代后,随着中国石油、化工工业的快速发展,沿海石油运输规模日益扩大,运量逐年增长。1977年,沿海石油运量达1806.5万吨,其中尤以原油运输发展为快。由于从大庆、华北、胜利等油田发往沿(长)江沿海各石化企业的原油铁(路)水(路)联运的办法,即由产地陆运至临近海港,再由油轮接运至炼油厂,促使沿海原油运量大幅上升。上海海运局原油年运量从1965年的118.8万吨增至1975年的1254.7万吨,10年增长近10倍。

由于原油属易燃易爆危险品,因而运输专业化程度高,安全防范要求十分严格,且油轮管理也较复杂。上海解放后,海上油运基本上由上海海运局经营。上海海运局先是组织了油运船队,后又成立了专业化的石油运输公司,专事海上油运。为了适应油运业务的快速发展,仅1969年前后一年多时间里,先后购入1.5万吨级油轮8艘;1970年后又批量建造大型油轮,5年间建成1.5万—2.4万吨级油轮20艘,35万多载重吨,逐步形成一支势力雄厚的海上石油运输船队。1971—1978年,上海海运局石油运量占货运总量的比重一直稳居40%以上,1974年达50.31%,为期间最高。

沿海油运的发展促使油运航线纷纷开辟。20世纪50年代初,大连港已有原油输往上海地区。1965—1973年,大连港寺儿沟油区几经扩建和改造,原油吞吐能力有了较大增长,连申线原油海运量随之上升。1976年4月,大庆—铁岭—大连输油管建成使用,原先由铁路运至大连的大庆原油,改经管道直输大连鲇鱼湾油港码头,于此装船海运,主要供华南地区炼油厂或运销国外,也有少部分由上海海运局油轮载往上海和华东地区。

20世纪60年代中期,随着长江沿岸5大炼油厂的相继建成和投产,南京港逐步成为原油水运的重要枢纽。1965—1976年的10余年间,从大连、秦皇岛、青岛等北方港口,采用江海联运、海船进江的方法运往南京,再由南京中转出去的原油逐年增长。后由于鲁宁输油管道建成通油,北方原油海运进江运量随之下降。尽管如此,受油源不足、油种不同等因素影响,沿江各炼油厂仍需油轮从北方各港海运原油进江补给。

秦皇岛—上海原油运输线辟于1973年。是年9月,大庆—铁岭—秦皇岛输油管道建成通油;10月6日,上海海运局"大庆26"轮满载大庆原油从秦皇岛首航秦申原油航线。1974年第一季度,为解决上海炼油厂、华东电业管理局等用油单位原油告急,"大庆16""大庆17""大庆27""大庆29""大庆30"等油船争相投入运输条件较差的秦申线,有力支援了上海和华东地区的经济建设。是年,上海石化总厂陈山原油码头竣工,上海海运局油轮船队积极组织试航陈山码头,克服了复杂的水文条件,圆满完成试航任务。1975年7月,"大庆29"轮载油由秦皇岛港驶抵金山,首靠陈山码头一次成功。大庆原油开始由海路运往上海石化总厂。

沿海成品油运输要早于原油运输。20世纪50年代,沿海成品油运输主要是由上海海运局承运从上海、大连炼油厂发往各地的石油产品及部分国外进口油。经逐渐发展,至1962年,上海海运局担负沿海成品油运输的中、小型油轮共有12艘。1965年,经中国石油公司与交通部水运局研究,于沿海和长江选择部分收发石油港口,试行由大连港直接发运散装石油定点运输。该年4月,由发货单位中国石油公司沈阳采购站,承运单位上海轮船公司(即上海海运局),以及各收货单位共同签订了《水运石油产品定点运输协议》,实行定发货单位、定收货单位、定油轮、定品种、规格、数量、定发运、到达时间的"五定"运输。20世纪70—80年代,上海海运局先后批量建造了3000吨级"胜利"型成品油轮11艘(包括购买3艘)和5000吨级"建设"型成品油轮12艘,促进了成品油运输的发展。这一时期,沿海成品油运输的装货港以大连、上海及新建成的金山、镇海石化总厂为主,卸货港则遍及沿(长)江沿海的许多港口。担负成品油运输的油轮,基本能做到哪里需要就把油运到哪里。

3.百杂货运输

上海开埠后,现代轮运业迅速崛起,所运各类商货,既有上海和各地所产之土货、日用百货,也有从上海和其他港埠转口的洋货。20世纪50年代前期,沿海百杂货运输线主要有上海—大连、上海—天津、上海—烟台、上海—青岛、上海—宁波等。上海和这些港口互运百货、土产。"一五"计划实施后,随着国家经济建设的发展和人民生活水平的提高,沿海百杂货运输量逐年增大,品种也日趋繁多。20世纪50年代中期,首先在上海—秦皇岛航线开展定班定线运输。20世纪50年代末,扩展到大连—上海和天津(塘沽)—上海航线。1959年10月,交通部召开路、港、航"一条龙"运输大协作会议,后首先在申秦线组织施行。

1965年,上海—大连百杂货"一条龙"运输线开始成型。该线针对当时东北地区和上海的货物交流能够经常保持稳定的特点,选择从上海港起运,经大连港换装去东北三省的百杂货,组成水陆联运"一条龙",坚持"四定",即定船、定泊位、定船期、定装载量。由于该线装货起运在上海港第三装卸作业区,承运船舶为"和平6"轮,到大连港在第九装卸作业区卸货,因此于1967年定名该线为申连"三、六、九"联合运输线。经过多年实践,"三、六、九"线不仅可有效缩短运输期限,同时节省大量商品流转费用。至1977年,该线已连续13年圆满完成商品调运任务,节约商品运输费用2700多万元,节约短途运输、装卸、储存等费用近百万元。另由于缩短商品转运期而节约银行信贷利息达600余万元。

在学习"三、六、九"航线经验的基础上,北方沿海航区在20世纪70—80年代还重点发展了上海—天津(塘沽)的"三、三"①百杂货一条龙运输线和上海—青岛的"三、七、二"②百杂货一条龙运输线;南方沿海航区则发展了上海—温州、上海—福州、上海—厦门等百杂货一条龙运输线。

(二)南北航线贯通

南北航线即中国南方港口至北方港口的航线。新中国成立后,由于美国和国民党当局对台湾海峡实行军事封锁,遂造成南北航路不能贯通。20世纪60年代中期,中国对外贸易海运物资80%以上由华北港口进出,而中国自营远洋船舶则有70%集中于华南,南北分割严重影响了中国对外贸易的发展。为改善这一局面,国家有关部门曾采取过一些临时措施,如租用外籍船舶行驶南北航线等,但终究只是权宜之计,贯通南北航线才是根本办法。1966年,党中央和国务院分析了当时的国际形势和美国对中国的态度,认为开辟南北航线不仅需要,而且时机成熟。

1.中远南北航线

1966年3月,交通部向国务院呈送了《关于中国自营轮船开辟南北航线的请示报告》,提出绕航台湾以东的办法。5月17日,周总理批准了该报告,并要求交通部尽快拟定试航方案。5月28日,交通部责成远洋局"立即进行国轮开辟南北航线准备工作"。远洋局把任务交给中远广州、上海分公司。

---

① 定装货港:上海港三区,定船:"和平3"轮。
② 定装货港:上海港三区,定船:"和平7"轮,定卸货港:青岛港二区。

经国务院批准,中远广州分公司"黎明"轮率先北上。为确保首航成功,交通部专门成立了试航领导小组,中国人民解放军总参谋部、海军南海舰队和兄弟航运单位派出40名各种人员上船协助工作。中国人民解放军有关部队进入战备状态,积极支援配合"黎明"轮的行动。为确保万无一失,"黎明"轮配备了4名船长。

经过近两年的准备,一切就绪。1968年4月25日,"黎明"轮装载11000吨糖从湛江港起航,沿南海西部、南部边缘,出巴拉巴克海峡,越苏禄海,经菲律宾棉兰老岛北端入太平洋,再向东北航至东经138°折向日本沿海,过大隅海峡,进入东海,航程4533海里,于5月8日抵达青岛。6月2日"黎明"轮离开青岛港原路返航,于6月14日抵达湛江港。新中国成立后中国自营船舶南北航线首次航行成功。

"黎明"轮成功开辟南北航线后,国务院指示再选择两条船试航。按照指示,1968年9月22日,中远广州分公司"九江"轮载货11500余吨由湛江港北上,航行12天,于10月4日抵达上海港。11月2日,"九江"轮由上海港起航南下,经菲律宾苏禄海、新加坡驶往欧洲。同年10月11日,中远上海分公司"红旗"轮载货8353吨由上海港南下试航,沿"黎明"轮、"九江"轮开辟的航线,绕经日本大隅海峡,台湾以东600海里的菲律宾苏立高和巴拉巴克海峡,按预定航线停靠亚、欧、非7个国家7个港口。1969年2月20日,"红旗"轮载货13138吨返抵上海港,共历时133天,航程33294海里。经过"黎明""九江""红旗"3轮往返5个航次的试航,证明这条航线是可行的。10月22日,周恩来总理批准了正式开辟南北海上航线。

南北航线的贯通,打破了敌对势力对中国华南沿海20多年的封锁,促进了南北物资交流;同时,锻炼和考验了中国年轻的远洋船队和船员,充分发挥了远洋船舶的作用,对完成外贸和援外任务,更好地发展远洋运输事业,具有重要的战略意义。

自中国远洋船舶开辟南北海上航线以来,到1972年,已有63艘远洋船舶318次航行南北航线。但是,该航线绕行过远,且穿越台风海域,不利航行安全。为使南北航线更加畅通、安全,1973年5月,交通部向国务院报送了《修改我国远洋船舶南北海上航线的新方案》,很快得到批准。当年11月,"祁门"轮即进行了南北海上新航线的试航,该轮从青岛港起航南下,经冲绳岛、台湾岛东部、菲律宾北部巴布延海峡和南海,抵新加坡,航程2830海里,新航线试航成功。随后,国务院批准,凡行驶于我国南北海上航线的远洋船舶,均可航行该新航线。

1974年1月,中远总公司下发通知,要求自当年6月30日起,执行新航线及调度指挥和通信联络的规定,并介绍了所经航区的岛、礁、观测、通信、气象等情况,以及注意事项。新航线比20世纪60年代末开辟的南北海上航线缩短了800多海里,减少了航行时间,节约了燃油,保证了航行安全,进一步提高了运输效率。

2.广州海运局南北航线

中远货轮开辟的南北海上航线,主要承担外贸物资的运输。20世纪60年代后期至70年代初,沿海南北运输还是主要依靠租用外轮。随着我国工农业生产的发展和对香港贸易的增长,我国南北沿海各地之间货物流量急剧上升。仅矿砂北上,北煤南运,成品油南下及北方到香港物资等年运量已达数百万吨。继续租用外轮,不仅需要耗费大量外汇,而且不能适应国民经济发展的形势。以国轮代外轮航行南北沿海航线,输运国内物资,势在必行。

1972年中美上海联合公报发表后,为开辟南北沿海航线提供了极为有利的条件。同年5月,广州海运局即根据上级指示,开始酝酿南北航线试航工作,并参照1968年中远广州分公司"黎明"轮首航路线拟出新方案。该方案由八所港出发,向东经菲律宾属圣地亚哥角、佛提岛航门,入锡布延海,再经提卡俄航门,出圣柏那提诺海峡进入太平洋,绕过台湾和琉球群岛,折入大隅海峡,然后航达我国北方港口,航程3370海里,比"黎明"轮航线缩短1163海里。10月22日,广州海运局"五指山"轮载9011吨矿石从八所港起航。第二天遇强风大浪,又恰逢台湾当局军舰驶向南沙群岛,根据当时情况,交通部立即指示绕道航行。在绕航过程中,风浪一直很大,主机又出现故障,船体摇摆剧烈,大多数船员呕吐不止。为了保证船舶安全航行,海员们振作精神与风浪搏斗,坚守岗位,抢修主机,加固被风浪打坏打散的甲板设备。11月7日,"五指山"轮胜利抵达大连港,海上实际航程3185海里,圆满完成了任务。

1973年,南北航线运输全面铺开。经过一年多的航行实践,已基本熟悉了该航线各航区的情况,初步形成了一条正常的运输生产航线,并显示出较高的经济效益。至该年底,广州海运局有3艘1.55万吨级货船投入南北航线营运,完成22个单航次,年货运量达182418万吨,上缴利润达171.9万元。若以租外轮的租价计,为国家节约外汇36.5万英镑。是年,为进一步研究该航线的经济价值,交通部组织有关单位在广州、天津、北京、上海、大连等9个省市的有关港口和主要货物单位进行了经济调查,进一步论证了南北航线货源充足,经济效益高,对我国经济建设具有重要意义。

1973年11月,中远"祁门"轮试航南北新航线成功。1974年4月,广州海运局以"祁门轮"航线为基础,设计出第二条南北航线的方案。同年7月2日,广州海运局"阳明山"轮载磷矿9200吨由湛江港起航,沿着预先设计的新航线,出广州湾,经菲律宾吕宋岛北部的巴布延海峡进入太平洋,再经日属冲绳岛的久米岛西侧入东海,直驶长江口花鸟山,于9日抵达青岛港,航程1985海里。这条新的南北航线缩短航程1200海里,每航次可减少3天半的航行时间,节约燃油80吨。随后,该航线被列为广州海运局正常经营的航线之一。

广州海运局在南北航线的营运迅速发展,由1972年的1艘船1个航次,发展到1976年的十几艘船,203个航次;完成货运量从1972年的0.9万吨增加到1976年的273.3万吨,占总货运量的比重从0.26%上升为43.27%。南北航线的通航也促进了广州海运局自身建设的发展,1976年全局拥有船舶84艘,逐步成长为一个大型的海运企业。

1976年,广州海运局龚鎏船长在抗台实践中摸索出一种新的抛锚操作方法,把双锚大致同时抛下,锚链松出长度为90%,左右链长相等,他把这种方法称之为"一点锚"。此操作方法在广州海运船长中推广,收到很好的效果,为广州海运局船舶抗击台风避免事故做出了重要贡献。

(三)援越运输中的英雄船员

20世纪60年代初,美国派军队介入越南战争,把战火烧到北部湾海域及越南北方各港口。为支援越南人民的抗美救国斗争,中国决定向越南民主共和国提供无偿援助。承担援越运输任务的广大海员不怕牺牲,机智勇敢地同美国飞机、军舰、水雷进行周旋,一次又一次粉碎海上封锁,给越南人民送去亟需的物资,展示了高尚的国际主义精神。

1966年,我国援助越南民主共和国一批149型快速小型货轮。8月28日午夜,"1018号"和"1019号"两艘货轮在从北海港至越南海防港的送船途中,于姑苏岛与下梅岛附件海面遭遇美机轰炸。"1018号"轮果断对空射击自卫,并采取了机动航行。英勇战斗两个半小时,终因连中3枚火箭弹,不幸沉没。政委陈永尚,轮机长李嗣廉,大管轮伍钦,二管轮黎达才,护航战士曹志荣、蔡锦堂、熊耀章及越南引航员共8人牺牲。身负重伤的船长黄不三和其余11名船员落水后游上一座荒岛,获救后返回祖国。"1019号"轮船体被炸穿200多个洞,船员们一遍避弹一遍堵漏,终于摆脱敌机,将船送到目的港。

为表彰"1018号"轮的英雄壮举,交通部与广东省人民委员会授予其"南海英雄船"的光荣称号,并保留该船建制,将一艘800吨级新船命名为"1018号",继续承担援越运输。参加命名庆功大会的英雄船员们有黄伟超、王星、许均瑞、梁保华、黄灼恩、林荣、谢瑞余、黄不三、黄大瑶、陈大瑛。1976年，广州海运局又以一艘3000吨级的新船袭用这一船名。越南民主共和国政府于1967年5月授予"1018号"轮船员三级军工勋章和奖章。

三、内河航运生产的恢复和发展

（一）长江

1.力排干扰，坚持运输生产

"文化大革命"动乱使长江干线航运生产形势逐步恶化，连续3年亏损，"重灾区"连续亏损达4年，海损和货差货损事故频发。面对如此严峻的形势，全线广大干部和职工，积极排除干扰，坚持运输生产。

1970年7月10日至16日，长江航运公司革委会召开了贯彻《鞍钢宪法》经验交流会。会议按照《鞍钢宪法》精神，进一步发动群众，实行"两参一改三结合"（即干部参加劳动，工人参加管理，改革不合理的规章制度，领导干部、技术人员和工人群众三结合），开展技术革新和技术革命。会上交流了一些单位艰苦奋斗、坚持生产、开展技术革新的经验，对促进生产发展起了重要作用。1970年，主要生产指标接近或超过1966年水平。货运量完成了2015.6万吨，船舶效率达到了103%，港口吞吐量超过了1968年的0.7%，全线实现了扭亏为盈，利税达到1253万元。

1971年，随着整个国民经济的好转，长江航运公司党委着手狠抓安全生产，建立与健全安全生产规章制度，总结与推广安全航行的经验，号召全线职工把安全生产放在心上。首先，颁布了南京、武汉、枝城长江大桥的安全管理规定和安全措施，对通过大桥的客班轮、货轮和船队，要服从航监部门的指挥，确保大桥安全。其次，组织由各分公司、船管部和航政局参加的"三结合"船舶规章制度整改小组，修改和拟订了《长江船员职务规则》《轮、驳分工协作负责制》等14项船舶安全规章制度，并组织各轮驳船员认真学习，坚持推行。其三，总结和推广安全生产先进经验，其中有安全航行577000多公里、13年无重大海损和机务事故的芜湖分公司"长江728"轮；有以大庆人"三老四严"为榜样，安全航行12年的南京市水上运输公司"长征3号"轮；有安全航行306500公里、机器运转3万多小时，未出过海损、机务、货损事故的上海分公司"东方红402"轮；有战胜川江天险、探索航行规律，安全航行18万公里的重庆分公司"长江2007"轮；有25年安全渡运100多万人次、4000多吨支农物资的渡船"宜昌"号；最突出的是"东方红2"轮，安全航行100万公里，受到了交通部的表彰。

1973年8月14日，长江航运公司党委召开了全线安全生产紧急会议，进一步狠抓安全生产。"四五"期间，干线运输船舶重大海损事故逐年下降，运输生产基本上呈上升趋势，起伏幅度很小，发展势头良好。

2.发展成组运输和集装箱运输

成组运输是专线的组成部分，自1965年武汉港和马鞍山港开办至上海生铁成组运输后，1966年，全线完成成组运量78.1万吨。由于"文化大革命"的干扰，成组运量一度下降到20万吨左右。1972年，随着运输秩序的整顿，生产形势的好转，成组运输又有了新的发展，上半年即完成成组运量35万吨。武汉港重件货物基本实现了成组装卸，杂货的成组达40%。南京港上半年成组装卸量达78%。继武汉港、马鞍山至上海生铁成组线外，先后建立了南京—上海杂货、镇江—上海白云石、武汉—上海杂货、重庆—上海钢材、宜昌—武汉木材、上海—安庆水泥等成组运输专线33条。从成组装卸到成组运输，从单一形式发展到多种形式。成组货种，由原来的钢材、木材、水泥发展到化肥、纯碱、杂货等，成组运输量比重发展到50%以上。凡是实行成组运输专线的货种和港口，均尽力做到"三定"（定货、定船、定港），从而保证了成组运输的稳定发展。

1972年11月8日,长江航运公司制定了《长江成组运输管理办法》,对成组运输的组织领导、计划管理、工具交接、维修保养等问题作了具体规定。

在发展成组运输的同时,干线还开始了集装箱运输。1973年,南京至南通航线开始以老式的铁路集装箱进行试运。1976年4月10日,长江第一条集装箱航线——汉沙航线开始试营运。

成组运输和集装箱运输,是继专线、一条龙运输组织的重大改革,经过不断地改进和改善,对提高装卸效率和保证运量,起到很重要的作用。

3. 综合运输保专线

"文化大革命"开始后,由于运输生产和社会生产等均受到不同程度的冲击,货物到港不均衡,运力无法保证,装卸不及时,干线不少专线运输名存实亡。1972年结合整顿企业,为继续发展专线运输,认真总结了各种运输组织的经验和教训,结合长江航运的特点,制定了以专线为骨干的综合运输方案。这个方案,围绕专线运输这个中心,将船舶、港口、航道、通信、船厂、供应等方面,以及职能部门的工作纳入方案,通过简要文字和图表显示出来,使每个环节,任务明确,分工具体。综合运输方案,通过南京港实践,证明是提高运输生产的有力措施。

1973年11月1日,长航党委决定,推行以专线为骨干的综合运输方案(简称综合运输方案)。为顺利推行这个方案,长江航运公司党委组织了两个工作组,分赴长江上游和下游,工作组先后整顿了29条专线。各分公司和上海分公司芜湖办事处等单位逐线、逐船、逐港抓纳线、抓周期、抓均载、抓均衡生产、抓驳队组成。船员们的积极性也很高涨。南京港浦口至上海的煤运专线,占南京港整个任务的1/3以上,港调千方百计保专线,按时发船,按时到船,正点率达95%~100%;"长江2801"轮因途中参加施救,误点到港,在港只停了3小时,即纳入专线运行;南京至长岭原油专线,"长江2037"轮返宁途中,船上的蔬菜食用殆尽,只有一个冬瓜,船员们熬汤当菜,确保专线正点运行。

4. 组织大件运输

在20世纪70年代中期,国家从日本、意大利、美国、法国、波兰等国引进大型化肥、化纤、轧钢等成套设备。这批大型设备,最重件达348.7吨,最长件有57.6米,是运输上的"超限物资"。长江航运公司担负这批设备的水上转运任务,仅四川化工厂和泸天化经长江的进口超限设备有64台,其中每件在300吨以上的3件,100吨以上的5件,100吨以下的56件。因受长江起重和运输能力所限,外商曾要求分割运输。这样,不但影响大型设备的质量,而且还要付出分割和合拢的费用,每件要付出150万美元。为了"完整无损"地把大件送到目的地,长江航运公司经研究,采用加强甲板驳负载能力和一船装载、分段牵引的办法,最终顺利完成运输任务,为国家经济建设又作出了突出贡献。

长江航运公司和四川省为确保这批重点物资的运输,分别成立了大件运输领导小组,统一组织指挥,协调各个运输环节。1974年7月13日,运载乐山四川化工厂的第一批大件,由"长江2040"轮以梭形船队,顶推三驳(两艘1000吨级驳船),由上海起航,经过9天航行,于21日安全抵达宜昌港。早已在宜昌待命的"长江4004"轮,立即接顶两艘1000吨级甲板驳,开往重庆;另一艘1500吨级驳船,由长江拖轮送至重庆港九龙坡转车。这3艘驳船装运的第一批大件均于7月27日及时安全地运送到重庆。大件运输船队安全抵达山城后,在重庆港又改换浅水拖轮,向上游继续前进,其中两艘1000吨级驳船,一艘由重庆轮船公司换拖乐山,另一艘由重庆港"长江1011"轮送至泸州,再交重庆轮船公司续运乐山。

第一批大件运输的胜利完成,为后继的大件运输积累了经验。长江航运公司在海运、铁路、公路和各省内河航运的通力合作下,先后完成了云南安边、贵州赤水、四川乐山和泸州、湖南岳阳、湖北枝江、安徽安庆、江苏栖霞等地的炼油厂和化工厂,以及武汉1.7薄板厂和长寿维尼纶厂的大型成套设备运输任务,计20万吨左右。

5.保证支农物资的运输

1974年10月,长江航运公司调整和改进运输组织,把支农运输放在首位;根据支农物资量小、分散、运距短、季节性强的特点,制定了"优先承运,优先装卸,简化手续,降低运价"等一系列服务农业、方便农业的制度;开辟了支农运输专线,增设小港小站;建造一批适应短途运输、方便农民的小型客货轮和自航驳。长江航运公司一方面把农业所需的化肥、农药、种子、农机、耕牛、鱼苗、日用百货等,及时运到长江沿岸广大农村,一方面把农副产品和土特产品源源不断运到沿江城市,有的远销海外。在支农运输中,"东方红302""人民29""东方红219"轮以及高港、武汉港汉口作业区等船舶和港口表现突出,其中"东方红219"轮尤为显著。

"东方红219"轮为小型客货轮,从1968年以来一直坚持为农业服务的方向,实行"三不计""三优先"和"四愿意"制度。在支农运输上,不计较运距长短,不计较轻、泡、重、大,不计较装卸难易。对支农物资做到优先安排,优先装船,优先留舱位。在支农港点上,船要开有人来,愿意多等一下;船刚开有人赶船,愿意转回头接;船不靠的地方,愿意专程送;装卸来不及,船员参加搬运。每航次沿途停靠70多个小站小点,从船长到船员,48人没有一个人嫌麻烦,受到广大社员的称赞。

6.客运能力增长

从"文化大革命"初期的"大串连"开始,长江客流量猛增。上海港1965年进港人数为17.87万人,而到1970年增至32.02万人,增长79%。为缓解客运紧张局面,长江航运公司委托上海船厂、上海船舶研究所进行调查研究,吸取已有船舶的优点,设计并制造5艘航行上海至汉口大型客班轮(计划共建20艘),以逐步取代航行在汉申线的老旧船。上海船厂建造的第一艘新型大型客班轮"东方红11号",总长112.8米,载客1180人,载货450吨,造型美观,乘坐舒适,受到广大旅客的欢迎。从1970年至1976年,长江干线共增加客货轮41艘,计9305客位。1975年载客位比1965年提高29.1%,完成客运量提高67.39%。

7.干线石油运输迅速发展

随着长江沿岸5大炼油厂的相继建成和投产,长江干线石油运输迅速发展。1966年3月26日,"建设17"海轮载原油10889吨抵达南京,第一次行驶大连至南京的江海直达航线,为发展江海直达运输开辟了广阔的前景。1966年11月10日,由长江船舶设计院设计,民生船厂建造的"建华801"油轮改名为"大庆401"轮,投入川江航线油类运输。接着"建华802"油轮投产。两艘姊妹船为我国自行设计和制造油轮打开了新路,对缓解川江航线油类运输紧张局面起到积极作用。1971年3月8日,长航船管部"长江2030"轮与3艘3000吨级油驳组成原油船队,从南京原油中转区装载原油8000吨,首航宁(南京)临(长岭)原油专线,于3月21日安全抵达炼油厂码头。"长江2030"轮船队首航长岭的成功,为长江大型原油船队专线运输积累了经验,为长岭炼油厂的发展创造了条件,并节约了运费。继"长江2030"轮船队之后,先后投入12艘拖轮,48艘油驳,参加这条专线运输。

20世纪60年代后期,长江航运公司利用长江已有造船能力,建造油运专用船舶,同时向国内和国外有关厂家订造一批适合长江航行的油轮和油驳。国内新建油船,由长江船舶设计院设计,国内有关造船厂家建造。1976年10月,长航公司按照交通部的通知,在罗马尼亚订造6艘5000吨级江海油轮,分别命名为"大庆412""大庆413""大庆414""大庆415""大庆416""大庆417"。

1976年,长江拥有油轮12艘,31000吨;油拖轮16艘,40560马力;各种油驳161艘,285835吨。1976年完成的石油运量达458.5万吨,比1966年增加了6.8倍,为1950年的305.7倍。油运在长江航运运量中的比重,由1966年的2.7%,上升到1976年的18%。

(二)珠江

1972年,珠江航运企业开始对"文化大革命"所造成的混乱局面采取措施进行整改。根据全国计划工作会议提出的管理七项制度和七项考核指标，企业首先恢复了生产管理机构和生产调度指挥系统，加强企业核算，建立了专业与群众相结合，以专业为主的企业经济活动，建立经济核算制度和岗位责任制。另外，重点抓好职工和船员考勤和岗位责任制，使航运生产形势逐步好转。

1. 广东方面

1972年6月，广东航运局召开计划工作会议，围绕如何扭转国有企业自1966年以来运输一直下降问题，进行了广泛讨论，提出了1973年广东国营内河货运量突破800万吨的奋斗目标。为了实现这一目标，全省国有航运企业发动职工开展了"比、学、赶、帮、超"运动和"找差距、揭矛盾、挖潜力、促转化"活动。大家踊跃参与，献计献策。广大船员发挥积极性，坚持走经济航线，并开展夜航。广东省内河局一船队三中队的12对"前进—粤江"顶推船组长期担负广州至六都铁矿运输，在保证安全的前提下，由"前进134"船组带头，坚持夜航广州通往西江的经济航线——东平水道，把过去平均每航次3.8天缩短为2.8天，加速了船舶周转，提高运输效率20%—25%。在全省航运职工共同努力下，1973年内河货运量超额完成800万吨的目标，实际达817万吨，货运周转量达137730万吨公里。

1975年，邓小平主持中央日常工作期间，开始纠正"文化大革命"错误，进行全面整顿。广东省根据中央精神，也展开了整顿。航运部门从整顿各级领导班子入手，改进企业管理，企业面貌又有新的变化。这一年上半年全省发生严重干旱，不少航线河枯水浅，加之各地拦江堵坝，航行条件极其困难。航运职工、社员用扒砂抬船、人拉肩扛、减载航行等办法，千方百计保支农、救灾的重点物资运输。当年全省内河共完成货运量5508万吨，货运周转量381556万吨公里，分别比1966年增长40.5%和41.7%。其中社营水运企业完成4542万吨，货运周转量223702万吨公里，分别比1966年增长41.7%和56%。工业原料和燃料运量大大超过1966年的水平，其中煤炭运量比1966年增长1.1倍，石油增长2.04倍，金属矿石增长6.36倍，矿建材料增长41.16%。①

客运方面，1966年至1976年，特别是1969年以后，广东省内河客运量一直保持上升趋势，主要来自珠江水系。与1966年相比，1976年客运量上升69.6%。客运量的不断上升主要有如下几个原因：先是"文化大革命"初期的红卫兵"大串联"，继而是"清理阶级队伍"专案机构派出大批人员外调，加之机关人员下放"五七干校"，知识青年"上山下乡"，以及各类人员探亲往返等。特别是节假日，客流集中，运力和运量的矛盾十分突出。为适应旅客增长的需要，广东自行设计建造了一批客货轮。1976年全省内河客货轮艘数与客位，比1966年分别增长了54.8%和99.73%。此外，广东客运还采取客货轮附拖驳船，船舱通道加临时座位，短途卧铺改座位，利用待航客货轮加班短线运输等各种措施，竭力满足广大旅客出行需要。广大船员克服困难，坚守岗位，坚持班轮开航，一心为旅客服务。一些中小港口在新建与扩建时也增加了为旅客服务设施的建设。客运部门职工在全心全意为旅客服务的思想基础上，开展"假如我是一个旅客"的活动，开展岗位练兵及客运服务红旗竞赛，使客运服务工作质量不断提高，受到旅客的赞誉。②

2. 广西方面

1968年底，广西武斗结束，水路运输秩序逐步走上正轨。从1969年开始，国家连续8年投资，用于内河水运船舶的购置和建造，以弥补被毁的船舶运力。至1976年底，广西国营内河航运拥有各类船舶689艘、99135吨、5566客位、50393马力，与"文化大革命"前的1965年相比分别增长30.98%、39.75%、76.08%、145%。新增船舶充分体现了更新换代和科技进步，以及适航性和拖带能力等要求。

到1969年底，全区累计完成客运量2448万人次，旅客周转量158155万人公里，货运量7516万吨，货

---

① 谭玉琦主编：《广东航运史》（现代部分），北京：人民交通出版社，1994年，第127—129页。赖定荣主编：《珠江航运史》，北京：人民交通出版社，1998年，第336—337页。

② 谭玉琦主编：《广东航运史》（现代部分），北京：人民交通出版社，1994年，第133—139页。

物周转量1454732万吨公里,扣除亏损后上缴净额利润3981万元。"四五"期间水路货运量平均每年以9.4%的速度增长,基本适应经济发展的需求。

梧州水运在广西一向占有重要地位。梧州航运分局经过1967—1969连续3年的运输生产衰退后,1970年完成货运量165万吨,基本恢复到1965年的水平。1972年10月,自治区在南宁召开运输生产紧急会议后,梧州航运分局迅速恢复各种合理的规章制度,管理工作日益健全。1973年,分局抽调一批业务人员到经济腹地的60多个货主单位,进行货源组织和经济运输路线策划工作,共组织了11条运输线,其中水运9条,水陆联运2条。这一时期梧州航运在船舶更新换代方面取得的成绩尤为显著。1972年3月,梧州航运分局将木质蒸汽拖轮全部更新为钢质内燃机拖轮。第一艘300客位的水泥壳客轮、第一艘300客位的钢质客轮、第一艘200客位的钢质客轮相继问世并投入营运。

南宁航运分局在"文化大革命"初期的动乱中运力丧失殆尽。1970年,生产开始出现转机,当年货运量为40.76万吨,基本恢复到1965年的水平。1972年货运量达60.65万吨;从1973年至1975年,年货运量均在50万吨左右;1976年达58.88万吨。至1976年,南宁航运分局拥有船舶166艘、1690客位、15175吨、9189马力。

柳州航运办事处原隶属梧州分局,1968年该办事处年客运量仅40500人,货运量2.66万吨。1969年以后,办事处运输生产开始回升。1971年12月1日,撤销柳州办事处,成立柳州航运分局。第二年,柳州航运分局将木质运输船淘汰完毕,所经营船舶基本换成钢质船舶。分局以经营柳梧线和柳长线的建筑材料及支农物资运输为主,1976年又开辟红水河新航线,运输煤炭,扩大了经营范围。1976年分局完成货运量308796吨,货物周转量93167065吨公里,拥有各类船舶126艘、1422客位、9565载重吨、7802马力。①

(三)黑龙江

"文化大革命"期间,黑龙江航运生产受到严重破坏,航运站管理混乱,水陆联运失控,木材、粮食等大宗货物运量大幅下滑,客货运连续10年亏损。"文化大革命"后期,黑龙江航运局果断采取了维护水运交通生产秩序的强力措施,广大航运职工以实际行动抵制冲击,水运形势逐步有所好转。而煤炭运量的大幅上升,成为"文化大革命"期间黑龙江水运生产的亮点。

1.维护水运交通秩序

"文化大革命"前期,黑龙江水运交通秩序遭到严重冲击,造反派借故滋事,扣押、打砸船舶,殴打、绑架船员。为了维护水路交通秩序,确保船舶和船员安全,黑龙江航运管理局曾多次向省革命委员会进行汇报。1974年8月2日,省革命委员会发布了《关于维护水路交通运输秩序的通告》,强调要保护水路交通运输,沿江各市、县专政机关和航运公安部门,对破坏水路交通运输的犯罪分子要给予坚决打击。

根据通告精神,黑龙江省航运公司革命委员会(由航运管理局改称)与各地公安机关加强了联系,对那些蓄意策划砸船、扣船和随意绑架、殴打船员的犯罪行为进行联合追查破案,依法惩处。同时向全航运系统各单位发出通知,要求广大航运职工要模范地贯彻"抓革命、促生产、促工作、促战备"的方针,遵守党和政府的各项政策法令,保证支农、支边、支工物资的运输,未经上级批准,不得随意中断和变更航线以及船舶停泊地点。这些措施的施行使黑龙江水运生产运输秩序有了明显好转。

2.煤炭运量大幅度增长

"文化大革命"期间,由于沙河子煤矿煤炭的大量开采,水运煤炭量有较大幅度增长。1966年出口煤炭仅1万吨,1967年激增至9万吨,1968年为10万吨。1970年以煤炭输出为主的沙河子港建成后,当年

---

①广西航运志编纂委员会:《广西航运志》,南宁:广西人民出版社,1994年,第149—150页。

出口煤炭15.4万吨。此后吞吐能力及生产规模逐年扩大,到1976年管理局直营煤炭运量达78.5万吨。煤炭运量的大幅增加,一定程度上弥补了大宗货物木材、粮食运量下滑造成的货源短缺。沙河子港煤炭运量能够逆势增长,一个重要原因是受到的冲击较小,损失较少,生产任务也就完成得较好。

(四) 闽江

"文化大革命"使福建内河运输也受到了严重干扰和冲击,货物运输量和周转量不断下滑,至1968年跌至谷底。"文化大革命"后期,随着工业生产的恢复和海运的发展,以闽江为主的福建内河运输和为海港集疏货物运输的任务逐渐增多,出现了平稳恢复的发展态势。

1.闽江航运公司扭亏为盈

闽江航运公司为福建最大的内河运输企业。1972年后,闽江航运公司采取各种措施,拓宽业务范围,降低河运成本,逐步走出低谷,实现扭亏为盈。

首先,闽江航运公司开拓货源,开展闽江河砂运输。1972年,公司尝试以3艘轮渡方舟代替驳船运砂,领导带领机关干部、船员自己动手装砂。当年共运闽江河砂54871吨,增加收入231017.78元。随后,公司大力建造拖驳船,扩大闽江河砂等矿物性建材运输量,为公司盈利奠定了基础。在开拓货源的同时,公司还根据实际情况开辟临时新航线,拓展营业地域范围。为了适应运输生产发展的需要,公司采取措施提升运力,比如增加拖排的长度以及推广拖驳运输等。公司还加强成本管理,节约支出,减员增效;加强技术管理,提高船舶营运率。

这些措施的实施,有效提高了公司的经济效益。全公司内河货运量、周转量分别由1971年的54.59万吨、5925.73万吨公里提升至1978年的94.19万吨、8952.68万吨公里,同比分别增长72.54%、51.08%。客运量、周转量分别由1971年的521.25万人次、12345.06万人公里提高到1978年的654.12万人次、15612.14万人公里,同比增长25.49%、26.49%。1971年福建内河运输亏损128.33万元,1972年亏损69.77万元,1973年实现转亏为盈,盈利17.26万元,1978年盈利75.34万元。公司的净利润与运输利润保持同步增长。

2.闽江拖驳运输迅速恢复

"文化大革命"后期,闽江矿物性建材、粮食、煤炭、木材、盐、化肥、农药等运输量不断增长,福州港集疏运任务日趋繁重,迫切要求内河增加运力,以缓解压力。当时,由于闽江水系航道状况不佳,无法满足深水轮船航行的需要,而发展拖驳船成为提高闽江内河运力的关键。

为此,闽江航运公司大力发展拖驳船运输。1972年至1978年,建造投产拖船6艘、1070马力,驳船34艘、2270吨位。驳船吨位占所有总载重吨位的比例由1971年的39%提升至1978年的58%。拖驳船的货运量、周转量由1971年的1.71万吨、83.95万吨公里猛增至1978年的22.92万吨、1808.23万吨公里,增幅分别达12.4倍和20.54倍。拖驳船货源广泛,主要有木材、矿物性建材、煤炭、水泥、粮食、食糖、盐、化肥、农药、日用工业品及农副产品等。

20世纪70年代,闽江源流的建溪、富屯溪、沙溪又进行了轮船运输的尝试,并开辟了福州至梅花镇的支农航线。

四、引航业务曲折发展

(一) 引航员队伍从波动到稳定

由于引航业务直接与外国船长、船员接触,因而更易受政治运动的影响。在1957年的"反右"运动中,大连港两名引航员先后被调离岗位,天津港亦有一名引航员被调离,广州港 1956 年分配来的 7 名大学生只留下一人继续学习引航。1964 年开始的"四清"运动中,广州港 20 余名老引航员大多离开工作岗位;大连港从 1964 年底起引航员上外轮工作必须双人登轮,以互相监督。

"文化大革命"运动更是给引航员队伍带来了全面影响,各港引航机构与港务局机构一样,都先后受到冲击,并被重新改组。老引航员还未退休的多被迫离职,新一代引航员被要求彻底改造思想。1968 年和 1969 年,大批港口业务技术骨干和管理人员被下放农村劳动,引航员也一样,尤其是领导干部和知识分子出身的引航员多被下放。各港留下来仍在工作的引航员人数锐减,大连港只剩下 8 人,广州港只留下 9 人,天津港最少时只有 7 人,上海港在引航第一线工作的也只有 20 人左右,仅为几个港口此前引航队伍的半数左右,引航员短缺的情况十分严重。在这种情况下,为了维持港口引航工作的正常进行,各港一边巩固已有的引航队伍,一边多方吸收新人学习引航,以使引航员队伍稳定下来。

首先,"文化大革命"前培养起来的工人出身的引航员被委以重任。20 世纪 60 年代初期,上海港就已经培养出了 9 名工农出身的引航员,成为该港引航队伍中一支不小的力量。其次,破格提拔青年引航员。上海港将 1965 年毕业分配来的青年引航员破格提升为甲级引航员,推上引航工作第一线。这些青年引航员当时的平均年龄还不到 25 岁,但他们很快成为引航业的一支生力军。其三,各港相继从复员转业军人、拖船工人、水手及其他渠道吸收了一批新人充实引航队伍。上海港从 1968 年到 1971 年底共补充了 40 多名引航员,1976 年和 1978 年又选拔了 20 多人学习引航员。大连港从 1970 年到 1975 年吸收了 9 人学习引航员,1977 年又选拔了 5 人学习引航员。天津港于 1973 年和 1974 年选拔了 15 人学习引航员。长江下游于 1974 年抽调 4 名驾驶员改为引航员,后又从企业办的"水上工人大学"中抽调了 10 余人,经短期培训充实引航队伍。

在此期间新加入引航队伍的学员,依靠师傅的指导和自己的艰苦学习,大多成长为合格的引航员,形成了引航员群体中的又一个梯队。[①]

(二)恢复和发展引航业务

"文化大革命"开始的当年,港口运输及引航业务还未受到明显的影响。1967 年底以后,政治运动的不断扩散和深入对港口引航工作带来了较大的冲击。大连港的引航业务急剧减少,1968 年只有 1270 艘次。秦皇岛、连云港、宁波、温州、汕头等中小港口引航业务也有所下降。

进入 20 世纪 70 年代,中国恢复了在联合国的合法席位,中日建交,中美关系得到改善。中国对外经贸交往日渐扩大,进出沿海各港的外籍船舶相应增多,推动了港口引航业的恢复和进一步发展。大连港 1972 年的引航量达到 2072 艘次,这是 20 世纪 60 年代以来引领数量首次突破 2000 艘次大关。引领的船舶吨位也增大了,平均每艘次达 4046.9 净吨,其中 200 米以上的超大型船舶 66 艘次。因此,该年大连港引领艘次虽不是历史最高水平(1957 年引领 2580 艘次),但港口吞吐量却创历史最高纪录,达到了 1916.9 万吨。1973 年,大连港开始对外出口原油,直接推动了港口吞吐量和引航业务的增长。当年引航数量达 2405 艘次,港口吞吐量达 2154 万吨。此后,该港吞吐量和引领艘次均逐年上升。沿海几个主要大港引航业务恢复发展的情况与大连港基本类似。

20 世纪六七十年代,特别是在 70 年代之前,由于各港航行条件有限,引航设备设施陈旧,加之引航队伍人手不足,在岗的引航员承担着相当大的责任和压力。在这样的形势下,他们坚守岗位,并努力探索引航技术的改进,尽量为港口、货主和航运公司排忧解难。有时安全条件无法满足,但为了不耽误船期,他们冒着极大的风险,凭着优良的引领技术完成了许多高难度作业。正是由于他们的兢兢业业,维持了

[①]徐万民、李恭忠主编:《中国引航史》,北京:人民交通出版社,2001 年,第 194—196 页。

港口的正常运作,为航运经济的复苏和发展贡献了力量。①

第四节 远洋船员教育继续开展

"文化大革命"对中国的航海事业造成了严重的破坏,但幸运的是,"文化大革命"初期国家即对远洋运输采取了许多重要的保护措施,从而保证了远洋运输生产没有中断。进入20世纪70年代,中国的经济和外交打开了新局面,国内经济形势也渐趋好转,为远洋运输的发展创造了条件。发展远洋事业需要大批专业人才,因而,远洋船员教育得以继续开展。

一、大连海运学院恢复招生培养远洋船员

1966年"文化大革命"开始后,大连海运学院很快受到冲击,主要领导干部遭到批斗,一些教师被送进"五七干校"或下放农村劳动,学生走出校门"大串联",学校被迫停课,招生中断。

经历"文化大革命"初期的动乱,1969年底,随着整党建党工作结束,大连海运学院瘫痪数年的正常工作开始逐步恢复。1970年初,大连海运学院受中远上海分公司和上海海运局委托举办"文化大革命"中首期远洋船员试点班,试点班为培训性质,设海洋船舶驾驶、轮机管理、船舶电工、船舶无线电通讯4个专业,从海军复员战士和有工作经历的水手、机工、电工和报务员中招收129名学员,学制半年。教师、干部从试点班看到了学校恢复正常工作的希望,有些教师为能重新回到课堂而激动落泪。当年,全国部分条件成熟的重点高等院校即恢复招生工作,大连海运学院虽因条件不成熟未入试点之列,但已开始恢复招生的准备工作。

1971年1月,大连海运学院受中远天津分公司委托,举办理货英语和远洋船员培训班。理货英语班招收71名学员,来自全国16个港口;远洋船员班招收199名学员,全部是解放军复员战士。学制均为1年。

在总结举办试点班、培训班经验教训的基础上,结合远洋运输的实际情况,大连海运学院制订了一年制海洋船舶驾驶、轮机管理和驾驶英语三类培训班的教育计划,随后,又制订了远洋船舶驾驶、轮机管理、船舶电工、无线电报务、无线电导航5个专业两年制普通班教育计划(试行方案)②,将培养远洋船舶驾驶员、轮机员、电机员、报务员及船舶导航雷达电气工程技术人员作为目标。

1972年,经教育部和辽宁省批准,大连海运学院正式恢复招生工作。当年5月,根据教育部和省、市委的有关招生规定,大连海运学院进行了"文化大革命"以来首次普通班招生,生源来自辽宁、广东、湖北、上海、天津五省市及解放军总政、沈阳军区所属部队。此次招生采取"自愿报名、群众推荐、领导批准、学校复审"的办法,共招收工农兵学员225名,其中企业和部队选送73名,地方招生152名。这批新生按计划分配到学校所设专业,其中海洋船舶驾驶91名,轮机管理24名,船舶电工30名,无线电报务50名,雷达导航30名。经历"文化大革命"的冲击,中国航海高等教育终于显露一丝曙光。9月,大连海运学院又根据远洋运输事业发展的需要,举办了船舶冷藏短训班,来自中远上海、广州、天津分公司和广州、上海海运局的40名学员参加了培训,为期4个月。

1973年7月,大连海运学院先后于辽宁、北京、上海、山东、湖南、内蒙古、河南、湖北等地及解放军部队招收工农兵学员591名(另有进修班58名),其中海洋船舶驾驶256名,轮机管理170名,船舶电工70名,无线电报务65名,通信导航30名。9月1日,中远总公司委托举办的船舶电工培训班开学,对51名

---

① 徐万民,李恭忠主编:《中国引航史》,北京:人民交通出版社,2001年,第199—201页。
② 该计划在1972年招生后增加预科半年,以补习中学数学、物理和化学等基础知识。

学员进行为期一年的培训。

1974年9月,来自全国14个省、市、自治区的527名工农兵学员入学(另有进修班52名),其中船舶驾驶256名,轮机管理198名,船舶电工57名,船舶无线电导航16名。

1975年1月,1972级工农兵学员应届毕业,分配到中远各分公司等企事业单位,解放军学员返回部队。这是恢复招生以来首批工农兵学员走上工作岗位。7月,招收工农兵学员607名,其中海洋船舶驾驶280名,轮机管理218名,船舶电工75名,船舶无线导航34名。当年,学校恢复了留学生教育。根据教育部统一分配,招收坦桑尼亚留学生20名。

1976年1月,1973级工农兵学员应届毕业,按计划分配至中远各分公司、各海运局及其他港航企业单位。4月11日,为中远公司举办的远洋船员培训班开学。来自中远广州、上海、天津分公司的解放军复员战士680人参加了为期4个月的培训,其中船舶海洋驾驶和船舶电工各240名,轮机管理200名。当年招收工农兵学员700名,其中海洋船舶驾驶300名,轮机管理240名,船舶电工100名,船舶无线导航30名,船舶自动化30名。

从1970年,大连海运学院通过举办试点班、培训班以及恢复招生以来招收工农兵学员,为中国远洋运输事业培养了大批人才,为推动中国远洋运输事业的发展做出了巨大贡献。

1972年后,由于海洋运输船队急待扩大,对船员特别是干部船员的需求日增,上海海运学院海洋运输类专业陆续恢复①,也开始了远洋船员的培养工作。"文化大革命"结束后,上海海运学院得到了较快的发展,逐步建设6个系,1个基础部,10个专业。

二、中远公司在职培训与院校教育并举

中远总公司重组后,随着远洋船队迅猛发展,船员需求迅速增加。为了更好地适应远洋运输事业的发展,中远需要有自己的远洋船员教育培训体系。20世纪70年代后,中远的教育工作,从单纯的在职培训逐步过渡到在职培训与院校教育并举,形成了有中远特点的、分布较合理的教育培训体系。

(一)船员培训

20世纪70年代初期,发展远洋航业最突出的问题是船员严重不足,尤其是技术业务干部船员十分短缺。每当接收新船配备船员班子时,不得不从在航的船舶上抽调船员,致使许多船舶上的船员调动频繁。减少在航船舶的技术业务干部,又造成新的缺员,而且被抽调的船员又难以较快适应新船的技术要求,这对航行安全极其不利。因此,迅速培养出一批具备多种专业技能的远洋船员迫在眉睫。

1972年11月交通部召开了远洋工作会议,会上交通部领导提出,必须大力加强船员培训工作,建设一支又红又专的船员队伍。并在下发的《关于加强远洋船员培训工作的几点意见》中明确:发展船员队伍必须以自力更生为主,争取外援为辅;在培训工作中,以在职培训和在船培训为主,普遍提高打基础,重点培养提职。要求每年平均在2—3艘船中培训出一套新的干部船员班子,以保证远洋运输事业发展的需要。

1.在船培训

在船培训指在船上工作中对船员进行现场培训,主要采用以老带新、互教互学、包教保学、边干边学和传帮带的培训形式,提出"船舶就是学校,生产现场就是课堂,能者为师,船员就是学员"。培训教学的

---

①1962年,交通部对所属院校进行专业调整,将上海海运学院的航海类专业调整至大连海运学院,机械类专业调整到武汉水运工程学院,同时,将上述两院校的管理类专业调整到上海海运学院。后来,上海海运学院又陆续增设了一些航运管理和财经类专业。到1966年上半年,上海海运学院成了一所海运管理性质的学校。

内容结合船舶生产实际和各岗位基本操作技能,并把船舶规章制度、操作规程、常用的业务技术科目等作为主要课题。组织驾驶员学习天文、航区气象、货物配载等;轮机部学习机舱值班管理制度、船舶管理、主机系统、主副机操作规程等;甲板部学习船舶索具、系缆操作、消防知识、看舱理货等;业务部学习烹调、宴会招待、医护卫生常识和常用英语等。

中远船员在船培训具有三个特点:一是普及面广,包括中远所有船舶及代管、合营船舶。二是形成了良好传统。三是方法贴近实际,船员可以学习到船舶实际工作中最常用、最需要的知识和技能。在开展船员在船培训中,中远各分公司还根据各自的情况,在船上开办"七二一"工人大学①。中远天津分公司"育华"轮是最早开办"七二一"工人大学的船舶。学员按"船来船去"的原则,请老船员和院校教员担任老师,学制定为半年。据统计,从1973年至1976年的4年来,在船上举办的脱产班共培养各类技术干部船员1055人,多数学员培训4—6个月后即可在船任职。

2. 在岸短训

在岸短训是当时普遍采取的另一种培训方式,每期培训时间不超过一年。培训对象主要是针对专业性较强岗位上的船员。1973年3月,中远总公司在大连海运学校增设了一个报务专业,学制一年,选送了40名海军复员士兵参加学习;并内招驾驶、轮机、船电专业的学员共200人。长江航运公司的南京、武汉、重庆3所河校还为中远代培了水手和机工。中远广州、上海、天津分公司共选送692名学员,经过为期半年的培训全部返回到各公司工作。当年接收的3000名水兵,部分入校培训,部分安排上船,其余或在岸参加各种专业短训,或到兄弟航运单位、工厂参加代培。大连海运学院和上海海运学院还为中远开办了冷藏、船电、管事培训班,学制分别为5个月、11个月、1年,共为中远广州、上海、天津分公司培养船员140名。

为了加快远洋业务干部和出国人员的培养,经交通部党的核心小组批准,中远总公司在京开办了远洋干部训练班。1975年2月,远洋干部英语训练班正式开学,学制1年。中远广州、上海分公司,外代大连、青岛、烟台、汕头、秦皇岛分公司及中波公司派干部参加了培训。中远各分公司也分别举办了各种短训班、业余技术讲座,邀请海运院校和兄弟单位的专业技术人员,为未上过船的新船员和后备干部船员及公休船员讲课。中远天津分公司还开办了船长、大副业务学习班。

随着中远教育培训工作的开展,各分公司陆续实现了"先培训后上岗"的新船员培训体制。1976年广州分公司请8个省市的9个院校帮助培养了3208名新船员。到1975年末,共有10个城市和地区的70多所院校、工厂、饭店,为中远代培了各工种船员约5000名。为了提高船员掌握自动化船舶的技术水平,中远还在大连海运学校举办了船舶自动化培训班,中远各分公司的部分电机员、助理电机员以及中远各海运学校的教师参加了培训。

中远总公司及各分公司在船、在岸培训工作取得实效,1973年共提拔干部1132人次,其中从普通船员提为干部船员565人次。两年内完全靠自己培养提拔干部船员净接船50艘。自中远总公司重组到1978年,在岸共培训各类技术干部和船员11931名,共提拔各类技术干部1454人,基本上适应了船队发展对各类技术干部船员、有岗位技能船员数量和质量上的需求。

(二) 院校教育

20世纪60年代,中远公司已建有自己的海运(海员)学校,但在"文化大革命"期间,这些学校均受到不同程度的干扰,学校的领导关系被改变,招生工作停止,正常的教学秩序被打乱。中远重组后,在交通

---

① 根据1968年7月21日毛泽东在《人民日报》上关于办工人大学的有关指示,当年9月,上海机床厂创办了第一所"七二一"工人大学。经车间推荐,厂革委会批准,招收本厂52名工人入学,学制2年,学生毕业后仍回厂工作。此后,"七二一"工人大学的这种学制和教学模式逐步向全国的工矿企业推广。

部和国家有关部委的领导支持下,所属院校逐渐得以恢复,并在招生、师资以及建设规模等方面得到扩充。至20世纪70年代末,中远所属的海运(海员)学校有7所,初步形成了中远教育培训的基地,为中远船队和管理机关输送了大批骨干船员和合格的业务技术干部,有力地支持了中国远洋事业的发展。

1.所属院校恢复与建设

1972年,交通部批准增建天津海员学校及中远广州、上海、天津海员技校。天津海员学校的主要任务是培养水手、机匠和电工以及在职远洋船员的短期培训,规模为学生800人,教职员工定员175人。

1973年10月,交通部批准筹建广州海员学校,发展规模为学生1000人,教职员工定编205人。

大连海运学校原由大连港务局领导,从1973年1月1日起移交中远总公司直接领导。该校主要培养远洋船员,发展规模为学生1200人,编制教职员工200人,实习工厂50人。

南京远洋海员学校于1964年由中远公司接管,交上海分公司主管。1970年改为远洋船舶配件厂,1973年3月又恢复,定名为南京海员学校,同时保留远洋船舶配件厂。设置水手、船舶电工、轮机工3个专业,规模为学生800人,教职员工175人。1978年4月,经交通部批准改为中等专业学校,由中远总公司直接领导管理,学生规模扩大至1000人,增设通信专业。

青岛海员学校是中远总公司所属的第一所中等专业学校。1973年9月建校,规模为学生1200人,设驾驶、轮机和船电3个专业。教职员工定编260人。1976年7月,中远青岛分公司成立后,该校归青岛分公司领导与管理。1978年10月,又改为中远总公司领导管理,学生规模由原定1200人扩至1500人。

上海海员学校于1972年经交通部批准筹建后,因种种原因没有落实。1978年3月,交通部批复建设上海海员学校,定为中等专业学校,学生规模为1200人,设航海、轮机、船电、船舶通信等若专业。

2.扩大招生规模

随着中远各院校隶属关系的恢复和建设,中远教育工作走上了健康发展的轨道。从1973年起,各院校开始陆续招生。大连海运学校当年招生280人,集美航海学校招生120人。1974年大连海运学校、集美航海学校、南京海员学校招收驾驶、轮机、船电、报务、港机、英语及水手、机工、电工等专业共招生970人,其中大连海运学校与集美航海学校招生人数均大幅度超过上一年,1974年全年各院校招生总数也超过1973年招生总数一倍以上。1975年大连海运学校、南京海员学校、广州海员学校、天津海员学校全年共招收学员1570人,比1974年招生总数增加60%以上。1976年中远所属6所院校全部实施了招生工作,共招收学员1480人,青岛海运学校首次招收驾驶、轮机、船电等专业学员。1977年6所院校共招收各类学员1740人,1978年共招收1800人,招生数量持续增长(见表2-4-1)。

中远所属各院校"文化大革命"中招生情况表① 表2-4-1

年份		1973	1974	1975	1976	
合计(人)		400	970	1570	1480	
大连海运学校	小计(人)	280	400	320	360	120
	驾驶(人)		130	120	210	60
	轮机(人)		125	80	120	40
	船电(人)		45	40	30	20
	报务(人)		40	40		
	港机(人)		40	40		
	英语(人)		20			

① 本表摘自《中远发展史》(刘世文主编,人民交通出版社,2000年)第159页《中远所属院校各年度招生情况表》。

续上表

年份		1973	1974	1975	1976	
集美航海学校	小计(人)	120	320	400	400	100
	驾驶(人)		170	200	200	40
	轮机(人)		130	160	160	40
	船电(人)			40	40	20
	英语(人)		20			
南京海员学校	小计(人)		250	250		100
	水手(人)		100	100		50
	轮机(人)		100	100		30
	电工(人)		50	50		
	船电(人)					20
广州海员学校	小计(人)			350		
	水手(人)			150		
	机工(人)			150		
	电工(人)			50		
天津海员学校	小计(人)			250		100
	驾驶(人)					40
	轮机(人)					40
	船电(人)					20
	水手(人)			150		
	机工(人)			100		
青岛海员学校	小计(人)					300
	驾驶(人)					160
	轮机(人)					120
	船电(人)					20

说明：1976年右列为一年制，其余为二、三年制。

中远所属各院校从建立到1976年末,共培养船员7636人,并对5300多名分配到中远的复员退伍军人及新招收的工人进行了短期培训。经中远所属院校培训毕业的船员总数占受过正规培训船员总数的一半以上,中远初步形成了自己培养船员的教育体系。

3.加大教育投入

中远各院校在恢复和建设中,遇到的最大困难就是教师严重缺乏,这是因为在"文化大革命"期间,相当一部分教师改行或被调走。为了保证教学工作的正常开展,1973年8月,中远总公司在给交通部的报告中提出,1974年和1975年,6所院校各需解决教职员工604人和170人。为此,中远总公司采取各种措施:保持现有教师队伍的稳定,停止调出;组织适合教学工作但已改行的教师归队;从水运企业抽调适合担任教学工作的干部;从远洋学校毕业生中挑选一些留校任教;各院校开办师资训练班培养教员;由其他院校代培师资,补充师资。到1976年底,6所院校共有教职工1136人,其中教师515人,基本保证了各学校专业课教学工作按计划进行。

在采取措施加强所属院校师资力量的同时,中远公司还多方筹措,为各院校配备必要的教学设备。因为中远各院校所需设备在市场上难以买到,为保证教学活动的正常开展,1974年,经交通部、外贸部同意,中远将国轮和中远租船在中国香港船厂修船时更新下来的设备、仪器和索具,交给各学校作为教学使用。此外,各分公司及各所属院校还以较低的价格购买报废船舶上拆下来的旧设备经分解、修复或改装,用作教学设备。这样既解决了各院校所需的教学设备,又节省了大量教育经费。

为解决各院校学员的实习问题,1972年远洋工作会议上提出,要落实海运院校实习船,并使其成为海运院校教学、科研、生产劳动的三结合基地。为此,交通部决定抽调客位较多的"雯皑""雯皓"两轮进行适当改装,作为海运院校的实习船。这两艘实习船的产权属中远总公司,分属天津和上海分公司。属上海分公司的实习船由上海海运学院使用,同时承担厦门大学航海系(后改为集美航海学校)实习任务;属天津分公司的实习船由大连海运学院使用。实习船还承担一定的沿海和近海的客货运输任务。实习船行政业务(教学、科研、生产劳动安排)由学校负责,生产运输任务由远洋分公司负责。1974年,中远总公司又确定"育华"轮(客货两用船)为天津海员学校的实习船。该轮以船员培训为主,并承担指令性客运任务,以及兼顾货运业务。1977年,远洋局又先后决定,将中远租船"华山"轮交给大连海运学院作为实习船,改名"育海"轮;将退役船"海智"轮交给集美航海学校作为直观教学基地,改名"育志"轮;将退役的"延河"轮(后定名为"鲁海50"轮)交给青岛海运学校作为教学实习船,并继续参加营运。

第三章 中国海员的国际化发展
（1977—1997年）

1976年，持续10年之久的"文化大革命"终告结束。1978年12月，党的十一届三中全会确定把工作重心转移到社会主义现代化建设上来，我国从此进入了全新的历史发展阶段。在"对外开放，对内搞活"经济方针指引下，包括航运业在内的各项事业均取得了迅速发展。中国航运业与世界的进一步接轨，也对中国海员的管理体制提出了新的要求，国际化成为这一时期中国海员职业发展的突出特点。

第一节 改革开放给海员职业发展带来的历史机遇

一、对外开放逐步深入

1978年11月安徽省凤阳县小岗村首先实行"农村家庭联产承包责任制"，拉开了我国对内改革的大幕。而稍后实行的对外开放则是我国一项长期的基本国策，通过吸收外资、引进国外先进技术和设备、发展对外贸易，积极扩大对外经济交往，从而推动国家经济建设。对外开放必须以航运业的发展为依托，或者说，航运业是对外开放得以实现的基本手段。

改革开放20年，我国对外开放新格局的形成，可以分为四个步骤。

（一）创办经济特区

1979年4月30日中央首次提出要开办"出口特区"，产品外销是其主要特点之一。1979年7月，中共中央、国务院根据广东、福建两省靠近港澳，侨胞众多，资源丰富，便于吸引外资等有利条件，同意在广东省的深圳、珠海、汕头三市和福建省的厦门市试办出口特区。1980年5月，中共中央和国务院决定将深圳、珠海、汕头和厦门这四个出口特区改称经济特区。按其实质，经济特区也是世界自由港区的主要形式之一，以减免关税等优惠措施为手段，通过创造良好的投资环境，鼓励外商投资，引进先进技术和科学管理方法，以达到促进特区所在国经济技术发展的目的。经济特区实行特殊的经济政策、灵活的经济措施和特殊的经济管理体制，并坚持以外向型经济为发展目标。

1983年4月，党中央、国务院批转了《加快海南岛开发建设问题讨论纪要》，决定对海南岛也实行经济特区的优惠政策。1988年4月的全国人大七届一次会议正式通过了建立海南省和海南经济特区两项决定，海南岛成为我国最大的经济特区。

经济特区的经济特征包括建设资金以外资为主，经济结构以"三资"（外资、侨资、港澳资）企业为主，产品以外销为主，以发展工业为主、实行工贸结合等。从其经济特征来看，经济特区的运行离不开航运业的支撑，因而一般选择在交通便利的港口附近，以利于货物流转。

创办经济特区迈出了我国对外开放的第一步，为航运业的发展创造了有利条件。

（二）开放沿海港口城市

沿海开放城市是中国沿海地区对外开放的、并在对外经济活动中实行经济特区的某些特殊政策的一系列港口城市，是经济特区的延伸。开放一些沿海开放城市，是根据邓小平的创议而采取的对外开放的又一战略决策。

1984年2月，邓小平说："除现在的特区之外，可以考虑再开放几个港口城市，如大连、青岛。这些地方不叫特区，但可以实行特区的某些政策。"[1] 3月，中共中央书记处和国务院联合召开座谈会，建议进一步开放大连、秦皇岛、天津、烟台、青岛、连云港、南通、上海、宁波、温州、福州、广州、湛江和北海共14个沿海港口城市，扩大开放城市的权限，如放宽利用外资建设项目的审批权限，增加外汇使用额度和外汇贷款，对"三资"企业在税收、外汇管理上给予优惠待遇，可逐步兴办经济技术开发区等。5月，中共中央、国务院批转了这个座谈会纪要，正式决定开放天津、上海、大连、秦皇岛、烟台、青岛、连云港、南通、宁波、温州、福州、广州、湛江和北海14个沿海港口城市。

此后，1985年国务院批复营口市享受沿海开放城市某些优惠政策；1988年国务院批复威海市为沿海开放城市。

这些城市的共同特征是交通便利，有许多可以停泊万吨轮船的深水良港，发展外贸运输得天独厚。此外，工业基础好，技术水平和管理水平比较高；科研文教事业比较发达，集中了许多优秀的技术人才和经营管理人才，积累了比较丰富的对外开展经济贸易的经验；经济效益较好，是中国经济比较发达的地区。因而在这些城市实行对外开放，能发挥优势，更好地利用其他国家和地区的资金、技术、知识和市场，大力发展外向型经济，兴办产品出口企业，推动老企业的更新改造和新产品、新技术的开发创造，增强产品在国际市场上的竞争能力，促使这些城市从内向型经济向内外结合型经济转化。这些沿海城市开放，可将五大经济特区从南到北形成一条对外开放的前沿阵地，实现从东到西，从沿海到内地的信息、技术、人才、资金的战略转移，以便发展对内对外的辐射作用，带动内地经济的发展。可见，首批沿海开放城市的确定，航运便利是其基础条件之一。

（三）建立沿海经济开放区

1985年2月，党中央、国务院批准了《长江、珠江三角洲和闽南厦漳泉三角地区座谈会纪要》，将长江三角洲、珠江三角洲和闽南三角区划为沿海经济开放区。

此前，根据国务院的决定，长江、珠江三角洲和闽南厦（门）漳（州）泉（州）三角地区座谈会于1月25—31日在北京召开。会议一致认为，先将长江三角洲、珠江三角洲和闽南厦漳泉三角地区，继而将辽东半岛、胶东半岛开辟为沿海经济开放区，是我国在进一步实行改革与开放的新形势下，加速沿海经济发展，带动内地经济开发的重要战略部署，有着重大的意义。

会议认为，沿海地区人口稠密，工农业基础较好，商品经济较为发达，科学文教水平较高，交通方便，信息比较灵通，历史上就与国外有广泛联系，在全国经济建设中占有举足轻重的位。改革开放以来，创办经济特区和进一步开放沿海港口城市，已经取得了积极的成果。在此基础上，将沿海地区逐步开辟为对外开放的经济地带，是顺理成章的新步骤。长江三角洲、珠江三角洲和闽南厦漳泉三角地区，作为沿海经济开放区，同经济特区、沿海开放城市一样，是我国对外经济联系的桥梁，也是进出口的重要基地。

会议讨论沿海经济开发区的作用时强调：必须面向世界，发展出口贸易，开拓国际市场，为增加我国的外汇收入多做贡献。长江三角洲、珠江三角洲以及闽南厦漳泉三角地区，工业基础较好，农村商品率较高，经营管理和对外经济贸易的经验较多，是全国出口创汇条件优越的地区，因而应充分发挥优势，把对外引进和对内联合密切结合起来，大抓出口和创汇。

---

[1]《邓小平文选》第三卷，北京：人民出版社，2001年，第52页。

为达到出口创汇这一目标,需进一步合理调整农业生产结构,按照"贸—工—农"的次序,即以进入国际市场为目标,从出口需要出发安排生产。大力发展工贸结合、农贸结合、技贸结合,实行责权利统一,以调动地方和企业的积极性。

可见,建立沿海经济开放区主要目标在于出口创汇,因而必须以航运业为依托。

1988年初,中央又决定将辽东半岛和山东半岛全部对外开放,同已经开放的大连、秦皇岛、天津、烟台、青岛等连成一片,形成环渤海开放区。

(四)开放沿江及内陆和沿边城市

进入20世纪90年代,我国对外开放的步伐逐步由沿海向沿江及内陆和沿边城市延伸。1992年6月,党中央、国务院决定开放长江沿岸的芜湖、九江、岳阳、武汉和重庆5个城市。沿江开放对于带动整个长江流域地区经济的迅速发展和我国全方位对外开放新格局的形成,起到了巨大的推动作用。不久,党中央、国务院又批准了合肥、南昌、长沙、成都、郑州、太原、西安、兰州、银川、西宁、乌鲁木齐、贵阳、昆明、南宁、哈尔滨、长春、呼和浩特共17个省会为内陆开放城市。同时,我国还逐步开放内陆边境的沿边城市,从东北、西北到西南地区,有黑河、绥芬河、珲春、满洲里、二连浩特、伊宁、博乐、塔城、普兰、樟木、瑞丽、畹町、河口、凭祥、东兴等。沿江及内陆和沿边城市的开放,是我国的对外开放迈出的第四步。

到1993年,经过多年的对外开放实践,不断总结经验和完善政策,我国的对外开放由南到北、由东到西层层推进,基本上形成了"经济特区—沿海开放城市—沿海经济开放区—沿江和内陆开放城市—沿边开放城市"这样一个宽领域、多层次、有重点、点线面结合的全方位对外开放新格局。

(五)航运业是对外开放的基础条件

通俗地讲,对外开放就是"引进来"和"走出去"相结合。既筑巢引凤,引进国外的资金、技术、设备和管理经验,又乘船出海,开拓国际市场。"引进来"和"走出去",是对外开放的两个轮子,而这两个轮子必须依靠航运业,才能转动起来。

利用国外的资金和技术是对外开放的重要形式。引进国外的先进技术和设备,通过吸收和消化,加快技术进步,可以在较短时间内促进产业结构和产品结构的升级换代,提高我国企业的整体水平,增强国际竞争力。在着重引进先进技术和关键设备的同时,还要优化进口结构,推动关系国家生存发展的重要战略物资进口的多元化,建立必要的战略储备制度。对外开放以来,我国的远洋航运企业在引进国外大型设备和战略物资方面,都做出了巨大贡献。

扩大商品和服务贸易是对外开放的基本形式。通过国际贸易既可以获得相对优势,调剂余缺,又可以获得比较利益,节约社会劳动成本。出口将促使资本投向最有效的领域,为国际市场进行规模化、专业化的生产,从而取得规模经济效益。同时,还能带动国外资金、技术和管理知识的引进。它通过"乘数"作用,产生一轮又一轮的连锁反应,推动经济的快速发展。因此,对外开放的重中之重,就是努力扩大商品和服务贸易,积极开拓国际市场。具体来讲,有如下几个方面:重视空间上的扩展,实施市场多元化战略,既巩固传统市场,又开拓新兴市场,增强抗风险能力;重视质量上的提高,坚持以质取胜,提高出口商品与服务的技术含量和附加值;加快高新技术产品出口基地的建设,努力推进高新技术产品的出口,扩大名牌机电产品的市场份额,使我国出口商品结构从以低技术含量、低附加值产品为主向以高新技术产品、高附加值产品为主转变。而这一切只有通过发展航运业才能实现。

二、港口生产迅速发展

(一)港口建设高速发展

新中国成立后,我国港口生产能力获得了巨大发展。"文化大革命"结束后,为了适应对外开放的需要,各大港口又一次进入高速发展期。港口建设的高速发展,有如下几个原因:一是1985年国务院决定对进出沿海主要港口的货物征收港口建设费,作为国家港口建设资金的一项主要来源;二是结合港口管理体制改革,实行以收抵支的"以港养港"政策;三是支持货主单位自建专用码头,实行"谁建、谁用、谁受益"的政策;四是鼓励港口腹地各省市集资建港。1993年7月,经国务院批准,又扩大了港口建设费征收范围和提高征收标准,新开征水运客货运附加费。这些政策和措施,调动了多层次、多方面的积极性,大大加快了港口建设速度。改革开放后的15年来,沿海和长江主要港口共新增码头泊位912个,其中万吨级以上深水泊位245个,建设规模和速度大大超过了前30年。

20世纪80年代至2000年之前,我国港口吞吐量逐年平稳增加,而上海、广州、宁波、天津、青岛、秦皇岛、大连港等多功能、综合性大型枢纽港口发展迅猛。在政策方面,我国鼓励中外合资建设并经营公用码头泊位,允许中外合资租赁光板码头,允许外商独资建设货主码头和专用航道。外商在投资开发经营成片土地时,开发企业可在开发地块内建设和经营专用泊位。20世纪80年代以来,我国先后利用世界银行、亚洲开发银行和外国政府贷款,在秦皇岛、天津、日照、连云港、青岛、上海、广州等港口建设了一批码头,新增吞吐能力约8500万吨。同时,国外财团采取合资合作等方式,投资中国港口建设。在上海、深圳、大连、天津、珠海等港口,外商与中国港口当局的合资项目取得了成功。

在对外开放方面,港口作为门户,是发展外向型经济的枢纽。20世纪80年代以来,在沿海原有14个对外开放港口的基础上,又陆续对外籍船舶开放了营口等48个沿海港口和边境水运口岸,并先后开放了长江沿线的南通等10个港口,外轮可以溯长江而上直达武汉。在开放港口的同时,还加强了运输船队和港口集疏运系统的建设,逐步形成了内引外联的两个辐射扇面。随着外向型经济的发展,以港口为依托兴办了9个保税区,从事装卸运输、保税仓储、货物加工、转口贸易等业务。截至1997年底,我国对外开放港口已达130多个,每年接纳世界100多个国家和地区的36000多艘船舶。江海主要港口万吨级以上深水泊位达490多个。1997年,全国主要港口完成吞吐量近13亿吨,其中外贸吞吐量完成3.8亿吨。内河建设方面,通航里程已达11万公里,其中1000吨级航道5800公里,内河主要港口码头泊位达到520个。

(二)各大港口发展状况

由于对外开放政策和我国国际地位的日益提高,我国对外贸易有了长足发展。尤其是在中央关于大力发展外向型经济,扩大进出口贸易的号召下,使各港口外贸吞吐量和总吞吐量有了大幅度增长。

大连港在"文化大革命"结束后生产迅速发展,1977—1980年吞吐量平均递增10.2%。随着对外开放的不断推进,"六五"期间港口生产逐步走上稳步发展轨道,吞吐量平均递增6.1%。1986—1988年间吞吐量持续稳步增长,平均递增3.5%。1989—1993年吞吐量在5000万吨上下波动,1994年上升到6212万吨,1996—1997年每年递增1000万吨,1999年达8505万吨。大连港作为内外贸兼营的港口,1974—1992年一直是全国最大的对外贸易港。

天津港吞吐量于1978年突破千万吨大关,达到1131万吨,一举扭转了港口吞吐量持续多年徘徊不前的局面。随着改革开放政策和经济体制改革的贯彻落实,港口吞吐量再次进入大幅度增长时期,1982

年达到1287万吨,1984年为1611万吨,1988年即突破2000万吨,达到2109多万吨,1989年为2437万吨。从1977年到1989年,天津港口货物吞吐量年增长率达11%,平均每年净增100万吨。港口利润也增加了近10倍,1989年总利税达2.7亿元。

上海港于1984年迈入亿吨大港的行列,并步入长期、高速的发展阶段。截至1984年,上海港已与160多个国家和地区建立贸易往来关系,国内货物联运面扩大到20多个省市。港区扩展为由长江口南水道和黄浦江两部分组成,总面积为38平方公里,其中水域面积33平方公里,陆域面积3平方公里。通海主航道为南港南槽,由人工疏浚,航槽计长33公里,底宽250米,维护水深为-7米,吃水在9.5米以下的船舶可乘潮进港,吃水在9.5米以上的船舶,可在绿华山减载站减载后进港。黄浦江深水航道宽175—330米,水深在10米以上的占80%,8米以上占90%。港口码头线长度13421.8米,泊位96个,其中万吨级泊位44个。江心浮筒共120座,其中生产用浮筒泊位13座。生产用仓库面积36.6万平方米,堆场面积81.8万平方米。具有船舶装卸能力的其他工厂企业货主码头138家,岸线总长33.4公里。港口装卸作业共分13个装卸区、站、公司,有集装箱、散粮、煤炭、木材等机械化作业线。港区内靠浦西侧的第六、九、十等3个装卸作业区有铁路专用线11428米。港务局拥有各类装卸机械3299台,各类港务船舶644艘,计10.7万匹马力。在绿华山设有一个过驳减载站。全港每昼夜完成26万—34万吨货物吞吐量,每天通过港口的大小船舶约15000艘。1993年,上海港外贸吞吐量首次超过大连港,取而代之成为外贸第一大港。

宁波港1978年货物吞吐量为214万吨,随着改革开放的进行,吞吐量迅速增长,1980年达325.9万吨,1985年突破1000万吨大关,达1040万吨。1987年增加到1939.9万吨,1997年达8220万吨。期间,外贸进出口吞吐量也成倍增长,1979年只有3.39万吨,1987年猛增到534.7万吨。

广州港1994年货物吞吐量已达到7420万吨。广州市政府提出把广州建设成国际大都市,"九五"期间在港口建设上攀登新台阶,货物吞吐能力达到1.5亿吨,同时,出海航道浚深至11.5米,通航5万吨级船舶。

深圳港拥有码头泊位106个,其中深水泊位26个,1996年完成货物吞吐量3080万吨,水路旅客出入口300多万人次,居广东省第2位和全国沿海港口第8位(表3-1-1)。

中国沿海主要港口吞吐量统计(1990—1999年)(单位:万吨)　　　　表3-1-1

港口\年份	1990	1995	1996	1997	1998	1999
上海	13959	16567	16402	16397	16388	18641
广州	4164	7299	7450	7518	7863	10157
宁波	2554	6853	7639	8220	8707	9660
大连	4952	6417	6427	7044	7515	8505
秦皇岛	6954	8382	8312	7862	7792	8261
天津	2063	5787	6188	6789	6818	7298
青岛	3034	5130	6003	6916	7018	7257
深圳	480	1174	3080	3357	3374	4663

三、航运业全面发展

改革开放以来,国家相继出台了一系列旨在鼓励国家、集体、个人一起办交通的政策,形成了"有河大家建港,有水大家行船"的水运交通经济发展新格局。打破了基本上由国有水运企业一统天下的局面,为发展水运、改变内河水运落后的生产现状,缓解运量与运力的矛盾起了积极的作用。为进一步推动我国运输企业从传统的货物运输向综合物流服务转变,国家鼓励航运企业与港口、货主进行联营联合,优势互补,形成有机结合的运输供应链。在种种鼓励措施及政策的刺激下,我国水运业取得了长足的发展,水运经济规模不断扩大,水路运量持续高速增长。改革开放15年,我国全社会的客运量、旅客周转量、货运量、货物周转量和沿海港口货物吞吐量每年增长速度分别达到9.5%、10.6%、5%、6.8%、7.8%,其中沿海港口外贸吞吐量年均增长速度达9.9%,高于同期国民经济的增长速度(见表3-1-2)。

全国水路货运总量及周转量表(1980—1998年)　　　　表3-1-2

年份	1980	1985	1990	1995	1996	1997	1998
货运总量(万吨)	4683	63322	80094	113194	127430	113406	109555
货物周转量(亿吨公里)	5077	7729	11592	17552	17863	19235	19406

船队规模方面,至1997年底,我国民用运输船舶已发展到32万艘,近5000万载重吨,其中从事外贸运输的船队达到2300多万载重吨。从事国际航运的船公司有310多家,沿海箱运的船公司有1300多家,内河运输的船公司有5100多家,从事国际船舶代理的代理公司达到190多家。中国远洋运输(集团)公司的集装箱船队,晋升到世界20大班轮公司的前5位,在国际航运界具有较高的地位和影响。

1997年,全国水路货运量和货物周转量分别达到11.3亿吨和19235亿吨公里,中国自1989年开始,连续5届当选为联合国海事组织A类理事国,跻身航运大国行列。海洋运输作为我国对外贸易货物运输中最主要的运输方式,承担了93%的外贸货物运输任务。而95%的原油和99%的铁矿石都是靠水上运输来完成的。

我国巨大的市场潜力也吸引了世界各大航运公司在我国开辟班轮航线。至1997年,在从我国港口开出的近2300个航班中,由其他国家或地区航运公司经营的航班有900多班,占40%;全国有远洋干线航班220多个,由其他国家或地区航运公司经营的达140多班,占66%。

客运方面,从中华人民共和国成立初期到20世纪80年代,水路客运一直是以解决"走得了"为目的经济型、交通型经营方式。在改革开放之前,我国经济基础尚显薄弱,人民生活水平普遍不高的时期,作为经济的、必要的出行方式,水路客运立下过汗马功劳。改革开放之后一直到20世纪90年代前半段,水路客运得到了很大发展。但随着人民生活水平的提高,生活节奏的加快,消费观念的变化,人们对交通工具的要求越来越高,从传统的经济型向安全、便利、舒适方向发展。而来自外部的其他运输方式如铁路、公路和航空的激烈竞争,以及水运内部的客运技术状况的相对落后,使传统的航运客船结构和经营方式已不能满足旅客的需求,从而导致大量旅客放弃水路而转向其他运输方式。20世纪90年代后期,水路客流大幅度下降,促使所有参与水上客运的企业必须进行企业组织结构、管理结构、运力结构以及队伍素质结构等方面的优化调整,以适应市场竞争的需要。

四、远洋运输业实施国际化发展战略

(一)远洋运输业蓬勃发展

新中国成立时,我国远洋运输业几乎处于空白状态。直到创建中波轮船股份有限公司后,才有了远洋运输业的起步。但规模不大,远远不能满足我国外贸海运需求。1961年4月,中国远洋运输总公司成立,揭开了我国远洋运输新的一页。在20世纪60—70年代,中远公司是我国唯一从事远洋运输的企业。随着国民经济的发展,其规模不断扩大。到70年代末期,中远公司已拥有各类船舶520余艘、1019万载重吨的庞大船队。1980年完成货运量4543万吨,承运了当年按外贸合同应由我方派船运量的85%,基本改变了我国过去依靠外国船公司船舶承运外贸货物的局面。

改革开放后,中国经济进入快速增长时期,前20年的年均增长速度在8%以上,对外贸易额年均增速高达10%以上。经济的高速增长,为航运发展提供了旺盛的市场需求。进入20世纪80年代,我国远洋运输业引进了竞争机制,沿海许多省市纷纷组建自己的远洋运输企业,参与外贸运输,从1980年到1989年我国国际商船总吨位以年均7.9%的速度增长。1989年我国当选为国际海事组织(IMO)A类理事国,标志着我国进入了世界海运大国之列。据联合国统计,到1997年,我国实际拥有1000总吨以上的远洋运输商船的总载重吨达到2358万吨,占世界总吨位的4.13%,仅次于希腊、日本、美国、挪威、独联体、中国香港和英国,居世界第八位。同时,中国航运市场对外开放领域不断拓展,截至1997年底,经批准经营水路运输的中外合资企业达120多家,批准国外航运公司在华设立代表处406个,批准外国航运企业在华设立独资子公司及其分支机构53家,同51个国家签订了海运协定和4个河运协定。

纵观我国远洋运输业的发展历史,大致可分两个阶段。20世纪50—70年代,是以外贸运输服务为宗旨,并达到逐步减少和替代依靠外轮从事外贸运输的局面,基本上是以"进口替代"模式创建和发展的;进入80年代,开始进入国际海运市场,从事第三国航线上的货物运输,发展为"出口导向"模式。

我国外贸海运量从1980年的7946万吨上升到1989年的16994万吨,平均每年以8.8%的速度增加。与此同时,我国远洋运输船舶吨位以年均7.9%的增长速度扩大。到1989年底,我国获准从事远洋运输经营的企业共148家,船舶共有1598艘。其中,中远公司(26个海运子公司)拥有649艘,载重吨1459万吨,占全国远洋船舶吨位的72%;非中远公司系统的船公司有122家,拥有船舶949艘,载重吨达566万吨,占全国远洋船舶吨位的28%,其中各省市地方的远洋运输企业有103家,拥有船舶672艘。

改革开放后我国航运业的快速发展,是在经济高速发展的带动下完成的,而航运业发展的同时,又为国民经济和对外贸易的发展提供了运输保障。

(二)实施国际化发展战略条件成熟

新中国成立以来,我国远洋运输业的宗旨,一直是为我国外贸运输服务,并使之减少和替代依靠外轮的局面。但是必须看到这种"进口替代"模式具有不少的局限性:其一,束缚了我国远洋船队积极参与国际竞争的能动性;其二,限制了我国远洋航运企业吸收国外先进的管理方法和技术;其三,减少了为国家创收更多外汇的机会;其四,影响了远洋船队技术的发展,保护了落后的管理技术水平,致使国际竞争力不强。

进入20世纪90年代,国内外贸海运市场出现运力过剩,我国大型骨干远洋运输企业逐步迈向世界市场,从事一定比例的第三国运输,采取了一种防守型的"出口导向"战略。而随着国际海运市场竞争的愈演愈烈,企业想进一步增加和保持原有的第三国货运输份额非常困难。因此,我国远洋运输业单凭"出口导向",难以获得长期成功,在这样的局面下,实施对外直接投资的国际化发展战略,是非常必要的。

实施国际化发展战略,就是实力雄厚的大型远洋运输公司大力开展跨国经营,从全球的观点出发,进行综合运筹,在海运业及相关或不相关业域进行多样化经营,使企业的生产要素在全球范围内得到最佳配置,获取规模经济效益。

航运业作为我国开放最早最彻底的行业,实施国际化发展战略,是建立我国开放型经济的客观需要。我国远洋运输企业通过实施国际化发展战略,主动适应了国际航运业新形势,更好地利用了外资,增加了外汇收入。同时,也为广大远洋船员带来了广阔的发展空间。

(三) 中远国际化发展的几种形式

20世纪80年代初,中远总公司为了扩大在国际航运市场上的占有份额,加强中远船队在国外港口的现场管理,提出坚持以航运为中心,以船队服务为宗旨,积极开展对外合作和多种经营的方针。采取多种形式,与国外企业进行广泛的国际航运合作,并有重点地铺设、巩固、调整境外常设航运机构、网点,在适宜地区创办一些从事代理、揽货、供应、技术服务等业务的经营性独资及合资公司,为中远在境外的发展和实现国际化经营开创新局面。到1992年底,中远在境外的代表处、独资、合资企业发展到76个(不含中国香港地区的公司),外派工作人员300余人,国外雇员780余人,中国香港外籍雇员1200人,驻外机构遍及亚、非、欧、美、澳五大洲的29个国家和地区。

1. 增设航运代表处

航运代表处是中远总公司驻外管理机构,其主要职责是做好到港船舶的现场管理,即监督检查代理工作、加强港口使费节支、揽货、调研,协助做好船员思想政治工作。

20世纪80年代,中远总公司驻外航运代表处和外派工作人员逐渐增多。到1982年,中远已在日本、澳大利亚、英国、埃及、荷兰、巴基斯坦、联邦德国、阿尔及利亚、罗马尼亚、美国(洛杉矶)、科威特等国派驻航运代表,设日本神户船舶监造组、香港友联船厂监修组,共派出航运代表41人。后又增设叙利亚、新加坡、美国(纽约)、比利时代表处,至1985年,代表处增设到18个。

从1986年开始,中远加紧了对国外市场的开拓,仅1988年就在意大利、加拿大、孟加拉以及美国西岸、东岸设代表处5个,并充实和加强了日本东京和香港代表处,增派驻外人员57人,使中远总公司驻国外及香港地区网点达49处,其中航运代表处22个,派出航运代表263人。1986—1992年,除在上述国家设点外,还先后在中国香港、朝鲜、俄罗斯、法国、巴拿马、新西兰、泰国、西非、塞浦路斯、巴西、希腊、印尼、越南、韩国等国家和地区设立了航运代表处。1991—1992年,中远总公司还在中国香港、日本、美国、欧洲、泰国建立了5个集装箱管理分中心,在日本、中国香港、美国建立3个集装箱预分配中心。

2. 扩建境外合营公司

1979—1992年,中远总公司相继与荷兰、比利时、日本、新加坡、泰国、美国、挪威、澳大利亚、联邦德国、捷克斯洛伐克以及中国香港地区的企业合资成立了诸多合营公司。这些合营公司以中远船队为依托,业务发展很快,范围涉及船务代理、船舶营运、揽货及货运代理、船舶物料备件供应、技术检验、技术服务以及贸易等各个方面。其中成立较早的有经营船舶代理的荷兰跨洋公司、比利时考斯菲尔航运代理公司;经营物料备件供应的荷兰远通海运服务公司、新加坡新远私人有限公司、日本中铃海运服务有限公司;经营船舶修理和技术服务的联邦德国汉远技术服务中心。此外,还有从事餐饮娱乐旅游客运的合营公司。

荷兰跨洋公司是中远总公司在境外创建的第一家合营公司,于1980年1月1日正式成立,主营船务代理。该公司在为中远维护船东利益,加强现场管理,降低成本开支方面做了大量工作。

3. 成立境外独资公司

为进一步拓展海外业务,中远总公司在80年代后期,有选择地将一些海外航运代表处发展成独资经营公司。如德国航运代表处于1989年2月组建成中远欧洲有限公司,法国代表处于1991年10月组建成中远法国公司,经营航运代理业务。另一种方式是收购合营公司股份,将其转为中远的独资公司。如1988年11月将英国的"中好船务代理有限公司"转为中远独资公司,1991年1月"荷兰海洋乐园"转为中远独资,3月和8月"德国考斯瑞克公司"和"荷兰华联有限公司"先后转为中远独资。

中远欧洲有限公司是中远总公司在西北欧地区的独资经营子公司,代表总公司对该地区的中远驻外机构实施领导与管理。该公司成立后,中远加强了对西北欧驻外单位的监督、协调和现场管理,在揽取货载、中欧集装箱航线预配和舱位协调、洽谈代理装卸协议、现场管理等方面发挥了较好作用,成为中远总公司对外开拓的重要单位之一。

中远英国有限公司是当时中远在境外合营公司中管理水平较高的一家公司,主要经营船舶代理、揽货、租船和集装箱运输等业务。1988年3月,中远总公司与英国好华德有限公司合资注册"中好船务代理有限公司",同年11月29日中远收购英方股份,使其成为中远独资公司,翌年2月更名"中远英国有限公司"。公司依照国际标准管理和经营企业,业务范围遍及英伦三岛,并获得英国政府工贸部授予的"企业管理标准化证书"。

20世纪90年代初,这些境外公司为中远总公司在国外揽取货载、加速船舶周转以及解决船舶在国外航行作业遇到的一些设备技术、物资供应、船员管理方面的问题,发挥了重要作用,在创造经济效益的同时,也提升了中远在国际航运界的声誉和地位。

(四)实施国际化发展战略的意义

20世纪80年代开始,我国远洋运输企业实施国际化发展战略,对扩大我国航运企业在国际海运市场中的影响力和占有率具有重要意义。首先,企业通过跨国经营,绕开了一些国家的"航运保护主义"政策。其次,企业通过对外直接投资,建立自己的货运代理及其他一系列物流系统的子公司,在货源充沛的国家,采取以创建、兼并或收购的方式设立与本业相关联的企业,实现垂直一体化的国际多式联运的功能,减少交易成本,使市场内部化。再次,企业通过充分利用东道国、开放登记国或国际避税地的税负和汇率的差异,采用转移定价等方式,使海外企业的税负最小化,增强企业在国际竞争中的地位。

通过实施国际化发展战略,我国骨干远洋海运企业的生产要素,在世界范围内得到了合理配置,获得了规模经济。大型骨干海运企业实现跨国经营,将经营重点放在国际海运市场,从而让出其过去经营的国内部分外贸货物的近洋运输航线,交给地方船公司经营,形成地方船公司从事远洋支线的近洋运输,然后再由我国大型骨干海运企业承揽第二程远洋运输的新局面,既避免了国内海运市场上内耗,又合理划分了各企业的航区;跨国经营由过去简单的劳力输出,转变成能获得高附加值的运输劳务输出;发展多样化经营,既扶持了本业,又分散了本业的经营风险;在海外取得第一手信息,进行商情调研,了解国际海运市场动态,抓住揽货和营运机会,扩大市场份额。

20世纪90年代以来,我国海运体系通过实施国际化发展战略,逐渐发展成熟,形成了一个完善、多样化、国际化、成熟的体系。我国也因此成为世界性航运大国,在国际航运界占有举足轻重的地位。

第二节 航运企业改革与船员结构变化

一、远洋运输体制变革与外派船员的出现

党的十一届三中全会后,交通部改革远洋运输管理体制,对远洋运输事业的管理实行政企分开,于1982年9月撤销了远洋运输局。1984年,国务院进一步明确提出:中远总公司"要办成独立经营的经济实体,不能行政兼职"。按此要求,中远总公司逐步摆脱行政色彩,发展成为独立经营的纯经济实体。船岸现代化技术水平的提高,不仅改善了船员的工作条件,也改变了船员的组成结构。而船员外派业务的开展,为远洋运输行业提高经济效益走出了一条新路。

(一) 远洋运输体制的变革

1. 成立大连、连云港远洋运输公司

70年代中期,随着国家外贸运输任务的增加,大连港的外贸进出口货运量日益增多。为了适应这一发展形势,加强船队的运输管理和建设,1975年6月,中远总公司经请示交通部同意,组建中国远洋运输总公司大连分公司(简称中远大连分公司)。7月,中远总公司派出筹建组到大连展开工作,由方枕流担任筹建组组长。1976年2月,远洋局批复中远大连分公司人员编制和机构设置,1977年6月中共旅大市委批复同意。同年10月,交通部决定将中远大连分公司(筹备组)和上海海运局大连分局合并,组建大连海运管理局。1978年1月1日,大连海运管理局正式成立,规定对内使用"交通部大连海运管理局"名称,对外称"中国远洋运输总公司大连分公司",归口交通部远洋局领导。

为了更好地加强对远洋和沿海船舶的分别管理,1979年9月,交通部决定将大连海运管理局按原建制分开,属于远洋部分的称大连远洋运输公司(简称大远)①,由中远总公司领导,属沿海部分的称上海海运管理局大连分局。新的管理体制从1980年1月1日实行。中远大连分公司的筹建工作至此结束,公司正式成立。中远总公司确定大远公司经营方针"以经营油轮为主,兼营杂货船"。

大远成立后,其他公司给予了积极支援,广远先后调拨油船13艘,抽调11套船员班子,船员和管理干部885人。上远、天远各抽调1套船员班子,青远抽调三副、三管轮以下的船员30名,中波公司抽调船长、大副、轮机长各1名。

而连云港远洋运输公司则是在改革开放的大背景下成立的。改革开放后,连云港港口建设发展迅速,来港船舶增多。为了搞好中远来港船舶的现场管理和物资供应,以及来港船员和探亲家属的接待工作,1981年9月,中远总公司将中远连云港供应站与船员基地合并为中远总公司驻连云港办事处,作为中远总公司驻连云港的派出机构。办事处成立了连云港远洋船舶物料供应公司、连云港远洋宾馆、远洋商店和货运服务部等经济实体。随着市场经济的深入发展,为了便于经营和统一管理,1989年1月,中远总公司经报交通部同意,连云港办事处由派出机构改为中远总公司所属一级企业,名为连云港远洋实业公司。同年3月改称连云港远洋船务企业公司。主要经营货运货代、船舶物料供应以及宾馆、商贸等业务。

1989年10月,原隶属中国康华发展总公司的康华连云港开发公司归属中远总公司管理。1990年12月,为进一步理顺中远在连云港地区的公司管理体制,交通部批复同意将原康华连云港开发公司(含其与上远合营的原连云港海洋运输公司)划归中远连云港远洋船务企业公司。1991年4月8日,连云港远洋船务企业公司正式成立,为中远第6家远洋运输公司,主要经营国际近洋运输、货运代理、国内贸易、船舶物料供应等,仍实行独立核算,自负盈亏。12月,公司第一批34名船员在大连港登上"阳城"轮,标志着公司业务正式开展。1992年11月21日,公司更名为连云港远洋运输公司,简称连远。1996年7月1日,连远公司划归青远公司,船队及347名船员调青远统一经营和管理。

2. 与地方和企业组建合营远洋运输公司

改革开放以来,交通部对水运经济政策进行了重大的改革和调整,积极扶持地方发展远洋运输事业便是其中之一,以充分发挥中央和地方两个积极性,形成远洋运输多层次、多家经营的局面。从1980年起,中远总公司相继与地方名作,成立了6家合营远洋运输公司。与地方合营组建远洋运输公司,一般采取两种形式:一是由中远总公司投资直接经营,二是由中远总公司投资,委托直属远洋运输公司经营。合营公司实行以省为主的省交通厅(局)和中远总公司双重领导,公司建制和人员配备由地方负责,采取合

---

① 为了便于对内对外开展工作,1979年5月1日,经交通部批准,中远总公司将中远广州、上海、天津、青岛、大连分公司,分别更名为广州、上海、天津、青岛、大连远洋运输公司,简称广远、上远、天远、青远、大远,隶属关系不变。

股投资经营,其投资比例多数为双方各50%,实行独立经济核算。公司最高领导机构管委会由中远总公司和各省交通厅(局)派人组成。管委会决定公司的经营方针、政策、投资利润分配、购造或租赁船舶、工资福利、人员任免等事项。

1980年,中远总公司先后与江苏、浙江、河北3省合营成立远洋运输公司。1982年4月,与安徽省合营成立安徽省远洋运输公司。同年9月,与江西省合营成立江西省远洋运输公司。此外,1987年4月,与湖南省合营成立湖南省远洋运输公司。这些合营公司主要承担本地区向日本、中国香港、新加坡、东南亚等地区的外贸物资运输。公司人员以地方为主,中远总公司派5—7名业务干部(其中副经理1名)参与工作。

此外,中远还与企业合作成立合营公司——华海石油运销公司(简称华海公司)。华海公司于1985年7月由交通部和石油部联合成立,经营原油中转运输。1990年9月,经国务院批准,华海公司改由中远总公司和中国石油天然气总公司投资联营。1991年,交通部将股权正式转给中远总公司。公司设董事会,双方轮流担任董事长和总经理,3年一换。

3.组建深圳远洋运输股份有限公司

中远集团为了进一步开拓业务和促进深圳经济特区及珠江三角洲地区外贸运输的发展,经过认真的调查研究,于1992年10月,向交通部上报了《关于申请组建深圳远洋运输股份有限公司的请示》,并提出了组建公司的具体方案。1992年11月5日,交通部正式批复同意成立"深圳远洋运输股份有限公司"(简称深远公司)。1993年2月18日,该公司正式成立。

深远公司成立后,广远、上远、天远、青远公司调拨其船舶10艘,主要经营客货运输、船货代理、船用燃物料供应、多式联运、租船业务、仓储码头、船舶及修理和拆解、船舶备件、集装箱修造、船舶燃物料进口、劳务输出等多种业务。

公司成立伊始,在经营管理方面,以市场为导向,改善船舶经营管理。根据1993—1994年的船舶营运情况,对各船舶进行了航线的合理调整,并对部分重点船舶重新调整了经营方式;依据国际航运市场形势,及时合理调整、提高租金和自营船运价,做到航次先有效益预算;狠抓安全质量,加强机务管理和船舶维修保养工作,保证了各船始终处于适航状态;建立与市场经济体制相适应的人事制度和分配制度。推行劳动合同制,采用"双向选择"的干部聘用制度、船员队伍的聘用制度,采用与效益挂钩、与工作成绩相连、封闭的分配制度,做到有效益有奖、无效益无奖、高效益高奖、低效益低奖,使船队具有市场适应力。

1993—1995年,由于以船队经营为主,努力开拓其他产业,狠抓经营管理,取得了良好的经济效益。1996年,深远公司面临严峻的世界航运形势和复杂的经营环境,经过全体职工的努力拼搏,完成了中远(集团)总公司和董事会下达的生产经营任务。全年共完成货运量118.89万吨,为年计划的118%,目标责任书指标的95.1%;完成周转量81.54亿吨海里,为年计划的247%,目标责任书指标的159.9%;完成税后利润4070万人民币,为董事会下达利润指标的140%,目标责任书利润指标的133%。

1997年,深远公司继续抓航运主业,抓船员队伍建设,仍取得了较好的经济效益。截至1997年11月底,货运量完成152.66万吨,为年计划的139%,比1996年同期增加46.4万吨;周转量完成92.3亿吨海里,为年计划的256%,比1996年同期增加20.6亿吨海里;主营业务实现利润为人民币3233万元,为年计划的116%,比1996年增长1080万元,为1996年同期的150%。

4.成立厦门远洋运输公司

为适应国家和厦门市经济建设和外贸运输的需要,充分利用厦门经济特区优越的地理条件和优惠政策,为大陆与台湾两岸的直接通航作准备,开拓海峡海运市场,中远集团决定在厦门成立远洋运输公司。

1993年5月,中远集团上报交通部《关于设立厦门远洋运输公司暨开辟厦门至香港客货班轮的申请报告》。6月27日,交通部批复同意厦门远洋运输公司立项。10月28日,厦门远洋运输公司(简称厦远公司)注册成立,12月10日正式开业。厦远公司主要经营远近洋及国内沿海的客货运输、船货代理、船用燃物料供应、多式联运、仓储码头、船舶技术、修理、旧船买卖和拆解、船舶及配件贸易、集装箱制造、修理、货物进出口报关以及船员对外技术服务等业务。

厦远公司成立后,中远(集团)总公司从广远、上远公司调拨给厦远公司2艘散货船("龙海""西海")和1艘客轮("闽南")。1994年2月5日"闽南"轮首航香港,投入营运,由于客源不足,船型所限,又不能搭载货物,第一年经营就亏损2600万元。货轮虽有盈利,但公司总体仍处于亏损状态。

从1995年始,厦远公司为扭转亏损,以效益为中心,狠抓经营和管理,重点抓货轮的增收和客轮的减亏。客轮运输改进服务工作,用优质服务赢得回头客和扩展客源;货轮运输以"华铜海"为榜样,抓好船期,提高营运率;加强成本管理,采取减少船舶修理时间和费用、节省港口使费等措施降低成本,当年实现了扭亏为盈。1997年完成货运量104.44万吨,货运周转量23.63亿吨海里,分别为集团下达指标的193.4%和231.7%。

(二)技术革新对船员队伍的影响

改革开放后,远洋运输加快了现代化进程,尊重科学,依靠科技进步,改善企业管理和船员的工作条件,走科技兴企之路。

1.采用先进的船岸通信导航技术

1979年,中远开始建立远洋电子计算机管理系统。至20世纪80年代,计算机技术已广泛应用于船岸企业管理的生产、安全、技术、人事等各个方面。计算机的广泛使用,为中远提供了现代化管理和信息传递手段,对加强船舶安全生产、减轻事务性劳动、提高工作效率和企业经济效益,起到了良好的作用。如应用"航运调度管理系统",对船舶航运调度全面实施管理,尤其应用于船舶防台、抗台中,可以随时显示台风的动态和参数,克服了人工管理准确性低、速度慢且易漏船的弊端,及时提供距台风中心查询半径的船舶,有效地帮助调度、安监部门指导船舶防台、抗台和避台作业,极大提高了船舶及船员的安全。

船岸无线电通信是通过设在江、海岸的电台和船舶电台相联系。20世纪70年代初,中远船舶开始配备当时较先进的由晶体管和集成电路组成的全频率合成单边带收发报机。1978年,中远广州分公司船队已全面普及全频率合成单边带收发报机。此时,天津、上海、广州海岸电台正式开通高频单边带无线电话业务,广州分公司与广州岸台在"明华""建华"轮试验单边带无线电话业务,经反复试验,通过有线转接,接通了广州与北京的往返路线。1979年,广州、天津、上海3座海岸电台正式开放此项业务,全时开通话路4条,可通达波罗的海、地中海、印度洋、太平洋和巴拿马运河西端等海域。为了及时中转远洋船舶电报,还同时开通了3座岸台相互间的远洋船舶辅助电路。1985年,上海、广州和天津岸台又开放了16条远洋船舶电报,通信距离可达太平洋、大西洋、印度洋以及波罗的海和地中海地区。为弥补海岸电台的不足,1978—1985年,中远总公司同国家海洋局协商,又租用了几条高频电路,实现了北京总公司直接同船舶的通信联系。此后还开通了天津、青岛、大连3个地区远洋公司和上海、广州、青岛、天津、大连、湛江6个地区外代公司的甚高频无线电话业务。为部分船舶装备了船岸无线电报通信的先进设备——窄带直接印字报(电传报),较好地满足了港口、船岸间的通信联系。上海、广州、青岛和天津等远洋运输公司还投入使用程控电话机,改善了自动电话的传输质量。

海事通信卫星作为船岸全球通信的最新手段,兴起于70年代。1979年12月,广远公司在"明华"轮安装了1台卫星通信终端机。因当时卫星通信需通过外国岸站中转,使用不便,且费用较高,而终端设备价格昂贵,所以中远只在少数重点船舶安装。到1980年底,在500余艘船上仅配备约90台卫星导航仪。

1987年,中远船岸通信有了进步,经申请,中远总公司获得国际海事卫星组织的批准,建立了海岸地面站通信系统和业务,组成了中远船岸间卫星通信交换网络。进入20世纪90年代,中远船岸通信多已运用卫星通信方式,可通达世界100多个国家和地区的港口及城市。至1991年,中远已在船舶上安装了649台 GMDSS[①] 设备和1094台卫星通信仪器。

先进的海上通信手段,有力保证了船舶航行安全,并且使船员结构和公司人员结构发生重大变化。20世纪70年代末中远总公司船舶报务人员已达1200人,拥有各类通信导航设备5600台和大批陆地管理、检修人员。

2.提高船舶自动化程度

船舶自动化程度,主要显示在船舶机舱管理自动化上。由于船舶机舱自动化可增加船舶设备的安全可靠性,改善船员的劳动工作条件,减少修理费用和时间,提高营运率等综合经济效益,被各船公司广泛认同和采用。20世纪60年代末,中远广州分公司虽有集中控制室或驾驶台控制室等局部自动化系统船舶6艘,但因当时船员技术水平较低,对自动化船舶操纵不熟悉,集控和驾控设备大多没有得到正常使用。

20世纪70年代,船舶机舱管理自动化有了发展。1973年,中远船队新造了"大城""大田"轮,开始拥有自动化船舶。同年,广州分公司接收了9艘机舱设有集中控制室的船舶,其中在联邦德国建造的"广河"轮为广州分公司第一艘具备无人机舱船级的船舶。无人机舱船舶主机由驾驶台遥控,航行中轮机人员可在一定时间内不下机舱,这极大减轻了轮机人员的工作强度;而且船舶定员比同吨位船少约40%,又大大提高了劳动生产率。

为使船员掌握和管理好自动化船舶及其设备,中远总公司即以"广河"轮的自动化设备做教材,组织培训船员和技术干部,为自动化船舶的发展打下基础。天远公司邀请了大连海运学院、上海船舶研究所的专家,到"大城""大田""大虹桥"等轮随船工作1年,整理、总结船舶自动化设备的原理、操作方法及维修保养原则,举办了4期随船自动化培训班,培训自动化专业骨干80余人。

20世纪80年代,机舱自动化发展速度较快。1982年,中远总公司在北京召开买造船会议,指出船舶自动化是船舶发展的方向,规定"六五"期间购造船舶机舱自动化的技术要求:除6万吨油船设无人机舱外,其余均设置集中控制室驾驶台遥控设备。1983年4月,中远总公司召开第一次自动化机舱管理经验交流会,讨论健全自动化机舱的管理制度,组织自动化装置的专业维修队和加速船岸自动化设备管理人员的培训方法等。至1985年,中远直属公司有自动化船舶129艘,占船舶总数的27.4%;1988年,自动化船舶艘数提高到占整个船队的30%。1990年,广远公司装有不同程度自动化设备的船舶有112艘,占船舶总数的77%;上远公司拥有驾驶台遥控的无人机舱船舶59艘,占船舶总数的40%。

船舶自动化不仅改善了船员的劳动工作条件,提高了劳动生产率,而且也提升了船员的技术水平和基本素质,同时节省了人力成本。

(三)开展船员劳务输出

海员是国际化最早的产业之一,随着经济全球化进程的加快,航运业迅速发展,国际上对海员的需求日益增长。而船员劳务输出是中远在改革开放后的一项新兴事业,随着船员外派业务的发展,逐渐成为中远提高经济效益的一条重要途径。

1.船员外派业务的创办与发展

中远总公司船员劳务输出始于1979年,经过20世纪70年代的发展,此时中远已有远洋船舶487

---

① 国际海事组织(IMO)制定的"全球海上遇险安全系统"。

艘,分为中国香港船公司雇佣当地及外籍船员的97艘外和内地的390艘,共有船员33669人。按当时船舶及船员技术水平,每船需配备50人,另留后备17人,这样共配备船员26130人,尚余7539人。为解决富余船员问题和采取多种形式创收,中远一方面加强对船员的培训工作,作为轮换机动人员;另一方面广开门路安排船员,抽调船员派遣到中国香港船公司和外国船公司工作。

1978年11月,希腊昌德瑞士轮船公司经理帕纳约特普洛斯来华访问期间,提出雇佣中国普通船员。1979年3月交通部上报国务院《关于我远洋船员受雇到外国船上工作的请示》获批准后,4月中旬作出外派船员的安排意见,中远各公司开始组织船员外派。

船员外派工作最初由外代总公司统一对外谈判,与外国船公司签订合同,中远总公司负责组织有关公司调配船员外派。1979年,外代总公司与日本饭野海运株式会社首次就船员外派业务谈判成功,6月25日在京签订协议,由天远公司派遣大副、大管轮等29名船员,到日本饭野海运株式会社所属6万吨级油船"睦邦丸"工作,合同期1年,主要航线为日本—中国—印尼。这29人既是中远,也是中国首批外派船员。同年9月,广远公司首次派出22名船员到中国香港益丰船务公司工作。至当年年底,中远共派出船员322人,在日本和中国香港的14艘船舶上工作,创汇150.6万美元。1980年1月,上远公司首次外派船员26名,到联邦德国罗斯公司的"约瑟夫罗斯"轮工作,当年净收益为人民币30万元。

1982年之前,中远船员的劳务输出主要前往香港远洋、益丰、明华船公司,少量派往国外公司。为便于管理,适当分工,使外派单位相对集中,上远公司主要对口香港维明公司,天远对口联邦德国罗斯公司,青远对口荷兰凡奥文伦公司,大远公司承担外派油船船员任务。外派船员主要在外籍杂货船、散装船、集装箱船、滚装船、冷藏船以及油船上服务,其配套形式主要有3种:一是全套,即全部船员;二是大半套,即部分高级船员和全部普通船员;三是半套,即全部普通船员。此外,还有一些零星的船员外派。

中远外派船员勤劳肯干,业务娴熟,纪律严明,认真履行合同,获得国外公司的好评,因此船员外派工作发展较快,至1988年,已有2000多名船员服务于80多艘外轮。该年底,中远总公司与美国、英国、挪威、希腊、联邦德国、新加坡、日本以及中国香港等国家和地区的26家船公司签订了317份海员劳务技术合同,与12家外籍船东建立了长期稳固的合作关系,共派出船员15195人次。

随着外派船员需求逐年增多,从现职船员队伍中抽调,已不能满足雇佣船公司的需要,而且频繁轮换也使有经验的船员缺乏,影响在国际船员劳务市场的竞争力。针对这种情况,1989年,交通部提出"要把海员外派当做一项事业来抓",并下达交通部船员外派"八五"计划。1990年6月,中远总公司颁发了《关于建立外派船员专业队伍的决定》,在保证中远船队营运和发展的前提下,抽调一定数量的在职船员,经培训后外派。规定在航的外派船员除特殊情况外,服务到期后一律留任;凡船东点名挽留的仍派往原船东船上工作;现职船员外派和合同工船员外派全部实行定向派调,以保持外派船员队伍的连续性和相对稳定性。中远船员外派已由初期解决富余船员,逐渐转向有计划地劳务输出。

1990年,中远各远洋公司开始组建外派船员专业队伍,大量招收和培训船员,逐步建立外派船员管理机构和健全规章制度。到年底,中远外派船员专业骨干队伍基本形成,为增加船员外派数量和改革船员用工制度探索出一条新路。① 1990年,中远还以合同形式,招收1237名农村青年,于培训基地进行为期6个月的普通船员职业培训,1991年又招收611名。此外还招收367名青年,在海运院校进行为期2年的高级船员培训。这些新招收的船员,绝大多数在外派船上工作。

1979—1992年,中远外派船员人数逐年增多,同美国、新加坡、日本、中国香港、挪威、法国、英国、希腊、土耳其、塞浦路斯和巴拿马等十几个国家和地区的38家航运公司签订了船员劳务输出合同。截至

---

①20世纪80年代末,中远在农村贫困地区招收了500名"全民农村合同工"船员,当时这些"农合工"船员除了不转户口和粮食关系外,其他一切用工及待遇跟公司自有船员相同。

1992年底,中远总公司累计外派船员30175人次,其中干部船员10424人次,普通船员19751人次,营业额达24134万美元(见表3-2-1)。

1979—1992年中远总公司外派船员情况表①　　　　　　　表3-2-1

年份	干部船员(人)	普通船员(人)	人数合计(人)	营业额(万美元)	服务外轮艘数
1979	111	211	322	257	14
1980	279	534	813	650	27
1981	481	925	1406	1124	59
1982	514	987	1501	1200	61
1983	561	1077	1638	1310	67
1984	712	1371	2083	1666	89
1985	564	1083	1647	1317	75
1986	577	1108	1685	1348	78
1987	681	1307	1988	1590	83
1988	717	1376	2093	1674	84
1989	773	1484	2257	1805	
1990	1041	1998	3039	2431	
1991	1514	2756	4270	3416	166
1992	1899	3543	5433	4346	

1993年中远(集团)总公司成立。根据集团总公司的部署,中远对外劳务合作公司于同年成立。在集团总公司的领导下,中远对外劳务合作公司努力推动各大远洋公司建立专门的船员劳务外派机构,从建立专人负责制度,到建立外派处(部),直至建立专门的劳务公司,标志着中远劳务外派管理体系的逐步完善和成熟,为中远下属各远洋公司的船员劳务外派奠定了良好的组织基础。针对各大远洋公司在建立劳务外派机构初期,开展劳务经验不足,不熟悉国际市场以及缺乏客户渠道等实际情况,中远劳务公司主动承担起带头共同开发市场的重担,每年组织各公司有针对性走访客户,或把客户带到各公司参观考察,向境外船公司推介各公司的船员。

中远对外劳务合作公司及各大远洋公司劳务外派机构的建立,为稳定船员队伍,消化富余船员做出了重大贡献,外派业务开始向产业化方向发展。1993年中远外派船员人数达7835人,1993—2000年,全集团船员劳务外派人数迅速增长,达到了近10万人次。

2.加强外派船员管理,发挥外派船员作用

为提高外派船员质量,中远从规章制度、船员培训等方面做了许多工作。外派船员一般都经过挑选,从政治思想、技术业务到身体素质都有较高要求。外派前进行1—2周的集训,组织学习外派有关文件和合同,进行爱国主义和涉外纪律教育,端正船员对外派工作的态度,增强外派工作的荣誉感,激发完成外派任务的信心和决心,外派回国后进行总结。中远还在全套外派船员内部建立党、团和工会组织,在半套班子的外派船员中一般也配备政委,加强管理和思想政治工作。

1981年9月,中远总公司召开外派船员工作会议,提出加强外派船员管理工作的要求。1984年2月,中远总公司特别制定了《外派船员管理工作办法》,进一步加强外派船员工作的管理。针对少数外派船员在外轮工作期间违反规定现象,1985年9月,中远总公司又颁发外派船员管理补充规定,重申外派船员及船员领导班子的选派、政治教育、证件管理、奖惩条例等规定,从制度上进一步加强管理。为了有

---

① 引自刘世文主编:《中远发展史》,北京:人民交通出版社,2000年,第270页,《中远总公司历年船员外派情况表》。

计划、有组织地做好外派船员工作,1990年5月,中远总公司设立船员外派部,各分公司均相应设立船员外派部。中远船员外派机构的设立和管理制度的完善,促进了船员外派工作的顺利开展。

在中远总公司的专业培训和严格管理下,外派船员以勤奋的工作精神、过硬的业务技术以及友好互助、相互尊重的工作作风,赢得了外国船公司的普遍好评。欧洲一家海运刊物曾载文评价青远公司服务于希腊籍"多娜·玛格丽塔"轮上的22名外派船员:"这些中国船员毕业于航海学校,有两年以上航海经验,他们非常勤劳,熟悉业务,希腊高级船员用最美好的语言赞扬他们。"美国海威公司"大复兴"轮船长称赞大远公司外派船员"年轻、肯学、素质好,我跑了20多年船,第一次遇到这么好的船员"。而服务于该公司化学品特种船"大宝华"轮上的上远公司外派大副毕力伟,尽管只有杂货船、散装船的工作经历,但凭着刻苦钻研的敬业精神,克服困难,圆满完成任务。

1996年,中远集团劳务公司外派人数达12900人。外派船员业务的发展,不仅成功解决了部分富余船员的出路问题,也参与了世界船员劳务市场的激烈竞争,在为国家创汇、为企业和船员增加收入的同时,还使得船员的技术水平得到进步,从而提高了中国海员在国际航运界的地位。

(四)改革劳动工资管理制度

1.改革劳动制度

(1)改革船员管理体制

为加强船员队伍的管理工作,1980年6月,中远总公司改变船员管理体制,由各部门分散管理改为统一管理。成立船员管理处,把原来属于政治部组织处和人事处有关船员(包括船舶政工干部)的调配、升迁、考核、处理、外派、审核等工作,统归船员管理处办理。所属各远洋公司也相应成立了船员管理处。

随着船队规模和船员队伍不断扩大,1984年底,中远总公司在改革和调整船队经营管理体制的同时,各远洋公司逐步进行缩小船队管理范围的改革。按照船型、船况和航线等不同特点,对船舶进行细化管理,成立船舶管理处,在船舶管理处内都建立船员管理部门。

1986年3月,上远公司首先进行集装箱船舶管理体制改革试点,将"花园口"等34艘集装箱船、滚装船及2000多名船员划出,成立集装箱管理处。集装箱管理处下设政工科、船员管理科、安全技术管理科,分别负责船舶思想政治工作,船员管理、海务、机务、安全技术管理和后勤保障等工作。根据集装箱管理处所取得的经验,1987年5月,上远公司又相继成立了管理一处、二处、三处,分别管理杂货船队、贷款杂货船队、散装船队,集装箱管理处改为管理四处。1989年8月,从管理二处拨出15艘杂货班轮,成立管理五处。1990年2月,又从管理四处划出部分船舶,成立管理六处,同年5月,建立船员外派部。

广远公司将船员管理处由1个划分为4个,分别管理集装箱船队、班轮船队、杂货船队和散货船队。天远公司先后成立了5个船舶管理处,并建立了同级党委和工会组织。

船舶管理处的成立,使船舶管理相对集中,加强了对船舶的跟踪管理,促进了各项管理工作更加细化,提高了工作效率。经过船员管理体制的改革,中远船员管理实行总公司、各公司、公司船员管理部门、船舶4个管理层次的分工负责制,逐级领导,逐级负责,各司其职,各尽其责。此外,中远总公司还向国家主管部门争取远洋船员的优惠政策,主要有免税规定政策、农村船员的农转非政策、外汇航贴政策等,为稳定船员队伍起到了良好的作用。

(2)推进船员定船工作

船员定船是指船员在一定时间内相对固定地在同一船上工作,这是搞好船员管理和船舶各项工作的保证。1966年,广远公司曾拟试行船员定员,但因船员短缺未能实现。20世纪70年代,中远曾多次搞船员定船,又因船员短缺、调配困难以及承包后奖励未能兑现等原因而断断续续。1979年底,广远公司在推行船舶承包经济责任制时,重抓定船工作,也推动了中远船员定船工作的开展。

船员定船有以下几方面的内容:

一是定船人员配备。一般先确定船长、政委、轮机长3个主要负责人,或自愿结合,或由船员管理部门拟定,经主管领导批准后予以调配。船员配备一般由船舶领导和船员管理部门共同协商确定,合理搭配。定船人员确定后,船长、政委代表船舶与船员管理部门签订合同,并上报定船船员名单。

二是定船形式。各公司依据航线、船舶类型、技术状况和船员人数等情况,采取不同的定船形式。其一,单船配1套船员,并配备40%—50%的后备人员,少数干部船员不配备后备人员。公休期间,由船员管理部门派定船以外的船员顶替。也有一些船舶,如油船、核心班轮和集装箱船,采取单船配双套船员的办法。其二,双船配3套船员,其中2套船员各固定在一条船上,1套船员作为后备船员。其三,一些船舶只定几个主要干部船员,其余船员不定,作为定船的一种过渡。

三是定船期限。一般为3—5年。

为保证船员定船的相对稳定,各公司采取了一定的控制措施。经过几年的推行,中远各公司定船数量逐年增多,至1985年6月底,实行单船定船的船舶已达270艘,占船舶总数的56.6%。至1992年,中远各直属远洋公司及中波公司(中方)所属船舶基本实行定船。船舶定船促进了船舶安全生产,提升了船舶管理水平,有利于船员队伍建设,增强了船员的凝聚力和主人翁责任感。

2.改革工资制度

(1)工资

20世纪70年代,远洋船员执行沿海运输船舶船员工资标准,船员工资水平过低,吃大锅饭现象严重,挫伤了船员的生产积极性。为此,中远总公司一方面向国务院和交通部反映,争取恢复到"文革"前的远洋船员工资标准,另一方面通过多种途径逐步提高船员待遇。1980年,远洋局根据国务院《中外合资经营企业劳动管理规定》,颁发《合资远洋船员职务津贴实施细则》和《中外合资企业机关职工职务津贴实施细则》,决定中波公司、中坦公司及与外资合营的企业实行职务津贴,自1981年1月日起执行。

1981年10月,经交通部批准,中远总公司又利用船员外派劳务收入,在广远公司试行在航船员岗位职务津贴制。结果表明,实行岗位职务津贴初步体现了按劳分配原则,加强了船舶经营管理,效果是好的。1983年4月,经交通部和劳动部批准,中远总公司在远洋船员中全面实行岗位职务津贴制,最高65元,最低15元,分为7档。船舶其他业务人员也实行不同的津贴标准。

1986年9月,在国务院领导关心下,根据《交通部所属企业船员工资制度改革的实施方案》,中远恢复了远洋船员职务工资制,实行"提职提薪、变职变薪",船员上岸船岸差提高到40%。船员海龄在18年以下的,在船补贴人均每月18元。本次工资改革后,远洋船员实行船上职务工资、岸上职务工资、岸上基本工资3种,取消岗位职务津贴制。12月,中远总公司颁发了《远洋系统船员工资制度改革的具体实施方案》及《船员工资支付办法》。据统计,列入此次工资改革的船计36690人,人均月增工资45.39元,在船船员人均月增工资61元。此次船员工资改革,初步理顺了工资关系,解决了长期以来技术干部船员职薪不符、劳酬脱节的问题,一定程度上改善了干部船员待遇。同时从工资待遇上落实了党的知识分子政策,为部分评定技术业务职称的人员调整了工资。

1988年,企业全面推行承包责任制,中远实行工资总额同经济效益挂钩。1988和1989年,中远各项生产指标均达到较好水平,职工收入有较大提高。1988年全员人均收入比1987年增长35.6%,1989年比1988年增长7.2%。

1990年,中远总公司将1978年以来实际人均一级的浮动工资转为标准工资。1991年,总公司调整船员工资标准,人均工资由1987年的1520元增长到2575.76元,增幅达69.46%。1992年,总公司确定青远公司为船员工资改革试点单位,为下一步工资改革作准备。

为进一步拓宽中远船员劳务输出市场,逐步建立与国际劳务市场接轨的分配模式,中远集团对外派船员工资制度进行了改革,制定了《中远集团外派船员工资制度改革实施方案》。外派船员工资制度改革实施方案规定,外派船员实行职务工资制,一岗一薪,岗变薪变。工资标准按《中国远洋运输集团外派船员工资标准表》执行(见表3-2-2)。同时规定,外派船员未通过中远船员六级英语考试者,高级船员降低月应付工资标准20美元,普通船员降低10美元。工资改革办法从1997年1月1日起执行。

中国远洋运输集团外派船员工资标准表(单位:美元) 表3-2-2

序号	职务	工资标准	派出单位代扣代缴劳动保险费用部分	支付船员本人部分	普通船员固定加班费
1	船长	1092	182	910	—
2	轮机长	1020	170	850	—
3	政委	934	139	695	—
4	大副、大管轮	822	137	685	—
5	二副、二管轮、电机员、报务员	624	104	520	—
6	三副、三管轮	504	84	420	—
7	水手长、机工长、铜匠、泵匠	480	80	400	100
8	大厨	456	76	380	100
9	木匠	402	67	335	95
10	一水、一机、大台、二厨	378	63	315	90
11	二水、二机、服务员	240	40	200	85

注:1997年1月1日起执行。

(2)津贴补贴

津贴补贴是中远总公司工资总额中支付较大的一项,包括船员的航行补贴、伙食津贴、油船津贴、海龄津贴等。

船员航行补贴主要是为了解决船员航行国外实际生活的需要,以利于调动船员的积极性。1978年,远洋局重新修订了船员航行补贴标准,按职务划分了等级。但修订后船长的航行补贴仍比"文革"前的标准低55.64%,一般船员低20.59%。为此,1980年航行补贴改为按原标准一半,折发外汇人民币,1984年9月1日起,又改发全外汇人民币。1987年继船员工资改革后,中远总公司调整了航行补贴,由5级改为7级,由外汇人民币改为以美元为计发单位。最高等级每人每天3美元,最低0.8美元。新标准从1987年10月1日起执行,一直沿用至1992年。

船员伙食津贴是根据交通部规定执行,1984—1992年调整了4次标准,远洋航线由每天3.8元先后调到5.4元、7.2元、10元、14元;近洋航线由每天3.3元先后调到4.7元、6.2元、8.8元、12.5元。船员伙食标准中有30%的金额,可以在国外购买食品。

油船津贴是按油船船员本人工资15%计发。1980年改按绝对值发放,适当划分等级,按人均0.6元/日掌握。1987年7月1日,起油船津贴又在原基础上每天增加1元。

海龄津贴从1987年1月发放,按每年1元计发,最高不得超过25元。

(3)奖金

"文革"期间,中远特别是船舶的奖励制度全部废止。当时除工资外,只有一项"附加工资"每人每月4元。1978年国家恢复奖励制度,根据国务院《关于实行奖励和计件工资制度的通知》,7月22日,远洋局制订下发了《远洋运输船舶试行奖励制度办法》,确定在中远各分公司和中波公司30%的运输船舶中,选择领导班子强、政治思想好、运输任务饱满、规章制度健全、实行单船经济核算的先进船舶试点。《办法》明确船舶集体奖励需在生产任务、安全、优质、节约、维修、保养、劳动生产率、船员生活等8个方面达到规定要求,奖金发放按分公司船员总数的30%、月标准工资总额的10%提取,取消附加工资。

1979年,中远总公司全面实行奖励制度,并重新制定奖励办法。颁发了《远洋运输船舶综合奖励暂行办法》《陆地职工综合奖励暂行办法》和《船员绑扎车辆、大件报酬规定》《特殊扫舱报酬规定》。新办法更符合远洋运输实际情况,基本统一了奖励制度。

20世纪80年代,企业实行经济责任制,各远洋公司实行奖金分配同经济责任制挂钩,船舶奖金种类增多,如节油奖、超产奖、理货奖、扫舱奖、装载危险品奖、安全奖以及职工综合奖、年度奖、季度奖、先进奖、代管奖等。1984年,中远总公司共支出职工奖励基金503.9万元,其中用于职工奖励350.3万元。船员奖金逐年增多,至1990年人均达1163元,是1984年的6.6倍。随着奖金种类的增多,中远总公司要求所属各单位根据自身特点设置奖金项目,并尽量简化。1992年,天远公司把船舶部门和个人的工作业绩结合起来,将15项奖金和津贴合并考核,制定了船舶航次(季度)综合管理考核办法,并严密考核标准,避免了重复考核的弊病。7月1日,天远公司正式实施该项制度。此后,各公司奖金发放项目逐渐正规,奖罚分明,调动了船员职工的生产积极性。

(五)招商局重建远洋船队

中国远洋运输公司成立以后,招商局利用其地处中国香港的方便条件,代管中远租船,同时受交通部委托,承担贷款买船的任务。贷款买船在较短时间内,迅速增强了中国远洋运输的能力,结束了远洋运输主要依靠租用外国轮船的历史,为国家节省和积累了大量的财富,促进培养了大批航海技术人才。同时坚持购造并举的方针,有力地推动了国内造船工业的发展,为中国远洋运输事业的发展做出了巨大贡献。

改革开放后,在中共中央的政策支持下,招商局获得了创新发展新机遇。1978年10月,中共中央、国务院批准了《关于充分利用香港招商局问题的请示》。这份文件制定了招商局的发展目标:"争取5至8年内将招商局发展成为综合性大企业"。经营范围中包括"抓住船价大跌时机,添加一批新船或半新船,开辟班轮航线,承办旅游联运,开展对外揽货业务"。1985年11月12日,国务院批准交通部《关于香港招商局集团董事会调整的请示》,招商局集团有限公司正式成立,为交通部直属一级企业。

1.成立船务部,启动航运业务

1979年3月1日,招商局为了适应业务开拓的需要,进行了机构调整,保留了原来的办公室、总务室、人事部、业务部、财务部,增设了发展部、船务部和船舶经纪部。船务部主要职责是筹建自有船队,开办远洋业务。

船务部成立之初,人员奇缺,只能与船舶经纪部协同工作。后来又增加了外派员工和中国香港员工,人员的紧张状态稍有缓解。

事业初创,千头万绪。船务部注意联络同行,收集市场信息,捕捉有利时机,开办航运业务。

2.发展集装箱运输,开辟穗港支线

改革开放之初,广州至香港是沟通境内外的重要货物输送通道,集装箱运输的需求不断增大。当时主要从事中国香港至美国的货物运输的美国轮船公司看到了市场机遇,联系招商局,要求与中国远洋运输总公司合作开发香港至广州的集装箱航线。招商局将此情况上报交通部,彭德清副部长批转中国远洋运输总公司处理。由于中国远洋运输总公司本身承担的开辟国际集装箱运输干线的任务非常繁重,又考虑到广州至香港航线航程短、物流少、投入大、成本高、易亏损,遂婉拒了美国轮船公司的合作要求。当时以副董事长身份主持工作的袁庚认为,开辟广州至香港集装箱航线有迫切的社会需求,两地企业界呼声很高。既然中远有难处,招商局可以自己动手,顺应形势需要,把自己的船队建设起来。

集装箱运输,首先要解决集装箱船的问题。招商局如果购买集装箱船,则资金匮乏。订造新的集装箱船,资金和时间都需要等待。最简便易行的办法,就是借船建队。于是招商局向交通部申请借调船舶和海员,开办香港至广州黄埔的集装箱航线,得到了交通部的许可与支持,同意由广州远洋运输公司协助解决。1979年4月20日,中国远洋运输总公司通知广州远洋运输公司,将"临江"轮移交招商局使用,船名、船旗及船员不变。"临江"轮属于先借后买,招商局不用支付利息。

"临江"轮于1979年6月6日抵达香港,由招商局船务部接收。由于"临江"轮属于运输散杂货的船,必须经过改造才能装运集装箱。船务部委托招商局香港友联船厂实施这项工程,包括"临江"轮船长王洪福在内的39名海员,积极主动配合船厂进行船舶改装。仅用一昼夜,便把"临江"轮由杂货船修缮为多用途船,可以一次性装载100个国际标准集装箱(TEU)。6月8日,"临江"轮靠泊香港国际货箱码头有限公司第六号码头装货,翌日起航前往广州黄埔港。这是穗港之间具有开拓性意义的第一次集装箱运输,《大公报》《文汇报》《新晚报》和英文《南华早报》等香港地区媒体都以显著的版面刊登了"临江"轮首航的照片和新闻报道。

8月9日,交通部通知批准"临江"轮又开辟了香港至上海和香港至青岛的航线,扩大集装箱支线运输。8月16日,"临江"轮满载122个标准集装箱空箱从香港出发首航青岛,26日载运45个标准集装箱重箱和608吨散杂货回到香港,开辟了香港至青岛的集装箱航线。这是青岛港首次靠泊集装箱船,从此开始了集装箱运输的历史。11月1日,"临江"轮装载集装箱空箱,从香港首航上海,由上海承运我国首次出口到美国的中国庭院——明轩,从中国香港转运美国,开辟了香港至上海的集装箱航线。从1979年6月到年底,"临江"轮共运营43个航次,输送集装箱3178个,运输散杂货2万吨,收入410万港元,取得了较好的经济效益。

此后,香港明华船务有限公司在地方政府的配合下,新开辟了香港至厦门、香港至汕头、香港至湛江、香港至海口、香港至南通和张家港的集装箱航线,均为这些港口第一次开展集装箱业务。

3.开拓新局面,创建航运公司

1979年6月14日,中共交通部党组第48次会议已经决定"同意招商局以贷款买船或与外商合营形式组建船队,独立经营,自负盈亏"。于是创建招商局管理船队的实体公司被提上了议事日程。主持工作的袁庚副董事长指示船务部着手成立航运公司事宜。经过申请备案,1980年1月8日,香港当局批准成立香港明华船务有限公司,并颁发了注册证书,标志着招商局自有船队的正式创立。

1980年11月11日,招商局例会研究了香港明华船务有限公司的组织方案,特别强调香港明华船务有限公司对内系社会主义性质企业,对外以资本主义方式经营,明确了内部组织、董事会组成、经营范围、部门设置、对外职称、人事工作、财务核算、规章制度等,使香港明华船务有限公司迈进了正规化建设之路。1980年底,船队建设初具规模,航运经营初见效益。船队拥有9艘船,244373载重吨,获得利润709万港元。香港明华船务有限公司筚路蓝缕,经过10年的努力,到1989年12月,发展到19艘油轮和41艘散货船,316.5万载重吨,成为跻身于国际航运界的著名远洋运输船队。

1988年,香港金山轮船国际有限公司遭遇航运危机和金融危机的双重挤压,濒临破产,急切寻求合作伙伴。香港明华船务有限公司在1年多的时间内,购买了金山轮船国际有限公司的4艘散货船、1艘超大型矿砂船和19艘油轮,一方面帮助金山轮船国际有限公司解决了困难,另一方面也壮大了自己的船队。金山轮船国际有限公司转为专门从事国际集装箱运输业务。双方精诚合作,获得共赢。于1993年11月30日,两家在原来的基础上又成立了海宏轮船(香港)有限公司(ASSOCIATED MARITIME COMPANY(HONG KONG)LIMITED,英文缩写AMCL),合资经营原油运输船队,这是中国第一家超大型油轮专业管理公司。海宏轮船(香港)有限公司从金山轮船国际有限公司移植了全部的油轮管理资源。后来,金山轮船国际有限公司撤出了海宏轮船(香港)有限公司的股份,由香港明华船务有限公司独资经营。海宏轮船(香港)有限公司在数十年油轮市场的发展历程中,与中国和世界主要的大型石油公司、石油贸易巨商建立了互信互利互助的合作关系,有着深厚的市场基础和广泛的客户资源,成长为闻名遐迩的超大型油轮管理的高端平台。

4.设立船务公司,管理船舶和海员

(1)成立广州海顺船务公司

1979年8月28日,招商局向交通部递呈了请示报告,为了便于船舶业务、财务及船员管理工作,拟在广州设立一个船务公司。9月24日,交通部批准招商局在广州设立代理机构,对内称"招商局广州办事处",对外称"广州海顺船务公司"。10月23日,交通部以(79)交办字1967号文发函致广东省革命委员会:"拟设立'香港招商局驻广州办事处',定为处级机构,实行双重领导,业务工作由招商局负责,党政工作由广州远洋运输公司代管。该办事处将以'广州海顺船务公司'的名义对外。"12月25日,广州海顺船务公司正式营业。1980年4月16日,交通部与外交部联合发文通知我国驻外使领馆,对于广州海顺船务公司的海员,"在力所能及的条件下给予关怀与照顾"。

广州海顺船务公司是招商局的全资子公司,直属招商局领导。交通部确定广州海顺船务公司为处级机构,编制24人,经理由中国远洋运输总公司任命。

广州海顺船务公司(招商局广州办事处)的主要工作职责包括:船舶运输、船舶买卖、船舶租赁、船舶代理、货运服务;海员招聘、培训、调派、管理和后勤服务;办理招商局从广州进入香港、深圳人员的证件及接送。

1993年9月1日,招商局决定,广州海顺船务公司与招商局广州办事处脱钩,各司其职。1998年6月15日,广州海顺船务公司从广州市沙面北街搬迁到深圳市蛇口明华国际会议中心。

(2)注册船舶

随着招商局在中国香港的港口中转业务与日俱增,驳船运输力量亟需加强。大量的驳船和海员进入中国香港,又不为港英当局所允许,所以招商局采取了变通的办法。招商局计划新造驳船50艘,以后再根据需要陆续建造,统一安排广州海顺船务公司将驳船在广州注册,并配备海员,然后出租给招商局香港拖驳船队使用,营运往来账目由招商局财务部处理。1980年4月至1987年12月,广州海顺船务公司在广州港务监督局注册驳船80艘,(船名"穗顺01"至"穗顺80"),从天津远洋运输公司借调驳船海员162名派遣中国香港,有力地支援了招商局香港拖驳船队(后来改组为招商局驳船运输有限公司)的建设。

广州海顺船务公司为香港明华船务有限公司管理了"临江"轮和"顺江"轮的船籍,在广州港务监督管理局注册登记了"华胜"轮和"华盈"轮。

(3)管理海员

招商局的海员主要来源于三个方面。其一是中国远洋运输总公司的支持。1979年6月6日开始,先后从广州远洋运输公司调进134名海员;1982年7月14日,从天津远洋运输公司调进38名海员。其二是交通部人事局分配指标,从全国航海高等院校招收应届毕业生。仅1980年8月1日,就在集美航海专科学校招收1980届航海专业毕业生184名,其中驾驶专业82名,轮机专业82名,电机专业20名。其三是交通部劳动工资局和广东省劳动厅协议分配招工指标,逐年从广东、福建等地招收普通海员。1981年年初,香港明华船务有限公司船队曾经出现过海员严重缺额的情况,直接影响安全营运。交通部安排大连海运学院、上海海运学院和集美航海专科学校,从航海专业在校师生中各派一艘船舶的全套人员合计125人上船工作,以解燃眉之急。

广州海顺船务公司统一管理招商局的海员,承担人员招聘、培训考证、思想教育、行政管理、调派配员、后勤保障及家属工作等,中心任务主要是为香港明华船务有限公司实施海员派船服务。海员队伍随着船队的发展不断壮大,1981年底拥有海员368人,1999年底达到了1035人。

广州海顺船务公司初创时,关于海员管理的规章制度主要沿袭广州远洋运输公司,在长期的工作实践中,结合自身海员管理的实际情况不断修订、改善和健全。2002年4月,广州海顺船务公司将整套规章制度汇编成《管理手册》和《海员手册》,提供给船岸员工学习贯彻遵照执行。

二、沿海航运企业变革

(一)从大连轮船公司重新独立到大连海运集团成立

1. 上海海运管理局大连海运分局隶属关系的两次变化

"文化大革命"结束后,渤海湾的海上运输业开始了新的转折。继新建造的"天山""新华2"这2艘客、货轮投入运营后,"天华"轮也竣工出厂,投入渤海湾客运。广大船员热情高涨,积极性和创造性也得到了充分发挥,海上运输的发展势头越来越好。

1977年,中国远洋运输总公司报请交通部,成立大连分公司。交通部决定大连海运分局与上海海运管理局脱离,以大连海运分局为班底,成立大连海运管理局。1978年1月1日,大连海运管理局正式成立,规定对内使用"交通部大连海运管理局"名称,对外称"中国远洋运输总公司大连分公司",归口交通部远洋局领导。

为了更好地加强对远洋和沿海船舶的分别管理,1980年1月1日,交通部作出决定,大连海运分局与大连海运管理局脱钩,重新隶属上海海运管理局,大连海运管理局撤销,成立大连远洋分公司,沿海部分客货运输由大连海运分局负责经营。合并时购买的6艘货轮,由大连海运分局和大连远洋分公司平均分配,大连海运分局接收了"勤奋24""勤奋25"和"勤奋27"3艘货轮(后改为"林海24""林海25"和"林海27")。

1980年,大连海运分局广大职工积极开展增产节约活动,取得了较好的成绩,客货运输分别提前83天和78天完成计划,全年节油7287吨,比原计划减亏32%。

1981年,大连海运分局针对货、油轮货源不足的困难,改变经营方式,改进服务态度,提高服务水平,严格运输管理,千方百计"找米下锅",争取货源和回头客。这一年,由天津新港造船厂建造的2艘同类型的5000吨级客货班轮"天湖"轮和"天池"轮,先后出厂投入连烟线运营,极大地改变了渤海湾客运形势。1982年,大连海运分局对领导班子进行了调整,推动领导班子更加知识化、年轻化、专业化。

1983年上半年,由新港造船厂建造的两艘5000吨级的"天潭"轮和"天淮"轮,先后出厂投入营运。至此,大连海运分局拥有船舶32艘,职工2600人。6月,船舶实行定编定员试点,干部船员实行定向代公休,一般船员按20%系数,由船舶自行安排轮休。鉴于青年职工比重进一步加大,分局加强了青年船员的文化、技术培训。当年按照船员技术考核实施方案的要求,分局对2115名船员进行测试,其中2036人及格,通过率达97.5%。

1984年,大连海运分局又提出了企业整顿的新要求,结合海上运输生产实际,制定了《企业全面整顿规划和实施方案》,并根据知识化、年轻化、专业化的要求,对领导班子和机关干部进行了调整,同时也进行了机构调整。船员调配实行分口管理,干部船员由组干部门选派,工人船员由人事科选派。对机关、陆地单位进行精简,把减下来的70余名富余人员安排上船工作,充实了船员队伍。调整了定编定员,比1983年减少定员5%。同时规定,为确保船舶运输安全,有利于船舶技术管理和维修保养,主要管理人员

(水手长、机匠长以上)不能同时离船,以保证船舶定员的相对稳定。当年又有"天鹅""天河"两轮投入渤海湾营运。

在全面整顿中,大连海运分局十分重视安全教育,采取多种形式,提高广大船员对安全生产重要性的认识,并先后出台各种规章制度。航行安全方面,建立《驾驶员值班规程》(45条)《防污染制度》(7条)《船长汇报制》《海事报告制度》《海事处理规定和事故档案》《淡水储备量规定和说明》等具体规定。人事部门制定了劳动奖罚和劳动保护制度。在轮机管理上,制定了《船舶机械设备预防检查制度》《技术操作规程》《轮机长汇报制度》等。建立健全轮机人员考核标准,定期分析处理技术问题,确保主辅机安全运转。同时还认真做好技术和设备管理工作以及技术资料的管理。在客运工作方面,进一步严格客运规章,加强客运值班制度,改进服务态度,提高服务水平。

1984年,大连海运分局根据上海海运管理局下达的经济责任制考核指标,开始实行内部经济责任制,改进企业经营管理。坚持责、权、利相结合原则,实行包、保、核,把经济责任制落实到每个基层单位和个人,实现人有职责,岗位有标准,逐级负责。在船舶实行"四定"(船舶定员、营运定期、航线定班、奖金定额)"一包"(包利润或亏损额)"五保"(保客运货运任务、保燃料单耗、保单位成本、保设备完好率)"五无"(无海损、无机损、无火灾、无货损货差、无人身伤亡)。改变以前航次奖的计奖办法,按照不同航线,贡献大小,制定不同的提成率,拉开奖金分配档次,做到有奖有罚,多劳多得,下不保底,上不封顶。船舶还可提留一定的奖金额作为船长基金,奖励有突出贡献的船员。这些措施极大调动了广大船员的积极性。机关和陆地单位也制定了相应的内部经济责任制考核指标。

1984年,大连海运分局以整顿促生产,重视安全质量,落实经济责任制,取得了显著的成绩,全年实现利润140.5万元,一举摘掉了自设立办事处以来长达30余年的亏损帽子。

2.大连轮船公司重新独立

1983年以来,渤海湾客流量大幅度增长,大连海运分局现有的船舶已满足不了客运发展的需要,旅客滞留现象严重。而客运码头紧张,泊位和船只比例失调也加剧了这一现象。此外,客票票价过低,客运亏损严重,也影响了海运企业的积极性。究其根本原因,在于现行的管理体制的不合理。大连海运分局作为上海海运管理局下属的二级企业,缺乏经营自主权,领导层次多,工作效率低,加之受体制所限难以争取省、市地方的许多货源,从而严重影响经济效益和自身的发展。

大连地区海运不畅、旅客滞留严重的状况,引起了社会广泛关注,管理体制改革势在必行。大连海运分局独立,得到了交通部的支持。1984年12月22日,交通部发文正式批准大连海运分局同上海海运局脱钩,成立交通部直属企业大连轮船公司。1985年4月1日,大连轮船公司正式独立。独立后的大连轮船公司为部属一级企业(局级),独立经营,自负盈亏。全公司职工3452人,各类船舶27艘。营运任务原则上划定为:原大连海运分局所属船舶承担的沿海及外贸运输任务,自青岛港起以北各港口之间今后新增的运输任务,以及在完成上述任务前提下,承担青岛港以北各港口的部分进出口内外贸运输任务。

实现独立后,大连轮船公司与上海海运局就有关交接事宜进行了商谈,本着互谅互让、友好协商的精神,双方达成一致意见。上海海运局将所属的"林海6"轮、"林海16"轮、"胜利1"轮划归大连轮船公司使用,并同意调给大连轮船公司2套货船船员班子,干部船员原则上全部配齐,一般船员根据实际情况尽可能配齐。关于资产和资金的处理,也都进行了商定。

独立后的大连轮船公司经济效益大幅度提升,1985年全年实现利润484万元,1986年实现利润890万元,1987年在各项成本大幅度增长的情况下,仍实现利润510多万元。

1988年,大连轮船公司开始探索和实施一系列改革,实行经理负责制和船长负责制。8月6日,交通部正式批准大连轮船公司实行经理负责制,确定经理第一任期从1988年到1990年。经理负责制的实施,使公司领导体制从党委领导下的经理负责制转变为经理负责制,确立了经理对公司建设负全责的地位,保证了责任与权力的统一。

实行经理负责制的同时,大连轮船公司内部也进行了领导体制改革,推行船长负责制。过去船舶实行的是党支部领导下的船长政委分工负责制,随着改革的深入,承包、竞争机制引入船舶,这种分工负责的形式越来越不适应经济发展的需要。大连轮船公司按照交通部有关文件要求,积极稳妥地推行船长负责制,党委及有关部门派人到船舶进行了深入细致的调查研究。1988年10月中旬,又举办了为期4天的推行船长负责制学习班,随后公司派工作组首先在"天华"轮、"天江"轮、"天淮"轮、"新华81"轮、"胜利10"轮和"胜利11"轮共6艘船舶进行了船长负责制的试点,并于1989年4月,在公司所属船舶全面推行船长负责制。1990年船舶完善了船长负责制,颁发和落实了经交通部批准的《船长负责制条例》《船舶党支部委员会工作条例》《船长职务规则》《政委职务规则》4个条例。其中规定船长、政委同是船舶领导者,船长既对船舶生产、行政、技术、涉外工作实行领导,又对精神文明建设和船员思想政治工作负全责;政委协助船长侧重抓好精神文明建设和思想政治工作,也要兼管部分行政管理工作。船长负责制是船舶领导体制的一次重大改革,也是海运行业领导体制的一个重大转变。

公司还对分配制度进行改革,理顺分配关系,重点向一线船舶技术干部倾斜,使分配真正起到经济杠杆的作用,调动广大职工的积极性,从而增强企业活力,促进企业发展。

经过一系列的改革,到1990年底,企业整体素质和经营管理水平有了长足的进步。1988年实现利润1012万元,1989年实现利润2616万元,1990年实现利润4244万元。

3.深化用工、分配制度改革

1991年,结合国民经济发展对海上运输的需求,公司确定了"八五"发展计划,坚持全方位、多功能、外向型发展战略,努力把公司建成全国一流航运企业。围绕这一计划,1992年公司从改革用工和分配制度入手,推动企业转换经营机制。

首次采取招聘农民合同工和定期轮换制的形式,补充船员队伍。1992年8月,公司结合对口扶贫工作,从瓦房店市交流岛乡首批招收了50名农民合同制女客运员。这些合同女工户口不进城,实行为期4年的轮换制。这批农村姑娘经过培训上岗后,以其蓬勃向上的精神面貌,对公司500多名客运员队伍产生了积极的影响,促进了客运服务质量的提高,消除了原来由体制等原因造成的某些惰性。而且,此举又解决了大龄女船员陆地安置工作的困难,从人员结构和素质方面,又使客运员队伍长久保持年轻化。同年10月,公司又从大连市农村各县(市)区应届高中毕业生中招收了40名农村合同制远洋船员,委托高等院校进行为期2年的专业培训后,输送到船舶一线。

实行船员若干岗位责任制。公司通过了《实行船舶各部门工班长聘任制管理办法》,这是人事制度改革方面的一项重要举措。公司对船舶水手长、机匠长等10个岗位实行聘任制,从优秀工人中选拔一批骨干择优聘用,并对现职人员进行理论、实操和民主评议考核,优上劣下,促进广大船员学技术、学业务的积极性。

分配制度方面,奖金分配向船舶一线倾斜。1992年初,公司对船舶航次奖进行了上调,机关的月度奖相应减少。当年,公司对职工工资也进行了调整,每人平均浮动1.3级工资,晋升半级档案工资,半级企业工资。

4.开展劳务出租和外派业务

1985年大连轮船公司独立后,获得了快速发展。1986年,为搞活经济,拓展经营渠道,增加收入,公司积极组织船员进行劳务输出,全年共为公司实现纯利润19万美元。与此同时,公司还加强了人事管理,在保证船舶定员的前提下,充分挖掘人才潜力,先后向其他船公司租借干部船员45人次,为公司增加收入15万元。同年,根据海上客运发展的需要,下属的海运服务公司选派出近百名女工,上船担任客运员,经过1年的锻炼,全部转为全民合同工。1987年,根据公司船员多、船舶少的实际情况,积极开展劳务横向联合,广开门路经营。首次与国内航运企业民生轮船公司天津分公司签订了劳务合同,租借出整套船员劳务班子;继续租借给兄弟企业部分船员,年收入近20万元;积极开展与外商合作,组织船员外派,创汇近150万元。

1988年,公司提出新的经营方针和发展战略,加强远洋运输,大力发展船员劳务出租。当年与英国新康海运公司、香港华通公司签订出租船员劳务合作合同,并向希腊出租外派船员班子。同时下属的海运服务公司向辽东船务公司派出2个整套劳务班子,此后又先后向多家兄弟海运企业派出整套劳务班子。

随着远洋运输业务的拓展,劳务外派工作有了突飞猛进的发展,其形式由过去单一的外派半套船员班子发展到全套船员班子。1989年,公司先后派出各类船员外派班子18套,共240人,创汇70多万美元。1990年,公司还首次派出16名女客运员,到台湾地区的旅游船执行1年的劳务合同。外派业务的开展,不仅为公司增加了收入,安置了富余船员,同时也锻炼了船员队伍,使之与国际接轨。

5.成立大连海运集团

随着社会主义市场经济体制的确立,大连轮船公司抓住机遇,提出了组建集团的发展规划。经交通部批准,于1993年6月1日更名为大连海运(集团)公司,1994年6月1日,大连海运集团正式成立。

集团成立后,对核心企业与紧密层、半紧密层和松散层企业的关系做了调整和进一步明确,加强了各级班子建设,同时加强管理,制定了各项管理制度。而深化企业改革是集团接下来工作的重头戏,包括以下几项:

(1)调整机关机构,实行分层管理。经过几次调整,使决策层、管理层、执行层层次分明,职责到位;精简机关工作人员,改变人浮于事的状况。

(2)划小核算单位,下放经营管理自主权。集团成立了3个专业公司:大连海运集团客轮公司、大连海运集团轮船公司和大连海运集团英才船员公司。专业公司成立后,船期抓得紧,管理抓得细,精耕细作,提高经济效益。

(3)实行经济承包责任制,探索不同经济成分的经营模式。1995年公司在开展学习"华铜海"轮的基础上,对船舶实行增收节支承包;对服务型企业实行经济责任制;对效益型企业实行1年或3年承包。这些不同形式的承包和经营,有利于调动各基层单位创收和节支的积极性。

(4)改革用工制度,建立和完善用人制度上的约束机制。1992年以来,公司在用工制度上实行了一系列改革。机关干部实行聘任制;船舶客运主人、货运员、部门长实行聘任制;从船员中和外单位招聘政委;招收农民合同工,实行全员合同制和内退制。1995年(集团)公司制定并实施了《大连海运(集团)公司职工管理(暂行)规定》,其中包括《工作时间与休假的(暂行)规定》《安置富余职工的(暂行)规定》《职工患病或非因公负伤医疗期的(暂行)规定》《劳动保护管理规定》《实施全员劳动合同制的(暂行)规定》《关于离开公司人员有关赔偿、补偿的(暂行)规定》《工资管理(暂行)办法》。1996年(集团)公司又制定了《大连海运(集团)公司用工制度改革方案》,进一步加大了用工制度改革力度,船员、职工实行了上岗、待岗、下岗制度,对长期旷工和严重违法乱纪的职工予以除名。1997年的职代会通过了《大连海运(集团)公司用工管理规定》,进一步加强了对职工的管理,用人制度上引入竞争和约束机制,较好地调动了职工的生产积极性。

(5)改革分配制度,发挥经济杠杆的激励作用。1994年,(集团)公司对职工的岗位工资进行了调整,陆地增幅20%,船舶增幅50%,又拿出500多万元对职工的档案工资、岗位工资和浮动工资进行了调整。

1996年3月,(集团)公司职代会通过了《大连海运集团工资改革方案》,推行了新的综合工资制,船舶实行了岗位技能工资制,陆地机关实行了薪点制,对二级企业经营者实行年薪制。工资分配向一线倾斜,向重点岗位倾斜。1997年职代会通过了《大连海运(集团)公司工资管理规定》,包括船员岗位技能工资管理办法、陆地人员岗位薪点工资管理办法和船舶业绩工资管理办法,确保了工资改革方案的顺利实施。

(6)实行了一系列配套改革,包括养老、医疗、住房等改革。

(二)上海沿海运输经营体制变革与海员队伍的变化

1.从交通部上海海运管理局到上海海运(集团)公司成立

中共十一届三中全会以后,随着改革开放的逐步深入,上海沿海运输进入了新的历史发展时期。

1977年,上海海运局先后恢复和修订了《船员职务规则》《上海海运局技术分类办法》《船舶设备损坏事故处理办法》《船员技术考试办法》等多项规章制度,使船员和业务管理走上正轨。1978年4月,货一、货二船队合并为货运船队。客、货、油3个船队的职能和权限进一步扩大。7月,根据交通部关于部属企、事业单位不设立革命委员会,实行党委领导下的局、厂长分工负责制的决定,取消了上海海运局革命委员会,同时上海海运局改称为交通部上海海运管理局。同年跻身国际航运市场,开始沿海运输和远洋运输并举。

1979年2月8日,上海海运管理局恢复职能处室建制,并设总船长、总轮机长、总会计师。在交通部主持下,从第二季度起,先后抽调"神州""德州""长辉""长阳"等货轮及"大庆"等油轮参加远洋运输。9月21日,交通部批准成立上海海兴轮船公司,主要承担外贸物资运输。1980年,为有利于"既沿海,又远洋"的经营方针,避免分级分权管理和统一指挥、统一调度之间的矛盾,上海海运管理局实行船舶管理体制改革,经交通部批准,于是年11月撤销船队建制,实行管理局对运输船舶的一级管理。同时按管理职能,组建航运、船务和人事3个部,由分管副局长兼任部主任,各部直接管理到船。

1981年7月,上海海运管理局第一套外派船员班子,被派往香港海星轮船公司"新鹰"轮,合同期1年,由此开始了船员劳务输出。9月,管理局颁发了《船舶安全生产规章制度汇编》。1982年1月,上海海运管理局职工待业子女21人,同该局劳动服务公司签订首批合同,担任"茂新"轮客运服务员。8月,管理局决定建立指导船长、指导轮机长安全责任制,每1名指导船长和指导轮机长对口负责15艘左右的船舶。

1983年底,在局机关设第一货轮、第二货轮、客轮、油轮4个船舶管理处,并相应撤销航运、船务和人事部。船舶管理处属机关职能处室,其对船舶的管理职能和权限较船队为小,主要开展人员、船舶技术设备和安全生产的管理。1984年1月,局党委颁发《船舶党支部领导下的船长、政委分工负责制条例》,规定船舶党支部是船舶领导核心,实行政治、思想和组织的领导。10月,上海海运管理局决定更改部分船名,以"战斗"作为首命名的货轮恢复"文革"前的"和平",以"工农兵"作为首命名的客货轮则改名"庆新""贺新"等。

1985年,为在船舶管理上合理划小核算单位,实行分级分权管理,再次进行了船舶管理体制改革,撤销船舶管理处,组建相对独立的专业运输公司。11月,石油运输公司首先成立,继而又相继成立了性质相同的客运公司、第一货运公司和第二货运公司。4个专业运输公司均作为一级管理机构,实行内部独立核算,在局统一计算产量、统一纳税、统一承担债务、统负盈亏的前提下,赋予相应的经营自主权,从而形成局、船公司对船舶的二级管理体制。

1987年9月,上海海运管理局开始在全局范围试行安全责任制,并制订《运输船舶安全检查标准》细则300条,促使安全管理规范化、科学化。12月,上海海兴轮船有限公司与厦门经济特区船务有限公司,在厦门联合组建鹭海船务企业有限公司。

1988年3月,交通部批复同意上海海运管理局实行局长负责制,按照局长任期目标责任书,实行局长任期目标责任制。5月,上海海运管理局颁发执行《船长负责制条例》,规定船长是船舶的主要领导,既是技术职务,又是行政职务,在局和船舶运输公司领导下对船舶的生产指挥、行政管理、技术管理、涉外工作、治安保卫和思想政治工作统一领导,全面负责。实行船长负责制后,船舶政委改称副船长,为船舶行政领导之一,属于行政职务,在船长领导下工作,分管船员思想政治工作和部分行政管理工作。船长负责制遂取代原党支部领导下的船长、政委分工负责制。为适应船舶领导体制的改革,扩大各专业运输公司的自主权,自当月起,将船长、副船长、轮机长的管理权亦下放给4个运输公司。12月,上海海运管理局与上海石油化工总厂联合经营的金海船务贸易有限公司成立。同月,上海海兴轮船公司和香港招商船务企业有限公司联合组建兴海船务企业有限公司。年底,上海海运局先后组建了自主经营的5个船公司,1个包括电子设备维修、制造厂的通讯站,4个船舶修造厂,2个具有专用船舶、专用码头、专用库厂和专用储油设备的燃、物料供应站,4个培养中、高级航海技术人才和政工干部的专业学校,1个医院,1个防疫站,1个为船舶服务的海运服务公司。形成了包括工业、通讯、供销、教育卫生等行业,围绕运输船舶组合而成的运输综合体——集体性运输企业的雏形。

1990年1月20日,交通部党组发出《关于完善船舶领导体制的通知》,决定航运企业和拥有船舶的单位,其船舶继续实行船长负责制,为更好发挥船舶党支部的政治核心作用和加强船舶的思想政治工作,船舶专职政工干部的职务名称,由副船长改为政委。1991年3月,上海海运管理局重新制订和颁发了《船舶职务规则》《船员值班交接班制度》和《船员安全责任制》,进一步完善了船员管理体制。1992年6月,上海海运管理局在浦东新区组建的浦东海运实业总公司正式开业。

1993年6月18日,交通部上海海运管理局改组为上海海运(集团)公司。11月18日,广州(佛山)至上海全集装箱航线开通,为中国第一条沿海全集装箱航线。1994年1月,上海海运(集团)公司为深化改革,适应市场经济,打破传统格局,将船舶调度经营权下放所属船公司。1996年11月,上海海兴轮船股份有限公司进行经营管理体制改革,与上海海运(集团)公司在管理机构上全部分开,并按照专业化分工原则,设置货运分公司、远洋运输分公司、集装箱分公司和油运分公司。

2.海员来源及构成变化

1977—1980年,随着沿海运输体制的变革,船员人数不断增加。新增人员中,除学校分配外,从社会招工人员的文化程度普遍不高。1980年,上海海运管理局海员队伍中初中及以下文化水平的占66%。

20世纪80年代,上海海运管理局船员来源主要有学校分配、部队退役、从社会招工和从农村招工(其中包括部分征地工)等,并招收部分海员职工子女。随着航运市场的发展,1983—1984年,有部分外省市航运单位以优厚的招聘条件吸引上海船员。上海海运管理局部分技术人员申请调动,有的提出辞职,甚至有人不辞而别,造成技术船员队伍不稳定。船员来源亦一度紧张,新工人招收不易,1984年,不得不增加从郊县招工。即便如此,1984年和1985年都未完成招工指标。其间根据国务院改革劳动制度的规定,逐步试行招收合同制工人,1985年合同制工人占海员总数的3%。至1987年,上海海运管理局船员共14050人,其中干部船员3794人,普通船员10256人。年龄在35岁以下的8081人,占总数的57.51%;36—55岁的5357人,占总数的38.13%。文化程度大学本科734人,占总数的5.23%;大学专科387人,占总数的2.75%;中专1009名,占总数的7.18%;技校826人,占总数的5.88%;高中3631人,占总数的25.85%;初中5634人,占总数的40.09%;小学1829人,占总数的13.03%。1988年,全局共有职工28264人,其中运输人员18154人占64.23%,运输人员中的船员13374人,占职工总数的47.32%。1990年末,上海海运管理局有船员19616人,其中合同制工人为2296人,占总数的11.7%。

"文化大革命"结束后,上海海运管理局继续招收女船员。1978—1979 年,上海海运学院 2 名女毕业生分配在管理局客轮上见习三副,20 世纪 80 年代初调离船舶。1982 年 1 月,上海海运管理局初步试行合同制的用工制度,从职工子女中招收第一批 21 名合同制工人,全部为女性,担任客船服务员。1983 年,又招收第二批 20 余名合同制女服务员。1985 年,上海海运管理局有女客运服务员(包括广播员、售货员等)992 人,1990 年达到 1376 人。

3.海员外派

上海海运管理局也开展了船员外派业务。1981 年 7 月,成立了上海海运对外技术服务公司,指导船员劳务输出工作。当月,组成第一套外派船员班子,派往香港海星轮船公司"新鹰"轮,合同期 1 年。打开局面后,又对美国、日本、希腊、英国、挪威、瑞士、中国香港等十几个国家和地区的航运公司开展海员外派业务,与其建立了良好的业务关系。由于上海海运管理局外派船员遵纪守法,工作勤奋,遵守劳动合同,维护船东正当权益,努力学习外国先进航海技术和管理经验,维护国家声誉,且基本功扎实,适应性强,深受外国船东青睐,为企业在国际航运市场赢得了声誉。有外国轮船公司对上海海运管理局海员外派工作的评价为"守信用、高效、重质量,是一家有雄厚实力的公司"。有的外派船员在外轮工作期间,冒险在公海上抢救遇险的外国船员,发扬了人道主义精神,受到外国船长和船员的赞扬。日本东洋海运服务公司多次对上海派去的船员班子进行突击式检查,结果令人满意。美国莱芹国际海运服务公司多次称赞上海派去的船员班子适应国际航运要求,愿与之不断扩大船员出租业务。1988 年,"南极洲"轮租借给美国拿维斯公司,投入英法海底隧道(英国段)建筑石料的运输,3 年期间船员始终坚持优质服务,恪守职业道德,创下 1000 天不停航的纪录,累计承运建筑石料 300 多万吨。因其卓越的贡献,"南极洲"轮的船名被英国当局刻上了隧道竣工纪念碑,供世人瞻仰。

通过船员外派,船员队伍得到锻炼,有更多机会学习国外的先进航海技术和管理经验,不同程度地提高了船员的远洋业务知识和英语水准,也拓宽了船员的视野船员外派。既为国家增加了外汇,也提高了船员的经济收入。至 1990 年,上海海运管理局共外派船员 80 批,其中有全套班子,也有半套班子,累计 2000 余人次,创汇 797 万余美元。

(三)广东沿海航运企业的变革

1983 年 7 月,根据中央关于进行经济体制改革的要求,广东省航运厅并入省交通厅,同时成立广东省航运总公司,主管全省航运业务,行政归省交通厅领导。

广东省航运总公司是省交通厅的直属企业,主管全省内河、沿海运输,地方港口业务及集体企业的生产、供应、技术改造等,是广东自新中国成立以来规模最大、经营范围最广的地方国有航运企业。总公司下属企业有珠江航运公司(含港澳航运公司)、航运物资供应公司、航运规划设计院(含科研所)、航运开发公司、航运电讯服务公司,代管广东驳运公司和广东南海石油联合服务总公司船舶公司。驻港澳机构有香港珠江船务有限公司、澳门粤通船务有限公司。总公司成立后,将原各地省属航运局也改为航运公司,并增设江门、中山、珠海航运公司,韶关港务所及联营的深粤航运公司,均隶属省航运总公司领导。总公司属下共有各类运输船舶(国有)18.4 万载重吨、3 万多客位,经营省内的内河、沿海及各口岸至港澳地区的客货运输,航运物资供应,港口装卸仓储,航运规划、设计、科研以及技术培训、劳务输出、技术咨询等业务。

1987 年 10 月,为进一步加强交通行业管理,推动政企分开,增强企业活力,广东省政府决定将省属航运企业、汽车运输企业和交通工业企业,除少数中外合资或合作经营之外,下放给所在市(地)交通主管部门管理。根据这个决定,广东省航运总公司将各市(地)的航运公司及所属单位下放给所在市(地)。

企业下放后,部分管理机构随之相应调整。1988年3月8日,广东省航运总公司和广东省航政局合并(保留航政局牌子),成立广东省航务管理局,归广东省交通厅领导,管理全省水路运输和水上安全、监督。原总公司下属广州地区的直属企业,行政上归省航务局领导,经济上实行独立核算。1995年1月,广东省航务管理局撤销,组建广东省港务监督局(副厅级建制),主管全省水上安全监督,业务为交通厅领导;另组建广东省航运公司,归省人民政府直接管理。

1993年,交通部批准广州海运管理局改制为广州海运(集团)公司。1995年11月,广州海运(集团)公司被国务院确定为全国百家现代企业制度试点单位。1996年7月,广州海运(集团)公司依据《公司法》,改制为国有独资有限责任公司。1997年7月,中国海运集团在上海成立,广州海运按照"专业化经营,规模化经营,集约化管理"为原则的重组要求,资产和人员分别划入中国海运各专业公司,企业进入稳步发展时期。

三、内河航运企业整顿与改革

(一)长江

"文革"结束后,长江航运生产进入新的历史时期。但由于当时"两个凡是"等"左"的思想仍然存在,被破坏的航运规章制度尚未恢复,企业管理仍较混乱,运输生产依然徘徊不前,因此长江航运企业的首要任务是拨乱反正,整顿和加强企业管理,尽快恢复和健全各项制度。

1.落实干部政策,加强船员服务

"文革"结束后,长江航运管理局对党政领导班子进行了重大调整。1978年5月18日,按照中央和交通部有关规定,撤销长江航运管理局革命委员会,同时恢复"长江航运管理局"名称。同年9月,组成新的领导班子。

落实干部政策,平反冤、假、错案,是拨乱反正的一项重要内容。"文革"期间,大量干部、船员因受迫害而离开工作岗位,如果不迅速平反,势必给长江航运事业的恢复和发展带来严重影响。长航局系统各级党委本着"实事求是,有错必纠"的原则,对"文革"期间大量冤、假、错案进行全面复查和彻底平反纠正。据统计,全线共复查有关案件4834件,平反纠正2954人;对错划的右派进行了改正;对起义投诚人员、归国华侨等统战对象有关政策的执行情况也进行了复查落实。同时,长航局系统认真落实知识分子政策,仅1978年,在汉(武汉)单位就有148名工程技术人员恢复了技术职称,有165名技术干部归队,还有长期作为工人的556名大学生,安排了相应的技术工作。平反冤、假、错案各项政策的落实,促进了企业和船舶的安定团结,调动了广大干部和知识分子的积极性。

拨乱反正后,恢复和发展运输生产,重新成为首要工作,而广大船员是运输生产的主力,所以做好在船船员的生活服务,即是对发展运输生产的有力保障。长航局按照方便船员、有利生产的原则,加强运输船舶的物资供应,1978年4月,将武汉分局物料站、船员生活服务站、供应船队和武汉港燃料站以及工业局加工厂统一集中管理,成立"武汉船舶供应站",负责武汉地区船舶和过境船舶的燃料、润料、淡水、物料以及生活物资的供应工作。

2.整顿运输管理制度

"文革"期间,长江各项航运规章制度被扣上"管、卡、压"的罪名而横遭批判,正常的生产秩序和管理制度遭到严重破坏。"文革"结束后,为了确保长江航运的正常进行,长江航运管理局对各项规章制度进行了系统、全面的整顿。

调度管理是长江航运规章制度的重点。长江航运管理局作为大型骨干运输企业,统一管理2500公里的干线船舶、港口、航道、工厂、供应、通信等水运经济技术部门,负责组织干线客货运输、航道建设、工业生产、物资供应以及后勤保障等。这种环节多、连续性强的联合企业的正常运转,需要通过调度系统实现。全线调度系统是组织和指挥运输生产的中枢,其中对船舶和船员的调度是整个调度系统的关键所在。1977年5月,长航局在全线组织以专线为骨干的运输生产大会战,借此整顿、加强了三级调度(总调、分调、港调)制度。1978年5月,长航局组织了第二次运输生产大会战,制定、颁发了《调度规程》。1982年3月1日,长航局根据交通部有关通知精神,在长江航运系统建立了调度命令制度。

客货运输是长江航运生产的核心任务,有关客货运输的规章制度无疑十分重要。长江航运部门在认真执行交通部1979年颁布的《水路货物运输管理规则》和1980年颁布的《水路旅客运输规章》的基础上,根据长江航运实际,作出了若干具体规定,主要是建立和健全港航交接责任制,以加强港航各环节之间的衔接,废除"港港交接制",实行"船港交接制"。1979年10月30日,长航局发出《关于认真贯彻执行船港交接制的通知》,规定长航局内部从1980年1月1日起,实行船港交接制度,全线船舶包括客货轮、货轮和驳船一律由船舶直接和港方办理理货交接。这样就健全了港航岗位责任制,明确了船舶和船员的责任和义务。

3.整顿劳动管理和船员业务管理

"文革"期间,长江航运的劳动管理制度也遭破坏。"文革"结束后,从1977年4月27日起,长江航运管理局对所属单位的劳动管理等合理的规章制度进行恢复。全线各分局、港口、工厂逐步恢复了定额管理,加强了船员定员管理以及装卸定额、工时定额管理,健全了公休、病假、事假、产假的请销假考勤制度。1983年底,长航局开始执行交通部关于部属单位一线(直接生产)、二线(辅助生产)、三线(管理服务)人员的定员试行比例标准。

整顿驾驶业务管理,恢复和健全驾驶规章制度,是船舶安全航行的重要保障。1980年7月17日,长航局颁发了《关于船舶开展遵章守纪教育和整顿驾驶业务管理的决定》,重申所有船舶必须认真贯彻执行《长江运输轮驳船员职务守则》《船舶防洪规定》《船舶防枯防浅规定》《长江下游船舶防风、防台规定》《船舶防雾规定》以及《驳船操作规则》等17项规章制度;航行上海和川江的船舶,要执行上海港有关规定和川江航行特殊要求;油船还要执行《长江油船安全生产管理规则实施细则》。

机务管理是航运企业管理的重要内容。1977年,长江航运管理局制定了《船舶机务工作分段分级管理办法》。1979年10月,在重庆召开全线机务工作会议,对此办法作了必要修改,形成了比较完善的机务管理制度。对所有船舶的机务工作根据航行地区和类型,分别由重庆分局(辖重庆、涪陵、万县各港)、武汉分局(辖宜昌、枝城、沙市、监利、城陵矶、洪湖、阳逻、黄石、武穴各港)、芜湖分局(辖九江、安庆、池州、铜陵、芜湖、马鞍山各港)和上海分局(辖镇江、高港、江阴、南通各港)进行管理,南京分局和武汉港、南京港由长航局直接管理。有关船舶机务管理的规章制度以及各项技术标准、操作规程等,由长航局统一颁布执行。机动船每10—15艘配备船队轮机长1人,驳船每25—30艘配备驳船长1人。船队轮机长、驳船长实行1/3以上时间的随船工作制。

劳动管理制度的恢复,特别是驾驶业务管理和机务管理的整顿和完善,使长航局对船队和船员的管理更为科学有效,广大船员遵章守纪的自觉性有了显著提高,保证了运输业务的正常开展。

4.长江航运管理体制改革

改革开放后,随着长江航运生产的稳步增长,原有管理体制越来越不能适应发展的需要了。主要表现在:一是条块分割,政企不分;二是政出多门,管理混乱;三是上级集中过多,企业缺乏活力。为改变这种局面,1980年8月起,国家经委、交通部以及有关单位开始就长江航运体制改革进行调查研究。1982年5月,交通部在广泛征求各方意见的基础上,拟定了《长江航运体制改革方案》,于1983年3月10日报国务院审批。3月25日,国务院正式批准《交通部关于长江航运体制改革的方案》。

1984年1月1日,长江航运体制改革方案正式公布实行,撤销长江航运管理局,组建长江航务管理局,成立长江轮船总公司,并正式挂牌办公,走出了长江航运政企分开的第一步。

长江航务管理局(简称长航局)是交通部派出机构,其职责范围包括统一负责长江干线的航政、港政、航道整治管理、发展规划、船舶监督检查、船员考试发证、水域防污、海难救助、港航事故处理以及公安、通信和运输市场的行政管理工作,协调部门间、企业间的相互关系,承担长江水系协商委员会的日常工作,全面领导管理长江干线直属港口,协调港航之间的业务关系。长江航务管理局直接领导长江航政管理局、长江航道局等7个直属单位和部门、14个重点港口、7座工厂以及13个医疗职防单位和专业院校。

长江轮船总公司是交通部直属一级独立核算的运输企业,是当时中国最大的内河轮船公司,经营长江干线客货运输和船舶修造业务,并承担干支直达、江海直达的物资运输及外贸运输业务。长江轮船总公司下辖重庆、武汉、芜湖、上海4家长江轮船公司和南京油运公司,以及长江燃料供应总站、9家大中型修造船厂、1家电机厂和多家修船厂。涉外公司有中国交通进出口公司长江分公司、长江旅游总公司、国旅长江分社、长江中国旅行社、长江轮船总公司蛇口公司、汇海航运公司,合资企业有中国扬子江轮船股份有限公司等,并在长江全线设有调度、通信、机务、安全、供应、卫生、教育等配套服务机构。

1984年5月,国务院发布《关于进一步扩大国营工业企业自主权的暂行规定》。9月,交通部同意长江轮船总公司扩大自主权。8月6日,长江轮船总公司引发《运输生产调度规程》,确立总公司统一领导全线调度系统的两级管理、分段(专业)负责、集权与分权相结合的体制;11月出台《运输生产经营管理改革方案》及《实施细则》。按照"统一计划、分级管理、航线分工、自主经营"原则,分别由重庆、武汉、芜湖、上海公司负责经营管理各自辖区的客货运输及相关业务,7条骨干跨区航线分别由重庆、武汉、上海公司经营管理,原油专线运输由南京公司经营,芜湖公司主要经营管理区间运输。

1985年1月1日,经交通部批准,长江轮船总公司实行《运输经营改革方案实施细则》;10月17日,根据国家第二步利改税政策,推行基层单位、修船、车间和单项等多种形式经济承包责任制。1985年,船舶保有量2256艘,221.9万载货吨,10.6万客位,正式职工77192人。1988年1月,长江轮船总公司全面推行内部承包经营责任制。1989年利润总额创历年最高,达3114万元。1990年为2959万元。

1991年,国务院国发〔1991〕71号文和有关部委组建企业集团的11个配套文件下发之后,长江轮船总公司完成组建中国长江航运集团的报告、章程、可行性研究报告等一系列文件的起草、报批工作。1992年12月29日,国家三委办〔1992〕2601号文批复同意成立中国长江航运集团。1993年2月初,中国长江航运集团完成工商登记;3月6日,中国长江航运(集团)总公司(以下简称"长航集团")正式成立,为全国55家大型试点企业集团之一。长航集团组建后,主营水上运输,兼营旅游、水运工业、贸易、房地产等产业。主要航线包括长江干线和干支直达、江海直达,以及沿海、近洋、远洋运输,从事干散货、石油、集装箱、液化气、滚装运输。

5.形成多元运输格局

改革开放以来,交通部提出"有水大家行船",长江水系办航运的积极性普遍高涨,形成以交通部门为主的多形式、多成分、多层次的航运产业新格局。至1985年,航运企业发展到803家,运力近800万吨;水运专业户40余万户,个体船舶151123艘、180万吨,约占水系船舶总吨位的22.50%。1990年,长江船舶运力比1985年增长20%。但因国民经济调整,加之控制建设规模和货源不断变化,货运量明显下降,1990年完成货运量仅及1986年的84.20%。

20世纪90年代,由于公路、铁路运输快速发展,促使长江腹地运输格局向公路、铁路倾斜。而水运因初期建设资金投入大、收益慢、经济效果不明显等缺陷,在竞争中处于劣势。加之国家对长江黄金水道投入不足,沿江工业布局未充分利用水运等因素,长江航运发展环境恶化。90年代后期,长江航运市场无论是国有企业、集体企业还是个体联户,面对公路铁路的外部竞争和水运业自身运力过剩的激烈竞争局面,企业大范围亏损,客运、货运均面临经济效益下滑的困境。

1997年,长江水系共有运输船舶48049艘、362981客位、8587240载重吨、2091115千瓦功率,分别为1989年的67%、85%、114%、118%。1989—1997年长江运力结构发生明显变化,船舶艘数和客运运力下降,货运运力增加,船舶大型化和机动化程度明显提高。1997年完成的客运量、客运周转量、货运量、货运周转量,分别为7630万人、91.3亿人千米、20352.1万吨、1018.9亿吨千米,仅为1989年度的35%、77%、41.20%、97%。客运量、货运量均不足1989年的1/2,仅货运周转量接近持平。货船载货吨位5020070吨,占总吨位的58%,为长航集团的1.4倍;机动船功率为1266226千瓦,占总功率的61%,为长航集团的1.5倍。1997年,地方企业完成货运量、货运周转量达12457.3万吨、429.4亿吨千米,分别占总运量的61%、42%,市场份额明显提高。究其原因,主要是平均运距大幅扩大,1989年为205千米,1997年达500千米。1997年,地方航运企业(含个体联户)拥有船舶45523艘,占总艘数的94.70%,为长航集团的18倍。其中除货运周转量略低于长航集团外,其余各项运量均超过长航集团,尤其是客运量大大超过长航集团。

(二)珠江

党的十一届三中全会以后,珠江航运进入了一个新的历史发展时期。随着国家经济体制改革的不断深入,珠江水运企业也在不断地改革经营机制,调整经营战略,向市场经济发展,并取得了显著的成绩。

1.珠江航运企业改革

改革开放前,在计划经济体制下,珠江水运企业一切经济活动都围绕计划来进行。水运生产实行"三统一"(统一调度、统一货源、统一运价),经营方面实行独家经营。水运业处于垄断地位,缺乏竞争;水运主业单一,缺乏活力。这种经营方式不利于发挥企业积极性,也不能满足省区经济建设和人民生活的需要。改革开放后,企业逐步摆脱政府统管,成为自主经营、自负盈亏的独立法人和市场竞争主体。随着改革的不断深入,珠江航运企业在贯彻《国务院关于全民所有制转换经营机制条例》和《公司法》方面不断加大改革力度,在转机建制方面积极探索,取得了较好效果。从总体上看,通过经营方式改革,增加生产资金投入,进行技术改造和技术引进等,企业对环境和市场变化的适应能力增强,经济效益有所提高。

在具体经营上,珠江航运企业调整经营战略,进行了以下几个方面的改革。其一,依靠濒临港澳的优势,抓住时机,大力发展外贸运输,取得了良好业绩。不少水运企业依靠外贸运输,填补内贸运输亏损,使企业得以维持。其二,20世纪90年代中后期,面对市场竞争激烈,水运企业生产下降,经济效益下滑的现状,在积极发展主业的同时,大力开展多种经营。发展多种经营,不仅壮大了企业经济实力,提高了企业经济效益,同时增强了企业自身的造血功能,分散了企业经营风险。其三,通过各种形式,积极发展对外合作。通过引进外资,部分解决了企业发展和改造的资金需要;通过引进先进技术和设备,提高了企业整体技术水平,增强了企业竞争力。其四,调整运力结构,发展高新技术。在客运方面,引进国外的高速客轮,发展高速客轮运输,取得了很好的经济效益。据1994年统计,广东内河先后成立了十几家高速客轮公司,开辟高速客轮航线32条,投入高速客轮132艘,共10009客位。货运方面,积极发展集装箱运输。1993年珠江水系完成集装箱运输354803万标准箱,完成货运量2835209吨,发展迅速。

2.管理机构变革

(1)交通部珠江航务管理局成立

由于流域分属不同省区,长期以来,珠江航务管理条块分割,各自为政,不能统一,因而无法充分发挥水运效益。1986年5月,为适应珠江水系航运发展的需要,根据国务院的决定,交通部在广州成立了珠江航务管理局。

珠江航务管理局作为交通部派驻水系的行政管理机构,归交通部直接领导,属行政性事业单位,主要职能是行使对珠江航运部分行政管理、行业管理和水运市场的宏观调控,不直接经营企业。对珠江航运企业的管理,珠江航务管理局同两广航运管理部门有所分工。审批权限上,经营港澳航线千吨级以下的船舶,由广东、广西两省区审批,向珠江航务管理局备案;千吨级以上的船舶,由珠江航务管理局签署意见后报部审批。航线管理方面,原则上在统一政令的前提下,珠江航务管理局管理跨省区航线,两省区交通厅分别管理各自省区境内航线。珠江航务管理局职责还包括珠江航运基础设施建设,地方船舶更新改造,对干线航、港、货之间发生矛盾进行协调和仲裁以及统一管理干线通信等。

1989年,交通部为了加强规划工作,确定在长江、珠江、黑龙和松辽江、黄河四大水系成立航运规划领导小组。珠江水系运规划领导小组由珠江航务管理局牵头,云、贵、黔、粤4个省区的交通厅参加,日常工作由水系航运规划办公室负责。

1991年,交通部对珠江航务管理局的职责范围作了适当调整,使之更能适应市场经济发展需要。1994年,交通部对珠航局的职责又作了一次调整,使之向行政性质转化,以更有利于发挥其管理职能。

(2)广东航运管理机构的变革

新中国成立后的广东航政机构,主要实行政企合一、港航统管的体制,隶属航运或港务主管部门。省航运厅设港航监督室,分设指导船长、港航监督、海事、船员管理及船舶检验等部门。

改革开放后,广东内河的社会运力激增,江河船舶密度加大,厂矿企业自用船、农副业船、个体船舶纷纷进入运输市场,无牌驾驶、违章航行、超载滥载现象日益增多,导致水上交通秩序混乱,航行事故不断发生。为加强全省内河的安全监督,经广东省政府批准,在省航运厅港航监督机构的基础上调整充实,于1981年4月1日,正式成立广东省航政管理局(简称航政局),作为航政管理专门机构,同时实行政企分开。航政局属省航运厅建制(省航运厅并入省交通厅后隶属省交通厅),除代表政府对全省水上航行秩序和安全实行航政管理,对船舶、港区、航道等方面实施技术监督和行政监督,对船舶技术进行检验登记外,还办理船员考试发证。

1983年7月,根据中央关于进行经济体制改革的要求,广东省航运厅并入省交通厅,同时成立广东省航运总公司,主管全省航运业务,行政归省交通厅领导。

1987年10月,根据广东省政府的决定,省航运总公司将各市(地)的航运公司及所属单位下放给所在市(地),部分管理机构随之相应调整。1988年3月8日,省航运总公司和省航政局合并,成立省航务管理局(简称省航务局),归省交通厅领导,管理全省水路运输和水上安全、监督。原总公司下属广州地区的直属企业行政上归省航务局领导,经济上实行独立核算。

1995年,广东省航务管理局撤销,行政部分并入省交通厅,分别成立水运管理处和省港务监督局,前者管理全省水路运输,后者与船舶检验局统管全省安全监督业务。另组建省航运公司,作为省属企业归省人民政府直接管理。

(3)广西航运管理机构的变革

改革开放后,广西的航政管理工作得到了进一步加强。1979年2月,全区各航政部门从各航运分局划出,成为独立的交通安全管理机构,统一由区交通厅领导。1984年,广西区交通安全监督局成立,下辖南宁、梧州、柳州、北海、桂林5个航政所。

1985年底,撤销广西壮族自治区航运公司,成立自治区航运管理局。此前,区航运公司系区交通厅领导的二层机构,属于管理港、航、厂的综合性企业,下辖梧州、柳州、南宁、北海4个航运分公司和北海港务局以及梧州、南宁2个船舶修造厂,共7个独立核算单位。下属单位均实行条块结合的双重领导体制,政企不分的旧体制,已经不能适应改革开放后新形势发展的需要。1984年8月30日,自治区人民政府作出了关于搞活交通运输的9条规定。11月,自治区六届人大常委会第十一次会议审议并通过了区交通厅提出的改革方案。随后,一批原来由区交通厅领导的直属企业,分批下放给所在地方管辖,企业自主权也相应扩大。1985年,区航运公司撤销后,原来所属航运分公司全部下放给所在地的中心城市,由所在城市的交通局直接领导。国企下放,而集体水运企业的组织形式则保持不变,此外,个体专业运输兴起,从而初步形成以国营、集体为主,个体为补充的水运新格局。

1987年,区交通厅又对部分机构进行调整,将区航运管理局、航道管理局和原区交通安全监督局(水上监督部分)合并,成立广西航务管理局(保留区港航监督局和区船舶检验处两个牌子)。其主要职能是在交通厅直接领导下,负责对全区国营、集体、个体(联户)水上运输业和船舶修造业实行统一的行业管理和行政管理,以及负责全区水上交通安全、船检及航道管理。

(三)黑龙江

1.航运企业治理整顿

改革开放之初,黑龙江航运面临的形势十分严峻,企业经营不善,管理失控,货源流失,生产秩序遭到破坏。为尽快扭转不利局面,黑龙江航运管理局首先从整顿领导班子和职工队伍入手,有计划地全面展开整顿工作。

(1)整顿领导班子和职工队伍

1980年3月,黑龙江省航运管理局被确定为省扩大企业自主权试点单位。航运管理局即开展了企业整顿工作,以便为扩权工作打好基础。整顿工作首先从整顿领导班子开始。遵照中央对各级领导班子应具备革命化、年轻化、知识化和专业化的要求,对航运管理局机关及所属12个县团级单位的两级领导班子,进行了考核和民意测验,并以此为依据,对两级领导班子进行了调整。调整后的领导班子平均年龄大幅下降,文化程度普遍提高。此外,按照中央颁发的《厂长工作暂行条例》的规定,局直属县团级单位普遍实行了局(厂)长负责制,同时普遍恢复健全了职工代表大会制度和工会制度。

针对"文革"期间各项管理制度遭到严重破坏的情况,航运管理局从整顿基础工作入手,进行数据管理整顿,对全系统各项原始记录和报表进行了全面清理审查,并随之进行了简化、合并、补充等工作。在整顿工作中,还针对管理上的薄弱环节,建立健全了船舶、港口设备管理制度。

领导班子和管理制度整顿后,为提高劳动生产率,增加经济效益,航运管理局统一布置,对劳动组织也进行了大力整顿。本着加强一线(直接生产人员),压缩二线(间接生产人员),精简三线(管理人员)的原则,进行了定员定编。全航运系统经过整顿后,运输部门一线人员占全员的74%,二线人员占14%,三线人员占12%。

在整顿纪律中,党政工团各级组织紧密配合,围绕航运生产,对全体职工加强政治思想工作,并用相应的制度改变过去"官商化"和对货主"顶、卡、懒"的作风。为改变经营作风,又制定了职工守则。

从1981年开始在全局范围内开展的全面质量管理工作,也取得了可喜成果。1985年和1987年,航运管理局所属的松花江航运局和哈尔滨港务局先后获部级质量管理奖。1985年,木兰港务站、"龙货302"轮、"龙客204"轮、佳木斯客运站荣获部级质量管理奖先进集体。1988年,航运局又荣获部级质量管理奖。

企业经过整顿,整体素质和经营水平明显提高。"七五"期间,5个直属企业获省级先进企业称号。合江航运局、佳木斯港务局和松花江航运局、哈尔滨港务局先后于1989年和1990年被批准为国家二级企业。1989年,航运管理局升为国家二级计量合格单位。航运企业的改革保证了运输质量,树立了航运信誉,吸引了客货运量,提高了经济效益。

改革开放20年以来,黑龙江省水路职工人数又有显著增长(见表3-2-3)。

1977—1997年黑龙江省水路交通职工人数①　　　　　　表3-2-3

年份	年末职工人数（人）	在岗职工人数（人）	职工年平均人数（人）	年份	年末职工人数（人）	在岗职工人数（人）	职工年平均人数（人）
1977	10022	10022	10109	1988	13539	13539	13063
1978	10569	10569	10932	1989	13532	13532	13669
1979	10590	10590	10811	1990	15396	15396	13538
1980	10434	10434	10513	1991	14474	14474	14166
1981	10602	10602	10569	1992	14222	14222	13905
1982	10672	10672	10730	1993	14319	14319	14325
1983	10753	10753	10836	1994	14264	14264	14552
1984	11215	11215	11153	1995	13641	13641	13963
1985	12596	12596	12491	1996	13494	13494	13029
1986	12849	12849	12673	1997	12936	12636	12590
1987	13546	13546	13106	—	—	—	—

(2)试行承包责任制

自1980年3月开始,航运系统在进行治理整顿的同时,相继开展了扩大企业自主权和各种不同类型的承包经营责任制。

航运管理局同省财政厅首先签订了利润包干分成合同,规定了"固定比例、增长分成、超收归己,一定五年不变"的利润包干分成办法,从此改变了过去企业实现利润全部上缴国家的规定,调动了企业和职工的积极性。

扩权办法实施后,航运管理局对各直属企业,根据各单位的不同情况,分别采取了不同形式的经营承包。所属各企事业单位根据同航运管理局签订的经营承包合同书,从本单位的实际情况出发,对其下属单位也实行了不同类型的经营承包责任制。

各航运局根据各船和航线的具体情况,大体上采取了如下几种承包形式:盈利包干,增利减亏提成,年终分成;盈亏包干,增利减亏计奖,年终分成;超计划千吨公里计奖;任务费用包干(主要适用于港作、辅助船舶);单船承包经营。

局直属企业实行各种类型的经营承包责任制以后,充分地调动了职工的积极性,一半以上的企业生产指标达到了"立功线",使国家、集体和个人在经济上都得到了实惠。特别是部分船只实行了单船承包以后,不仅企业和个人获得了经济效益,而且也提高了航运信誉,取得了广泛的社会效益。

(3)试行单船经营承包

在各单位实行不同类型经营承包形式的推动和启发下,1983年初,松花江航运局"龙客05"轮船长张文海,主动向局领导请求试行单船承包,经营松花江上游肇源至嫩江大赉站航线。此前,该航线因地处偏僻,客货运量不足,加之经营管理不善,造成连年亏损,成为一条"跑不起、扔不掉"的航线。张文海提出单船经营承包后,在局领导的支持下,经营管理部门与船间多次商讨,决定采取"全民所有,集体经营,自

---

① 资料来源:黑龙江省航务管理局编:《1949—2005年黑龙江水路交通统计摘要》,第133页。

负盈亏"的经营承包方式,与船间签订了"两包(包利润、包成本)、三定(定航线、定人员、定任务),超收归己,亏损不补"的经营型承包合同。最终,"龙客05"轮1983年全航期经营承包收到了良好的效果:全航期安全航行98个航次,完成客运周转量55.7万人公里,货运周转量1.2万吨公里,实现利润4423元。按合同规定,船员们除应得工资和航行津贴外,每人还实得480元以上,相当于8.4个月的工资,为航运系统单船得奖最高的船舶。

单船经营承包之所以能在一年内实现扭亏为盈,主要是从单纯的运输生产转向运输经营,极大地提高了船员们的积极性。船员们主动调查客源货源,争取多拉快跑。在起讫港待航时,有时应货主的要求,连夜运送短途货物。根据客货流量及广大旅客要求,及时调整到发船时间,方便旅客。对承揽的计划外货物薄利多运,灵活经营。船员们处处精打细算,事事不忘节约。水位条件好时,走经济航道,自己动手修理机器。为节约资金,降低成本,还坚持不使用高价轻柴油,改烧重柴油。

实践证明,偏僻航线实行单船经营承包,既能解决了边远航区客货运输的需要,又能充分体现国家、集体、个人三者利益的分配原则。

"龙客05"轮报废后,又将"龙客15"轮调往该航线,仍由张文海承包经营,连年取得较好成绩。

2.航运企业深化改革

改革开放前,黑龙江航运管理体制一直是政企合一、港航合一的管理体制,生产经营以指令性计划管理,分配制度上则是吃大锅饭,条块分割,政出多门。这显然已经不能适应改革开放带来的新的经营形式的变化,必须加以改革。

(1)航运管理体制改革

1980年,黑龙江航运管理局着重进行了以下几个方面的改革:

一是党政分开。这是航运管理体制改革的首要内容,按照党政分开的原则,航运管理局直属各单位都先后建立起党政分开体制,把原党委书记兼局(厂)长的兼职体制都改为党委书记和局(厂)长的分任体制,同时完善各级党政的办事机构,实现职能转变,使局(厂)长真正成为企业生产的最高指挥和经营的决策人。

二是港航分开。长期以来,航运管理局所属各港航单位虽然是挂两个牌子,但实际是航运领导港务,港口的行政和生产都由航运局决策,港口没有经营自主权。港航分开,就是航运局、港务局各建立一个完整的机构,自主经营,自负盈亏,彻底改变港口和航运各单位之间吃大锅饭的管理体制和单一计划管理体制。

三是统一管理。改革开放政策实施以来,交通部和黑龙江省政府协商决定,黑龙江航运管理局既是交通部的直属企业和行政管理派出机构,又是省政府管理全省航运的职能部门。为了便于行使这一职能,使港航各单位和地方航运能共同遵守一个统一的规章制度,航运管理局开始实行统一管理。船舶检验、港航监督由过去航运局和地方双重领导,改由航运管理局下属的船舶检验局、港航监督局统一领导;政务上由过去只管干线的大型机动船舶,改为大小河流的机动船、驳船、渡口船等各类船舶全面管理。这样就改变了过去政出多门的问题。

四是改革地方航运管理体制。改革前,地方航运名义上由航运管理局地航处与地方政府双重领导,但实际领导权在地方政府,因而地航处对航政机关颁发的各项政策法令,难以在地方贯彻执行,有关航运业务也难以调控和沟通。改革后,地航处在哈尔滨、佳木斯、黑河建立了地方航管站,由航管站直接向地方航运部门贯彻有关航政政策法令,并代表地方航运同直营航运沟通有关货源、航线分配等有关事宜,实现了"有水大家行船""有港大家使用"的原则,使各种经济类型的船舶,在干支流都能平等竞争,直营航运和地方航运得以协调发展。

黑龙江航运经过体制改革,逐步形成了国营、集体、个体一起上的新局面,航线得以充分利用,直营航运和地方航运都得以快速发展。

(2)对直营航运企业简政放权

领导体制和经营管理体制改革后,为进一步激发各航运企业生产的积极性,航运管理局于1984年对基层企业下放了10项权力,企业因而拥有了更多的经营管理自主权。

一是机构设置权。各企事业单位有权在上级核定的定员编制内,自行调整、设置内部结构。这样各单位就可以根据工作需要,机动灵活地调整机构,安排人员,减去了过去请示、批准的繁琐程序,便于各单位工作的开展。

二是中层干部任免权。各企事业单位的中层干部,过去都由管理局考核任免,权力下放后,企事业单位可以按干部标准,在核定的指数内自行任免。

三是招聘权。允许企业自行招聘各类专业人员,有权从工人中择优选拔干部,实行能上能下的管理制度。

四是招工权。考虑到黑龙江水系封冻的特点,允许企业根据上级批准的计划,自行拟定招工条件,招收合同工、季节工或临时工。

五是奖惩权。根据《国营工厂厂长工作暂行条例》,企业可自行拟定职工奖惩办法。

六是转正定级权。根据国家统一规定,企业可以自行办理大中专毕业生、技工学校毕业生、复转军人及学徒工的转正定级。

七是职工调出调入权。航运系统内科级以下干部和各类专业技术人员,根据本人申请或企业工作需要,由企业间自行协商办理调入调出;同一市、镇内的职工,企业间协商同意后,可以自行调出调入。

八是工资分配权。允许企业在单位成本中工资含量不增加和工资增长不高于利润增长的原则下,采取浮动工资、计件工资、职务津贴、岗位津贴等各种形式的分配制度。工资分配权力的下放,一改以往基本工资加奖励的单一分配制度,以激发企业的竞争意识,鼓励职工为企业多做贡献。

九是奖金分配权。根据企业和管理局签订的承包合同,在合同规定的奖金幅度内,企业可以自行制定奖励制度,确定奖金分配。

十是开放港口、开放水运市场。直营港口对地方船舶和社会船舶开放,并对所有进出港口船舶一视同仁。允许个人养船,允许自行招揽货源,自招自运。

航运管理局的简政放权措施,基本适应了领导体制和经济体制改革的需要,同时促进了各项改革的深化。对干部任免、招工招聘和利益分配等方面的放权,充分调动了包括船员在内的广大干部职工的积极性,使其个人的职业发展同整个航运事业的发展联系得更加紧密。

(3)"冬转"工作的改革与完善

所谓"冬转",即在黑龙江水系江河冬季封冻的停航期,将富余的船员和港口工人转到兄弟单位临时工作。以往每当江河封冻,船舶便全部入坞,船员开始轮休和准备冬修工作。由于冬季船舶、港口设备维修只需要少数人参加,大多数人员便无事可做。为改变这种局面,黑龙江航运系统千方百计地把20世纪50年代开创的"冬转"工作进一步改革与完善。于是,从20世纪80年代初开始,每年在江河封冻以前,航运管理局所属各单位便派人积极与有关单位联系,寻找"冬转"出路。最初只是组织部分工人、干部转业到林业、糖厂等单位协助工作,后来又逐步发展到多单位多工种转业。

"冬转"人员的工资分配采取"以收定支"原则,在扣除管理费或经营费用之后,实行多收多得,少收少得。实行计件工资的,按完成定额的数量和质量计算工资,另加粮煤补贴等附加工资,同时按工资总额的30%,向企业提交管理费。实行计时工资的,按甲乙双方协议规定的工资标准加上附加工资和奖金一起支付,同时也按工资总额的30%提交管理费。对于转到林区或外地的生产工人,在坚持"以收定支"的前提下,工资水平比市内转业工资高25%,以区别劳动强度、劳动条件的差异。"冬转"工作的完善,基本扭转了长期以来"冬吃夏"的局面,既增加了单位收入,又增加了个人收入,成为黑龙江水系季节性生产的水运企业扬长避短、增加收入的主要途径。

第三节 我国加入"STCW78公约"

一、我国加入"STCW78公约"及公约生效

《1978年海员培训、发证和值班标准国际公约》简称"STCW78公约",是各缔约国本着一致同意的海员培训、发证和值班的国际标准,以增进海上人命与财产安全和保护海洋环境为目的而缔结的一项国际公约,是国际海事组织公约中最重要的公约之一,于1978年7月7日在国际海员培训、发证外交大会上制定并通过,于1984年4月生效。我国是STCW公约的原始签字国和缔约国。

(一)我国实施"STCW公约"的起步

"STCW78公约"制定之时,正值我国"文革"结束,酝酿改革开放的历史时刻。1977年和1978年,中国政府派海事专家参加了公约的制订工作。1978年7月7日,中国代表团在英国伦敦国际海事组织总部代表中国政府签署了"STCW78公约"的最终文本,成为"STCW78公约"的原始签字国。经全国人大批准,1981年6月8日,中国政府向国际海事组织秘书长提交批准该公约的文书,中国成为该公约缔约国。

加入"STCW78公约",对我国政府加强船员管理可谓恰逢其时。"文革"期间,我国船员管理工作一度受到严重干扰。1979年以后,为了适应船舶安全管理的需要,各地先后恢复了船员考试工作,非常有必要制定一个统一的办法和标准。交通部根据当时船员队伍的技术和素质水平,并参照STCW公约,于1979年6月12日下发了《中华人民共和国轮船船员考试发证办法》(以下简称"79办法"),自1979年10月1日起执行。

"79办法"规定的海船船员考试原则,和标准与STCW公约基本保持一致。"79办法"确定了船长、驾驶员(大付、二付、三付)、轮机长、轮机员(大管轮、二管轮、三管轮)、电机员、船舶报务员及话务员等船员职务,并规定经考试合格且符合船员体格检查标准的,核发交通部统一印制的"中华人民共和国轮船船员证书";重新划定船长、驾驶员、轮机长、轮机员证书适任等级;增加了"沿海"航行区域,明确了海上包括远洋、近海(自苏联符拉迪沃斯托克(海参崴)经朝鲜、中国、越南沿海至新加坡,包括日本、菲律宾附近的海域)、沿海(距离我国海岸50海里以内的海域)。"79办法"结束了我国船员管理的"无政府"状态,船员的教育、培训、考试、发证等管理从"文革"期间以院校和国有船公司为主,开始向政府主导和管理的方式转型和过渡。

1983年9月2日,全国人大常委会通过了《中华人民共和国海上交通安全法》,其中第七条规定:"船长、轮机长、驾驶员、轮机员、无线电报务员、话务员,以及水上飞机、潜水器的相应人员,必须持有合格的职务证书;其他船员必须经过相应的专业技术训练。"这是我国首次以法律形式确立的海员发证制度,为海员任职发证管理提供了法律依据。

1984年6月14日,中国港务监督局颁布实施《中华人民共和国海员专业训练发证办法》,规定凡从事海上航行的各运输工程科研、勘探等200总吨以上船舶的现职船员,在海船上工作的船员以及海上专业院校的学生必须完成"海上求生""救生艇筏操纵""船舶消防""海上急救"等专业训练,1600总吨及以

上船舶的船长和驾驶员还必须完成"雷达观测和模拟器操纵""自动雷达标绘"和"无线电话通信"等3项专业训练。

1986年4月1日，中国港务监督局颁布了《关于办理参加航行值班和机舱值班的一般船员值班签证的通知》，规定凡在200总吨及以上海船上参加甲板部航行值班的一般船员和在主推进动力装置750千瓦及以上海船上参加机舱值班的一般船员，自1986年4月28日起，由"船员服务簿"签发机关在"主管机关签注"栏内，办理参加海船甲板部航行值班和机舱值班一般船员的值班签证。这是我国首次对一般船员（普通船员）作出任职资格的规定。

1987年2月14日，交通部颁布了《中华人民共和国海船船员考试发证规则》（以下简称"87规则"），1988年1月1日生效。"87规则"是根据《海上交通安全法》的规定，参照有关国际公约，在总结历年船员考试发证法规的基础上，从我国海员队伍现状以及海运事业发展需要而制定的。它是新中国成立以来比较完整的考核持证船员的技术素质、确定其任职资历的重要法规。"87规则"进一步统一了全国船员考试标准，并向国际化标准迈进。在证书体系上，"87规则"较"79办法"而言，重新划定海上航区，即无限航区（A类）、沿海航区（B类）、近岸航区（C类）三种，取消了近海航区；将"中华人民共和国轮船船员证书"改为"中华人民共和国海船船员适任证书"。在我国海员考试、发证历史上，"87规则"产生了广泛而深远的影响，具有重要地位，是我国船员管理与"STCW公约"的初步接轨，被誉为海员考试、发证规则的"经典之作"。至此，我国海船船员逐步实行全国统考，完成了"STCW公约"国内法的转化，形成了一套由《中华人民共和国海船船员考试发证规则》及一系列规范性文件组成的国内履约法规体系。

针对"STCW公约"的1991年修正案和1994年修正案，均由中国港务监督局颁布规范性文件，提出相应国内要求来完成履约。

（二）我国航运界对履行"STCW78公约"所做的努力

改革开放以后，中国航运界很快认识到，中国的海运企业要在激烈的国际海运竞争中振兴，各方面均应按照国际标准和公认的准则加以规范，其中人是最重要的要素。中国加入"STCW78公约"后，中国的政府主管机关、各船公司、教育培训机构以及广大海员积极行动，认真准备，争取尽早完成履约。

中国政府对"STCW公约"给予高度重视，作为履约的起步，积极推进"四小证"培训。主管机关按照"STCW78公约"和国家的有关法律、法规，制定并颁布了一整套履约规定和技术规范，实行全国统一的海员考试、评估和发证，管理和监督海员培训，监督和跟踪管理海员的适任状况，检查海员的值班安排，使"STCW78公约"在中国得以全面、充分和有效的实施。

各海运企业对海员培训的认识和行动，经历了一个转变的过程，最初是在政府制约下被动进行的。进入20世纪80年代，中国海运船队大发展，海员大量短缺且现有海员亟待培训。面对这种情况，各海运企业，特别是央企，一方面从海事院校大量招收毕业生充实海员队伍，一方面克服海员调配和经费紧张的困难，将在职海员分批送往岸上的培训基地或在船培训，使广大海员逐步达到公约规定的各项标准。

海事院校和各海员培训机构按照"STCW公约"标准和国家有关规定，开设相应的长期课程和短期课程。1982年起，我国实施对航海类毕业生船员适任证书统一考试。到1989年，全部200总吨及以上的海船船员都通过了"船舶消防""救生艇筏操纵""海上求生""海上急救"4个专业项目的培训。到1990年，90%从事国际航行的甲板部高级船员通过了"雷达观测和模拟器操纵""自动雷达标绘"和"无线电话通信"3个专业项目的培训，全体海员都能达到让主管主管机关满意并符合"STCW78公约"最低标准的要求。中国海员按照公约的规定通过相应的培训，并持有公约规定的适任证书、培训证书或签证，极大促进了船员外派业务的开展。香港海员也开始参加内地船员培训、考试和发证。

在加入 STCW 公约这个总目标的驱动下,航运主管机关、港航企事业单位与船员培训机构建立了广泛的联系和合作,形成了全国性的船员管理格局。同时,我国船员管理的国际交往日益增加,保持了与国际海事组织的沟通机制。

二、我国全面有效履行"STCW78/95 公约"

(一)我国积极参加"STCW78 公约"1995 年修正案的制定

"STCW78 公约"的重要意义,在于它是国际海事组织第一个关于海员的公约。国际社会和各国政府为保障海上生命财产安全和保护海洋环境所做的种种努力,不论是对船体和船用产品的改进,还是对管理措施的完善,最终都将体现在船员的素质和责任上,因为船员是主要和最终的执行者。因此,该公约的生效实施,对促进包括中国在内的各缔约国海员素质的提高,起到了积极的作用。

随着海运业的发展、船舶科技水平的提高、船舶配员的多国化、各国对海上安全和海洋环境的密切关注以及对人为因素的日益重视,"STCW78 公约"在实施过程中,势必需要作出相应修正。1991 年的修正案是关于"全球海上遇险和安全系统"(GMDSS)和驾驶台单人值班试验,于 1992 年 12 月 1 日生效。1994 年的修正案是关于"液货船人员的特殊培训要求",详述了对液货船船长、高级船员和一般船员的培训和资格强制性最低要求。于 1996 年 1 月 1 日生效。

1995 年修正案在"STCW78 公约"几次修改中影响最为深远,本次修正从 1993 年开始,历时 2 年完成。该修正案保留"STCW78 公约"正文条款不变,对其他内容做了全面的修订,新增了"STCW 规则",将许多技术上的要求转化到"STCW 规则"中,其 A 部分为强制性标准,B 部分为建议性指南。同时,还增加了对缔约国主管机关的履约能力及建立质量体系和质量评估的监督,强调在全球实施"STCW78 公约"的全面性和有效性,从制度上强化了港口国对海员适任性的监督,保障各国的海员至少达到"STCW78 公约"规定的最低适任标准和值班标准;确定了功能发证的原则;在提高职业要求的同时,增强了对海员培训、考试、评估和发证的质量控制。1995 年修正案履约实行"白名单"国家制度。1995 年 6 月 26 日,在伦敦国际海事组织总部召开了"STCW78 公约"缔约国外交大会,7 月 7 日,各缔约国代表在 1995 年"STCW78 公约"缔约国外交大会最终文件上签字,形成"STCW78/95 公约"并于 1997 年 2 月 1 日生效,过渡期至 2002 年 2 月 1 日,宽限期至 2002 年 8 月 1 日。

我国政府积极参加了"STCW78 公约"1995 年修正案的制定工作,应国际海事组织秘书长的要求,派出大连海事大学校长吴兆麟教授参加了顾问组,实际参与了修正案的起草工作。后又聘请吴兆麟和索勘(原蛇口港务监督副监督长)担任国际海事组织的审核员。在 2 年多的时间里,我国政府派代表团参加了近 20 个由国际海事组织召开的有关全面修订"STCW78 公约"和统一实施"STCW78/95 公约"的会议。

1997 年 10 月,我国完成了"STCW78/95 公约"国内法规的转化工作,形成了一套由《中华人民共和国海船船员适任考试、评估和发证规则》及一系列规范性文件组成的国内履约法规体系。

(二)我国成为第一批进入履约白名单的缔约国

1995 年修正案保留了公约的正文,对"STCW 规则",增加了新的功能和技术要求。按照公约的规定,各缔约国最迟应于 1998 年 8 月 1 日实施 1995 年修正案和"STCW 规则";对 1998 年 8 月 1 日之前已经进入海员队伍的人员以及已在接受海员教育和培训的人员,最迟应在 2002 年 2 月 1 日之前,全面符合

1995年修正案和"STCW规则"的规定。

经过全面修订的"STCW78/95公约"生效后,我国政府主管部门、航海院校、船公司乃至广大海员,都对履约工作给予高度重视。中华人民共和国港务监督局(对内称交通部安全监督局)作为我国政府的海事主管机构之一,成为我国履约的主管机关,在履约过程中处于权威和指导地位,会同交通部外事司和教育司,已就我国履约和船员管理的立法,做了大量的富有成效的工作。1995年5月,为在"STCW78/95公约"生效期前,全面按照公约要求,提高我国船员管理的水平,中国港务监督局发文成立了"中国履行STCW78公约委员会"(后于1996年改称"STCW78/95"履约分委会),挂靠广州海上安全监督局(简称广州海监局)。委员会成员由各海监局、航海院校、航运企业的专业技术人员共约30人组成,是我国整个履约工作团队的核心。秘书处设在广州海监局船员处,下设法规、技术、质量、翻译等方面的若干工作组,先后在不同专业、不同工作内容的项目参与人员,计有数百人之多。

从1995年初至1997年11月,分委会为履约准备工作集中会战,完成了公约修正案的国内法转化,形成了由《中华人民共和国海船船员适任考试、评估和发证规则》《中华人民共和国船员培训管理规则》和《中华人民共和国海船船员值班规则》3个交通部部令,以及中国港务监督局颁发的船员专业培训、特殊培训考试发证办法以及船员培训、考试、发证的质量管理规定等一系列规范性文件组成的国内履约法规体系,并颁布实施了考试大纲和评估规范,作为履约的技术性标准。

1997年初开始,中国港务监督局组织起草政府履约报告,编写了约70万字的《中国政府履行STCW78/95公约报告》(简称《中国履约报告》)和作为附件的约30个管理规范性文件、173个技术规范性文件(考试大纲、培训纲要)全部分中英文两套。11月10日,经交通部批准、外交部同意,中国政府第一个向国际海事组织递交履约报告及全套附件,并第一个接受国际海事组织审核组的审核。

国际海事组织组成了阵容强大的履约审核团队,由美国、澳大利亚、挪威、日本、新加坡等国的专家组成。经过初步审核,专家组成员针对中国的履约报告提出了12个方面的问题。1998年3月,审核专家组在日本东京对中国的履约报告进行集中审核,中国政府派出的由郑和平、高德义、芦庆丰、李忠华组成的专家小组进行了精彩答辩。审核专家组表示,要将对中国履约报告的审核作为以后审核其他缔约国履约报告的规范,中国遂成为第一个通过国际海事组织审核和第一批进入STCW履约白名单的缔约国,显示了中国海运管理机构的工作效率和组织能力,提升了参与国际事务的自信心,为中国海运和海员增加了在世界航运舞台上的话语权,也对我国航运管理的基本制度建设产生了深远的影响。

三、我国加入"STCW78/95公约"对海员发展的意义

STCW78/95公约生效实施以来,对促进包括中国在内的各缔约国海员素质的提高,在全球范围内保障海上人命、财产安全和保护海洋环境,有效控制人为因素对海难事故的影响,具有重要意义。中国积极参与公约的制订和修正,并积极履约,对中国海员管理制度体系的建立和海员职业发展,都起到了巨大的推动作用。

(一)加入"STCW78/95公约"有利于我国海运业及海员的发展

20世纪90年代,经过近20年的改革开放,我国经济持续高速增长,与全球经济的融合度更加紧密。承担了我国90%以上进出口贸易运输任务的海运业,对我国经济发展和经济安全的影响力愈加凸显。

"STCW78公约"生效实施后,我国船员教育、培训、考试、发证及管理水平均超过了公约规定的最低标准,尤其在海员的专业教育和培训、考试水平、基本安全训练、雷达模拟器训练以及液化船船员的特殊

培训等方面,已达到了 1995 年修正案的标准,在船员教育培训和考试发证领域,则已经步入国际中等偏上水平。

国际公约确定的海员专业技术标准是全球最低标准,中国作为一个海运及海员大国和国际海事组织 A 类理事国,不能仅仅满足于此。我国海员队伍除了英语水平和服务意识不足外,在专业技术方面均已超过公约规定的最低标准,故而应当在客观体现我国现有水平的基础上,考虑一定的前瞻性,通过努力达到更好的水平。

通过履行"STCW78/95 公约",中国海员在国际上的地位大幅提高,为进一步打开国际劳务市场奠定了良好的基础。以中远(集团)总公司为例,1993—2000 年,船员劳务外派人数迅速增长,达到了近 10 万人次。船员劳务外派业务的空前发展,不但有效地解决了当时由于船员体制改革带来的富余船员上船问题,也为船员劳务外派工作进一步指明了方向。

(二) 我国建立了船员管理的完整制度体系

1995 年修正案对"STCW78 公约"做了全面的修改,除了正文部分之外(因为修改正文就成了新的公约,需要重新批准加入),原公约的附则和附属大会决议均重新起草,并新增了与公约和附则对应的更为具体的"STCW 规则"。1995 年修正案的海员培训、发证和值班要求与标准更为全面具体,还新增了缔约国履约白名单制度、质量管理制度、功能发证制度、船公司的责任等新的规定和标准。因此,我国相应的法规制度体系也必须进行全面调整,修改和完善已有的制度,制定我国尚不具备的新制度,形成全面覆盖公约各项要求的新制度体系。

1995 年,是我国船员管理制度建设具有里程碑意义的一年。除了"STCW 公约"的全面修订及全面履约的大量准备工作,交通部党组决定制订《船员管理条例(草案)》。①借履行公约 1995 修正案之机,我国海员管理机构开展了全面、充分、扎实的制度建设基础工作。1995—1997 年制定的我国船员教育培训、考试发证的管理制度,直至 2010 年 STCW 公约马尼拉修正案生效,基本没有大的变化。事实证明,这是一套经得起时间检验的完备的法规制度体系,为后续制度的与时俱进和可持续发展,奠定了坚实的基础。

(三) 展示了中国海运管理机构参与国际事务的自信心和组织能力

在 1995 年修正案的制订过程中,中国派出专家组和代表团,实际参与了修正案的起草工作,全面、及时跟踪修正案草案文本的内容及其变化,以及各代表团的提案内容和其他代表团对此的反应;积极参加围绕修正案制订的全部会议,包括海安会、STCW 分委会、专家委员会会议、起草委员会会议、通信工作组会议等全部会议。

在参与修正案制订工作中,我国海运主管机关在充分了解中国造船技术、航海技术、船舶相关技术的状况和水平以及船员规模、能力和水平的基础上,把握我国融入世界海运、海员及其发展的总方向,充分结合我国国情,扬长避短,为中国跟进发展留下了空间。同时,还将我国航海类高等教育、船员培训、考试发展管理方面的优势和独到、有效的做法介绍给会议和同行,积极推进在公约修正案中以成文的规定予以确认,使公约修正案留下了深刻的中国印记。

在参与修正案制订过程中,中国代表团态度鲜明地反对西方国家以技术借口达到政治上主导和控制国际海事组织的目的,伸张国际海事组织公约的原则和国际法的主权原则,主张国际海事组织作为政府间组织仅仅是海运和船员专业技术方面的交流协商平台,发出了中国正义的声音。

---

① 起初决定制订《船员法(草案)》,后经请示改为制订《船员管理条例(草案)》。

第四节 海员管理体系的建立

一、航政体制改革与船员管理法规体系的建立

（一）航政管理机构的调整与改革

航政管理体制是国家行政管理体制的组成部分，航政管理机关对维护水上交通安全、维护航运市场秩序发挥了关键作用，也是船员的主管机关。"文化大革命"结束后，为适应改革开放新形势的需要，我国对航政管理体制进行了一系列调整。

1978年3月，交通部调整部分内设机构，成立打捞局，恢复船舶检验局，撤销船检港监局。年底，交通部内涉及航政管理的部门为港口局（指港务监督部分）、安全监督委员会、通讯导航局、船舶检验局、打捞局。港务监督对外仍称"中华人民共和国港务监督局"，下设海务处、内河处，海船和内河船员的管理职能分别由海务处和内河处负责。

1979年3月，交通部再次决定对内部机构进行调整。1980年2月4日，国务院批复交通部1979年10月11日上报的部机关机构调整编制方案，涉及航政方面，除保留港务监督局外，还有船舶检验局、通讯导航局、救助打捞局、安全局（又称安全监察委员会）。港务监督局下设海务处、内河处、综合处，次年又增设航行警告台。

1982年7月，交通部根据邓小平同志关于精简机构的重要讲话精神，按照职能调整部机关机构和人员编制，将水运、远洋（行政部分）、通信导航、港务监督局、安全局、工业局和基本建设局的航道部分合并，分别组建海洋运输管理局、内河运输管理局、生产调度局和水上安全监督局，撤销港务监督局。新设的"水上安全监督局"（对外称"中华人民共和国港务监督局"）是由原港务监督局、安全局、交通部环境保护办公室及原救捞局、全国海上安全指挥部的救助指挥和基本建设局的航标部分等合并组建的，下设海务处、监督处、安全委员会办公室、环境保护办公室、航标测量处、综合处。海船和内河船员的管理职能，分别由海务处和监督处负责。

从1984年4月起，国家实施沿海港口体制改革，政企分开，组建直属交通部的14个"海上安全监督局"（大连、营口、秦皇岛、天津、青岛、烟台、石臼、连云港、上海、宁波、汕头、广州①、湛江、海南），对外仍称"中华人民共和国××港务监督"，作为"交通部水上安全监督局"的派出机构；组建长江、珠江、黑龙江3个航政管理局或港航监督局，作为中国港监局的派出机构；各省（区、市）参照交通部管理模式，组建由其交通厅（局）领导的港航监督。至1990年，除北京、西藏外，全国28个省（区、市）组建了省级"港航监督局"及市（县）级"港航监督处（所）"，形成中央和地方共同构成统一的水上安全管理体系。从此，港务（航）监督由企归政，纳入国家行政管理序列。

1988年7月，交通部"水上安全监督局"，更名为"安全监督局"（对外仍称"中华人民共和国港务监督局"），下设海务处、监督处等机构。1989年1月7日，交通部安全监督局下发《交通部安全监督工作规划》，明确其管理职责，包括船员培训、考试、发证及海员证颁发工作等。

1994年5月5日，交通部根据国务院批准的机构改革"三定"方案，保留中华人民共和国港务监督局（对内称"交通部安全监督局"），下设办公室、港监规划处、通航监督处、船舶监督处、船员证件管理处、航标测量处、安全管理处等机构，直至1998年6月，成立"中华人民共和国海事局"（对内称"交通部海事局"）。

---

① 广州海上安全监督局由原黄埔港务监督、广州港务监督、广州航标处3家单位合并组成。

(二)船员管理法规体系建立

"文化大革命"结束后,船员管理工作逐步走上正轨。1977—1997年,正是我国恢复船员考试发证制度和加入"STCW78公约"的重要时期。为适应新形势发展的需要,交通部及中国港监局根据我国航运发展的实际情况,陆续出台了一系列船员管理法律、规章及相关规定,主要涉及各类船员(引航员)的考试发证办法和规则,海员证及其他相关船员证件管理等。

这些有关船员管理的法律、规章和相关规定包括以下几大类:

其一,国家法律法规涉及船员管理的有《中华人民共和国海上交通安全法》、《中华人民共和国公民出境入境管理法》和《中华人民共和国海商法》。《中华人民共和国海上交通安全法》于1983年9月2日由全国人大常委会通过,其中第七条规定:"船长、轮机长、驾驶员、轮机员、无线电报务员、话务员,以及水上飞机、潜水器的相应人员,必须持有合格的职务证书;其他船员必须经过相应的专业技术训练。"这是我国首次以法律形式,确立海员发证制度《中华人民共和国公民出境入境管理法》于1985年11月22日由全国人大常委会公布,为海员的出入境管理提供了法律依据。《中华人民共和国海商法》(简称《海商法》)于1992年11月7日由全国人民代表大会常务委员会公布,自1993年7月1日起施行,为我国开展船员管理业务的主要法律依据之一。

其二,有关船员培训、考试、发证管理的有:1979年6月12日交通部颁布的《中华人民共和国轮船船员考试发证办》(简称"79办法")、1987年2月14日交通部颁布的《中华人民共和国海船船员考试发证规则》(简称"87规则")、1992年4月7日交通部公布的《内河船舶船员考试发证规则》(简称"92规则")和1997年11月5日交通部颁布的《中华人民共和国海船船员适任考试、评估和发证规则》(简称"97规则")和《中华人民共和国船员培训管理规则》(简称"培训规则"),相关内容将在下文作具体论述。

其三,关于船员证件的管理,包括《船员服务簿》和《海员证》的签发及相关规定。如1984年6月27日中国水监局下发的《关于颁发和实施〈船员服务簿〉规定的通知》、1989年8月14日交通部公布的《中华人民共和国海员证管理办法》等。

这些法律、规章以及一系列配套的管理规定和具体的实施办法,对统一各地港务(航)监督船员规范管理,起到了重要作用。

二、船员考试发证工作的开展

(一)实施"79办法"

1.公布"79办法"

"文化大革命"后期,各地先后恢复了船员考试工作,但执行标准不一,存在着船员考试标准、船员晋升要求、证书发放规定等方面的差异,船员到各港办事及检查规定也不尽相同,管理较为混乱。1977年下半年,中国港监局经过广泛征求船舶单位意见和实地调查研究后,提出对"63办法"的修改方案。在交通部颁布"79办法"前,为解决外国留学生、实习生、外国籍船员和外轮华籍船员申领中国船员证书的问题,1977年交通部公布了《关于对外国留学生、实习生、外国籍船员和外轮华籍船员颁发中华人民共和国轮船船员证书的规定》,其中规定对持其他国家或地区证书的船员,予以免考核发同等职务证书。1978年3月13日,交通部又公布《颁发"对外轮的华籍船员申请领取〈船员证书〉的内部暂行办法"的通知》,明确指出开展对外颁发《船员证书》是一项政策性、业务性都很强的工作,要求各港监督认真细致地做好船员考试和颁发证书的工作。同时注意总结经验,为下一步修改《中华人民共和国轮船船员考试办法》做好必要的准备。并授权大连、天津、上海、黄埔、青岛、湛江港务监督负责办理该项工作。之后,交通部根据当时情况和船员队伍的技术素质状况,在原"63办法"的基础上,吸取近几年各地考核办法的经验,参照"STCW 78公约",于1979年6月12日修订并公布了《中华人民共和国轮船船员考试发证办法》(简称"79办法"),自1979年10月1日起执行,原"63办法"废止。"79办法"规定的海船船员考试原则和标准与"STCW 78公约"基本保持一致。"79办法"所称船员是指:远洋、近海、沿海、内河的船长、驾驶员(包括大付、二付、三付)、轮机长、轮机员(包括大管轮、二管轮、三管轮)、电机员、船舶报务员及话务员。办法明确规定:船员证书仅证明持证人能够胜任该职务的技术工作;船员证书自发证之日起有效期限为5年;凡满足资历要求参加船员考试且合格者,符合船员体格检查标准,负责主办船员考试的机关,根据申报类别核发相应的船员证书。船员证书的等级职务设置、用范围和考试科目参见表3-4-1。

2. 船员考试委员会的恢复与重建

为有效实施"79办法",交通部于1979年10月25日下发《关于中华人民共和国轮船船员考试发证办法的补充通知》,进一步明确船员考试发证机关权限分工、船员体检要求、补考规定、过渡期考试审核、船员证书使用格式等内容;10月26日又公布了《船员考试委员会章程》(试行),具体明确了"考委会"的组织性质、组织形式、任务、权利和义务、工作制度和组成名单等。沿海各港务监督及各省(区、市)港航监督,根据"79办法"的规定,相继恢复与成立了新的船员考试委员会,从组织、培训、考试、发证等方面,全面恢复和开展船员的考试发证工作。考试委员会一般由港务监督、远洋公司、港务局、船检局、海运局等单位派员组成,下设办公室和驾驶、轮机、船电、报务4个专业小组。考试委员会职责主要是:确定考试科目,审查考试内容、标准和评卷结果,处理有关船员考试工作中出现的重要问题。1979年10月,上海、天津、青岛港监督相继成立"船员考试委员会"。同年,大连港务监督成立"船员考试委员会",11月制订了《船员考试发证办法的实施细则》。1980年1月,广州港务监督恢复"船员考试委员会",聘请144名考试委员,并设立办公室;2月,黄埔港务监督成立"黄埔港船员考试委员会",由主任委员、副主任委员、委员共33名人员组成,下设办公室,负责处理日常事务。

3. 沿海各港务监督开展船员考试发证工作

"79办法"颁布后,全国各地港务(航)监督按照有关规定,从各单位抽调专业技术人员,充实到船员考试发证机关。各船舶单位积极配合主管机关,组织本单位的船员参加考试换证。根据"79办法"的要求,原持"63办法"颁发的《船员证书》,需在1981年10月1日前,完成换发新的《轮船船员证书》。但由于船员考试发证制度中断了10年之久,船员持证的需求量剧增,航运生产任务也相当繁重,因此,过渡期内完成船员新旧证书的培训、考试和发证工作任务非常艰巨。为了不影响航运生产,1980年5月15日,中国港监局下发《对当前船员考试发证工作问题的若干意见》。重新确定了驾驶专业、轮机专业、电机员、报务员的考试科目和远洋船员的抽测科目;对近海的现职船长、驾驶员、轮机长、轮机员、电机员、报务员等放宽换证要求,即英语科目不及格,不影响换领新证(但1979年10月1日后新任职考证船员不在此限),近海船员可在5年内完成英语补考。这次调整有效缓解了航运单位用人的压力。

1981年1月20日,中国港监局重新颁布了《1981年船长、驾驶员考试大纲》和《1981年轮机长、轮机员考试大纲》,废除原1979年的考试大纲;同时,重申1979年的电机员、报务员的考试大纲继续使用。为确保新旧证书顺利完成过渡换证,提高现职船员业务技术水平,保证船舶航行安全,1981年9月9日,交通部发出《关于船员考试发证工作若干问题的通知》,对1979年开展船员考试发证工作以来所取得的成绩给予了充分肯定;但同时认为,从整个船员考试发证工作来说,还是远远跟不上形势发展的需要,故将原定在1981年10月1日前完成新旧证书的换发工作,调整到1982年9月30日;并规定"所有旧的轮船船员证书(包括临时证书),自1982年10月1日起一律停止使用"。另外,要求上海、大连、天津、青岛、黄埔、武汉、南京7个港务局尽快安排船员培训、考试所需的资金、用房和设施,确保该项工作顺利开展。该通知根据当时的实际情况,延长了过渡期换证的时间,对确保每个现职船员能够在规定的时间内顺利换领新证,起到重要作用。为了保证在规定的时间内,按质按量完成远洋在职船员的过渡换证工作,又不影响正常的航运生产,黄埔港务监督与广州远洋公司密切配合,选择定点班轮船舶在船培训,港务监督派考官随船进行考试,有效解决了船员调配上岸培训的困难,极大地节省了培训、考试和换证的时间。

"79办法"规定船员职务证书类别一览表　　　　　　表3-4-1

部门	航区类别	船舶等级	船员职务	备注
驾驶	远洋航区	1600总吨以上	船长、大付、二/三付	1."海上"包括远洋、近海、沿海。航区:"沿海"是指距离中国海岸50海里以内的海域;"近海"是指俄国符拉迪沃斯托克(海参崴)、韩国、朝鲜、中国、越南至新加坡,包括日本、菲律宾附近海域;超出近海范围为"远洋"。"内河"是指国境以内的江、河、湖泊、运河、水库。 2.拖轮船长、驾驶员等级按主机功率签注
驾驶	近海航区	1600总吨以上	船长、大付、二/三付	
驾驶	近海航区	200—1600总吨	船长、大付、二/三付	
驾驶	沿海航区	200—1600总吨	船长、大付、二/三付	
驾驶	沿海航区	未满200总吨	船长、驾驶员	
驾驶	内河航区	1600总吨以上	船长、大付、二/三付	
驾驶	内河航区	200—1600总吨	船长、大付、二/三付	
驾驶	内河航区	未满200总吨	船长、驾驶员	
轮机	一等	3000千瓦以上(4080马力以上)	轮机长、大管轮、二/三管轮	主机种类分为:内燃机、蒸汽机、汽轮机(燃气轮机)
轮机	二等	750—3000千瓦(1020—4080马力)	轮机长、大管轮、二/三管轮	
轮机	三等	750千瓦以下(1020马力以下)	轮机长、轮机员	
电气	一等	1500千瓦以上	电机员	等级根据船舶全部发电机总功率大小划分
电气	二等	800—1500千瓦	电机员	
电气	三等	500—800千瓦	电机员	
通信	一等	任何船舶	报务员	可任报务主任
通信	二等	任何船舶	报务员	可任远洋客轮外的报务主任
通信	三等	任何船舶	报务员、话务员	话务员仅可任沿海、内河船舶的话务员

说明:

1.船舶种类:货轮、客货轮(客轮)、槽管轮(油轮、液化气体船、化学品船、罐轮)、拖轮、工程船、辅助船、特殊操纵性能船。

2.申请船员证书考试科目:

(1)海轮船长、驾驶员考试科目:天文、地文、航海、船舶操纵、驾驶员职务规则、磁罗经和电罗经、雷达电子导航仪器的正确使用、海洋气象、国际海上避碰规则、通讯、造船和轮机大意、海运法规、海运业务、救生、救火和救护、人事管理和培训、环境保护、英语、游泳。

(2)内河船长、驾驶员考试科目:实用驾驶(包括拖带编队)、内河避碰规则、船艺、河运法规、驾驶员职务规则、引航航道图(包括水文、航标)、造船和轮机大意、货物装卸、救生、救火和救护、环境保护、游泳。

(3)轮机长、轮机员考试科目:船舶动力装置和制冷设备、辅机、电气和控制设备、造船大意、机舱管理、绘图、度量仪表、轮机员职务规则、基础理论、救生、救火和救护、环境保护、英语、游泳。

(4)电机员考试科目:直流电机、交流电机、船舶电气工艺学、电子学和电气设备、自动控制原理、检测仪表和控制系统、电气及控制设备的操作和测试及保养、电机故障查找和损坏部位的确定以及防止损失的措施、安全操作的实践和触电急救、防火灭火特别是电气的防火灭火、英语、游泳。

(5)船舶报务员考试科目:

一、二等报务员:国内无线电通讯规则、国际无线电规则、电码收发、译电、电工学和无线电学的基本原理、无线电通讯设备及其附属装置的工作原理和实际检修能力、无线电导航设备的一般原理和必要的实际检修能力、英语、地理、游泳。

三等报务员:国内无线电通讯规则、国际无线电规则、电码收发、译电、电工学和无线电学的基本原理、无线电通讯设备及其附属装置的使用和维修保养、英语、地理、游泳。

(6)话务员考试科目:国内无线电通讯规则(电话部分)、无线电话的基本原理、设备使用和维护保养知识、地理、游泳。

3.考试方式:以笔试、口试、操作等方式进行。

同时,为提高船员队伍的整体素质,密切海运院校的教学工作与船员考试机关的考试工作之间的联系,简化船员考试程序,1981年11月6日,交通部发布了《部属大专院校海上专业毕业生船员考试实施办法(试行)》,明确该办法适用于大连海运学院、上海海运学院、集美航海专科学校的海洋船舶驾驶、船舶轮机管理、船舶电气管理和船舶无线电通讯等海上专业的本科毕业生和专科毕业生,参加船员证书考试的有关具体规定。其中规定上述3所学校毕业生参加船员考试合格后,分别由大连港务监督和上海港务监督发给"船员考试合格证"(通称为"白皮书"),仅作为实习期满后换领船员证书的依据,不能代替船员职务证书。从此,上述3所院校毕业生凭此"白皮书"上船实习,期满后提交实习报告,便可直接领取相应等级职务的《船员证书》。

1982年3月和1983年8月,水监局两次在北京召开"船员考试发证工作座谈会",针对工作中的具体问题展开热烈讨论,并做出了重大部署。参加1983年座谈会的有大连、天津、青岛、上海、福建、黄埔、广州、湛江港务监督,长江航政局,浙江省交通厅,广东省航政局,中国远洋运输总公司等单位代表,交通部组织部和海洋运输局的代表参加了部分问题研讨。会议做出了六项决定:一是解决证书有效期换证问题。二是准备对外派远洋船员开展"四小证""三小证"专业训练培训,并就各项专业训练纲要的修订进行了分工,分别由上海、大连、黄埔、天津、青岛港务监督负责。三是建议由广东省航政局牵头,起草施行"海员手册"的办法。四是有关"海上资历"计算原则的六点意见。五是关于改革二级考试制度问题,即是将现行的二级考试制度改为三级考试制度。即参照"STCW78公约"的要求,将现行的驾驶专业二级考试:驾驶员(三副、二副、大副)、船长,改为三级考试:值班驾驶员(即三副、二副)、大副、船长;和轮机专业二级考试:轮机员(三管轮、二管轮、大管轮)、轮机长,改为三级考试:值班轮机员(即三管轮、二管轮)、大管轮、轮机长。六是对今后工作的几点意见。会议结束后,全国各地的港务(航)监督,积极贯彻落实会议精神,调整船员考试发证工作的方案。从1983年10月起,开始实行三级考试制度。这一制度的实行,有助于船员技术水平的提高和适应现代航海技术发展的需要,并保障船舶航行安全。

1984年9月30日,交通部水上安全监督局下发的《关于加强对香港船员考试工作的通知》要求:一是香港船员申请大付、大管轮或船长、轮机长考试时,需首先考取"79办法"规定的低一职级证书。其考试科目按大纲规定全考。二是已具备"79办法"规定的低一职级证书,并已实际担任其职务或高一级职务3年以上者,可以申考"79办法"规定的高一职级证书。但两次考试时间间隔不能少于6个月。

1985年2月,中国水监局下发《关于试行船舶报务员全国统一考试的通知》要求全国实行船舶报务员统考,即实行全国统一时间,统一试卷,分区统一考试,统一评分标准,全国集中评卷的方法。根据中国港监局的统一部署,在全国设立10个考区,即大连考区、天津考区、青岛考区、上海考区、黄埔考区、广州考区、港江考区、武汉考区、重庆考区和南京考区。各考区按照要求,设立统考办公室,组织实施统考工作。在各单位的积极组织和配合下,9月17—20日正式实施考试(该统考每年举行2期,共进行了3年)。这是新中国成立以来,举行全国船员统一考试的新尝试,为后来实施《87规则》,全面开展海船船员适任证书全国统考,提供了宝贵经验。

沿海各港务监督根据"79办法",积极开展船员(引航员)新旧办法的过渡期考试和发证工作,据不完全统计,仅1979—1987年,上海港务监督共组织船员考试201期,参加考试人数18350人次;1982年为上海远洋运输公司2026名船员办理考试发证,其中船长152人,驾驶员626人,轮机长147人,轮机员668人,电机员154人,报务员279人,并对上海港二级及以下引航员进行考试发证。青岛港务监督组织船员考试共2031人次,签发船员证书1255本。1980—1987年,大连港务监督办理船员(引航员)考试发证共

15010本,其中包括远洋、近洋船员证书2564本,外籍船员证书192本,沿海及内河船员证书262本,引航员证书50本。黄埔、广州港务监督组织船员(引航员)考试共18978人次,其中海船船员14146人次(含港澳船员1205人次),内河船员4832人次;办理船员(引航员)船员证书共17007本,其中远洋、近洋船员证书13891本,外籍(港澳)船员证书1019本,沿海及内河船员证书1475本,引航员证书622本。

综合以上各港务监督的统计数据,1979—1987年,海船船员(引航员)参加考试人数达54369人次,仅青岛、大连、黄埔(广州)港务监督等考试发证机关签发船员(引航员)证书共33272本。在各港务监督、航运单位和院校的密切配合下,顺利完成了这一时期的船员考试发证任务,满足了航运生产的需要。

此外,1981年2月24日,交通部、国务院科技干部局联合发文《关于颁发〈船舶技术干部与工程技术干部职称对应的规定〉的通知》,4月28日,交通部下发《关于执行〈船舶技术干部与工程技术干部技术职称对应的规定〉若干问题的说明》,9月9日发布《关于船员考试发证工作若干问题的通知》,其中附有《船舶技术干部轮船船员证书附本和引航员证书附本的细则》(该职称附本后于1983年10月15日停止发放)。1982年起,交通部陆续下发了《关于救助打捞船舶技术干部技术职称对应问题的通知》《关于海洋科学考察船舶技术干部与工程技术干部技术职称对应问题的复函》《关于航道船舶技术干部与工程技术干部技术职称对应意见的通知》《关于航务工程船舶技术人员及其技术职称对应的意见的通知》。这些相关文件,是新中国成立以来,首次为解决船舶技术干部(含引航员)职称待遇问题而颁布的重要文件,体现了国家对船员职业的关心和重视。

4. 开展长江及内河船员考试发证工作

1977年3—7月,长江航政管理局在宜昌航政处和沙市航政站恢复船员考试试点。按照试点考试办法,宜昌航政处为宜昌港务局、葛洲坝等34个有船单位的船员举办了技术培训班,每期45天左右,组织驾驶、轮机船员学习相应的理论课程,并进行实际操作技术考核。先后分别举办了9期培训班,366人参加了技术培训和考核。合格人员237人,其中驾驶部分117人,轮机部分120人,取得显著效果。这是长江航政局在"文化大革命"后对船员实施的首次考试。

船员考试试点的成功,不仅对正处于恢复和修改时期的长江船员考试办法有一定的指导意义,推动考试办法迅速出台,而且也增强了全面开展长江船员考试的信心和积极性。长江航政管理局要求各分支机构根据辖区船舶特点,制定各区域考试办法,同时抽调船舶单位有经验的船员,成立航政机关统一领导的"轮船船员考试委员会"。随后长江航政管理局成立"船员考试领导小组",统一领导重庆、宜昌、武汉、芜湖、南京分局和直属处的"轮船船员考试委员会"。1978—1980年,以上5个直属的分支机构相继成立了人员不等、最多时达81人的首届"轮船船员考试委员会"。下设3个专业组,即河船驾驶组、轮机组和报务组。南京和武汉分局还增设"海船驾驶组",以便对进江海船船员进行考核。1981年和1982年,各区域"考试委员会"又抽调人员,充实和更换船员考试委员会人员,使技术力量不断得到加强。考试委员会办公地点设在航政机关内,负责命题、评卷和现场实际操作考核。还深入现场,随船考试。

由于下游外贸货物运输逐年增加,各省相继购置远洋货轮,组建远洋船队。针对这种情况,南京和武汉航政分局加强对远洋船员的考核力度,1982—1987年,南京、武汉港务监督先后对10家远洋公司38艘航行国际航线船舶的驾驶、轮机、电机、报务等船员进行了理论和实际操作考试,签发船员证书542本。1988年以后,上级单位对此项工作进行了调整,改由上海港务监督对沿江各省远洋船舶船员进行考试。据统计,1983—1988年,长江干线船舶船员参加考试的人数达2万余人,及格率为51.47%,为考试合格者发放证书13435本。各省(区、市)港航监督机构从1979年10月1日起,积极开展对本辖区内河船员培训、考试和发(换)证工作。

上海市港航监督,从1979年3月起,对全市地方各有船单位进行船员证书审核工作。随着"79办法"的实施,全市船员的审核换证工作全面铺开。有近万名地方船员在各类证书过渡换证培训班中学习。

浙江省港航监督,1979—1980年制订本省船员技术等级标准、本省船员考试委员会章程,进一步规范船员考试工作。

贵州、云南省港航监督,1980年根据本省地方船员的实际情况,制订了本省内河船员考试发证补充办法。

四川省港航监督,1982年成立省船员考试委员会或领导小组12个,开展船员考试工作,换(发)船员证书8525本。

湖北省港航监督,1984—1985年举办换证培训考试173期,参加船员考试共15355人次,全省持证船员达19172人。

安徽省港航监督,1988—1989年组织船员培训考试24000人次,渡工1690人次。内蒙古自治区、河南省港航监督,分别组织船员培训1000多人。

江西省港航监督,1980—1990年举办各类船员和渡工培训班共356期,参加培训的船员、渡工达31387人次。全省持证船员共28990人。

广东省航政局(含所属分支机构),1980年1月8日制定本省船员考试发证补充规定,对未满200总吨和未满1020马力的船舶船员实行考试,并对考试科目作了相应调整,分期分批换发新的船员证书。1988—1992年参加船员(引航员)培训考试的考生60930人次,合格人数为51114人,合格率为83.89%。至1992年,广东省辖区在册的持适任证书船员共128005人,其中内河船员93322人,海船船员34683人。

广州海监局,1988—1992年举行内河船员职务证书及航线考试21期,参加船员2639人次,发证1473本次(签证)。

综合以上各省统计数据,1979—1992年,参加内河船员考试人数达148000人次,签发内河船员证书61112本。仅1985年、1990年和1992年湖北省、江西省、广东省三省的内河持证船员合计达141484人。

"79办法"结束了"文化大革命"期间船员管理的混乱状态,具有拨乱反正、继往开来的时代意义。船员的教育、培训、考试、发证等管理方式从"文化大革命"期间以院校和航运企业为主,开始向由政府主导和管理的方式转型和过渡。"79办法"的实施,是我国船员管理发展的一个重要节点。

(二) 实施海船"87规则"

1. "87规则"的主要内容

1984年4月28日,"STCW78公约"正式生效。为迅速提高我国海船船员的技术水平和专业技能,早日适应和促进航海新技术以及海上运输事业的发展,根据1983年颁布的《中华人民共和国海上交通安全法》相关规定和"STCW78公约"等有关国际公约的要求,交通部经过广泛的调查研究,并反复征求有关单位的意见,于1987年2月14日制定并公布了《中华人民共和国海船船员考试发证规则》(简称"87规则"),1988年1月1日生效。"87规则"明确规定,经主管机关授权的港务(航)监督为船员考试发证机关,负责组织实施船员考试;核发船员技术证书;指导船员专业训练;监督检查持证船员的任职情况。根据"87规则"实施细则的规定,各港不再设立船员考试委员会这一机构,可根据需要聘请专业技术顾问。规则进一步统一了全国海船船员各航区、等级、职务的考试科目标准,并明确规定驾驶、轮机专业按三级考试,即三副、大副、船长,三管轮、大管轮、轮机长的职级考试。这是我国船员考试制度的一项重要改革,既满足国际公约的相关要求,又尊重我国的实际情况。根据"87规则"的,经考试合格者,且满足规定的要求,由中华人民共和国港务监督局正式授权的官员署名,签(换)发"海船船员适任证书",自签发之日起有效期为5年。新证书对原"79办法"的"船员证书"进行了较大的调整,包括航区划分、等级和职务设置、适用范围、证书格式等方面。"87规则"船员适任证书类别、等级、职务划分参见表3-4-2。

为顺利实施"87规则",1987年9月9日,交通部水上安全监督局下发《关于海船船员考试发证机关分工、原〈轮船船员证书〉过渡期间的若干规定的通知》,分别将A、B、C类适任证书考试发证权限进行了分工授权。A类考试发证机关有:大连、天津、青岛、上海、广州、湛江6个海上安全监督局(或港务监督),其中广州海上安全监督局负责统一办理港澳船员的考试发证工作;B类考试发证机关(但不包括近岸航区船舶的轮机长、轮机员适任证书)有:大连、烟台、青岛、连云港、上海、广州6个海上安全监督局,秦皇岛、天津、宁波、汕头、海南、湛江、蛇口、珠海、北海、营口、丹东等11个港务监督,山东、浙江、福建3个省港航监督,广东省航政局及广西壮族自治区交通安全监督局;C类和B类适任证书中近岸航区船舶的轮机长、轮机员适任证书的考试发证机关有:辽宁、河北、山东、江苏、浙江、福建等6个省港航监督,天津、上海等2个市港航监督,广东省航政局及广西壮族自治区交通安全监督局。其中广州海上安全监督局负责统一办理港澳船员的考试发证工作。根据权限分工的调整,1988年开始,大连、青岛、上海海上安全监督局和天津港务监督,陆续将原在本单位办理港澳船员的考试和证书档案清单,移交给广州海上安全监督局。

2.开展及改革海船船员适任证书考试工作

为配合"87规则"的有效实施,中国港监局首先在考试方式上进行了重大改革。1988年1月30日,中国水监局发文《关于颁布〈海船船员考试发证规则〉实施细则的通知》(〔88〕水监字29号),决定由交通部水监局统一组织实施海船船员A类适任证书全国统考,并按照海船船员考试发证机关分工,由大连、天津、青岛、上海、广州、湛江等6个海上安全监督局,负责具体实施海船船员的统考工作。8月,我国第一期海船船员A类适任证书全国统考分别在大连、天津、青岛、上海、广州、湛江等地举行,开启了我国船员考试管理改革的新模式。1991年8月22日,交通部安全监督局下发《关于B类海船船员适任证书纳入全国统考的通知》,决定将B类一、二等船长,驾驶员,轮机长,轮机员和电机员适任证书纳入统考范围,于1992年开始与A类适任证书统考同时进行。

在总结前期统考工作经验的基础上,1991年11月7日,中国港监局发布了《海船船员适任证书全国统考实施办法》(试行),自1992年1月1日起正式试行。《办法》明确了海船船员适任证书全国统考在全国设6个考区,即大连、天津、青岛、上海、广州、湛江考区。同时在大连、天津、青岛、上海、广州、湛江海上安全监督局设考区办公室,具体组织实施统考工作。每年举行的两期(1月和7月)统考前后,中国港监局都要组织全国各有关单位的专业人员集中命题、印卷、阅卷等工作。

1994年5月4日,中国港监局下发《关于加强海船船员适任证书全国统考管理工作若干规定的通知》,重申全国船员统考工作的严肃性,并要求各考区办公室实行督察管理制度。5月8日,交通部发布《关于成立中国海事咨询服务中心的通知》,中国海事咨询服务中心正式成立。根据中国港监局《关于委托中国海事咨询服务中心承担部分海船船员适任证书全国统考工作的通知》,自1995年起,由该中心承担海船船员适任证书全国统考的征题、审题、命题、组卷、审卷、印卷、成卷、分卷、运卷、阅卷、计分统计和分析等项工作。海船船员适任证书全国统考,改变了过去各地港监自行组织考试存在的标准不一、水平参差不齐的局面,实现了"四个统一",即统一命题、统一考试、统一阅卷和统一标准。统考评卷还部分采用了计算机阅卷方式,有效地防止了人工阅卷不可避免的错批、误批和漏批问题,极大地提高了工作效率,使适任证书的考试基本上实现了规范化、标准化和科学化。统考试题基本达到了"STCW 78公约"中关于船员适任标准的要求,也涵盖了船员岗位所需技能知识的内容。全国统考的实施,对提高船员素质,包括提高船员的理论知识和实际操作能力,在正式任职前满足相应岗位职责的要求,有着十分重要的意义。

"87规则"规定船员适任证书类别一览表

表 3-4-2

部门		航区类别	船舶(功率)等级	船员职务	备注
驾驶	A	无限航区	1600 总吨以上	船长、大副、二/三副	1.拖轮船长、驾驶员等级按主机功率签注。 2.近洋航区适任证书考试发证从1993年8月4日起。 3.1995年9月30日以后不再受理渔船船员申请D类证书
			200—1600 总吨	船长、大副、二/三副	
	B	沿海航区	1600 总吨以上	船长、大副、二/三副	
			200—1600 总吨	船长、大副、二/三副	
	C	近岸航区	200—1600 总吨	船长、大副、二/三副	
			未满 200 总吨	船长、值班驾驶员	
	D	近洋航区	1600 总吨以上	船长、大副、二/三副	
			200—1600 总吨	船长、大副、二/三副	
			未满 200 总吨	船长、值班驾驶员	
轮机	A	无限航区	3000 千瓦以上	轮机长、大管轮、二/三管轮	1.主推进动力机种为:内燃机、蒸汽机、汽轮机。 2.近洋航区适任证书考试发证从1993年8月4日起。 3.1995年9月30日以后不再受理渔船船员申请D类证书
			750—3000 千瓦	轮机长、大管轮、二/三管轮	
	B	沿海、近岸航区	3000 千瓦以上	轮机长、大管轮、二/三管轮	
			750—3000 千瓦	轮机长、大管轮、二/三管轮	
			未满 750 千瓦	轮机长、值班轮机员	
	D	近洋航区	3000 千瓦以上	轮机长、大管轮、二/三管轮	
			750—3000 千瓦	轮机长、大管轮、二/三管轮	
			未满 750 千瓦	轮机长、值班轮机员	
电气	B	船舶通用	1200 千瓦及以上	电机员	自动化或半自动化
		船舶一等	1200 千瓦及以上		半自动化
		船舶二等	750—1200 千瓦		
通信	C	无限航区	船舶通用	报务员	适用于任何航区任何船舶及海上移动平台
			船舶一等		
			船舶二等	话务员	
			船舶通用		
		近岸航区	船舶限用	报务员	适用于未满1600总吨船舶及海上移动平台
				话务员	

说明:本规则定义

1."海船"系指在内陆水域、遮蔽水域和港区水域以外航行的运输船和非运输船。
2."运输船"系指在海上从事商业性运送旅客和货物的机动船舶。
3."非运输船"系指运输船以外的任何海上机动船舶。
4."自动化船舶"系指取得中华人民共和国船舶检验局授予的 AUT-0 或 AUT-1 船级的船舶。
5."半自动化船舶"系指取得中华人民共和国船舶检验局授予的 MCC 或 MIP 船级的船舶。
6."非自动化船舶"系指自动化和半自动化以外的机动船舶。
7."渔船"系指在海上从事捕捞鱼中其他海洋生物的船舶。
8."无限航区"系指海上任何水域,包括世界各国港口和国际通航运河。(亦称"A类")
9."沿海航区"系指中国沿海水域,包括中国沿海港口。(亦称"B类")
10."近岸航区"系指中国沿海各省、本省境内的各海港之间或距船籍港航程不超过400海里,并距离中国海岸(即大陆、海南岛、台湾岛的自然岸形)均为50海里以内的水域。(亦称"C类")
11."近洋航区"系指包括中国沿海在内并向北延伸到北纬55度,在北纬20度至北纬55度之间,向东延伸到距日本东海岸50海里,向南不超过中国沿海南端,向西延伸到东经99度的航行区域。(亦称"D类")
12."适任证书"系指船员考试发证机关认为持证者具备某类船舶某一技术职务的资格证明文件。
13."初级考试"系指申请三副(或值班驾驶员)、三管轮(或值班轮机员)、二等报务员、二等电机员适任证书的考试。
14."特殊培训"系指由于船舶装备、航行操纵、所载货物性质、海上人命财产安全以及海洋环境保护的特别要求,而对在这类船舶工作的船员进行相应的附加培训。
15."考核"系指船员考试发证机关就申请海船船员适任证书者所在单位的人事与技术管理部门,对该申请者能否适任其所申请的职务所作的技术鉴定进行审核。

为解决渔业水产品运输船船员持证问题,以及航运发展的需要,参照"STCW 78 公约",1993 年 8 月 4 日,交通部公布了《海船船员考试发证规则近洋航区适任证书考试发证补充办法》,并于当日实施。该办法是对"87 规则"内容的补充,对近洋航区(D 类)船员培训考试工作制定了统一规定。1993 年 9 月 4 日,中国港监局授权 D 类适任证书的培训、考试、发证工作分别由大连、秦皇岛、天津、烟台、青岛、连云港、上海、宁波、广州、湛江、海南海上安全监督局负责实施和管理。11 月 2 日,中国港监局下发《关于近洋航区海船船员培训、考试、发证若干事项的通知》(港监字〔1993〕277 号),进一步明确 D 类适任证书的发证分工范围、航区适用范围、培训考试分类及证书填写规范等。1995 年 7 月 17 日,中国港监局发文《关于近洋航区船员培训考试发证工作若干事项的通知》,进一步完善近洋航区船员考试、发证工作,并明确近洋航区适任证书考试暂不纳入全国统考。至 1995 年 10 月,全国持有适任证书的海船船员已达 52.9 万人。

"87 规则"的实施,对我国海船船员考试发证管理工作具有广泛而深远的影响,特别是在船员考试方式上的改革,为加快我国海船船员整体业务素质的提高,发挥了重要作用,在规范船员管理方面,也积累了成功的经验,是我国船员管理与"STCW 78 公约"的初步接轨,被誉为海员考试、发证规则的"经典之作"。

3. 开展 GMDSS 证书的考试发证工作

全球海上遇险和安全系统(简称 GMDSS)是指《1974 年国际海上人命安全公约》(1988 年修正案)规定的全球水上移动无线电通信系统。1991 年 5 月 22 日,国际海事组织(IMO)通过了"STCW 78 公约(1991 年修正案)"(简称"91 修正案")。该修正案引入了 GMDSS 的内容,并将"电报员"改为"无线电操作人员",且按《无线电规则》向有关人员颁发"GMDSS"适任证书;还规定了无线电操作人员发证的强制性最低要求、最低附加知识和培训要求等内容。《1974 年国际海上人命安全公约》规定 GMDSS 于 1992 年 2 月 1 日开始实施。

根据《中华人民共和国海上交通安全法》的规定和国际海事组织"STCW78 公约"及有关会议要求,1993 年 6 月 15 日交通部颁布了《全球海上遇险和安全系统船舶无线电人员考试发证办法》(简称"GMDSS 办法"),自 1993 年 7 月 1 日起施行。按照国际海事组织的规定,GMDSS 自 1999 年 2 月 1 日起全面实施。在此之前,现行船舶通信系统与 GMDSS 并存。因此,《87 规则》第五章《船舶无线电报(话)务员考试》各条款继续实行。要求各有船单位和航海院校应按规定抓好 GMDSS 船舶无线电人员的培训,取得港监部门颁发的适任证书,保障 GMDSS 在我国的有效实施以及海上运输和海员劳务外派工作的正常进行。

为顺利实施《GMDSS 办法》,1993 年 7 月 15 日,中国港监局下发《关于颁布〈全球海上遇险和安全系统船舶无线电人员考试、培训大纲〉的通知》。10 月 20 日,中国港监局下发《关于全球海上遇险和安全系统船舶无线电人员考试发证工作若干事项的通知》授权大连、天津、青岛、上海、广州、湛江港务监督为 GMDSS 船舶无线电人员的考试发证机关。其中规定一、二级无线电电子证书的考试和晋升考试均纳入全国统考,并定于 1994 年第二期开始安排;普通和限用操作员证书则由各局按规定自行组织培训、考试发证。1994 年 7 月 22 日,中国港监局就 GMDSS 无线电人员的考试科目和其他事宜专门发文进行了明确。

"GMDSS 办法",是对"87 规则"内容的修订和补充,即在"87 规则"的适任证书体系中以《GMDSS 证书》(分别为:一级无线电电子证书、二级无线电电子证书、普通操作员证书和限用操作员证书)逐步取代《船舶无线电报(话)务员证书》。其中,普通操作员和限用操作员可由驾驶人员兼任。在 1993 年 7 月 1 日至 1999 年 2 月 1 日的过渡期内,《GMDSS 证书》和《船舶无线电报(话)务员证书》可以并存,1999 年 2 月 1 日以后只允许使用《GMDSS 证书》。

中国港监局自实施"87 规则"以来,到 1999 年,共组织海船船员适任证书全国统考 24 期,海船船员的整体素质得到明显提高。

1999年,是实施"87规则"全国统考的最后一年,当年共举办了3期统考,考生达21438人次。据不完全统计,仅1988—1989年,上海考区组织参加海船船员A、B类适任证书全国统考的考生有1620人次。1988—1993年,大连海监局组织海船船员适任证书考试的考生有8315人次,签发船员适任证书16283本。1988—1992年,天津港务监督签发海船适任证书共7610本。1991—1992年,山东省港航监督共签发海船船员适任证书4788本。1988—1998年,广州海监局组织参加海船船员A、B类适任证书全国统考的考生有12741人次;船员非统考的考生有6620人次,签发海船适任证书共49800本,引航员证书共106本。青岛考区组织海船船员适任证书考试的考生有27481人次,青岛海监局签发海船适任证书共33771本。烟台海监局组织海船船员适任证书考试的考生有6431人次。1991—1998年,广东省港监局组织海船船员B、C类适任证书考试的考生有19646人次,签发海船船员适任证书17622本。综合上述船员考试发证机关统计数据,1988—1998年,共组织海船船员适任证书考试82854人次,签发各类海船船员(引航员)适任证书126980本。至1995年10月,全国持有适任证书的海船船员已达52.9万人。

"87规则"的实施,对我国海船船员考试发证管理工作,具有广泛而深远的影响,特别是在船员考试方式上的改革,为促进我国海船船员整体业务素质的提高,发挥了重要作用,在规范船员管理方面,积累了成功的经验,是我国船员管理与"STCW78公约"的初步接轨,被誉为海员考试、发证规则的经典之作。

4.发布实施其他相关配套文件

为配合"87规则"有效实施和规范管理,严格执行船员考试发证制度,1987年10月,交通部水监局在江苏连云港举办了为期1个月的全国船员(引航员)技术档案管理人员培训班。1988年1月20日,交通部水上安全监督局颁发《船员档案管理暂行规定》,共11条,这是我国首次制订对船员考试、发证等相关档案资料进行规范管理的重要文件。该规定较为系统地将船员管理活动产生的各种资料进行了科学的分类,设立"船员档案卡",统一填写"船员适任考试注册登记表""船员适任证书注册登记表""船员服务簿注册登记表"等各类登记表,为后来的船员办证程序化管理和计算机运用开发等打下了扎实的基础。

1990年8月22日,交通部安监局发文《关于检查海船船员证书有关问题处理原则的通知》,为现场检查人员对船员证书检查标准提供了统一的规范处理原则。1994年9月9日,中国港监局发布《关于执行"交通行业标准〈海船船员体检要求〉"的通知》,对原"79办法"规定的船员体格检查标准进行了部分修改和补充。

与"87规则"配套的规定,还包括《〈海船船员考试发证规则〉实施细则》《原〈轮船船员证书〉过渡期间的若干规定》《军事舰船退伍转业军人参加海船船员考试的实施》《关于执行交通行业标准〈海船船员体检要求〉的通知》《关于水上运输专业大学毕业生按现职船员进行体检的通知》《关于调整院校毕业生取得海船船员适任证书见习时间的通知》《关于公布适用〈海船船员考试发证规则〉的航海院校及其专业的通知》等相关文件。这些文件的颁布,为顺利实施《87规则》起到了规范管理和指导实践的关键作用。

(三)实施内河"92规则"

改革开放后,内河运输生产也发生了较大变化,原来的"79办法"已不能适应实际生产的需要。为加强对内河船舶船员技术管理,提高内河船员业务水平,根据《中华人民共和国内河交通安全管理条例》的要求,1992年4月7日,交通部制定和公布了《内河船舶船员考试发证规则》(简称"92规则"),自1993年1月1日起施行。这是实施"79办法"后,对内河船舶船员考试发证办法进行首次修订。该规则将内河船舶船长、驾驶员、轮机长、轮机员按船舶吨位和主动推力装置划分为5个等级,报务员划分为3个等级。为"79办法"相比,船员证书等级职务的调整有着明显的变化,详见表3-4-3。1992年9月21日,中国港务监督局下发《〈内河船舶船员考试发证规则〉实施细则》,主要内容包括申请资格与受理手续、考试及安排、命题和组卷程序、评卷及成绩公布、发证填写规范及其他管理要求等。根据"92规则"的规定,经考试合格的船员,考试发证机关给予签发或换发相应等级、职务的《中华人民共和国船员职务适任证书》(简称《职务适任证书》),自签发之日起有效期为5年。

"92规则"与"79办法"内河船员证书设置对照表　　表3-4-3

部门	"92规则"规定的职务船员适任证书		"79办法"规定的轮船船员证书	
	适用船舶等级	职务设置	适用船舶等级	职务设置
驾驶专业	一等:1600总吨以上	船长、大副、二副、三副	一等:1600总吨位以上	船长、大副、二副、三副
	二等:600总吨以上至1600总吨以下		二等:200总吨至1600总吨	
	三等:200总吨以上至600总吨	船长、大副、二副		
	四等:50总吨以上至200总吨以下		三等:未满200总吨	船长、驾驶员
	五等:50总吨以下	驾驶;挂桨机船舶设驾机员		
轮机专业	一等:1500千瓦(2040马力)以上	轮机长、大管轮、二管轮、三管轮	一等:3000千瓦以上(4080马力以上)	轮机长、大管轮、二管轮、三管轮
	二等:441千瓦以上(600马力)至1500以下		二等:750千瓦至3000千瓦(1020马力至4080马力)	
	三等:147千瓦(200马力)以上至441千瓦以下	轮机长、大管轮、二管轮		
	四等:36.8千瓦(50马力)以上至147千瓦以下		三等:未满750千瓦(1020马力以下)	轮机长、轮机员
	五等:36.8千瓦以下	司机		
通信专业	通用报务员		一等	报务员
	一等报务员		二等	
	二等报务员		三等	报务员、话务员
	话务员			

说明:

1.船员考试包括初级考试、升职考试、定职考试、延伸航线考试及考核。考试采取笔试形式,考试发证机关结合实际情况可进行口试。

2.对申请驾驶专业职务初级考试、升等考试、定职考试、延伸航线考试和一、二等船舶船长考试,以及轮机长专业职务初级考试、定职考试的船员,须进行实际操作考试。

3.在拖轮、槽管轮、快速船上任职的船员,还需通过专业训练。

4.驾驶专业船员所服务的船舶等级,按船舶总吨位划分,当服务的船舶按主推动力装置功率划分的等级高于按船舶总吨位划分的等级时(快速船除外),则按主推动力装置功率划分。

5.轮机专业船员所服务的船舶等级按船舶主推动力装置功率划分,但当所服务的船舶为36.8千瓦以上的快速船时,其等级为按船舶主推动力装置功率划分的等级低一等。

6.经省级港航监督机构或长江、黑龙江港航监督局认可的单位,可根据具体情况组织应试船员进行专业培训。

7.长江干线和黑龙江水系的非机动船员考试发证办法,分别由长江港航监督局和黑龙江港航监督局制定。其他水域的非机动船员考试发证办法,分别由各省级港航监督机构制定。

从上表中可以看出,"92规则"与"79办法"在船员证书等级、职务设置上发生了较大变化,对船员的分类管理和专业技术要求比之前更高了。为顺利完成新旧规则证书的换发工作,中国港监局制定了与《92规则》配套的相关文件,包括《关于换发内河船员职务适任证书的通知》《关于内河船员考试发证工作过渡时期有关问题的通知》等。

全国内河及各省(区、市)港航监督,根据"92规则",结合本地内河船员技术特点,制定出本辖区内河船舶船员考试发证办法。

1992年,长江港监局将船员考试逐步面向企业、面向生产、面向现场,着重解决"能干的考不取,有证的不能干"的矛盾。改进考试办法,把船员考试立足于提高船员技术水平和实际操作能力,以适应企业生产的需要。同时,进行计算机开发,将船员技术档案、海员证、船员考试试题纳入计算机管理。1995年,制定船员考试反馈机制以提高船员素质。1998年,加大对非统考船员考试发证工作的管理力度。2000年,开展船员"实际操作和安全知识"检查,建立船员管理责任追究制度,实行船员违法记分制,加强船员适任跟踪管理和流动船员的管理。建立长江船员考试中心,推行培训、考试、发证分离制,实行考试发证人员任期制。

自实施"92规则"后,内河船员考试发证工作得到进一步的加强和规范,船员整体素质逐步提升,内河船员队伍不断壮大。据统计,仅广东省港务监督局,1993—1997年,举行内河船员(引航员)适任证书考试人数达到36998人次,签、换发内河船员适任证书31612本。1993—1998年,广州海监组织的内河船员适任证书考试1342人次,签、换发内河船员适任证书2295本。

三、船员培训管理工作的开展

(一) 船员证书考前培训

自"79办法"颁布前后,为帮助船员适应船员考试,能够系统地掌握专业技能知识,各地的船员考试委员会都会在本地区举办各种船员职务证书的培训班,聘请学校或有经验的船长、轮机长为准备参加考试的船员授课,经过1—3个月的培训学习后,参加当地港务(航)监督组织的船员考试,一般被称为"考前培训班"。

此阶段的船员考前培训基本上采用以下几种方式:一是大型国有单位以培训本单位船员为主,根据航运实际情况,安排船员上岸培训或在船培训;二是由航海类院校承担部分船员的培训工作;三是有条件的单位成立培训机构负责本单位或社会船员的培训工作。培训教材大概分为三种类型:第一种是由院校编写的教材,主要用于在校参加培训的学生和国有企业的船员;第二种是单位组织人员根据船员应掌握的基本知识自行编写,这部分船员大都是中小型船舶单位,如航道局、救捞局、国家海洋局、石油公司,以及各地航行沿海或内河船舶的船员;第三种是按照当时的需要临时编写,如对外籍船员、外轮华籍船员的培训。

开展香港海员培训考试发证工作,是一个特殊历史时期的产物。由于香港地区不是缔约国,其本地签发的船员证书不能得到国际认可,只限在本地区使用,因此直接影响了香港海员的就业问题。"79办法"颁布后,在中国香港航运界以及海外的广大华籍船员中引起了强烈反响。香港海员工会为照顾香港海员的愿望和要求,向交通部主管部门提出"让香港海员回内地参加船员培训、考试和发证"的请求。1980年1月5日,经交通部批复,由黄埔港务监督负责办理香港海员考试发证工作。按照上级要求,黄埔港务监督成立了专门的考试委员会,并从各单位选调了一批政治觉悟高、业务素质好的人员,从事该项管理工作。考委会成员按照《船员考试委员会章程》的要求,由远洋公司、港务局的资深船长、轮机长,资深的引航员和黄埔港监的驾驶、轮机专业考官组成。1980年3月12日,由香港海员工会组织的首批14名香港高级海员,前往黄埔海员俱乐部,进行船员职务证书过渡期换证培训。17日,由黄埔港务监督负责对香港海员进行考试。之后,每期考试安排均与香港海员工会协商处理。由于前四批海员大多是普通水手出身,文化程度不高,因此希望在考前提供培训。黄埔港监在征得上级同意后,组织专业人员,编写专供香港海员考前培训的教材,确保培训质量符合国内远洋船员考试大纲的要求。1985年和1986年,黄埔港务监督还选派两位教师赴港,为香港海员工会举办的香港高级海员培训班的船长、驾驶员、轮机长、轮机员授课,开创了内地港务监督工作人员赴港授课的先河。至1987年,黄埔港务监督为香港高级海员签发"87规则"船员适任证书共1019本。从1988年开始,香港海员回内地参加船员培训,不再为其单独开班培训和考试,均与国内远洋船员一起培训学习,然后参加全国统考。从1993年开始,对香港海员开展GMDSS培训,基本是单独开班,每班控制在20人左右。

组织船员参加考前培训,对系统提升船员的业务水平有着明显效果,特别是内河船员,基本是"逢考必培"。船员在培训前,需要经过港监部门同意才能开班;培训结束,由港监安排考试,考试合格者发给船员证书。

上海市港务监督,1983年共举办11期长江航线和小轮、小机证书船员培训班,培训学员445人;举办大轮船员培训班1期,参加培训人员10人,还举办乡村船员培训班54期,培训人员2960人。河南省港航监督,1988—1989年共培训船员1000多人。广东省港务监督局,1988—1997年举行船员考前培训共97859人次,培训合格率达84.42%。

此外,为提高劳务外派海员的素质,维护我国海员的声誉,根据1989年《中华人民共和国海员证管理办法》的规定,1990年1月3日,中国港监局发布《关于劳务外派海员职业培训若干规定的通知》,规定对不具备航海经历的劳务外派人员,必须经过港务监督认可的6个月的海员职业培训。6月4日,又发布《关于颁发〈水手、机工职业培训纲要(试行)〉及〈水手、机工职业培训单位验收标准(试行)〉的通知》,对外派海员的海员职业培训,制定了具体的内容和管理要求。

为确保船员培训质量达到规定的标准,中国港监局先后发文进行规范,如1995年的《关于颁发〈中华人民共和国海船船员培训管理办法〉的通知》,1996年的《关于签发船员培训许可证有关事宜的通知》《关于给大连海事大学等6家培训机构签发"船员培训许可证"的通知》《关于给大连海运学校等53家培训机构签发"船员培训许可证"的通知》《关于港务(航)监督开展船员培训有关事项的通知》《关于全面开展船员培训审验工作的通知》等。从这些文件中,可以看出中国港监局对船员培训管理工作的高度重视和严谨态度,并形成一个较为完整的船员培训管理文件体系。

(二)船员专业训练

船员专业训练,最早出现在"79办法"的考试科目中,如驾驶、轮机专业的"救生、救火和救护"等科目,就是引入了"STCW78公约"的元素而设置的。因此,根据"79办法"的规定,各地港务(航)监督开始对当地的有船公司进行指导,陆续组织本单位的船员开展船员专业训练工作。而此时的船员专业训练,还处于不太规范的状态。

1982年3月30日至4月3日,中国水监局在北京召开的"船员考试工作座谈会"作出决定,率先对香港船员开展"四小证"(即船舶消防、救生艇筏操纵、海上救生、海上急救)培训工作,由黄埔港务监督提出办法草案和负责考试发证工作。4月25日,黄埔港务监督与香港海员工会签约,在黄埔港筹办"黄埔海员技术辅导中心",按照国际标准的要求,对香港海员开展"四小证"的培训工作。从1982年6月27日第1期学习班开学,至1984年上半年,共举办35期59班,培训船员3299人(包括外派远洋船员)。这些船员分别来自香港地区的116家航运企业。1984—1985年,签发"四小证"共25629张。这是我国首次完整地按照"STCW78公约"要求,对国际海员进行专业训练的试点阶段。1982年9月6日,交通部在《批转水上安全监督局〈关于船员四个单项证书问题的报告〉的通知》中,同意由大连、天津、青岛、上海、黄埔港务监督负责办理我国外派船员的4个单项训练发证工作。

1982年12月6日至25日,大连海运学院首次举办香港海员专业培训班,36名香港海员参加。培训科目为"雷达观测及雷达模拟器""自动雷达标绘仪""无线电话通讯"(简称"三小证"),由大连港务监督负责组织考试,全部及格后发给证书。截至1986年5月,共举办24期培训班,受训人员达649人。

内地船员的专业训练也随即展开。1983年8月16—20日,中国水监局在北京召开"船员考试工作座谈会",大连、天津、青岛、上海、福州、黄埔、广州、湛江港务监督,长江航政局,浙江省交通厅,广东省航政局及中国远洋运输总公司等单位派代表参会。会议的一项主要内容是:关于海员4个单项训练发证问题及训练纲要的修订和制订事项,以及《油轮原油洗舱员专业训练纲要》《雷达观测》《雷达模拟器操纵》《无线电话通讯》等3个专业训练纲要的制订和分工安排。根据会议的总体部署,各船舶单位、航海院校、港务监督立即着手,准备全面开展海员专业训练和发证工作。

1984年,交通部安全工作办公会议提出"要在五年内完成200总吨以上的海船船员'四小证'专业训练和考试发证,所有培训机构须经交通部港务监督局验收批准"的要求。为落实会议精神,6月14日,中国港务监督局颁布实施《中华人民共和国海员专业训练发证办法》和相应的专业训练纲要要求从事海上航行运输、工程科研、勘探部门的船舶,从1985年起,分期分批争取在5年内,陆续完成对200总吨以上船舶现职船员开展"四小证"基本技能训练;要求无限航区1600总吨以上船长、驾驶员参加"雷达观测和无线电话通讯"的培训;雷达模拟器和自动雷达标绘仪的训练暂不作统一要求。但各大中专和技工学校的海上专业学生,应将"四小证"的训练列入必须完成的课程;大中专院校的海船驾驶专业的学生,还应完成"雷达观测和无线电话通讯"的训练。同时,授权大连、天津、青岛、上海、黄埔、广州、湛江港务监督负责海员专业训练的考试发证工作,并受中国港监局委托对有关培训单位进行验收和监督检查。

1985年7月25日,中国港监局发布了《关于大连海运学院等六所航海院校毕业生领取〈中华人民共和国海员专业训练合格证〉若干事项的通知》,明确大连海运学院、上海海运学院、集美航海专科学校、青岛远洋船员学院、大连海运学校、南京海员学校等6所院校1977年以后入学的驾驶专业毕业生,在校期间学习和训练达到《中华人民共和国海员专业训练发证办法》及有关文件要求的,可凭毕业证领取"四小证"和"雷达观测""无线电话通讯"等6个项目的《海员专业训练合格证》。大连海运学院的驾驶专业毕业生还可领取"雷达模拟器""自动雷达标绘仪"2项《海员专业训练合格证》。同时,对上述院校的其他海上专业毕业生在校期间通过本校培训所取得的单项训练合格证予以认可,并可凭院校颁发的合格证,换发港监相应的《海员专业训练合格证》。10月22日,中国港监局下发《关于批准上海海运学院等四单位开办海员专业训练及有关考试发证事项的通知》,内地船员的专业训练工作也随即展开。其间,由于部分单位在开展船员专业训练工作中,出现了未按规定办理的情况,12月26日,中国港监局下发《关于整顿海员单项专业训练工作的通知》,强调了海员单项专业训练的严肃性,采取对未按规定执行的单位,停止其开展培训业务等措施。随着"四小证"训练工作在沿海各港开展,为保证训练安全和质量,1986年1月30日,中国港监局发文《关于海员四项专业训练若干事项的通知》,对未经批准开展专业训练机构和参加培训的船员作出处理,并对远洋公司开展"船岸结合"培训方案予以肯定和完善,同时对其他相关事宜做出了总体安排。

1987年5月3日,中国港监局正式发文,批准上海远洋公司、上海航道局、上海航海学会、国家海洋局宁波海洋学校、广州海员学校、渤海石油公司培训中心、天津港轮驳公司培训中心等7家单位承担"四小证"海员专业训练。4月28日,批准大连海运学院承办"三小证"海员专业训练。

据不完全统计,1982—1990年,大连港务监督组织专业训练考试465期,参加考试人数17199人次,签发《专业训练合格证》共75845张。1984—1994年,广州海监局(含黄埔港务监督)签发"四小证"共179205张;"三小证"共6408张。1988—1999年,天津港务监督,辖区开展"四小证""三小证"培训共19971人次,1988—1992年,签发"四小证""三小证"达10694张。1991—1999年,青岛港务监督,辖区开展专业和特殊培训考试共40344人次,签发《专业、特殊培训合格证》共38159张。

(三) 船员特殊培训

根据"79办法"的规定,在特殊船舶(油轮或称槽管轮、化学品、液化气体船、罐轮)上任职的船员,在申领船员证时,必须呈验特殊培训的证明。

油轮等海上散装液体货物运输的发展,对海上人命财产安全及海洋环境造成潜在的威胁,引起了各沿海国家的高度重视。国际海事组织(IMO)也采取了一系列措施,其中包括对"STCW78公约"第五章"对槽管轮的特殊要求"的修正,即对油轮、散装化学品船、散装液化气体船船员的培训和资格的法定最低要求作了较严格的规定。该修正案在1994年的海安会64次大会上获得通过,于1996年1月1日开始施行。

为了使我国在上述散装液体货船上工作的船员符合国际公约新的要求,承担我国在履行公约并保障海上人命财产安全和保护海洋环境方面的义务,中国港监局根据相关规定和要求,对我国的油轮、散装液化气体船、散装化学品船船员特殊培训、发证办法作了调整和修改,合并成一个管理办法。同时,按照IMO有关示范培训课程,对特殊培训的纲要和培训时间作了调整,以利于我国的散装液体货船船员特殊培训及时与国际最新要求接轨。

1994年9月28日,中国港监局制定并颁布《中华人民共和国散装液体货船船员特殊培训、发证办法》,并于1995年7月1日起正式施行。同时,授权大连、天津、青岛、上海、南京、广州、湛江、海南港务监督负责办理"油轮船员(安全知识)特殊培训"的考试、发证工作;授权大连、上海、广州港务监督负责办理"油轮船员(安全操作)特殊培训"的考试、发证工作;授权大连、广州港务监督负责办理"油轮船员(原油洗舱)特殊培训"的考试、发证工作;授权厦门、汕头、蛇口、广州港务监督负责办理"散装液化气体船(安全知识)特殊培训"的考试、发证工作;授权蛇口港务监督负责办理"散装液化气体船员(安全操作)特殊培训"的考试、发证工作;授权上海港务监督负责办理"散装化学品船船员(安全知识)特殊培训"和"散装化学品船船员(安全操作)特殊培训"的考试、发证工作,并负责对培训的监督管理。据统计,1988—1994年,仅广州海监局就签发油轮、原油洗舱、液化气等特殊培训合格证共3097张。

(四) 船员培训机构管理

为进一步加强对船员培训的管理,切实保证船员培训的质量,中国港监局根据《海上交通安全法》和"STCW78公约"的规定,于1995年7月21日制定并颁布了《中华人民共和国船员培训管理办法》,明确规定"船员培训"系指港监局为保证和提高海船船员在航海职业、技术和安全方面的素质所规定的培训,并包括国际海事组织《1978年海员培训、发证和值班标准国际公约》规定或推荐的培训。同时,办法首次制定并实行《船员培训许可证》(简称《许可证》)制度,并明确《许可证》系由港监局统一制定、载明船员培训机构具备开展船员培训的资格证明文件。"培训机构"系经港监局批准并由相应管理机构签发《许可证》,准许其开展"许可证"内核定的一项或数项船员培训的企业、事业单位或社会团体。7月25日,中国港监局发文《关于全面开展船员培训审验工作的通知》,对现有的培训单位进行全面审核,对审验和评估合格的培训单位,签发《许可证》。

为统一和规范填写《许可证》,1996年4月5日,交通部安监局下发《关于签发船员培训许可证有关事宜的通知》,并公布"海船船员培训项目分类与编码"和"海船船员培训管理机构代码"。5月31日,中国港监局发布《关于给大连海事大学等6家培训机构签发"船员培训许可证"的通知》,7月2日,又公布了《关于给大连海运学校等53家培训机构签发"船员培训许可证"的通知》,以及陆续下发《关于港务(航)监督开展船员培训有关事项的通知》《关于全面开展船员培训审验工作的通知》等。从这些文件中可以看出,中国港监局对船员培训管理工作的高度重视和严谨态度,并形成了一个较为完整的船员培训管理文件体系。

四、船员证件管理的规范化

(一)《船员服务簿》管理

《船员服务簿》是记载船员海(河)上资历的证明文件,对船员的技术管理、考核等工作有着重要的作用。它记录了船员本人的资历、有关训练和参加体格检查等情况,是船员申请考试、办理职务升级签证和换领船员适任证书的证明文件之一。《船员服务簿》由各港务(航)监督负责签发、审验、检查和管理。

早在20世纪50年代初期,我国就已实行《海员手册》管理制度,后因"文化大革命"的冲击,许多地方停止了发放《海员手册》。而广东省一直坚持发放《海员手册》(除远洋船员外),直到1984年12月31日才以《船员服务簿》取代了《海员手册》。《船员服务簿》与《海员手册》在功能和使用上基本一样,只是在内容和管理上稍有不同。

我国加入"STCW 78公约"后,对船员资历管理的要求也受到了重点关注。1984年6月27日,中国水监局下发《关于颁发和实施〈船员服务簿〉规定的通知》(〔84〕水监字82号),要求各省(市、自治区)交通(航运)厅(局)、沿海各港务监督、大连港口管理局、广东省航政局、长江航政局、中远总公司及各分公司、外运总公司、长江轮船总公司、各海运局、各港务局、各救捞局、各航务工程局等单位,按照规定统一办理《船员服务簿》,以加强对国内船员的监督管理。该规定于1985年1月1日正式施行。同时规定,各地区自行规定、发放的同类证件于1986年1月1日起停止使用。

从1985年1月1日起,各地港务(航)监督开始为本辖区的船员发放《船员服务簿》,并按照统一的格式填写规定的内容。同时,还制定了本地区签发《船员服务簿》的具体实施办法。

1985年9月28日,中国水监局发文《关于颁布〈船员服务簿〉实施办法的通知》(〔85〕水监字155号),明确规定了实施《船员服务簿》的具体内容和管理要求,主要内容包括适用范围、签发机关、申请手续、审核、填写《船员服务簿》基本要求(包括"主管机关签注"栏的填写规范等)、罚则、费收和建立档案等。其中,规定了签发《船员服务簿》的机关为县港航监督机构或科以上的港务(航)监督、航政机构。为规范各地港务(航)监督对《船员服务簿》的管理,1986年1月22日,中国港监局发文《关于〈船员服务簿〉签发工作若干问题的通知》(〔86〕水监字8号),再次明确对《船员服务簿》发放对象、签发机关分工、资历记载、统一编号及其他相关记载内容的填写和印章规范等的相关规定。

1986年4月1日,中国港监局颁布的《关于办理参加航行值班和机舱值班的一般船员值班签证的通知》(〔86〕水监字51号)中,要求在200总吨及以上海船上参加甲板部航行值班的一般船员和在主推进动力装置750千瓦及以上海船上参加机舱值班的一般船员,须按照"STCW78公约"规则Ⅱ/6、Ⅲ/6的要求,经过培训考试达到适任条件后,由港务监督在其《船员服务簿》的"主管机关签注(一)"栏内办理值班签证,并且要求在1988年4月28日前完成签证。从各港务监督对船舶的安全检查及国外海上安全监督机构按"STCW78 公约"第十条和规则 I/4 的规定对我国船舶的检查情况看,仍有不少船舶上参加航行值班和机舱值班的一般船员没有符合公约的规定,有些国家(地区)的主管当局已向我国或我国当地的使领馆通报我国某些船舶的一般船员不符合公约规定的情况。为此,中国港务监督于 1990 年 3 月 28 日发文《重申参加航行值班和机舱值班的一般船员办理值班签证的通知》([90]港监字 62 号)中规定,所有 200 总吨及以上参加海船上航行值班和机舱值班的一般船员(水手、机工)必须在其《船员服务簿》的"主管机关签注"栏内盖有中国港监局统一制发的"值班签证章",否则不能参加值班。为加强管理及适应海员劳务外派的发展,中国港监局对船员办理值班签证规定进行了调整。该通知自 1990 年 7 月 1 日实行,原通知同时废止。据不完全统计,1986—1990 年,大连港务监督签发《船员服务簿》共 16674 本。1987—1997 年,山东辖区海监局(含青岛、烟台、威海、日照)签发《船员服务簿》共 26381 本。1988—1991 年,上海海监局签发《船员服务簿》41752 本。1988—1997 年,广州海监局签发《船员服务簿》共 29374 本。1991—1997 年,广东省航政局签发《船员服务簿》共 21384 本。

内河船员方面,自 1985 年在全国范围内推行《船员服务簿》管理工作以来,一些省份已开展了这项工作,并取得良好效果。为进一步加强对内河船员的管理,1990 年 3 月 13 日,中国港监局发文《关于在内河船员中进一步开展〈船员服务簿〉签发工作的通知》中,明确在内河 60 总吨或 150 千瓦(等于 204 马力)以上的机动船上服务的所有船员都要办理《船员服务簿》;各港监在签发《船员服务簿》时,要区别两种版本,航行国外和港澳航线的船舶船员须沿用原来的版本,其他内河船员一律签发新版本,即交通部委托长江港航监督局印制的版本。

(二) 加强《海员证》及出境管理

我国的《海员证》签发工作是从 1961 年 4 月中国远洋运输公司成立后,拥有了航行国际航线的船员开始的。当时的《海员证》是由中国远洋运输总公司所属各分公司以及中波海运总公司(中方)负责填写,然后到当地有关港务监督局盖章。

进入 20 世纪 70 年代后,对《海员证》的管理得到进一步的加强。为适应我国远洋运输生产的发展,1976 年 9 月 8 日,交通部、外交部、公安部联合发文,规定《海员证》是我国执行出国任务的船员必须持的具有护照性质的证件。通用于世界各国和地区的所有港口。有效期为 8 年。为了各港监在贯彻执行上述文件时,做统一,书刊号写一致,9 月 20 日,交通部专门发文《"中华人民共和国海员证签发和使用范围的暂行规定"实施办法的通知》(简称"实施办法")。从 1976 年 10 月起,获得授权的大连、天津、青岛、上海、广州、黄埔港务监督,开始按照新的规定,为航行国际航线船员以及后来的外派劳务出国船员办理《海员证》。

1980 年 3 月 18 日,交通部下发的《关于办理海员证注意事项的通知》,强调"凡需办理海员证的人员,必须持有交通部政治部的政审批件(有特殊规定者除外),对认为发放手续不合规定者,必须补办。今后政审批件一俟下达,须在半年之内到有关港务监督办理海员证,过期作废(除特殊情况外)"。同时,对填写《海员证》的船员姓名、性别等内容、用印等进行了严格的规范要求。为规范证件填写标准,6 月 27 日,中国港监局发文《关于中国人名对外改用汉语拼音的通知》,要求各港务监督对外签发文件、证书和发布有关消息、通知(警告)、资料等,所涉及的中国的人名地名一律改用汉语拼音。各签发海员证的港务监督根据交通部的有关文件,分别对本辖区的航运单位办理海员证工作进行了整顿,对加强和完善海员证管理工作起到了推动作用。

1983 年 8 月 1 日,交通部根据当时对外贸易和航运事业发展及《海员证》使用情况,对原"实施办法"进行了修改,以"实施细则"文件颁布,重申了《海员证》的严肃性,进一步强调《海员证》是我国航行国际航线船舶船员必备的护照性质的证件,必须严格按规定办理;重新授权《海员证》由大连、天津、青岛、上海、福州、广州、黄埔、南京、武汉等港务监督签发①;《海员证》有效期改为5年,同时强调要严格控制非船员持海员证,并规定《海员证》的填写规范和统一船员职务中、英文名称。

为加强和规范《海员证》签发工作,1985年3月,中国港监局颁发《关于签发海员证的工作程序》。随着对外开放、对内搞活经济方针的贯彻执行,船员队伍不断发展,出国船员的政审工作量越来越大。为了适应形势发展需要,确保政审工作质量,4月10日,交通部下发《关于进一步做好船员政审和海员证签发工作几项规定的通知》,决定将船员的政审权限下放到各省(区、市)和中央部委,并对审批工作提出了严格的要求,并附上审批文件的统一格式。5月22日、23日,中国海员对外技术服务公司根据通知要求,先后发布《关于外派船员审批有关问题的通知》《关于外派海员需报备的通知》,提出对外派海员管理的具体要求。1985年11月22日,第六届全国人大常委会第十三次会议通过并公布了《中华人民共和国公民出境入境管理法》,明确指出海员因执行任务出境,由港务监督局或其授权的港务监督办理出境证件,从法律层面赋予了港务监督办理《海员证》的权限。

1989年8月14日,根据《中华人民共和国公民出境入境管理法》的有关规定,交通部、外交部、公安部联合颁布《中华人民共和国海员证管理办法》(简称"7号令"),共五章三十条,自1989年12月1日起施行。1976年交通部、外交部、公安部联合颁布的《中华人民共和国海员证签发和使用范围暂行规定》同时废止。"7号令"规定,海员乘坐服务船舶以外的其他交通工具出境,应办妥相关的入境过境签证。其中,规定了我国《海员证》的申请与颁发的条件、办理手续及办理批件的有效期;明确了《海员证》的有效期限为5年,同时对办理延期和遗失补办的手续也做了详细规定。该办法还对《海员证》的使用提出了新的规定,即海员持《海员证》乘从服务船舶以外的其他交通工具出境,"应在出境前办妥前往国家和地区的入境地过境签证。如前往国家和地区不需办理签证,应由海员所属单位或派出单位向边防检查机关出具证明。"对违反《海员证》管理规定的,予以不同程度的处罚。这是"文化大革命"结束后,我国《海员证》管理的第一个重要规章。同年9—12月,中国港监局首次开发了"海员证计算机管理发证数据信息管理系统",并向各签发《海员证》单位配发了专用计算机,开始采用信息技术管理《海员证》办证数据。

1991年2月12日,中国港监局下发《关于执行〈中华人民共和国海员证管理办法〉若干问题的通知》,根据交通部"7号令"中第三条规定,明确授权大连、天津、青岛、上海、福州、汕头、广州、湛江、海南、南京、武汉港务监督和黑龙江港航监督局为《海员证》颁发机关;并对"7号令"执行中出现的问题逐条作了具体规定,主要包括《海员证》有效期时间长短的确定、随船人员申办《海员证》的规定、对"7号令"若干条款的说明以及要求每月将《海员证》档案资料输入计算机后,将软盘报送交通部安监局等内容。

为解决救捞系统船员为完成海上救助、应急抢险出国(境)执行任务的问题,1992年1月6日,交通部发文《关于救捞系统船员申办海员证若干问题的通知》,对船员政审、海员证申办和发放、海员证的管理等方面作出明确规定。随着改革开放和航运市场繁荣发展,海员劳务输出数量骤增。为了缩短海员办理出境手续时间,1992年10月,中国港监局、公安部边防局联合下发《关于简化我国海员出境手续的通知》,授权17个港务监督受理签发《海员出境证明》,同时授权中国远洋运输公司等单位为所属海员签发《海员出境证明》。中国港监局发布《关于简化海员出境手续有关问题的通知》,授权签发《海员证出境证明》共31家单位名单和简化手续要求,统一《海员证出境证明》样式和填写规范。12月,中国港监局发布《关于简化海员出境手续有关问题的通知》,对签发《海员出境证明》的具体事项提出具体要求,如申请出境证明时应附船员名单,并提交免于签证或过境签证国家、地区有关合同、任务书或国外函电及邀请信等

---

① 浙江省出国船员在上海港务监督办证;广西壮族自治区出国船员在广州港务监督办证;长江沿线六省出国船员在南京、武汉港务监督办证。

有关材料。

1993—1995年,中国港监局先后发布《关于临时随船工作人员不办服务簿和四小证的复函》《关于加强外派船员海员证管理的通知》《关于临时上船人员申办海员证有关事项的通知》,分别对不同人群申请办理《海员证》给予了具体的处理意见和强调加强管理的措施。1995年对外贸易经济合作部、公安部、交通部三部联合发文《关于规范外派海员办证、出境管理工作的通知》《〈关于规范外派海员办证、出境管理工作的通知〉的补充通知》,重点强调对《海员出境证明》签发权的审批要严格控制,在办理《海员出境证明》时要严格把关。

为维护《海员证》的严肃性,整顿和规范办理《海员证》的各项工作,1996年6月20日,交通部下发《关于加强海员证管理工作若干问题的通知》,主要内容包括:一是对《海员证》批件名称进行统一格式;二是明确审批机构和审批权限;三是对申办单位进行整顿和实行单位资格和编码制度;四是关于外派劳务海员办理《海员证》的合同要求;五是简化再次办理《海员证》的手续;六是对违反规定办理《海员证》的处罚规定;七是自1997年7月1日起,未按要求签订劳动合同的人员不予办理《海员证》等。

为了保证我国国际海员的素质,维护《海员证》的声誉,提高我国商船船队和海员在国际市场的竞争力,7月3日,中国港监局制定并颁发《关于颁布〈关于规范海员出境证件管理工作的规定〉及其有关事项的通知》,自1996年8月8日起生效施行。该规定重新明确了《海员证》是具有护照性质并为船员出境执行任务专用的法定出境证件,证明合法持有人具有中华人民共和国国籍和当时的职业身份为船员。我国海员持《海员证》前往世界各国有效。同时完善了《海员证》签发工作的各项规定和制作标准;全面规范了对《海员证》审核的要求;增加了对特殊船舶船员审查的附加条件;明确了海员出境证明的签发和使用范围。重新公布《海员证》办证权限的港务监督分工及管辖范围,并对授权的港务监督赋予编码。具有办证权限的机构有:大连、秦皇岛、天津、烟台、青岛、连云港、上海、宁波、福州、厦门、汕头、广州、湛江、海南、南京、武汉、黑龙江以及南宁港务监督。同时,明确对申办单位的资格要求,并实行编码管理,还要求单位指定专职申办人员。为统一执行上述新的规定,启用新版《海员证》,8月13—15日,在北京举行18个具有签发海员证权限的港务监督业务人员培训班。为有效规范海员证审核程序和申报要求,采用计算机管理软件管理海员证,并实现全国联网,达不到要求的单位,暂停办理海员证业务。9月12日,中国港监局发文《关于印发海员证管理工作会议纪要的通知》,公布海员证申办单位资格审批表,统一海员证申请表填写和海员证制作标准规范。10月,交通部安全监督局根据《关于加强海员证管理工作若干问题的通知》的规定,重新授权和公布第一批出具《办理海员证批件》的31家审批机构及审批权限清单。

据不完全统计,1977—1990年,大连海监局签发海员证共22186本。1987—1997年,广州海监局签发海员证共136441本。1988—1997年天津海监局签发海员证43439本,1992—1996年签发海员出境证明803张。

另统计,到1996年全国持《海员证》的船员人数已近20万人①(其中包括航行港澳航线的内河、沿海船员)。

(三)规范船员办证程序

为加强对港务(航)监督办理船员证件的管理,规范办理包括海员证、适任证书、培训合格证、船员服务簿等种类船员证件的公务行为,保证工作质量并倡导公正、有效的工作作风,加强廉政、勤政建设,1995年7月21日,中国港监局制定了《关于发布〈办理船员证件管理规则〉的通知》,自1995年9月1日正式施行。该规则共七章三十五条,分为总则、管理目标、办证程序和工作职责、管理要求、检查与审验、处理

---
①据中国港监局《关于颁布〈关于规范海员出境证件管理工作的规定〉及其有关事项的通知》(港监字〔1996〕164号)。

和处罚、附则等。规则首次提出港监局对港务监督签发船员证件的各项工作实施监督管理和组织质量评估,规定了办理船员证件的十项工作程序和每项程序中工作岗位的职责;同时规定"证件制作人,空白证件保管人和证件核对(包括盖印)人均不得相互兼职";对存放空白证件的场所(柜)、办证的完成时间、人员条件和培训等方面,也提出了严格的规定。同时,还制定了内部检查制度和检查标准。并明确规定"船员证件"系由考试发证机关签发给船员个人所持有的海船船员适任证书、值班证书、考试合格证或职务见习证书、培训合格证、船员服务簿和海员证等证明文件。还编制了各种工作用表,如《办理船员证件工作单》《空白证件管理登记簿》及其附表、《办理船员证件检查与评估表》。在后来内河船员证件管理中,也按此执行。

该规则对后来的船员管理业务影响深远。在履行"STCW78/95公约"、实施"97规则"及建立船员管理质量体系等方面,起到了重要的参考和借鉴作用。

中国自加入"STCW78公约"后,积极开展各项船员管理基础工作,主动做好行政管理规范工作,根据航运发展的不断变化,及时调整海船船员和内河船员管理规则,特别是海船船员整体素质,得到了明显提高。

第五节　航运业的发展与海员的贡献

一、远洋运输

(一)中远调整和改革船队经营管理体制

20世纪70年代,中远总公司的经营管理方式是"分散管理、分散经营"。各直属远洋公司经营船舶种类和航线、业务范围没有明确的划分。20世纪80年代,随着远洋运输的发展、航线的开辟和船舶的增多,各公司航线交叉现象越来越多,影响企业的整体效益。1983年,中远出现了亏损。为了扭转这种局面,中远决定改革船队经营管理体制。

1984年11月,中远总公司根据各公司船队的特点和以往的经营范围、业务传统,将各船公司划分为专业性公司和综合性公司。青远公司和大远公司属专业性公司,主要经营专业化船队,青远公司经营散装船,大远公司以经营油船为主。综合性公司拥有多种类型船舶,包括天远、上远和广远公司。综合性公司和专业性公司在总公司统一领导和协调下,可以互相调整和增减船舶。

中远根据各公司船队性质明确划分了航区、航线,同时制定经营管理办法,明确对出口货运以及各公司分工的航线和港口各自为主安排,包括揽货、派船、与货主联系等工作,总公司只制定运价和必要的平衡协调及揽货工作;进口货运以总公司为主统筹安排,进口杂货根据各公司分工的航区和港口,安排其船舶载货。并强调各公司可根据所分工的航线和港口货源情况,开辟和发展集装箱或半集装箱班轮运输以及散植物油、冷冻货等运输,并根据外贸运输的需要,积极开辟杂货班轮航线,在统一运价的前提下,积极揽取大宗货。

船队经营体制的改革,较充分地发挥了各公司船舶的潜力,提高了中远船队在国际航运市场的竞争力和企业经营效益。1985年完成货运量比1984年增长19.3%,截至1985年底,中远船队已航行于近150个国家和地区的600多个港口。

(二)开展国际远洋集装箱运输

中国远洋的集装箱运输开始于20世纪70年代,起步虽晚,但发展速度较快。1973年9月,中远总公司、外运总公司、外代总公司与日本航运公司合作,使用5吨小型集装箱在上海、天津与日本的横滨、大阪神户各港之间,进行国际航线上的集装箱试运。至1975年底,中日双方共派船89班次,运输2399箱,运货7503吨。与此同时,中远上海分公司"风雷"轮也在上海至日本航线上,以普通杂货船试运20英尺国际标准集装箱。1977年12月,杂货班轮"丰城""盐城"两轮又在上海至日本航线试运20英尺集装箱。

1978年后,交通部确定把开展集装箱运输,作为远洋工作和港口建设的重点。由此,中远总公司开始兴办国际集装箱运输,积极开辟集装箱班轮运输航线。

1978年初,中国天津、青岛、上海3个港口,每月有近700个集装箱出口到美国、加拿大、澳大利亚,全部由日本船公司承运。交通部向国家经委提出建议,这3条航线的集装箱运输可改由国轮承运。9月26日,中远上海分公司"平乡城"轮装载着162个国际标准箱(TEU)从上海港起航,于10月中旬抵达澳大利亚悉尼港,标志着中国远洋集装箱运输的正式开始。

1979年,中美正式建交后,中远总公司和美国莱克斯兄弟轮船公司达成协议,在中美两国政府海运协议签订之前,悬挂中国国旗和悬挂美国国旗的船舶可分别挂靠中美对外开放港口。3月25日,贝汉廷船长率"柳林海"轮由上海起航,横跨太平洋,于4月18日首次抵达美国西雅图港,船员们受到美国朋友和华侨热烈而隆重的欢迎。从此,中美海上航线正式开通。(图3-5-1—图3-5-4)

图3-5-1　1979年贝汉廷在"柳林海"轮

图3-5-2　贝汉廷船长率"柳林海"轮首航美国西雅图,中美航线正式开通

图3-5-3　"柳林海"轮抵达美国西雅图后,受到美国朋友和华侨的热烈欢迎

图 3-5-4　1979 年"柳林海"轮在美国西雅图

中美通航后,1980 年 3 月,"西江"轮开辟了中国香港至菲律宾的第一条全集装箱定期班轮航线。1981 年 2 月,滚装船"张家口"轮首航美国西海岸的旧金山港,开辟了中国至美国全集装箱班轮航线,又开辟了从上海、天津、大连、青岛至日本主要港口的全集装箱定期班轮。1982 年,3 艘 1200 箱位的"汾河""清河""唐河"轮,开辟了中国至美国东海岸全集装箱直达航线,以及中国至波斯湾、西非和西北欧各港的半集装箱班轮航线。1983 年 8 月,中远船队又开辟了中国至地中海,天津、上海经中国香港、新加坡至西欧和北欧各港的集装箱班轮航线。至 1983 年,中远已先后开辟了中澳、中美、中日、中欧及中国香港的全集装箱班轮,以及中国至波斯湾、西非、西北欧的半集装箱班轮航线共 16 条、24 个班次,初步形成以中国港口为中心,到达世界主要港口的中远国际集装箱运输网。1986 年以来,中远又开辟了中国至南非航线。1990 年 1 月,由广远开辟了上海、青岛、新港、大连 4 个港口沿海集装箱运输支线。1978—1990 年底,中远总公司经营着中国至美国东西海岸、地中海、欧洲、波斯湾、澳大利亚、新西兰、日本以及东南亚等国家和地区的集装箱航线,集装箱运输干、支线网络可连接世界各大洲的绝大多数港口。

在集装箱运输高速发展中,中远以贷款等形式,不断购造新型的集装箱船舶,以增加运力,调整船队结构。1992 年,中远直属远洋运输公司全集装箱船增至 89 艘,占船舶总数的 15.4%;载箱能力逾 9.2 万箱。其中广远有全集装箱船 25 艘,拥有箱位 27555TEU;上远有 43 艘,拥有箱位 50250TEU;天远有 21 艘,拥有箱位 13010TEU;在世界经营集装箱运输的船公司中位列第四名。

其实,在中远集装箱运输取得快速发展的 80 年代,面临的是国际航运市场萧条,运力过剩的不利局面。针对这种情况,中远总公司立足改革,狠抓企业经营管理,提高服务质量,调整和新辟运输航线,统一集装箱管理,选择以发展全集装箱船为主,建立集装箱船队的道路,提高在国际航运市场的竞争实力。经过 10 余年的努力,中远集装箱运量由 1981 年的 40533TEU 增加到 1992 年的 1662612TEU,增长 40 倍。集装箱运输已迅速成为中远远洋运输的重要发展方向,集装箱船队也成为中远的拳头产品,在国际航运市场占有一席之地。中国远洋船员创造了中国航运的又一次辉煌。

1993 年 12 月 28 日,中远总公司正式组建了"中远集装箱经营总部",对原来分散在广远、上远、天远的集装箱船进行"集中经营,分散管理"。中集总部成立后,对中远所经营的集装箱航线进行了大幅度调整,在已开辟的欧洲、美洲、地中海三大干线的基础上,又开辟了南美、波斯湾、澳新、日本及南非等新航线。并对运力做了科学、合理的安排,先后投入了 8 艘 3800TEU 和 5 艘 3500TEU 新造的世界第四代集装箱船,从而扩大了航线的覆盖面,增强了中远集装箱运输的整体实力。

1994—1995年是中远集装箱运输稳步发展的两年。到1994年末,中远集装箱船队的船舶艘数从1993年的122艘增至136艘,箱位从11.4万TEU增至16万条TEU。每月从国内开出的航班从183班,增至267.5班。1994年,中远集装箱运量达260万箱,比1993年增长39%。1995年,中集总部进一步完善航线网络布局,先后调整中国—西北欧、中国—南美东岸、中国—东南亚航线;新开辟东西非航线、中国—南美西航线、中国香港—新西兰航线。班轮航线增至45条,每月航班达300多班,实现了主要航线和干线的周班服务,有的航线达到每周3至4个航班。多年共完成箱运量310万TEU,比1994年增加22.93%,运费收入比1994年增加15.9%,利润比1994年增加了17%。

1995年底,以天远、青远为基础正式组建了中远散货运输有限公司。广远成为以经营杂货船、特种船为主的专业化公司,大远成为经营油轮的专业化公司。

1997年7月16日,中远集团决定集装箱运输和散货运输实行经营管理一体化,中远集运迁往上海,与上远合二为一;中远散运迁往天津,与天远合二为一。12月29日,由中远集装箱运输总部与上海远洋运输公司合并成立的中远集装箱运输有限公司开始试运转。公司接收了广远和天远移交的集装箱船共58艘,完成交接船后,共拥有集装箱船舶132艘,运力总规模为21万TEU。

(三) 大力发展班轮运输

20世纪80年代起,各海运国家为保护本国航运业的利益,纷纷采取控制货载尤其是高价货载的手段,为本国船队争取承运权。为保护中国的远洋石业,国务院领导和交通部多次指示,要保护国轮和大力发展班轮运输。

为适应国际航运市场的竞争,更好地为外贸进出口运输服务,中远总公司在已有班轮航线的基础上,开始组织正规化班轮运输。1984年5月至1985年2月,中远试开辟中国至欧洲集装箱班轮航线,班期准确。后因国内一些港口压港严重,班期被打乱。1985年11月,在沿海港口和中远总公司参加的班轮会议上,交通部确定中远37条航线89个航班正式纳入正规化班轮。1986年,交通部下发交海字341号文《关于加强国际定期班轮工作的通知》,规定班轮"五定"原则,即定航线、定船舶、定货种、定泊位、定时间。要求中远重点抓好5条线共20个航班,即美加线(4班)、欧洲线(7班)、澳洲线(2班)、地中海线(3班)、波斯湾线(4班),并从6月1日列入交通部考核。

按照交通部规定,由中远在重要航线经营的国际定期班轮(核心班轮),从1986年6月1日正式运行,每月从国内12个港口开出89个航班,其中集装箱班轮46班,杂货班轮43班。主要航线有:中国至西北欧全集装箱和杂货班轮航线,中国至地中海南、北岸各港的半集装箱和杂货班轮航线,中国至西非半集装箱航线,中国至东非、红海杂货班轮航线,中国至波斯湾全集装箱和杂货班轮航线,中国至澳、新全集装箱班轮航线,中国至美、加全集装箱班轮航线,中国至日本全集装箱和杂货班轮航线,中国至东南亚杂货和全集装箱班轮航线,以及中国内地至中国香港的杂货和集装箱支线班轮航线等。中远开展班轮运输得到了国务院和交通部的大力支持。

中远严格加强班轮管理,健全班轮管理机构,制定了《班轮管理实施办法》《班轮的调度跟踪制度》等规章。择优选配班轮船舶和船员。以"安全、优质、价廉、迅速"为宗旨,加强港、航、货三方协作配合,努力提高班轮载货率,并在《中国日报》刊登国内外班轮船期表,扩大影响。开辟定期班轮航线。1987年,每月已有37条航线,93个航班;核心航线21条,全年249个航班,准班率达98.39%。1988年5月,中远总公司提出增加班轮航线密度及中国港口至世界各地港口的班轮覆盖面,当年定期班轮航线增加到41条,109个航班,核心班轮航线增加到33条,全年319个航班。中国香港至美国西海岸集装箱航线调整,由每月3班改为周班,开辟了中远第一条正规周班航线。1989年,又新开辟了烟台至美国、加拿大,福州至中国香港,新港至南美,上海至南美4条班轮航线,并将上海至新加坡航线延伸至吉大港。

1990年,中远班轮航线发展到47条,140个航班,并开辟上海、天津港为出口中转的沿海、长江集装箱运输支线。广远公司开辟香港至马尼拉,黄埔至日本的周班服务。1991年,中远总公司又开辟新加坡、印尼至澳大利亚集装箱班轮,印尼至欧洲杂货班轮,共开辟班轮航线49条,193个航班。1992年1月,中远总公司再次调整班轮航线,定期班轮航线增至58条,213个航班,每月从中国主要港口开往世界各国和地区的班轮分别为:日本93班,中国香港59班,东南亚16班,印尼、波斯湾11班,澳大利亚、新加坡5班,非洲3班,地中海6班,西北欧13班,美国、加拿大6班,南美1班。此外还有中国至日本航线的周双班轮,并首次开辟了大连到南非的多用途船的航班2个。1992年与1987年相比较,班轮航线增长了1.57倍,每月航班增长了2.39倍,核心班轮准班率达100%。

(四)"华铜海"轮创名牌

"华铜海"轮是广远公司所属的一艘6.5万吨级的二手船散货船,于20世纪70年代中期下水。从1984年5月至20世纪末,该轮先后出租美国、日本、英国、瑞典和中国香港等国家和地区。十几年来,"华铜海"轮共完成货运量356万吨,安全航行72万海里,相当于绕地球33圈,创造纯利润1159.8万美元,人均创利35.58万美元,营运率达到99%,创造出一流的安全、一流的效益、一流的维修保养和一流的船风船貌。

"华铜海"轮培育了一支过硬的船员队伍,爱岗敬业,爱船如家。该轮先后55次由装煤或装矿改为装粮,无论船期如何紧张,工作量有多大,船员们都把十几层楼高的大舱清扫得干干净净,每次验舱均一次通过。十多年来,"华铜海"轮没有出过一次事故,没有误过一天船期,没有被扣过一次租金,被国际航运界誉为"中国出租船的一面旗帜",成为"海上中华名牌"。该轮先后50多次受到国家、交通部、广东省、中远(集团)总公司和广远公司的表彰,被交通部授予"两个文明建设标兵船"荣誉称号,荣获全国"五一劳动奖状"。1993年,船长叶龙文被授予全国劳动模范称号。

"华铜海"轮树立了中国海员的集体形象。1993年,交通部和中国海员工会发出了向"华铜海"轮学习的号召。中远集团积极行动,学习"华铜海"轮活动取得实实在在的成效:一是船员精神面貌变化较大,主人翁意识不断增强;二是船舶管理水平有了很大提高,经济效益明显增长;三是船舶工作逐步走向制度化,船舶建设日趋规范化;四是船风船貌普遍有了较大改善,精神文明建设成果显著。

(五)恢复台湾海峡正常通航

20世纪60—70年代,中远广州分公司、广州海运局、中远天津分公司等航运企业先后开辟了贯通南北的海上航线。但这些航线都不是直接通过台湾海峡,绕道较远,经济效益不佳。

改革开放后,随着国家经济的好转,对外贸易量的增长,通过南北航线的货运量迅速上升。绕航和租船通过台湾海峡,都不能适应国民经济发展的需要,也不利提高船公司的经济效益。1979年中美关系正常化以后,台海形势日趋缓和,于是正式恢复台湾海峡正常通航被提上日程。1979年5月17日,交通部召开专门会议,贯彻国务院关于悬挂五星红旗的商船按国际航线通航台湾海峡的决定,中远总公司及天远、上远、广远公司参加了会议。会议决定由广远公司货船"眉山"轮为试航台湾海峡的首航船。

广远公司接受首航任务后,从思想、组织、物质上做了充分准备,成立了由公司副经理叶广威任组长的首航领导小组。1979年5月27日,"眉山"轮从广州黄埔港装货开航北上,昼夜安全通过台湾海峡,试航获得成功。接下来,5月30日上远公司"江城"轮、6月7日广远公司"富春江"轮、6月12日天远公司"天门"轮,相继成功试航台湾海峡。此外,试航台湾海峡的还有广州海运局"红旗121"轮和烟台救捞局

"沪救101""德安"两个拖船队以及"明华"客轮。南下、北上、昼航、夜航、快速、慢速等各种形式的试航,均安全通过台湾海峡。1979年7月,交通部颁发了《关于我国商船通行台湾海峡的暂行规定》,确定通行台湾海峡走南彭高岛至东引岛的航线。从此,台湾海峡恢复正常通航。

1979年7月1日起,中远大部分船舶即按新的南北航线行驶。新航线比原绕航航线缩短744海里,不仅缩短航期,而且节省燃油和其他直接间接费用,经济效益显著。自试航开始到1980年1月,中远船舶通过台湾海峡共计445次,节省船期564.1艘天,节油14943.3吨。

台湾海峡恢复正常通航,为实现大陆和台湾的直接通航创造了条件。1980年5月23日,中远租船"欢庆"轮首航基隆港,载货1851吨,于6月3日返回上海港卸货,这是新中国成立以来第一次由台湾直接装货开到大陆的船舶。20世纪80年代,自中央作出对台开展"三通"(即通邮、通商、通航)指示后,中远总公司贯彻党的工作方针和政策,严格执行交通部对台工作的有关规定,积极开展对台运输。1980—1982年,中远租船40多艘次到达台湾基隆、高雄等港,装运回大陆的台湾货物达126000吨。1988—1990年,外代总公司共代理和接待台湾通航船舶158艘次,台湾海员近1600人次。1991年1月18日,广远公司"丽河"轮首航基隆港。9月2日,交通部正式批复同意"丽河""幸河""平河""荣河""富河"等5艘中远船舶挂靠台湾港口,经营台湾港口至欧洲的集装箱班轮运输试运转。

中远船舶还利用在国外港口和台湾船舶接触的机会,主动向台湾船员介绍祖国大陆的情况。每当台轮遇到困难时,中远船员热情帮助解决,如为台湾船员治病送药,救助台湾船舶,赠送给养食物等,从而增进了台湾船员对大陆的了解和相互间的友谊。1992年11月13日,副总经理张大春率中远总公司代表团应邀访问台湾,与台湾业界人士进行了广泛接触和交流。

(六) 中远集团成立

1992年12月25日,国家计委、国家体改委、国务院经贸办批准中国远洋运输总公司更名为"中国远洋运输(集团)总公司",同意以中国远洋运输总公司为核心企业,组建"中国远洋运输集团"(简称中远集团)。1993年2月16日,中远集团在北京宣告成立。

中远集团成立后,提出了"下海、登陆、上天"的经营发展战略,航运业无疑是支柱和核心产业。1996年,中远集团拥有船舶600艘,1700万载重吨,航线遍布150多个国家的1200个港口;集装箱运输量达313.64万TEU,集装箱船箱位总量位居世界第四;散货船、杂货船运力亦在世界前列。1995年,中远集团货运量突破1亿吨。1996年,在世界航运市场竞争激烈、价格低迷的情况下,中远船舶运输仍取得较好的经济效益,提前35天完成1亿吨海运量的年计划指标。

围绕航运主业,船代、货代、空运代理等相关产业发展步伐明显加快,外轮代理总公司在航运低潮的情况下,连续两年取得较好经济效益,空运代理公司到1996年底,代理量达2.2万吨,发展势头良好。陆上产业全面发展,贸易、工业、房地产、金融保险、劳务、旅游等产业,均取得不错的成绩。劳务公司1996年外派人数达12900人。陆上产业的发展,规避了航运业的风险。

中远集团抓住时机,大力开拓海外事业,积极发展航运业之外的新业务。海外产业从原来单一的航运业务服务机构,发展成陆、海、空并进,多元化、多门类的综合性经营公司。海外企业的业务范围从原来单纯的代理业务,发展到海外船队、陆上运输、仓储、码头、旅游、贸易、房地产、餐饮服务等多元化产业相继发展。至1997年,中远集团的海外机构已发展到177个,初步形成了以北京为中心,以中国香港、欧洲、美洲、日本、新加坡、澳大利亚、南非、西亚八大区域公司为支点,以船舶、航线为纽带,业务遍及世界各地主要地区的跨国经营网络。

中远集团在发展过程中,始终把创一流的管理水平作为目标,积极采用先进的国际标准、国家标准和国际公约、规则规范经营行为。至1996年底,中远集团已有30家企业通过ISO9000质量体系认证,5家船公司机关获得《国际安全管理规则》DOC认证证书,15艘船通过单船认证。1997年1月31日,中远集团正式进入国际互联网,工作效率大为提高。①

(七)中波公司稳步发展

1977年7月1日,根据股东会第十三次会议决议,中波轮船股份公司名称正式启用,公开船东身份,结束了自成立以来长期以波兰远洋公司的名义对外经营的历史。改革开放后,中波轮船股份公司经营状况良好,货源、收入、利润较为稳定,远洋运输事业稳步发展。1979—1989年,中波公司加快了船舶的现代化,陆续退役老旧船只,订造新船,购置二手船。到1989年底,1974年以前建造的旧船全部退出营运,船舶增至23艘,其中绝大多数是无人机舱自动化船,平均船龄8.9年。

中波公司大力发展集装箱运输,不断开辟新航线。1980年,中波公司开辟中国至北欧的定期班轮航线。1981年8月1日,"永兴"轮自波兰首次航达美国南部查尔斯顿港,载货返回中国华北港口。从1982年起,中波公司的船舶每月一次定期挂靠中国香港。20世纪80年代后期,中波公司船舶又陆续开辟了中国至新加坡、新加坡至卡萨布兰卡、科伦坡至利比亚以及大连至中国香港航线。1989年,挂波兰旗的船舶挂靠韩国港口。1990年5月17日,"莫纽斯克"轮首次挂靠台湾基隆港。同年9月22日"德乌果士"轮靠泊胡志明市和岘港,这是中断12年之后(中波公司船舶),重新靠泊越南港口。

中波公司以优质服务吸引货主,改革开放以来,运输了大量的大型、超大型、精密成套设备,如葛洲坝电站设备、上海地铁的全部车厢、中国出口叙利亚的电站设备等,均安全优质完成运输,受到货主好评。这使中波公司在华欧航线竞争愈加激烈的情况下,仍较好地巩固了在国际航运市场的份额。1984—1992年,中波公司年货运量持续在百万吨以上,年实现利润一直维持在10%左右。

中波公司的贡献,得到了有关部门和国家领导人的肯定。1987年,中华人民共和国外经贸部授予中波公司"全国对外贸易行业先进集体"称号。1989年,中华全国总工会授予中波公司"全国先进企业(五一劳动奖状)"称号。1991年,在中波公司成立40周年之际,李鹏总理发信致贺,高度赞扬中波公司在经济建设中所作出的重要贡献。

自1989年下半年起,东欧局势的动荡开始影响中波公司,中国与东欧贸易锐减,中波公司遭遇成立39年来的最困难时期。

面对这种局面,中波公司积极应对,在抓好揽货工作的同时,加强营运管理。1990年,经过全体船岸员工的努力,公司圆满完成目标任务,但也暴露了一些问题。1991年,为了适应货源、货种、货物流向的变化,中波公司在华欧向主要以搞好3条集装箱捎带班轮航线为重点,适当安排剩余运力期租相结合的办法,稳定传统航线上的货运工作。当年欧华向正式对外宣布,开启每月两班的西北欧至中国远东件杂货定期班轮航线,这是中波公司首条件杂货定期班轮航线。同时积极开拓欧洲至印尼、中国台湾、日本、韩国的航线。当年在船舶减少2艘的情况下,共完成货运量130多万吨,为公司成立以来第二高位。

1992年,中波公司进一步发挥货运质量好、服务好、信誉好的优势,稳定欧亚传统航线的经营。除一般货运外,保证西行每月有受载班期和东行每月二班的船期,同时根据货源情况和货主的要求安排加班船。为缩短船期,船岸职工密切配合,争分夺秒尽早开航,当年单航次平均时间缩短到70.94天。在货物装卸和中途管理方面,出现了船岸职工客服人员少、任务重的困难,航运调度经常到装卸现场了解情况,船舶值班人员坚守岗位,发现问题及时与有关方面交涉,严把装卸关。各船也积极配合公司,认真开展货运管理的QC活动,加强绑扎加固和途中检查,确保货运质量。当年承运的各类设备和上海地铁车厢,均

---

①《世人瞩目的跨国集团——中远成立36周年》,《中国远洋航务公告》1997年5月1日,第1,5页。

完好无损地交到货主手中,得到货主和有关方面的好评,货运质量明显好于上年。

1993年,中波公司在严把货运质量关的同时,船期延误较过去有了明显好转,不但提升了公司信誉,还取得了良好的经济效益和社会效益。

1994年1月开始,中波公司第一次实施并公布了总、分公司统一船期表:每月从中国开出三班,其中三班为中国至西欧班轮,一班是中国至地中海和卡萨布兰卡班轮;每月三班(三大)从西欧至中国班轮,其中1艘顺靠红海的阿克巴港和吉达港,每月一班(一小)从意大利至中国。统一船期表的发布,表明中波公司班轮服务趋向成熟,更加巩固和稳定了班轮运输。当年共完成105个航次,完成货运量149.9万吨,为计划的136.25%,创历史最高纪录。然而市场竞争更加激烈,公司的经营仍未完全走出低谷。

从1995年开始,中波公司在货源紧张、运价下降的情况下,采取各种措施发展运输:加强运输管理,压缩船期,确保船期;加强揽货,以优质服务吸引货主;努力寻找新货源,开辟新航线;积极开展货运中转,增加进口中转货量;继续开展租船业务,加强箱运管理。在确保中国—欧洲这一主航线的前提下,利用多余运力,开辟了东南亚航线。

1996年,中波公司在运费收入锐减,营运成本特别是燃油成本上涨的情况下,采取措施力保欧亚航线传统干杂货班轮的正常运输,总盈利300万美元。

1997年,国际航运市场进一步恶化,中波公司由于传统货源短缺,船型结构单一,经营十分困难。为求生存,公司采取各种措施加强航运管理。合理调配船舶,维持"三大一小"远东班轮航线,确保船期,提高信誉。根据货源情况,开辟了韩国至地中海、黑海航线,以及印尼、马来西亚至地中海航线等,这些新航线是对传统航线的有力补充。此外,在各方面也严控成本,努力增加收入,节约支出。同时,市场营运的压力,使中波公司认识到体制改革的重要性和紧迫感,与波方在改革的主要方面达成一致,并提出了双方体制改革的初步方案。

此外,随着外贸运输的发展,上海海运局等沿海运输企业在确保完成沿海客货运输任务的同时,也积极参与外贸运输。招商局的远洋船队也蓬勃发展,1993年3月,连天祖担任28万载重吨的"凯勇"轮(NEN VALOR)船长,为我国第一位超大型油轮船长;6月,朱伟强担任27.4万载重吨的"惠砂"轮(WESER ORE)船长,为我国第一位超大型散货船船长。

二、沿海航运

(一) 渤海湾航运的革新发展

1. 扭转30余年的亏损局面

"文化大革命"结束后,面对新的发展前景,大连海运分局首先提出了"以节能为重点,深入开展双增双节"的口号,把扭亏增盈作为工作重点。到1979年,大连海运分局已有各类运输船舶33艘,年耗油近5万吨。为充分挖掘节能潜力,各轮普遍修订燃料消耗定额,制订燃料点滴回收和再生利用的措施。为保证节油措施的落实,机务部门走出机关,配合船舶积极开展技术改造和技术革新活动,搞好技术攻关。各轮对节油工作更加重视,走经济航线,采取经济航速,在不影响正常生产和班轮正点航行的前提下,尽量限制油耗量。这些措施对降低运输成本,减少亏损,起到了重要作用。

在运输生产上,由于走出渤海湾,海区界限被打破,出现了远洋运输和沿海运输并举的新局面,经济效益明显好转。大连海运分局进一步加强管理,推动客货运输不断发展。

1981年,大连海运分局针对货、油轮货源不足的困难,改变经营方式,改进服务态度,提高服务水平,严格运输管理,千方百计"找米下锅",争取货源和回头载。这一年,由天津新港造船厂建造的两艘同类型的5000吨级客货班轮"天湖"轮和"天池"轮,先后出厂投入连烟线运营,极大改变了渤海湾客运形势。1983年上半年,由新港造船厂建造的两艘5000吨级的"天潭"轮和"天淮"轮先后出厂投入营运。1984年,又有"天鹅""天河"两轮加入渤海湾营运。

1984年,大连海运分局以整顿促生产,贯彻"以运输效益为中心,安全质量为重点"的经营方针,从落实经济责任制入手,搞好增产增收,取得显著成绩,全年节约修船费就达650万元。在搞好沿海运输的同时,积极开展远洋运输和劳务输出,增加收入90万元。年终财务决算表明,全年实现利润140.5万元,一举扭转了自设立办事处以来长达30余年的亏损局面。

2.大连轮船公司独立后迅速发展

1985年4月1日,大连海运分局同上海海运局正式脱钩,成立交通部直属企业大连轮船公司。独立后的大连轮船公司为部属一级企业(局级),独立经营,自负盈亏。全公司职工3452人,各类船舶27艘。营运任务原则上划定为:原大连海运分局所属船舶承担的沿海及外贸运输任务,自青岛港起以北各港口之间今后新增的运输任务,以及在完成上述任务前提下,承担青岛港以北各港口的部分进出口内外贸运输任务。

独立后的大连轮船公司经济效益大幅度提升。1985年全年完成客运量251.7万人次,客运周转量296243千人海里,分别超出年计划的39.8%和48%,比上年提高27.4%和29.8%,提前118天完成年度客运计划。全年完成货运量222.2万吨,货运周转量739000千吨海里,分别超出年计划的16.9%和23.2%,比上年提高8.9%和1.8%,提前46天完成货运计划。全年无任何重大事故,运输质量也好于以往任何一年,无货损、货差、无赔偿金额。全年实现利润484万元,安全生产和经济效益均达历史最好水平。"天华"轮被评为部级优质运输先进集体。

1986年,大连轮船公司又分别提前78天和67天完成全年客、货运输计划,1—9月份全面完成六大经济技术指标,全年完成客运量286.1万人次,客运周转量3.85亿人海里,分别超出年计划的19.2%和32.6%,比上年增长13.7%和21%。完成货运量254.1万吨,货运周转量7.93亿吨海里,分别超出年计划的27%和13%,比上年增长14.4%和7.8%。全年实现利润890万元,为年计划的2.4倍,比上年增长了80.5%。

1987年,大连轮船公司完成客运量314万人次,首次突破300万人次大关,超出年计划的14%,为交通部下达计划的128%;完成客运周转量3.7亿人海里,超出公司计划的12%,为交通部下达计划的132%。完成货运量211.7万吨,超出年计划的3%,为交通部下达计划的106%;货物周转量8亿吨海里,超出年计划的13%,为交通部下达计划的114%。全年在各项成本大幅度增长的情况下,仍实现利润510多万元。

1988年,大连轮船公司实行了经理负责制,开始探索和实施一系列大刀阔斧的改革措施。经过短短3年时间,企业的整体素质和经营管理水平有了长足的进步。1988年实现利润1012万元,比上年翻了一番多;1989年实现利润2616万元,比上年再翻一番;1990年实现利润4244万元,比上年增长62.2%。1990年6月8日,经交通部企业管理指导委员会审定,大连轮船公司被正式批准为1989年度国家二级企业。大连轮船公司在全体员工的共同努力下,走上了振兴腾飞之路。

3.开通我国第一条煤炭自卸航线

1988年7月,华能大连电厂正式开工,大连轮船公司历史上自动化程度最高、吨位最大、最先进的煤炭自卸船"北极星"轮终于有了用武之地。7月15日,"北极星"轮满载20000多吨优质煤自秦皇岛港起航,予当天抵达大连港和尚岛煤炭专用码头,并于16日试卸成功,标志着秦皇岛港至大连和尚岛煤码头的专用输煤航线正式开通,这也是我国第一条煤炭自卸线。该航线的开通,为华能大连电厂提供了稳定的煤炭供应保障。

"北极星"轮作为华能大连电厂煤炭供应的唯一承运方,肩负着重大的社会责任和经济责任,得到了大连市和公司有关领导的重视。在大连市政府和公司各部门的关怀和支持下,"北极星"轮全体船员树立了"为大连市、为公司发展拼搏"的"北极星"精神,日夜兼程,多拉快跑,计划内与计划外兼顾,没有发生等货和无货锚泊现象,为1988年公司利润突破千万作出了重要贡献。

1989年1月,"北极星"轮首创月运煤七次的新纪录。由于当时处于开工不足状态的华能电厂一时还不需要过多的煤炭,为充分发挥"北极星"轮的作用,公司又积极开辟新路,用该轮承运天津至上海的煤炭运输,1个航次就收入120万元,等于秦皇岛至大连航线5个航次的收入。自此,"北极星"轮在确保华能电厂用煤的前提下,还承揽了计划外煤炭运输。当年该轮实现利润1027万元,为公司经济利润再次翻番作出了巨大贡献。

1990年,"北极星"轮又支援华能福州电厂,圆满完成为福州电厂运输紧急用煤的艰巨任务,缓解了该电厂的燃眉之急,得到交通部及有关方面的高度评价。

由于"北极星"轮是一艘设备复杂的特种船,操作管理要求条件也较高,必须依靠科学的管理体系,不能靠经验管理。自卸船管理最为困难和关键的,是制订有关自卸系统的操纵管理规程,此前,国内没有这方面的经验。经过船舶人员集体努力,1989年底,终于确立了一套有60多个专项内容,涵盖"北极星"轮船舶管理所有方面的《"北极星"轮船舶规章制度》。

"北极星"轮自投入运营以来,连年超额完成任务,创造了很好的经济效益和社会效益。

4. 大连至烟台"蓝色公路"开通

1979年4月,交通部在上海召开的"六五"沿海运输船舶船型研讨会上,经论证达成了共识,为适应沿海干线客运增长的需要,可发展一种航速较快的集装箱滚装客船船型,即沿海客货滚装船。1985年,交通部从国外先进购进4艘客货滚装船,其中"红菊""红棉"两轮交广州海运局,"海樱"轮交上海海运局,"天鹅"轮交大连轮船公司使用。

1989年1月17日,大连轮船公司客/车滚装船"天鹅"轮在大连港客/车滚装码头满载旅客及汽车后,首航大连至烟台港,19日自烟台港滚装码头运载旅客及汽车返连,宣告连—烟客/车滚装航线试航成功。"天鹅"轮投入客/车滚装试营运,标志着我国海上运输传统工艺的改革实现突破。

1990年1月起,由"天鹅"轮单船开辟的大连—烟台客/车滚装航线正式定班营运,大连、烟台两港均为隔日一班,当年共航行263个航次,运输旅客28.9万人次、车辆8308辆、货物3.3吨。同年12月7日,大连轮船公司又从埃及购进1艘客/车滚装船,命名"天鹏"轮。该轮6760总吨,载客位1050个,可载车65辆(混装),经修整后与"天鹅"轮对开连烟航线。1991年7月8日20时30分,"天鹅"和"天鹏"两艘客/车滚装船分别载着近百辆汽车和千余名旅客,从大连和烟台两港相对开出,宣告时为我国最大规模的一条客/车滚装航线正式开通,犹如一条蓝色的公路,把沈大高速公路和烟(台)青(岛)一级公路连接起来。"天鹏"轮的投入营运,使连烟滚装航线由过去的各港隔日一班,增为每日一班,形成连续不断,运量倍增的规模。

1991年12月15日,公司从意大利购进的客/车滚装船"天鲲"轮也投入连烟线营运。至此连烟线客滚船增至3艘,标志着交通部"八五"计划中的大连至烟台"蓝色公路"计划提前实现。

"天鹅""天鹏""天鲲"三艘客/车滚装船相继投运后,渤海湾客/车滚装运输市场日渐扩大,尤其是大连—烟台航线通过滚装运输的车辆增长迅速。如以对烟台港(不含地方港和救捞局码头)1990—1991年为期2年的滚装车进出口量的统计为例,1990年为0.81万辆,1991年为2.74万辆,近1年时间就增长了近3.4倍。

1992年12月,大连轮船公司由西班牙购进一艘二手汽车滚装船"蓝桥"轮,于1993年初抵达大连港投入营运。1993年4月17日,大连轮船公司在挪威订造的一艘豪华高速双体客船"海鸥"轮驶抵大连,于5月5日投入试运营。该轮拥有客位400个,时速达33海里,正常气候条件下,从大连到烟台仅需2小时40分钟。"海鸥"轮由大连轮船公司万益股份有限公司采取股份制方式,经营连—烟航线客运,深受旅客欢迎。

除大连轮船公司外,地方船公司也开始投入辽东半岛和山东半岛之间的客滚航线营运。1990年4月,国家投资2260万元,在大连市旅顺口区羊头洼建成5000吨级杂货码头和滚装船码头泊位各1个。当月28日,由地方船公司经营的1000总吨客/车轮渡船"鲁胶渡3"轮由山东蓬莱首航旅顺羊头洼成功,并由此开辟了山东半岛与辽东半岛之间距离最短的客/车滚装航线。

5."八五"期间大连轮船公司在竞争中发展

"八五"期间,交通部采取了适应市场经济的"有水大家行船"政策,使按航区划分的分管运输局面被打破。地方渗透主干线运输的情况不断增多,航运骨干企业固定的运输市场受到严重冲击。航运市场开放,竞争更趋激烈。在这样的形势下,大连轮船公司全体职工齐心协力,克服困难,抓住机遇,争取主动,取得了不错的发展局面。

"八五"期间,大连轮船公司累计完成客运量1752万人次,客运周转量19.48亿人海里,每年都超额完成交通部下达的计划。除1994年受渤海湾客运市场放开影响,未完成目标值外,其余各年均超额完成目标值。累计完成货运量3169.8万吨,货运周转量146.5亿吨海里,每年亦均超额完成交通部下达的计划。除1993年外,亦均超额完成目标值。

"八五"期间,大连轮船公司船舶吨船产量、营运率、航行率、载重率、劳动生产率逐年提高。船舶海损、污染、机损、火灾、工伤死亡、货损货差均无重大事故,达到了经理任期目标值,1994年被全总授予安全生产先进单位。1991—1993年公司累计盈利3233万元。1993年7月实行新的财务制度(贷款利息进成本)及渤海湾客货市场开放后,1994年出现亏损。

1995年(集团)公司有固定资产27.5亿,是1991年的4.82倍;负债24.6亿,是1991年的3.23倍。1994年对资产进行了重新评估,所有者权益有了很大增加。

(二)华东沿海客货运输的发展变化

1.客运航线的恢复和发展

以上海为中心的华东沿海客运,最早可上溯至元代的沙船捎客,此后历经战乱和竞争,时断时续。新中国成立后,20世纪50年代初,沿海客运仅限于渤海湾航线10条客运航班,其余南北各港之间均不通航。1952—1958年,上海至宁波、青岛、大连、温州4条客运航线先后恢复通航,以上海为中心往返沿海各港间的客流量迅速增加。1980年,上海—香港线客班恢复通航,继而又新辟和恢复了上海—福州、上海—广州、上海—厦门等直达定期客运航班。同时,上海与浙江之间的地方客运也取得较快发展,先后恢复和开辟了上海到定海、海门、沈家门、岱山、普陀山等地的客运航班。

随着改革开放的深入,沿海客运量持续上升,不仅直达旅客增多,而且中专客运量大量增加。1988年,以上海为起讫港的申连、申青、申甬、申瓯、申榕、申厦、申港、申穗等8条沿海客运干线,年客运量已达370余万人次。

为促进沿海客运业务的发展,主要承运单位上海海运局客运公司十分重视改进客运服务质量。自20世纪60年代起,先后涌现出全国劳动模范、特级服务员杨怀远和一大批优秀服务员和服务明星。进入20世纪80年代后,上海—大连客运航线多次被交通部评为"文明客运航线"。上海—香港客运航线以及"上海""海兴""长自""长锦""荣新"等一批客轮,也获得过"文明客运航线"和"文明客船"称号。

20世纪80年代后期,华东沿海短途快速客运兴起,旅游客运也获得发展。宁波花港股份有限公司率先于1987年开辟上海(芦潮港)—宁波高速客班航线,此后又发展了上海(芦潮港)—普陀山快速客班航线。90年代后,随着陆运和空运多种运输方式的竞争发展,华东沿海部分航线客源趋于减少。

2.货运航线的发展与重点物资运输

改革开放后,华东沿海地区经济增长迅速,尤以电力、钢铁、石化等工业发展为快,对煤炭、石油、建材等能源物资的需求量日益加大,煤炭和石油运量增长迅速。上海海运局将煤炭、石油等物资的运输作为货运的重点,予以优先考虑和安排。随着货运规模的扩大和结构的调整,海运局不断改善运输组织和运输方式,在运力逐步增加的同时,运输效率和质量也得到提高。至20世纪90年代初,上海沿海货运航线遍及除台湾省外的沿海诸港,其中较重要的有秦皇岛—上海,青岛—上海,石臼—上海和连云港—上海的煤炭运输线;秦皇岛—上海,大连—上海,青岛—上海,大连、秦皇岛、青岛到南京,仪征—金山、镇海的原油运输线;上海—大连,上海—青岛和上海—天津(塘沽)的百杂货运输线。

(1)煤炭运输

上海沿海的煤炭运输始于清代。改革开放后,上海及邻近地区经济发展迅速,煤炭需求量也大幅增加,促使"六五""七五"期间,华东沿海煤运取得了突飞猛进的发展。随着秦皇岛、青岛、连云港煤炭输出量的持续增长和石臼港的建成投产,20世纪80年代中期,上海已拥有4条铁(路)水(路)联运的主要煤炭运输通道。由此4个港调运至上海和华东地区的煤炭约占沿海"北煤南运"总量的60%,其中上海港接卸量又占"三省一市"(上海、江苏、浙江、福建)海上调入总量的80%左右。运至上海的煤炭除供应上海市工业、电业及民用外,其中约30%需转运至江苏、浙江、福建等地。

1988年第三季度后,上海煤炭供应一度异常紧张。为缓解煤炭紧张局面,支援上海经济建设,上海海运局迅速动员并部署广大船员,发起"保煤运输"战役。数十艘运煤主力船日夜穿梭于北方煤港和上海港之间,多装快跑。当年11月,运到上海的煤炭比上年同期增加6.7%,12月的煤运量继续上升,比上年同期净增50余万吨。市燃料部门争取到的几十吨计划外煤炭,也都运至上海港。该年底,上海海运局所属"振奋2、3、4、8"和"徐州"等5轮因实现单船年运煤量超一百万吨,被授予"运煤先锋船"的称号。时任中共上海市委书记江泽民和市长朱镕基分别视察了上海海运局运煤各轮,看望煤运船员,表彰他们为上海经济建设作出的贡献。

1989年8月,交通部召开煤炭运输紧急会议,对上海海运局当年后5个月的煤运下达指令性计划,要求每月必须达370吨以上(此前该局煤炭月运量最高为346万吨)。在运力短缺的情况下,上海海运局勇于牺牲小我,及时从国外抽调一部分承担外贸运输且经济效益好于煤运的大吨位船舶加入煤运。8月下旬,投入煤运运力已达90万吨,遂再次掀起"保煤运输"高潮。当年共完成国内沿海煤运量3893.3万吨,比上年增长17%。单船煤运量超百万吨的"运煤先锋船"增至12艘,其中有的煤船一年航行60多个航次,运量超120万吨。煤运船员再次获得市长朱镕基的赞扬和表彰。

20世纪80年代期间,上海海运局沿海煤运量持续增长。"六五"计划之前,上海海运局每年煤运量维持在1000万吨左右,"六五"期末沿海煤运量达2356万吨,"七五"期末跃升至4098万吨。

除上海海运局外,部分外省市的地方航运企业也参加了华东沿海煤运。

(2)石油运输

上海的石油运输分为原油运输和成品油运输。成品油运输开始于20世纪30年代,原油运输出现于20世纪40年代后期。上海在解放前和解放初,沿海油运规模很小,运量有限。1952年承担沿海油运的上海海运局,石油年运量只有18.1万吨,只占整个货运量的5.7%。20世纪60年代后期,随着中国石油、化工工业的快速发展,沿海石油运输规模也日益扩大,运量逐年增长。上海海运局原油年运量从1965年的118.8万吨增至1975年的1254.7万吨,10年增长了近10倍。

石油是易燃易爆的危险品,运输专业化程度高,安全防范要求十分严格,且油轮管理也较为复杂。上海解放后,海上石油运输基本由上海海运局独家经营。为适用油运业务的快速发展,上海海运局先是组织了油运船队,后又成立了专业化的石油运输公司,专事海上油运。1971—1978年,上海海运局石油运量,占该局货运量的比重一直在40%以上,1974年曾高达50.31%。1978年后,国内管道输油量大增,加之国家调整能源政策,沿海石油运量有所回落,但年运量仍维持在1000万吨以上。

进入90年代,沿海石油运输再度繁荣。至1990年末,上海海运局经营的原油运输线已发展到数十条。其中既有大连、秦皇岛、青岛至上海和镇海的海上航线,也有大连、秦皇岛、青岛至南京的海进江航线,还有从江苏仪征至金山、镇海的江出海航线。

(3)百杂货运输

上海作为南北百货运输枢纽港的历史相当悠久。20世纪50年代前期,沿海百货运输线主要有上海—大连、上海—天津、上海—烟台、上海—青岛、上海—宁波等。"一五"计划实施后,随着国家经济的发展和人民生活水平的逐渐提高,沿海百杂货运输量逐年加大,品种也日趋多样。同时,在运行组织和运载方式上开始有所改进。20世纪50年代中期首先出现上海—秦皇岛的水陆联运百杂货定班定线货轮。20世纪50年代末,在大连—上海和天津(塘沽)—上海等航线上,上海海运局也开始安排百杂货定线定班运输。

1959年10月,交通部召开路、港、航一条龙运输大协作会议,有关单位首先组织起上海—秦皇岛百杂货水陆联运一条龙。一条龙运输打破承托运界限,从货物托运开始到货物到达验收为止,组成一个整体,并对每一个环节明确分工,各司其职,紧密衔接,相互配合,从而大大缩短了运输时间,方便了货主,提高了运输质量和效率。

1965年,上海—大连百杂货运输线开始成形。由于该线装货起运在上海港第三装卸作业区,承运船舶为"和平6"轮(1977年后增派"和平5"轮和"泰顺"轮,20世纪80年代定线班轮更新为"和平44"轮和"和平45"轮),到港卸货在大连港第九装卸作业区,因此于1967年定名为申连"三、六、九"联合运输线。经过多年实践证明,申连"三、六、九"线不仅可有效缩短运输期限,还节省了大量商品流转费用。至1977年,"三、六、九"线已连续13年圆满完成商品调运任务,为国家节约商品运输费用2700多万元,节约短途运输、装卸、储存等费用近百万元,另外由于缩短商品转运期而节约的银行信贷利息达600余万元,成为全国一条龙运输的先进典型。

在学习"三、六、九"线成功经验的基础上,北方沿海航区在20世纪70—80年代,还重点发展了上海—天津(塘沽)的"三、三"百杂货一条龙运输(定装卸港:上海港三区;定船:"和平3"轮)和上海—青岛的"三、七、二"百杂货一条龙运输线(定装卸港:上海港三区;定船:"和平7"轮;定卸货港:青岛港二区)。南方沿海航区则发展了上海—温州、上海—福州、上海—厦门等百杂货一条龙运输线。至20世纪80年代初,北方沿海3条百杂货一条龙运输线年可完成运量10万吨左右。

20世纪80年代始,在继续发展百杂货一条龙运输的同时,又出现了江海直达的百杂货运输组织形式,简化了出口物资的中转手续,受到货主的欢迎。集装箱运输百杂货也更为普遍。

(三)华南沿海运输的新局面

1.广州海运局发展台湾海峡南北航线

继1979年5月27日,广州远洋公司"眉山"轮首航台湾海峡南北航线获得成功后,6月10日,广州海运局"红旗121"轮满载1.8万吨铁矿,从珠江口起航经台湾海峡北上,于12日驶抵长江口。广州海运局第3条南北航线——台湾海峡航线也宣告试航成功。1979年7月,交通部颁发了《关于我国商船通行台湾海峡的暂行规定》,从此,台湾海峡恢复正常通航。

与此同时,广州海运局的油轮开辟了台湾东侧100海里航线。该航线经钓鱼岛、与那国岛、巴士海峡、东沙群岛至华南各港。海峡正常通航后,南下油轮也从台湾海峡通过。

途径台湾海峡的南北航线,比原来绕台湾东部公海航线少走744海里,从黄埔到上海少走近一半航程。"红旗121"轮一个单航次即可节约52小时和70吨燃油。此外,新航线沿岸航行,有许多避风锚地,遭受台风袭击的危险相对减少,对安全更有保障,因而很快便成为南运煤炭石油和北运矿石等大宗货物的运输干线。加上南北线的其他货源也很充足,经济效益又高,遂成为广州海运局沿海运输的主要航线,有力促进了华南海运事业的发展。至1981年底,累计通过海峡的广州海运局所属船舶达172艘次,货运量969.3万吨,占广州海运局总运量的68.1%。比1978年的南北航线货运量增长60%,节约运力730万吨天,燃油9270吨。至1985年底,广州海运局已开辟150条南北航线,货运量达1498万吨,减轻了京广复线施工期间通过能力紧张的压力,分流了长距离物资调运。1990年,广州海运局营运中的南北航线达176条,北方港口间区间航线11条,货运量2337万吨,对我国南北地区经济交流做出了巨大贡献。

2.沿海石油运量稳步增长

自1974年"阳明山"轮试航南北新航线成功,及"大庆230"轮首航秦湛航线之后,广州海运局承运北方原油南下的运量,在该局总货运量中的比重逐年大幅度增长。1978年,石油运量的比重已由1974年的6%跃升至42.6%,超过了矿石和煤炭,居货类运量首位。其中原油占总运量的37.6%。基本上取代了南北航线上的租轮原油运输。当时的石油运输,主要为茂名炼油厂和广州石油化工厂提供原油供应和成品油出口运输。

茂名炼油厂是我国早期建设的炼油厂之一,当时主要为我国西南地区提供石油产品。1968年开始加工大庆原油,后随着胜利油田和华北油田的开发,原油来源充足,该厂经过扩建,提高了加工能力,成品油供应范围拓展,除供应西南地区和广东本省部分需求外,1973年开始进入港澳市场,促进了华南海上油运的迅速发展。为适应油运的需要,广州海运局于1973年和1974年先后购入3艘3000—5000吨级旧油轮,1975年又新增4艘江海两用5000吨级油轮。主要航线有湛广线(广东省内自用,经湛江、海口中转的)原油和燃料油运输,湛香(港)线出口成品油运输,湛汕线和湛北(海)线成品油运输等。1974年油运量比1973年增长3倍多,1978年又比1974年增长2倍多。特别是1977年8月"大庆231"轮(装油定额14000吨)承运胜利油田原油试靠广州石油化工厂原油码头成功,揭开了黄埔港从我国北方大量进口原油的序幕。

南北航线原油运输量大,装船效率高,湛江和大连两港都有深水泊位和深水航道,为使用5万吨级海轮提供了条件。广州海运局大吨位油轮陆续增加,1975年油轮运力为11.9万多吨,1980年增加到56.8万吨,1990年又上升至84.5万吨。

随着石油运输的发展,广州海运局的船员技术队伍、油船管理队伍和环境保护技术力量和船舶维修力量均相应加强。通过实践,解决了对陌生的大吨位油轮的洗舱、除气、测爆等技术管理问题,形成了较成熟的操作规程和管理办法。

3.沿海运输出现新局面

十一届三中全会以后,广州海运局确定了"立足华南线,确保南北线,在运力富余的前提下,参加国外线"的生产经营方针,加强企业管理,提高经济效益,深入开展增产节约运动。

货运方面,根据货源和运力情况,为确保重点航线重点物资运输,优先安排南北线,特别是南北线煤炭运输。加强了调度指挥，及时调整运力，挖掘内部潜力，提高船舶营运率，同时注意做好港、航、铁路等部门间的协调，缩短了卸货时间，加快了船舶周转。1980年运输船舶为104艘，载货量114.6万吨，分别比1975年增加40.54%和168%；到1990年船舶增至134艘，载货量232.7万载货吨，分别比1980年增加29%和103%。1980年货运量达1395万吨，货运周转量184.37亿吨海里，分别比1975年增长122.8%和316.1%。1990年货运量为3166.98万吨，货运周转量494.98亿吨海里，分别比1980年增长了127%和168.47%。

为了支援远洋运输，1978年4月广东海运局派"五指山"轮和"红旗112"货船，先后驶抵澳大利亚的丹皮尔港和科卡托港，当年共运回矿石18万多吨。此后逐步开辟的远洋航线遍及欧美。

自1977年11月，客运广琼线实行了"五定"（定船、定线、定班期、定时间、定码头）制度后，1978年客运量比1976年增长了16%。1979年7月，停航16年之久的广汕线正式恢复定期航班。当年广州海运局客运量较上年增长26%，达53万人次，其中广琼线占63.8%，广汕线占14.2%，其余湛琼线、琼汕线、埔汕线各占一定比例，广州、海口一直是华南海上客运中心。1985年客运量达94万人，1990年增至206.33万人。先后开辟了广州—上海、广州—青岛—大连的南北航线客运运输。1983年11月30日，广州海运局"紫罗兰"轮载客327人，由黄埔港首航上海，为中华人民共和国成立后首次通过台湾海峡的客轮。这条由广州海运局和上海海运局共同开辟的广州—上海客运航线，中途停靠厦门，大幅度增加了客运量，方便了旅客，减轻了铁路压力，取得了显著的经济效益和社会效益。

在发展运输生产的同时，广州海运局大力加强节约能源工作，连年被评为节能先进单位。科学管理使运输生产充满活力，并得到不断发展，华南沿海运输出现了崭新的局面。

三、内河航运

（一）长江运输生产的发展和变化

1.货运量屡创历史新高

"文化大革命"结束后，长江航运显示出勃勃生机。1977年，长江干线货运量突破3000万吨。1978年，因赵庄沟油运线投产，干线货运量又突破4000万吨，达4273万吨，增长幅度之大，为干线历年之冠。1978年干线船舶运力为151.4万吨，货运周转量为226.17亿吨公里，比1976年均有明显增长。

从1979年起，因受国民经济调整期间国家收缩基本建设战线的影响，长江货源与货种发生了变化，如金属矿石、建材、钢铁等运量有所下降，农副产品、支农物资及轻纺百货等运量则大幅度上升。为适应这一变化，长航局调整运输组织，合理调配运力，将能源物资运输置于突出地位。1981年，长航局煤炭与石油运量达1411.7万吨和1131.7万吨，分别比1978年增长19.4%和10.6%。与此同时，长航局抽调运力，优先安排农副产品、支农物资和轻纺、日杂百货的运输，不仅满足了沿江各省工农业生产和人民生活的需要，而且为干线运输提供了充足货源。

1982年，长航局年货运量增至4903万吨。1983年，长航局在全线推行年度包保方案，狠抓经济效益，促进了运输生产。南京分局努力提高船舶营运效率，武汉、南京两港与货主单位开展产、运、销一条龙协作，提高了煤炭等重点物资的到港兑现率。当年，长航局货物运输又创历史新纪录，货运量首次突破5000万吨，达5238万吨，货物周转量达319.3亿吨公里，分别比1976年增长106.1%和119.5%。

专线运输是长江干线运输生产的基本形式，也是经过多年实践反复证明的成功的运输组织形式。为适应运输生产的增长，长航局在全线进一步巩固和扩大以专线为骨干的运输组织。其中石油专线运输发展较快。1977年7月21日，"大庆413"轮载原油5000吨，从南京港运抵武汉炼油厂，这是继1971年3

月长江第一条原油运输专线之后的第二条油运专线,即宁汉专线。同年12月,"长江2055"原油船队载油9000吨,从南京首航安庆,为长江第三条油运专线,即宁皖专线。1978年9月27日,鲁宁输油管道建成并正式输油,改变了原油通过油轮运载由海进江的单一流向和传统方式,形成了一个以南京为依托、以沿江各大炼油厂为支柱的原油运输网。当年长江干线油运量首次突破1000万吨,达1022.8万吨,比1976年增长123.1%。1978年,长航局各类运输专线有31条,承担干线货运量的60%。1983年,专线完成的煤炭、石油、矿石、建材四大类物资运量,占货运总量的70%。

20世纪80年代初,长江干线长途运输主要由长航局船舶承担。随着长江航运市场的放开,各地船舶不仅从支流进入干流,而且可从事跨省干支长途直达运输。1978—1990年长航船舶运距增长1.58倍,而地方船舶运距增长4.53倍。湖北、安徽、江西的黄砂主要运销江苏、上海。煤炭运量则受到多种因素影响。1988年,江苏、浙江等地乡镇企业发展较快,华东地区用煤量扩大,仅湖北发运的煤炭,就从1987年272万吨增加到1988年347万吨,1989年猛增到520万吨。1985年后,从宜昌港发出的磷矿石80%运往华东,1988年达291万吨。

1983年12月,"二汽"试运第一批商品汽车通过汉江、长江直达南京港,运距长达1359公里。1984年正式纳入运输计划,当年运往武汉、上海中转运往菲律宾、乌干达的有252辆。从1983年试运到1990年底,共承运44312辆商品车。

1993年长航集团成立后,主营水上运输。1995年完成货运量7220万吨,货运周转量518亿吨公里。1996年,完成货运量7597.4万吨,货运周转量566.9亿吨公里,分别比上年增长2.30%、5.40%。1997年完成货运量7882.7万吨,周转量578.8亿吨公里,同比分别增长3.64%、2.41%。1998年,在亚洲金融危机以及长江特大洪灾等多种因素的影响下,仍完成货运量7624.51万吨、周转量565.91亿吨公里,分别下降3.10%、2.45%。1999年,长航集团经过调整,巩固和发展在内河航运企业的主导地位,年货运量首次突破8000万吨,达到8098.4万吨,周转量607.17亿吨公里,同比分别增长6.20%、9.10%。2000年,又取得跨越式发展,完成货运量3.09亿吨,周转量867亿吨公里,分别占长江干线比重的19.50%和42.80%。

2.开拓江海直达外贸运输

20世纪70年代后期,随着改革开放的进行,长江流域对外贸易迅速发展。为了发挥长江航运优势,中国籍海轮进江承运外贸物资势在必行。1977年6月,交通部在南京召开海轮进江座谈会,决定长江沿线地区进口物资从上海港分流出来,逐步由长江港口承担。7月,长航局根据座谈会精神,暂定南通、南京、武汉3港为海轮进江靠泊港口。南京以下航段常年进出万吨海轮,武汉港季节性通航5000吨级海轮。8月起,长航局将海轮进江正式纳入运输计划。当月,南京港最早设立海运业务组,负责海轮进江事宜。1977—1979年,南京港共分流外贸物资121.1万吨。南通港自1977年11月起,成为外贸物资重要分流港口之一,仅1981年1—8月,就分流上海中转货物236万吨。张家港也分流了大量中转物资。

长江港口开放之初,外贸物资均由中远总公司和上海海运局派船承运。1980年4月26日,上海海兴轮船公司"新华6"轮在武汉港装载3629吨"五羊牌"水泥、"荆江"牌热水瓶等货物首航中国香港;9月,武汉港务局与海兴轮船公司、湖北省外贸运输公司联合开辟长江第一条中国香港货运航班;11月7日,"泰山"轮在武汉港装载武汉钢铁公司生铁3000余吨首航日本。1980年10月,国务院批准黄石为外贸运输港口。至1984年,黄石港进出外贸海轮98艘次,外贸物资吞吐量31.3万吨。至1985年底,武汉港进出海轮305艘次,外贸物资吞吐量44.1万吨。中国外轮代理公司和中国外轮理货公司分别在两港设立分公司,属总公司和港务局双重领导。1982年,湖北省政府批准成立晴川轮船股份有限公司,这是沿江第一家江海联营的地方运输公司。省外轮代理公司和外轮理货公司亦相应设立。1988年10月,湖北省阳新县航运公司将1艘载重830吨的简易江海直达货轮改造后,命名为"黄鹤1"轮,投入江海直达运输。1990年,湖北省航运公司"黄鹤2"轮、湖北省江夏轮船公司"黄鹤3"轮、黄石市航运公司"黄鹤4"轮相继投入营运。

1980年2月6日,由中国远洋运输总公司和江苏省交通厅合营的中远江苏省公司成立,这是长江水系第一家由部省合营的地方远洋运输企业。1982年8月,江苏省组建省联运公司。

1980年,上海海兴公司"新华5"轮由九江港启程首航中国香港。1981年8月,上海远洋运输公司等继续外运业务。到年底,九江发运直达中国香港4个航次,出口货物总值约1000万美元。1982年9月,中国远洋运输总公司和江西省交通厅合营成立中远江西省公司,开创江西省自营远洋货轮业务。

1980年2月24日,芜湖港对外开放。4月10日,上海海运局"泰山"轮装载外贸物资,从芜湖首航中国香港,开创安徽对外贸易新篇章。1983年3月30日,中远安徽分公司6000吨级海轮"皖平"轮,从芜湖首航中国香港。全省先后有12家航运企业开辟了江海运输和远洋运输业务。

1985年10月,湖南省外贸物资运到南通、张家港中转,同时接运外贸进口的粮食、矿石等运回湖南。

随着沿江各省对外贸易的不断发展,长江港航企业自办外贸运输成为必然趋势。在交通部的部署下,1982年4月3日,长航局、上海海运局、中国国际信托投资公司合资组建中国扬子江轮船股份有限公司,为长江第一家由中央直属企业联合经营外贸运输的轮船公司,设总公司于武汉,首批入股及新购船舶4艘共19420载重吨,主要承担南京港以上沿江各地直接外贸运输业务及经长江港口中转的沿江各省市外贸运输业务。6月28日,扬子江公司正式开业,远洋货轮"扬子江2"载货3000吨,从武汉港航往中国香港。1983年9月3日至10月17日,"扬子江4"轮首航曼谷、新加坡,历时45天,行程2.5万公里,为长江船舶从事远洋运输积累了经验,同时取得较好的经济效益。同年11月6日,"扬子江1"轮载货从武汉首航日本,后又开辟马来西亚航线。扬子江公司还组织内贸江海直达运输。1984年,扬子江公司进一步扩大运输规模和经营范围。1982—1985年,扬子江公司共实现利润253.2万元。1985年购置了6艘5000吨级货船,以适应货运业务增长的需要。在扬子江公司快速发展的同时,江苏、湖北、江西、安徽等沿江各省,也纷纷成立外贸运输公司。

除成立外贸运输公司外,长江一些港航企业也开展多种形式的外贸运输业务,外贸石油直达运输是其中重要的一种。1980年4月,长航局决定从南京分局抽调油轮,承担南京以上开放港口的外贸散装原油直达运输任务。1981年10月21日,南京分局"大庆422"油轮装载5690吨航空煤油,从南京栖霞码头首航日本。截至1985年,南京油运公司(原南京分局)已有9艘油轮从事长江外贸石油运输,先后开辟了南京、安庆、九江至深圳、汕头、黄埔、珠海、惠东、汕尾、马尾、泉州、香港、大连及日本等地的近20条航线。

3.传统客运衰退与旅游客运兴起

改革开放后,长江加强了客运管理。随着农村、城市经济改革的深入,20世纪80年代起出现了民工潮、学生潮。为满足客运量大幅度增长的需求,长江全线先后增开多条客运航线,截至1985年,仅干线经营的客运航线就有49条。1986年,长江水系有814家轮船公司营运,长江客运迎来了最高峰。但就在同时,长江客运也迎来了快速下滑的起点,主要是竞争的结果和现代交通的发达。

在传统客运市场经历跌宕的同时,旅游客运悄然发展。1979年,国家旅游局在武汉成立中国国际旅行社长江分社,挂靠长航局。长航局将原"昆仑"号按国际标准改装成豪华型旅游轮,租给瑞典林德布雷特旅行社,1980年正式投入旅游专线营运。至1985年,共接待18个国家游客3300多人,被誉为"世界五星游轮"。与此同时,湖北省旅游局的"扬子江"号、长航局的"神女""峨眉""三峡""巴山""西陵"号等游轮相继投产。地方轮船公司在旅游客运中的表现也可圈可点,从1982年3月至1989年5月,涪陵轮船公司在长江干支流开辟了多条旅游客运航线,受到游客的普遍欢迎。而由江浙二省共同经营的以苏(州)杭(州)为中心的客运航线也大获成功,其中江南航运公司于1980年开辟的无锡航渡太湖直达杭州的旅游航线最受欢迎,1986—1987年,该线又投入5艘游览新客轮,1990年完成运量13.47万人次,经济效益、客运质量均为省内第一,被交通部命名为"文明客运航线"。

20世纪90年代,长江中、长途常规客运进一步萎缩,一些客运航线陆续停航,而旅游客运却获得快速发展。1990年1月1日,长江轮船总公司整合系统内旅游资源,成立长江轮船海外旅游总公司(简称"长江海外")。新组建的长江海外,负责经营和管理包括"昆仑"轮在内的长轮总的所有豪华游船,资产优良,员工素质较高,成为长江旅游业发展的"主力舰",同时承担了接待中外政要考察或游览长江的任务。

"九五"期间,长江航运集团各公司在长江干线开辟多条客运及旅游航线,集客运、旅游、商贸、会议休闲为一体,采用新式船舶,并提升服务水准。而各地方航运企业经营主要经营干支流区间性水上旅客运输,在保留部分常规客运的同时,向着高速化和旅游化发展。

4. 集装箱运输的兴办和发展

长江干线的集装箱运输起于20世纪70年代。1978年,长江干线开辟汉口至上海1吨集装箱航线,利用客货班轮捎带运输,共投放集装箱300个,其中上海港投放120个。后因上海扩建十六铺码头,该航线于1980年9月中断。

1979年10月初,汉沙集装箱运输专线延伸至宜昌,汉宜、汉沙二线交叉往返运输。汉宜专线主要承运白杂货、轻纺、化工及土特产等物资。随后集装箱运输逐年有所发展。1981年7月,长航局成立集装箱运输公司,后于武汉港、武汉分局设立分公司,在宜昌、沙市港及武汉港汉阳作业区分设营业站,开展集装箱运输业务。1981年10月,开辟了黄石—汉口—沙市—宜昌集装箱线。为加强集装箱运输管理,长航局相继颁布了《长江通用集装箱检修规程》《长江通用集装箱管理暂行办法》《集装箱管理人员责任制》和《集装箱理货人员责任制》等制度。

由于加强了管理和货源组织,增添了集运、装卸机械,干线集装箱运输发展较快,由开始时的捎带运输逐步发展为定船、定线、定周期的三定专线运输。集装箱数量及其完成的货运量均有较大增长。1976年干线仅有集装箱51只,运货977吨,至1982年集装箱增至852只,全年共运13384箱次(其中空箱2024箱次),运货27687吨。至1985年,干线已开辟有汉宜、汉沙、汉石、沙通等集装箱专线,拥有集装箱1550只。

在发展国内集装箱运输的同时,长江也在发展港澳地区和国际集装箱运输。1981年3月,"临江"轮从中国香港航抵张家港,开辟张家港至香港集装箱航线。此后,张家港又陆续开辟了通往西北欧、波斯湾、地中海、美洲、红海、西非、日本的7条国际集装箱航线。其班轮航次逐渐增加,1985年完成国际集装箱吞吐量26398标准箱,货运量22.68万吨,占长江港口集装箱总货运量的88%,张家港跻身国内4大集装箱港口之列。1983年5月下旬,大连—上海—南通5吨集装箱海江联运线正式开通。1984年11月22日,香港港亚公司大型集装箱运输船"东海号",从南通港装载外贸物资驶往日本神户港。1985年8月12日,上海远洋运输公司集装箱船"宽城"轮从日本名古屋、横滨首航九江。9月17日,广州远洋公司"华迎"首航南通至中国香港航线。9月18日,"宽城"轮驶抵武汉,开辟了武汉至日本的估计集装箱航线。

1986年1月20日,长江轮船总公司成立长江集装箱运输公司。1987年,南京成立中美合资的集装箱公司。1989年后,江苏、安徽、江西等省100多个单位开办集装箱运输"门对门"服务,深受货主欢迎。至1990年,14个对外开放港口外贸集装箱吞吐量达106055TEU、763321吨,分别比1986年增长171倍、210倍。

20世纪90年代,长江集装箱运输发展很不平衡,业务集中在江苏。以南京为界,1995年南京上下游的运输量比为1∶9。南京以下镇江、泰州、江阴、南通、张家港的集装箱运输初具规模,步入发展快车道,

1996年达到39.9万TEU,1997年达到43.6万TEU。

(二)黑龙江航运全面发展

1.中苏航运贸易恢复发展

改革开放给黑龙江航运事业增添了新的活力,中苏关系和中苏贸易的正常化,为黑龙江航运的进一步发展提供了有利条件。从20世纪80年代初到1990年5月,经两国政府批准,黑龙江省与苏联对等先后开放了6个界江和内河口岸。黑龙江省开放的6个港口是哈尔滨港、佳木斯港、黑河港、富锦港、同江港和奇克港,苏联开放的6个港口是哈巴罗夫斯克(伯力)、共青城、波亚尔科沃、下列宁斯阔耶、布拉戈维申斯克(海兰泡)。中苏港口对等开放,使一度中断的中苏水运贸易航线恢复通航。

黑龙江水运口岸对苏贸易历史悠久,早在1957年黑河市与苏方阿穆尔州边境贸易总额就达1200万卢布。1953—1959年,从苏联进口到佳木斯港的货物达60.8万吨。1954—1956年,从佳木斯港出口的大豆、水泥、水果达5.4万吨。1959年,同江港进出口贸易总额515万卢布。1959—1961年,从苏联进口到富锦港的货物达6.7万吨。1982年两国恢复边境贸易以来,货种不断增加,贸易额逐年上升。1986—1988年,边境水运贸易物资20.08万吨,1989年一年水运贸易物资就达20多万吨。6个港口的相继开放,使对苏贸易货物直接由水上运输,缓解了铁路运输的紧张局面,进一步促进了东北地区对外贸易的发展。

1988年12月22日,中国外轮代理总公司和苏联海运公司签署了外轮代理协议,双方船舶共同承担外贸运输任务。1989年7月,黑龙江航运管理局组建了外轮代理公司,圆满完成了1989年下半年和1990年度苏联船舶和中国黑龙江航运管理局直营船舶的进出口货物运输的各项代理业务。

1989年,中苏双方通过黑龙江水系运输的外贸货物共241269吨,其中进口量(苏方出口量)192477吨,占总量的80%,出口量48792吨,占总量的20%。中方开放港口进口货物以木材居首位,化肥居第二位,出口货物以粮食为大宗。从双方船舶承运量看,中方船舶承运量为80235吨,占33%;苏方船舶承运量为161034吨,占67%。从出口量和承运量比较分析,说明中方船舶除了完成中方出口货物运输外,还承担了部分苏方出口货物运输。

1990年,中苏双方通过黑龙江水系运输的外贸货物减少了一半多,中方出口货物仅占总量的10%。然而中方船舶承运量却占40%,还是发挥了自己的作用。

2.江海联运的成功与发展

随着黑龙江省和东北经济的日益发展,黑龙江水运对发展中俄水运贸易和外向型经济战略愈加重要。自1991年起,中俄间国际贸易经水运口岸年过货量以每年翻一番的速度增长,到1993年,水上过货量已达100万吨,过客量已达80万人次。1993年5月,经国务院批准的沿松花江、黑龙江和乌苏里江开放的国家一类口岸已达14个。

为适应黑龙江省和东北亚经济发展的需要,中华人民共和国交通部与俄罗斯联邦运输部于1992年1月16日,在北京签署了《关于黑龙江和松花江利用中俄船舶组织外贸货物运输的协议》,并于当年5月15日生效。根据这一协议,中国商船可以通过俄罗斯境内黑龙江下游经鞑靼海峡出海,从而结束了一个多世纪以来黑龙江水运封闭型运输网的格局,通过借道出海,为中国北方地区争取到了一个出海口。

为尽快实现借道出海,黑龙江航运管理局做了大量准备工作。1992年5月11日,经中日双方友好协商,黑龙江航运管理局同日本酒田平田牧场签订了运输6000吨玉米的协议,并与日本酒田海陆运送株式会社签订了船舶代理协议。6月,黑龙江航运管理局成立了黑龙江海运公司,并邀请俄方船舶代理公司到哈尔滨洽谈,签订了在俄境内的船舶代理协议。

由于黑龙江航运管理局没有江海直达船舶,经周密研究与安排,采取了江海船对接换装运输方式。联运江船选择合江航运局609船队(441千瓦推轮、千吨驳2艘),联运海船决定租用长江轮船公司2300吨级江海货轮"衢江"号,在黑龙江河口俄境马戈港对接换装。1992年7月12日,609船队满载2000吨玉米自佳木斯港起航,经松花江、黑龙江,于24日达马戈港。租用的江海货轮"衢江"号已于前一天抵达该港,经换装,"衢江"号于31日起航,穿越鞑靼海峡,进入日本海,于8月4日凌晨安抵日本酒田港。江海联运首航成功,首航船员受到日方欢迎。

第二航次和第三航次分别由绥滨港和哈尔滨上游三家子港发船。从7月12日到9月24日共组织3个江海联运航次,运输玉米5760吨,圆满完成试运任务。江海联运的成功,具有重大历史意义,堪称新中国航海史和黑龙江、松花江内河运输史上的一次创举,为黑龙江省经济发展和对俄、日、韩等国的国际贸易提供了一条黄金水道。

江海联运试运也暴露了一些问题,租船和换装费用高,而且衔接困难,导致效益不佳,加之江海航道水深差别大,货源分散,运输组织十分复杂。黑龙江航运管理局决定自己建造江海直达货轮,以获取较好的经济效益。

1993年,黑龙江航运管理局租用了俄罗斯阿穆尔航运局的1艘2000吨级江海两用货轮"波罗的海72"号,从黑龙江抚远港直达日本酒田港,4个航次运输玉米7861吨。返程运回了从美国始发经日本转口的20个40英尺标准集装箱。当年9月,黑龙江航运管理局责成哈尔滨船舶修造厂建造的第1艘江海直达货轮"木兰"号建成。10月30日,"木兰"轮装载1492吨玉米于同江港报关首航日本,11月20日上午抵达酒田港。

"木兰"轮的下水,增加了黑龙江海运公司的自船自运能力。1994年4月,黑龙江海运公司与日本酒田平牧场签订了12000吨玉米运输协议。从6月27日至9月14日,"木兰"轮完成了从黑龙江抚远港到日本酒田港3个航次的运输,运送玉米5420吨,创汇20多万美元。但只完成了协议计划运量的45%,其原因在于,发货人不是正规进出口单位,未能完全履行合同。从日方看,也不遵守合同,拒付滞期金,给黑龙江海运公司造成了一定的经济损失。此外,俄方过境费大涨,致"木兰"轮运输成本大增。

三年实践证明,江海联运具有通航期短、任务重、环节多、难度大的特点和复杂性,但中国政府和日本政府对江海联运极其重视,力促其发展。

3.内河航运在困难中发展

1991—1994年,松花江连年出现历史罕见的枯水期。由于松花江运量占黑龙江水系运量总计的80%以上,连年枯水期给黑龙江航运带来了全局性的困难。船舶难以满载航行,造成大批物资积压,有的货主不得已弃水走陆。待水位恢复时,货源又短缺。营业收入降低,资金紧张,加之燃料价格上涨,成本提高,黑龙江航运面临着重重困境。黑龙江航运管理局调动广大船员,积极组织货源,进行生产自救,努力完成运输任务,取得了可喜的成果。

1991年,黑龙江航运管理局完成客货运量比1990年都略有下降。从经济效益上看,全年在消化540万元新增成本、增提技术开发资金11.8万元、增补流动资金87.8万元后,仍实现利润1401.7万元,为年度利润计划的93.4%,为交通部下达的工效挂钩利税基数的100.1%。

1992年,枯水期一直延续到8月上旬,继而洪水为灾,大批货物弃水走陆,水运货源奇缺。面对此种局面,管理局上下齐动,多渠道组织招揽货源,不仅使计划内煤炭、地拨材、粮食等大宗货源基本得到落实,还组织了计划外货源70多万吨。此外,适时开辟了哈尔滨—哈巴罗夫斯克(伯力)、奇克—波亚尔科沃国际客运旅游航线,使国际客运旅游航线增加到4条,从事客运旅游运输的船舶增加到14艘、1625客位,全年运输中外游客207754人次,为1991年的232.29%。全年全局直营共完成货运量390.5万吨,比上年增长4%；完成客运量31.9万人，比上年增长3%。实现净利润1042万元，实现利税总额1750万元。

1993年，外贸运输出现了前所未有的好势头，各港航企业抓住对俄贸易过货迅猛增长的机遇，扩大外贸运输和装卸业务。黑河、同江、佳木斯等开放港口外贸货物装卸量猛增，收入大幅度提高。运输企业广揽外贸货源，积极组织运力，投放高效船队，采取合同运输方式，开展多种形式的外贸运输，扭转了上半年枯水断航导致的亏损局面。全年完成外贸过货量近百万吨，并牵动了外轮船舶代理、港口费收的增加。客运方面，航运管理局在9条国际客运航线上先后投放了22艘客轮，全年运送国际旅客26.4万人，比1992年增长了24%，国际客运收入2200多万元。航运管理局全年完成总货运量380.4万吨，完成总客运量31万人，均比上年略低，但实现利税总额却大大增加，达2485万元，其中利润1437万元，比上年增长37.9%。这个利润数是在消化执行新会计制度减利因素1381万元的基础上形成的，如果按1992年同口径计算，1993年利润总额为2818万元。

1994年，由于中俄经济大环境和政策调整的影响，外贸客货运量明显减少，收入也大幅减少。航运管理局全年完成货运量347万吨，客运量13万人。由于通货膨胀和物价上涨，经营成本大幅上升，企业陷于困境。全局全年亏损3519万元。

纵观"八五"期间，由于连年枯水，大宗货物运量变化大，特别是煤炭、木材运量的减少，影响了黑龙江航运管理局直营运量。而地方航运船舶由于运距短、吃水浅、周转快，受枯水威胁不大，运量呈增长趋势。1991年为135.9万吨，1994年为161.6万吨。

4.首创近海运输

1992年黑龙江海运公司成立，并在大连组建了办事处。后又相继在俄罗斯哈巴罗夫斯克(伯力)、日本酒田、中国上海和香港设代表处。交通部从天津远洋公司有偿调给黑龙江海运公司1艘1.5万吨级的海轮，经检修和油漆后命名为"哈尔滨"号，1992年10月在天津港下水试航成功，从此揭开了黑龙江海运公司开辟近海运输的序幕。

1992年11—12月，"哈尔滨"轮在大连至上海航线运输钢材、粮食和杂货等共营运4个航次，完成运量38957吨。1993年至1995年10月，"哈尔滨"轮在大连至上海、厦门、连云港、南通、营口、蛇口、黄埔、岗山间共营运48个航次，完成运量508994吨。

1993年2月，黑龙江海运公司改为航运管理局附属企业，自主经营，自负盈亏。1993年4月18日，经交通部批准组建大连分公司；1994年5月31日，成立哈尔滨分公司。

"木兰"轮主要调配在江海联运上，每到内河封冻期，便调往大连在近海营运。从1993年12月到1994年底，"木兰"轮完成19个航次，完成运量29789吨，曾航行至烟台、青岛、松林、鲅鱼圈、千叶、衣浦、下白石、马尾、松山、川崎、新港、群山、南浦、鹿儿岛、水岛、上海、连云港、北坪、八幡、大连、酒田、广田、青岛、新潟、丹东、姬路、富山、海门、那霸等中国和日本港口。

1995年1—10月，黑龙江海运公司共有4艘轮船参加近海营运，即"哈尔滨"轮、"木兰"轮、"同滨"轮和"富锦"轮。"哈尔滨"轮情况已在前文记述，其余3轮的营运情况是："木兰"轮完成18个航次，完成运量28712吨；"同滨"轮完成14个航次，完成运量35763吨；"富锦"轮完成11个航次，完成运量28130吨。航往中日俄多个港口。

1995年，黑龙江海运局又从广州海运局购买"饶河""漠河"两轮，当年各完成1个航次。另1艘哈船厂新建的"黑河"轮于10月份下水，完成1个航次。

到1995年12月，哈尔滨分公司有货轮5艘，即"木兰"轮、"同滨"轮、"富锦"轮、"饶河"轮和"漠河"轮，共14000吨位。大连分公司有货轮2艘，即"哈尔滨"轮和"黑河"轮，计18000吨位。

虽然近海运输也遇到一些困难，比如缺乏海轮船员尤其是高级船员，但黑龙江航运从内河走向近海，使江海运输同步发展,为黑龙江航运业开辟了广阔的前景。

(三)珠江航运开拓发展

1.货运稳步增长

改革开放后,珠江航运总的发展形势是:内贸客运逐年下降,货运平稳增长,而对港澳的客货运输迅速增加。

具体来看,珠江水系各省区铁路、公路运输发展迅速,而常规水上客运技术落后,基础设施几十年没有大的改进,因而在竞争中处于劣势。同时,随着经济的发展,人民生活水平的提高,旅客出行观念改变,以快捷方便为主,越来越多的旅客选择弃水走陆。1995年,珠江专业运输部门完成客运量889.8万人,比1980年的2470万人减少了63.9%;旅客周转量共完成13.22亿人公里,比1980年的15.7亿人公里下降14.5%。其中广东1995年完成客运量688.8万人,比1980年的2048万人减少了66.36%。而珠江水系非专业运输部门完成的客运量和旅客周转量占有很大比例,约为专业部分完成的60%左右。

改革开放后,珠江水系客运下滑明显的同时,货运却平稳增长。1995年共完成货运量10741万吨,货运周转量154.8亿吨公里。其中交通部门完成货运量7164.9万吨,货运周转量104.6亿吨公里,比1980年分别增长了42.7%和135.4%。专业运输部门1995年完成货运量3576.1万吨,货运周转量50.2亿吨公里,占总货运量和周转量的33.29%和48%。

水上运输货类也发生了变化。以广东为例,1995年与1979年相比,主要有以下几个方面的变化:矿建材料由1773.4万吨增加到2255.3万吨,煤炭由170万吨增长到507.4万吨,金属矿石由103万吨减少到24.1万吨,木材由135.8万吨减少到69.5万吨,化肥农药由191.1万吨减少到104.5万吨,食盐由63.1万吨减少到14.5万吨,粮食由312.3万吨减少到180.6万吨。运输货类的变化反映出以下几个原因:一是改革开放后由于珠江水系经济结构和产业调整,大宗工业原料和农产品调运量逐年下降;二是珠江水系省区经济建设加快,基建投资增加,建材运输仍是水运货类中的一大宗,每年都占总货运量的40%左右;三是轻工产品运量逐年增长,如机电产品、家电、医药以及有色金属材料等。

2.对港澳运输发展迅速

改革开放后,珠江水系省区外向经济发展迅速,各种形式的涉外企业增多,与港澳经济交流活跃,对港澳的货物运输迅速增加。据统计,1993年内地进出中国香港的内河船舶达436438艘次,其中两广占90%以上。1980年广东对港澳贸易运输投入运力132艘、45000吨位,到1990年增加到361艘、103593吨位。

从1978年开始,广西梧州、南宁、柳州等地先后投入对港澳线货物运输,至1988年,经营港澳线的货运企业已达到10家,投入运力133艘、5万多吨位。梧州1981年转口至中国香港的货物达40多万吨,1984年增加到71万吨,1985年5月又成立了一个港澳船队,专门运送到港澳的小批量货物,1986年外贸出口总值达1.9亿美元。南宁1987年成立了南宁港澳轮船公司,当年10月开始营运,至次年营业收入达141万元,实现利润31万元,其中港元收入达75万。柳州从1989年开始营运港澳航线,至当年9月共运输进出货物3667吨,创汇67741港元。

随着国营、联营水运企业对港澳运输的蓬勃兴起,众多集体企业和社会船舶也纷纷加入竞争。据统计,改革开放前,广东只有广州、番禺、太平等几家水运公司投入十几艘船舶从事港澳货运,而到1990年,珠江三角洲的东莞、江门、顺德、台山、新会、增城、深圳、中山、恩平、洪溶、惠阳和广州等地已先后有49个集体企业和公司,共投入375艘、62722吨位船舶进行港澳线营运。运输货物有建材、水泥、矿石等12大类,货运量从1980年的36967吨增长到1985年的301695吨,增长8.5倍。到1990年,货运量增长到

192.7万吨,比1985年增长6.4倍。这些集体水运企业在对港澳运输中,都取得了较好的经济效益。广东许多沿海岛屿也纷纷投入运力开展对港澳运输。到1990年,珠海、惠阳不少海岛共有155个单位、206艘船、7080吨位的农副业运力投入对港澳线运输,运送当地各种农副产品和生活用品到港澳地区。

1995年,珠江水系共完成外贸货运量1233.3万吨、18.6亿吨公里,其中广东完成1194.7万吨、16.24亿吨公里。

对港澳贸易货运的繁荣,带动了客运的发展。广东从1980年1月恢复穗港航线后,先后投入"星湖""天湖"等几艘豪华客轮开展营运。此后,珠江三角洲的江门、东莞、肇庆等地也陆续开辟了港澳客运航线。至1985年,广东省内至港澳航线已发展到11条,有各种现代化客轮20艘、5919客位,该年完成对港澳旅客运量124万人,比1979年增长了12倍。到1990年至港澳航线增至15条,客轮增至28艘,完成客运量271.4万人,比1985年增长119.68%。同时各地增加投入,改善客运基础设施,投入先进运力,提高服务质量,受到港澳旅客的好评。客运的发展改善了各口岸的投资环境,促进了经济的增长。

广西从1985年1月5日经国务院批准恢复,梧州至港澳的直达客运航线。1983年7月,"漓江"号双体高速客船首航中国香港,至1986年共营运1043航次,运送旅客4.3万人,有力促进了广西的改革开放和对外经济文化交流。

1995年,珠江水系共完成港澳旅客运量256.8万人,周转量36993.1万人公里。

四、引航业务

改革开放后,随着中国经济的持续快速发展和对外经贸关系的全面改变,港口航运业亦呈现日益繁荣兴旺的局面。新的形势为中国引航业带来了新的机遇,促使引航业在规章制度、运行机制、人员队伍、技术设备等方面都发生了重大变化,同时也使引航业面临着新的挑战。

(一)引航员队伍的建设和发展

改革开放后,随着港口运输业的大发展,引航业逐步走向正规化,引航队伍不断得到充实壮大,引航员的文化素质、业务技能不断提升,在世界航运界树立了良好的职业形象。

1.引航员选拔、考级、晋升制度的建立

改革开放后,随着港口引航业务量的持续增加,引航员缺员问题日益加严重。为加强引航员队伍的建设并使之走向规范化,交通部于1980年4月25日颁发的《海港引航工作条例》(试行)中特别规定了引航员的选拔培养方式:即引航员必须从航海大、中专院校驾驶系毕业生,或具有同等学力并担任过3年以上舰船正式驾驶工作的人员中择优选拔。引航员必须通过培训、考试、定级,发给相应等级的证书,持证上岗。10月27日,交通部发布《海港引航员安全操作守则》。12月9日,交通部港监局公布《海港引航员考试大纲(试行)》。1981年9月,交通部港监局在上海举办了引航员培训班,以加强引航员基础理论学习。9月9日,交通部港监局发布《关于船员考试发证工作若干问题的通知》,其中附有《船舶技术干部轮船船员证书附本和引航员证书附本的细则》(该职称附本后于1983年10月15日停止发放)。当时一批从事引航工作多年、具有丰富引航经验和优良引航技术的资深引航员,都被评为二级引航员,属于当时最高级别的引航员。

在首次评定引航员职称之前,部分港口还结合本港的实际情况,自行组织引航员培训。到1983年,各港基本依照交通部的有关办法,给引航员发放交通部统一制作的证书,做到持证上岗。

1982年,首批"文化大革命"结束后的正规院校毕业生开始充实到引航队伍,引航员培养制度由此逐渐走向正规化和稳定化。从此以后,院校毕业生和优秀船员成为引航队伍的两大稳定后备力量来源。

首次引航员职级评定工作到 1983 年便停止了。为了使引航员评级定职常态化,交通部决定在 1987 年上半年通过免试和考核产生一批一级引航员。首批评定的引航员最高级别为二级,对应中级职称。一批资深的老引航员也只评上了二级,那些参加工作稍晚的就只能评为三级或助理级引航员。这显然不利于引航员的正常成长,也不利于调动引航员的积极性。于是交通部决定,凡是担任二级引航员 10 年以上(实际上是担任二级责任范围内的工作 10 年以上),以及任二级引航员 10 年以上但最近 2—3 年内调离引航队伍的老引航员,免试发给一级引航员证书。担任二级引航员 4 年以上的,可以报考一级引航员。1987 年 5 月和 7 月,交通部在青岛举办了两期一级引航员培训考试班。经过培训和考试合格,取得一级引航员证书。此后,引航员的晋级培训和考试工作按照《海港引航工作条例》有关规定正常进行。

1988 年,交通部对引航员职称定级进行改革,决定增设高级引航员职称。高级引航员不经过考试,由各港初步评定,报交通部船舶系列高级技术职务评审委员会评审,通过后再由交通部职称改革领导小组批准产生。1989 年初,经过各港初审和交通部复审批准,一批成绩卓著的资深一级引航员被确认为高级引航员。从此之后,高级引航员的评审工作步入正轨。

技术职称评定和晋级制度的恢复和健全,使引航员队伍建设步入了正规化、稳定化的轨道。经过改革开放近 20 年来不断努力,到 20 世纪 90 年代末,中国引航员的培养、成长和退休制度逐渐完善,保证了引航员队伍的稳定发展。

随着引航员考选、晋级制度的稳定,引航员技术培训工作也逐步开展起来,可分为两类:一类是交通部为引航员晋级考试而举办的各种培训,另一类是引航专业委员会举办的航海新技术培训,以及各港引航部门自行组织开展的引航员学习和培训。从 1987 年起,交通部持续举办引航员理论培训班。各港引航部门也都非常重视对引航员的晋级考试培训,在各方面积极支持。引航专业委员会成立后,举办新技术培训班,对引航员进行的海港新技术培训。

2.长江引航员的培养

20 世纪 70 年代末,长江引航员还由长江航运部门的驾驶员担任,人数比较少,队伍不稳定。随着长江沿线对外开放及长江航运业的发展,长江引航业务快速增长。20 世纪 80 年代初期,长江航政部门开始管理引航事务后,即逐步采取措施,着手培养引航人员。

1980 年,南京航政分局从长江航运公司所属各单位聘用了 22 名退休的船长、驾驶人员担任南京、镇江、南通三港的引航员。1982 年,该局又先后从上海轮船公司、武汉长江轮船公司、南京油运公司和上海港引航站调进 11 名引航员,同时抽调监督艇驾驶员和分配来的大中专毕业生担任引航员。为使新调入的引航员迅速熟悉业务,该局于同年 3 月 15 日至 5 月 12 日专门举办了为期 2 个月的培训班,分三个阶段进行理论学习和实际操作。同年,交通部在武汉河运专科学校开办了 2 个引航班,培训引航员。

从此,长江引航员的培训学习成为一种制度坚持下来。1984 年 5 月 18 日,南京引航站制定了长江航政引航系统第一个《引航员考试、考核、晋级暂行办法》。1986 年南京港对外轮开放后,又分批派出引航员参加外语培训。

进入 20 世纪 90 年代,随着长江流域对外开放的扩大和航运业的迅速发展,长江各港引航站对于培养引航员更加重视。一是给初级引航员尽量多的机会,放手让他们独立操作,鼓励他们快速成长。二是加强引航员培训,及时总结经验教训,以提高引航员的技术水平。

3.引航员队伍的发展壮大

20 世纪 80 年代以后,随着各项引航规章制度的确立,引航员培养逐步走向正规化,各港引航员队伍也在稳步发展。在不到 20 年的时间里,各港引航员的数量普遍有了成倍的增长。到 1999 年上半年,上海港在职引航员已达到 144 名,长江引航员亦达到 160 余名。一些新发展起来的港口,如深圳、日照等,引航员队伍从无到有,逐步壮大,成为引航界的新兴力量。

至20世纪90年代末,正在执业的沿海29个港口和长江引航员总数为750人,其中海港引航员616人,长江引航员134人。引航员的职称结构和年龄结构也发生了显著变化,更加趋于合理(表3-5-1)。[1]

在册海港引航员各职级人数(1999年6月30日)　　　　表3-5-1

港口＼职级	高级	一级	二级	三级	助理	合计
上海	18	43	29	35	19	144
广州	9	10	17	29	0	65
天津						46
大连	8	10	6	6	0	30
青岛	5	19	5	1	0	30
深圳	11	6	8	5	0	30
秦皇岛	7	9	4	3	5	28
营口	1	0	14	11	2	28
宁波	6	0	9	6	4	25
湛江	7	7	9	0	0	23
连云港	2	5	8	2	3	20
汕头	0	3	2	12	0	17
厦门	1	3	8	2	0	14
烟台	3	3	3	2	0	11
日照	1	1	7	2	0	11
福州	1	0	5	5	0	11
防城	0	0	6	2	2	10
舟山	0	2	2	2	3	9
海口	0	1	7	1	0	9
泉州	0	0	6	2	0	8
温州	3	1	4	0	0	8
珠海	0	2	5	1	0	8
锦州	0	2	3	2	0	6
茂名	0	0	4	2	0	6
海南	1	1	1	2	0	5
惠州	1	1	1	2	0	5
潮州	0	0	3	1	1	5
威海	0	1	1	1	1	4
台州	0	1	0	2	0	3
岚山	0	0	1	2	0	3
合计	85	131	178	143	40	623

---

[1] 徐万民,李恭忠主编:《中国引航史》,北京:人民交通出版社,2001年,第237—247页。

(二) 引航业务的高速发展

改革开放和对外贸易的扩大,奠定了港口运输和引航业蓬勃发展的基础。港口引航设施的完善,引航规章制度的建立健全,引航队伍的成长壮大及引航技术的不断提高,为引航业务的全面开展和走向兴盛提供了直接的支持和保障。从20世纪70年代末到90年代末,引航业务量明显增长,引航业在港口航运中的地位和作用越来越重要。

1.海港引航业务

改革开放之前,上海、广州、天津、大连是中国最主要的对外开放港口,也是最繁忙、吞吐量最大的港口,分别承担着各自所在的东北、华北、华东华南四大区域的主要货物集散功能。改革开放以后,这几个港口也得到了较大发展,无论是港口设施、功能,还是客货运输量,都有大幅度的提升。在这样的有利形势下,港口的引航业务也得到了增长。上海港从1979年到1998年20年间,引航业务量从5743艘次增加到了20940艘次,增长了2.65倍,年引领艘次居大陆各港口之首,远超青岛、天津、广州、大连等港口。

随着改革开放以后大规模经济建设的开展,仅凭几个大港已不能满足需要。于是,国家加大了港口建设的力度,中央和地方政府都积极投入力量,继续发展原有港口,在必要的地方建设新港口。在这种形势下,原先已有一定基础的中小港口得到了新的发展机会,并迅速崛起,港口引航业务也得以大幅度上升。秦皇岛港在改革开放之前,年引航业务长期徘徊在800—1200艘次之间,1979年达到1342艘次,此后连年增长,至1994年达3778艘次。宁波港1979年引领船舶为150艘次,1998年达5062艘次,20年间增长了32.7倍。

一批新兴港口也迅速崛起。如深圳港,改革开放之前水上运输几为空白,改革开放后,在国家的重点支持下,经过不到20年的建设,已进入内地十大海港行列。与此同时,该港引航业也从无到有,迅速发展起来。1982年,该港的引航总量为34艘次,到1998年剧增至6575艘次。

随着引航设施的改善和引航技术的创新,以及引航员技术水平和综合素质的提高,我国的引航安全率一直维持在较高水平,海港引航业在国内航运界的声誉越来越高。1979年3月,当时世界最大的英国巨型环球旅游船"伊丽莎白女王二世"首航大连港。该港引航员在海面刮起七八级大风的情况下,安全地将船引领进港,获得船长、船员和游客的连声赞叹。1987年2月25日,巴西籍"多莫哥"轮从广州港桂山锚地进港,途中舵机突然失控。危急时刻,引航员冷静应对,果断操作,避免了事故发生。1993年1月,张家港港引航员将高92米、宽71米的俄罗斯籍"基洛夫6"号钻井平台成功引领进港。

总的来说,经过改革开放20年的发展,随着规章制度的建立、人员队伍的稳定及技术设施的完善,引航工作得以全面开展。在港口运输持续增长的形势下,引航业务量也迅速扩大,中国引航业已经成长为一个成熟的行业。

2.长江引航业务

随着航运事业的发展,沿海地区初入长江的船舶增多。由于这些进江船舶不熟悉长江航道和航行规定,没有很好掌握航行、避让方法,时常发生事故,仅1980—1981年,在长江江苏段水域就发生了15起海损事故,损失严重。因此,进江船舶急需熟悉长江航道的引航员引航。在这一背景下,长江航政管理局开始筹建统一管理的引航机构,并在南京以下长江水域率先开展引航业务,同时开始试引航国际航线的中国籍船舶和中央首长视察乘坐的特殊船舶,并逐渐沿江向上延伸,一直发展到重庆至上海吴淞口的长江通航水域。

1980年1月5日,交通部发文《关于长江港口开放后港务监督和船舶检验工作的安排的通知》(〔80〕交港监字14号),明确规定"进出长江港口的我国航行航线船舶及沿海各省进江船舶的引航,由长江航政管理局负责"。这是交通部第一次以文件形式,认可长江航政实施引航业务,为后来的引航体制改革打下基础。5月,长江航政局着手在长江南通段试引,先后引领福建、浙江等沿海船舶进江,取得一些经验后,又扩大引航业务。

新中国成立之初,长江港口除位于江海交汇处的上海港仍对外轮开放,实施对外轮监督管理外,其他港口不再对外轮开放。1982年11月19日,全国人大常委会"批准南通港、张家港港对外国籍船舶开放"。12月18日,国务院、中央军委发布《关于南通港、张家港港对外国籍船舶开放的通知》,规定进江外轮"引航工作由交通部长江区港务监督负责"。1983年4月20日,经国务院批准,交通部公布的《外国籍船舶航行长江水域管理规定》明确指出:"外轮在长江水域及其港口航行或移泊,必须向中华人民共和国长江港口港务监督申请指派引航员引航。"5月7日,由长江引航员引领的外轮——巴拿马籍"日本商人"号进入长江,靠泊张家港港。这是新中国成立以来进入长江的第一艘外国籍船舶,标志着长江重新对外国籍船舶开放的正式开始。5月24日,巴拿马籍"格陵兰海"号进入南通港。

1986年1月20日,第六届全国人大常委会第十四次会议批准南京港对外国籍船舶开放。3月21日,3名引航员将巴拿马籍"星辉"轮引入南京港。12月15日,镇江港被批准对外轮开放。翌年3月17日,3名引航员将巴拿马籍"大连商人"轮引入镇江港。至1992年,武汉、九江、芜湖、高港(江苏省)、江阴5港口岸相继对外开放,均建立涉外引航站,强制引领外轮抵达目的港。至1992年底,长江沿线已建立南通、张家港、江阴、高港、镇江、南京、芜湖、九江、武汉、宜昌、重庆等11个引航站,除重庆、宜昌外,其他均为涉外引航站,在职引航员113人,聘用引航员近百人,形成引航总站、引航站、引航办事处、引航基地、引航调度等一整套引航机制。

1994年4月,"长江区港务监督局引航总站浏河调度中心"成立,主要负责长江全线引航统一调度、进出长江海轮动态信息和联系通报、浏河引航交通接送安排和车船调派、浏河海轮锚地指泊等管理工作。1994年,扬州、太仓、黄石港对外开放;1996年安庆、常熟港开放。至1997年底,长江沿线对外开放港口已达14个。

1997年3月,在原长江港航监督局引航总站的基础上组建"长江引航中心",下设南通、张家港、镇江、南京、芜湖、武汉6个引航站,共240人,除48名管理人员外,其余均为引航员。4月,长江引航中心出台《引航员调派原则》,使长江引航生产组织更加规范。长江引航管理机构和管理程序的建立健全,不仅使长江引航事业有序发展,而且为改变和保证长江航行安全,起到了重要的作用。

五、改革开放时期中国海员的特殊贡献

改革开放为航运业带来了新的发展机遇。广大海员紧随时代步伐,积极投身到航运改革的大潮中,为航运业的快速发展贡献力量。这一时期的中国海员,保持和继承了老一辈海员的光荣传统,他们爱祖国、爱人民、忠于党、忠于职守,在危急时刻奋不顾身,表现了中国海员的大无畏精神,涌现了许许多多"雷锋式"的典型人物。如严力宾、蔡如生、王明德、沈邦根、施兴复、莫家瑞、杨怀远、梁蚬、郭世鲁、胡先平等等。

(一)"雷锋式"的海员代表

1989年11月18日,青远公司"武胜海"轮在香港合兴船厂修理,由于船厂工人盲目使用气焊,引起机舱火灾。共产党员、机工严力宾在危急关头,奋不顾身冲了上去,用自己的生命保护了国家财产,保护了全体船员的生命。这一英雄行为,展示了改革开放时期社会主义一代新人的崭新面貌,表现出共产党员的优秀品德和中国海员的高尚情操。青远公司党委以高度的政治敏锐性,深入挖掘严力宾这一闪耀着

共产主义光辉的时代典型,并立即做出了《关于追认严力宾同志为优秀共产党员的决定》,青远公司同时做出了《关于给严力宾同志记大功的决定》。严力宾的事迹在社会上广泛传播后,引起党和国家领导人高度重视。1990年6月19日,江泽民总书记向全党全国人民发出号召:"学习严力宾同志,做坚定的共产主义战士。"国家主席杨尚昆题词:"学习严力宾同志忠于党、忠于祖国、忠于人民。"李鹏总理题词:"远洋深处留下他的航迹,海员心中树起他的丰碑。"

(二)中国海员的特殊使命

1986年8月20日,巴拿马籍"旋风船长"轮靠泊在日本兵库县尼崎港,2位日本青年驾驶的轿车因失控而落海,正在该轮工作的上海海运外派船员包维福、赵义、顾杏全3位船员见状,奋勇将他们救起。为此,兵库县知事向3位中国船员颁发了"人命救助"奖状和徽章。第二天,日本《每日新闻》《神户新闻》等报刊,纷纷报道了中国船员在大海中救助日本青年的事迹。

中国海员在外轮工作期间,除了圆满完成外派任务以外,还发扬了人道主义精神,在公海抢救遇险的外国船员,受到外国船长和船员的赞扬。

1990年8月,上远公司"清水"轮在船靠泊菲律宾宿务港时,水手蔡如生与深夜闯入房间的2名抢劫歹徒展开了激烈搏斗,不幸被歹徒枪杀,光荣牺牲。他的英勇行为保护了船舶安全和其他船员的生命,被追认为烈士。

1991年初,索马里发生政变,在中国使馆和援外人员的生命和财产遭到严重威胁的关键时刻,天远公司"永门"轮全体船员坚决执行命令,从1月3日至11日,冒着被炮火袭击的危险,克服重重困难,连续奋战七昼夜,两次进入战火纷飞的索马里摩加迪沙港和基斯马尤港,营救出驻索使馆和援索人员24人,并安全转移至肯尼亚蒙巴萨港,圆满完成了上级交给的营救接运任务,受到外交部、经贸部、交通部、天津市和中远总公司的高度赞扬和大力表彰。

1992年4月19日,广远公司"赤峰口"轮执行中国首次参加的联合国维和行动任务,运载物资1500多吨前往柬埔寨磅逊港。在船长的带领下,全船船员通过学雷锋、学严力宾活动,圆满地完成了这一特殊的运输任务。

中国海员为祖国繁荣昌盛,航运事业发展,人民美好生活而努力奋斗,在平凡的岗位上,创造了不平凡的业绩。

第六节 多层次、多种类航海教育体制的形成和完善

一、航海教育体系不断完善

(一)多层次、多种类航海教育体系的形成

改革开放后,我国的航海事业蓬勃发展,中国政府积极加入和履行《STCW公约》,各航运公司纷纷开展船员劳务外派业务,中国航运同世界航运的联系愈加紧密。在这个过程中,国家航运管理部门和各船公司都充分认识到,发展航运事业必须依靠科学技术和现代化管理,而提高航海技术水平和船舶营运管理水平的关键,在于要有大批高水平的专门人才,尤以船舶驾驶、轮机工程等航海类专门人才的需求最为紧迫,技术干部船员素质的改善和提高,将直接关系到商船船队的船员队伍建设、海上交通安全和国际航运与船员劳务市场的竞争能力。因此,发展航海教育与船员培训是中国航运事业发展的重要保证和关键

所在。而中国的航海教育与船员培训,也应该根据国际航运市场的变化主动做出调整,以适应航运事业发展的需要。

事实上,我国政府一直重视和支持航海教育。自20世纪80年代以来,随着我国改革开放政策的不断扩大,在交通部的直接领导下,中国航海教育与船员培训得到了很大发展。改革开放对航海教育也提出了新的要求,为此,交通部于1984年、1988年先后就我国航海教育改革等问题,举办了两次全国性研讨会,邀请学校、企业、安监部门的教授、专家共同研究航海教育改革问题。1988年6月经交通部批准,成立交通部航海教育研究会。1989—1991年交通部教育司组织航海教育界和航运企业开展了航海教育发展战略研究。

到1990年,我国主要航运企业航海技术高级船员有7万余人,高等船员队伍中本科、专科、中专学校毕业的约占35%。还有不少高等船员是从普通船员通过培训考证选拔上来的,他们虽不具备规定的中专以上学历。但有较丰富的船上工作的实践经验。远洋船队的高等船员大部分具有中专以上规定的学历,沿海特别是内河航运企业的干部船员不具备规定学历(中专以上)的比例较大。航海教育与培训已形成包括普通高等教育、职业技术教育、成人教育三大部分,分为研究生、本科、大专、中专和技工等层次,学历教育、继续教育、函授和夜大、短期培训等多种办学形式的航海教育体制。

从20世纪80年代末90年代初,学界对航海教育定位开始进行探讨和研究。这一阶段的讨论主要是围绕航海教育自身固有的规律性特征展开的。如1986年,交通部航海教育研究会在《关于召开航海教育改革第二次专题研讨会及成立交通部航海教育研究会的通知》([86]交函教字640号)中指出:"航海教育有其不同于一般工科教育的特定要求和规律。"1991年,《2000年航海高等教育发展战略》课题研究报告指出:"航海教育是一种特殊的工程教育,具有特殊的服务领域和行业要求,因此具有不同于一般工程教育的独特规律。"这一阶段的研究结果使航海教育从一般工科教育分离出来,形成独立的教学科研体系。

90年代末,围绕本科航海教育是学位教育还是职业教育展开的,又展开激烈讨论。主要有三种不同意见。第一种意见认为航海教育是高等职业教育,理由是航海类指导性教学计划(本科)确定的培养目标关键在于获得适任证书,从该目标来看,航海类专业教育应属于高等职业教育范畴。而不管哪种层次的航海教育都应当是职业教育,这是由其专业性质或特点所决定的,只不过在培养目标上有所侧重而已。第二种意见认为航海教育是学位教育,本科与高等职业教育(专科)是两个办学层次,在培养目标、培养规格、培养方法上具有明显区别。不能由于航海专业本科毕业生职业针对性强(主要从事高级船员工作),就把其降格为高等职业教育。第三种意见认为航海教育是学位教育和高等职业教育的有机结合,高等航海教育是高等工程教育的一部分,因此也属于学位教育;坚持学位教育的同时,还必须满足国际公约和国家对海船船员的有关规定,体现了高等职业教育的性质。

这一阶段的讨论虽然没有根本改变既有航海教育模式,但学界普遍认识到航海教育是一个多层次、多种类的教育,从技校开始,中等专业学校、高等职业专科学校、大学专科、大学本科,直到硕士和博士阶段的学位教育。这为下一阶段的航海教育定位及发展提供了一定的理论支持。

(二)各种航海教育机构发展状况

至20世纪90年代初,我国的航海教育已形成多层次、多种类的体系,各有侧重,为航海事业培养不同层次和不同种类的人才。

普通高等航海教育,包括高等航海学校和设有航海类专业的普通高等学校有以下几所:

大连海事大学是交通运输部所属的全国重点大学,中国著名的高等航海学府,被国际海事组织认定的世界上少数几所"享有国际盛誉"的海事院校之一。其前身可追溯至1909年晚清邮传部上海高等实业学堂(南洋公学)船政科,1953年三校合并成立大连海运学院,1994年更名为大连海事大学,1997年被国家批准进行"211工程"重点建设,是一所以航海类专业为特色的综合性大学,设有船舶驾驶、轮机管理、通信导航、船电管理等专业。

上海海运学院以海洋运输技术和交通运输管理工程为重点,设有船舶驾驶、轮机管理、船电管理等专业。

集美航海学院的前身为集美航海学校,1978年改办航海专科学校,1989年改名集美航海学院,设有船舶驾驶、轮机管理、通信导航和船电管理专业。

武汉水运工程学院创建于1946年,是一所以造船工程、船舶机械、水运管理为主的水运工程综合性大学,设有轮机管理等专业。

武汉河运专科学校设有船舶驾驶、轮机管理、通信导航、河运管理等专业。

1989年经交通部批准,在广州海运学校设立武汉水运工程学院广州分院,开办专科教育。

20世纪90年代初,普通航海高校已设有轮机管理工程、船舶无线电导航技术2个博士点和航海类专业的6个硕士点、本科10个专业点、专科17个专业点。此外还设有航海医学专科和远洋船舶管事专科。地方设有航海类专业的有浙江水产学院宁波分院和天津大学分院,主要是办专科。

航海职业技术教育方面,设有航海类专业的中等专业学校分别为交通部所属和地方所属,学制有两种:招收高中毕业生的二年制;招收初中毕业生的四年制。部属海运技工学校(海员学校)主要为海洋船舶培养水手和机工,以招收高中毕业生为主,学制一年半,即在学校学习一年,海上实习半年。地方水运技工学校主要是培养内河船舶普通船员和小型河船的驾驶和轮机工。此外,为了培养更加适用的海洋船舶值班驾驶员和轮机员,一些航运企业试办了航海职业专科教育,如上海海运职业大学开办船舶驾驶和轮机管理两个专业的高职班(专科)。

航海成人教育,主要是指在职船员的培训,多数是由部属大型航运企业主办,包括在职船员高等、中等专业教育和函授、夜大、专业证书、考证培训、继续教育等多层次、多形式办学。改革开放以来,航海成人教育得到了较快的发展,主要是办专科教育。青岛远洋船员学院始建于1976年,是中远总公司所属的一所航海训练设备较完善的成人高等学校,其中主要任务是培养远洋船舶在职船员,除专科学历教育外,还举办各种培训班。成人高校还有上海海运职工大学和长江轮船总公司职工大学,分别隶属上海海运局和长江轮船总公司。

为加强船员职务证书考试培训,经交通部批准,先后成立了交通部上海船员培训中心、大连交通部船员培训中心等。船员培训中心与航海院校成人教育部门共同承担船员考证培训任务。有关船员考证工作由中华人民共和国港务监督局主办。

航海高等学校毕业生成绩合格,具备规定的海上训练经历和船员职务证书规定要求,在取得学历证书的同时,可取得相应的船员职务适任资格,经过1年船上实习,即可换取值班驾驶员、轮机员等船员职务适任证书。不具备高等航海专科以上学历的船员,要取得船员职务证书,必须按照国家颁布的船员职务考试发证规则要求,参加统一的培训和考试。

为了适应合同制船员外派培训的需要,经交通部批准,在全国航海教育办学单位设立了若干外派船员培训中心,承担外派培训任务。

为了加强在职高级航海技术和管理人员的继续教育,交通部委托大连海运学院(大连海事大学)筹办航海技术继续教育中心。根据航运企业提出的科目,继续教育中心举办高级研讨班,聘请学校和企业单位的教授、专家讲学。

1983年,经中国政府批准在大连海运学院正式成立"IMO亚太地区海事培训中心"。1985年,世界海事大学第一个区域性分校——大连分校在大连海运学院正式成立。旨在帮助发展中国家培养高级航运管理人才。

1990年,全国各级各类航海学校招生总计6550人,在校生18880人。交通部所属高等航海学校航海类专业的本、专科招生数为1995人,在校生6270人,其中本科年招生980人,专科1015人。部属高校毕业生面向全国分配,并有部分毕业生派往外籍船舶工作。地方所属宁波分院和天津大学分院船舶驾驶和轮机管理专业,每年各招生60名,主要为地方服务。大连海运学院和上海海运学院都培养研究生,每年招收约350人,大连海运学院还招收外国留学生。

1990年,全国水运中专学校招生2305人,在校生6610人。毕业生可以做普通船员,也可担任干部船员。部属水运中专毕业生面向全国航运企业,并有部分毕业生派往外籍船舶工作。地方水运中专毕业生则主要为地方服务。

水运技工学校1990年招生1730人,在校生4400人。毕业生主要做大型船舶的普通船员,也可担任小型内河船舶的驾驶员和轮机员。部属水运技校主要面向海洋船舶,地方水运技校主要面向内河船舶。

成人教育是以在职船员岗位培训为主要任务,并根据航运企业急需,也举办本、专科学历教育,作为普通高等学历教育的补充。在职船员高等学历教育年招生约520人,在校生约1620人。

青岛远洋船员学院等职工大学和各高等航海学校每年都承担大量的各种在职船员培训和各级船员职务证书考试培训。

二、建立质量管理体系

航海教育与培训的质量是航海领域里一个非常重要的方面,高质量的航海教育,始终被国际公认能提供极有竞争力的船员和培育国际航运的企业文化。《STCW 78/95公约》不仅规定了不同责任级别的海员适任所需达到的最低标准,而且对各缔约国政府的发证机关和教育培训机构提出了建立质量标准的要求,但并没有规定用什么模式建立质量体系。质量体系包括为实施质量管理必需的组织机构、职责、程序、过程和资源,保证质量控制的操作性技术活动,包括内部质量保证评估在内的系统监督安排等,这些都与ISO9000系列标准要求是一致的。

挪威船级社DNV在"STCW78/95公约"通过后,根据ISO9000系列标准的原理,参照"STCW规则"B部分I/8节关于质量标准的指导中的要素,剪裁了ISO9001质量保证模式,制定了《航海院校认证规则》《航海培训中心认证规则》及《航海模拟器中心认证规则》3份有关航海教育培训的质量保证模式,为航海院校建立质量体系提供了一种选择。按照DNV所颁布的质量管理体系和保障模式,质量保证可被称为"适合目的",其重点在于如何体现既定目标的实现,包括的4个重要内容是:文件的制定过程、严格执行程序、操作自查和授权的质量机构的独立评价。

交通部海事局结合国际公约的要求,根据ISO9001标准的要素,按照船员培养的教育特点进行对照移植,建立起我国的船员教育和培训质量体系。

从1995年起,我国相继制定了《中华人民共和国船员教育和培训质量管理规则》《中华人民共和国船员考试、评估和发证质量管理规则》以及《中华人民共和国船员教育和培训质量体系审核实施细则》等一系列文件,为质量体系的建立提供了依据和标准,规范和指导我国航海教育院校开展船员培训活动。而我国的教育和培训机构移植和应用了ISO9001标准,高校主要有大连海事大学、上海海运学院、青岛船员学院、舟山航海学校等。

开展船员教育和培训的机构向管理机关申请初次审核,应具备主管机关规定的开展相应船员教育和培训项目的师资、教材和设备等要求的条件,以及符合规定的文件质量管理体系。经主管机关授权的辽宁海事局、天津海事局、山东海事局、上海海事局和广东海事局5个审核机构,分区负责实施对船员教育和培训机构质量体系进行审核。

我国按"STCW规则"有关规定,建立了质量法规体系和管理体制,规定了严格的质量体系审核程序和制度,使船员教育、培训、考试、评估和发证全过程的质量活动得到持续有效的控制,保证了中国船员知识、理解、技能和适任能力的获得和评估活动以及对发证体系的管理,全部在质量体系的连续控制之下进行,达到既定的目标,为培养出符合国家和国际有关最新法规和公约要求的优质高级船员,提供了强有力的保障。

三、航运企业船员培训蓬勃开展

航运企业船员培训是我国航海教育体系中的重要组成部分。随着改革开放后中国船员外派劳务的发展,特别是1995年"STCW公约"修正案颁布之后,我国的航运公司愈加认识到船员在职培训的重要性,于是纷纷加大投入力度,逐步完善了船员培训体系和机制,为我国建设高素质的船员队伍,起到了重要的推动作用。

(一) 中远职工文化、技术补课和专业技术培训

1981年,中远总公司根据国务院《关于加强职工教育工作的决定》以及交通部的指示精神,成立了船员、职工教育领导小组,结合远洋实际,制定各个时期的教育培训计划,深入开展职工教育,成效显著。

1981年,中远共有远洋船员34819人,初中文化程度以下的占59%。其中技术干部船员14742人,初中文化程度以下的占53.5%,没经过学校专业学习的占61.3%。针对这种情况,中远确定首先对领导干部、业务骨干、三副、三管轮以上干部船员以及1966年以后参加工作的青壮年职工进行文化、技术补课。各远洋公司采取船岸结合、脱产与在职学习并举的办法,以在船在职培训为主,辅以在岸培训、举办各类短训班等培训方式。

青壮年职工的初中文化补课从1983年开始,至1987年底,共8778人完成补课,占应补人数的98%以上,达到国家规定要求。而船员技术补课从1981年开始,各公司有计划地抽调船员在岸参加半年至一年近20种主要专业科目的短训班,举办了船长、轮机长培训班,脱产培训船员职工24400余人次。在船舶开展以老带新、边干边学、岗位练兵,使船员逐步达到应知应会技术标准。上远公司12名新船长到"柳林海"轮和"汉川"轮学习,经过老船长的传帮带,很快可以独立工作。为提高在岗船员的专业技术水平,从1983年起,船舶普遍开展了"统一进度、统一教材、统一考试"的"三统一"培训,对工人船员进行初级技术补课,重点培训没有经过院校系统学习培训的技术干部船员。至1986年底,中远应参加"三统一"培训的职工有22478人,实际培训20952人,占培训面的93.2%,完成"六五"教育规划的文化、技术"双补"工作。

在完成"双补"教育的基础上,中远职工教育转向专业技术培训。从1985年起,对1940年1月1日以后出生的未经海运院校系统培训的干部船员,在1990年底分期分批到院校进行1年轮训,主要学习中专水平的专业理论知识和专业技能训练,学习结束考试合格后发给结业证书,远洋局承认学历。从1987年开始,对技术岗位上的工人船员进行岗位技术培训,至1990年底完成工人船员的岗位技术培训、考核和发证工作。从1991年1月1日起,对技术岗位上的工人船员实行岗位技术等级证书制度。

与此同时,根据《中华人民共和国海船船员考试发证规则》及国际海事组织、中国港务监督部门的有关规定,各公司进行技术干部船员考证前培训和提职培训;所有驾驶员参加"雷达观测与雷达模拟器"

"自动雷达标绘仪""船舶无线电通信"等培训考证;油船船员开展以防火、防爆、防污染、防毒的"四防"培训;全体船员进行船舶消防、救生艇筏操纵、海上求生、海上急救的"四小证"培训。1984年6月,南京海员学校开办首期"四小证"培训班,成为全国首家开展"四小证"培训工作的学校。大连海校在1979—1992年,为中远及地方船公司举办各类技术培训和"四小证"培训班,培训人员达11000多人。1991年底中远"四小证"培训任务全部完成。

经过持续努力,至20世纪90年代初,中远职工教育、岗位培训更加规范化、制度化,教师队伍扩大,教学设备和训练场地初具规模,广州、上海、天津、青岛、大连远洋运输公司和中波公司均建立了培训基地。至1991年底,中远在岗工作船员岗位培训全部完成,从1992年1月1日起,正式实行船员持证上岗制度。

1993年7月中远(集团)总公司召开了教育科技工作会议,对中远教育科技工作进行了长远规划,根据会议精神,1993年12月,中远(集团)总公司下发《中远集团教育发展纲要》,明确了中远教育培训工作任务,对直属3所院校的发展方向进行规划,对各公司所属的技校、职校和教育培训中心的教育和培训提出了明确要求。1995年9月,中远集团成立了院校改革领导小组,下发了《中远集团院校改革方案》。改革的重点,是根据集团发展需要,对3所直属院校办学方向和任务进行调整,理顺关系、加强管理。

在院校教育改革的同时,中远系统各单位认真抓好教育培训工作,紧贴船队建设和生产需要,积极开展有针对性的船员培训,以及紧密结合工作、适应企业改革和发展的需要,进行的陆上培训(如营销一体化、货运服务质证、信息网络建设、集装箱运输管理、全面质量管理等),各单位的培训率都在30%以上。此外,在加强领导干部和后备干部培训、公派出国学习培训等方面,都取得了很大成绩。

(二)上海海运局船员短期训练班和岗位培训

1.短期训练班

党的十一届三中全会以后,上海海运局对职工采取全员培训的方针,大面积举办各类短训班,以短期脱产为主,业余、半脱产和老师随船教学等各种形式并举。至1990年,全局范围共举办各类短训班2313期,有69380人次参加培训。仅1990年就办了194个短训班,培训17154人,其中船员98个班,12962人参加培训,占该局船员总数的87%。这一时期举办的短训班包括以下几种:

一是岗位职务专业技术短训班。这类短训班本着"做什么学什么,缺什么补什么"的原则,对船岸各专业技术工种的在职职工和新提拔的培养对象进行专业技术综合训练,或针对专业技术薄弱环节及重点科目进行单科训练,使受训职工能掌握专业基本理论知识和技能,提高技术等级,胜任本职工作。1979—1990年,共举办船舶工种岗位职务专业技术短训班381期,参加人数11425人,其中船长短训班培养508人,轮机长短训班培养243人,驾驶员短训班培养1372人,轮机员短训班培养1496人,电机员短训班培养249人,报务员短训班培养526人,客货运员短训班培养544人,甲板技工短训班培养3190人,轮机技工短训班培养3297人(包括新工人岗前培训1330人)。10余年间,通过各类短训班,从普通船员中培养技术干部船员共875人。船舶高级工培训始于1982年,从9月起以"战斗11"轮为培训基地,先后轮训水手长三批共54人。除船舶工种外,陆地工种也参加了各级专业技术短训班。

二是知识更新与新技术培训班。为了适应知识更新和技术革新的需要,上海海运局根据实际情况,适时举办此类培训班。1979年举办船舶自动化短训班,为期半年,参加学习的38名学员全部获得结业证书,其中80%学员得到满分,成绩优良。1980年3月,举办了为期半年的以船长、驾驶员为主的远洋运输业务培训班,23人参加学习;同年还举办了热工短训班一期,30人参加学习。1984年7月,举办了一期计算机高级程序设计语言短训班,为期3周,19名企业管理人员参加培训。1985年,举办了雷达、导航、避碰、船电新技术短训班,109人参加学习,并有科技干部47人参加交通部、上海市和本局转的知识更新、计算机应用短训班。同年12月,上海海运局职工大学举办了船长、轮机长新技术训练班,40人参加学习。船长班主要学习气象传真仪器、天气图分析、卫星导航等课程;轮机长班开设轮机自动化、电子计算机、船机桨匹配等课程。

三是船舶技术干部适任证书考证辅导班和"船员安全四小证""远洋船舶驾驶员三小证"短训班。为了缓解船舶技术干部紧缺的局面,1983—1990年,上海海运局连续举办船舶技术干部考证辅导班,8年中共有1948人通过考试获得了适任证书。自1984年3月起,分期举办"四小证"专业培训,每期15天。至1990年9月30日止,有17791人经培训获得"安全四小证",至此上海海运局运输船舶船员全部获得"四小证"。1987—1990年,还有221人参加了"三小证"培训班。

四是安全操作知识培训班。1984—1990年,上海海运局开办多期安全知识的培训班。1984年,举办了3期化学品运输培训班,152人参加学习,目的是使学员懂得有关化学品的性能及运输管理的基本知识,掌握防火灭火的实际操作技能;同年还举办了5期电焊安全操作技术短训班,266人参加学习,经考试合格,有246人获得劳动局颁发的特殊工种安全操作证。1986年5月,举办油轮测爆及固定灭火系统液位检测培训班,局属各单位42名学员参加学习。1989年船舶和陆地单位职工638人参加安全知识培训。1990年举办油轮安全知识随船培训,38艘次1350名油轮船员参加学习;同年举办液化气专业知识培训班,45人参加学习。

此外,部分船长和轮机长还参加了船舶管理轮训班,一些船员参加了外语类短训班和文化短训班。

2. 岗位培训

岗位培训包括以下几种形式:

一是跟班见习逐级提高。1979—1990年,上海海运局运输船舶由152艘增加到194艘,三副、三管轮以上的船舶技术干部由2180人增至3413人,除配齐42艘船舶全套班子外,还配备了一些外派船员班子,补充原有船舶的自然减员和人员流失。期间由部属院校、上海海运局职工大学、海运学校输送毕业生及从普通船员中培养提升技术干部,通过实习、见习、代职逐级升职提高,一直是补充解决成套技术船员的主要途径。

二是推行指导船长、指导轮机长制度。1979年,上海海运局货轮船队改变了"随船学习"培养船长的方法,成立了见习船长移泊组,针对学员技术上的薄弱环节,结合该局任务,在上海港内专习浦江操纵船舶,由经验丰富的指导船长带领学员上船,帮助该局营运船舶移码头,移浮筒,进出船坞。不仅提高了学习成效,而且使学员广泛接触了更多复杂情况。货轮船队用这种方法,1年之中办了4期训练班,每期4人,共培养船长16人。1983年1-3月,上海海运局从大副中选拔船长20人,局海监部门派出指导船长随船出海,同新船长一起制订航行计划和离靠码头方案,进行"保驾"。1985—1987年,货运二处共举办5期移泊组训练班,培养船长20人,同时派指导船长对部分船舶和新上任船长实行"保驾"。1989年,上海海运局通过移泊训练,培养船长5人,1990年,以同样方式培养船长14人。

三是学徒制培训。1979年,上海海运局对1976年入局的在船学徒,分5批进行集中转正考试,应考的水手、机匠、生火、电匠学徒共404人,成绩合格者按期转正,不合格的53人限期补考,从而促进了青工的技术学习。1981年,上海海运局重新制定颁布《学徒培训管理暂行办法》,决定恢复"文革"时期中断的学徒制培训,签订师徒合同制。学徒上船后,船舶党支部和行政领导要负责为每个学徒选好师傅,师徒双方签订教学合同,学徒期满经考核合格方能转正。为鼓励师傅积极带徒,对带徒期间付出超额劳动的师傅,每月增发20%—30%的生产奖金。学徒能按期转正或转学,按其考核情况酌发一次性奖金。1981—1985年,上海海运局向社会招收艺徒1766人,复原退伍转业军人494人,合同工635人,共2895人,都是通过学徒制培训,培养成船舶技术工人。这一时期海运技校毕业生为730人,占职工总数3.3%;1986—1990年,技校毕业生增加为874人,占职工总数上升到4.5%。学徒制培训船舶技术工人所占比例虽然逐渐减少,但仍是主要途径。

四是开办技术业务讲座。1979年4月,为提高船员的技术业务和管理水平,上海海运局机务处特举办船舶轮机讲座,来自局、船队从事机务工作的人员及在港船舶的轮机长等50多人参加。1980年12月,局海监室开始举办技术讲座和学术报告会,每周四邀请在港船舶船长参加、听讲或座谈,成为"星期四船长座谈会"。其内容除分析运输生产形势,传达近期海监室有关安全措施外,还邀请指导船长、教授、专家主讲以安全生产为中心的有关课题。每逢大雾季节,分析历年来雾航事故的教训,以引起船长的注意。根据远洋航行的需要,讲授海商法,以提高船长处理外事的能力。平时则主要探讨各种船舶操纵技术。至1982年,共举办100次座谈会,3000人次船长到会听讲。1982年9月,上海海运局连续举办了3次全面质量管理讲座,1983年9月,又举办一次全面安全质量管理讲座,局机关科以上干部、指导船长、指导轮机长以及基层单位和在港船舶领导百余人参加了听讲。1983年2月,上海海运局举办了"化学品运输知识"讲座。各轮也开展了各种形式的技术讲座。1979年,在"盛新"建造期间,船领导利用接船的机会有计划地组织船员进行技术业务学习。1981年10月,"长通"轮开办了甲板、轮机和电工技术业务讲座,制定了半年的学习计划,由驾驶员、轮机员分别讲课;同年,"森海2"轮针对船员班子新、水手中新学徒工较多的特点,及时举办了"水手工艺"的技术业务讲座,由大副和正副水手长讲解插钢丝、打绳结、撇揽、上高、舷外作业以及油漆等水手工艺课程。

除上述方式外,上海海运局还多次举办岗位技术比武活动,促进船员的基本功训练。

(三)长航局加强航运职工教育培训

"文化大革命"使长航职工队伍出现"三低一少",即文化水平低、技术等级低、管理水平低和技术人员少的情况。1979年4月,长航局成立职工业余教育领导小组,多级办学,恢复建立培训基地,明确培训对象和范围。1981年3月,又成立职工教育领导小组。此后,长航局全线自上而下逐步形成职工教育体系,建立健全了教育机构,配备271名专职教育干部。按照"加强领导、统一管理、分工负责、通力协作"的原则,做到党委领导、行政管理、工会团委密切配合、党政工团一起抓。到1983年底,长航系统初步形成一定规模的从幼儿园、小学、初中、中专技校的全日制教育体系和职工培训学校、干校(党校)电视大学、职工大学的成人教育体系。

1979年2月,长航局在民汉创办电视大学教学班7个,设机械、电子英语等专业。4月,将南京河运学校改办为中专,规模1000人,设驾驶、轮机、电工等专业;并将南京河运学校金陵船厂分校改为厂办技校,规模300人,设船机、船体修理等工种。1982年9月,经交通部批准,长航局干部进修学校成立,负责技术、业务和管理干部培训。1983年4月1日,长航干部进修学校更名为长江航运职工大学,规模暂定600人,学制2年。长航系统9所中专、技校能同时容纳6000余名职工培训。到1985年9月,长航局有学校52所,在校学生9006人,教职工2180人。电大毕业299人,中专毕业生6600人,技校毕业生1800人。

长航局根据职工教育面广、人多、工种复杂等情况,广开渠道,采用多种办学形式。至1983年,7万余人次参加技术业务培训,1.3万人次参加党政干部短训班学习。3.8万青壮年职工参加文化补课,其中获得高中合格证书者2000人,获得初中合格证书者1.2万人。

教育事业的蓬勃发展,使职工队伍的知识文化结构发生重大变化。1976年长航系统职工中大专以上占2.30%,在1983年达到3.90%;1976年初中及初中以上学历的职工占7.50%。在1983年达到61.40%。

至1998年，长航系统有10所大、中专和技校，形成多层次、多渠道、多规格、多功能的办学新格局。10所学校开设专业近70个，招收学历教育学生3872人，在校生11971人，当年毕业生3000人；4所普通中专招生2362人，在校生8522人，分别为1978年的3倍和4.85倍。全系统职工培训学校（含培训中心）20所，校舍建筑面积6万余平方米，全年职工教育经费突破1000万元，为1984年的4.9倍，年培训突破3万人次。

经过多种形式的岗位培训、学历教育和继续教育，长航职工政治思想和文化技术素质显著提高。1998年与"六五"末相比，大专以上的学历占14.80%，上升5.80%；中专学历15%，上升4.90%；初中以下学历下降23.80%。大专以上学历的干部占干部总数的58%，中专学历占35%，分别提高39%和10%，高级工提高24%。

（四）珠江航运职工教育事业的发展

改革开放以后，珠江水系各省区水运从业职工的教育水平有了很大发展。

1980年2月，中共中央、国务院颁发了《关于加强职工教育工作的决定》，珠江水系各省区交通主管部门和企事业单位对职工教育加强组织领导，建立健全职工教育专职机构，配备职教人员，面向职工、面向生产第一线，着眼于普及和提升职工的整体文化素质，提高职业技能，通过各种形式，开展基础业务教育和在职培训教育。早在1978年11月，广东省航运厅就制订了《广东省航运系统教育事业规划》。到1980年，广东省航运厅举办各种类型的技术培训班40多期，培训船员1100多人；有24150名职工接受各种形式的技术培训，占水运职工总数的45.44%。至1985年，广东省航运系统累计完成初中文化补课人数9112人，占应补课人数的86.7%。完成初级技术补课人数7369人，占应补课人数91.4%。与此同时，还举办了高级船员培训班，培训高级船员240人；举办沿海"四小证"培训班11期，培训船员608人；另举办其他各类培训班200多期，培训人员达8000多人；举办防抗雷雨大风轮训2814人。对干部展开管理业务培训，如对调度、商务、港口业务、统计、财会人员的培训工作，还组织干部参加各类成人大、中专学习。

除对在职职工进行培训教育之外，还利用专业学校培养水运人才。广东航运学校1980年11月被教育部定为全国重点中专，1994年8月又被国家教委批准为国家级重点中专学校，为国家和珠江航运培养了大量人才。从1975年开始，广东肇庆、佛山等地和一些主要水运企业，还创办了十几所技工学校，以提高个人的技术业务水平。1982年后，根据广东教育规划，为了整合资源，提高教学质量，将十几所技校合并成珠江航运公司、广州海运局和江门船厂3所技校，以培养本系统、本单位职工为主。珠江航运公司技校1982年改名为广东省船员技术学校，负责培养全省航运企业的初级技术船员。这些技校设有船舶驾驶、轮机、水手、加油、电工等近10个专业，至1985年共培养了驾驶、轮机等专业毕业生645名，至1990年共培养初级船员和技工1851人，为珠江航运发展做出很大贡献。

1977年，广西也恢复了航运中专，开设了轮机、港机、船电、航道与港口、水运管理和财会等专业，1978年秋，共招生239人，加上原有在校生共达400人。1981年，在校生达720人。除正常教学外，学校还举办各种培训班和职工教育师资班，为广西和各地航运事业发展培养了大批人才。

四、航海高等教育改革与加快发展

（一）大连海事大学实施"211工程"建设

1977年10月，中央决定恢复高考制度。1978年，大连海运学院全面恢复正常教学秩序，并逐步树立了建设世界第一流高等航海学府的发展目标。

恢复高考后,大连海运学院按国家重点大学录取控制分数线招录新生。首次招生工作在1977年第四季度进行,计划招生660人,实际招生716人,招收的1977级新生于1978年3月入学。从1984年开始,大连海运学院对招生制度进行了一系列改革,招生规模不断扩大,同时由于海洋运输类专业具有特殊性、国防性的特点,国家给予了政策支持,海上专业实行特殊招生制度,实行一次性投档,并与军事院校同批录取。

从20世纪70年代末到90年代初,大连海运学院结合就业需要,对专业设置不断进行调整,有力推动了本科教育的建设和发展。由1985年初的8个本科专业,发展为1990年的16个本科专业,初步形成了以海洋船舶驾驶、轮机管理、船舶电气管理、船舶通信导航专业所组成的航海类专业为主,并设通信工程、电子工程、计算机及应用、自动控制、管理信息系统等海洋运输工程类专业和国际海事、水运管理、综合运输、航政管理、水上交通安全、水运政工与行政管理等海洋运输管理类专业方向的多学科海洋运输类高等教育的专业体系。1992年9月,大连海运学院进行首轮综合改革,按相近学科专业设置,将9个系调整为航海分院、轮机工程分院和交通运输管理分院及社会科学系。同时将成人教育部、交通部大连船员学校等合并成立成人教育分院。

20世纪80年代至90年代初,随着现代航海技术的广泛应用,高级船员的职能发生重大变化,导致传统的航海人才培养模式发生重大变革。根据国际海事组织相关规则的变化和国际船员劳务市场的需求,大连海运学院进行了"驾通合一""机电合一"人才培养模式的尝试。

除本科教学外,大连海运学院的研究生教育也有了恢复和发展。1979年9月,招收"文革"后第一批攻读硕士学位研究生共9名。至1983年底,共招收43名研究生,研究生教育逐渐步入正轨。1985—1993年共招收硕士研究生443名。1985年开始招收博士生,至1993年,共招收博士研究生18名。这一时期大连海运学院专科教育和成人教育也有所发展。

随着改革开放的深入和交通事业的发展,大连海运学院的办学水平和条件得到进一步提高和完善,在人才培养目标、学科门类、教学水平、科研水平、实验实习条件、师资力量、校园建设等方面,均已达到国务院《普通高等学校设置暂行条例》中大学设置标准与规定,更名大学的时机已经成熟。同时,社会对高级航运人才的迫切需求,也为更名大学提供了有利条件。从1987年4月起,大连海运学院先后几次向交通部和辽宁省教委,呈送关于更改校名的报告。1994年2月25日,国家教委致函交通部,同意"大连海运学院"更名为"大连海事大学"。4月30日,大连海事大学举行了校牌揭幕仪式。大连海事大学提出建设总目标:面向21世纪,建立起适应现代化建设需要,突出航海特色,形成多学科、多层次、多种办学模式的综合性海事大学。大连海事大学1994年招生1550人,本、专科及研究生教育都获得了发展。

1993年7月,国家教委下发通知,决定设置"211工程"重点建设项目。抓住机遇,争取尽早进入并全面实施"211工程"建设,成为大连海运学院在此期间努力的方向和工作的重点。11月1日,大连海运学院正式向交通部提出《关于申请"211工程"预审的报告》,被交通部和辽宁省列为申报国家"211工程"重点院校。1996年2月,经两委一部(国家教委、国家计委和财政部)的审核,大连海事大学被正式批准为首批"211工程"预备立项的29所院校之一。1998年5月22日,国家发展计划委员会下发《关于大连海事大学"211工程"建设项目可行性研究报告的批复》,同意大连海事大学作为"211工程"项目院校,在"九五"期间进行建设。

大连海事大学在申请"211工程"建设的同时,决定建立并实施ISO9001质量管理体系,以提高管理水平,确保人才培养质量,特别是航海类专业学生培养质量符合国际标准要求。从1996年开始,大连海事大学在全校广泛开展宣传动员工作。1997年1月,成立质量管理办公室。11月17日,召开全面实施ISO9001质量体系动员大会,标志着大连海事大学ISO9001质量管理体系全面进入运行阶段。1998年6月6日,大连海事大学ISO9001质量体系顺利通过挪威船级社(DNV)的专家认证,成为世界上第一所通过DNV3个认证规则认证的大学。6月16—20日,经过交通部港监局审核组的审核,大连海事大学成为全国第一所通过《中华人民共和国船员教育和培训质量管理规则》质量管理体系审核的大学,也是全世界与第一所按"STCW78/95公约"所规定的质量体系要求通过审核的大学。[①]

(二)上海海运学院发展为以海洋运输为特色的多学科多层次综合性高校

上海海运学院成立于1959年。1962年起,经交通部对部属院校的专业调整,至1966年转变为以水运经济管理为主要专业的重点高等院校。1972年以后,上海海运学院先后恢复海洋运输类各专业。1978年3月,实行交通部和上海市双重领导、以交通部为主的领导体制。

十一届三中全会以后,上海海运学院的教学事业蓬勃发展,不断充实教学力量,扩展规模,新增专业,逐步发展为以海洋运输为特色的多学科多层次的综合性高等院校。1990年学院设有海洋船舶驾驶、轮机管理、船舶电气管理、交通水运管理工程、运输经济、国际运输管理、国际经济法、会计学、起重运输与工程机械、计算机及应用、科技英语等12个本科专业和海洋船舶驾驶、轮机管理、远洋船舶管事、水运管理(客运旅游)4个专科。为适应浦东开发和发展市场经济的需要,20世纪90年代初,很快发展至9个系28个专业。研究生教育有9个硕士学位授予点。函授教育方面,先后开设水运管理工程、水运财务会计、国际经济法、起重运输与工程机械等函授专科。学院开办高层次成人教育,主要培训高级船员、企业领导和各类经济管理与专业技术人员。为了发挥上海海运学院工、管、文、法学科齐全的综合优势,政府有关部门在学院内设有交通部上海船员培训中心、交通部上海出国培训部、全国海洋运输情报网、上海海洋气象导航公司。

1990年,上海海运学院在校学生3000人,其中研究生122人。至1990年,共为国家培养本专科毕业生9000人,举办的各类培训班培训9000人。20世纪90年代末,上海海运学院已建设成以海运为特色、高水平、多层次、国际型的新型大学。

上海海运学院在办学过程中,曾组建分院。1978年,根据天津市"三结合"(高校、地方政府、企业)办大学分校、广植人才的经验,上海海运学院、黄浦区人民政府、上海海运局、上海港务局四家举办上海海运学院分院,校舍设于崂山西路500号乳山中学,当年11月对外招生,设有船舶驾驶、轮机、船舶电气、水运机械、水运管理5个专业,招生规模为320人。1979年2月开始上课。1979年秋季,除船舶电气专业外,又招收新生160人。在办学过程中,经费问题一直比较突出。1980年11月,中共上海市委和交通部共同批复,决定原由上海海运局负责的上海海运学院分院改由上海海运学院主办,"三结合"办校至此结束。上海海运学院分院划归上海海运学院领导后,改称上海海运学院分部,承担交通运输管理干部专修科、函授、高级船员培训、专业证书考证和各类高层次干部进修培训等任务。

改革开放为我国航运事业插上了腾飞的翅膀,中国海员也迎来了新的历史发展机遇。加入"STCW公约",开展劳务外派,建立海员管理体系,完善航海教育体制,使中国船员进一步与世界接轨,并在国际航运市场树立了良好的形象,赢得了应有的地位。

[①]王昭翮、王祖温主编:《大连海事大学校史(1909—2009)》,大连:大连海事大学出版社,2009年,第411页。

第四章　航运强国建设与中国海员的全面发展(1998—2010年)

第一节　航运形势的新变化以及海员供需矛盾

21世纪最初10年,国际航运市场经历了较大起伏和波折。在2001年周期性回落之后,货运量于2002年和2003年开始回涨,并于2004年达到新的顶峰。从2005年下半年开始,国际航运市场再次显示出调整趋势,货运量持续增加,2006年全球运力增长15.7%。2007年,美国次贷危机开始席卷美国、欧盟和日本等世界主要金融市场,使国际贸易和全球航运业蒙受巨大损失。联合国贸易和发展会议在日内瓦发表的《2010海上运输回顾》报告显示,2009年全球海上贸易总量约为78.4亿吨,比2008年减少4.5%。2010年世界航运市场开始反弹,但还未真正走出低谷。在国际航运市场充满动荡的10年间,中国航运业抓住快速发展的机遇,海运大国地位逐步形成,并向海运强国转变。同时,国际金融危机也给中国航运业以及海员职业带来了巨大影响。

一、中国海运大国地位的形成

(一)海运业加速进入国际市场

加入世界贸易组织(WTO)之后,我国出台了一系列海运法规,海运业加快进入国际航运市场。2001年12月11日发布《国际海运条例》,申明中国加入世贸的海运服务承诺,促进了海运市场的改革与开放。2003年,国家着手制定《中国船舶工业发展政策》,目标锁定为打造第一船舶大国。2004年2月25日,交通部、商务部联合发布《外商投资国际海运业管理规定》,作为《国际海运条例》的配套规章。2006年3月,船舶工业发展列入国家"十一五"规划;8月,国务院通过《船舶工业中长期发展规划》,再一次表明国家对船舶工业的重视和支持,对于加快我国船舶工业结构调整和产业升级,使之成为带动相关产业全面参与国际竞争的强势产业,推进我国创建世界造船大国强国具有重大意义。"十二五"规划把发展海洋运输列为发展海洋经济的重要内容。2010年,《国务院关于加快培育和发展战略性新兴产业的决定》将高端装备制造列入其中,其中就有海洋工程。

随着国内市场更加开放,对外贸易的国际环境进一步得到改善,国际贸易运输量也得到了较大的提高。在1999年到2008年之间的10年里,中国的贸易增长量占国际海运贸易增长总量的30%。2009和2010两年,占世界海上运输半壁江山的干散货流量增加8%,主要就是因为中国大量进口铁矿砂等原料;在另一项大宗海上运输业务——原油运输中,中国进口石油约占世界油轮总运力的1/3。2010年全球石油海运量为31.5亿吨,同比增长3.1%;其中,原油海运量为22.76亿吨,同比增长3%。2010年中国进口原油量占全球原油海运量的10.5%。同时,我国也是世界港口大国。2010年,水路货物运输量、货物周转量在综合运输体系中分别占12%和63%,承担了90%以上的外贸货物运输量,内河干线和沿海水运在北煤南运、北粮南运、油矿中转等大宗货物运输中发挥了主通道作用,对产业布局调整和区域经济发展发挥了重要作用。其中,全国拥有港口生产性泊位3.1万个,是1949年的193倍,内河航道通航里程12.3万公里,是1949年的1.7倍;我国国际和沿海水路运输航线多达几千条,国际集装箱班轮航线2000余条,全国港口货物吞吐量连续六年稳居世界第一。

(二)中国在世界海运界地位显著提升

随着经济实力的增强,我国在世界海运界的地位显著提升。2010年,我国已成为世界第二大经济体、第一大贸易出口国和第三大航运国家。港口吞吐量和集装箱装卸量连续几年世界第一。我国已发展成世界港口大国、航运大国和集装箱运输大国,金融危机后我国更成为世界海运发展的主要推动力,是世界海运需求总量、集装箱需求和铁矿石进口最大的国家。上海在2010年登上集装箱装卸量世界第一的高峰。从2000年到2009年,中国经济增量对世界贡献率达到了15%,成为拉动世界经济增长贡献最大的国家,中国力量在推动国际海运的发展中发挥着重要作用。截至2010年底,中国已与世界主要海运国家和地区签订了海运协定,连续12届当选为国际海事组织A类理事国;拥有轮驳船18.4万艘、1.24亿载重吨,分别为1949年的41倍、310倍;运输船舶基本实现大型化、专业化,全面淘汰了帆船、挂桨机船和水泥质船;中远集团船舶总运力跃居世界第二位,中远、中海集装箱船队运力双双进入世界十强。

随着海运大国地位的确立,中国企业"走出去"步伐加快,全球布局设点的力度加大。2008年11月,中远集团成功获得希腊比雷埃夫斯港集装箱码头35年特许经营权,并于2010年6月1日全面接管希腊比雷埃夫斯港集装箱2号、3号码头。中远已在全球投资经营32个码头,总泊位达157个,海外资产和收入已超过总量的半数以上。中外运以2.28亿港元的总价认购英保客集团1.65亿新普通股,持有英保客集团扩股后约35.3%的股权。上港集团成功收购马士基旗下泽布吕赫码头公司25%的股权。这些举措表明我国有远见的港航企业把目光投向海外市场,积极推进国际化战略,目的在于提高港航企业国际竞争力,打造具有较强实力的跨国公司。

(三)海运服务贸易快速发展

海运占我国运输服务贸易的70%,中国海运服务贸易在2001年加入WTO之后获得快速发展。海运服务贸易进出口总额2001年为89.07亿美元,2011年为870.38亿美元,增长了9.77倍。其中2003年增长尤为迅速,达到了56.75%。随着中国逐步实现加入WTO的承诺条件,中国海运业开放程度不断提高,在中国海运服务贸易相对缺乏竞争力的情况下,中国的海运服务贸易逆差不断扩大,从2001年的48.83亿美元增长到2011年的398.5亿美元。2001年至2010年的数据显示,美国海运服务贸易进出口总额占世界海运服务贸易进出口总额的10%以上。与之相对,2001年中国海运服务贸易进出口总额占世界海运服务贸易进出口总额的1.26%,2010年为2.39%,近10年增长了接近一倍。但相对于中国货物进出口总额的绝对数量增长,海运服务贸易进出口总额绝对增长相对迟缓。

海运服务贸易出口是中国海运竞争力的体现。2000年中国海运服务贸易出口只有16亿美元,不及日本的1/10,加入WTO之后,2004年上升到66亿美元,2005年上升到89亿美元,2010年上升到180亿美元。

(四)造船业改变世界船舶工业格局

造船业是我国重加工工业中唯一能走在世界前列、与世界先进水平较量的行业。船舶工业是劳动力密集、资金密集、技术也密集的产业。和发达国家比,中国劳动力成本低;和其他发展中国家比,中国的技术、资金和工业基础比较雄厚。

我国船舶工业总产值从1952年的1亿元左右跃升到2008年的4143亿元;年造船产量从1952年的

1万吨左右攀升至2008年的2881万吨;人均造船产量由20世纪80年代初的4吨左右提升到2008年的122吨;利润总额2008年突破300亿元,是2001年的近170倍,进入世界造船经济效益最高的国家行列;我国全面掌握了三大主流船型的系统化设计技术,在一些"双高"船和海洋工程装备研制方面取得重大突破。

在船舶配套业方面,中国的全球市场份额由2004年的4%上升到2009年的11%,但与造船完工量占世界1/3的市场情况相比,中国船舶配套业发展有待提高。①

(五)迈向海运强国的机遇与挑战

海运强国是指在海上运输领域里具有强大影响力的国家。2003年,国务院在《全国海洋经济发展规划纲要》中明确提出"逐步建设海运强国"的战略目标。随着世界贸易中心向亚洲转移,高速增长的中国经济对海运需求巨大,中国海外航运业务发展迅速。中国由海运大国向海运强国转换的时机已经成熟。

首先,中国经济快速发展是海运强国形成的重要基础。改革开放以来,中国经济高速增长,2010年GDP达到了5.879万亿美元,超过日本跃升世界第二位。从2000年到2009年的10年间,中国对于全球GDP增长的贡献率超20%,略高于美国。

其次,中国贸易总额在世界主要国家和地区中也是发展最快的,份额占比逐年提高。1990年我国占世界货物进出口总额的比例为1.6%,美国为13%;2000年我国为3.6%,美国是15.4%;2010年我国提高到了9.7%,美国占10.7%。总的来看,伴随着对外贸易的发展,中国在国际市场上的地位也在不断提升。这是一个海运强国形成的经济基础。

然而,中国建设海运强国还面临诸多问题。其一,我国控制的运力规模总体偏弱,在世界海运总运力中所占份额有待提升。其二,中国海运无法有效满足国内需要,中国航运市场仍由外国航运业主导。其三,中国造船工业与欧美先进国家相比还有不小差距,距离造船强国还有一定距离。其四,欧洲海运的传统优势还将持续,等等。

在这样的条件下,中国要实现海运强国的战略目标,必须从企业和政府两个层面着手。

海运企业方面,坚持走出去战略,形成全球性的产业链。积极运用兼并收购战略,提高整体的竞争力,鼓励中资海运企业强强联合,从而扩大企业的经营规模,增强企业实力,提高经营效率,以便在世界海运市场中占有更多的份额。运用各种融资手段,建造大型船舶,淘汰落后船舶。在提高船速、加强节能减排技术研发和示范工程投入等方面做出相应的措施,鼓励港航企业采取多种措施减少能耗和排放等。提高海运企业服务贸易的国际竞争力,保持年均20%以上增速,以适应国家对服务贸易发展之需。

政府层面,制定海运资源长远开发、维护和使用规划。船队、港口公共基础设施等能力建设是海运发展的重要保障。应尽快完成建港岸线资源彻查,在此基础上,结合国民经济发展目标以及对海运发展的需求,制定港口岸线规划。同时建设可控制的资源运输船队,提升应对突发事件的能力。完善法律法规体系,规范海运市场,为我国海运发展战略规划的实施提供明确的法律依据和法律保障,并创造公平的市场竞争环境。积极参与国际海运事务。利用我国海运大国的优势,积极参与有关国际公约的研究、制定、修订,和世界各国合力开展打击海盗的行动,确保国际海上运输安全。

二、国际金融危机对我国海运业的影响

2007年,美国金融危机爆发后迅速蔓延为国际金融危机,全球经济和各行业均未能幸免。国际贸易大幅下滑,供需失衡,我国航运业受到了严重冲击。2009年国家海洋局公报显示:2008年海洋交通运输

---

① 彭新春:《试论新中国海运事业的发展和变迁(1949—2010)》,《中国经济史研究》2012年第2期,第127—137,145页。

业上半年增长较快,下半年增长趋势放缓,全年实现增加值 3858 亿元,比上年增长 16.1%,与上年同期相比增速回落 2.9 个百分点。国内一些老牌航运企业走向衰退,新兴航运企业也面临着巨大考验,极大影响了我国海运强国战略的进程。

(一)出口贸易下滑

美国、欧盟、日本等发达国家和地区是中国出口的主要市场,金融危机使其市场容纳度被极大削弱,从而对中国出口增长形成巨大压力。根据海关总署的统计,2008 年 1—10 月全国进出口总值为 2188617 亿美元,同比增长 24.4%,增速比上半年回落 1.3 个百分点。其中对美国的出口增速更是显著放缓,1—9 月中国对美出口 1891 亿美元,增长 1.2%,比上年同期回落 4.6 个百分点。中欧双边贸易总值为 3225 亿美元,增长 25.9%,较上年同期也下降了 1.9 个百分点。受国际大环境的影响,我国出口持续下滑,2009 年 5 月份出口降幅达到 26.4%,比 4 月份的降幅又扩大 3.8%。

(二)航运企业面临新一轮结构调整

航运需求持续下降,国际市场干散货运价指数(BDI)下跌,国内航运市场沿海散货综合指数(CBFI)、出口集装箱运价指数(CCFI)都以极快的速度回落。受航运价格下挫影响,航运企业盈利水平大幅降低,中国远洋、中海发展等上市公司股票价格快速回落。金融危机除了造成经济增长减缓和贸易速度下降外,还伴随着高油价、劳动力成本上升等因素。随着大量船舶订单的交付,航运市场需求萎缩、运力过剩的局面进一步加剧。航运企业为减少亏损,采取措施对全球运力安排、航线航班设置等进行重大调整。

一是闲置部分运力。在油价高位波动、运费连续下降、货运需求减弱的背景下,许多航运公司开始闲置部分运力。二是撤销合并国际航线航班。由于金融危机大大削弱了中国的进出口贸易,各大航运公司纷纷撤销合并一些国际航线,削减运力。三是进一步收缩全球投资。由于国际信贷收缩,融资困难,航运企业参与港口经营方面的投资大大减少。

(三)高端航运服务业发展受阻

航运服务业是港口运输业的衍生发展产业,随着港口运输业的趋于停滞,航运服务业的发展也受到较大冲击。

首先,船舶买卖、租赁业务量回落,船运经济、船舶代理、船员招募等衍生服务业受到较大冲击。由于国际运力供给过剩,大量运力出现闲置,二手船舶价格保持跌势,船舶公司的船舶购买和租赁需求进一步萎缩,对船舶买卖市场造成较大负面影响,相关服务业受到冲击。

其次,航运物流发展空间受到进一步挤压。在"形势好,抓市场;形势不好,抓成本"理念的指导下,各企业纷纷加强对物流环节的成本控制,航运货代、船代等中间行业同时受到船公司和货主两方面的利润挤压。

其三,国际航运金融业发展形势严峻。由于船舶交易价格下跌和海运运费不断降低,船公司资产不断缩水,公司股价不断下挫,银行对航运业信贷进一步紧缩,国际船舶融资十分困难。

其四,航运金融衍生品开发难度加大。投资基金撤离海运市场,远期运费、航运期货交易等航运金融衍生品出台面临困难。

(四)造船业形势严峻

从全球范围来看,在经历了 5 年超预期的勃兴之后,造船业发展从 2008 年开始显现出疲态,金融危机使这一疲态更加恶化。2007年我国造船订单多达15800多万吨,占全球市场份额的23%,居世界第二位。但金融危机的爆发让我国造船业形势严峻。

一是航运公司逐步遭遇融资瓶颈。金融危机爆发后,大量船舶订单被撤销,其中很大一部分是由于船东融资出现了问题。金融危机导致银行业对航运公司融资信贷收紧,并且贷款费用大幅提高。经济下滑导致船舶订造需求大幅下降,产能过剩问题暴露出来。

二是新船订单锐减,订单撤销率上升。2008年1—9月,中国新签订单数量同比下降34.2%,总体跌幅高于全球27.3%的平均水平。同时金融危机使得部分船厂难以获得建造担保,导致新造船无法开工以及订单产能扩张资金不足,部分船厂已将首期付款的比例从20%增加到30%~40%,甚至50%。许多船公司因无法支付首期付款而撤销订单。

三是产能扩张过快,产业发展风险增大。2003年以来,我国造船业经历了高速增长的景气期,百亿民营资本涌入。前几年的过度扩展积累了产业发展风险,信贷收紧使资金链面临断裂危机。

三、海员供需矛盾突出

(一)远洋海员规模不足

20世纪90年代初到1997年,我国海员外派业务获得快速发展,逐渐在国际航运市场上站稳脚跟,赢得了一批固定客户,市场份额稳步扩大。1997年我国外派海员人数达3.6万人。外派海员构成由初期的普通船员扩大到包括船长、轮机长、大副等在内的所有级别的高级船员,外派高级船员占全部外派海员的比例由初期的约15%上升到40%。外派形式由过去的比较单一发展到外派整套、半套、零散外派等灵活多样的各种形式。从1997年起,虽然我国海员的素质不断提高,各劳务外派机构努力开拓国际市场,但外派海员人数并没有明显增高,至2011年仍徘徊在4万人左右,也就是说,10多年来,我国外派海员规模没有明显增长。

我国作为商船海运大国,随着经济全球化进程不断推进,我国航运业得到了快速发展,庞大的远洋运输船队使用的几乎全部是中国船员,在满足内需的同时还要加大外派业务的规模,而现有海员资源远远不能同时满足国内外航运市场的需要。

从全球范围来看,随着经济全球化和贸易自由化进程的加快,全球船队规模不断扩张,对海员的需求也不断增加。"STCW78/95公约"的实施,对航运人才的素质提出了更高的要求。进入21世纪,国际海员尤其高级海员的短缺现象日渐明显。英国卡迪夫大学国际海员研究中心(SIRC)提供的数据显示,2008年全球高级海员供给数量为49.9万人,需求数量为53.3万人,短缺3.4万人,而且这个缺口越来越大。

面对这样一个需求不断增长的世界海员劳务市场,我国海员劳务外派业务却发展乏力。2011年我国的外派海员只有4万人左右,约占世界海员劳务市场的4.9%(SIRC-2008年国际海员研究中心数据),占中国海船船员资源总量的8%,这与我国船员总数世界第一大国的身份很不相称。[①]

(二)海员培养能力有限

随着全球海员劳务市场对中国海员需求的不断增加和中国航运业自身对海员需求的不断扩大,在中国高校普遍扩大招生的大背景下,海事院校也在逐年扩大招生规模。仅大连海事大学、上海海运学院(2004年更名上海海事大学)、集美大学、武汉理工大学等四大传统航海院校1998年到2005年毕业生数

[①] 郝明丽:《我国海员劳务外派市场存在问题及对策研究》,《航海》2012年第3期,第66—69页。

量翻了将近一番。尽管如此,航海类毕业生仍然供不应求。

虽然中国高等院校的扩大招生对航海院校招生数量产生一定的影响,四大传统航海院校积极挖掘教学资源的潜力,但航海教育毕竟是对师资、教学设施等方面的要求较高的专业教育,而航海院校中除大连海事大学外,其他院校都已下放地方或被兼并,脱离交通部的领导和有力的财政支持后,地方政府主要考虑为地方经济服务的专业及对投资少扩招量大的专业进行大规模的扩招,而航海类专业受国际公约和法规的制约,投资大,扩招难度高,所以航海类专业的招生量增长幅度相对于其他专业来说是非常小的。

(三) 海员外派的制约因素

2011年,中国每年海员的外派量在4万人次左右,占世界船员外派量的4.9%,排在菲律宾(42%)、乌克兰(占7.3%)、印度(6.8%)之后,居世界第4位。我国的外派海员数量与菲律宾等国家存在如此巨大的差距,综合分析有船员自身素质和非船员素质两个方面的原因。

我国船员自身素质问题包括以下几个方面:首先,英语水平成为中国海员走出国门的最大障碍。我国船员的工作技能在世界上是数一数二的,但与菲律宾、印度等母语是英语的船员相比,英语还是其最大的劣势。英语水平不高不但影响中国船员与外国雇主和同行的沟通,并且成为其最大的心理障碍。其次,中国船员工作技能仍然存在很多需要改进的地方。中国船员最大的竞争优势便是技能和经验,也最为外国船东所看重,但也存在一些不足之处。比如某外国船东反映,中国船员在散货船方面技能不错,可供选择的船员也比较多,但在特种船(超级油轮、化学品船、汽车船等)方面,可供挑选的船员不多,总体工作技能和经验比印度、欧洲船员略逊一筹。国内某外派企业也认为,我国船员的总体技能似乎不错,但在程序化操作和体系化管理方面有所欠缺。其三,中国船员服从意识、工作态度和团队精神等尚待提高,与船东雇主的期望还有较大的差距。其四,中国船员在管理理念、语言、思维习惯、风俗习惯、饮食等方面和欧美人有很大的文化冲突,而又欠缺跨文化工作、生活和沟通能力,这直接影响国外雇主对中国船员的看法。

非船员素质因素也在阻碍我国船员进入国际劳务市场:首先,中国船员工资争议直接影响劳务外派的进一步发展。在众多影响我国船员进入国际劳务市场的因素中,工资也许是最重要、最具争议、最有影响的一个因素。从国外雇主的角度看,中国船员工资水平低、能够减少航运成本,这无疑是他们越来越想雇佣中国船员的根本原因之一。但从中国船员的角度来看,提高工资也是合理要求。然而中国船员工资增长过快却事实上影响了他们在世界劳务市场的竞争力。其次,整体派出方式不利于中国船员的成长。绝大多数中国外派船员都是以整体外派方式工作,这种派出方式不利于中国船员提高他们的英文水平和跨文化沟通能力,不利于中国船员在国际劳务市场上提高竞争力。其三,培训考核机制不合理。航海高等院校和培训机构是船员行业入门的开始,培养制度对船员的选择、培训、发证、上船起着至关重要的指导和影响作用。我国海事机构对培训机构培训质量的评价往往以评估合格率、考试通过率为标准,因而培训机构注重培训船员评估合格率和考试通过率而非船员实际能力,适任证考试重理论测试而轻实际操作,"能干的考不上,考上的干不了"。其四,劳务市场监管力度不够。劳务市场缺乏监控和管理,失去的是船东的信任,最终损害的是船员的利益。

第二节　海员管理机构的调整与法规建设

一、海员管理机构的调整

1998年6月18日,国务院批准《水上安全监督管理体制改革方案》(简称《水监体制改革方案》),至

2006年,全国海事机构全面建立。海员管理机构也随着水监体制的改革而进行了调整。

(一) 交通(运输)部海事局系统船员管理

1998年10月,经国务院批准,在原中华人民共和国港务监督局(交通部安全监督局)和原中华人民共和国船舶检验局(交通部船舶检验局)基础上,合并组建"中华人民共和国海事局",简称"中国海事局"或"海事局",属交通(运输)部直属机构,实行垂直管理体制,对内称"交通(运输)部海事局"。海事局内设办公室、政策法规处、通航管理处、船舶检验管理处、船员管理处、船舶监督处、危管防污处、航海保障管理处等处室,履行水上交通安全监督管理、船舶及相关水上设施检验登记、防止船舶污染和航海保障等行政管理和执法职责。其中船员管理处为船员管理的专门机构,其主要职责为:负责船员管理工作,组织制定船员、引航员和磁罗经校正员适任资格标准;管理船员、引航员、磁罗经校正员培训、考试、发证工作;审定船员、引航员、磁罗经校正员培训机构资质,并管理其质量体系审核工作;负责海员证件管理工作;负责船舶最低安全配员管理工作;负责船员发展和海员职业保障、船员劳务市场等管理工作;负责船员服务机构和海员外派机构资质审批及监督管理。①

1999年10月27日,国务院批准《交通部直属海事机构设置方案》,决定在中央管理水域内设置20个交通部直属海事机构,分别为黑龙江海事局、辽宁海事局、河北海事局、天津海事局、山东海事局、上海海事局、浙江海事局、江苏海事局、福建海事局、长江海事局、广东海事局、深圳海事局、广西海事局、海南海事局、营口海事局、烟台海事局、连云港海事局、厦门海事局、汕头海事局和湛江海事局。这些直属海事机构主要职责包括:对辖区内水上安全监督管理、防止船舶污染、航海保障工作实施宏观管理和监督检查,协调处理辖区海事业务工作中的重大问题等。其内设机构船员管理处是辖区船员的专门管理机构,主要职责包括:组织实施辖区内海船船员及内河船舶船员的培训、考试工作,负责辖区内海船船员及内河船舶船员的适任证书、海员证及船员出境证明的签发工作,以及负责磁罗经校正师(员)、船员服务机构等管理工作。

各直属海事局的船员管理处,职责往往更为细化和具体,例如辽宁海事局内设的船员管理处,职责如下:

(1)负责全局船员综合管理工作,贯彻执行相关国际公约、国家法律法规和主管机关有关船员管理的规定。

(2)负责研究拟订辖区船员管理相关政策、重大决策和相关标准,负责辖区船员管理业务的统一协调与组织实施。

(3)负责辖区船员发展和职业保障的管理工作。负责发布船员市场相关信息,指导船员行业组织开展工作,维护船员的合法权益。

(4)负责职责范围内甲级海船船员服务机构和海员外派机构的审核和监督管理,乙级海船船员服务机构的审批和监督管理;负责辖区海员证申办单位、航运企业的备案和管理工作,负责职责范围内海船船员健康体检机构的报备。

(5)负责辖区船员培训的统一管理工作。负责辖区船员、引航员和磁罗经校正员培训机构资质及其质量体系的审核与监督。

(6)负责职责范围内船员、引航员、磁罗经校正人员和海上设施工作人员适任资格的注册、培训、考试、发证管理,船员服务簿和海员出入境证件发放与管理,船员专业与特殊培训管理及其考试发证工作。

(7)负责制定并公布辖区船员适任统考考试计划。

---
① 资料来源:中华人民共和国海事局官方网站。

（8）负责辖区无限航区一等船长、轮机长适任证书签发的审批工作。

（9）负责职责范围内船员考试考官的培训、考试、发证等资格管理工作，负责船员适任评估员资格聘任和发证等管理工作。

（10）负责船舶最低安全配员管理工作。

（11）负责辖区内船员适任能力跟踪管理工作。

（12）负责辖区船员、引航员船舶初、中级专业技术资格证书管理。

（13）负责辖区内船员业务档案的统一管理工作。

（14）负责对分支局、处室办事机构各项船员管理业务的监督、指导和考核。

（15）完成上级和领导交办的其他工作。[①]

各直属海事局又下设分支机构，各分支机构船员管理方面的职责包括：负责权限范围内海船船员和内河船员适任证书的考试、评估、发证和跟踪管理工作，以及负责辖区内航运公司的船员注册和船员服务簿的签发、审核和管理工作等。如辽宁海事局分支机构大连海事局，其船员管理方面的职责为：按照授权，负责辖区内船员和海上设施工作人员适任资格、培训、考试和发证管理工作，船员服务簿发放及管理，船员专业与特殊培训管理及考试发证工作。分支机构下设派出机构。

（二）地方海事机构船员管理

除中华人民共和国海事局及其直属机构和分支机构外，一些省级行政单位还设有地方海事局，归省交通运输厅领导。

中华人民共和国海事局成立后，原各地方港航监督机构，按照国家规范全国水上安全监督机构名称的有关规定，2001年后陆续更名为地方海事局，如"山东省地方海事局""福建省地方海事局"等。地方海事局往往与地方船舶检验机构、运管机构等为一套人马，两（三）块牌子。如河北省地方海事局与河北省船舶检验局为一套人马两块牌子，天津市地方海事局与天津市船舶检验局、天津市航运管理处为一套人马三块牌子。

全国现有的35个省级行政单位（23个省、5个自治区、4个直辖市、2个特别行政区、1个新疆生产建设兵团），除黑龙江省、广东省、广西壮族自治区、海南省、台湾省、香港特别行政区以及澳门特别行政区外，其余28个省级行政单位（包括新疆生产建设兵团）均设有地方海事局。[②] 地方海事局内设机构和分支机构一般亦设有船员管理部门，负责本辖区职责范围内的船员管理工作。如江苏省地方海事局内设机构船舶船员管理科，除负责对船舶登记管理外，还负责全省各类船员的培训、注册、考试、审验和证件管理工作，对船员服务机构的监督管理和违法船员记分管理工作，以及船舶最低安全配员管理工作。江苏省地方海事局分支机构包括南京市地方海事局、镇江市地方海事局等13个地级市海事局，各市海事局又下设若干地方海事处。[③]

中华人民共和国海事局（交通运输部海事局）及其直属机构、分支机构，与各地方海事机构系统设置的船员管理部门，分别依照权限对辖区内的船员实施管理。

二、船员法规体系的进一步完善

随着"STCW78/95公约"及其相关修正案的生效，我国的船员管理法规体系在与国际公约接轨的过

---

① 资料来源：辽宁海事局官方网站。
② 资料来源：中华人民共和国海事局官方网站。
③ 资料来源：江苏省地方海事局官方网站。

程中也不断地得到完善。特别是"船员条例"的出台,使船员管理的法规层次得到了提高,为船员管理提供了有力的法规支持。

(一)我国对"STCW 78/95 公约"修正案的应对

"STCW 78/95 公约"历年修正概况

"STCW78 公约"95 修正案由经 1995 年修正的《1978 年海员培训、发证和值班标准国际公约》(简称"STCW78/95 公约")和新增的《海员培训、发证和值班规则》(简称"STCW 规则")组成。"STCW78/95 公约"包括公约条文(Articles)和规则(Regulations)(附则中的规则)两部分;"STCW 规则"包括强制性标准(A 部分)和建议性指导(B 部分)两部分。

1997 年修正案在"STCW 公约"附则第Ⅴ章中,增加了新条款 V/3"工作在除滚装客船以外的客船船上的船长、高级船员、水手和其他人员的培训和适任的最低要求"。在"STCW 规则"中,增加了包括拥挤人群管理培训、熟悉培训、在客舱中直接从事为旅客提供服务的人员的安全培训、旅客安全、危机管理和人的行为培训。该修正案于 1999 年 1 月生效。

1998 年修正案提高了在散货船上从事货物绑扎、装卸货船员的最低适任标准,修改的内容涉及操作级和管理级船员的货物装载与积载两节,即 A-Ⅱ/1 和 A-Ⅱ/2。该修正案于 2003 年 1 月生效。

2000 年 12 月 6 日,IMO 海安会决定签发第 978 号通函,公布了第一批包括中国(含中国香港)在内的 71 个满足公约有关条款要求的缔约国名单,即"白名单"。中国是第一个上"白名单"的国家,且中国的履约报告一度成为其他国家的范本。

2004 年系列修正案对 STCW 规则表 A-Ⅵ/2-1"救生艇筏和除快速救助艇以外的救助艇的最低适任标准"作了修正;对 STCW 规则 A 部分第 A-Ⅵ/2 节、证书和签证进行了修改,证书的建议样本去掉"1995 年"字样。该系列修正案于 2006 年 7 月生效。

2005 年修正案对 STCW 规则增加了第Ⅷ章 B 部分:"关于机舱资源管理的指南"。

2006 年系列修正案在Ⅵ/4 后新增"Ⅵ/5-船舶保安员适任证书颁发要求"。在 B-I/14(关于公司责任和船长及船员职责指南)中增加:(配备抛投式救生艇的船)登艇和释放程序熟悉培训;上船前,指定抛投式救生艇操作的船员至少经历一次释放演练。该系列修正案于 2008 年 1 月生效。

随着世界经济全球化的进程,船舶正朝着大型化、快速化、专业化、现代化的方向发展,全球对海洋环境保护更严格,包括信息技术(IT)在内的新技术的应用越来越广泛与深入,对海员的培训与值班标准确性的要求越来越高;同时,由于海盗猖獗,海运安全受到严重的挑战,对海员的培训与值班标准又提出了新的保安要求。"STCW78/95 公约"生效后,国际海事组织根据国际航运发展的变化,对公约又进行了多次修正,其中最重要的是马尼拉修正案。

2010 年 6 月 21 日至 25 日,中国政府组成的代表团参加了国际海事组织(IMO)在菲律宾马尼拉召开的"STCW78 公约"缔约国外交大会。会议通过了"STCW78 公约"2010 年修正案(或称"马尼拉修正案"或"STCW78/10 公约")。

马尼拉修正案是 IMO 继 1995 年修正案后对"STCW78 公约"和"STCW 规则"的又一次全面修改。主要包括:理顺、规范了 3 种证书(适任证书、培训合格证书及书面证明)和发证审查原则;增加电子电气员等职务;增加了对缔约国建立船员数据库和提供电子查询的要求;增加驾驶台资源管理、机舱资源管理、电子海图显示与信息系统(ECDIS)等适任要求;强化保安培训,调整液货船货物操作培训;修订保证船员足够休息时间以防止疲劳、药物和酒精滥用的要求。马尼拉修正案强调团队合作,信息处理能力和解决计算机控制设备故障的能力(电子技术能力),船员保安、防海盗和武装抢劫的能力,以及环境保护意识。

该修正案定于2012年1月1日生效,过渡期至2017年1月1日。

对于1997年到2006年之间的修正案,我国一般是由中国海事局制定和颁布的规范性文件,以满足修正案的要求。主要的内容均体现在《中华人民共和国海船船员适任考试、评估和发证规则》(简称"04规则")中,其中包括对修正案内容的应对措施,少数修正案内容通过单独行文予以调整,马尼拉修正案通过后,中国海事局则将其调整内容统一在"11规则"中体现。

为做好我国的履约工作,2010年10月交通运输部海事局成立了马尼拉修正案履约工作组,集中研究和修订、起草相应的法规文件,并于2012年完成公约修正案的国内法转化,形成由《中华人民共和国船员条例》统领,包括《中华人民共和国海船船员适任考试和发证规则》(简称"11规则")等交通运输部部令及交通运输部海事局新颁发的一系列的规范性文件组成的国内履约法规体系,并颁布实施了新的考试大纲和评估规范作为履约的技术性标准。

马尼拉会议还根据包括中国在内的41个国家代表团,以及国际航运公会(ICS)、国际航运联合会(ISF)、国际联合船东协会(IFSMA)和国际运输工人联合会(ITF)等4个国际组织的联合提议,决定将每年的6月25日定为"海员日"(Day of the Seafarer)。

(二)《中华人民共和国船员条例》颁布实施

《中华人民共和国船员条例》(简称"船员条例")自2007年9月1日起施行,这是我国第一部关于船员管理的最系统、最全面、最权威的行政法规,被业内人士称为船员管理的"宪法",它的实施对船员职业发展具有重大意义和深远影响。

1."船员条例"出台的背景

随着航运事业的改革开放和国际化发展,我国虽然成为船员大国,但一直尚无专门针对船员管理、劳动和保护方面的法律法规。管理和操作的法律依据是交通部的部门规章和交通部海事局的规范性文件,其法律层面和法律效力较低。而且船员管理内容不仅涉及船员教育培训、任职资格等专业技术层面,还涉及船员的福利(工资、津贴及其他)、社会保险(工伤、医疗、养老、失业保险及其他)、社会保障等非专业技术层面;管理部门不仅涉及交通部门,还涉及劳动、教育、财政、社会保障和工会组织等部门,因而不是仅仅通过交通部部门规章和相应的规范性文件所能彻底解决的,须上升到国家法律、行政法规的层面协调解决。在实际工作中,一些悬而未决的问题也急需法律支持,比如船员教育和培训机构资质,以及船员教育和培训质量体系审核等。

鉴于职业的风险性、艰苦性、流动性、专业性和国际性等特殊性,船员理应获得不同于一般劳动者的特殊权益和保护。然而一直以来,由于我国缺少专门的船员权利和职业保障的法律和法规,船员的合法权益得不到有效保护,这不仅严重影响了船员工作的积极性和责任心,损害了船员的身心健康,而且影响了航运安全,不利于国家船员发展战略。此外,由于相关法律法规的缺失,对船员服务机构的管理也一直不能规范,一些船员服务机构为了追求效益的最大化,忽视船员权益的保护,甚至侵害船员的权益,造成了船公司之间对船员的恶性竞争,扰乱了正常的航运船员劳务市场秩序,不利于船员职业和航运的健康发展。

海员是海洋强国的基石。因此,我国急需一部专门的、系统的和权威的法律、法规,来加强船员管理,规范航运船员劳务市场,保障船员的合法权益,从而促进航运事业的可持续发展。经过了十多年的调查、研究和分析,一部船员管理最高法规终于在2007年面世,为我国船员队伍发展提供了重要的法律保障。

2."船员条例"的主要内容

"船员条例"共8章,分别为总则、船员注册和任职资格、船员职责、船员职业保障、船员培训和船员服务、监督检查、法律责任和附则,共73条。"船员条例"的内容既有对我国船员管理行之有效的工作经验的总结和提炼,也有从国家船员发展战略高度考虑的前瞻性规定,还借鉴和吸收了国际的一些通行做法。

(1)船员注册和任职资格

"船员条例"对船员的定义、船员注册、注册条件、船员任职资格、适任证书签发以及海员证签发等作出了详细规定。对从事船员职业实行船员注册管理和船员任职资格管理是国际上航运国家的通行做法。此前,虽然我国没有正式从立法上对船员注册管理作出明确规定,但实际做法与船员注册工作与国际上确实大同小异。在船员的任职资格管理方面,我国的做法已与国际接轨,形成了较为系统的管理体系,其中一些原则问题是以交通部规章的形式予以确定的。因此,《船员条例》是在全面梳理现行的规范性文件,并借鉴国际通行做法与全球各航运国家接轨的基础上,形成了新的船员注册和船员任职资格管理规定。为贯彻实施船员注册制度,2008年5月4日,交通部以第1号令颁布了《中华人民共和国船员注册管理办法》,自7月1日起施行。该办法是根据《船员条例》而制定,适用于中国境内的船员注册及相关管理活动,这是我国首次实行船员从业资格注册制度。

(2)船员职责

"船员条例"对船员职责的规定既体现了普遍原则,又体现了特殊原则。"船员条例"出台前,关于船员职责的规定,形式和法律效力呈现多样化。"海商法"和《中华人民共和国海船船员值班规则》以及各航运企业的内部管理规定,形式和法律地位各异,不一而足。"船员条例"则以行政法规的形式明确船员在船工作期间应尽的职责和行使的权利。一方面,"船员条例"作为下位法对上位法"海商法"中关于船员职责的规定了必要的补充和细化;另一方面,将现行关于船员职责的一些原则问题从经验层面上升到具有法律效力的制度建设层面上,改变了海事管理法规层次较低的状况,为有力促进船员正确履行各自的职责提供了法规依据。

(3)船员职业保障

船员职业保障是船员权益的核心内容之一,"船员条例"详细阐述船员了的职业保障范围,包括各类保险、工作生活条件、职业健康、船员劳动合同、工资报酬、工作及休息时间、遣返等内容。"船员条例"的出台填补我国缺少船员权利和职业保障专门法律和法规的空白,船员除了享受普通劳动者应享受的权益外,还可以享受一些针对其职业特点的特殊权益,如年休假及报酬、遣返等。"船员条例"借鉴了我国劳动和社会保障有关法律法规,参考了我国批准的国际劳工组织(ILO)、国际海事组织(IMO)有关公约,并结合了船员职业特点和我国船员职业保障实际情况,制定了船员和用人单位之间应履行的责任和权利的具体规定。

(4)船员培训和船员服务

船员培训是提高船员专业技术水平和技能的主要手段。"船员条例"对船员的基本安全培训、适任培训及特殊培训做了规定,对从事船员培训的机构应符合的条件、申请及审批程序作了规定。"船员条例"确定了国家海事管理机构(主管机关)对船员培训机构实行船员培训许可证管理制度,明确了船员培训机构必须有船员培训质量控制体系。因此,"船员条例"以行政法规的形式重新确立了船员培训机构的资质审批和船员培训机构质量控制体系审核这两个行政审批项目,从立法上解决了实践中法律依据不足的问题。

船员服务方面,"船员条例"从船员服务机构应具备的条件、资质审批、应尽的义务以及向海事管理机构备案等方面做出了规定,解决了对船员服务机构管理缺位的问题,为规范船员服务机构的管理,解决船员劳务市场的混乱局面,维护健康、有活力的航运经济提供了法律依据。2008年7月22日,交通运输部制定并颁布了《中华人民共和国船员服务管理规定》(简称"船员服务规定"),自10月1日起施行。该办法根据"船员条例"的相关规定而制定,以促进加强船员服务管理,规范和维护船员及船员服务机构的合法权益。

(5)监督检查和法律责任

"船员条例"规定了海事管理机构对船员、船员培训机构、船员服务机构的监督检查,对船员用人单位、船舶所有人的管理,还首次将船员违章记分制度、船员考试和考核管理与行政处罚上升为行政法规。"船员条例"对监督管理的相关程序和要求也做出了规定,并对各种违反规定的情况分别制定了相应的行政处罚措施。[①] 在法律责任方面,更是针对各种违反"船员条例"的具体情形一一规定对应的处罚。

3."船员条例"实施的意义

"船员条例"的出台,首先解决了专门用于船员管理和船员权益维护方面的高层次的行政法规从无到有的问题,为加强船员管理、提高船员素质、维护船员的合法权益、保障水上交通安全以及保护水域环境提供了法律依据,使得中华人民共和国境内的船员注册、任职、教育培训、职业保障以及提供船员服务等活动有法可依。"船员条例"的颁布,标志着我国船员管理和对船员的保护工作进入了新的时代。

"船员条例"的出台,也初步解决了批准《2006年海事劳工公约》所需要的国内相关立法的配套问题。条例中对船员管理、船员的权利与义务、船员社会保障,以及船员工资、保险、培训和职业介绍等都做了相应的规定,与之配套的条例释义对这些规定又做了进一步解释,并陆续出台一些船员管理与船员社会保障的具体规定或办法。

"船员条例"的出台,还为我国船员法的制定打下了基础。我国船员法酝酿已久,但出台的条件一直不成熟。随着"船员条例"的出台与实施,我国船员法的制定进程将会加快。

三、海船船员考试发证规则的调整

(一)颁布"97规则"

1997年11月5日,交通部第14号令颁布了《中华人民共和国海船船员适任考试、评估和发证规则》(简称"97规则"),于1998年8月1日起施行。

为了应对"STCW78/95公约"的新变化,中国政府依据"STCW78/95公约"的规定和要求,建立了一整套使"STCW78/95公约"得以全面和充分实施的船员管理法规体系,其中三个规则完全覆盖了"STCW78/95公约"的全部规定和要求。第一个是1997年11月5日由交通部颁布的《中华人民共和国海船船员适任考试、评估和发证规则》(简称"97规则"),是我国全面履行"STCW78/95公约"的一部重要规章。该规则充分地体现了"STCW78/95公约"对海船船员签发适任证书的强制性最低要求和适任标准,是我国主管机关对海船上负责甲板部航行值班和轮机值班的高级船员以及组成值班部分的普通船员签发适任证书的重要法律依据。第二个是《中华人民共和国海船船员培训管理规则》(简称"培训规则"),旨在加强船员培训管理,保证船员培训质量,提高船员职业素质,是我国开展船员培训的准则。第三个是《中华人民共和国海船船员值班规则》(简称"值班规则"),旨在加强海船船员的值班管理,保障海上人命与财产安全,保护海洋环境,防止船员疲劳操作,是我国海船船员安排值班的基本标准。"STCW78/95公约"一共八章,我国通过三个规则完全将公约国内法化。其中,"97规则"以其内容的广泛和重要性,更以其实施的难度而备受海运界关注。

"97规则"与"87规则"比较,具有以下特点:增加了评估内容,以加强对船员实际操作技能的培养,

---

① 李洪恩、饶滚金:《解析〈中华人民共和国船员条例〉》,《世界海运》2008年第2期,第2—3页。

这也是"STCW78/95公约"的主要变化之一;规定了船员必须接受系统的专业教育和培训,以提高我国船员队伍的整体水平,即所谓的专业学历要求;规定了值班水手和值班机工必须持有相应的适任证书,以满足公约中关于海员在各种条件下保持正常和安全值班的原则和要求;将航海院校、海员培训机构及正在接受认可的航海教育和培训的学员纳入了"97规则"适用的范围;提出了质量体系的要求,以满足公约关于质量标准的规定;进一步突出了英语对于船员适任的重要性,以促进我国船员队伍英语水平的提高;增加了"证书的承认"一章,按照公约的规定,进一步强调了港口国管理的权限,体现了"STCW78/95公约"所建立的全面、严格、多方位的遵章核实机制以及缔约国政府之间既相互合作又相互监督的原则;有关"公司的责任"的规定,吸收了ISM规则(国际安全管理规则)的相关内容,要求在船公司、船长和船员之间形成一个闭环安全管理体系,以确保各司其职,各尽其能,为船舶安全做出卓越的贡献。

为落实"97规则",中国港监局公布了5个船员专业培训、考试、发证办法(8个专业项目),5个船员特殊培训、考试、发证办法(13个特殊项目),3个船员考试、评估大纲,以及2个质量管理规则和一系列相关文件。各沿海港务监督根据交通部和中国港监局颁布的各项规定,开始了全面实施"97规则"的具体工作。首先是按照"97规则"配套的培训规则要求和相应的办法,组织辖区航运单位和培训机构开展对船员各项专业和特殊培训。其次是按照"97规则"规定的考试、评估大纲,组织过渡期船员考试,包括全国统考和区域考试。再次是在考试发证机关——海事管理机构建立质量管理体系。1999年,青岛海监局率先通过了质量管理体系审核。随后,大连、天津、广州、湛江、上海等地的海事管理机构也相继建立了质量管理体系,并通过审核;最后是各海事机构按"97规则"规定要求,核发各种船员证书,包括各项专业和特殊培训合格证。由于我国政府履约工作准备充分和实施的有效性,我国船员在规定的时间内,顺利地完成了过渡期内大量的船员培训、考试评估和发证工作,为当时的外派船员占领国际航运劳务市场赢得了先机,受到了广大船员外派单位和船东的欢迎和赞扬。

"97规则"是顺应我国海运事业的最新发展,按照《海上交通安全法》《海商法》《海洋环境保护法》等国内法律的规定,实施船员管理的必然措施。它既贴近我国船员队伍的实际,又满足(甚至在某些方面还超过)了国际公约要求的最低标准(如甲、乙类船长的技术要求,增加了船长业务的考试等),其内容不单纯是规范了适任证书的考试、评估和发证的行为,还涉及到航海教育、培训管理、质量体系和缔约国之间证书的承认等多项内容,是我国船员管理和队伍建设的新的里程碑。[①] 与之配套的主要文件包括:《关于颁布〈中华人民共和国海船船员适任考试和评估大纲〉的通知》《关于海船船员考试发证分工和授权有关问题的通知》《关于颁布〈关于STCW78/95公约过渡规定的实施办法〉》《关于海船船员适任证书全国统考有关事项的通知》《关于颁布〈船员考试保密规定实施办法(试行)〉的通知》《关于渔船船员申请GMDSS普通操作员培训、考试和发证有关事项的通知》《关于做好海船船员适任评估准备工作的通知》《关于颁布〈航海院校在校生参加海船船员适任证书全国统考管理办法〉的通知》《关于船员培训、考试和发证工作若干问题的通知》《关于颁布〈内河船舶船员申请海船船员适任考试、评估和发证管理办法〉和〈海洋渔业船舶船员申请海船船员适任考试、评估和发证管理办法〉的通知》《关于颁布〈军事船舶复转军人参加海船船员适任考试、评估和发证管理办法〉的通知》《中华人民共和国海船水手、机工适任培训、考试和发证管理办法》《中华人民共和国海船船员值班规则》等。

2003年、2008年,根据"STCW78/95公约"的要求,中国海事局两次组织相关单位起草《中华人民共和国海教育、培训、考试、评估和发证质量管理独立评价报告》,递交IMO并获审核通过,保证了我国海员在国际航运市场的竞争能力(图4-2-1)。

[①] 张恕麟:《"97规则"——通向国际新标准的桥梁》,《世界海运》2000年第5期,第24—25页。

图 4-2-1　相关单位的专家对我国船员教育、培训、考试评估和发证质量管理独立评价报告进行统稿

(二) 颁布"04 规则"

2004 年 6 月 22 日,交通部颁布了新的《中华人民共和国海船船员适任考试、评估和发证规则》(简称"04 规则"),并于 2004 年 8 月 1 日起实施。"04 规则"对"97 规则"的部分内容作了调整和修改,并新增了与公约要求相关的若干内容。

新增部分包括:对申请适任证书的条件进行了整合,并增加了"特别规定"一节,强调了对各类船员资历的不同要求;新增加了第四章"特殊种类船舶的适任证书"的内容,该内容是按照公约修正案的要求进行了补充;新增加了第六章"船上培训和船上见习"的章节,这是在"97 规则"的基础上,更加细化了对学生实习培训和船员考试和评估上船见习的具体要求。

修订部分包括:对"总则"的部分内容作了修订,如规则的适用范围和持证要求,申请适任证书基本条件中的年龄要求和附加条件等;对适任证书中的"限制项目"的签注范围进行了修订,如特定类型船舶种类新增了货物运输船、非运输船、高速船、水产品运输船,取消了拖轮;对船员体检要求,公务船船员、非营业游艇操纵人员、摩托艇操纵人员、内河船员、渔业船员和军事船舶的人员等考试、评估和发证办法的规定进行了新的调整;对沿海、近岸航区的船员航行港澳航线做出了新的规定;其他有关对持证船员要求、申请提交申请材料的要求、船员考试管理、行政处罚的规定等方面进行了相应的修订。

"04 规则"仅对"97 规则"部分内容做了修改,而适任证书的类别、航区划分、等级职务的设置等仍保留不变。与之配套的主要文件有:《关于公布海船船员丁类适任考试评估大纲的通知》《关于实施〈中华人民共和国海船船员适任考试、评估和发证规则〉有关事项的通知》《关于海船船员培训、考试和发证工作有关事宜的通知》《关于国际鲜销水产品运输船船员申请海船船员证书有关事宜的通知》《船员考试考场规则》《海船船员适任考试大纲》《海船船员计算机终端考试实施办法(暂行)》。

此外,为解决海关公务船艇船员的持证问题,2006 年 3 月 13 日,中国海事局下发《关于签发适用于海关公务船艇船员适任证书的有关事项的通知》。这是新中国成立以来,首次专门对海关公务船艇船员的适任考试、评估和发证制定的管理办法。

2008 年 2 月 13 日,交通部制定并颁布了《中华人民共和国引航员注册和任职资格管理办法》,自 5 月 1 日起施行。该办法是根据"船员条例"的要求而制定,适用于引航员注册、任职、培训、考试和评估等管理活动。

四、内河船员考试发证规则的出台和完善

(一)"05规则"出台的背景和主要内容

随着我国内河航运的发展,内河船舶的种类和船员队伍也都发生了很大的变化,"92规则"已不能适应当时航运发展的管理要求。为此,2005年3月21日,交通部颁布了《中华人民共和国内河船舶船员适任考试发证规则》(简称"05规则"),自2005年6月1日起施行。

"05规则"在"92规则"的基础上进行了重新修订,内容包括:关于内河船员资历要求的调整,缩短了内河船员部分等级职务晋升资历的年限,提高了高等级职务文化程度的要求;调整了内河船舶船员等级职务的设置,如三、四等船舶设船长、驾驶员(大副、二副、三副合并)、轮机长、轮机员(大管轮、二管轮、三管轮合并);将原《中华人民共和国船员职务适任证书》(简称《职务适任证书》)改名为《内河船舶船员适任证书》(简称《适任证书》),并对《适任证书》进行了改版(将原来的合订本改为插页式,并采用计算机打印),《适任证书》有效期调整为36个月(原为5年);《适任证书》即将到期的船员,需要进行证书再有效审验,并要求参加再有效知识更新培训,不符合审验条件的,需通过实际操作考试;对内河船员各等级职务的船员考试科目(考试大纲)进行了重新调整,考试方式也进行了改革,从由各地海事局机构自行组织内河船员考试,改为区域化理论统一考试的方式;重新调整和公布全国各地船员考试发证机关的授权范围;明确了内河航线考试的基本原则;重新制定了内河船员体检标准和要求,并对体检医院出具的体检表填写规范做出了严格的规定。

与此同时,为有效实施"05规则",中国海事局先后下发多个规范性文件,如《〈中华人民共和国内河船舶船员适任考试发证规则〉过渡办法》(海船员〔2005〕199号),该办法就新旧版本证书的换发、过渡期考试规定、等效培训等方面内容作出了详细的规定。为了解决学历较低,不能满足换证规定船员的要求,中国海事局下发《关于颁布〈内河船员等效职业培训管理暂行办法〉的通知》(海船员〔2005〕325号),以提高内河船员的文化素质。"05规则"制定和颁布的主要目的是要尽快提高内河船员的整体素质,以适应内河航运快速发展的总体要求。

(二)《10规则》出台的背景和主要内容

2010年,我国登记在册的内河船舶有17.2万艘、5500多万载重吨;货运量和货物周转量分别为13.5亿吨、4152亿吨公里,"十五"以来年均增长率分别为9.2%和13.1%。同年,我国内河航道通航里程已达12.3万公里,其中可通航千吨级船舶的三级以上高等级航道达8800多公里,大部分航道都配备了助航标志,部分繁忙航段还实行了分道通航制。船舶数量急剧增加,通航密度越来越大。船舶大型化趋势明显,长江水系运输船舶平均载重吨2003年为258.7吨,2009年达到了650.5吨,增加了1.51倍。船舶设备越来越先进,VHF、雷达、GPS、电子海图、AIS等一系列的先进科技已广泛运用到内河船舶上。

内河船员是关系着内河水上交通运输安全的最重要因素。随着内河航运的迅速发展和变化,对船员技能的要求日益提高,船员职业也从简单劳动向知识型、技能型转变,"05规则"很快便不能适应内河航运发展和内河船员管理的需要。为此,2009年交通运输部在充分调研基础上对"05规则"进行了全面的修订,2010年6月29日,交通运输部颁布了新的《中华人民共和国内河船舶船员适任考试和发证规则》(简称"10规则"),自2011年1月1日起施行。该规则根据《船员条例》《内河安全条例》以及全国内河航运形势发展需要和行政管理要求,在原《05规则》的基础上进行了全面修订。

《10规则》主要修订的内容有以下方面:对原《适任证书》适用的船舶等级标准进行调整和修订,将原

有的5个等级修改为3个类别,减少了两个层次,这种划分方式更贴近内河船舶发展的实际情况,也更有利于船员的职业发展需求;对原《适任证书》职务设置进行了调整和修订,有助于内河船员调配使用;注重船员实际适任能力的培养和综合素质的提高,增加对船员适任培训的要求;实行考试与发证分离的管理模式;增加对各海事管理机构的相关要求,提高海事管理机构的服务意识,明确各级海事管理机构的责任和义务;对原证书内容和版面进行了简化与合并,以方便船员,方便管理;对航区(线)考试规定和签注要求进行调整和修订,将通航环境相似的航线合并为航区进行签注,简化航线签注内容,减轻船员航线签注负担,提高行政办事效率;对申请重新签发证书的条件和规定进行了调整,给内河船员多方提供便利;明确各种情况下申请《适任证书》所需要提交的材料和相关要求,提高办事效率;强调船员实际操作考试的重要性,明确实际操作考试的方式;调整了适任考试大纲、考试科目和考场规则的内容,改变其发布的灵活性;给予航海类毕业生优惠条件,吸引中专及以上较高文化程度的人员加入到高类别内河船舶船员队伍,以提高内河船舶船员特别是高等级船舶船员的整体素质;根据全国各地内河船员考试发证机关的实际情况,按照新的内河船员适任证书等级划分重新予以授权,同时要求具有一类考试发证权限的考试发证机关应建立船员考试发证质量体系,参照海船船员考试发证机关管理模式进行体系审核。①

总之,内河"10规则"调整和转变了原来传统的管理理念和方式,大大减轻了船员负担,同时也优化了对船员业务的管理,使规则更接近实际和形势发展的需要,对内河航运的发展产生积极的推动作用。②

为确保"10规则"的有效实施,中国海事局制定了配套的过渡办法、航线签注办法,以及院校毕业生、渔业船舶船员、海船船员、军转人员等特定人员申请内河船舶船员适任证书的管理办法等。同时,为配合新规则的规范和有效实施,由广东海事局牵头开发了内河船舶船员管理系统。

至此,内河船员管理已初步形成了较为完整的法规文件体系。我国海事部门对内河船员的管理已覆盖了内河船员的注册、培训、考试、发证、档案管理以及现场检查等方方面面,实现对内河船员的全面管理,提升了内河船员管理手段,由保障内河航行安全做出了积极的努力。

与之配套的主要文件有:《关于实施〈中华人民共和国内河船舶船员适任考试和发证规则〉有关事项的通知》《关于调整内河船舶船员培训考试发证管理权限的通知》《关于印发〈中华人民共和国内河船舶船员适任考试和发证规则〉过渡办法的通知》《关于印发〈中华人民共和国内河船舶船员适任考试和发证规则〉实施办法的通知》《关于颁布〈中华人民共和国内河船舶船员适任考试大纲〉的通知》《关于内河船舶船员适任证书理论统考有关事项的通知》《关于公布〈内河船舶船员适任证书计算机考试系统实施方案〉的通知》《关于印发〈中华人民共和国内河船舶船员实际操作考试办法〉的通知》《关于印发〈海船船员内河航线行驶资格证明培训、考试和发证办法〉的通知》。

五、船员管理各项业务的实施

(一)实施船员培训管理

1.船员培训机构及培训管理

根据交通部1997年颁布的《中华人民共和国船员培训管理规则》,船员培训种类分为五大类:适任证书考前培训、特定类型船舶船员特殊培训、船员专业培训、精通业务和知识更新培训、船上培训等。根据该规则,船员培训机构需按规定建立船员教育和培训机构质量管理体系,重新申请签发《培训许可证》,方可开展船员培训工作。1998年5月27日,中国港监局下发《关于发布〈中华人民共和国船员教育和培

---

①郑和平:《〈中华人民共和国内河船舶船员适任考试和发证规则〉解读(上)》,《中国海事》2010年第11期,第26—29页。
②郑和平:《〈中华人民共和国内河船舶船员适任考试和发证规则〉解读(下)》,《中国海事》2010年第12期,第27—28页。

训质量体系审核实施细则〉的通知》,这是我国参照"STCW78/95 公约"标准,首次在船员教育和培训管理中引用 ISO9000 系列标准的要素,制定符合我国国情的质量审核细则,以确保船员教育和培训质量达到既定的目标,开创了在船员行政管理领域采用质量体系标准作为管理手段的先河,也充分体现了对管理对象和管理者全方位规范的管理模式。中国海事局完成对大连海事大学、上海海运学院、集美航海学院、武汉交通科技大学、青岛远洋船员学院和上海海运职工大学等 6 所航海院校的船员教育和培训质量管理体系审核工作。之后,授权大连海事大学等 39 家培训机构开展船员培训。1999 年,又完成大连海运学校等 28 家船员教育、培训机构的质量体系审核。2001 年和 2002 年,又分别有 12 家和 23 家船员教育、培训机构通过审核。

2001 年,中国海事局开展了"水上安全年活动",用 3 年时间,在全国各港口开展船舶船员大检查工作。直属海事系统先后对 10 万余人次船员进行实际操作和安全知识检查,其中有 6000 多名船员参加了安全知识培训。2003 年,中国海事局在全国范围内开展了"船员培训质量管理年"活动,初步形成贯穿组织培训、考试评估、审核发证、现场检查、跟踪管理和行政处罚等各个环节的船员闭环管理机制。

随着"05 规则"的实施,内河船员培训管理也参照海船管理方式,对开展内河船员培训前,对培训机构进行审核验收。2005 年 10 月 10 日,中国海事局发文授权重庆交通学院等 15 家培训机构开展内河船员等效职业培训。同年 12 月 22 日,授权江西交通职业技术学院等 11 家培训机构开展内河船员职业培训。至 2005 年底,全国共有 72 家船员教育培训、机构质量体系保持正常运行和定期审核。

2006 年,中国海事局在全国开展海船船员培训的机构进行"船员培训质量和机构资质保持状况专项检查活动",进一步强化和规范海船船员培训。同年,大连海事大学等 35 家单位通过船员教育、培训质量体系审核,并举办船员教育和培训,船员考试、评估和发证质量体系内审员和外审员培训班。2007 年"船员条例"颁布后,重新确立船员培训机构资质审批,中国海事局恢复对船员培训机构实行船员培训许可证管理制度。是年,中国共有船员培训机构 81 家,其中本科航海院校 12 所,专科院校 13 所,中专学校 12 所,其他培训机构 44 个,培训规模达 17000 人。此后,这些院校培养航海类学生能力逐年增加,每年开展培训 7000 余次,培训船员 20 余万人次。

2007 年 11 月 23 日,中国海事局制定和发布了《中华人民共和国内河船舶船员基本安全培训、考试和发证办法》(简称"内河基安办法")。这是根据"内河安全条例""船员条例""05 规则"等的相关规定而制定的。它是我国内河船员专业培训管理的第一部规章,对提高内河船舶船员的基本素质和专业技能,保障水上人命和财产安全,以及对环境的保护,都将起到重要作用。该办法还授权各直属海事局、各省(自治区、直辖市)地方海事局负责所管辖的内河船员基本安全培训的考试、发证工作,并规定开展内河船员培训的机构将实行《船员培训许可证》制度。

2009 年 6 月 22 日,交通运输部颁布《中华人民共和国船员培训管理规则》(简称"培训规则"),自 10 月 1 日起施行。该规则根据"船员条例"规定,并在 1997 年颁布的"培训规则"基础上重新修订。

2010 年,中国海事局相继下发《船员培训监督检查办法》《培训机构现场核验》《船员培训考试发证管理权限》等 3 个通知,进一步明确船员培训有关事项以及海事机构的职责权限。

在对船员培训机构的管理过程中,中国海事局还注重航海院校的培训核心地位。由于除大连海事大学外,其他航海院校都划归教育部或地方管理,中国海事局及其直属海事系统积极协调交通部有关部门,继续向主要航海院校提供资金和政策支持。2008 年,交通运输部投资近 2 亿元,为大连海事大学新建世界上较先进实习船"育鲲"轮,全国用于航海专业学生的实习船达 12 艘。

对船员培训机构的管理,重点在培训机构的资质审核和培训过程中的质量体系运行情况的审核。对不符合培训质量体系规定的行为和现象,主管机关将责成其予以纠正,否则将停止该机构的办学资格。

2.船员履约培训和专业培训

1998年8月5日,中国海事局公布《关于STCW78/95公约过渡规定的实施办法》和《过渡期知识更新培训纲要》,对2002年2月1日全面强制实施"STCW 78/95公约"之前5年过渡期中的海船船员换发适任证书的培训、考试和发证工作作出具体规定及安排。由此,海船船员进入履约过渡阶段。1998年8月9日,中国海事局就履约过渡期开展轮机长(员)精通船电业务培训的条件、教材、规模、设施配备、操作训练规范等有关事项提出要求,且指定由大连、天津、青岛、上海、广州海监局管辖。按照公约要求,要在不到5年的时间内,在保证正常运输和安全生产的前提下,完成全国每一个海员的过渡培训、考试和发证,其工作量和难度相当之大。据统计,一个海员最少要完成5个项目(轮机专业)或8个项目(驾驶专业)的培训考试,另外根据不同的特殊船舶还要增加不同的项目培训。为了顺利完成过渡换证任务,节省资源,广州海监局率先与培训机构和航运单位组成了船员履约培训工作领导小组,统筹安排开展船员"一条龙"培训工作,极有成效地完成了履约培训任务。2002年是过渡期的最后一年,全国海员共有近50000人次参加培训,基本完成履约培训换证。

为了保证履约工作的顺利进行,1999年4月8日,中国海事局发文《关于过渡期内船员培训若干事项的通知》,鼓励航运单位与培训机构协商,开展"一条龙"式培训。2002年是过渡期的最后一年,全国海员共有近50000人次参加培训,基本完成履约培训换证。

船员专业培训的主要配套文件,包括:《关于颁布〈中华人民共和国船员雷达操作与模拟器专业培训、考试和发证办法〉的通知》《关于颁布〈中华人民共和国高级消防专业培训、考试和发证办法〉的通知》《关于颁布〈中华人民共和国基本安全专业培训、考试和发证办法〉、〈中华人民共和国精通救生艇筏和救助艇专业培训、考试和发证办法〉和〈中华人民共和国精通急救和船上医护专业培训、考试和发证办法〉的通知》《关于颁布〈中华人民共和国船舶和公司保安员专业培训、考试和发证管理办法(试行)〉的通知》《关于颁布〈中华人民共和国港澳航线专业培训、考试和发证办法〉的通知》等。

"STCW78/95公约"实施后,由于台湾地区不是国际海事组织成员,不能进入履行STCW78/95公约的"白名单",台湾地区船员持台湾当局签发的船员证书,在国际航行船舶上任职将受到限制,直接影响到台湾地区船员的就业。为解决台湾地区船员持有符合"STCW78/95公约"规定的船员适任证书问题,经国务院有关部门同意,允许台湾地区船员到大陆参加培训发证。2002年2月11日,中国海事局明确台湾地区船员在大陆认可的船员培训机构参加培训,经海事机构考试合格,可签发大陆的船员适任证书;授权广东海事局统一办理台湾地区船员在大陆申请船员适任证书的考试、发证工作。3月18日,台湾地区"中华海员总工会"组织首批14名台湾地区高级船员前往珠海船员培训中心,参加我国"97规则""04规则"履约过渡换证培训,经广东海事局考试合格后,颁发大陆的《船员适任证书》。至2013年4月,珠海船员培训中心共举办了42期台湾地区高级船员培训班,参加培训船员共1156人次,广东海事局为台湾地区船员签发各种船员适任证书共1846本,其中船长、驾驶员证书690本,轮机长、轮机员证466本,GMDSS通用操作员证书690本。通过开展台湾地区船员"STCW公约"过渡期培训考试发证工作,持有《中华人民共和国船员适任证书》的台湾地区船员,享有"白名单"国家国际航行船员资格,客观上提高了参加培训的台湾地区船员就业层次,扩大了就业范围,使他们产生了对祖国大陆和"一个中国"的强烈认同感。这项工作不仅顺应两岸和解、对话、和平与双赢的民意和潮流,而且是海峡两岸航海界海员业务的实质性合作,更是海峡两岸在海员工作合作上迈出了历史性的一步,具有重大的现实作用和深远的历史意义,也是为促进两岸交流,实现祖国统一的一次重要贡献,正如台湾"中华海员总工会"前理事长所说,今天我们虽然在海员履约培训合作上迈出了一小步,却是历史上海峡两岸和解的一大步,意义非凡。

3.船员特殊培训

特定类型船舶船员需要进行特殊培训,主要包括散装液体货船船员特殊培训、客船及滚装客船船员特殊培训、大型船舶操纵特殊培训、高速船船员特殊培训、船舶装载散装固体或包装危险和有害物质作业特殊培训等。

特殊培训，分为海船船员特殊培训14个项目和内河船舶船员特殊培训6个项目。所有的培训项目均须在海事机构许可的船员培训机构进行。为保证培训质量符合公约标准，各地海事机构须根据2010年下发的《中华人民共和国船员培训监督检查办法》，加强对船员培训的日常监督管理。

海上客运安全第一，但由于长期以来重视不够和管理不到位，客船、滚装客船事故频发。1999年11月24日，山东烟大轮船轮渡有限公司"大舜"号客货滚装船由烟台港航往大连港途中沉没，造成特大海难事故。针对这次海难的教训，为加强船员的安全意识，2000年3月8日，中国海事局将滚装客船船员特殊培训时间由不少于60小时调整为不少于70小时。经授权上海、天津、辽宁、山东、广东、海南、烟台、湛江、宁波等直属海事局，负责滚装客船船员特殊培训、考试和发证工作，共对约6000人次客船、滚装客船船员进行特殊培训和专业培训，并取得相应的《培训合格证书》。

自2006年以来，内河特殊船舶逐渐发展起来，水上事故也不断发生，为此，中国海事局开始制定有关内河船员特殊培训的考试和发证办法，加强对内河船员特殊培训，各地海事机构也加强对内河船员培训机构的管理。据统计，2006—2010年，签发全国内河船员特殊船舶合格证共132834张。

船员特殊培训相配套的主要文件有：《关于颁布〈中华人民共和国高速船船员特殊培训、考试和发证办法〉的通知》《关于颁布〈中华人民共和国客船、滚装客船船员特殊培训、考试和发证办法〉的通知》《关于加强滚装客船船员特殊培训有关事项的通知》《关于颁布〈中华人民共和国船员大型船舶操纵特殊培训、考试和发证办法〉和〈中华人民共和国船舶装载固体和包装危险及有害物质作业船员特殊培训、考试和发证办法〉的通知》《关于颁布〈中华人民共和国散装液体船船员特殊培训、考试和发证办法〉的通知》《关于颁布〈中华人民共和国水上飞机驾驶员特殊培训、考试和发证办法〉的通知》《关于印发〈内河散装液体货船船员特殊培训、考试和发证办法〉的通知》《关于印发〈内河客船船员特殊培训考试和发证办法〉的通知》《关于印发〈内河载运包装危险品货物船舶船员特殊培训、考试和发证办法〉的通知》等。

进入21世纪以来，随着中国经济的快速发展和国民消费水平的提高，游艇这种休闲方式开始在我国兴起，并逐渐步入黄金发展期。游艇业能否健康发展，航行安全是关键性因素之一。保证游艇安全航行很重要的一点就是加强游艇操作人员的培训，使其适任，从而降低人为因素造成的事故风险。规范游艇操作人员的培训和发证是确保游艇安全和防止污染的重要保障之一，也是游艇业实现健康快速发展的主要手段。然而，游艇作为一种私人性质、非营运用的休闲船舶，大多数国际海事公约对其并不适用，各国对游艇安全和防污染，以及游艇操作人员的资格各自做出规定。2006年8月，交通部出台《关于加强游艇管理的通知》，内容涉及游艇的检验、登记，游艇驾驶人员培训和发证，以及防治游艇污染水域环境等诸多方面。2009年1月1日，交通运输部正式施行《游艇安全管理规定》，内容包括游艇的检验、登记，操作人员培训、考试和发证，游艇航行、停泊，游艇的监督检查以及相应的法律责任等。这个规定对我国游艇业的规范发展起到了非常积极的促进作用。2010年，海事局出台了《游艇安全管理工作实施意见》，其中有对境外游艇驾驶员证书认可的相关规定。

4.非航海工科毕业生参加海员培训

2000年以来，随着航海事业的迅猛发展，我国海员供需矛盾日益突出，仅靠航海院校毕业生和海军复转军人远远满足不了航运人才市场的需要。与之形成强烈反差的是，基础课程与航海类专业相近的非航海工科毕业生就业率不到60%。一边是航海类专业毕业生供不应求，高级海员缺口日益扩大；另一边则是工科毕业生就业压力巨大。针对这种情况，2006年末，交通部颁布并实施了《非航海工科毕业生海员培训管理规定》（以下简称《规定》），对海员培养模式进行改革，允许非航海工科毕业生经过1年以上的海员培训后参加适任考试,合格者加入海员队伍。

根据《规定》,具有全日制专科及以上学历且符合海船船员体检标准的非航海工科毕业生,均可参加海员培训,培训时间最低为12个月。培训合格的毕业生在参加海员适任考试和评估时,将按照完成三年航海职业教育的学生对待。培训内容主要是船员上船前必须具备的基本知识和技能,而相关的专业培训则调整到换发适任证书前进行。

2007年,中国海事局批准14所航海院校开展非航海类工科海员培训。2008年12月,交通运输部海事局又下发《关于船员考试、评估和发证工作有关事宜的通知》,将原《规定》中可参加高级海员培训大学毕业生的范围由单纯的工学改为理学、工学、农学、医学、管理学5个门类,以及法学门类中的法学专业、文学门类中的英语专业,放宽了对非航海毕业生高级海员培训在专业门类上的限制。新规定转变了我国海员培养理念,充分利用社会上非航海教育的成果,调动用人单位、院校、高校毕业生等有关各方参与海员培养的积极性,运用市场机制调节人力资源的流动方向。它不仅为非航海类高校毕业生提供了一项就业选择,一定程度上填补了我国海员队伍缺口,而且对培育我国海员外派产业也具有重大意义。

2009年,中国海员大连综合培训中心在大连旅顺口区成立。该培训中心由中国海员建设工会与全日本海员组合、日本国籍船员劳务协会合作建立,是国内第一家由国外承担费用、非营利性质、专门针对学历教育后的职业海员培训中心,每年可培训500余名高级海员。

5.转业军人、转行渔民、转产农民参加海员培训

军事船舶复转军人一直是我国海员的重要来源之一,他们的加入不仅可以补充海员缺额,还可以提升海员队伍的政治、技术素质。然而,以往对于复转军人加入船员队伍,缺乏有效的评估和管理机制,为此,2001年10月15日,中国海事局根据"97规则"的规定,修订并公布了《军事船舶复转军人参加海船船员适任考试、评估和发证办法》(简称《办法》),《办法》对5年内曾在军事船舶服役的复转军人申请海船船员适任考试,提出了明确的资历和学历要求。参加考试和评估合格的复转军人,按照"97规则"的规定完成船上培训或见习后,方可申请签发相应类别、等级和职务的适任证书。《办法》的颁布既为军事船舶复转军人进入海员职业进行了规范,同时也有利于他们的职业发展。此外,转产农民和转行渔民经培训后,也是我国船员的补充来源之一。

交通部直属海事系统积极与广东、山东、浙江、河北、江苏等沿海地区相关部门协作,大力开展针对转业军人、转产农民和转行渔民的培训。至2006年,已有超过30000名渔民通过船员培训顺利转行成为船员。是年7月30日,第一个海船船员军地合作培训基地经中国海事局批准在山东长岛启用。至年底,该基地共开展3批367人的船员培训。

此外,中国海事局及其直属机构还大力支持社会各种海员教育培训。2005年11月,天津海事局为推进中西部海员培训,指导和管理河南新乡海运学校开展船员培训工作。至2007年底,新乡海运学校共举办基本安全、精通救生艇筏和救助艇的培训22期,1366人;值班水手9期,404人;值班机工8期,309人;外派海员达5500人次(图4-2-2)。

(二)实施船员考试管理

1.建立海船船员考试、评估和发证质量体系

根据"97规则"和《中华人民共和国船员考试、评估和发证质量管理规则》的要求,1998年9月28日,中国港监局下发《关于建立船员考试、评估和发证质量体系若干事项的通知》,对建立质量体系工作提出了具体要求,负责海船船员考试的青岛、广州、大连、湛江、天津、上海海事局,根据有关规定,相继建立了船员考试、评估和发证质量体系。这是我国首次在船员管理工作中引用ISO9000系列标准的要素,

构建船员管理文件化体系框架,以确保船员管理质量能够达到既定的目标,开创了在船员行政管理领域采用质量体系标准作为管理手段的先河,充分体现了对管理者的管理行为进行规范化的管理模式。为保证审核工作公正、有效地进行,经过对参与审核工作人员进行内审和外审基本知识的培训后,1998年11月,中国港监局首次为钟伯源等48人签发了《体系审核员证书》。1999年1月,青岛港务监督通过中国海事局组织的船员考试、评估和发证质量管理体系的外部审核,成为直属海事系统首家通过审核的单位。此后,中国海事局完成对其余5家海事机构的船员考试、评估和发证质量体系的审核工作。4月6日,中国海事局向通过审核的6家海事机构颁发首批《质量体系认可证明》(有效期2年)。2000年3月14日,又有河北、厦门、营口、海南、烟台、连云港、日照和宁波海事局的船员考试、评估和发证质量体系通过审核。

图 4-2-2　2006 年推进中西部海员培养项目

2004年,广东海事局结合本局的实际情况,运用质量体系原理,重新构建广东海事局的体系框架,将所属的分支机构,融入广东海事局的大体系中运行,这就改变了原来各自独立运行的小体系模式,确保所属分支机构体系的各个环节都受到大体系质量体系管理的有效监控,使船员培训、考试和发证工作质量更加规范,达到统一标准。

2005年,14个直属海事局建立的船员考试、评估和发证质量体系全部通过到期年审,符合质量体系文件所制定的工作方针。与质量体系管理相关的主要文件有:《船员考试、评估和发证质量体系审核实施细则》,以及其他质量体系审核文件和审核员名单等。

2003年、2008年,根据"STCW78/95公约"的要求,中国海事局两次组织相关单位起草《中华人民共和国海员教育、培训、考试、评估和发证质量管理独立评价报告》,递交国际海事组织并获审核通过,保证了我国海员在国际航运市场的竞争能力。

2. 实施"97规则"和"04规则"

1998年起,全国海事系统按照"STCW78/95公约"与"97规则"的要求,对船员考试发证机关实行质量体系筹备建立和认证阶段。因此,1999年是按照"87规则"实施海船船员适任证书全国统考的最后一年,当年共举办了3期统考。

2000年8月,中国海事局首次按照"97规则"的规定,在全国各考区举行海船船员统考,考试范围包括无限航区、近洋航区、沿海航区的船长、轮机长、驾驶员、轮机员及全球海上遇险和安全系统一级、二级无线电电子员,共3802名考生参加统考。此后,每年安排2次统考,均由中国海事局公布统考计划和成绩。

2001年,中国海事局下发《关于海船船员管理分工授权有关问题的通知》,决定将原设立在全国的6个海船船员考区调整为大连、天津、青岛、上海、广州5个考区,设立考区办公室,负责组织实施本考区的全国统考和区域统考工作(见表4-2-1)。考区办公室由考区内负责签发海船船员甲类适任证书的海事局牵头,会同该考区负责签发其他类别海船船员适任证书的海事局和考点所在地海事局共同组成。①

海船员适任证书全国统考五大考区分布一览表　　　　　　　　　　　　　　表 4-2-1

考区名称	牵头单位	相关单位
大连考区	辽宁海事局	黑龙江、营口海事局
天津考区	天津海事局	河北海事局
青岛考区	山东海事局	烟台海事局
上海考区	上海海事局	江苏、浙江、福建、长江、连云港、厦门海事局
广州考区	广东海事局	海南、广西、深圳、汕头、湛江海事局

2004年8月1日起实施"04规则"。其考试管理方式和授权与"97规则"基本一样,仍按照每年安排3期统考进行。2007年开始,采用了计算机终端考试后,考试期数增加,基本上是每月安排一期。

2009年,福建海事局获授权开展甲类海船船员考试、评估和发证工作,成为国内继辽宁、天津、山东、上海、广东等5个直属海事局后,第6个正式开展我国甲类海船船员考试、评估和发证工作的直属局。

据统计,从实施"97规则"起至2010年,全国参加海船船员统考人数达593415人次,各类船员证书非统考人数达2952158人次(见表4-2-2,表4-2-3)。

"97规则"和"04规则"海船船员适任证书全国统考人数统计表　　　　　　　　表 4-2-2

年份	甲类适任证书						乙类适任证书				丙类适任证书		
	船长	驾驶员	轮机长	轮机员	电子证书	船长	驾驶员	轮机长	轮机员	船长	驾驶员	轮机长	轮机员
2000	378	2119	374	1769	55	16	55	32	44	427	769	63	344
2001	597	4521	545	3294	5	59	147	545	3294	2899	3676	616	1380
2002	802	6109	733	4920	24	147	222	214	283	1012	1712	638	1155
2003	791	6689	726	5669	0	58	114	50	101	575	1409	663	1326
2004	1047	6179	793	5830	0	86	136	119	179	762	1348	895	1530
2005	1078	7248	880	6705	0	75	95	92	117	1529	2175	2550	2667
2006	1617	8908	1007	8094	0	103	67	121	109	1476	2343	2162	3013
2007	2072	11584	1647	10360	0	137	143	152	170	2823	5148	3657	4832
2008	1965	26175	1558	21027	0	105	109	117	165	1934	6433	2824	6334

---

①甲类适任证书:无限航区3000总吨位及以上船舶、3000千瓦及以上船舶、GMDSS一级无线电电子员、二级电子员和通用操作员。乙类适任证书:近洋航区3000总吨位及以上船舶、3000千瓦及以上船舶,近洋航区500—3000总吨位及以上船舶、750—3000千瓦及以上船舶;无限航区500总吨及以上船舶、750千瓦及以上船舶(适用于值班水手、机工)。丙类适任证书:沿海航区3000总吨位及以上船舶、3000千瓦及以上船舶,沿海航区500—3000总吨位及以上船舶、750—3000千瓦及以上船舶;沿海航区500总吨及以上船舶、750千瓦及以上船舶(适用于值班水手/机工);GMDSS限用操作员。丁类适任证书:近岸航区未满500总吨船舶、未满750千瓦船舶(包括值班水手、值班机工)。

续上表

年份	甲类适任证书						乙类适任证书				丙类适任证书		
	船长	驾驶员	轮机长	轮机员	电子证书	船长	驾驶员	轮机长	轮机员	船长	驾驶员	轮机长	轮机员
2009	2140	58414	1828	44721	0	52	193	56	189	1284	13404	1530	11941
2010	2504	89718	1881	73836	0	37	253	68	24	1045	20841	1232	17453
合计	14991	227664	11972	186225	84	875	1534	1566	4675	15766	59258	16830	51975

说明：1.从2000年开始按照"97规则"进行海船船员考试和发证，但在2002年以前是过渡期，两种规则的适任证书是同时有效的，至2002年2月1日起，原"87规则"的适任证书就失效了；

2."驾驶员"为大、二、三副数据之和，"轮机员"为大、二、三管轮数据之和；

3.乙类、丙类适任证书的数据包括一、二等的数据；

4."电子证书"是指GMDSS中的一二级电子证书；

5.表中数据源自中国港监局历年统计报表。

"97规则"和"04规则"海船船员非全国统考人数统计表　　表4-2-3

年份	丁类适任证书					其他证书				培训合格证		培训期数	规则以下
	船长	驾驶员	轮机长	轮机员	限用操作员	通用操作员	引航员	值班水手	值班机工	专业培训	特殊培训		
2000	4	9	0	0	24	5580	48	0	0	200989	25115	6172	0
2001	17	6	12	6	167	6683	98	426	80	325698	43126	8981	0
2002	339	658	596	1044	356	6188	133	5427	5363	151864	30520	5285	0
2003	255	1322	337	1873	34	4140	181	6675	5953	74598	21514	3371	2889
2004	378	2196	539	2152	72	4659	143	10947	8402	112736	28215	4297	1223
2005	481	2874	823	2892	59	5495	146	40361	14474	157313	30695	5422	1727
2006	464	1919	948	2146	2	9584	165	23366	19001	170804	66157	6818	1678
2007	820	2456	1037	1808	96	8260	124	23725	18868	172241	37048	5748	1566
2008	975	1882	822	1191	99	15353	356	17816	12356	199197	43226	6807	973
2009	1051	1248	706	816	75	17807	403	18228	14814	233369	45919	8559	2613
2010	703	1491	634	945	61	25951	345	21674	17322	262867	63830	9583	1408
合计	5487	16061	6454	14873	1045	109700	2142	168645	116633	2061676	435365	71043	14077

说明：1."驾驶员"为大、二、三副数据之和，"轮机员"为大、二、三管轮数据之和；

2."通用操作员"属甲类适任证书，但不纳入统考范围，持有对象为驾驶人员；

3."值班水手""值班机工"为各类别数据之和，包括乙、丙、丁类；

4."引航员"为一、二、三级数据之和；

5."培训合格证"为所有专业及特殊培训项目数据之和；

6."培训期数"为全部培训项目之和；

7."规则以下"是指规则授权各地海事机构自行制定办法的管理部分；

8.表中数据源自中国港监局历年统计报表。

3.海船船员考试模式改革

在海船船员考试规则逐步完善的同时，考试的方式也在发生变化。20世纪80年代以来，我国海船船员适任证书的考试，是根据"STCW 78公约""STCW78/95公约""87规则""97规则"以及《海船船员适任考试大纲》而进行的，船员适任考试采用理论考试和实操评估两种形式。为全面实施"97规则"并能够达到充分履约的要求,从2000年起,中国海事局开始着手对海船船员适任证书考试内容、考试方式和考试题型等方面进行改革,理论考试部分只保留客观题,评估方式上逐步利用计算机和模拟器等手段测试船员的技能水平,改变过去仅靠评估员个人经验标准来判断考生成绩的状况。为适应考试改革方式的变化,广东海事局受中国海事局委托,与广州航海高等专科学校联合研发了"海船船员英语听力与会话计算机辅助多媒体评估系统"(简称"英语评估系统"),得到了业界的广泛认可,这是全国第一个海船船员"英语评估系统"。6月12日,中国海事局发文,要求全国海事系统从8月1日起在海船船员适任证书全国统考中全面使用"英语评估系统"。该系统的成功开发,首次实现了英语评估的"人机对话",由计算机直接评定成绩,减少了人为因素和水平标准不一的困扰,达到了评估标准公平公正的要求。

2002年10月17日,上海海事局船员考试中心采用计算机辅助考试系统举行了首期海船船员适任证书计算机终端无纸化考试,这在全国海事系统也是第一次。2005年9月14日,中国海事局批准了辽宁海事局在大连考区实行海船船员适任证书无纸化考试。2006年7月4日,中国海事局公布了《海船船员适任计算机终端考试实施办法(暂行)》,规定以计算机终端方式进行的海船船员适任证书考试与全国纸面统考具有同等效力。2007年,交通部直属海事系统共安排11期海船船员适任统考,其中3期纸面考试,8期计算机终端考试。11月29日,公布实施了《海船船员适任考试远程计算机终端考场配置标准》。至2007年底,已有6家直属海事局开展计算机终端考试,分别为天津、广东、辽宁、山东、上海和福建海事局。

在全面推行无纸化考试的同时,中国海事局又开发了海船船员业务网上申报系统,与无纸化考试相配套。船员登录网上申报系统查看海事局公布的考试计划,可根据自己的考试需求对应合适的时间申请报名考试,并且直接在网上完成考试缴费。该系统极大地方便了船员、院校学生和航运企业船员管理部门经办人员,受到了业界的一致好评。

随着船员考试模式改革的逐渐深入,中国海事局将原来的海船船员适任证书考试由每年两期的书面统考调整为无纸化考试,并增加了考试期数(每月安排一期),实现了海船船员适任考试的网上申报、随到随考和无纸化考试的改革目标。2008年7月22—25日,第46期全国海船船员适任证书统考在全国24个考点同时举行,这是最后一次使用纸质试卷考试。2009年下半年起,海船船员的理论考试部分过渡到全部以无纸化考试的方式进行。全国海船船员通过计算机终端在线答题、在线评卷,实现题库管理、组卷、评分及监考的智能化。相比以往的纸面试卷考试,计算机考试更加方便、快捷、公正、公平,为加快发展我国高素质船员队伍提供了有力保障。2002年10月至2009年4月,全国共举行了54期无纸化考试。

4.内河船员考试管理

在履行STCW公约背景下,中国海事局及其直属机构更多着眼于海船船员管理,因此一段时间以来,内河船员培训、考试、发证等工作存在着职责不清楚、法规不健全的问题。

2001年3月,长江海事局和江苏海事局的船员、引航员考试发证分工授权调整后,各自明确了内河船员考试发证工作职责。2002年8月,长江海事局与重庆市地方海事局明确了船员管理分工。12月30日,中国海事局建立内河船员考试专家库,委托中国海事服务中心承办,主要承担对内河船员培训教材、考试大纲、试题题库的编写、修改、充实、完善和分析研究职能。2003年8月27日至29日,首次举行长江干线内河船舶三等及以上船员职务适任证书理论统考,在9个考区、25个考点进行,约3000名考生参加。2005年,启动了珠江水系内河船舶船员适任证书理论统考工作。

2005年,实施了内河船员"05考试规则",通过调整授权方式,建立内河船员考试发证机关的资质条件及审核机制,启用新版防伪证书等措施,加强内河船员管理。至年底,共有32家海事机构通过中国海事局评审,被授权开展内河一、二等船员适任证书考试、发证工作。

2007年7月起,黑龙江海事局组织专业人员编写符合黑龙江水系五等船驾机员培训教材,2008年3月编写完成,以方便黑龙江水系近千人五等船驾机员考试。[①] 2008年7月,举办了1期内河船员适任统考。

2009年9月,中国海事局公布了2009年下半年全国内河船舶船员统考计划,举办1期全国内河船舶船员适任统考,于11月21日至22日在长江和珠江进行。此次统考共14个考点,134个考场,5160人参加考试,其中驾驶考生3727人,轮机考生1433人。根据中国海事局的要求,各考试发证机关互派督察人员到指定的考点进行督察工作。从2009年开始,部分地区开始探索在内河船员考试中采用计算机考试方式,如安徽省地方海事局尝试在内河船员统考中采用计算机考试,内河船员虽不适应这种模式,但却迈出了第一步。广东海事局也自行开发了内河船员考试软件,实现了全省内河船员考试题库的统一,改变了考试操作方式,取得了良好的效果。之后该考试系统在珠江水系内河船员统考中成功应用,得到广大船员和海事机构的认同。

据统计,1999—2010年,全国内河船员考试人数达814025人次(参见表4-2-4)。2006—2010年,全国参加内河船员特殊培训考试人数为86652人次;海船船员内河行驶资格证明考试人数为5627人次。

1999—2010年全国内河船舶船员考试人数统计表　　　　　　　　表4-2-4

年份	内河船舶船员适任证书考试人数统计表						其他	
	船长	驾驶员	轮机长	轮机员	驾机员	报务员	特殊培训	行驶资格
1999	1149	6251	1678	3710	12060	18	0	0
2000	1766	4173	1301	2707	1272	8	0	0
2001	6381	14994	4338	10211	18664	0	0	0
2002	4018	6085	2476	2866	1649	0	0	0
2003	7250	19499	4839	13204	14482	0	0	0
2004	10920	28880	7813	20361	14295	0	0	0
2005	23550	35410	15351	23893	5642	0	0	0
2006	23651	23221	15027	11413	9842	0	19522	350
2007	18295	20423	10178	10792	10494	0	24830	1554
2008	16544	19969	9421	10808	7359	0	14907	1567
2009	22410	24392	12862	12896	9786	0	10779	1585
2010	18527	20111	9601	10497	10063	0	16614	571
合计	154461	223408	94885	133358	115608	26	86652	5627

说明:1."船长"和"轮机长"包括各等级的数据之和;

2."驾驶员"为各等级大、二、三副及驾驶的数据之和;"轮机员"为各等级大、二、三管轮及司机的数据之和;

3."驾机员"仅为五等船舶;

4."报务员"包括各等级,即通用、一等、二等及话务员;

5."特殊培训"为内河全部特殊培训项目之和;

6."行驶资格"即海船船员内河航线行驶资格证明;

7.表中数据源自中国港监局历年统计报表。

[①] 内河船舶等级与船员职务设置如下。一等船舶:1600总吨以上或1500千瓦(2040匹马力)以上,设船长,大、二、三副,轮机长,大、二、三管轮。二等船舶:600总吨以上1600总吨以下或441千瓦以上1500千瓦以下,设船长,大、二、三副,轮机长,大、二、三管轮。三等船舶:200总吨以上600总吨以下或147千瓦以上441千瓦以下,设船长,大、二副,轮机长,大、二管轮。四等船舶:50总吨以上200总吨以下或36.8千瓦以上147千瓦以下,设船长,大、二副,轮机长,大、二管轮。五等船舶:50总吨以下或36.8千瓦以下,设司机。无线电通信:设通用报务员、一等报务员、二等报务员和话务员。

(三)实施船员证件管理

本节所述船员证件,包括船员服务簿、船员适任证书、船员专业和特殊培训合格证、海员证等由中国海事局签发的各种船员证明文件。

1.海船船员证书管理

1)发证机关编码

全国海船船员管理采取在主管机关统一领导下分类分级管理的方式,按照海船船员适任证书的类别,分别授权20个直属海事局负责相关船员管理业务。其中,甲类适任证书由辽宁、天津、山东、上海、广东5个海事局负责。1998年8月20日,中国海事局公布《海船船员适任证书和培训合格证书制作细则(试行)》,向53个对外开放港口港务监督和25个省(区、市)港航监督赋予了独立的船员考试发证机关编码。为便于实现计算机管理系统对各类船员证书的统一管理、识别和统计分析,该细则规定海船船员适任证书与培训合格证书的编号和编码规则,其中第1位编码为证书类别;第2、3位是考试发证机关编码,由两个大写英文字母组成。船员专业和特殊培训合格证书则按合格证规定的编码规则进行自动编号。1999年11月30日,中国海事局向28个海事机构统一刻制和配发"船员证书专用章"(钢印和红章)。2000年1月1日起,各海事机构统一启用刻有单独编号的船员证书专用印章。该印章适用于甲、乙、丙、丁类海船船员适任证书,外国证书承认签证,船员专业和特殊培训合格证书,特免证明,船员服务簿等有关证书。

2)海船船员证书系列

中国海船船员证书根据STCW78/95公约的规定,结合中国的实际情况,将证书设置成三大系列,分别是:适任证书、特殊培训合格证和专业培训合格证。

(1)适任证书系列

我国海船船员适任证书是根据"STCW78/95公约"第Ⅰ、Ⅱ、Ⅲ、Ⅳ和Ⅶ章的规定,对船长,甲板部、轮机部和无线电通信人员以及组成值班的普通船员所签发的适任证书。在中国,"STCW78/95公约"规定的证书全部由官方签发,即由主管机关授权的海事机构签发。

考虑到中国商船的种类、航区、吨位、用途的多样性和在不同商船上服务的海员教育水平的差别,海事主管机关将中国海员的适任证书种类,按船舶的航区和等级进行划分,将适任证书分为甲类、乙类、丙类、丁类适任证书,同时将海员的适任标准也按相应的适任证书类别进行区分。与"STCW78/95公约"规定的适任标准比较,海事主管机关确定了在公约最低标准的基础上,有利于中国沿海中、小船舶和沿海大型船舶以及国际航行船舶按照不同的市场要求稳步发展的原则,保证以国内航线为主且吨位不大的船舶的海员全面符合公约规定的最低标准,大大提高国际航线和大吨位船舶的海员的适任标准。

(2)专业培训和特殊培训合格证系列

在"STCW78/95公约"第Ⅴ章中,规定了9项特定类型船舶船员的特殊培训,涉及特殊培训合格证13种;在"STCW78/95公约"第Ⅵ章,规定了9项海员专业培训,涉及专业培训合格证8种(后来又增加1种)。我国完全按照公约的要求设置了上述全部培训项目的培训合格证。

船员专业培训根据不同的职务要求有所区别,如"熟悉和基本安全培训"项目,要求全体船员参加培训;"精通救生艇筏和救助艇培训"项目,要求船长、驾驶员、轮机长、轮机员、值班水手和机工参加培训;"精通快速救助艇培训""高级消防培训""精通急救培训"3个项目,则要求船长、驾驶、轮机长、轮机员参加培训;"船上医护培训"项目,要求500总吨及以上船舶船长、大副参加培训;"雷达观测与标绘和雷达模拟培训""自动雷达标绘仪培训"项目,要求500总吨及以上船舶船长、大副参加培训;"船舶保安员专业培训"项目,由公司指定的人员参加培训。

3)签发海船船员证书情况

为了规范管理船员证书及船员各项业务工作,从1998年开始,中国海事局组织开发"海船船员管理系统"(局域网版),配合"97规则"的有效实施,部分考试发证机关通过管理系统软件统一管理和签发船员各类证书。1999年,中国海事局启动"水监信息系统一期工程"项目,开发了"海船船员管理系统"(网络版),2003年6月,系统率先在全国5大考区海事局陆续上线,随后逐步推广到全国,实现了船员业务管理全国联网的目标。

2008年后,根据交通部公布的《加快船员队伍发展的十大措施》(简称"十大措施"),开始接受公民以个人名义办理船员证件的申请,主要包括船员服务簿、船员适任证书、船员专业和特殊培训合格证等。

据统计,1999年至2010年,全国签发各类船员证书共4266845本,其中海船船员适任证书998433本,船员专业和特殊培训合格证700935张,理论合格证明2567477张(见表4-2-5)。

1999—2010年全国海船船员证书签发数量统计表　　表4-2-5

年份	适任证书(本)									其他证书(张)		
	船长	驾驶员	轮机长	轮机员	GMDSS电子员	GMDSS操作员	值班水手	值班机工	规则以下	理论合格证明	专业合格证	特殊合格证
1999	5967	11668	4132	9750	739	6548	0	0	0	44734	15386	2600
2000	2131	5570	1522	4798	431	6874	77	47	0	249704	27435	1182
2001	6778	15792	5598	15992	1655	18512	21161	14326	0	563540	50742	1393
2002	11334	17963	8757	15878	520	10080	21971	11398	4342	257043	26823	2956
2003	2290	6904	2594	6106	60	3003	8692	8030	4371	123725	26177	10422
2004	2214	9779	1950	8553	51	5882	7671	6481	3594	163741	31217	9293
2005	3120	11135	3342	10613	531	10308	16921	11722	2886	144534	36083	12047
2006	10062	15814	9113	15007	975	18133	35287	22835	2894	178158	65091	37354
2007	9057	16514	7653	13864	189	10225	31300	22537	3914	162022	48617	34985
2008	5134	9979	4993	17000	25	7369	35287	22835	4260	192856	40546	36453
2009	4431	38923	4109	10544	69	12247	17599	13759	2552	246969	50489	26212
2010	5622	16245	5763	14087	323	20046	32309	24197	2239	240451	59728	47704
合计	68140	176286	59526	142192	5568	129227	228275	158167	31052	2567477	478334	222601

说明:1.表中为实施"97规则"和"04规则"签发甲、乙、丙、丁类各等级、职务适任证书数据的合计数;

2."驾驶员"为大、二、三副证书数据之和;"轮机员"为大、二、三管轮证书数据之和;

3."电子员"为GMDSS中的一、二级电子员证书数据之和;"操作员"为通用、限用操作员之和;

4.表中数据源自中国海事局历年统计报表。

至2010年底,中国海事局根据国际海事组织互为承认海员适任证书协议,已与23个国家(地区)的海事主管当局签署海员适任证书承认协议,中国船员培训、考试、发证工作在国际上获得广泛认可。

2.内河船舶船员适任证书管理

内河船员适任证书的管理,在"05规则"实施前,大部分是按照传统方式签发证书。为规范全国内河船员业务管理,2005年10月20日,中国海事局下发《关于授权江苏海事局、广东海事局开展内河一、二等船舶船员适任考试发证工作的通知》(海船员〔2005〕415号),明确了内河船员考试发证机关的权限和管辖业务范围,包括航线实际操作考试权限,并由各省级局负责对所属分支机构授予三告示以下考试发证权限,统一配发内河船员考试发证机关证书专用印章。

1996年开始,湖南省、山东省地方港航监督局,佛山港务监督局陆续开发了管理软件,进行内河船员证书打印和管理。"05规则"颁布后,广东海事局开发了"内河船员信息管理系统",统一规范对内河船员培训、考试和发证业务,包括对空白船员证书管理、船员档案管理、船员业务申报及审核业务流程等功能;同时还开发了与之配套的电子申报系统、船员无纸化考试系统对接等软件,极大地改善了过去管理手段落后的现状。该"内河船员信息管理系统"经中国海事局推广到全国内河水网地区使用。从此,内河船员综合信息汇总到中国海事局数据库,为主管部门制定内河船员管理政策提供有力的数据支撑。

据统计,1999—2010年,全国内河船员适任证书签发1332995本(见表4-2-6)。2006—2010年,签发内河船员特殊培训合格证132834张,签发海员内河航线行驶资格证明7778张。

1999—2010年全国内河船舶船员适任证书签发数量统计表(单位:本) 表4-2-6

年份	船长	驾驶员	轮机长	轮机员	驾机员	报务员
1999	4893	12556	3902	8268	18822	9
2000	3304	8475	2460	5151	1189	31
2001	8235	19235	6392	13378	25608	0
2002	8065	9181	6073	5095	2305	34
2003	16453	29908	12280	20769	22292	16
2004	14119	32546	10382	27129	17667	46
2005	18252	31932	8104	26647	14656	0
2006	41079	49963	31328	33420	15270	0
2007	46840	57670	35164	38030	26559	0
2008	17470	21775	11895	12911	16387	0
2009	61926	56901	46452	36615	20355	0
2010	46200	48641	34086	32229	17970	0
合计	286836	378783	208518	259642	199080	136

3. 海员证管理

自1989年"海员证管理办法"实施以来,交通部及中国海事局就加强海员证管理先后多次发文,对在管理中出现的问题及时予以纠正。为进一步加强管理,1999年1月18日,中国海事局以中国港务监督局名义,重新公布15家非行政机构的海员证审批机构名单;3月2日,又以中国港务监督局名义公布第10批共9家海员证申办单位的名单及其编码。

1999年11月17日,中国海事局与公安部出入境管理局根据《中华人民共和国出入境管理法》的有关规定,联合印发通知,颁布施行《〈海员出境证明〉管理办法》。规定《海员出境证明》由中国海事局与公安部出入境管理局共同管理;经授权办理海员证的海事机构是《海员出境证明》的签发机关。联合通知在附件中公布了19家《海员出境证明》签发机关名单和23家具有《海员出境证明》签发权的航运企、事业单位名单。2000年3月14日,中国海事局和出入境管理局又公布了新版《海员出境证明》的格式和填写规范,自2000年5月1日起统一启用,旧版于同年10月1日停止使用。

2001年4月10日,中国海事局下发《关于海员证管理分工授权有关问题的通知》,授权20家海事局自2001年6月1日起开展海员证签发工作。6月1日,海员证管理系统实现全国联网,并开始使用新版海员证管理信息系统(简称 CMS2000)软件签发海员证。8 月 7 日,又明确大连海事大学、上海海运学院、武汉理工大学、集美大学和广州航海高等专科学校等 5 所航海院校航海专业毕业班学生预分配实习办理海员证的程序及有关问题。

2006 年 11 月 17 日,在大连机场发生了利用渔船船员证书骗取海员证组织偷渡的严重事件。为此,2007 年 1 月 10 日,中国海事局下发加强船员出境证件管理的紧急通知,要求各直属海事局自查自纠,清理海员证工作程序和审查项目,堵塞漏洞,并密切关注海员证管理中的违法新动向。9 月 22 日,中国海事局同意中国远洋运输(集团)总公司将海员证审批权限下放给广州、上海、青岛、大连远洋运输公司以及中远散货、中波公司,由这 6 家公司按有关规定为所属船员出具《办理海员证批件》和《办理海员证审查批件》。

针对航运企业及船员个人的客观需求,交通部直属海事系统大力推动便民利民措施,网上核实船员证书,接受公民以个人名义办理船员证件的申请,实行《海员出境证明》当天申请当天领取。简化海员证申办程序,允许所有国际航行船舶管理公司或者为国际航运公司提供海员的公司(包括船员劳务公司)直接到海事机构办理海员证,并在 7 个工作日内办理完毕。同时推行电子政务,提高行政效能。

为进一步提高海员证的防伪功能,增强海员证的严肃性,中国海事局开始参照护照的版本,重新设计了新版的海员证,并于 2008 年启用。同时通过海船船员管理系统,严格审查海员证申办资格,增加了系统审查功能。据统计,1999 年至 2010 年,全国签发海员证 989621 本(见表 4-2-7)。

1999—2010 年全国签发海员证数量统计汇总表 表 4-2-7

年　份	海员证(本)	年　份	海员证(本)	年　份	海员证(本)
1999	80411	2003	82516	2007	107056
2000	43123	2004	79504	2008	92450
2001	76627	2005	85182	2009	75306
2002	81978	2006	93205	2010	92263
合计	282139	合计	340407	合计	367075

4.船员注册及服务簿管理

自 1985 年实施船员服务簿管理以来,全国各港务(航)监督均按照当时的有关规定开展船员服务簿的发放工作。但由于各地在具体实施中,执行规定理解不同,并且有些规定本身存在缺陷,如一个船员按照不同的专业可以持有两本或以上船员服务簿;有的船员服务簿丢失补办、损坏或旧换新等,其簿号有的重新编号,有的仍用旧号。各港务(航)监督统计船员数量基本上是按照编号累加,因此产生的数量并不准确。而船员服务簿管理长期以来仅是配合船员技术晋升考核、换证获取船员资历的凭证。

"船员条例"颁布后,根据《中华人民共和国船员注册管理办法》的规定,从 2008 年 7 月 1 日起,全国各海事机构对符合船员注册条件的予以登记,并签发船员服务簿,准许申请人从事船员职业。在进行船员注册中,《办法》特别强调:"海事机构应当对船员赋予唯一的注册编号。业经注册的船员不得重复申请船员注册。"由此可见,船员一经注册,只有一个唯一编号,不可重复注册。此后签发的船员服务簿与之前的船员服务簿,其功能已不完全相同。由于管理的需要,对经注册后签发的船员服务簿进行了改版。

至 2010 年底,全国注册船员登记累计签发船员服务簿的数量达 1527203 人,其中海员 655034 人,内河船员 872168 人(见表 4-2-8)。统计数据显示,我国船员的登记累计签发船员服务簿绝对数量居世界首位,我国已成为名副其实的船员大国。

1999—2010年全国注册船员服务簿统计一览表（单位：本） 表4-2-8

年 份	海船服务簿	内河服务簿	小计	年 份	海船服务簿	内河服务簿	小计
1999	12500	17149	29649	2005	49716	64642	114358
2000	6916	10491	17407	2006	39111	66765	105876
2001	15744	46893	62637	2007	48352	72697	121049
2002	26350	27367	53717	2008	57409	33334	90743
2003	44550	72433	116983	2009	166220	178800	345020
2004	33064	71318	104382	2010	155102	210280	365382
合计	139124	245651	384775	合计	515910	626518	1142428

与船员证件管理配套的主要文件有：《关于颁布〈海船船员适任证书和培训合格证制作细则（试行）〉的通知》《关于船员证书签发署名工作有关事项的通知》《关于对STCW公约其他缔约国未经批准在中国境内签发的适任证书或适任签证不予承认的通知》《关于海员证延期问题的通知》《关于实施〈中华人民共和国船员注册管理办法〉有关事项的通知》《关于印发〈船舶中初级专业技术资格证书管理办法〉的通知》《关于特殊航线船员出境证件管理有关事项的通知》《内河船员技术档案管理暂行办法》《海船船员技术档案管理办法》。

（四）引航机构及引航员

1.引航机构不断改革

1998年，经交通部和外交部批准，上海港引航站以中国引航协会上海分会名义，[①]代表中国引航界承办在中国召开的国际引航协会第十四届年会。

2002年1月1日起，交通部据其1995年10月9日下发的《船舶引航管理规定》中确定的"一个港口一个引航机构"的设置原则，以及引水交由沿海各港口管理后赋予海事机构"负责对引航实施安全监督管理"的职责，进一步加强对引航机构安全管理体系运行情况的督查，强化引航的现场安全检查、监管。2004年，港口迅速发展，船舶交通流量增加，因引航而造成的水上交通事故多有发生。为此，交通部全面启动港口引航管理体制改革工作。2005年10月24日，交通部下发《关于我国港口引航管理体制改革实施意见的通知》，明确改革的目标是建立一个管理统一、安全引领、公平服务、高效廉洁的港口引航管理体制；调整和理顺港口引航相关关系；具体措施是将沿海港口的引航机构从港口企业中分离出来，成立具独立法人资格的事业单位，隶属于所在地港口行政管理部门；沿海引航机构按照"一个港口一个引航机构"设置，定名为"××港引航站"，各港根据实际需要可在引航站下设若干引航分站。11月24日，直属海事系统依据交通部下发的《关于进一步加强引航安全管理的通知》，监督所在地的引航机构，明确安全责任，落实安全管理制度，开展引航安全评估，及时纠正违规行为；做好引航员的考试、评估、发证和引航员适任工作，加强引航员的教育培训工作，杜绝违规行为；抓好引航秩序和引航环境的管理；会同有关部门对引航员登（离）轮的适航性的核实等。

2006年6月，为保证引航体制改革间引航安全，各直属海事局要求所在地的引航机构进一步落实安全管理责任，建立健全安全管理体系，管理部门要加大管理工作力度，切实落实安全管理责任，加强引航安全监督，坚决查处引航过程中的违规行为。2006年起，国务院办公厅颁发《关于深化中央直属和双重

---

① 当时中国引航协会尚处在成立筹备阶段。

领导港口管理体制改革意见的通知》(国办发〔2001〕91号),直属海事系统按照2007年4月16日交通部下发的《关于加强我国港口引航管理的通知》精神,严把准入关,加强引航资质管理,科学管理,制度建设,全面提升引航服务水平与队伍规范化建设,并切实加强引航安全管理工作,严格监管,规范引航行为。同时,根据"一港一引"原则,沿海各港的港口企业与引航机构彻底分离,各自独立,引航机构进一步改革为具有独立法人资格的事业单位——专业引航机构。至2007年底,完成港口体制改革工作。

长江引航方面,2001年9月14日,长江引航中心按照国际上通行的先进引航方式,实施分段引航。9月21日对进出镇江、芜湖港口的船舶试行分段引航,并向社会郑重承诺分段引航不增加费用、不延误船期。2002年,长江全面实施分段引航。9月起对进出江阴以上港口的船舶实行分段引航,并在长江江苏段开始推动和启动夜航工作。2003年6月,对进出太仓港的船舶实行24小时服务,24小时引航交接,得到交通部和江苏省政府的肯定。2004年4月1日,对进出长江安徽段的海轮启动全面夜航工作。2007年10月,交通部明确长江引航中心为长江唯一引航机构,所有引航业务均交由其行使。

2008年1月8日,中国引航协会宣告成立,标志着政府严格管理、引航机构专营服务、行业协会严格自律,具有中国特色的引航管理体制确立。2009年,在对全国沿海重要港口242个引航员登轮点进行重新调整和划定的基础上,各直属海事局制订引航水运管理规则,汇编《中国沿海内河水域引航管理规则》并出版发行。

2.加强引航员队伍管理

1999年,交通部公布《中华人民共和国船舶引航管理规定》,次年1月1日规定实施后,中国海事局按规定对海港一级引航员进行培训考试。2001年10月12日,中国海事局同意引航专业委员会在上海举办一级引航员考试培训班。一级引航员理论考试与2002年度第1期海船船员适任证书全国统考同时举行。为了加强管理,规范引航员适任证书制作,维护引航员适任证书的严肃性,中国海事局统一印制了2002版《中华人民共和国引航员适任证书》,并于2002年12月3日正式启用。同时,授权一级引航员适任证书由上海、天津、辽宁、河北、山东、江苏、浙江、福建、广东、广西、海南、深圳海事局按照业务管辖范围签发。

2008年3月,河北海事局对辖区内3个港口近80名引航员分两批进行知识更新培训。培训内容包括船舶引航操纵技术、最新海事行政管理法规、辖区通航环境及引航员考试和评估程序简介等。2008年第1期全国引航员适任统考总参考人数为172人,其中95人参加海港引航员考试,77人参加内河引航员考试。

2009年1月,辽宁海事局受中国海事局的委托编辑《引航员管理法规汇编》。《汇编》主要包括相关的国际公约,我国引航员管理的相关法律、法规、规章及其他规范性文件,可作为我国海事管理机构、港口行政管理部门、引航机构、航海类院校、引航员及相关管理人员了解、学习引航员管理法规之用。7月28日,为期4天的大连考区全国引航员适任统考在辽宁海事局船员考试中心开考,46名考生参加考试。这是大连考区首期设置海港一级引航员统考考点,也是全国首期采用"无纸化"(计算机终端)考试方式对引航员进行适任统考。至2008年,全国引航员队伍共有引航员1556人,约占世界引航员总数的1/7。其中高级引航员309人,一级引航员237人,二级引航员292人,三级引航员383人,助理和实习引航员335人,技术结构更趋于合理。据统计,1999年至2010年全国各级海港引航员考试共2272人次,签发各级海港引航员证书共2550本(见表4-2-9),仅2010年就签发引航员服务簿达359本。

中国引航队伍规模居世界之首,2007—2010年引航中外船舶规模也居世界首位,超过30万艘次,特别是引领超大型船舶次数,一直位于世界前列。至2010年底,中国引航以先进、精湛的技术,优质、安全、高效地提供全方位、全天候的引航服务,其引航能力、规模、效率和服务水平已进入世界先进行列。

1999—2010 年全国海港引航员考试发证统计表

表 4-2-9

年份	引航员考试(人次)	引航员发证(本)	年份	引航员考试(人次)	引航员发证(本)
1999	130	105	2005	146	142
2000	48	48	2006	165	178
2001	98	198	2007	124	258
2002	133	63	2008	356	417
2003	181	125	2009	403	432
2004	143	322	2010	345	262
合计	733	861	合计	1539	1689

(五)"十大措施"出台及意义

为提高船员素质,促进船员队伍发展,落实"三个服务"①要求,解决船员队伍发展的突出问题,2008年3月27日,交通部以交海发〔2008〕141号文件,通知各航海院校和船员培训机构、各航运单位、各直属海事局、各省级地方海事局,自即日起,实施《加快船员队伍发展的十大措施》。2009年9月在召开的全国船员培训工作会议上,提出船员发展战略目标,"到2020年成为船员劳务输出大国,实现我国从船员大国到船员强国"的目标。

"十大措施"的主要内容包括:

(1)推行船员电子政务。推行海船船员业务网上申报,包括船员考试报名、海员证申办、船员证书申请等船员业务通过网上申报。推行海船船员适任远程考试,根据船员考试需要,随机组卷考试。对航海院校的计算机教室进行船员考试技术验收,符合条件的用于学生和船员的适任考试。2009年初开始在全国实施海船船员业务网上申报和计算机远程考试。4月19日,启用中国海事船员网(中国海事局二级网站),为船员提供信息服务,为船员、航运公司、航海院校、船员培训机构和政府部门等搭建信息交流平台,提供有关船员事务的权威信息发布和政策法规查询、咨询等。

(2)建立船员适任综合考评机制,以船员综合素质确认船员适任。建立船长、航运公司参与的船员适任综合考评机制,船员的职务晋升须由任职船舶的船长、航运公司提出考评意见。考评意见和船员的服务资历、安全记录,适任考试和评估结果一并作为船员职务晋升的条件。

(3)建立高级船员任职见习机制,提高高级船员适任能力。自2008年6月1日起,在500总吨及以上或者主推进动力装置750千瓦及以上海船的最低安全配员增设驾驶员助理和轮机员助理岗位。上述船舶换发最低安全配员证书的截止日期为2008年8月31日。驾驶员助理和轮机员助理由持有相应等级适任证书的船员或者通过三副、三管轮适任考试和评估者担任。通过海船三副、三管轮适任考试和评估者,在船实习期间应担任驾驶员助理和轮机员助理不少于6个月。通过海船船长、轮机长、大副、大管轮适任考试和评估者,在初次担任船长、轮机长、大副、大管轮职务前,应当在相应等级船舶上完成不少于3个月的任职前见习。

(4)加强船员适任能力评估,提高船员实际操作能力。加强船员适任能力评估工作,统一评估大纲,统一评估规范,统一评估程序,统一评估考官管理。聘任航运公司船长、轮机长担任评估考官,建立海事管理人员、航运公司专家和航海院校老师三结合的评估考官队伍,将船舶工作需要充分体现在船员适任评估之中,提高船员操作能力。

---

① "三个服务"是指2007年交通部提出的"服务国民经济和社会发展全局、服务社会主义新农村建设、服务人民群众安全便捷出行"。

(5) 取消航海院校在校学生先实操评估后理论考试的限制。航海院校全日制航海类教育的学生,在校期间参加船员适任考试、评估的先后顺序和次数不受限制。

(6) 规范函授培养模式,为普通船员晋升建立渠道。参加航海类专业函授教育的,必须是现职船员,且在校面授和实操训练的时间累计不少于1年。本通知施行前已经在航海院校参加或者完成航海类专业函授教育的学生,可以申请参加海船船员适任考试、评估。

(7) 开展师资培训,满足船员教育和培训需要,提高培训质量。由大连海事大学、上海海事大学、青岛远洋船员学院等院校牵头,开展船员教育和培训的专业师资培训。吸收具有本科学历的高级船员加入专业师资队伍,建设双师型教师队伍,满足船员队伍发展的需要。

(8) 将三副、三管轮晋升二副、二管轮的海上资历要求从12个月延长至18个月。

(9) 船员适任考试成绩3年有效,取消补考次数限制。

(10) 调整高级船员学历要求,改善船员队伍结构。在2002年2月1日前从航海类中专毕业的高级船员,在满足其他要求的前提下,晋升甲类管理级船员(在客船、滚装客船和液货船上担任管理级船员职务除外)时取消大专学历限制。对2002年2月1日前取得丁类适任证书并满足海上资历要求的高级船员,在参加丙类二等船舶相应职务(船长、轮机长除外)适任考试时,取消中专学历限制。

"十大措施"的具体内容,体现了船员发展工作的两个思路:其一,从船员管理向船员服务转变,以船员为本,以船员为关注焦点,积极应对广大船员的诉求,努力为船员做好服务;其二,具体务实,"两淡化,两强化",即淡化学历要求,强化资历要求;淡化理论考试,强化实操考试。

(六) 建立船员信息管理系统

实现船员管理电子政务,推行船员业务网上申报等一系列措施,必须依托船员信息管理系统,所以,建立和完善船员信息管理系统是非常必要的。我国的船员管理信息化大致经历了以下几个发展阶段:

信息数字化阶段(1989—1996年)。这一时期的船员信息管理工作实际上非真正意义上的信息管理,主要的工作是海事管理人员把各种文本信息输入到计算机中储存,制作各种表格等等,并没有应用计算机技术管理海事业务。

信息管理阶段(1996—1998年)。这一时期,开发和应用了大量船员信息管理软件,实现信息录入、存储和单机管理,方便了船员管理业务处理,但只有海事工作人员有权限应用此信息系统,终端用户不能获取相关信息。

局域网阶段(1998—2003年)。这一时期,随着我国的网络化建设,海事部门的船员信息管理系统建立了大量办公自动化系统,基本上实现了各业务部门在海事局内部的信息互联,但不能实现如船员、船舶或通航的实时管理。

网络化管理阶段(2003—2010年)。随着我国网络技术的迅速发展和电子商务技术的应用和提高,至2004年,全国海事系统全部建成并运行船员管理信息系统,实现全国所有直属局和大部分分支机构联网。由于海船船员系统的船员数据是从原局域网数据库导入,产生了大量冗余数据,给日常办理业务造成许多困难。2008年,中国海事局决定重新改造原来的管理系统,搭建新的船员数据库,解决旧系统存在的问题,优化系统的管理流程,增加新的业务功能,提高办事效率。经过升级改造,增强了网站查询和注册功能,并开始海船船员全部实施网上业务申报和远程计算机终端适任考试,初步实现船员业务的系统化、电子化、网络化管理。2009年4月19日,"中华人民共和国船员网"完成二期建设项目并试行新版网站。升级后的船员网从栏目设置、服务功能、用户操作、网络技术及运作机制等五大方面有了整体优化,形成一套航运公司、船员、航海院校、培训机构、发证机构、服务机构、考试中心共同参与的信息管理机制,为各类船员信息的高效有序传递搭建了良好的平台。

船员信息管理系统的开发使船员管理信息服务得到有效整合,层次得到提升,通过信息化带动了海事管理现代化、规范化,同时也充分发挥网络联系政府、船公司、船员的实效作用,在船公司与船员之间以及政府管理机关与船员之间建立起一种新型的服务平台,提高船员管理的效率和服务水平。

(七)船员综合业务管理

1.船员(引航员)档案管理

船员(引航员)档案,也叫船员技术档案,是船员考试发证机关在组织各类船员培训、考试(评估),核发各类船员证件和其他一系列工作中形成的,具有查考价值的文字、表格等文件材料和电子档案,是船员考试发证机关活动的原始依据。船员档案由船员注册、考试(评估)、适任证书签发、专业和特殊培训合格证、海员证等各种船员证件申请材料和与之相关的证明材料、工作记录等构成。

自"04规则"实施后,原来执行的1988年《船员档案管理暂行规定》已不能适应海船船员档案管理的需求。为此,2006年11月20日,中国海事局重新修订和公布了《关于印发〈海船船员技术档案管理办法〉的通知》,要求各单位严格船员技术档案的管理,并将定期对各单位的船员档案进行检查。之后,船员档案的管理被纳入船员考试发证机关质量体系中。

内河方面,为配合"05规则"的实施,加强内河船员技术档案管理,提高内河船员档案的管理水平,中国海事局根据《海事业务档案管理办法》的分类要求,重新制定了新的档案管理办法,2004年10月15日,中国海事局下发《关于印发〈内河船员技术档案管理暂行办法〉的通知》,全面规范内河船员技术档案的材料归档、分类、编号等基础工作。同时与"内河船员信息管理系统"相互配合,提高档案使用效率。为保证全国内河船员档案管理符合规定的要求,2009年,中国海事局组织了一次全国性海事机构内河船员档案大检查,并根据检查的结果和内河船员管理的情况,确定了"10规则"实施的考试发证机关授权。

2.船员服务机构管理

"船员服务机构"的名称最早可追溯到1996年《关于加强海员证管理工作若干问题的通知》中提到的申办单位。1996年7月开始,中国港监局对申办单位实行编码管理。此时的申办单位,多数是船舶公司、船务公司、技术服务公司的形式。随着船员劳务市场的蓬勃发展,以船员劳务中介服务形式的公司逐渐出现,形成了一定的规模。为规范船员劳务市场,保障船员劳动权益,交通部于2008年7月公布了《中华人民共和国船员服务管理规定》,对从事代理船员办理申请培训、考试、申领证书(包括外国船员证书)等有关手续,代理用人单位管理船员事务,提供船舶配员等船员服务业务的机构,实行《船员服务机构许可证》制度,全面规范我国船员服务机构的市场行为,更好地维护船员的合法权益。

船员服务机构管理是依据"船员条例"的规定新增的管理业务。为落实这项工作,中国海事局先后下发了《关于实施〈中华人民共和国船员服务管理规定〉有关事项的通知》《关于船员服务机构管理有关事项的通知》等文件,对船员服务机构实行分类管理,如甲级服务机构(可为中国籍国际航行和国内航行海船提供配员,并为海船船员提供培训、考试、办证等相关船员服务)、乙级服务机构(可为中国籍国内航行海船提供配员,并为海船船员提供培训、考试、办证等相关船员服务)和内河服务机构(可为内河船舶提供配员,并为内河船员提供培训、考试、办证等相关船员服务);同时要求服务机构做好督促船员与用人单位签订劳动合同的工作。2010年5月,交通运输部和商务部联合发布《关于加强外派海员类对外劳务合作管理有关事宜的通知》,明确海员外派资质及具体监督管理工作,由交通运输部负责。海员外派机构可为外国籍或中国香港、澳门、台湾地区海船提供配员,并为海船船员提供培训、考试、办证等相关船员服务。中国海事局于2010年完成了《中华人民共和国海员外派管理办法》及配套文件的制定,并负责中国海员外派管理。

至2010年,经中国海事局正式批准的海员外派机构已达204家,参见附录附表(一)。

3.船员跟踪管理

船员跟踪管理也是海事机构的重要工作之一。其有两种形态:一是静态管理,即通过对《船员服务簿》记录的资历审查,进行跟踪管理。二是动态管理,即现场执法,实操性检查和举报,以及专项整治行动等方式。由于机关与现场管理脱节,静态管理与现场管理的紧密度不够,个别船员持假证上船的现象时有发生。

2002年10月1日,中国海事局下发《船员违法记分管理办法(试行)》,对在船员管理中出现的各种不同的违法行为分别予以记分处理,并按照不同的情况强制进行知识更新再教育。凡受到记分处理的船员均由海事机构在《船员服务簿》上进行登记。

2005年,中国海事局开展了为期三个月的长江干线内河船舶船员持假证上船任职专项整治行动,沿长江各海事管理机构周密部署,通力合作,共检查船舶86853艘次,检查船员适任证书316932本,缴获假证2900余本。同时,珠江水系3个海事局联合组织了为期1个月的珠江水系整治船员持假证上船任职统一执法行动,共检查船舶14694艘次,检查船员适任证书47985本,收缴假证213本(图4-2-3)。专项整治行动取得明显成效,船员持假证任职现象得到有效遏制,制假、贩假、用假现象明显减少。为了有效防止这种违法行为的发生,中国海事局主管部门于2010年着手研究部门协同管理软件,通过现场船舶签证,收集船员上下船员任解职信息,回馈到船员信息管理系统进行核查,或是通过申报系统,进行船员出入境报备方式,跟踪船员动态信息,以实现"动静结合"的科学管理方式。

图4-2-3 2005年在长江干线内河船员整顿中查获的假证

六、国际合作与交流

中国海事局在船员管理方面积极与国际海事界进行业务交流与合作。

1977—1995年,中国政府交通主管部门积极参与国际海事组织的有关活动,多次派专家参与"STCW公约"的修订工作和审核工作。

2003年6月3日至19日,中国政府派出代表团出席了国际劳工组织(ILO)国际劳工局理事会在瑞士日内瓦召开的第91届会议。会议通过了《2003年海员身份证件公约(修订本)》(第185号公约),取代了1958年通过的第108号公约。

2004年4月13日至19日,中国海事局派代表出席了在新西兰召开的"亚太地区海事机构首脑论坛第七次会议"。5月12日至21日,中国交通部组团出席了在英国伦敦召开的国际海事组织海上安全委员会第78届会议。是年,中国海事局派员出席在瑞士召开的国际劳工组织海事技术准备会议。

2005年,中国海事局组团参加IMO第36届培训和值班标准分委会(STW),参加国际劳工组织(ILO)海事会议,积极向IMO和ILO提出建议案;在上海与IMO联合举办由IMO资深官员任教员的海员培训与发证质量标准体系国家审核员研讨班;与外交部联合组团赴印度参加"海上保安培训研讨会";派员参加IMO在新加坡举办的地区间模拟器教练员培训班。

2006年2月7日至23日,中国政府派出代表团出席了国际劳工组织(ILO)在瑞士日内瓦召开的第94届国际劳工暨第十届海事大会,最终通过了《2006年海事劳工公约》。同年,中国海事局组团参加IMO第37届培训和值班标准分委会(STW)、IMO/ILO特设专家联合工作组第二次会议、IMO法委会第92次会议和第18届世界引航大会,积极向IMO和ILO提出建议案。同年,中国海事局组织召开了"2006深圳'高素质海员'国际海事论坛",3000多名世界海事界、航运界和航海教育的专家、学者出席大会。

2009年,中国海事局组团参加国际海事组织第41次STW分委会会议和特别会间会议;迎接和顺利通过了IMO自愿审核。

2010年6月21日至25日,中国政府组团参加了国际海事组织(IMO)在菲律宾马尼拉召开的"STCW78公约"缔约国外交大会。会议通过了2010修正案(马尼拉修正案)。中国海事局根据"STCW78/10公约"(即"马尼拉修正案")的履约要求,完成了"马尼拉修正案"的英译中翻译工作,启动了《中华人民共和国海船船员适任考试、评估和发证规则》(简称"11规则")和《中华人民共和国船员值班规则》(简称《值班规则》)等法规及配套文件的修订工作。7月,与IMO在上海联合主办了亚太地区"STCW公约"马尼拉修正案研讨班,40余位各国代表参加,其中我国10余位代表参加了培训研讨。9月份,在广东举行了我国"STCW公约"马尼拉修正案培训研讨,共40人参加培训。此外,中国海事局派员随"育鲲"轮出访交流;2001—2010年,中国海事局根据国际海事组织互为承认海员适任证书协议,已与22个国家(地区)的海事主管当局签署海员适任证书承认协议,中国船员培训、考试、发证工作在国际上获得广泛认可。

七、与香港海事处的联系

中国海事局建立了与香港地区海事处的联系机制,通过与香港特别行政区的合作,培养高素质的海员。

纵观这一时期,中国海事局对船员的管理工作,紧紧围绕着国际国内航运发展形势和航海科技发展变化,积极参与国际事务,不断调整和修订国内船员管理的相关法规、政策,特别是在全面地充分地履行国际公约方面所作出的积极努力,关注船员权益保护和提高船员的安全意识,利用现代科技手段不断提升船员技术水平和海事行政管理水平,以适应快速航运发展的新变化。

第三节 航运企业船员管理

一、建立船员基地

船员基地,即船员培训基地。在劳动力资源丰富或有航海传统优势的地区,政府联合航运企业和航海教育、培训机构,招募社会人员进行船员专业技术培训,为航运企业输送人才。船员基地的设立,有效缓解了船员供需矛盾,不仅有利于国家航运事业和航运企业的发展,而且有利于地方经济建设和船员个人的职业发展,实现了国家、企业、个人三方共赢,是一项一举多得、长期受益的工程。

(一)中远集团船员基地建设和基地船员管理

1. 中远集团船员用工制度改革

20世纪90年代初到1995年,中远船员队伍基本稳定在自有船员4.5万—4.7万人。20世纪80年代末,集团开始招收农合工。1995年中远集团着手进行了船员管理体制改革,船员用工制度改革是船员管理体制改革的重要组成部分。因船舶配员减编出现较明显船员富余问题,集团采取了减少招收高级船员、停止招收自有普通船员、船员下岗分流等一系列措施,船员队伍人数呈下降趋势,到2002年底船员队伍下降为38862人,其中自有船员34411人,农合工船员4251人。2002年6月,中远集团出台了《中远集团关于建立船员基地的指导意见》,建立了劳务派遣用工形式的基地船员用工制度,存量农合工船员部分转为劳动合同制船员,大部分转为基地船员,并按照"高级船员公司化、普通船员社会化"的原则补充船员,自有船员持续减少、基地船员持续增加。2005年出台了《中远集团基地船员管理办法》。2006年,基地船员更名为协作船员。2007年船员总数为34626人,其中自有船员25191人,协作船员9435人。

2. 广远设立南充船员基地

2004年3月26日,广州远洋运输公司与南充市就业局在成都正式签署协议,在南充建立广远海员基地。广远公司在南充招募海员用于劳务派遣,被招收人员与南充东方国际劳务股份有限公司签订劳动合同,派遣输出。南充基地首期面向四川省招收海员300名,条件为具四川省常住户口,高中(职高)以上学历,身高1.70米以上,视力达标,身体健康,年龄在18—22周岁的未婚男青年。广远公司组织考试,经考试合格录用者,送广州远洋海员学校进行为期6个月的专业考证培训,合格者成为广远公司外派船员。

3. 青远加强基地船员管理

青岛远洋运输公司也设立基地培训船员。2006年,青远船员公司使用的基地船员,在船工作的达700人,已取得三副、三管轮以上职务适任证书的高级船员达400余人。基地船员的使用直接推动了劳务外派的发展,公司连续多年外派人数和外派班子均超过内派,为公司创造的效益也为青远历史之最。

青远船员公司基地船员的选拔由公司人事部门统一负责,根据外派市场发展和船员减员等情况,每年在船员基地选聘一部分基地船员。为了保证选聘质量,公司坚持按身体条件、学历标准,通过考试、面试录用。选招的船员经过培训,分到各船员管理部门使用。

基地船员招聘到公司后,船员公司即对其实行全方位、全过程的管理。先后制定了对基地船员管理的一系列措施、规定和办法,严格执行有关规定,发生问题按规定和程序进行处理。基地船员派船前教育谈话、上船跟踪考核、下船工作汇报等,由对船部门具体负责,公司领导检查指导。船员公司对于干得好的船员从各方面给予优厚待遇和提升奖励等,优秀者转为自有船员。不少基地船员成为公司船员中的各级各类骨干,被提升为船长、大副、大管轮、水手长和机工长等。船员公司还采取各种举措做好基地船员的服务和保障工作。

4. 上远规范基地船员管理

上海远洋对外劳务有限公司根据公司对船员队伍建设与发展的总体战略,通过船员基地招收船员,并在公司船舶使用,为劳务外派的可持续性发展提供了保障。

上远劳务公司严把船员招收质量关,派专门人员参与面试与选择。加强并规范对船员基地船员的管理,把基地劳务船员的使用与在船管理纳入公司船员管理体系。所有基地船员的基本信息均录入计算机人事管理系统,基地船员的所有动态纳入计算机管理。根据公司主船队和劳务外派的用工需求,把所有基地船员资源分为内派与外派,并分别给予标识。内派船员由各船舶管理部负责日常的工作调配安排与在船期间的管理,外派船员由上远劳务公司负责日常的工作调配安排与在船期间的管理。

上远劳务公司严格遵循"船员基地船员使用程序",参照公司船员上下船的管理规定与程序进行,上下船的指令由各用人部门(单位)直接下达,并参照公司《船舶岗位聘任管理办法》的规定签订《船舶岗位责任书》。

为了更加有效而稳妥地做好基地船员的工作,上远劳务公司向各船员基地提出要求:加大履行劳务合作协议的力度,严格履行协议书所规定的各自的权利与义务,做好各自的工作;重视船员基地船员用工的合法性,各船员基地与所属船员之间要建立正式的劳动关系,签订劳动合同,并按照当地政府所规定的社会统筹项目交纳社会统筹基金;船员基地要有相对固定的从事基地船员管理的人员,这些人员必须熟悉船员管理的一般知识和使用船员基本程序;在对劳务船员进行业务培训时,与有关培训单位签订培训协议书,明确各自的权利、义务以及所承担的责任。同时与船员个人签订类似的培训协议书,明确各自的权利、义务以及所承担的责任;为实施对船员的有效管理,建立船员个人档案和基础数据库,包括船员的基本信息、船员的合同期限、社会统筹金的交纳情况、船员上下船记录、船员的海上经历、船员的职务变更、船员工资的发放记录等,同时加强船员在家时的管理;建立船员管理的规章制度,把对船员的管理纳入规范有序轨道;关心船员的政治与日常生活。

上远劳务公司还举办各类短训班、提高班、专业班、强化班,强化劳务外派船员的服务意识、岗位意识、服从意识,不断提高船员的业务技能、综合素质。在强化教育中,特别注重船员的综合业务素质和外语能力的培训。此外,还加强对外派船员面试前的培训,针对不同的船东,进行专项重点培训,努力提高船员面试通过合格率。

(二) 中海集团建立船员基地

1997年7月1日,在上海海运(集团)公司、广州海运(集团)有限公司、大连海运(集团)公司、中国海员对外技术服务公司和中交船业公司等5家交通部直属企业的基础上,组建成立中国海运(集团)总公司,总部设在上海。中海集团成立之初,船员在2万人左右,后基本稳定在2.5万人左右。

中海集团成立后,坚持做大航运业,10年间业务从沿海内贸运输逐步向远洋外贸运输拓展。这种跨越式的发展,对人才提出了更高的要求,因此,中海十分重视船员队伍建设。集团船员管理模式历经多次变化,开始"人船分离"和"人船合一"并存(1997—1998年),再到"人船分离"(1998—2007年),再到"管人管船管事"相统一(2008—2014年)。中海自有的合同制船员占60%—70%,其他劳务船员占30%—40%。由于船员市场供需失衡,中海着手建立自己的船员基地,并使用基地船员。

2007年6月10日,中海集团与湖南省签订《关于建立中国海运集团湖南省船员基地长期合作战略协议》,同日,中海集团湖南省船员基地揭牌。这是中海集团第一个船员基地。9月,基地招募第一批船员。报名情况很火爆,经过严格挑选,240名湖南青年获得录用。9月5日,中海集团分别在上海海事职院和广州海运技校举行开学典礼。240名新募船员接受为期5个月的船舶水手、机工专业培训,通过考试取得相关证书者,分别被安排到中海集团上海分公司和广州分公司的船舶上任职。

2008年3月30日,中海集团与江苏省人民政府在南京市举行了建立船员基地长期战略合作协议签字仪式,"中国海运集团江苏省船员基地"揭牌。中海江苏船员基地招募对象主要为当地的职业技术院校学生。中海在江苏建立船员基地,是因为看中了这里的人才储备优势。此前,江苏省大力发展职业教育,提出了"两个百分百"目标:高中毕业未考取大学可百分之百进入职业院校;初中毕业未考取高中可百分之百进入中专技校。职业技术院校成为中海集团的人才库。

中海集团船员基地招募的船员都将按中海确定的职业生涯导航计划，享有进一步深造机会，只要肯学习，愿意致力于航海事业，他们就可从普通船员提升为干部船员。一般在中海学习3—6个月后上船实习半年后就可以做水手、机工；在中海内部的海事职业技术学院参加驾驶员、轮机员专业函授大专2—3年学习后，可直接考驾驶员和轮机员；经过10—15年的努力，就可以成为船长或轮机长。

中海船员基地建设是长期的、战略性的，以满足集团船舶大型化、现代化的需求，也是企业战略转型的需要。建立基地，培养船员，保证了集团航运业务发展的人才储备。

（三）舟山建立船员基地

在中远、中海等航运企业相继建立船员基地的同时，一些具有人力资源优势和航海传统优势的地区，也在地方政府和海事部门的主导下，建立地区性的船员基地，为航运企业输送人才，同时提升地区就业率。其中舟山海员基地建设最具典型性。

2008年，浙江省委提出在舟山"要建立海员培养基地，积极探索专业性人才培养新途径，不断发展海员规模和增强海员素质"，打出"舟山海员"品牌知名度。

舟山建设海员基地，具有得天独厚的优势。其一，航海传统悠久。舟山人历来以当海员为荣，广大渔（农）村青少年对海员职业也有一定的向往。使用舟山海员的船公司普遍反映，舟山海员经过正规系统的航海教育，基础好；热爱航海事业，适应性强；具有吃苦耐劳精神，服务意识强。其二，航运业发达，海员需求旺盛。截至2009年底，舟山市拥有舟山籍船舶3190艘（323.97万总吨），种类齐全，吨位跨度大，具有较强的行业代表性；拥有船员54000余名，约占浙江省海员总数70%，全国海员总数10%，数量众多、类别齐全，同样具有很强的行业代表性。其三，海员培训体系完备。舟山有浙江海洋学院、浙江国际海运职业技术学院和舟山航海学校，形成本科、专科、中专相衔接的多层次教学培养体系，各区县还设有航海类专业成人学历教育函授点。舟山的航海类院校师资雄厚，教育培训设施完备，均取得中国海事局海员培训资质。2010年，舟山市全日制航海类专业在校生人数约3500名，大专函授学员与在校生数量相当。

舟山市根据自身优势，在全国率先将海员作为专业人才进行重点培养。2003年6月成立舟山海员管理协会，促进海运企业、海员服务机构、海员培训教育单位之间的合作和交流，并为广大会员提供公平有序的竞争环境。2005年6月成立舟山海员就业服务中心，主要负责海员就业的综合管理工作。2006年6月创建舟山海员网站，研制开发舟山海员信息管理系统，推行海员IC卡，促进舟山海员人力资源的合理配置，规范海员交易市场，改善海员考试办证信息渠道不畅问题，提升"舟山海员"品牌质量。2007年6月，舟山市在全国首创"中国舟山海员日"主题活动，通过一系列活动，很好地营造出舟山海员文化氛围。2009年，组织开展海员技能大比武活动，共有50多家航运企业、近万名海员参与此项活动，在全市海员中形成苦练岗位技能、争当一流海员的良好氛围。至2010年，舟山市已经初步建成以"舟山海员"为品牌的人才高地。

（四）西部地区海员基地建设

西部地区利用劳动力资源优势，也在进行海员基地建设。2008年6月26日，按照交通运输部推进中西部海员发展的决策，由天津海事局建立的我国西部第一所海员培养基地——延安海员培养基地落户延安职业技术学院，为西部广大青年学子提供了学习航海技术和就业的平台。延安职业技术学院分别与华洋海事中心、中远对外劳务合作公司等8家单位签订了海员毕业生就业意向书。该基地的建成，对转移西部地区富余劳动力，同时为航运企业提供海员来源，具有深远意义。

二、中远集团外派及远洋船员管理

(一) 中远集团船员劳务外派管理

中远自开展船员劳务外派业务以来,规模不断扩大,经验日趋丰富。1993年中远集团总公司成立,根据集团总公司的部署,中远对外劳务合作公司于同年成立。在集团总公司的领导下,中远对外劳务合作公司努力推动各大远洋公司建立专门的船员劳务外派机构。从专人负责制度,到建立外派处(部),再到建立专门的劳务公司,标志着中远劳务外派的管理体系逐步完善和成熟,为中远下属各远洋公司的船员劳务外派奠定了良好的组织基础。

2000年以来,中远集团把对外劳务经营权下放到各远洋公司,各公司独立经营,自主开发业务,与中远对外劳务合作公司不再存在隶属关系。各公司在外派实践中,根据高级船员公司化、普通船员社会化的思路,形成了结构相对合理、梯次分布有序的劳务外派船员队伍格局。外派船员的来源日趋多元化,不再局限于自有船员,外派普通船员基本以协作船员为主力军,而外派高级船员则形成了自有船员为主,协作船员、社会船员为补充的格局。个别公司的协作船员已经超过了外派船员的总数。

截至2011年11月底,中远集团各下属公司劳务外派船员总数为7759人,其中高级船员3467人(自有船员2487人,协作船员596人,社会船员384人),普通船员4292人(自有船员873人,协作船员2276人,社会船员1143人)。外派班子共计361套,其中系统内86套,系统外275套。

外派船员的薪酬体系更加贴近市场。由于外派船员的薪酬一般根据派员公司与船东签订的配员合同来确定,并且根据国际惯例,每年都进行相应的调整。因此,外派船员的薪酬体系远比主船队船员的工资体系来得市场化。在市场供求趋势出现变化的时候,派员公司还可以通过短期调整的方式,提高紧缺岗位船员的薪酬标准,留住船员,稳定船员队伍,在经营机制上相较于主船队显得更为灵活。

通过完善管理制度和规范经营,中远集团建立了一支适应市场要求的高素质外派船员队伍,形成了一定的品牌效应并得到了国际船东的认可。

(二) 中远集团远洋船员管理

中远一直重视船员管理工作。1991年,中远总公司颁发了《远洋船员管理工作条例》。1993年中远集团成立后,由于国家陆续颁布了一系列的法律、法规,特别是1994年《劳动法》的颁布,以及全员劳动合同制的实施,原《条例》在很多方面已经不能适应当时的需要。因此,集团于1996年9月1日依据《劳动法》有关内容重新修订并颁发了《远洋船员管理工作条例》。此后,随着中远集团不断向现代企业制度迈进,船员管理体制改革也在不断深化,管理方式发生了深刻的变化。在此种形势下,中远集团经过广泛调研和深入研究,于2005年8月2日正式下发了《中远集团远洋船员管理办法》。新《办法》实施的目的是加强中远集团远洋船员队伍建设,提高船员队伍素质,促进远洋船员管理工作的科学化和标准化,增强中远集团核心竞争力,维护船舶正常的生产和生活秩序,确保安全优质地完成运输生产任务。其内容与1996年《条例》相比,有如下特点:

1. 用工管理

新《办法》将原条例第二章"招收、调入、调出和离退休"改为"用工管理",加入了"高级船员公司化,普通船员社会化"的有关内容。确定了远洋船员用工制度遵循拥有和控制并举的方针,逐步实现高级船员由各公司所拥有、普通船员由各公司所控制等多元化用工形式。招收航海类专业毕业生作为高级船员的主要补充形式,各公司根据中远集团和本公司的人力资源发展规划,向中远(集团)总公司报告人才需求信息,中远(集团)总公司统一与各院校协商,确定招收计划后,组织有关人员赴各院校与毕业生进行双向选择。

普通船员的录用,则是根据现有远洋船员任职条件和有关规定,通过与公司建立有劳务合作关系的劳务中心(或公司),在当地劳动行政部门的指导和监督下,面向社会,公开招聘,择优录用。

2.教育培训

作为世界著名、中国最大的远洋运输企业,中远集团在重视培养航运高级人才的同时,也十分重视广大普通船员的教育和培训。为突出教育培训工作在船员管理中的重要作用,新《办法》特别将"教育和培训"列为一章,对培训的管理、新船员的教育和培训、上船前教育、在船培训和演练、特殊培训、英语培训和考试、建立培训档案等内容做了规定。根据集团发展战略、船队发展规划和劳务外派市场情况,制定船员队伍教育培训工作中长期规划,对贯彻落实情况及时进行跟踪、检查、监督和交流,确保集团船员人才队伍的素质。

各航运公司也高度重视船员队伍教育培训工作,根据中远(集团)总公司船员队伍教育培训工作中长期规划和年度计划,结合船员队伍的实际状况,制定本公司教育培训中长期培训规划和年度计划,投入充足的人力、财力和物力,制订的各项措施要设定明确目标,责任到岗,责任到人,确保规划、计划的落实。

各公司还建立有效的船员教育培训工作机制,使教育培训与船员的职务晋升、工作考核、经济收入等切身利益紧密结合起来,充分调动船员参加培训、提高素质的主观能动性;并鼓励船员努力提高个人素质、参加各项业务培训、参加国家和中远集团的船员技术职称评审,为船员的学习、培训和职称评审等提供便利条件。

3.船员调配

新《办法》强调了管理和调配的统一,将调配人员统称为调管人员。调管人员应了解所分管船舶的种类、主要设备的一般技术状况,掌握了解所调配船员的思想品行、在船表现、文化程度、技术业务能力、性格特点、健康状况和家庭情况等。

调管人员在对船舶全套班子的配备中,注意技术能力、管理能力、年龄结构、文化层次、性格特征、政治表现以及不同地区船员的全面搭配。各公司应根据实际情况,做好应急调配预案,调管人员应根据不同类型的船舶合理调配船员。

由于定船已不再符合船员队伍的现状和船员管理的趋势,新《办法》删除了"定船"的有关内容,对板块管理进行了提倡,规定各公司在条件允许的情况下,尽量将船舶按板块划分,对船员实行板块管理。

4.证件管理

新《办法》进一步细化了海员证、护照的管理,并根据新的出入境规定,增加了因私护照和出境证明、签证等方面的内容。

为方便船员出入境和在境外通行,新《办法》规定船员上船必须持有因公普通护照或因私护照。船员办理因公普通护照,由各公司按规定进行出国人员政审,合格后报中远(集团)总公司审批,由集团统一到外交部办理。因公护照使用时发给个人,使用完毕后立即收回交由船员所在公司或申请办理因公护照的单位保管;船员办理因私护照,由船员按规定到其户口所在地指定的公安部门办理。

船员上船,前往有关国家或地区(包括途经国家或地区)不需要办理入、过境签证的,由所在公司按规定向出境边防检查站出具出境证明,并提供国外接待单位的邀请或担保函电,凭船员本人所持的中国有效海员证或(和)护照出境。如需要办理签证,应在出境前由船员所在公司按有关规定办妥前往国家或地区的入、过境签证。

《中华人民共和国海员证》是远洋船员出入中国国境和在境外通行使用的有效身份证件,由中华人民共和国海事局签发。除此之外还要持《海船船员适任证书》《船员岗位证书》《海船船员专业培训合格证书》《船员健康证书》《运输工具服务人员出入境物品登记证》《预防接种证书》等证件,在特种类型船舶上任职的船员还必须持有《海船船员特殊培训合格证》。

船员所持证件到期前,船员管理部门应按有关规定及时办理换证手续。新证件办妥后,必须尽快将旧证件上交船员管理部门。除《运输工具服务人员出入境携带物品登记证》外,在船船员的其余证件应由船舶统一保管,船员离船后各公司可根据实际情况自主决定船员证件的保管方法。

5.文明礼仪

新《办法》特别增加了"礼仪"一章,对船员的文明礼貌和着装进行规范。这是因为,中远集团的远洋航线覆盖全球160多个国家和地区的1300多个港口,向全球客户提供全球承运和现代物流服务,同时中远集团也是中国对外合作与交往的纽带和桥梁,为中外的友好交往做出了巨大的贡献。中远船员无论航行到哪里,时时以维护祖国的尊严与荣誉为最高准则,处处严格要求自己,在世界上展示中国的光辉形象。所以新《办法》特别增加了礼仪一章,要求船员在公共场所要遵守公共道德,注意文明礼貌,尊重当地风俗习惯;船员参加外事活动、重大庆典、纪念活动和礼仪性活动时,必须按要求穿着制服,展现出中远船员的精神风貌。

另外,在新《办法》其他章节中,还分别对"考核、评估""任职""工时、假期""在船患病、因工伤亡""遣返""休假、待派和伤、老、病、残船员的管理""劳务外派""奖励和惩处"做出了详细规定。

三、中海集团探索船员管理新模式

(一)改革管理体制,成立专业化船员公司

中海集团重组初期,原三地(上海、广州、大连)公司都设有船员公司、船舶管理公司和船员教育培训中心,分别负责中海集团各专业船公司所需船员的配置、相关合资船公司委托的船舶技术管理以及有关船员的学历教育及职业培训。这种条块分割的管理体制不能适应集团航运主业的快速发展,改革势在必行。中国海运要建立世界一流的船队,必须要建立与之相匹配的船员队伍,建立现代化的船员管理制度。

1.中海上海船员公司成立,人船分离

中海集团经过研究讨论,决定在上海地区实行船员专业化管理试点。1998年3月,集团就把组建"中海上海船员公司"列入重要议事日程,并做出统一部署,计划6月底前成立中海上海船员公司,属上海海运(集团)公司领导。中海油运从大局出发,将54套上海船员班子,共计3211名油轮船员整体转入中海上海船员公司,原船员与船公司的劳动关系全部转由与上海船员公司签订。

1998年7月,中海上海船员公司成立揭牌,意味着几十年来上海海运实行的"人船合一"船员管理体制就此画上句号。上海船员公司的成立,从根本上打破经营、船队、船员"三位一体"的传统管理模式,把船员的管理工作从各专业船公司中分离出来,实行船员的专业化管理,并通过建立一整套分工明确、责权清楚、利益互保的激励和监督保障制度,来强化对船员的管理和培训,提高船员的积极性和进取精神,提高船员队伍的整体素质,增强企业的市场竞争能力。同时,各专业船公司可以从繁杂的船员管理事务中解脱出来,提高营运水平,提高经济效益。广州、大连的英华、英才船员公司也开始实施转型,对船员集约化和专业化的管理进行了探索。

从2000年起,中海上海船员公司根据集团船队发展要求,制定了2000—2003年船员队伍结构调整规划,在重点解决船员队伍总量富余、结构不合理的基础上,花力气培养一大批适应大型集装箱船舶、大型或超大型油轮、化学品船需求的船舶技术干部,进一步加大以市场为导向的船员培训力度,使公司船员

队伍结构调整紧紧跟上集团船队结构调整步伐。公司还按照"以人为本"的管理理念,建立了ISO9001质量体系和计算机局域网,形成了从船员派前教育到派中考核、船舶"三长"派后述职一体化的管理模式,健全和完善了船员考核档案,做到"一人一档",对船员实施动态跟踪管理。

5年内,上海船员公司共培养提升了157名船长、197名轮机长、303名大副、335名大管轮,船长和轮机长队伍中45岁以下的所占比例分别提高了27.54%和27.06%,船舶驾驶员、轮机员中持甲类证书的比例提高了13.82%,船舶技术干部与中普船员的比例也由1∶1.38提高到1∶1.18。150余名优秀船舶技术干部分别被选送到集团下属的专业公司,成为企业参与市场竞争的骨干力量,有效地缓解了集装箱运输、油轮运输船队发展与船员队伍不足的矛盾。

上海船员公司成立的几年间,在探索实行"人船分离"船员管理模式,实现船员资源统一管理方面积累了一定经验,为集装箱船队组建提供了人力保障。为"人船分离"到下一步"以船舷为界"的原则进行船员公司与船东公司分离的架构重组,建立起一套船员公司与船东公司各司其职的运行机制打下了坚实基础。

2.中海国际成立,船员管理以船舷为界

中海集团实行"人船分离"的管理模式后,将船员管理体制的进一步完善以及加强船员队伍建设提上了议事日程。

2004年12月8日,中海国际船舶管理有限公司开业(以下简称"中海国际")。中海国际旨在打造一支数量充足、结构合理、素质优良、船东欢迎的船员队伍,为主营船公司提供优质和全方位的服务,努力构筑集团海上运输人才的"蓄水库"。

中海国际在经营管理上,与船公司"资产、财务、人员、机构、运作"上实行"五分开",依照以"船舷为界"的原则,船员公司主要负责资格性"适任"培训,为船公司提供"持证、合格、健康"的船员;船公司主要负责实际操作技能性的"适岗"培训,使船员能够"适船、适航、适货"。船员上船前的各项管理工作和离船后的生老病死等生活福利由船员公司负责,船员公司对船员队伍建设和持续发展进行全过程管理。船东负责船员在船期间的管理,船员上船后由船东按船员职务规则对船员进行跟踪考核。

中海国际拥有员工近3万名,其中,船员2万余名,高级船员占到51%以上;管理国内外船舶76艘,与世界上80余家船公司建立了稳定的业务合作关系,年劳务输出1万人次以上;拥有当时国内最大的船员培训基地,年培训能力超过16000人次,时为中国最大的船舶管理公司。

中海国际整合了集团的人力资源,保证了大型船舶船员的选拔及培养工作。2003年至2004年两年间,经船员公司推荐、船公司面试、专家组审核,确定出47套大型集装箱船舶主要干部船员班子,并初步确定出10套大型油轮船员班子名单。

2005年至2006年间,中海国际基本上是平均每月配备一艘大型船的船员班子。中海国际将为9600TEU集装箱船派好船员、接好船舶作为公司2006年的"一号工程"。在接船前的2个月中,中海国际按照接船计划的时间节点,有条不紊地为船员进行了英语强化培训以及中海国际所要求的其他特殊培训。首批3名中方船员于5月底在韩国登船,6月份其他中方船员先后登船,6月22日第一艘9600TEU船"新洛杉矶"轮从韩国三星船厂顺利起航,宣告中海国际这次配员任务的圆满完成。基于首次派员的成功经验,中海国际于当年10月9日又一举完成了第二艘9600TEU船"新上海"轮的船员选拔、培训和接船任务。仅2006年一年就顺利完成了27艘集、油、货轮的船员置换工作。2007年另外两艘9600TEU船"新香港"轮、"新北京"轮也顺利接船。

9600TEU集装箱船派员任务创造了集团派员的多个"第一":一是该船集装箱装载量是当时我国乃至全球投入营运的装载能力最大的集装箱船,二是集团首次采用成立合资公司并采用国际一流船舶管理公司的管船模式对此类船舶进行管理,三是集团首次在自有船舶上采用中外混编的方式为船舶配员。

"十一五"期间,中海国际劳务外派派员的数量和质量逐年提升。2006年全套派员数114,半套派员数62,合计派员人数4897;2007年全套派员数142,半套派员数61,合计派员人数5145;2008年全套派员数154,半套派员数53,合计派员人数5442;2009年全套派员数181,半套派员数44,合计派员人数5878。2010年,公司抓住市场回暖的良好机遇,进一步推进资源、成本、机制"三分开",加大社会船员招募力度,效益增加显著。外派劳务有了进一步的拓展,2010年全套派员数227,半套派员数41,合计派员人数6952,派员数量比2006年增加41%。

中海国际进一步拓展了海员劳务国际国内两个市场,初步形成了内派外派双赢多赢的良性互动。每年劳务外派收入过亿元,利润过千万元,在国内同行业中名列前茅。与德国、丹麦、希腊、美国、日本、新加坡、中国香港、中国台湾等30多个国家和地区的百余家船东建立了劳务外派业务关系,向包括马士基、V-SHIPS、东方海外、新加坡海皇轮船公司等一流船公司派出中海船员。素质良好的中海船员备受美国、德国、希腊等船公司欢迎。劳务外派船舶种类涉及集装箱船、散货船、油船、滚装船、化学品船、LPG、客船等各类型船舶。此外,通过向国内船公司派员,还增加了船员就业岗位,分流了部分富余船员,为稳定船员队伍发挥了积极作用。

实践证明,集团成立中海国际,全集团船员人才资源的统一招募、统一培训、统一调配、统一管理、统一服务的"五个统一"的体制机制得到实施,充分体现了国有企业"集中力量办大事"的独特优势;实现了人才资源规模化、集约化配置的科学管理优势。

(二) 创新"三管"船员管理模式

中海集团在实现跨越式发展的同时,继续探索船员管理新模式,"五个统一"逐步向"管人、管船、管事相统一"的"三管"过渡。

1. "三管"工作从试点到全面推广

2007年4月,集团主营船队进入协调发展期,为满足各船队发展对船员队伍建设的新需求,在集团指导下,统一建立了7家主营船公司的船员库。10月,集团从进一步调动船公司和中海国际积极性出发,决定在建立船员库的基础上,试行船公司"管船、管人、管事"相统一机制(以下简称"三管"),并率先在中海油运试行。集团制定了《"三管"工作试点交接方案》,将中海国际油轮船员调配员整建制划转中海油运,相关船员调配职能也一并移交。

"三管"是集团船员管理模式的又一次大变革,中海国际的管理职能和内涵将随之产生大变动。中海国际在"三管"试行工作中,与中海油运积极沟通、协调,通过互相配合、不断努力,使"三管"试点工作达到了预期目标,取得良好效果,突出体现在三个方面。

一是船员归属感明显增强。船员普遍反映船公司"三管"有利于稳定船员队伍,增强船员的归属感。船员上船前的岗前教育、领取调令、指导谈话等流程得到简化,真正实现了船公司一门式服务。特别是中海油运实行"三管"试点以后,在关心关爱船员方面推出诸多实质性的举措,更使船员感到实实在在的受益。

二是船员资源利用率明显提高。船公司管船人员观念有新的变化,过去经常发生的安全生产与培养使用新人之间的矛盾,在船公司内部得到了平衡化解。船公司更注重船员队伍的培养,更关注船员班子的优化组合。改变了以往要培养、调动一个船员,由于船公司技术管理部门与船员管理部门出于各自定位见解不同,容易出现对船员缺乏公正、客观评估的现象。

三是船员调配人员的工作积极性得到提高。中海国际船员调配员划转船公司后,其工作积极性、工作质量和效率也有新的提高,以往的劳动艰辛和成果为船公司所了解,并得到了船公司的认可,在船员调配过程中的工作难度得到了船公司的理解,并得到支持和帮助。同时,待遇也有所提高。

2008年3月,集团"三管"工作在中海集运、中海货运、中海客运全面推广,中海海盛、香港航运、浦海航运也基本参照"三管"精神,落实了船公司的船员调配权。

2009年4月,集团根据"三管"实施情况,制定了《中国海运船员管理工作职责界定》,进一步明确了实行"三管"后船公司和中海国际的船员管理职责。

"三管"模式的实施,有力地推进了船公司和中海国际制度建设,完善工作流程再造,促进集团船员管理方面的精细化水平提高。首先是制度建设逐步完善健全。中海国际依据集团要求先后制订下发《"三管"工作试点交接方案》《中国海运船员管理工作职责界定》等条文,建立健全了船员任用原则、选拔条件、面试程序、培训程序、待遇等方面的制度,对库内船员管理、上下船调动、组织建设、党建工作等有一套完善的工作流程,使船员管理有章可循。其次是"流程再造"推进加快。实行"三管"后,各相关单位都以促进船员管理精细化,船员资源利用率最大化为目标,及时设置了相应的船员调配机构和党群管理岗位,完善和优化了船员晋升、聘用、考核等管理工作流程。

2.中海国际建立综合船员库

在集团指导和支持下,中海国际建成了包括了集团所有船员信息的数据系统,为船员动态显性化、船员成本明细化、船员管理精细化搭建了操作平台。通过船员管理信息平台与财务系统的数据对接,使船员成本费用实现了"实名制",精细到单船、单人、单项成本,规范了船员成本费用统计口径,加强了对可控成本的控制和管理。

在中海集团建立主营船员库以来的近三年时间中,中海国际将主要精力和工作放在接受主营船员库出库船员和为主营船队充实新鲜血液上,共接受4家实行"三管"主营船员库出库船员2018人(不包括退休和离职出库的人员1427人),接受3家专属船员库的出库船员758人(不包括退休和离职出库的人员261人)。同时,应各船公司要求向各船员库充实新入库船员4265人,其中2475人为新招募的航海院校毕业生和社会优秀船员,从而使主营船员队伍结构得到优化,素质有所提高,发挥了中海国际船员"主渠道""蓄水池"的优势。

"三管"实行后的2年多时间,集团主营船公司所出库的2776人,大多直接进入了中海国际综合船员库。中海国际坚持以人为本,通过办学习班、家访等形式,有重点、分批次做好稳定工作,加强了对这些船员的再教育、再培训、再安置。

经过持续不断的努力,中海集团船员管理逐步向一流航运企业人力资源管理的目标靠拢。在船队迅速扩张壮大的情况下,员工队伍却呈现了"三变一不变"的可喜局面。"三变",即文化层次提高,大专以上学历从24.9%增加至50.6%;队伍年轻化程度提高,40岁以下员工所占比例从37.2%增加至58.6%;技术等级提高,中高级职称所占比例从9.2%增加到21.5%。"一不变",即职工队伍总数与集团组建初期基本保持不变。

注重科学发展、注重内涵发展、提升发展质量的船员队伍建设,为集团可持续发展奠定了良好基础。

四、船员工资及福利待遇

船员作为一种特殊的职业,其工作具有艰苦性、风险性以及工作时间和工作地点不确定等特殊性。中国作为一个航运大国和船员大国,船员工资和福利待遇是关于船员职业发展前景的一个重要方面。2000年以后,随着我国航运事业的发展以及船员市场供不用求状况的加剧,航运企业更加注重海员工资的提高和福利待遇的改善,借以吸引人才,留住人才。然而从世界范围来看,我国船员工资待遇依然处于偏低水平。

(一)船员休假和休息

1. 公休规定

休假是船员的一项基本休息权利。我国航运企业中的运输船员实行以年为周期的综合计算工时制,轮班工作,集中公休。根据《中华人民共和国劳动法》相关规定,船员依法享有国家法定的节假日和休息日。国家法定节假日包括元旦1天,春节3天,清明节1天,劳动节1天,端午节1天,中秋节1天,国庆节3天。休息日按在船工作5天休息2天计。船员在船工作期间遇到休息日、法定节假日应正常工作(其中法定节假日按加班处理),离船后集中休息。

船员应休公休期按在船工作期间的休息日和法定节假日累计。船员在法定节假日轮班或集中工作时,按《中华人民共和国劳动法》相关规定支付船员工资报酬。船员实际公休期自船员离船后抵达遣返目的地的次日起算,至船员按照用人单位指示上船工作的实际启程日期的前日止。实际公休期超过应休公休期的,自超过之日起算待派期。待派船员是指实行综合计算工时工作制的船员在劳动合同有效期内应休公休期满后,因船员用人单位原因未能上船工作的船员。船员应休公休期满后,未按船员用人单位指示上船工作且无正当理由的,不视为待派船员。

船员用人单位与船员的初次劳动合同生效之日起,至船员按照用人单位指示首次上船工作的实际启程日期的前日止,可视为待派期,也可根据集体合同、劳动合同及船员用人单位与船员的约定视为实际公休期。船员应休公休期满后,未按船员用人单位指示上船工作且无正当理由的,自船员用人单位指示其上船工作所要求的启程之日起,不算待派期,但可继续计算实际公休期计入下一个综合计算周期。

2. 年休假

根据《中华人民共和国劳动法》有关规定,并参考相关国际公约的有关条款,规定船员享有在船舶上每工作个2月不少于5日的年休假。船员的年休假期应得到有效保障,等候遣返的时间和遣返旅行的时间不得从船员年休假期中扣除,船员用人单位只有在极端紧急情况下并征得船员的同意后,方可将处于年休假期的船员召回。船员用人单位可根据《船员条例》,结合船舶工作特点和本单位实际情况,就船员享受年休假期计算、使用、分段与累积、申请与审批等有关事宜做出具体规定。

对于年休假,各航运公司制定了自己的实施办法。例如,广州远洋运输公司规定,船员连续工龄满一年,且自然年度内累计在船工作时间不少于2个月,即可享受带薪年休假。根据船员在船工作时间,享受带薪年休假。

船员离船后即开始休船员带薪年休假,带薪年休假到期后衔接进入公休期,带薪年休假时间不计入公休期内。带薪年休假工资标准以船员在船工作期间的平均月度岗位工资为计算标准。

3. 在船作息规定

航运企业船员在船作息制度应符合国务院交通主管部门规定的标准。1997年11月20日,中华人民共和国交通部颁布了《中华人民共和国海船船员值班规则》(以下简称《值班规则》),其中关于船员在船作息时间的规定整理如下:

(1)船长应采取有效措施防止疲劳操作。所有参加值班的船员在24小时内必须至少10小时的休息时间。休息时间可以分开,但不超过两段时间,其中一段时间至少要有6小时。

(2)值班船员10小时最短休息时间可以减少到不少于6小时,条件是这种降低不得超过每周2天,同时,每周提供的休息时间不得少于70小时。

(3)在紧急、操演及特殊情况时,可以不保持上述对休息时间的要求。

(4)一定时间内的平均工作小时最长每天不应超过12小时。工作小时的一般规定可以不计必需的日常工作,如就餐替人或正常交接班所需的额外时间。

(5)各船应将值班安排表张贴在易见之处。船上应做好船员工作小时和休息时间的规定,保证其得以执行。每6个月进行一次检查。

(6)船长在安排船员值班时,应充分考虑女性船员的生理特点和国家有关规定。

总之,《值班规则》对"船员健康适任"要求进行规定,从而保证船员在船工作期间的休息权利。

船员在境外用人单位工作时,其工时制度可根据境外用人单位所在国家法律法规、相关国际公约及集体合同有关规定执行。

(二)船员工资

因航线和船员雇佣类型不同,船员工资的基本构成也有所不同。实践中,航运企业对远洋船舶船员工资和外派船员工资,各有不同的分配方法。鉴于我国对于内河船员工资并没有特别的规章制度进行规范,一律按照《船员条例》和《劳动合同法》执行,故不作讨论。

1. 远洋船员工资

我国航运企业关于远洋船员工资的制定须不违反《中华人民共和国劳动法》《中华人民共和国劳动合同法》及《中华人民共和国船员条例》的相关规定,并受《2006年海事劳工公约》调整。《2006年海事劳工公约》对工资做了明确规定:其一,规定各成员国应要求按不超过一个月的间隔并根据任何适用的集体协议向在悬挂其旗帜的船舶上工作的海员支付应得的报酬;其二,规定应给海员一个应得报酬和实付数额的月薪账目,包括工资、额外报酬,以及在其报酬采用的货币或兑换率不同于曾经达成一致的货币或兑换率时所用的兑换率。

在遵守相关法规、制度、公约的前提下,我国航运企业对远洋船员工资做了具体规定。中远集团成立后,为适应市场竞争、人才竞争的要求,建立了针对远洋船员的有效激励机制与约束机制,从而吸引人才、留住人才,确保中远集团航运主业的人才优势和队伍稳定,先后于1993年、1995年和1999年进行了3次远洋船员工资改革,形成了新的工资制度。

新的工资制度适用于公司自营船舶在编在册的远洋船员,以岗位职务工资为主进行分配,船在航工资结构由岗位职务工资、业绩工资(奖金、劳务费)、加班工资、航行津贴四部分组成,撤消原随在航工资发放的年功工资和各种津贴、补贴项目,将其纳入在航工资收入。船舶根据船型、吨位、船龄、综合因素等四个要素划分为一、二、三类,船员岗位职务工资与船舶类别挂钩;岗位业绩工资根据船舶"三学一创"①等级划分档次;加班工资以岗位职务工资为计发基数。总体而言,船员在航固定部分收入约占总收入比例70%—80%,浮动部分收入约占总收入20%—30%。船员在航期间,在按要求正常履行岗位职责的情况下,在航工资收入不低于3000元/月(实习、见习人员除外)。改革后船员工资制度的显著特点是结构简单化,收入显性化,重点提高了高级职务船员的在航工资收入水平,适当提高了普通船员的在航工资收入水平,并制定了远洋船员在航最低工资收入标准,从根本上保障了船员的合法权益。远洋船员的伙食津贴,作为船舶集中管理、使用的专项费用,不纳入远洋船员在航工资收入。

为更好地与国际接轨,也为更好地保障船员利益,吸引、稳定、留住航运主业核心人才,从2005年下半年开始,中远集团总公司着手开展调整、完善远洋船员工资管理的有关工作。在充分调研的基础上,与各远洋公司进行反复研究、讨论,制定出《关于完善中远集团远洋船员工资管理的指导意见》,2007年1月1日开始执行。《指导意见》将远洋船员在航工资收入指导标准的构成内容调整为岗位工资、业绩工

---

① 学包起帆、华铜海轮、青岛港、创文明行业。

资、休假待金、超时津贴、航行津贴。法定节假日加班工资、劳务费、公司效益奖励等,不计入指导标准。这种调整更加具体地保障了船员的利益,体现了市场价格,与国际通行做法逐步相统一。

2. 外派船员工资

由于外派船员工作环境以及法律关系较其他船员不同,工资制度也有所不同。中远集团对外派船员工资也进行了改革。以广远公司为例,从2003年1月1日起实施的《广州远洋运输公司外派船员工资改革方案》规定,外派船员在船工资由岗位职务工资(含津贴、奖金、加班费)、在航工资和优质服务奖三部分组成,取消原随在航工资发放的其他津贴、补助。

外派船员工资标准按船舶长航线测算。租金变化时,船员工资将作相应改变;船员工资待遇与租金高低直接挂钩,体现市场原则和效益原则。该工资标准已包含加班工资,但不包括船东、租家另行直接发放给船员的劳务费及其他奖金。船员伙食费由船舶集中管理,统一使用,不纳入外派船员在航工资收入;农合工船员休假期间不享有待派工资;外派船员在船工资标准由公司根据外派船舶净租金水平高低确定;岗位职务工资委托船东在船上发放;在航工资每月在公司发放;优质服务奖不论航线长短,合同期满后一次性发放。船员管理部门或船东对不称职或违纪违规船员的处罚,可酌情从优质服务奖中扣除。因个人原因中途离船或因工作失职等原因而被船东中途遣返的,不发放优质服务奖。外派船员工资改革确定的船员在航工资收入,不包括船员享受的各类保险规费。

外派船员工资改革更体现了市场原则,同时也更好地保障了船员的利益。

(三) 社会保障

依据有关法律、法规、规章的规定,用人单位须承担或者支付给员工工资之外的各项费用,包括社会保险费、劳动保护费、福利费、用人单位与员工解除劳动关系时支付的一次性补偿费、计划生育费用以及其他不属于工资的费用等,形成社会保障体系。船员作为一种具有较大危险性的特殊职业,更应健全社会保障体系。

为此,《2006年海事劳工公约》也对船员社会保障作出了详细的规定。其中标题四为"健康保护、医疗、福利及社会保障",包括船上和岸上医疗,船东的责任,保护健康和安全及防止事故,获得使用岸上福利设施和社会保障等;明确提出要采取措施向海员提供社会保障的保护。全面社会保障需要考虑的分项包括医疗、疾病津贴、失业津贴、老年津贴、工伤津贴、家庭津贴、生育津贴、病残津贴和遗属津贴,并强调了船东责任。在成员国没有上述分项险种充分覆盖情况下,根据国家法律和管理向海员提供类似福利的各种不同方法。

我国航运企业根据国家相关法规和国际公约要求,对社会保险做了详细而具体的规定。以中远为例,《广州远洋运输公司完善远洋船员工资管理方案》第22条规定,远洋船员在航整体待遇除包括在航工资收入外,还包括公司负担的与船员直接相关的部分费用,具体为基本养老保险、医疗保险、工伤保险、失业保险、生育保险和住房公积金等,即所谓的"五险一金"。其他各航运公司也建立了"五险一金"的保障体系。

除了国家规定的"五险一金"外,中远还进一步完善船员的保障体系,包括补充养老保险、交通意外伤害保险、人寿互助金等。补充养老保险是指企业在满足社会统筹的社会基本养老保险的基础上,为补充基本养老保险的不足,帮助企业员工建立的超出基本养老保险以上部分的一种养老形式。中远规定员工个人缴纳30元/月,公司缴纳30元/月,每月60元都划入个人账户中。在交通意外伤害保险方面,中远规定员工因公出差、上下船等造成交通意外伤害,可获得正常赔偿以外的交通意外伤害补偿。船员个人不缴纳保险费,费用由公司负担。在人寿互助金方面,中远规定船员因人身意外死亡,可获得正常赔偿以外的人身意外损害补偿。船员个人缴纳24元/年,公司缴纳6元/年。

第四节 海员劳动权益与社会保障的加强

一、中国海员建设工会成立与职能加强

2001年,中国海员工会、中国公路运输工会和中国建设建材工会合并成立中国海员建设工会。中国海员建设工会是在中华全国总工会领导下的全国性产业工会组织,作为全国交通、建设系统各级工会组织的领导机关,是全国远洋运输、内河水运、港务、海事、海上救助打捞、海员俱乐部以及公路交通、建筑建设等行业职工合法权益的代表者和维护者。2003年3月27—28日,中国海员建设工会第一届全国委员会第一次会议在北京召开。会议分析了中国海员建设工会面临的新形势,研究确定了中国海员建设工会的工作思路和当前的工作任务,选举产生了中国海员建设工会第一届全国委员会主席、副主席、常委。

中国海员建设工会成立伊始,就以维护广大海员及其他行业职工权益为首要工作目标。自2001年起,中国海员建设工会积极参与国际劳工组织《海事劳工公约》的制定和修改工作,在国际场合代表中国海员发声,维护中国海员的权益;参与国内船员立法,推动将船员职业保障内容纳入《中华人民共和国船员条例》;与交通运输部和中国船东协会联合成立全国海上劳动关系三方协调机制,共建海上和谐劳动关系;与交通运输部定期举行联席会,提出海员权益维护工作建议,等等。

在具体工作方面,中国海员建设工会陆续与挪威、新加坡等国签订双边集体协议,规定中国外派海员的最低工资标准和劳动标准。2009年12月23日,中国海员建设工会代表全体船员,与代表航运企业的中国船东协会在北京首签《中国船员集体协议》。通过集体协商,提高海员的最低工资标准和劳动标准,最大程度维护海员的利益。

作为工会组织,中国海员建设工会旨在全国范围内推动基层组织的维权机制建设。一是通过坚持企业职代会制度,保障职工参加企业民主管理、决策、监督的权利;通过厂务公开,保障职工的知情权利。二是通过职业技能培训提高海员的就业能力,对海员进行安全教育,提高海员的安全意识和安全保护技能,保障就业和劳动安全卫生权益。三是通过组织各种形式的文化活动,维护职工文化权益。四是努力提高海员的社会地位,增加全社会对海员的关注和理解,吸引更多的青年加入到海员队伍中来。

二、推动《2006年海事劳工公约》制定与通过

2006年2月,国际劳工组织(ILO)在日内瓦召开了第94届国际劳工(海事)大会,最终通过了《2006年海事劳工公约》,为日益全球化的海运产业制定了统一的海员社会和劳动保护国际标准。中国政府、船东协会与海员建设工会全程参与公约内容的制定与推动工作,使之体现了中国利益,为中国赢得更多话语权。[①]

(一)公约产生的背景

国际劳工组织(ILO)制定了39个海事劳工公约和30份建议书。这些公约和建议书内容广泛,涵盖了有关海员工作和生活条件各个方面,包括招募和安置、最低年龄、工作时间、安全、卫生和福利、劳动监察和社会保障等,其中比较有影响的是《1976年商船最低标准公约》(ILO第147号公约)与《1996年海员工时和船舶配员公约》(ILO第180号公约)。但由于此前的海事劳工公约和建议书多是针对某个单一事

[①] 2015年8月29日,经第十二届全国人大常委会第十六次会议审议通过,中国正式批准加入《2006年海事劳工公约》。

项制定的,其批准条件不一,在实施与监督方面的要求更是参差不齐,加上这些公约和建议书大多没有相应的法律修改机制,因此对公约和建议书的内容进行修正很困难。另外,这些海事劳工公约和建议书中的一些标准常常很难理解,因为它们出现在繁杂、未加协调和重叠的规定中,所以比其他得到广泛接受的有关海上安全和海洋环境保护方面的国际公约,影响面和影响力小得多。

随着海运业的不断发展和行业结构的深刻变化,国际劳工组织(ILO)制定的这些海事劳工公约和建议书中的许多劳工标准一直未能得到及时更新,已无法有效保护海员的根本权益。于是国际劳工组织(ILO)理事会于2001年着手制订新的综合海事劳工公约,它于2006年2月23日在日内瓦举行的第94届国际海事劳工会议上以压倒性多数表决结果获得通过。公约将在注册船舶运输吨位占世界总吨位33%以上的30个国际劳工组织成员国批准后正式生效。

《2006年海事劳工公约》主要将国际劳工组织(ILO)以前的69个海事劳工公约和建议书进行了修订,并归纳为综合性条款。业界认为,该公约是继SOLAS公约、STCW公约和MARPOL公约之后海运业的第四个"支柱性"国际公约,对保护全球海员根本利益和促进国际海运业的健康发展具有积极而深远的影响。

(二) 公约主要内容及特点

《2006年海事劳工公约》由三部分构成。第一部分为公约的条款,第二部分为规则部分,第三部分为守则部分。规则和守则混合编排,规则规定了核心权利和原则,守则包含了规则的实施细则。守则由A部分(强制性标准)和B部分(非强制性指南)组成。规则和守则按以下标题被划归为5个方面:

(1)海员上船工作的最低要求,包括了最低年龄、体检证书、培训和资格、招募与安置、海员身份证件等方面的原则和标准;

(2)就业条件,包括了就业协议、工资、工作和休息时间、起年休假、遣返、船舶失事后对海员的赔偿、安全配员、海员职业和技能培训及就业机会等方面的原则和标准;

(3)居住舱室、娱乐设施、食品和给养,包括居住舱室和娱乐设施、食品和膳食等方面的原则和标准;

(4)健康保护、医疗、福利和社会保障,包括船上和岸上医疗、健康保护和安全及防止事故、使用岸上福利设施、社会保障和船东的责任等方面的原则和标准;

(5)遵守与执行包括船旗国的责任、港口国的责任和劳工提供国责任等方面的原则和标准。

规则和守则的A部分的规定对公约成员国具有强制性。公约要求各成员国保证尊重规则中规定的原则和权利,并按守则A部分的相关内容所规定的方式实施每条规则。此外,还应充分考虑到按守则B部分给出的方式履行其责任。

《2006年海事劳工公约》在保障海员权益方面,具有如下特点:

一是明确地提出了海员的基本权利。公约确认每一海员均享有以下四个方面的就业和社会权利:获得符合安全标准的安全且受保护的工作场所之权利,获得公平的就业条件,获得体面的船上工作和生活条件,享受健康保护和福利及其他形式的社会保障。并强调公约的成员国在其管辖范围内应充分保障海员的这些基本权利。

二是制定了一个统一的国际海事劳工标准。通过整合现行海事劳工公约和建议书,清除了过去劳工标准中的一些过时条款,引入现有其他国际海事公约中的一些构架和机制,公约为现代海运业制定了一套统一的、新的国际海事劳工标准,为全球海运业搭建一个公平竞争的平台,从而更好地满足了日益全球化的海运业的发展和海员社会保护的新要求。

三是建立了有效的监察和发证体系。公约明确提出各成员国有责任确保悬挂其旗帜的船舶实施本公约,并应根据公约的要求建立一个有效的海事劳工条件监察和发证系统,确保悬挂其旗帜船舶上的海员工作和生活条件继续保持符合公约中规定的标准。公约首次提出,要求营运于国际航线500总吨及以上的船舶携带"海事劳工证书"及"海事劳工条款承诺声明",以确保所有有关海员待遇的国际条约、法规和措施在船上切实执行。"海事劳工证书"的签发采用了"监察发证系统"。

四是确立了一种监督机制。即一方面要求公约的成员国应通过定期监察、监督和其他有效的控制措施,核实悬挂其旗帜的船舶是否遵守了由其国家法律和条例所确定的实施本公约的要求;另一方面规定公约的成员国可以根据本公约对到港的外国船舶就船上的海员工作和生活条件是否符合本公约的要求实施监督检查。

五是明确提出应建立海员投诉程序。这种投诉程序应包括船上的投诉程序和岸上的投诉处理程序。海员可以使用船上的投诉程序对违反本公约要求的事项进行投诉,该投诉应在尽可能最低的层次得以解决。但是,在任何情况下,海员均有权直接向船长或在其认为必要时向有关当局投诉。公约成员国应确保:当船舶在其领土内的港口停靠时,对海员就其工作和生活条件进行的投诉能方便地得到建议和适当帮助并获得解决。必要时可以由船舶停靠港口的授权官员进行审理。①

(三) 公约的意义和影响

中国于2015年8月的十二届全国人大常委会第十六次会议表决通过决定,批准加入《2006年海事劳工公约》,并规定它在2016年11月12日对中国正式生效。

《2006年海事劳工公约》生效后,各国对海员福利与劳动保护的重视程度进一步提高,一些配套的国家法律、法规出台,以满足公约的要求。海员劳工保护、社会保障方面的监督机制明显加强,船公司纷纷出台一批新的关于海员劳动和社会保障制度的规定,船东担负更多责任。海员自我保护意识加强,在船工作条件明显改善。船员职业受到尊敬,吸引更多的人加入海员行列。总之,《2006年海事劳工公约》的生效为海员带来了切实的权益保障,其影响是广泛的、深远的。

三、《中华人民共和国船员条例》关于船员劳动和社会保障的特别规定

2007年9月1日,我国颁布并施行了《中华人民共和国船员条例》(简称《船员条例》)。《船员条例》按照国家有关劳动和社会保障的法律、法规、政策的规定以及当时已签署但尚未批准的国际劳工组织的《2006年海事劳工公约》的精神,结合船员流动性强、风险性高、责任重大、环境艰苦等特点,从鼓励公民从事船员职业和鼓励船员安心船上工作的角度,在国家普遍的劳动和社会保障的基础上,对船员特别是船员在船上工作期间的职业保障作出了专门的、特殊的规定,对《2006年海事劳工公约》中规定的五个领域中的原则和核心内容,也做了原则性的或者衔接性的规定。在我国对国际公约尚处于酝酿批准或参加的阶段,公约的主要精神和原则在国家立法中得以体现,这是我国立法史上具有适当前瞻性的创新之举。《船员条例》为《2006年海事劳工公约》在我国的生效和实施,奠定了法律基础。

从具体内容看,《船员条例》第四章"船员职业保障",从第二十五条至第三十四条,以10条规定,从船员依法享有的社会保险,船上生活和工作场所的防护、保护、卫生、医疗等,保证劳动合同的订立,发挥工会的保障作用,符合船员工作特点的合理的工资待遇,防止疲劳值班和特有的带薪年休假待遇以及考虑周全的船员遣返待遇等多方面,全面保障船员的合法权益。

例如第二十五条第一款即规定了船员应当享有的法定的四项保险以及国家规定职工应当享有的其他社会保险。四项保险项目都是船员在船上工作特别需要的保障。这项规定从社会保险的角度和形式,保障了《2006年海事劳工公约》中标准A4.5第1段要求的实现。该条第二款还为在驶往战区、疫区或者

---

① 张晓:《评析与探讨ILO新海事劳工公约》,《中国航海》2006年第2期,第47—50、58页。

在载运对人体有毒有害物质的船上工作的船员,规定了特别或者附加险种,从而保证了在这些特殊船舶上工作的船员可以获得应有的特别保障和补偿。又如第三十条第二款规定的船员休假制度,除可以享受(包括按照国家劳动法律规定的以获得加班费等经济补偿的方式享受)其他职工都享有的国家法定节假日外,还专门规定了带薪年休假规定,以船员每年工作8—9个月计算,船员获得的年休假天数超过了当时国家给予公务员的最高休假天数,并在带薪休假的工资待遇上作了明确的规定,这在当时国内对大多数行业的职工尚处于提倡带薪年休假的情况下,切实为船员规定了优于岸上工作人员的待遇。第三十一条至第三十四条,又对船员享有遣返权利的条件、遣返的地点、遣返的经费以及延误遣返的救助途径等都作了尽可能符合船员意愿的明确规定,并完全符合《2006年海事劳工公约》中的相应要求。

《船员条例》关于船员职业保障的相关规定,体现了我国对于船员权益的全面呵护,对促进船员职业的进一步发展,吸引更多的人加入海员队伍,无疑具有重要的影响。①

四、全国海上劳动关系三方协调机制建立

2009年10月,交通运输部、中国海员建设工会、中国船东协会三方成立了全国海上劳动关系三方协调机制;12月23日,三方协调机制成立暨《中国远洋船员集体协议》首签仪式在北京举行。三方协调机制以服务中国航运发展、保障中国船员权益、服务中国航运企业发展为宗旨,是贯彻实施《中华人民共和国劳动法》《中华人民共和国劳动合同法》《中华人民共和国船员条例》等法律法规,履行国际劳工组织有关海事公约和《三方协商促进履行国际劳工标准公约》(ILO144号)等国际公约的重要机制。

(一)建立的背景和意义

劳动关系三方机制是由国际劳工组织推行的,政府、雇主组织、工会组织之间的调整劳动关系的协商机制。随着中国社会主义市场经济体制和社会民主法制的建立和完善,社会各类组织参与劳动立法、经济与社会政策制定的参政议政渠道更加畅通,国家劳动关系三方协调制度日臻健全规范。1990年,全国人大常委会批准我国加入国际劳工组织《三方协商促进履行国际劳工标准公约》(ILO 144号公约),我国的《工会法》和《劳动合同法》也就三方机制做了要求。2001年我国建立了国家级三方机制,由原劳动部、中华全国总工会、中国企业联合会/中国企业家协会组成。随后,各级地方和一些产业也陆续建立起三方协调机制。

《2006年海事劳工公约》对建立海上劳动关系三方协调机制也做了相关要求,其部分条款要求,国家制定相关政策需要由政府与海员组织、船东组织协商后确定。

海上劳动关系三方协调机制是海运经济发展以及产业职工维权的重要手段,是国家协调劳动关系三方机制框架的重要组成部分。三方协调机制的建立,将进一步加强政府海上交通主管部门、海员工会组织和航运企业组织三方就涉及船员劳动关系、船员管理等重大问题的经常性沟通与协调,有利于构建和谐的海上劳动关系、保护海上劳动关系各方面合法权益、促进航运经济健康发展、保障社会稳定。

(二)组织机构和主要职责

2009年10月,全国海上劳动关系三方协调机制成立。三方协调机制由交通运输部、中国海员建设工会、中国船东协会三方组成,由交通运输部主管航运事务的副部长任主席,交通运输部海事局常务副局长、交通运输部人事劳动司副司长、中国海员建设工会主席、中国船东协会会长任副主席,成员由三方的相关人员组成。2010年11月11日,在广州召开了"2010年全国海上劳动关系三方协调机制工作会议",

---

① 陈鹏:《写在〈中华人民共和国船员条例发布之际〉(续)——条例的主要内容和主要制度》,《中国海事》2007年第8期,第14—17页。

交通运输部徐祖远副部长出席了会议并作了讲话(图4-4-1)。

图4-4-1　全国海上劳动关系三方协调机制工作会议在广州召开

三方协调机制办公室设在交通运输部海事局。办公室是三方协调机制的工作机构,负责三方协调机制的日常工作,做好三方的联系与协调;协调组织召开三方专题协调会议和办公室主任会议;筹备召开三方机制工作会议,并具体组织实施。

三方协调机制主要职责和任务包括:研究航运产业发展形势和政策、制度对海上劳动关系的影响,协调三方对于海上劳动关系全局性问题的政策主张和立场;形成共识,对涉及调整劳动关系的法律、法规和政策的制定和监督实施提出意见或建议;通报交流海上劳动关系情况与问题,研究议定航运产业劳动用工制度、工资报酬、工作时间、休息休假、劳动安全卫生、生活福利待遇、职业技能培训等海上劳动标准和劳动定额;推进建立和完善平等协商、集体合同制度以及劳动合同制度;推动行业协会和海员工会组织建设,促进产业工会和行业协会强化代表职工和企业具体利益的职能,使产业工会和行业协会更好地代表职工和企业参加三方协调机制;共同开展对重大劳动争议事件的调研,提出解决和预防重大劳动争议的意见和对策;协商国际劳工组织海员公约和议定书的修改建议与向国际劳工大会提交的相关提案;加强与国际劳工组织、各国三方机构的联系、交流和合作,组织参加有关活动,等等。

(三) 签订《中国船员集体协议》

全国海上劳动关系三方协调机制成立伊始的一个重要举措就是签订了《中国船员集体协议》。该协议由中国海员建设工会代表广大船员与代表航运企业的中国船东协会签订,是我国第一个全国性行业集体协议,对维护我国船员权益,实现我国船员体面劳动具有重要意义。2010年三方机制工作会议通过了《关于实施〈中国船员集体协议〉三年行动计划的指导意见》,力争三年内实现协议在国有航运企业的全覆盖和在非国有航运企业的普遍推广。

1.《中国船员集体协议》的基本内容

《中国船员集体协议》是依据我国国内法律法规和《海事劳动公约》的规定和标准,结合我国海运业和海员队伍的实际制定的。内容包括:船员就业,劳动合同及管理,劳动报酬、社会保险及福利,船舶配员及值班,职业安全和医疗,食品、居室、寝具和娱乐,船员服务于战区、疫区等危险区域,伤亡保赔,遣返,解除和终止合同,船员投诉及劳动争议,船员教育和培训,及船员最低工资标准等内容,系统、全面地确定了中国船员的各项劳动标准和劳动条件。

《中国船员集体协议》是中国第一份全国性产业集体协议,也是一份对船员劳动标准、劳动条件、工资福利待遇、生命健康权利等全方位进行保障的集体协议,是中国海员建设工会与中国船东协会在航运领域推动"以人为本""体面劳动"的一次共同行动,是促进船员权益保障机制建设的重要举措。

2.《中国船员集体协议》的特点

《中国船员集体协议》是我国第一个全国性产业集体协议,是在中国海员建设工会与中国船东协会经过多年的研究、协商、广泛征求意见的基础上,形成共识而产生的。它的签订是中国海员建设工会和中国船东协会为维护中国船员权益、促进中国航运经济平稳发展的一次机制的创新和实践上的突破。

《中国船员集体协议》的制定依据国际劳工组织《三方协商促进履行国际劳工标准公约》(ILO 144号公约)、我国的《工会法》和《劳动合同法》以及《中华人民共和国船员条例》等法律法规,是在海运领域落实我国有关法规、国际劳工组织有关公约的重要举措,是为了应对公约生效和履行公约所进行的一项重要的准备工作,是促进海运法制建设和协调国际法与国内产业政策的关系的具体实践。

《中国船员集体协议》体现了劳动关系的"双赢"。协议从海员职业国际化特点以及构建和谐劳动关系、促进行业健康发展的大局出发,充分考虑我国航运发展和维护船员权益的需要。协议的签订不仅有利于更好地维护中国船员的合法权益,而且有利于我国航运产业的发展;不仅保障了我国船员的合法权益,也保障了我国船舶的正常营运。

《中国船员集体协议》主要针对远洋船员,所覆盖的船员是指依照《中华人民共和国船员条例》的规定经船员注册取得船员服务簿,并在从事国际航线航行的商船上工作的船员。

3.《中国船员集体协议》对海运业及船员的影响

《中国船员集体协议》的签订,建立了统一、规范的全行业船员劳动标准,有利于引导、约束航运企业用工行为,规范船员劳务市场,促进公平竞争;健全了权益保障机制,使船员维权有据可依,使船员的劳动经济权益得到更好的保障;稳定了船员队伍,并吸引更多的优秀青年加入其中;搭建了劳动关系双方平等协商的平台,充分表达双方要求,增进双方沟通,实现发展共谋、机制共建、效益共创、利益共享;使船员维权工作前移,有利于劳动关系矛盾的预防和解决,从而减少劳动争议的产生,减少海员、企业的劳动争议成本支出,构建企业和谐劳动关系,保证社会稳定;为船员参政、诉求、协商提供了制度保证;有利于中国船员整体竞争力的提升,其对船员的健康医疗、培训等规定,保障了船员的健康权和发展权,促进了船员素质的提高;增强了我国对《海事劳工公约》生效的适应能力,不仅体现了我国履约的态度,也是履约的准备,为公约生效后的航运发展打下良好的基础。

第五节 航运业的发展及海员的贡献

一、中远集团航运业务全面发展

面对20世纪90年代末亚洲金融危机带来的航运大萧条,1999年中远集团提出"三年脱困"的目标,到2002年圆满实现主业翻身仗。2005年初,中远集团首次在全系统提出"年创百亿效益、打造百年中远"的奋斗目标。通过产业结构优化调整,中远集团核心竞争能力和创利能力不断得到有效提高,企业生产经营以及航运主业取得跨越式发展。船队规模大幅增长,从2005年拥有和控制船舶615艘,3500万载重吨,发展到2010年底拥有和控制船舶近800艘、5700多万载重吨,连续多年保持世界第二大航运公司地位。生产规模屡上台阶,2003年完成海运量首次突破2亿吨大关,2005年海运量又超过3亿吨,在两年时间内实现海运量翻番,2007年再突破4亿吨大关,2010年达到4.36亿吨。各种专业化运输均取得巨大发展。

(一) 集装箱运输

1997年7月,中远(集团)总公司决定远洋运输实行专业化经营管理,同年12月,中远集装箱运输总部搬迁上海,与上海远洋运输公司合二为一,组建成立中远集装箱运输有限公司(简称"中远集运"),与上海远洋运输公司"两块牌子、一套班子"运作。在船岸职工的共同努力下,当年集装箱运量完成335.56万TEU,其中重箱运量260.59万TEU,比1996年增长3.2%。

中远集运在货运网络上按照市场原则和中远集团实际,成立中国业务部、美洲业务部、欧洲业务部、亚澳业务部和远东业务部,把中远全球集装箱机构按中国、美洲、欧洲、亚澳和远东五个区域实施管理。区域公司与集装箱运输有关的部分和中远集运公司成为一个利益共同体,实行预算制度。中远国际货运有限公司在产权归属中远集运公司后,成为中远集运公司中国部的核心,外代总公司其所属的中远集装箱班轮代理部分,并入中远集运公司中国部。中远集运公司将按上述原则逐步推进改革,达到统一形象、统一政策、减少层次、降低成本、开拓市场、提高服务质量和市场竞争力的目的,最终建立统一的中远全球集装箱运输市场营销体系。

1998年,中远集运完成箱运量339.24万标准箱,其中重箱量253.41万标准箱;箱位利用率57.9%,重箱利用率为41.5%。1999年,完成箱运量364.54万标准箱;其中重箱量278.39万标准箱,箱位利用率60.2%,重箱利用率为47.1%。2000年,完成箱运量上升至397.4万标准箱,其中重箱量303.85万标准箱;箱位利用率达到81.5%,重箱利用率为64.8%。2002年,年箱运量达400万多标准箱,其中重箱量为302万多标准箱,箱位利用率在65%以上。至2004年中远集运拥有100多艘全集装箱船舶,航行于全球20多条主干航线,挂靠世界100多个重要港口,建立了一支具有良好职业道德、业务技术精湛的高素质船员队伍。

2004年10月,为实现航运主业进入资本市场融资、扩大船队规模、增强市场竞争力、加快集装箱船队发展的战略目标,在中远集运与上远公司经过七年多的"两块牌子、一套班子"的管理模式之后,中远集运和上远公司经过资产重组和功能调整,成为两家独立的公司,中远集运进入上市公司,上远公司恢复了独立经营的职能,并成为中远集运的存续公司。重组后的上远公司出资人为中远(集团)总公司,由中远(集团)总公司授权中远集运管理,具有独立法人经营资格。

2008年中远集团决定正式启动上远公司整体上市工作;2009年10月,中远集运向中远(集团)总公司购买上远公司100%股权,上远公司成为中远集运所属子公司。

中远集运经营范围包括国际、国内海上集装箱运输,接受订舱,船舶租赁,船舶买卖,船舶物料、备件、伙食、燃油的供应及与海运有关的其他业务;国内沿海货物运输及船舶代理,通讯服务,船员劳务外派业务,仓储及货物多式联运;内地对外开放港口至香港、澳门之间的船舶运输业务;国内沿海、长江中下游及珠江三角洲普通货船、集装箱内支线班轮运输;货物与技术的进出口业务等。

截至2011年末,中远集运经营船队包括157艘集装箱船舶,运力达667970标准箱。在全球超过48个国家和地区的159个港口挂靠,经营76条国际航线,10条国际支线,21条中国沿海航线及67条珠江三角洲和长江支线。年箱运量达6910041标准箱,承运能力排名世界前列。

(二) 散货运输

中远散运乘势发展

长期以来,中远散货船队在承运国家大宗货物运输中发挥着重要作用。1994年,中远散货船队共完成货运量5514万吨,占当年中远船队总货运量的50.7%,运输收入约占中远船队总收入的26.1%。其中经营散装船较多的天远公司,坚持航运生产以市场为导向,采取灵活的经营方式,扩大租船业务,加强租船和自营船舶的管理工作,1994年自营散装船盈利比1993年增长192%,租船业务比1993年增长12.7%。

1995年,中远承担国家进口粮食的包运任务,为确保任务完成,中远(集团)总公司组织专门力量,加强船舶跟踪管理,齐心协力抓好粮食接卸、运费催收,克服了运力不足、到货集中、不均衡等困难,完成粮运242航次,承运1074万吨。这一年,中远集团共承运散杂货7288万吨,比上年增加28.6%,运输收入比上年增加15.6%,利润比上年增加485.4%,创造了良好的经济效益。

同年,中远集团在改革集装箱船队经营管理体制取得初步经验的基础上,开始对散货船队的管理体制进行改革。7月,中远集团经理书记会议确定,将广远、上远、天远、青远4家公司散货船的经营权,集中到北京,组建"中远散货运输有限公司"(以下称中远散运),采取"集中经营、委托管理"的经营模式。中远散运负责集团散货船的经营与发展,运力与结构的调整及船舶更新;负责对境外两家公司的散货船队进行宏观指导和监督。通过与参股的各远洋公司签订委托管理协议,委托各远洋公司负责船员、安全、机务、备品、物料等方面的管理工作。12月18日,中远散货运输有限公司正式成立,广远、天远、大远、上远的散货船资产及管理全部划转到中远散货运输有限公司,但原青岛远洋的散货船资产仍由青远经营和管理。随后,又经过港深重组,将1993年成立的深圳远洋划归中远香港集团香港航运管理。至此,中远集团经营散货船运输业务的公司从原来的9家重组为主要的3家,即中散、香港航运、青远,另外,新加坡远洋和1993年10月28日成立的厦门远洋也经营部分散货运输业务。

1997年,中远散运全年完成货运量3786.4万吨,为年计划的111.36%,比1997年增长4.1%。在企业管理方面,获得ISO/ISM国际双重认证。到1997年底,中远散运拥有散货船69艘,400多万载重吨。

1998年1月11日,中远散运迁往天津与天远公司合并,新的中远散运正式挂牌成立,从综合经营杂货船、散货船、集装箱船转为集中经营散货运输业务。

1999年,中远提出了"两个转变",即"由全球航运人向以航运为依托的全球物流经营人转变;由跨国经营向跨国公司转变"。中远散运执行集团"两个转变"的战略,从各个方面做了很多准备工作。中远散运一方面派员到国外成熟公司取经,足迹遍及英国、意大利、澳大利亚、美国、新加坡、日本等国;一方面在国内与钢厂、煤电等货主单位开展了交流培训工作,成为客户战略的有机组成部分,还应邀到造船厂、民营企业传授经验。

2002年,中远散运启动"网上中散",实现了信息直航。建立了涉及航运、机务、体系、财务等16类信息资料和查询系统,提高了信息资源共享和信息交流,为船舶安全和财务安全保驾护航。

2003年,中国经济的爆炸式增长拉动了原材料的需求,铁矿石、煤炭的消费量急剧上升,这给干散货运输带来了绝好的发展机会。公司加大了租入船力度,日常租入船最多时达200余艘,全年租入船赢利占到公司总利润的50%以上。

面对国内外大好形势,中远散运发挥优势,顺势而为,乘势而上。2004—2006年的3年间,共创造利润110余亿元,相当于每年再造了一个"中远散运"。

2005年6月30日,中国远洋控股股份有限公司股票在香港联合交易所有限公司主板正式挂牌交易。2007年6月26日,中国远洋首次公开发行A股股票,在上海证券交易所挂牌上市,同年12月26日集团将中远散运、香港航运、青岛远洋3家散货运输公司注入中国远洋,使中国远洋成为全球市值最大的综合性航运公司。2008年6月,中国远洋经过深入研究,成立了中国远洋散货经营总部,负责研究落实中远集团整体散货运输业务的经营战略和策略,统一对外。①

---

① 受国际金融危机影响,国际航运干散货市场需求强弱变幻无常、市场跌宕起伏,市场供需关系严重失衡。为应对挑战,提高行业竞争力,2011年初,中国远洋决定进一步推进散货体制改革,实现对中国远洋旗下3家散货公司关于生产经营、企业管理、人力资源、财务规划、发展战略等全方位的整合。2011年12月21日,中远散货运输(集团)有限公司在北京正式挂牌试运营,2012年1月1日正式运营,成为全球最大的散货运输船队。

面对国际干散货航运市场的高峰期和市场高位带来的丰厚利润,中远散运在精益管理上下功夫。比如,推行"虚拟小船队"项目,实现了对航运经营、船舶技术管理、安全质量管理、船员管理等职能的整合,组织结构扁平化,提高了船队的管理效率和管理效果。公司还借鉴国际先进经验,实行了船舶总管制。它有效地继承了船舶星级制管理的优势,整合了原来分散的管理职能,实现了船岸信息对称,强调了船舶总管对船舶工作的统一领导和管理监督职能,责任关系进一步明确,船员的工作积极性和责任心明显提高。船员实行"上船有薪、下船无薪"制度,率先与国际接轨。公司实行《员工薪酬宽带制度》,打破了原来只有晋升职务才能晋升工资的固定模式,通过激励机制,进一步提高公司与员工的积极性和创造性。

"新盛海"轮自2001年由中远散货运输有限公司经营以来,以"志创世界一流船舶"为奋斗目标,以"把小事做成精品"为核心理念,创造了非凡的业绩,涌现出船长赵宗亮、轮机长张保德、水手长刘伟等先进典型,被誉为"华铜海式船舶",成为新时期船舶标杆。

(三)杂货特种运输

1.广远成为杂货特种运输专业化公司

中远集团的杂货特种运输是以广远为基础发展起来的。1997年7月,中远集团所属的广远公司转移经营方向,成为以经营杂货船和特种船为主体的专业化公司。集团所属上海、天津远洋公司所属的杂货船、资产及债务通过集团总公司重组转入广远公司,广远公司对集团总公司负责统一还本付息。除大远、深远、厦远公司保留小部分杂货船外,广远公司接收集团所有杂货船。

广远成为杂货特种船专业化公司后,其经营范围包括:承担国内外海上杂货运输,接受国内外货主的定舱、租船业务,承办船舶的租赁、建造和买卖业务,船舶物料、备件、伙食、燃油供应业务,以及与海运业务有关的其他业务和陆上产业。

1997年9月,广远开始按中远集团航运体制改革的部署实行船舶大交接,至1998年6月20日结束。广远共交接船舶145艘,其中交出集装箱船36艘、散装船17艘,共53艘,185万载重吨,平均船龄12.5年;接回杂货船78艘,多用途船14艘,共131万载重吨,平均船龄20.9年。至12月,广远经营和管理的船舶共112艘,188.5万载重吨。至2000年底,拥有船舶90艘,144万载重吨(含中远航运船舶)。12月31日,广远成立了特种船舶运输部。

2001年1月15日,广远全面推行《单船航次效益考核及成本管理暂行办法》,以进一步强化广大员工市场成本效益观念,并对船舶航运生产经营活动实行有效的全方位预算、核算、控制、分析、监督和考核。同年3月20日,广远将航运处、船技处、安监室、杂运部、班轮部合并,组成运输部,目的是统一资源,统一运价,形成合力一致对外,提高广远整体竞争力。

2001年9月5日,《广州远洋运输公司远洋船员工资改革实施方案》及一系列具体配套措施出台。同年11月21日,广远分别推出船员工资改革方案和机关员工工资改革方案,实行"以岗定薪,岗变薪变"为主要特征的内部分配制度。

2002年1月14日,广远宣布航运体制改革方案,撤销运输部、市场部、船员公司、安全监督与企业督导部,成立航运部、安全与质量监督部、船员管理中心。这一改革方案旨在形成以航运主业为中心的经营管理体制和运行机制,以进一步面向市场、面向客户,强化船舶、船员管理。8月,交通部根据中远集团《关于申报国内沿海〈水路运输经营许可资质〉的请示》,同意广远、中远航运等中远集团8家航运公司经营国内沿海、长江中下游普通货船运输,广远由此扩大了船舶的经营范围。

2.打造"资本广远"

1999年12月8日,以广远特种船运输部为前身,以登陆A股市场为目的的股份制公司——中远航运股份有限公司应运而生。广远作为主发起人,以资产注入的方式,将所属25艘当时船况最好、盈利能力最强的大吊船、半潜船、滚装船、多用途船等装入中远航运,并将其作为广远航运主业跨越式发展的一个主要平台,给予倾力支持。经过三年的精心孵化,2002年4月3日,中远航运向社会成功发行13000万股人民币普通股票,募集资金总额96070万元。4月18日,中远航运股票(股票代号600428)在上海证券交易所挂牌交易,广远作为大股东,拥有61.09%的绝对控股权,标志着广远正式踏入资本市场。中远航运的成功上市,标志着中远集团航运核心主业正式登陆中国资本市场。中远航运股票的发行与上市,对于广远开辟新的融资渠道,进一步做大做强特种船队,推动现代企业制度的建立,以及探索企业增长方式的转变等具有深远的意义。至此,广远进入了航运经营与资本经营"双轮驱动"的发展时期。

中远航运上市后,广远依托上市公司资本平台,提出了打造"资本广远"的发展战略,并取得了巨大成功。2002年,中远航运利用首次发行募集的资金投资建造了2艘新型半潜船"泰安口"轮和"康盛口"轮,并从广远收购了11艘船舶,极大地充实了船队运力。2004年,中远航运利用自筹资金,再次从广远收购了40艘船舶及其相关业务,以及8000万美元债务,并将广远几十年形成的业务市场网络、客户资源和航线一起整合入上市公司。本次资产收购完成后,中远航运控制的船舶达81艘,进一步扩大了船队规模,成为世界上最具规模的集各类特种杂货远洋运输船舶的航运企业。至此,广远通过资本运作和船队整合,由原来的生产经营企业成功转型为投资管理公司。

2005年,中远航运成功实施股权分置改革,广远所持有的国有法人股获得了流通权,实现了广远资产的巨大增值。2008年,广远利润总额同比增长20.77%,完成年度利润指标的175.15%。同年,在广远的大力支持下,中远航运于2月1日成功发行10.5亿元分享交易可转债,募集资金10.3225亿元,用于投资建造4艘27000吨多用途船和2艘50000吨新型半潜船。2011年3月,中远航运再次实施成立以来规模最大的融资方案,以每10股配3股的比例向全体股东配售,融资规模达21.13亿之巨,用于支付2艘50000吨半潜船剩余款项和建造总值达33亿元的18艘多用途船和半潜船。

中远航运在成功实施现代企业管理制度的经验基础上,着手推进了一系列的企业战略管理和体制创新,进一步完善了广远特种船队的整体布局。通过中远航运这个资本运作平台,2000—2010年广远的资产总额有了大幅度的提升,2004—2008年经营效益连续五年创历史新高,2009—2010年又有了新提高。

(四)油轮运输

1.油轮船队建设

大连远洋运输公司是中远集团经营油轮运输的专业化公司。由于国际油运市场长期不景气,中远油轮船队的经营连年出现亏损。1995年,大远公司根据市场调研,及时调整航线,将4艘原油轮从东南亚航线调到中南美航线,从中日航线抽调1艘原油轮到远东市场,并积极参与国内成品油运输。对船队实行定船承包放权政策,调动职工积极性。经过调整,企业开始扭亏为盈。1996年,又经过进一步调整,开始形成中国香港、美洲和大连3个地区境内外公司共同经营管理中远油轮船队的体制。在境内外公司的共同努力下,1997年中远油轮船队的改革取得了较好的成效,遏止了连年亏损的局面,出现了经营略有盈利的好形势,并使船队从单一经营油轮,开始向经营其他船舶为主,兼营油轮的改革方向迈进。

1999年,大远公司抓住国际油运市场下滑、国内成品油运输对大吨位油轮出现需求之机,及时将"鄱阳湖""雁水湖""明泽湖""映松湖"4艘大油轮调回国内投入南北航线的内贸成品油运输,取得了良好的经济效益。同时,大远公司积极运作原油进口运输项目和长期运输合同并达到预期目标,确保了稳定的货源,为公司2000年原油运输业务的发展奠定了基础。

2000年,大远公司确定了建设油轮船队的战略方针,先后接入了"吉利湖""玄武湖""班公湖"等3

条PANAMAX(巴拿马型)油轮,增加运力20余万载重吨,公司运力显著提升。同时加大了订造新船的规划和力度,特别是建造VLCC(超大型油轮)。

2001年2月8日大远与中远集团和日本日立造船株式会社签订了2艘VLCC的建造合同,标志着大远公司正式定位打造中国主力油运船队方向。同年,向渤海造船厂订造3艘15吨级原油轮。2003年6月16日,向大连造船新厂订造3艘72000吨原油轮;12月16日,向大连造船厂订造3艘75000吨原油轮。2003年5月15日和2004年07月17日再向日立订造4艘VLCC,又于2004年10月12日向中远川崎订造1艘VLCC。

随着国内VLCC建造技术日臻成熟,为发展民族造船工业,向国内船厂订造油轮成为主基调。公司抓住国际油运市场有所下滑、船台价格走低的机遇,2006年3月23日与大连船舶重工首次订造2艘VLCC原油,签订了3艘11万吨级苏伊士成品油轮合同。2007年3月22日再签3艘VLCC订单。此外,公司贯彻集团从"拥有船"向"控制船"转变的经营思路,自2006年12月到2007年9月,共计租入VLCC5艘,140多万载重吨。

2008年,大远公司拥有油船29艘,液化气船6艘,化学品船3艘。共计约500万载重吨,油轮船队规模跃居国内第一。

2.开拓油运市场

21世纪初,大远公司的成品油和原油运输在国际市场上所占份额不到1%,为了拓展货源,抢占市场,大远公司在货源掌控上积极推行"大客户"和"内外兼顾"的经营战略,以大客户、大货主为重点,大力开拓国际油轮运输市场,完善货源网络,努力为客户提供更加优质的服务,并通过邀请新老客户举办货主恳谈会、交流会,邀请参加交接船仪式,开展客户满意度测评等多种方式,持续加强与客户的沟通,增强互信,为双方达成合作意向奠定基础。

公司还重点进行了国内货源市场的开发。2001年,公司与中海油合资成立海洋石油(洋浦)船务有限公司,成功地打开了内贸原油运输市场的大门。2002年底,在中远集团的领导下,大远公司打破政策限制的禁区,与中海油合作争取到了沿海原油增量份额的运输权;同时又在原有的业务基础上,与中国石油天然气股份有限公司开展了以资产关系为纽带的业务合作,成立了合资公司——华洋海运有限责任公司,稳固地占有了内贸成品油运输市场的一席之地。

经过不懈努力,大远公司获得了运量可观的运输合同,不仅加强了与中石化、中石油、韩国现代、S-OIL等国内外大货主的紧密合作,而且通过拜访和接待BP SHIPPING(英国石油公司)、SHELL(荷兰皇家壳牌集团)、STENA(瑞典船东公司)、CHEVRON TEXACO(雪佛龙—德士古石油公司)、FRONTLINE(挪威原油船运营商)、委内瑞拉国家石油公司、日本三井等国际知名公司,进一步巩固和开拓了市场,扩大了中远油轮船队在国际市场的影响力。特别是对我国进口原油的大户——中石化集团的货源市场开发,为公司货源稳定起到关键作用。

2002年,公司与中石化所属的中国国际石油化工联合有限责任公司(以下简称"联合石化")签订了每年150万吨进口原油的COA(货到付款)合同。2003年,大远公司VLCC上线运营后,双方的合作变得越发紧密。2004年,中远集团与中石化集团战略合作框架协议的签署,更使大远公司和联合石化的业务合作进程得以加快。从2005年起,双方就签署大型COA合同展开了深入洽谈,历时一年最终取得成效。2005年12月29日,与联合石化签署了10年期国内原油进口运输协议。2006年2月8日,两大集团正式签署了进口原油运输COA合同,保障了公司VLCC60%—70%的货源。在与联合石化签订的长期运输协议的基础上,分别与韩国现代公司和台湾地区的"中国石油公司"签署了一年期松散型COA合同,以配合国内原油运输长期协议的执行。2009年大远公司于北京成立了业务联络处,直接为中石化COA合同提供支持,收到了显著效果。仅2009全年承运的原油中,中石化比例占据50%以上。VLCC船队执行COA货载54航次,完成货量1320万吨,实现运输收入99638.3万元,对公司本部船队的收入贡献率达38.4%。

2009年,大远公司在运力布局上继续推进"东拓西进"战略,向高运价市场挺进,同时加强与HEIDMAR(油轮公司)各POOL(联营)互相走访和沟通,及时掌握西方市场动态。2010年大远公司将SUEZMAX(苏伊士型)船型全部投入西方POOL经营,成为公司各船型中的盈利主力。通过合理调配东西市场运力实现了巴拿马船队自营、入POOL两种经营效益双双高于市场同期水平的效果,同时将新接入的阿芙拉型船投放至西方市场,提升了经营效果,有效防范了市场经营风险,稳定了收益。

2010年,大远公司共获得7家国际大石油公司68份APPROVE(认可书),跨过了进入高运费市场的门槛,为实现全球经营和效益最大化打下坚实基础。

二、中海集团做大做强航运主业

1997年7月1日,中国海运(集团)总公司在上海海运(集团)公司、广州海运(集团)有限公司、大连海运(集团)公司、中国海员对外技术服务公司和中交船业公司等5家交通部直属企业的基础上组建成立,总部设在上海。中海集团成立后,确定了"抓住沿海,拓展远洋,一业为主,多元发展"的发展战略,大力推进改革和重组,推行专业化重组,先后组建了集运、船务、油运、货运、客运、国贸、货代、工业、投资等专业化公司,形成了以效益为中心,结构合理、优势互补的经营管理格局。

(一)组建专业化公司

中海集团成立之初,总资产为251.4亿元人民币,拥有运力750万总载重吨,员工4.7万人,年货运量1.44亿吨,资产负债率近60%,总体效益为亏损。经过广泛深入的调研和论证,中海集团将发展战略确定为"抓住沿海,拓展远洋;一业为主,多元发展"。根据这一战略要求,开始按专业化分工、规模化经营,组建各专业公司。1997年10月28日,集团下属第一家专业公司中海集运宣告成立。1998年2月10日,中海油运成立。同年5月28日,中海货轮公司成立。在完成三大专业运输公司的组建和资产重组的同时,先后组建了船务、物流、国贸、工业、客运、码头等专业化公司。到1998年12月28日,随着中海投资、中海供贸、中海电信3家公司挂牌成立,中海集团专业化组建工作基本完成。

(二)中海集运发展壮大

1.船队建设

中海集运组建时,只有5艘自有小船,加上光租、期租的10艘小船,组成了集团最早集装箱运输船队,单船箱位最大的只有614TEU,最小的仅为113TEU,总箱位仅5705TEU,不仅船小、船型落后,而且市场单一,几乎全部局限于沿海集装箱市场。

面对这种局面,集团决定大力发展船队建设。通过改、造、租多种措施并举,1998年至2000年短短3年,重箱从24.9万TEU增加到了150.2万TEU;船舶从10多艘增加到98艘;总箱位从5705TEU增加到12万TEU;单船箱位从几百TEU的小船,发展到具有国际先进水平的5500TEU超巴拿马型大船,跻身世界班轮公司前15位。随着全球最大的8500TEU新船交付,公司船队的大型化程度得到明显提高,尤其是船队结构得到了根本性优化,平均单船运力为2087TEU,4000TEU以上新船运力已经达到17.32万TEU,占总运力的66%。

2000—2003年,中海集运船队的发展驶入了"快车道",一支大型化、现代化、多元化经营船队雏形基本形成,船队结构得以升级。7年间,中海集运新增运力82艘,合计200622TEU;处置船舶18艘,船队大型化、规模化、专业化程度大大提高。船队结构发生了巨大的变化,核心竞争力大大增强,为企业的持续、健康、快速发展奠定坚实基础。

2004年7月,中海集运订造的8500TEU的"中海亚洲"号超大型集装箱船交付使用,时为全球载箱量最大、最具世界领先水平的集装箱船,也是中海集团订造的5艘8500TEU集装箱中的第一艘。此后,"中海欧洲""中海美洲"等具有世界先进水平的大型集装箱船也相继下水。2004年底,中海集运拥有集装箱船舶116艘,总运力为26万TEU,比上年同期净增7万箱位。从2004年起,中海集运连续多年稳居世界十大班轮公司行列,拥有世界最先进的集装箱运输船队。2007年,随着9600TEU超大型船舶"中海长滩"轮的交付,中海集运的整体运力超过了43万TEU。而签署建造的8艘13300TEU超大型船舶,于2010年底陆续交付使用。

"十一五"期间,因金融危机影响,国际集装箱运输市场低迷,一个重要原因是全球运力增长过快。严峻航运形势下的中海集运却相对稳健,这主要得益于他们早规划、早调整,以时间换空间,从"十一五"初期就开始进行战略调整,公司发展定位从"世界一流的集装箱班轮公司"转为"世界一流的集装箱综合航运物流企业",发展重点从注重外延式扩张转向以效益为中心,不求做大,但求最优,可持续发展能力逐步增强。

中海集运的船队结构调整可以用"三变两不变"来概括,所谓"两不变"是指船舶艘数基本不变、船龄基本不变。船舶艘数2005年末为120艘,2010年为124艘;船龄2005年末为7.44年,2010年为6.49年,变动幅度均不大。所谓"三变"是船队的载箱位、平均箱位、单位油耗等均发生重大变化。载箱位从2005年末的34万TEU增长到2010年49.3万TEU,增幅45%;平均箱位从2005年末的2829TEU增长到2010年的3978TEU,增幅40.6%,大型化趋势明显;单位油耗从2005年的8.31千克/千吨海里下降到2010年的6.79千克/千吨海里,下降18.3%,节能减排效果明显。通过结构调整,集装箱船队的发展适应了大船、低碳的行业发展趋势,竞争力和社会效益均有明显提高。

集装箱运输的发展,增强了主业的核心竞争力,带动了相关产业和境外产业的快速发展。中国海运也以集装箱运输为平台,就此登上世界航运舞台,成为令世人瞩目的一支举足轻重的航运企业。

2. 逐步布局全球班轮航线

(1)开辟内贸航线和近洋航线

1997年4月5日,"林园"轮在黄埔港满载内贸集装箱首航,拉开了中海集团内贸集装箱运输的序幕。中海集运以内贸班轮运输作为突破口,开始拓展班轮航线网络。1998年初成立了内贸航线经营小组,内贸航线采取航线合作、青岛中转、南北直航等措施,首先投入"林园""桃园""泉城"三条船,建立了沿海九港周班大循环航线。在箱量稳步上扬的基础上,3月份改投入"向华"轮,"桃园"则从青岛掉头南下,与山东海丰合作,在北方实行船舶交接作业,从而减少4个挂港和一条船的投入。航线总成本因此降低,经济效益明显提高,4月份达到效益基本持平。5月底投入1034TEU的"向安",在广州、营口、天津、青岛之间开辟黄金水道,开通南北直航的内贸精品航线,并与铁路专列组成海铁联运南北大动脉。8月底"桃园"下线,相继投入5条"堡"字号船,进一步调整航线,使内贸航线能完成在上海—蛇口—广州之间的双周班和重续天津—上海—大连周班航线。12月27日首条1000箱位集装箱船——"向平"轮驶离上海龙吴港,拉开了我国内贸集装箱运输大扩容的序幕。以原"振奋"轮为主的11条改装船投入内贸运输,使得内贸航线的箱位从过去的1800个增加到8000个,停靠港口从过去的9个发展到14个。

中海集运沿海内贸线在航线不断增加的同时,实现了经济效益的稳步增长,1998年9月份完成箱量4078TEU,收入106万美元,自开线以来首次盈利4611美元。

在开辟和调整内贸航线的同时,中海集运还积极开辟近洋航线。1997年11月20日,中海集运举行首航仪式,正式开通"青岛/上海—大阪/神户"全冷藏箱特快定时航线,这是公司成立以后开通的第一条近洋航线,标志着中海集运跨出了从沿海走向近洋的第一步。经改造的"郁金香"轮投入该航线营运。以此为起点,中海集运近洋航线陆续开航。1998年11月19日、1999年1月14日,"烟台—日本""南京/南通—日本"航线相继开通,中海集运近洋航线经营进入新阶段。

1998年底中海集运公司已拥有各类全集装箱船47艘,箱位近2万TEU,累计开辟航线23条。形成了覆盖中国、北亚、东南亚的航线网络。航线的增加,也使得运输收入逐步增加。1998年运输收入比1997年增加3.2倍,重箱完成量增加3.3倍,并在11、12月份实现了整体盈利。

(2) 全面开发远洋市场

1999年是中海集运全面开发远洋市场的重要一年。3月26—28日,中海集运分别在青岛、上海举行中国—澳大利亚集装箱班轮航线首航仪式,"向津"轮承担了首航任务,迈开了远洋运输第一步。除首航的"向津"轮,又投入"向济""向洲""向沧""向滨""向浩""向宁"等7艘1000箱位的全集装箱船,全程挂靠青岛、上海、中国香港、悉尼、墨尔本、布里斯班、马尼拉、门司、博多等多个国内外港口,并可接转中国沿海北至大连、天津,南到汕头、黄埔等港的货物,往返航次时间为49天。自此,中海集运集装箱航线贯穿中国南北各大港口,并初步形成了覆盖北亚、东南亚、大洋洲的集装箱运输网络。

1999年4月25日,中海集运开辟首条远东—欧洲集装箱班轮航线,共投入9艘2000—3000箱位的全集装箱船,为客户提供快捷、经济的班轮服务,保证准班准点。航线沿线挂靠天津、青岛、上海、中国香港、新加坡、鹿特丹、汉堡、费利克斯托等港口,国内可接转中国沿海北起大连,南至珠江三角洲诸港及相关内陆点的货物,国外可接转日本、韩国和东南亚各港中转的货物。8月5日,在大连举行第二条远东—欧洲集装箱班轮航线首航仪式。11月5日,首辟远东—地中海航线,投入了9艘2000箱位、航速18.5节的全集装箱船,挂靠大连、天津、青岛、上海、宁波、中国香港、雅加达、新加坡、比雷埃夫斯、那不勒斯、热那亚、巴塞罗那等港。至此,中海集运在欧洲航线已投入19艘全集装箱船,覆盖国内沿海8个主要港口,已成为国内经营远东—欧洲航线直挂港口最多、运力投入量最大的班轮公司。欧洲线由于准备充分,开线时机好,运价贴近市场,取得了很大的成功。上线后每个航次的装载率达到90%以上,7月初达到100%,连续出现爆舱。

1999年11月17日、18日、19日、22日和12月6日,中海集运分别在厦门、盐田、中国香港、神户和洛杉矶举行远东—美国集装箱班轮航线首航仪式。该航线共投入6艘2000—2500箱位、航速20节的全集装箱船,实行周班服务。首航船为期租船"阿波罗"号,箱位2482TEU,冷插170个,船速20.5节。远东—美国航线的开辟,标志着中国海运集装箱运输仅用两年多的时间就完成了由沿海走向近洋、进军远洋的大转折,全面进入了全球运输市场,为实现全球承运人的目标跨上了一个新的台阶。

2002年4月1日,中国海运集团在基隆港举行台湾—美西航线集装箱班轮首航仪式,大陆航运商第一艘5700TEU超巴拿马型集装箱船"神户"轮在台湾鸣笛起航。台湾地区航运界人士发表文章称"中海集团破冰成功"。台湾—美西航线是中国海运集团跨太平洋集装箱班轮航线之一,该航线共投入5艘5500—5700TEU超巴拿马型全集装箱船,营运航速为26节。航线的挂靠顺序为:宁波—上海—盐田—中国香港—基隆—釜山—洛杉矶—宁波,提供周班服务,从基隆至美国西海岸航行时间为11天。

2002年下半年,在美国西海岸罢工事件中,中海集运抓住机遇,逆势而为,短短几个月盈利6亿多人民币,成为当时世界所有班轮公司唯一赢家。

2002年,通过市场分析,中海集运增加了远东—欧洲航线的运力,安排8条5600TEU大船投入该航线。2003年初又将4艘5668TEU大型集装箱船投入该航线,提高了航线竞争力,仅以半年时间就取得了收入55亿元的良好成绩。2003年中海集装箱运输完成重箱266万TEU,同比增长26%,其中在上海港的集装箱装卸量超过135万TEU,同比增长66.2%,居上海港各大班轮公司首位,企业收入和效益大幅度增长。2003年美国航运杂志将中海集运评为全球年度收入利润率排名第一的船公司。

至2004年,中海集运经营的航线已经从当初沿海的6条支线,发展到欧美、澳洲、地中海等40多条国际班轮航线,覆盖美洲、欧洲及地中海、澳洲、东南亚、西非及中东等国际主要贸易地区,实现了从沿海走向远洋的跨越式发展。

2004年2月20日,中海集团在上海召开中海集装箱运输股份有限公司创立大会,这是中海集团做大做强航运主业,实现国有集装箱运输产业投资多元化,推进公有制多种有效实现形式的又一项新的举措。

(3)"三管齐下",打造精品航线

自2004年起,中海集运连续2年被国际权威机构评为盈利最好的班轮公司。中海集运在经营管理上"三管齐下",来保持市场优势、成本优势和资源优势。一是优化航线,提升主干航线运力,完善全球航线布局。二是细化管理,精打细算,降本增效。三是在经营上出奇制胜,努力拓展货源市场。

2005年,中海集运开辟了东南亚—澳洲、南美东、环球等盈利能力强的航线,同时在船舶、港口装卸、燃油、箱管、中转费用等五项成本控制上花大力气。

2006年按照"精心组织、精细管理、培育精品航线"的理念和要求,以培育内贸精品航线为契机,不断提高航线经营的精细化程度,转变传统的揽货观念和货源结构,开辟蓝海市场,促进公司稳定、和谐、可持续发展。

2007年,中海集运全面铺开内贸"精品航线"。年初,与中远集运高层进行会谈,探讨合作方案;在与中外运箱运公司签署了航线合作协议的基础上,加强了对外合作的力度和深度;与中铁集装箱运输公司建立合作关系,联合开辟"合肥—上海海铁联运专列""南昌—上海海铁联运专列";落实与民生集团关于两大集团深度开发长江的战略框架协议精神。内贸部投入数艘4250TEU集装箱船舶,适时地逐步投放,开辟多条精品航线,即:天津—南沙—天津,锦州—营口—南沙—锦州,连云港—南沙—连云港。4月,中海集运实现重箱运输超过80万TEU,同比去年增长48%,创下了中海集运历年来单月运输箱量的新高,取得了良好的经济效益。

2008至2009年,金融危机席卷全球,航运市场首当其冲,中海集运处变不惊,不仅成功应对金融危机,还牢牢抓住市场复苏进程中的难得机遇,于2009年底开始进入新一轮快速发展,2010年再一次取得良好业绩。

至2009年底,中海集运已拥有共计130余艘平均船龄4.7年船舶,整体运力达到50.6万TEU,其中4000TEU以上大型船舶77艘,成为现代化、大型化、快速化、年轻化,具有核心竞争力的一支船队。中海集运开辟80余条国际、国内集装箱班轮航线,遍布全球100多个国家,拥有400多个全球代理网点,全面实现了"营销网络化、服务一体化",成为"中国港口集装箱航运第一品牌"。

(三)中海油运增强核心竞争力

1.船队建设

中海油运成立之初,拥有各类大小型油轮107艘,总载重吨260万吨,没有超大型油轮。公司按照"建设世界级油轮船队"的宏伟目标,紧紧抓住国家建立能源安全储备体系的重大机遇,加快船队结构调整,"做强主业,增强实力",船队发展步伐加快,运力规模快速增长。2000年至2004年,中海油运共建造了21艘不同类型的船舶,"枫林湾""柳林湾"等11万吨级的阿芙拉型油轮相继投入运营,2003年年底前30万吨级VLCC船舶交付使用,大大提高了船队的核心竞争力,使公司向集团制定的建设国际油轮船队发展目标迈进了一大步。

截至"十五"期末,中海油运拥有 VLCC、阿芙拉型、巴拿马型、灵便型等各类船舶共 88 艘,为"九五"期的 1.6 倍。"十五"期末,中海油运总资产和净资产分别是"九五"期末的 1.7 倍和 3.03 倍。经过"十五"的跨越式发展,油轮船队大型化程度明显提高,船队规模达到世界第 16 位。

2006 年是中海油运历史上船队结构变动最大、船舶资产交接和处置最多、订造新船吨位最大的一年;3 月份签订了 4 艘 VLCC 和 4 艘灵便型船的建造合同;5 月份购置 1 艘 28.2 万吨级二手 VLCC,并完成"跃池""天龙座""凤凰座"轮的接船工作,同时还处置了 10 多艘老旧船、小船。截至 10 月底,中海油运拥有各类油轮 77 艘、375.4 万载重吨。船龄的年轻化和平均船舶吨位的不断提升,使船队核心竞争力不断增强。船队规模居国内同业之首,国际排名也逐步上升。

中海油运不断加大调整力度,至 2010 年 11 月底,船队结构进一步优化,船龄进一步降低,船舶规模有了飞跃式发展。30 万吨的 VLCC 发展到 10 艘共 298.13 万载重吨;阿芙拉型船队发展到 6 艘 63.44 载重吨;巴拿马型船队发展到 19 艘 135.01 万载重吨;灵便型及通用型船发展到 37 艘 144.58 万载重吨。公司拥有和经营油轮 72 艘,载重吨位 641.16 万吨,比"十五"末船舶载重吨位增加 284 万吨,增长 79.5%;平均船舶吨位上升到 8.91 万吨,增长 1.22 倍;平均船龄 8.53 年,下降 7.3 年。已初步形成了一支规模大、船龄新、结构优化的油轮船队。

2. 跳出近洋沿海,参与国际油品运输

1998 年初中海油运成立,时为国内最大的海上石油运输专业公司。然而船队实力和面临的形势都并不乐观。面对挑战,中海油运采取"确保运力、抢运原油,调整运力、开拓市场,疏散运力、多装快跑"的措施,创下运量连续三个月突破 480 万吨、运费收入突破 2.3 亿元、成品油市场的占有率从年初的 20% 猛升到 50% 的高产、高效、高占有率"三高纪录"。全年共完成货运量 4911.6 万吨,货运周转量 498 亿吨海里。11 月 9 日,由中海油运与比利时合资的中欧油轮有限公司首艘光租的 25 万载重吨巨型油轮"太平洋力量"号在新加坡正式投入营运,标志中海集团乃至我国的水上石油运输翻开了崭新的一页。

1999 年,中海油运克服长江枯水封航、成品油市场运力和运量失调、炼油厂减产需求不足、外贸运价下跌和燃油费大幅上涨等重重困难,加强市场揽货,精心组织运力,产量达到 5050 万吨,利润完成 4.6 亿元。

2000 年,中海油运抓住进口原油增加,货源较充足的有利战机,加强揽货和运输管理,积极抢运内贸原油,落实货源,排好船期,腾出富余运力投入外贸运输。同时大力开拓成品油支线运输,形成了海洋油、管道油、进口油、成品油、外贸油全线出击,提前 20 天实现运输量和周转量双过半,全年完成货运量达 5308.9 万吨,增幅 10.8%,内外贸运量均比上年明显增长,外贸运量增幅达到 24.6%,按同口径比较,实现利润 4.6 亿元。

2001 年,中海油运面临国家对原油运输计划和运输价格全面开放的新格局,公司及时调整运输结构,积极拼抢市场,完成内贸原油 2918.93 万吨、成品油 400 万吨,运输收入 3.9 亿元;同时增加外贸运力的投放,抢占海洋油运输的增量市场,完成 800 多万吨 COA 合同运输,抢运运价较高的三角航线,完成外贸运输 1570.57 万吨,周转量 274.56 亿吨海里,运输收入 12.32 亿元。实现全年利润 7.6 亿的新突破。

中海油运在巩固沿海和近洋运输的同时,积极参与国际油品运输。2004 年 12 月,30 万吨"新金洋"轮正式投入使用,实现了真正意义上的"国油国运",也填补了中海集团大型油轮在国家一程进口原油运输市场上的空白。

阿芙拉型船投入使用后,积极抢占中东至远东的石脑油运输市场,发挥规模经营的优势,逐步提高市场份额。经过"十五"的发展,中海油运外贸运输有了长足的进步,第三国运输比例更是大幅度提高。自此,中海油运的外贸航线遍及五大洲 100 多个港口,2005 年外贸周转量是"九五"期末的 2.5 倍;外贸利润贡献率达到60.2%,比2000年增加53.5个百分点。2006年头两个月,公司外贸收入贡献率为60.3%,外贸利润贡献率更是达到82%。外贸利润已成为中海油运利润的主要来源,也表明该公司运输结构进一步从沿海向远洋转变。

需要提及的是,中海油运在拓展外贸运输市场过程中,体现出很高的国际化经营管理水平,判断把握市场发展趋势准确,基本上在阶段性高位落实货源,创造了良好的经济效益。2005年,该公司灵便型船、VLCC船、阿芙拉型、巴拿马型船都创下了很高的毛利率。

"十一五"期间,中海油运克服航运市场周期性调整困难,稳步实施业务重心从沿海向远洋运输拓展的战略。以其优质服务,巩固和拓展客户关系,也拓宽了市场,运量、运输收入和利润均大幅提升,运输业绩取得丰硕成果。其间公司累计完成货运量3.29亿吨,周转量4908亿吨海里,运输收入270亿元,分别比"十五"期间增长18.5%、17.4%和47.5%,实现利润总额66亿元,比"十五"期间增长20%,体现出公司发展规模和经营质量同步上升的良好业绩。

中海油运的经营范围覆盖各类油品水上运输业务,在全球100多个国家和地区开辟经营航线,公司船舶航区遍布五大洲四大洋。随着经营业务拓展和船队结构调整,外贸运输量不断增加,年运量达3000万吨以上,周转量达1000亿吨海里以上,年外贸周转量超过公司总量的80%。与此同时,为应对国内油运市场格局变化,公司积极主动调整运输结构,在巩固存量市场份额的基础上,积极拓展增量市场,国内沿海原油运输的市场占有率每年均保持在60%以上。

(四) 中海货运:再造一个新货运

1. 船队建设

1998年5月28日,中海发展股份有限公司货轮公司(简称中海货运)在广州成立。公司管理和经营近200艘散、杂、自卸货轮,运力占据中海集团的半壁江山,是中国沿海最大的货运船队。资产重组后的中海货运船队结构不尽合理、船龄老化、船员队伍也不尽合理,亏损包袱沉重,面临比其他专业公司更为严峻的形势。

1999年,中海货运按照"总量控制,整体组合,确保沿海,适度富余,内外交叉,优势互补"的原则,对船队结构进行调整,使资产负债率从1998年底的67%降低到2000年底的55%;处置、改造了一大批不适合市场需要、无市场前景的小吨位船舶,使船队结构得到较大改善;航线结构从"沿海远洋并举"转移到"重点以沿海为主",经济效益明显提高。

2000年,集团进一步提出了优化散货船队资源配置,积极稳妥推进和加快调整中海货运船队结构的思路,作出了货运船队向大型化、规模化、专业化发展,增强干散货船队运能的决策。自2003年起,集团每年都新购置5.7万吨级的货轮,整个"十五"期内,集团共建造散货船14艘。

"十一五"期间,中海货运直属船队新增23万吨级2艘、7.6万吨级3艘、5.73万吨级9艘,共计14艘船舶120.4万载重吨。同时,签订新造(不含已投产船舶)30万吨级6艘、23万吨级1艘、18万吨级6艘、7.6万吨级8艘、5.73万吨级9艘、5.7万吨级4艘、4.8万吨级12艘,共计46艘504万载重吨。

2010年2月5日,第一艘23万吨级VLOC中海"兴旺"轮在广州举行首航仪式,中海拥有了属于自己的超大型矿砂船。截至2010年11月,公司拥有和经营船舶101艘,载重吨431万吨,比"十五"末船舶载重吨位增加50万吨,增长13.2%。2011年12月27日,30万吨级中海"荣华"轮投产,成为中国自有的最大的干散货船舶。即时公司共有4艘VLOC(含2艘联营)投入营运,标志着中海货运船队迈入了大型远洋船队的行列。

2. 做优沿海,做强远洋

2000年,中海货运按照集团要求调整经营思路,一头坚持强化沿海运输优势,一头加快拓展规模化的远洋运输。当年5月,中海货运首次出现单月盈利;9月,实现扭亏持平,提前1个月完成全年货运量计划,提前13天完成全年货运周转量。全年完成货运量为年计划的111.5%,完成周转量为年计划的103.18%,实现利润300多万元,比1999年减亏2.265亿元。

2003年上半年,中海货运抓住沿海散货运输市场需求旺盛、外贸运输市场持续走高的机遇,科学配置运力,生产经营指标屡创新高。4-6月份,在货运量、周转量、利润3项生产经营指标上连续3个月刷新历史纪录,做到了"时间过半,任务过半",超计划进度完成指标。当年,中海货运在国计民生的紧要关头打响了保煤战役,全年煤炭运输完成9200万吨,增长12.8%;金属矿石运输完成1650万吨,增长16.1%;货运收入30亿元,利润3.5亿元。

2004年,中海货运运输生产和经营都创造历史最好成绩,煤炭运输完成1.09亿吨,增长16.97%;收入44.8亿元,利润13.9亿元,为上一年同期的146%和336%。3月份实现单月利润首次突破亿元,创历史最好水平。

"十一五"期间,中海货运坚持"做优沿海,做强远洋"的经营方针,积极拼抢市场增量,优化市场结构、货源结构,打造优质航线,培育优质客户群,货运量、周转量均大幅提升。主营业务收入累计283.4亿元,实现利润累计111.8亿元,分别为"十五"期间的1.6倍和2.6倍。直属船舶累计完成货运量44700万吨,周转量5070亿吨海里,分别比"十五"增长6.2%和3.7%,共运输国内煤炭34300万吨。2007年货运量首次超1亿吨,实现历史性突破。2008年实现利润42.2亿元,创成立10年来的最高纪录。2009年在航运业受金融危机严重冲击局面下,下半年以来抓住市场复苏的机遇,加快调整转型,步入了新一轮快速发展轨道。2010年截至11月,实现利润达11亿元。

作为国家能源运输企业,中海货运在迎峰度夏、2008年抗雨雪冰冻灾害、2010年保世博会和亚运会电煤运输等特殊"战役"中,顾全大局,科学调度,想方设法提高船舶效率,确保了所服务的各大电厂不断煤不停机,多次获交通运输部、国资委和地方政府的表彰。

三、长江航运跨越发展

"十五"时期,长江成为世界上运量最大的通航河流,长三角成为中国内河航运最发达地区。中共十七大提出进一步落实科学发展观,长江航运发展上升为国家战略,步入科学发展新时期。这期间,长江干线货运量突破15亿吨,连续6年稳居世界第一。

(一)货运量稳居世界内河第一

"十五"时期,随着国家经济持续快速增长,能源和交通的旺盛需求有力带动了长江水运的发展;长江水路货运量稳步增长,增速逐年加快,屡创新高。2001—2005年,货运量分别达到8.4亿吨、9.2亿吨、10.33亿吨、11.87亿吨、13.76亿吨,年增长率分别达到7.70%、9.50%、12.309%、14.90%、15.80%。2005年,长江货运量占全国水运量的62.609%,长江干线货运量达到7.95亿吨,超过密西西比河和莱茵河,跃居世界第一。"十一五"时期,长江水系水路货运量依旧保持快速增长势头,2005—2010年,年均增长12.50%。2010年,长江水系14省市完成货运量26.47亿吨,货物周转量36632.3亿吨公里,占全国的69.80%、53.50%,分别是2005年的1.8倍、1.67倍。其中内河货运量15.12亿吨、货物周转量4798.4亿吨公里。2010年,在全球经济缓慢复苏、国内内需增长的强劲拉动下,长江水系水路货运量呈现高增长态势。

1.大宗散货运输持续增长

"十五"时期,煤炭、石油及制品、金属矿石、矿建材料、非金属矿石等运输需求持续旺盛,长江大宗散货运输持续增长,长江航运优势进一步发挥。

2001年长江水系完成煤炭运量1.57亿吨、周转量118亿吨公里,2005年完成2.53亿吨、2499亿吨公里,同比分别增长12.40%和13.70%,主要是海进江煤炭、"三口一枝"(浦口、裕溪口、汉口和枝城港)的煤炭中转和小部分出川煤炭。2001年完成金属矿石运量0.39亿吨、周转量309亿吨公里,2005年完成0.97亿吨、894亿吨公里,同比分别增长3.57%、11.24%。由于铁矿石价格暴涨,长江干线金属矿石运输增速放缓。2001年完成矿建材料运量2.3亿吨、周转量401亿吨公里,2005年完成3.75亿吨、810亿吨公里,同比分别增长10.5%、5.75%。随着房地产的持续兴旺,黄砂、装饰材料等矿建材料需求大增,成为长江干线运量最大货种。但长江水系大宗散货运输量分布极不均匀。以2005年为例,长江上游(云南、贵州、四川、重庆)占9%,长江中游(陕西、湖南、湖北、河南、江西)占20%,长江下游(安徽、江苏、浙江、上海)占71%。

"十一五"时期,长江大宗散货运量依旧增长较快,矿建材料、煤炭、金属矿石、石油天然气及其制品、水泥和钢铁排名前六位。其中,2010年完成煤炭运输量5.39亿吨,增速同比上升13.89个百分点;石油天然气及制品运输量230亿吨,金属矿石运输量2.32亿吨,钢铁运输量9626.34万吨,矿建材料运输量7.36亿吨,水泥运输量1.05亿吨,分别占27.82%、20.39%、8.77%、8.68%和3.96%,六大货类占总运量的73.26%。

2.集装箱运输量增长

"十五"时期,长江流域外向型经济快速发展,带动集装箱运力迅猛增长。2005年,长江水系13省市拥有集装箱船舶853艘、箱位670718TEU,同比分别增长43.80%和21.20%。其中,内河集装箱船舶459艘、箱位40893TEU,同比分别增长71.30%和58.70%。

"十一五"时期,长江水系水路集装箱运量走势与国际经济形势紧密相关。2008—2009年,受国际金融危机影响,外贸下滑,集装箱运量小幅下降。2010年世界经济复苏,集装箱运输快速增长,达到2408.2万TEU,货运量32208.8万吨。其中内河及沿海集装箱运输量1222.32万TEU,货运量19748.94万吨。集装箱运输的快速发展,不仅促进外向型经济发展,而且提升工业发展水平,成为内贸货物的重要运输方式,带动相关产业发展。

(二)客运萎缩与旅游运输发展

1.客运量下滑

"十五"时期,长江干线客运不断萎缩,水系客运量则先抑后扬。2001年开始,长江普通客运一路下滑,至2003年受三峡断航及"非典"影响,降幅达24.90%,大量客船停航。2001年长江水系客运量12519万人,到2003年下降到10870万人;2004年和2005年有所回升,分别为11518.2万人和12466.3万人。干线客运主要集中在长江上游。

"十一五"时期,长江水系14省市水路旅客运输量先扬后抑。2010年完成水路旅客运输量和周转量分别是2005年的1.11倍和1.12倍。2010年,长江水系14省市完成水路旅客运输量1.53亿人、旅客周转量48.49亿人公里,占全国的68.30%和67.10%。其中内河旅客运输量9924.6万人、旅客周转量252156.5万人公里。内河水路客运量主要在长江上游,占内河客运总量的65.60%,中游占18%,下游占16.40%。长江水系14省市内河客运量的分布,总体呈现从上游至下游逐步减少的状况。

2.旅游客运发展

2001年北京申奥成功,2002年三峡工程二次截流,长江三峡旅游快速发展,当年重庆、宜昌两地接待入境游客达88.17万人次。2003年,受三峡工程蓄水通航发电和"非典"影响,三峡旅游跌入低谷,当年跌幅高达61.90%。2004年9月6日,湖北省与重庆市在武汉签署《关于加强长江三峡区域旅游经济合作协议》,联手打造长江三峡旅游完整品牌,共建"长江三峡无障碍旅游区"和世界级旅游目的地。三峡工程蓄水成库后,三峡旅游进入新老产品交替的转型期,"世纪天子"等第四代邮轮投入运营,"高峡出平湖"的效应初显。三峡旅游市场在波动中逐步恢复并分化,入境游客集中到渝宜线,国内游客快速发展并集中于万宜线。

随着旅游客运需求的急速增长,长航集团和重庆、湖北将一批客船改造为普通游船投入长江三峡市场。其中重庆市54艘客船达到国内旅游船标准,涉外旅游船增至15艘,包括4艘200—300客位的超大型五星级豪华旅游船。2005年,长江干线游轮达到72艘,年接待能力超过130万人。沿江省市也充分利用滨水城市旅游资源发展水上旅游。2003年10月18日,双体豪华游轮"滕王1"号在南昌下水,主要从事赣江、鄱阳湖旅游。2004年,上海港旅客发送量达621.4万人次,同比增长17.60%;旅客到达量626.6万人次,同比增长11.80%。2005年,四川重点开发广元龙湖、三台鲁班水库、二滩库区旅游,完成客运量3800万人次、旅客周转量2.8亿人公里,同比分别增长10.20%和0.60%。湖北充分利用三峡旅游资源的优势,客运量大幅回升,全年完成客运量598.9万人、旅客周转量42285万人公里,同比分别增长14.60%和27.10%。

2006年7月,五星级豪华游轮"长江"投入营运,当年实现赢利。2008年3月,"船长3"游轮投入黄浦江营运。"长净11"轮全面改建更名为"船长6"轮,设置大型LED屏,扩大了中国长航企业文化、企业形象和上海公司的影响力、知名度。4月14日,"长江海外"与俄罗斯轮船海外旅游总公司在武汉签订旅游战略合作协议和《游船销售合同协议》,相互推介旅游资源和产品,相互指定为旅游服务商,共享销售网络等。

2007年11月19日,"凯珍"邮轮按超五星级标准开工建造。该轮是由美国维多利亚游船公司投资建造,由重庆东风船舶工业有限公司设计建造的世界内河第一艘吨位最大、技术要求最高、工艺最复杂的豪华邮船。2009年9月6日,"凯珍"轮从重庆首航宜昌,客源主要来自欧美、韩国、日本。

(三)长航集团水运开拓发展

1.水运结构调整

"十五"时期,长航集团进行战略调整。水运主业方面,退出长江中下游客运,盘活客运资产转向水上旅游,"国宾"系列涉外旅游船和"长航江山"系列国内旅游船形成强势品牌;强调货运,集中货运优良资产,组建干散货运输总公司,干散货业务由2002年以前亏损一个多亿到盈利8000万元;转油运,向海上转移,与中石化签订了长期稳定的运输协议,海上油运运量和收入超过长江。

长航集团率先调整旅游产业结构,将重庆公司游船纳入长江海外统一管理,使其拥有20艘涉外豪华旅游船。2002年,长江海外分别对"长江之星""国宾5""国宾7"游轮进行升档改造,包装设计六条不同特色的游船航线。2003年,经历"非典"严峻考验,仍蝉联全国"国际百强旅游社"称号,并由2001年的43位上升到13位。长江最豪华的观赏型游船"长航朝天宫"轮在渝成功首航,上海公司将交通船"长交909"改造为"船长"轮巡游黄浦江,取得较好效益。4月17日,亚洲议会和平协会(AAPP)第三届年会重庆市欢迎招待会在"朝天门"和"满江红"游轮上举行,39个国家的议长及议会代表400余人与会,并于4月22日至24日乘"长江天使""长江之星""国宾7"号三艘游轮观赏长江三峡风光。2005年10月12日晚,来自41个国家和地区的第五届亚太城市市长峰会在重庆召开,124个城市市长、部分国家的前任领导人及255家跨国公司的代表400余人乘"朝天宫"轮夜游山城,观看迎宾焰火晚会。

2007年,长航集团实施"长江油运"向"海上油运"战略转型,与中石化签订长期运输协议,签订16艘VLCC(即30万吨级超大型油轮)和近30艘MR型(4.6万吨级)油轮建造合同,成为远东大规模清洁油轮船队之一。2007年6月4日,"长航探索"轮成功首航夏威夷。2008年南京油运股份公司通过ISW/NSM、ISO9001、ISO14001和OHSAS18001四标体系认证,盈利能力迅速提升。

2. 综合实力提升

2005年,长航集团利润总额达4.1亿元。主营业务收入160.6亿元,资产总额220亿元,分别比"九五"时期增长152%、56%;货运量1.24亿吨、周转量1300亿吨公里,分别比"九五"时期增长47%、87%。2005年,在中国企业500强排名中,长航集团列第169位。2002年9月17日,南京油运公司"大庆453"轮首次环球远航成功,长航集团跨出走向远洋的第一步。2005年8月20日,南京油运公司期租的第一艘超大型油轮(30万吨)"莎邦"(FRONT SABANG)号在宁波交船投入运营,长航集团正式进入中国进口原油市场。

"十一五"时期,长航集团产业超百亿元,形成以江、海、洋联运为特色的差异化发展、规模化经营、专业化管理的格局。与"十五"时期相比,资产总额增加352.6亿元,增长158%;营业收入增加223.8亿元,增长138%;实现利润40.5亿元,增长近5倍。2010年,拥有控制运力892万吨,自有运力851万吨,其中海上运力640万吨,占71.70%;年造船能力400万吨,燃油供应能力超过300万吨。运输业货运收入增加41.5亿元,增长68.60%;完成货运量增加3787万吨,增长30.60%,货运周转量增加2629亿吨公里,增长202.20%。

2009年1月5日,中国对外贸易运输(集团)总公司与中国长江航运(集团)总公司重组合并,组建中国外运长航集团。集团提出"江海洋、船港货、物流化"的新长江战略:"江海洋"即以长江航运为基础,加快沿海、远洋运输发展,构建江海洋全程运输体系。"船港货"即以战略客户为依托,协同各方航运要素,扩大与货主在码头、船队的合资合作。"物流化"即以客户需求为中心,主动动融入客户供应链管理,推进航运物流化运作,提供无缝隙的全程物流服务。当年完成货运量1.3亿吨,货运周转量2818亿吨公里,同比增长2%、43%;新增油运运力14艘、157万载重吨;干散货运力41艘、43万载重吨;滚装运力8艘、8570车位。

四、中国海员参加防海盗护航行动

(一)海盗的形成与威胁

海盗行为是古老的海上犯罪行为,在18世纪末到19世纪初的相当长时间里,几乎销声匿迹。但自从20世纪80年代开始,海盗又死灰复燃,并与有组织的恐怖主义同流合污,严重违反了联合国的宗旨和原则,威胁着国际和平与安全,直接影响了航运经济的发展,引起了国际社会的广泛关注。

自1991年索马里内战爆发以来,该国长期处于军阀割据和无政府状态,社会体系崩溃,国民经济长期处于世界最低水平。联合国曾多次试图帮助索马里恢复社会秩序,并进行了人道主义援助,但一直收效甚微。索马里当地渔民也因为国内局势动荡,导致生活拮据。而越来越多的他国渔民非法越境至索马里领海,捕捞此地盛产的金枪鱼,这无疑引起了索马里渔民的怒火。到21世纪,索马里渔民开始武装自己,向非法进入索马里海域捕鱼的人发起攻击。随后,索马里人发现通过海盗行为似乎可以得到更多的利益,于是,越来越多的索马里人加入其中,并发展成各种海盗团体与组织。据统计,1999年,世界各地报告的海盗袭击事件285起,到2000年全球海盗案件达到了一个历史性的高潮,共469起。2007年以后,印度洋海域的亚丁湾、索马里地区的海盗越发猖獗,使这一地区的船舶航行安全受到极大威胁。2008年以来,索马里海域和亚丁湾水域的海盗袭击事件呈明显上升趋势。仅在2008年就发生了111次袭击,其中42艘船舶被海盗劫持,赎金超过1.2亿美元。2009年前9个月,在该海域发生了168宗海盗袭击案件,占全世界海盗案件总数的一半以上。据统计,2009年全世界共发生了406起遭遇海盗事件,比2008年增加38.5%。其中153艘船舶被海盗登轮,49艘遭劫持,120艘被海盗开火射击,共有1052名船员被劫为人质,68名船员在海盗事件中受伤,8人死亡。据国际海事组织统计,海盗活动每年给世界经济造成约250亿美元的损失。这就意味着,不论海运企业是否选择回避索马里海域,相关贸易商品的海运价格均会明显上涨,而这一成本开支必将体现到消费者购买的终端消费品价格上。

(二)承担国际责任和义务

根据索马里海盗活动范围不断扩大、海盗组织逐步趋向联合行动、海盗装备愈发精良、袭击目标趋于广泛、抢劫行为更为暴力的特点,国际社会对此高度重视,联合国安理会及国际海事组织先后通过了4个决议,呼吁有海上保障能力的国家参与该海域的护航。因此,相关国家的政府纷纷派出了本国的军舰,进入亚丁湾/索马里海域进行护航。

中国是航运大国,航运业对国民经济发展具有重要意义,我国93%以上的货物运输是依靠海运。每年约有1000多艘商船通过亚丁湾,经苏伊士运河前往欧洲,这条横跨印度洋的航线,对于我国的石油、粮食、集装箱运输来说,是非常重要的海上通道。同时,我国也是海员大国,拥有60余万名海员。由于海盗活动不分国籍和地域,中国的船舶和船员同样也受到了严重威胁。如:2006年4月4日,韩国"东源628号"渔船在索马里附近海域被劫持,其中包括3名中国籍船员。2007年4月18日,台湾籍"庆丰华168"渔船被索马里海盗劫持;5月25日由于船东与海盗谈判陷入僵局,1名辽宁抚顺籍船员被海盗开枪打死。2007年5月15日,两艘分别名为"Mavuno1"和"Mavuno2"、悬挂坦桑尼亚国旗的韩国籍渔船被海盗劫持,两艘船共有包括10名中国人在内的22人。2008年9月15日,一艘在中国香港注册的运输船被海盗劫持,船上共22人,但没有中国公民。2008年9月17日,隶属于中国对外贸易运输总公司香港某子公司的一艘货轮被海盗劫持,25名船员中有24名中国船员。2008年11月14日,中国渔船"天裕8号"被索马里海盗劫持,船上共有16名中国船员(包括1名台湾籍船员)和8名外国船员。2008年11月19日,美国海军证实,一艘中国香港注册的伊朗货船被索马里海盗劫持,船上有25名船员,但没有中国人。2008年12月17日,中国1艘半潜式运输船"振华4号"轮遭到海盗登船袭击,30名中国籍船员在随后赶来的马来西亚海军"斯里印德拉沙迪"号支援舰和其武装直升机的支援下成功脱险。这一系列事件,引起了国家高度重视。能否有效防范国际海盗活动,切实保障海上安全,事关我国的国际政治形象、经济发展、社会稳定和人民群众生命财产安全。同时,作为国际海事组织的A类理事国,积极防抗日益猖獗的海盗活动,也是我国义不容辞的国际责任和义务。党中央、国务院和中央军委领导审时度势,决定派出我国的海军舰艇赴该海域执行护航任务。

按照党中央、国务院和中央军委的统一部署,交通运输部和海军等有关部门积极沟通协调,协助落实参与护航行动的各项工作。海事部门、中国船级社、中国航运企业驻外机构等也积极为护航行动提供支持和服务。交通运输部还选派了优秀船长作为联络员,构建起被护商船和护航军舰之间的联系平台,他们也因此被誉为"亚丁湾护航的无名英雄"。

2008年12月26日,中国海军首支护航编队从海南三亚起航,2009年1月6日,首批护航编队抵达亚丁湾,开启我国海军远洋护航之旅。中国海军索马里护航编队的主要任务是:保护航经亚丁湾、索马里海域的中国船只、人员安全;保护世界粮食计划署等国际组织运送人道主义物资船舶的安全。同时中国海军也将与周边海域护航的各国海军展开国际合作,共同维护本海域的安全稳定,也将在必要的时候,参与人道主义救援行动。

为有力配合我海军远洋护航行动,截至2010年,交通运输部从各海事局和各航海院校中先后派出了七批14位远洋船长,参加亚丁湾护航保障工作(包括对外沟通、联络、翻译和制订护航方案等),他们分别是:郭长进、陶维功、范俊、王伟奇、颜晓华、郭好乐、许玉付、杨佐昌、刘健勇、邬惠国、刘景升、邵哲平、于晓军、贺益雄。此外,中远集团、招商局能源运输船队等航运企业的船舶为我海军护航编队提供补给,有力配合了防海盗行动。中国海军护航编队护送的船舶总数达到3014艘,确保了被护船舶和人员的绝对安全,以实际行动赢得了国际社会的广泛赞誉。这一行动是保障我国国际贸易和海上运输安全的重大决策,是依据国际法有关规定和联合国安理会有关决议行使权利、履行责任的正义之举,也是对我国包括港澳台地区的远洋运输船舶、广大海员和渔民最切实的关怀和最有效的保护。护航行动为我国参与国际海上运输保障、共同维护海上安全,积累了宝贵经验,谱写了军政、军民团结的新篇章,为维护世界和平和国家利益做出了重要贡献。

(三)中国海员英勇抗击海盗纪实

2008年以来,广远有近600艘次船舶航经海盗活动猖獗的拉各斯、亚丁湾、印度洋等海域,有42艘次船舶遭遇武装海盗袭击。广远公司高度重视防抗海盗工作,团结和动员各方力量,精心组织,周密部署,船岸齐心协力,同仇敌忾,共御海盗。站在第一线的广大船员,临危不惧、沉着冷静、机智勇敢,成功地阻击海盗的袭击,一次又一次取得防抗海盗的胜利,捍卫了"浮动国土"的安全,谱写了一曲曲嘹亮的英雄赞歌。

1."乐同"轮英勇击退武装海盗

2008年9月12日18时05分(船舶时间),"乐同"轮航行时发现一艘快艇,内有海盗8人。其中,2人各手持1支冲锋枪、1人开艇、另2人携带挂钩梯,航速25节,从左前方与该轮航向垂直方向高速驶来。船员在相距3海里外用雷达锁定目标。黄慧雄船长果断命令立即启动消防泵,并拉响警报,全体船员马上紧急集结在左舷甲板,准备迎战海盗。黄船长采取左满舵转向,试图甩开快艇。但对方速度太快,很快绕到该轮左舷三舱附近,企图强行登轮。船员随即用皮龙水枪喷射,及时将海盗甩到船舷上的挂钩取掉,并用三角木、木条、啤酒瓶等连续反击,打伤2名海盗。黄船长还指挥驾驶台防盗人员对空发射了火焰降落伞信号,并用VHF16、10频道与联合军舰联系,寻求支援。海盗在高频里听到求援信号后,即向驾驶台和船舷开枪,尔后快速绕到左舷4舱,又抛钩挂住左舷,但很快又被船员取掉。海盗见挂钩不成,迅速转向船艉袭击,严阵以待的艉部船员立即奋力反击,顽强抵抗,并第五次摘掉海盗的挂钩。之后,海盗暂时放弃劫船计划,驶离该轮1.5海里处守候。18时36分,"乐同"轮又发现两艘高速快艇从左边横穿船头,并又开枪向船头射击。黄船长左满舵转向避绕,两快艇距该轮2.5海里处与乐同轮相持并驶。"乐同"轮驾驶员又用VHF16、10频道向联合军舰紧急求援,船长绕向避让。19时10分,联合军舰直升机到达"乐同"轮上空盘旋,严密注视快艇动向。海盗见情况不妙,只好离去。黄船长在抗击海盗斗争中,沉着冷静指挥,身先士卒迎战,大大鼓舞了士气。政委普枝培在抗击海盗斗争中,冲锋在前,充分发挥了党员先锋模范作用。医生张锐敏在抗击海盗斗争中,临危不惧,勇往直前,五次摘掉海盗挂在船舷的挂钩,阻止了海盗登船,为"乐同"轮成功抗击海盗,发挥了至关重要的作用。9月16日,中远集团向"乐同"轮发出慰问信,对该轮进行了表彰,号召中远系统全体员工向"乐同"轮船员学习。

2."天王星"轮坚决御海盗于船舷之外

2009年8月16日,"天王星"轮第九航次航行至阿拉伯南部海域距离索马里沿岸约310海里,主机第一缸排气阀突然烧坏,被迫停航更换缸头。就在此时,海盗突然出现!船钟时间15时35分,二副及防盗班人员向船长沈壁林报告,船艉有一艘无名船,长约60米,甲板上约有30人,吊着卷起的渔网,正以6—7节的速度,向"天王星"轮在靠近。沈船长马上意识到这可能是海盗母船。于是立即拉响全船警报,启动防海盗应急预案,全船人员迅速穿戴好防弹衣,戴好钢盔,手持各种自制武器,整装集结,严阵以待。甲板两侧共8条、船艉共4条水皮龙同时开启出水。15时50分,海盗母船释放了一艘小艇,向"天王星"轮发起3轮冲锋,并发射枪榴弹。关键时刻,沈船长命令船员向海盗母船和小艇发射了多枚钛雷,迫使小艇退却。政委张国斌在甲板上组织和带领船员奋力抗击海盗,有效阻止了小艇的进攻。经过1个多小时的对峙,海盗母船不得不收回小艇,并用高频喊话:TianWangXing,I go home,goodbye后,随即向索马里方向驶去。"天王星"轮船员在船舶失去动力的情况下,临危不惧,沉着应战,把海盗拒于船舷以外,确保人、船、货的安全。得到了交通运输部等上级领导的高度赞誉。

3."瑞昌海"轮成功阻击武装海盗登船

2009年12月29日(当地时间),"瑞昌海"轮接到靠泊信息,要求该轮于当地时间30日上午7时前,抵达拉各斯港进口浮筒5海里处等待上引水。为了不耽误船期,该轮于29日下午,从离岸70海里处移至港内离岸22海里处(距引航站14海里)漂航。拉各斯一直是船舶防海盗工作的重灾区。早在"瑞昌海"轮未到拉各斯之前,中远远达安技部就对防海盗工作作了专门部署,并通报了近期该港发生的海盗袭击事件及其海域地理位置分布图,提醒船舶在这些区域务必严加防范。"瑞昌海"轮漂航的位置正是事故多发地带,因而船上加强了警惕,并做好了应急预案。当天晚上21时10分,船上驾驶台值班人员突然发现船艉不远处,有一艘小艇高速向左舷靠近。值班人员立即通知防海盗加强班人员密切关注,通知机舱开应急预案,立即准备动车,同时拉响警报,向全船广播,并拉响汽笛对海盗警告。1分钟后,全体船员已按照该轮防海盗部署,各就各位,驾驶台发出保安警报和INM-C遇险信号,并用VHF和卫通,分别向港口当局及中远远达安技部报告。就在此时,小艇已接近船舶左舷第3舱引水登轮处,准备使用带钩竹竿挂住船舷。防海盗班人员立即组织反击,并使用高压水枪喷射。海盗见船员们顽强抵抗,恼羞成怒,用手中的火药霰弹枪向船上连开4枪,但这并没有吓倒"瑞昌海"船员。几分钟后,海盗放弃在此登轮,向左舷第1舱冲去,船舶防海盗人员迅速对第1舱的海盗实施阻击。21时17分,海盗见无机可乘,开始驶离船边。但仍不死心,在左舷不远处徘徊。此时,"瑞昌海"轮也已按照中远远达的指示,驶向远处水域。21时20分,海盗去而复返,再次向该轮左舷第3舱靠近,并持续开枪射击。政委张国斌指挥阻击队员予以还击,并朝海盗发射火焰弹。海盗见势不妙,在距船舷不远处突然改向,又向船首冲去。船长陈平见状,指挥船舶左满舵压向小艇,迫使对方停止靠近。僵持了几分钟后,海盗无处下手,只得再次驶离,消失在夜幕中。

至此,这场惊险的海盗阻击战终于结束,"瑞昌海"轮取得了最后胜利。"瑞昌海"轮全体船员的英勇事迹,得到了中国驻拉各斯总领事郭岚和中远集团、中远航运、广远、中远远达领导的高度赞扬。

4."安泽江"轮成功挫败武装海盗袭击

2010年5月16日20时30分,"安泽江"轮在尼日利亚拉各斯港抛锚待命时,遭到海盗袭击。两条海盗小艇在火力掩护下,企图强行登船。危急关头,船长刘新军坚守驾驶台,政委刘正芳指挥全体船员,按照防海盗应急预案进行阻击。海盗小艇的第一次、第二次挂钩,都被一水张琛和电机员宋长明成功摘除。两艘小艇又快速冲到二舱和四舱位置,再次发起更为猛烈的进攻,再次企图强行登船。刘正芳指挥船员们在四舱位置阻击海盗,并亲自带队冲到二舱,阻击船艉冲过来的海盗。战斗过程中,刘正芳被霰弹枪击中,脸部、胸部和右臂多处受伤,船长刘新军被子弹打中脚板,但他们仍然坚持指挥,直至将海盗驱赶下船。两位船舶领导负伤作战,发挥了模范带头作用,鼓舞了士气,为最终战胜海盗起到了重要作用。

5."乐从"轮英勇击退武装海盗

2010年11月18日0时,"乐从"轮航至阿拉伯海,立即进入防海盗加强值班的高度戒备状态。16时48分,雷达显示在右舷前10海里左右有一艘可疑船舶。17时37分,这艘可疑船舶突然转向,朝着"乐从"轮加速驶来。船长何文学立即下令采用大角度转向,避免与海盗船正面冲突,同时拉响防海盗警报,启动防海盗预案。船员们在1分钟内即按部署要求,各就各位。17时45分,何船长用望远镜观察到,该海盗船周围水面有快艇出现,右舷后3海里处有一艘快艇飞速追来,随即果断地通过VHF16向联军军舰报警,并指令电报员立即向中远航运、中国护航军舰等部门,发出"乐从"轮遭遇海盗袭击的报警求救信号,以寻求公司的岸基支持和中国海军的军事保护。3分钟之后,海盗快艇便从后方逼近"乐从"轮,武装海盗鸣枪威吓,示意停航。何船长指挥二副在驾驶台对准快艇发射钛雷,警示海盗,打响了"乐从"轮保卫战!海盗船向驾驶台、船舷、船艉等处疯狂扫射。甲板总指挥政委陈永定指挥大家趴下躲避子弹。坚守在驾驶台的何船长指令一水许鹏山大角度转向,利用船艉的激流冲击海盗快艇,并指示大副和二副在驾驶台左右舷,对准海盗船连续发射钛雷。在船员们的英勇抵抗下,海盗最终放弃了进攻,在慢速尾随一个多小时后怏怏离去。至此,"乐从"轮取得了抗击海盗的成功。

在"乐从"轮抗击海盗的斗争中,大厨林洪强潜伏在舷边,勇敢地向海盗还击,不幸被散弹击中,大腿及小腹部5处受伤,依然坚持作战,并表示:我没事,叫大家不要担心,不要因为我耽误了打海盗。这一英勇行为,成为广大船员学习的榜样,中国船东协会授予"乐从"轮"抗击海盗先进船舶奖",授予林洪强先进个人奖。"乐从"轮荣获2009—2010年度中远集团文明建设先进单位、全国交通建设系统"工人先锋号"。船长何文学、政委陈永定、大厨林洪强获中远集团授予的"抗击海盗先进个人"荣誉称号。

沧海横流,方显英雄本色。船岸周密的安全部署,船员优良的政治和心理素质,共同谱写了一曲曲嘹亮的英雄赞歌。"广远船员英勇防抗索马里海盗"这一话题,无疑成为中远发展史上又一组崭新而雄壮的爱国主义乐章。

五、新时期中国海员的特殊贡献

在这一时期,中国海员除了为我国航运事业做出了重大贡献外,还在承担社会责任、履行国际义务和发扬人道主义精神等方面,做出了特殊的社会贡献。如海上救助救援、救灾物资抢运等重大事件。

(一)海上救助遇险船舶及设施

海上救助,又称"海难救助",是指依靠外来力量,在海上所有水域对遭遇海难的船舶、货物和人命施行的救援。海上人命救助是履行国际义务和人道主义的救援行为。中国海员一直秉承着人道主义的道德规范,实施海上人命救助也是中远、中海集团履行社会责任的重要组成部分,航行在四大洋的远洋船舶,通过无数的救助案例,彰显了中国海员高尚的国际人道主义精神,以及作为全球契约先锋企业的良好形象。

1999年11月6日,中远集团的"大清河"轮在上海驶往横滨的途中,救助美国直升机。

1999年12月16日凌晨1时30分,一艘巴拿马籍货轮"VIOLETOCEAN"(海上紫罗兰)号,从巴布亚新几内亚运载3000吨原木驶往广州黄埔港,行至汕头东南方向50多海里的海域时,因大风浪遇险,导致船体倾斜下沉,该船立即发出紧急求救信号。当时从天津港开往欧洲的中海集团广州货运"银杏"轮正好经过该海域,接报后马上折返救助,并报告广东海上搜救中心。最终,17名外国籍船员获救。17日,香港海事处给中海集团广州货运发来感谢电。《南方日报》等多家媒体也同时报道这一事迹,对施救船员排除困难,舍己救人的高尚品德给予了高度赞扬。

2002年6月18日,中海油运"大庆47"轮在黄海北部海面上,成功救助了1艘失火遇难的韩籍杂货船,20名遇险船员全部获救。

2005年4月3日,一艘长274米,宽43米,载原油119574吨的葡萄牙籍油轮"阿提哥"号,在大连新港附近险礁搁浅。大连远洋接到辽宁省海上搜救中心的险情救助指示后,立即派人参与现场救助工作,提供技术支持,协助制定操作方案。在有关方面的共同努力下,经过30个小时的紧张工作,"阿提哥"轮于4月4日17:00时成功脱浅并安全靠泊。

2005年7月2日,浙江舟山千岛船务有限公司总吨为2491吨的"千岛油1"轮,在大连港外锚地西侧,与一艘马来西亚籍集装箱船相撞。中燃大连公司在海事部门的组织下,派出"连油1"轮,立即前往事发地点,靠泊"千岛油1"轮,进行货油过驳。"连油1"轮在大雾迷茫能见度不足100米的情况下,从"千岛油1"轮过驳657吨货油,为事故处理和污染控制提供了有力的支持,展现了中国海员精湛的操作技能。

2006年,中国海上搜救中心特致函大连远洋运输公司,对1月12日,大连远洋"鄱阳湖"轮参与救助辽宁籍远洋渔业加工船"辽渔12号"在成山头东北约30海里处起火遇险一事,给予了赞扬。

2007年,中海集团的"向壮""向浩"集装箱轮在接到12级风暴中被困渔民的救援信号后,立刻加入救援行动,在风浪中圆满地完成了救助,受到了交通部的嘉奖。

2008年,中海集团的"新欧洲"轮在超强台风中,收到集团应急指挥中心指令,紧急改变航向,全速前往救援因主机故障而遇险漂流的渔轮,成功将船上渔民救上船。同年9月28日,"新欧洲"轮的船员在浙江海上搜救中心的协调下,克服重重困难,成功地救助了受台风"蔷薇"影响而失去动力的"浙岭渔运101号"上的15名船员。国际海事组织在第102届理事会上,批准了海上搜救特别勇敢奖评选专家组提出的报告:中国提名的新欧洲轮荣获最高奖项——海上搜救特别勇敢奖。

2009年5月,中燃连云港公司"云油3号"轮全体船员在连云港海事局的指挥下,成功救助遇险船舶,成功避免了一起重大海洋环境污染事故。

(二) 海上救助落水人员

1999年12月10日,季节大风在南海海面掀起层层巨浪,1艘海南儋州市海头镇港口编号为"311035"轮经受不住风浪拍打,于10时许沉没,5位渔民不幸落水。当天11时48分,中海集团广州货运的"红旗123"轮从八所港装矿北上宝山钢铁厂,航行至北部湾海头港对开海面8海里处时,发现右前方海面有几位落水者在摇小旗求救。经过近半个小时与风浪搏斗,终于将5人全部营救上船。

2005年4月30日,正在英吉利海峡航行的中波公司"李白"轮,在海上成功救起因游艇故障遇险的3名英国游客,并将他们和小游艇安全交给法国海岸警备队。中国海员的国际人道主义精神,在英、法两国一时传为美谈。

2005年6月16日13时50分,大连远洋公司"远明湖"轮正行驶在印度洋上,发现船舶右前方约3海里处的洋面上有橘黄色漂浮物,经分析认定为1艘颠覆倒扣的小渔船,2名遇险人员趴在倒扣的渔船上。"远明湖"轮的船员立即进行救援,并向公司和印度海上搜救中心报告。2名精疲力竭的遇难者最终成功获救。

2005年9月21日,正在连云港2号锚地抛锚待泊的中远航运"碧江"轮,接到连云港交管中心指令,克服恶劣天气和夜间搜救等重大困难,在连云港附近海域成功救起沉没渔船"苏赣渔02506号"9名落水渔民中的2名,并作为搜救现场指挥船,配合连云港搜救中心积极进行现场搜救协调工作,使其他落水船员也被成功救起,得到了连云港海事主管机关和地方政府的高度评价。

2005年11月18日,青岛远洋"天荣海"轮从澳大利亚回航驶达菲律宾吕宋岛附近海域时,接到韩国籍"BRIGHTSUN"轮遇险报警,迅速赶往事故现场投入搜救行动。在现场海况恶劣,其他船舶救助未果的情况下,成功地救助了救生艇上全部20名外国船员,再一次体现了中国海员良好的专业技术水平和高尚的人道主义精神。12月2日,中国海上搜救中心致函中远集团,对"天荣海"轮救助遇险船员通报表彰。

2006年3月19日,中远香港航运/深圳远洋所属船舶"天岭"轮在连云港进港途中,发现一艘将要沉没的渔船"苏赣渔05112号"上,有8名渔民求助。他们在海上已漂浮了近8个小时,身体虚弱,情况十分紧急。中远船员本着"以团结互助为荣"的宗旨和中远对海上人命财产高度负责的传统,成功救起全部渔民。"天岭"轮船员的良好素质和职业道德,得到了连云港地方政府和遇险渔民的高度赞誉。

2006年6月21日,正在南太平洋航行的青岛远洋华林公司外派"金先锋"轮,突然接到智利海上救助协调中心的电话,得知秘鲁籍船"沃根·那蒂维德"轮遇险,5名船员亟需救援。在智利海军水上飞机的协助下,"金先锋"轮迅速赶到出事地点,在船舶完全沉没前,将5名已经浸泡在海水中的遇险船员救上船舶,并安全送到智利阿里卡港。中国船员救助秘鲁籍船舶5名遇险船员的事迹,在当地引起强烈反响,智利海上救助协调中心向"金先锋"轮发来了感谢信,对中国船员在危急时刻所表现出的勇敢、献身和团结精神,以及出色地履行《国际海上人命安全公约》中的要求,表示高度赞赏。

2006年8月18日,中远集运公司的"永定河"轮在长江口水域,成功施救了"DONGSUN"轮的7名遇险船员。当时遇难船舶左舷朝天,右半面舱盖已有一半浸在水中,甲板上无法站人,船随涌浪颠簸,随时都有倾覆危险,"永定河"轮政委带头组成5人救助队,在风急浪高中,将7名船员全部救上船。8月24日,中远集运收到上海海事局发来的感谢信称:"永定河"轮船长及全体船员在他船人命财产安全受到严重威胁的关键时刻,见义勇为、大公无私、友爱相助,表现出了优秀的职业素养,为海事部门组织救助提供了有力支持,这种高尚的职业精神,值得航运界学习。中远集团领导也高度评价"永定河"轮的救助行动,并予通报表扬。号召全系统向该轮船员学习。

2007年1月7日,中远集运"东河"轮正在香港地区海域航行,5时13分,接到中国香港海事搜救中心信息:离该轮12海里处有一渔船沉没,10名渔民落水。"东河"轮当即启动船舶应急预案,赶往事发海域。在这场搜救中,"东河"轮根据海事中心的要求,承担了搜救组织者的任务,负责中国香港海事搜救中心与搜救飞机、搜救船的通信联络、指挥协调、信息传递,使7名遇险船员成功获救。

2007年2月6日,青岛远洋的"东方之星"轮在澳大利亚北部卡奔塔利亚湾港外锚地抗击"NELSON"强台风时,接到来自台风中心海域一艘名为"WUNMA"轮发出的遇险求救信号,立即赶往失事海域,并及时报告船东。在气压为985毫巴,风力12级以上,涌浪高达6米的台风中心,"东方之星"轮全体船员沉着操控,最终协助直升机,将货舱大量进水、主机失控、船体右倾4度的遇险船舶上的10名澳大利亚船员成功救助上岸。

2007年8月13日17时47分,正在按正常航线驶往目的港日照的中远散运"天丽海"轮,收到遇险船舶"蕲阳"轮由中高频发送的遇险电文和VHF16频道发出的呼救,迅速驶往连云港东南170海里左右的事发海区。根据连云港搜救中心指示,负责现场搜救指挥,经过多方共同努力,14名遇险船员全部获救。8月13日,连云港海上搜救中心向中远散运和"天丽海"轮发来了感谢信,表达了对"天丽海"轮全体船员的感谢和敬意。

2007年9月1日7时55分,天津津神客货轮船有限公司"燕京"轮从日本返回天津港,行至韩国巨文岛以西20海里处时,发现3名漂浮在泡沫浮子上的遇险人员,"燕京"轮迅速调转船头施救,并立即向公司和韩国丽水海岸警备队取得联系。9点钟左右,"燕京"轮成功救起2名遇险者。11时44分,"燕京"轮将2名遇险者和1名遇难者的遗体,移交韩国海上警备队。韩国政府向天津津神客货轮船有限公司和全体船员表达了感谢和崇高的敬意。

2008年6月30日,青岛远洋公司"铜山海"轮在广州桂山锚地等待进港,收到"远顺德"轮的遇险信息后,通过有效的救助引导和应急反应,协助海巡救助船,在极短的时间内,15名遇险船舶船员全部得到救助。

2008年7月30日,中远香港航运"大亚海"轮在第29航次从澳洲开往美国的航行中,接到澳大利亚救助中心发出一艘名为"ILLUSION"的小游艇在南纬23度50.8分,东经157度44.4分遇险的紧急电传后,迅速改向开往遇险点实施救助,并将遇险2人安全送抵指定港口。

2008年11月9日,中远集运"中远布里斯班"轮在按计划驶向盐田的途中,从1艘即将沉没的游艇上救起2名澳大利亚公民。抵达盐田港后,深圳中远船代协调澳大利亚总领馆、地方边检和海关等相关部门,进行了后续的安置工作。

2009年6月13日凌晨,大连远洋公司"紫云峰"轮在山东莱州靠泊卸货的过程中,发现1名身穿救生衣的落水者。经救援后得知系本地渔民,因渔船遇风浪翻扣落水,尚有2名落水者下落不明,船长立即启动了紧急救助程序,并向莱州海事局进行报告,于8时23分,将另外的2名落水者也营救上船。6月15日,烟台市海上搜救中心发来感谢信。对"紫云峰"轮船员的见义勇为精神,高尚的职业道德风范和娴熟的航海技能表示感谢。

2010年12月31日,黄海风大浪急,中远香港航运/深圳远洋公司的"通海"轮满载着2万多吨煤炭,正向着东南方向行驶。下午4点刚过,"通海"轮接到通知,要求火速参与搜救在附近海域失事的朝鲜籍货轮"强峰"。此时失事海域风力已加大到9级,阵风10—11级,"通海"轮在惊涛骇浪和漆黑的夜色中,沿途反复寻找。经过30多个小时的全力搜寻,"通海"轮和其他4艘大型船舶成功地协助救起5名遇险朝鲜船员。

(三)完成救灾物资抢运

1.完成抢运电煤运输

2008年1月,中国南方大部分地区、西北地区东部遭受了50年一遇的大范围持续性低温雨雪冰冻极端天气灾害,截至1月25日,全国共有17个省级电网电力供应紧张,因缺煤停机组接近4000万千瓦。全国电煤库存约2142万吨,不到正常存煤的一半。突如其来的严重自然灾害,给群众生产生活带来严重影响。中央迅速作出了把抗灾救灾作为最紧迫任务的重大决策,部署抗灾救灾工作,发出全力以赴开展抗灾救灾、坚决打好抗灾救灾这场硬仗的号召。为做好电煤抢运工作,中远集团成立了中远电煤运输保障协调领导小组和工作小组,迅速调集和部署运力,除将所有沿海运力投入电煤运输外,还从海外紧急调运11艘船约76万载重吨,打响了一场"争分夺秒抢险救灾"的攻坚战。

中远集团的"鹏发"轮、"康苏海"轮十几名船员在船工作时间已到合同期,又临近春节,早已向公司提交了春节下船公休的申请。当接到公司下发的保障沿海电煤运输的动员令后,他们主动放弃与家人团圆的机会,全身心地投入到电煤运输中。

2月2日,大唐宁德电厂电煤告急,原计划靠卸大唐乌沙山电厂的"鹏采"轮、"鹏信"轮应电厂客户紧急要求,临时改靠福建宁德港。该港位于航道弯曲、狭窄、流急、渔船、渔网密集的福建三都澳海湾顶部,由于事发突然,船舶没有配备海图,2位船长也没有停靠该港的经验,为不影响船期、确保船舶安全,中远连夜给船舶复印、传真海图及相关资料,为船长搜集、撰写进出港安全航行指导文件,保证两轮安全顺利地靠泊卸货,有效地缓解了宁德电厂电煤"断顿"的燃眉之急。抗击冰雪灾害期间,中远香港航运/深圳远洋共完成沿海电煤运输75个航次,抢运电煤约315万吨。

中远散运从国际航线紧急抽调船舶,从事内贸电煤运输。"嵩山海"轮原计划广州交船,接到紧急征调任务后,立即改赴北方港口执行煤炭运输任务;"腾飞海"轮原来长期出租,为了增加电煤运输的运力投入,中远散运以每天损失租金数万美元的代价,采取单航次期租的形式,反租该船用于沿海煤炭运输;

"泰白海"轮本已签订3年的包运合同,为了支援华中地区电厂,经与租家协商,将该轮从航线上撤回,以配合北煤南运。

青岛远洋"景洪海"轮主机出现故障,经两次返厂均未修复,原计划在卸货港安排修理,考虑到国家电力供应紧张,在轮机长的组织下,轮机部利用船舶靠港作业的短暂间隙,和修理厂人员一道紧急完成了修复,缩短了船期。"昭阳海"轮为了提高运输效率,在确保安全航行的情况下,采取少加燃料油和淡水的做法,尽量增加煤炭的装运量。

中远集运积极协调运力,协调有关货主让出舱位,采用集装箱运输煤炭,为东南沿海地区共计承运960TEU,近3万吨的电煤。

中燃公司认真研究部署船舶燃料保供工作,确保水上燃油市场的稳定供应,累计为电煤运输船舶供应燃油632艘次、数量71656吨,有效地支援了抗击冰雪灾害抢运电煤工作。

中远集团急国家之所急,全力以赴抢运电煤,为缓解南方地区的电煤供应压力作出了积极贡献,得到了国家有关部门以及客户的表扬和称赞。3月3日,交通部召开全国交通系统"抗灾保通"表彰大会,中远集团副总裁张良荣获全国交通系统"抗灾保通"先进个人称号,深圳远洋运输有限公司荣获全国交通系统"抗灾保通"先进集体称号。广东省经贸委和秦皇岛市政府分别向深圳远洋运输有限公司和中燃公司发来感谢信。在这场牵动全国人民的抗冻救灾战斗中,中远集团始终走在了责任与奉献的最前沿。充分展现了以爱国主义为核心的中远文化和中远集团"企业公民"的社会责任感,进一步树立了中远积极参与构建和谐社会,履行社会责任的企业形象,也展现了中国海员以大局为重的社会主义精神风貌。

2.完成援台救灾物资运输

2009年8月上旬,台风"莫拉克"袭击中国台湾地区并带来严重灾害。中远集团接到了交通运输部和国台办通知,承担援助台湾首批救灾物资1000套活动板房的运输任务。中远集团上下立即行动,组织力量,在时间短、任务急的情况下,以最快速度安排好运输的各个环节。中远集团与台湾阳明公司共同经营的美国班轮航线,原计划于2009年8月16日出发,经高雄前往美国。中远集团紧急协调,重新调整船舶箱位和船期,保证首批100套救灾板房顺利装船启运。

2009年8月17日,"深圳市捐助台湾灾区活动板房(组合屋)启运仪式"在深圳港盐田国际集装箱码头举行。中远集团许立荣副总裁作为此次援台救灾物资全程承运方代表,参加了启运仪式。到8月31日,中远集团共分4批,组织运输了从盐田至高雄的246个40英尺集装箱。与此同时,中远集团决定免收承担这次援台救灾活动板房运输的所有费用,以表达全体员工对台湾同胞的手足之情,充分体现中远集团和中国海员的社会责任感。

第六节 海员教育与培训的发展

一、航海教育国际化

随着中国航运业加速进入国际市场,以及"STCW公约"履约工作的要求,航海教育国际化成为必然趋势。而且,国际性本来就是航运业的固有特点,这也决定了为其输送行业人才的航海教育也必须国际化。航海院校培养的专门人才在满足我国的航运业发展需要的同时,也必须参与世界航运人才市场的激烈竞争,因此航海教育机构必须以此为目标来确定和调整自己的发展方向。

(一)航海教育国际化的实质与内涵

航海教育国际化包含了教育理念的国际化、学生与师资的国际化、管理制度的国际化等方面。

航海教育理念国际化主要体现在航海教育机构要从国际航运业发展的角度把握办学方向,通过与其他发达国家航海院校、航运企业、行业协会之间多种方式的合作,实现一定程度上的资源共享,并依据行业特点,在教学制度、证书发放等方面实现一定程度的国际通用,从而培养出适应国际航运业发展、具有较强国际竞争力的航运人才。

学生与师资的国际化是航海教育国际化的主要标志之一。航海类高校一方面吸纳外籍学生,一方面大量派出访学或留学学生,学生的国际交流不仅有助于不同国家学生间的相互学习,也有助于课程内容的国际化。教师国际化成为实现高等教育国际化的一条有效的捷径,航海院校定期选派教师到国外航海院校进行访问和教学经验交流,开阔视野、提高技能,进而丰富教学内容,提高教学质量。一批具有国际视野和丰富从业经验的教师极大推动了航海院校教学、科研的国际化发展。此外,航海高校举办各种形式的高端航海论坛,邀请国内外知名航运企业家、船长、学者来校讲学,也提升了航海高校的国际化氛围。

在我国加入WTO之后,教育服务作为一个行业已列入服务贸易总协定,这就要求航海教育机构也应实施开放与竞争式的管理,逐步引入国外先进的教育管理理念与制度,实现管理模式与国际接轨。

总之,航海教育的国际化是一个过程,通过多种活动,其中包括国际学生流动、国际科研合作、国际学术交流、国际技术援助等,使航海教育走向世界。航海教育国际化活动的多样化则为航海教育机构提供了更为广阔的选择空间。通过这些活动,把世界先进的、为航运界普遍认可的航海教育理念及科学规范融入我国的航海教育,使航海院校的人才培养具有国际化的观念、国际化的视野及国际化的标准,从而适应世界海运业发展的趋势。

(二)海员教育培训机构质量管理体系建设和运行

航海教育培训机构建立质量管理体系,不仅是履行STCW公约的要求,也是航海教育国际化的必由之路。《STCW78/95公约》首次提出履约国政府要建立船员教育、培训、考试、评估和发证质量标准体系,对船员教育和培训全过程进行质量控制的要求。为此,我国主管机关于1997年颁布了《中华人民共和国船员教育和培训质量管理规则》。规则实施10余年来,我国的船员教育与培训机构相继获得了《质量管理体系证书》,这对船员教育与培训的健康发展和质量提高起到了重要的保障作用。

10余年间,航海教育与培训机构在质量意识的树立、教学与培训质量的提高以及工作过程与工作效率的改进等方面都有了长足的进步,主要体现在以下两个方面:

一是形成了以体系文件规范教学与培训的组织行为、管理行为和工作行为的新模式,增强了工作的规范性和全员的质量意识。质量管理体系是建立在规范性文件建设基础上的,它将教学与培训的组织过程进行梳理归纳,转化成对质量具有关键影响的基本要素和基本环节(如教学和培训计划、招生与学生管理、教学和训练的检查与评估等),通过质量手册和程序文件的方式加以规范,并辅以支持性文件,从而形成完整的文件体系。经过多年来质量管理体系的实施,航海院校及培训机构教职员工对质量体系均有了全面的认识,对采用质量管理体系规范教学与培训的组织行为、管理行为和工作行为有了广泛的认同,都能自觉地为质量目标的达成而努力,全员的质量意识普遍增强。随着认同度的不断提高,职工在各自的岗位上均能严格按照体系文件要求操作,工作质量也不断提高。

二是形成了以质量记录为载体的评价模式和内外审相结合的监督管理机制,切实提高了工作效率。质量管理体系的主要特征就是以规范的形式明确职责和强化过程管理,其主要手段是内部和外部的审核;同时在质量管理体系的实施过程中,做与不做、做好与做坏都必须留有质量记录,没有记录就没有行动,从而使各项工作更加规范、更加完善。因为质量管理体系文件中对部门职责、个人职责和工作接口规定得明晰准确,且每一工作环节都必须留下质量记录,事事有部门或有人负责,因而工作中推诿扯皮的现象大大减少,工作效率明显提高。另外通过经常性的内审与外审,发现体系本身的设计缺陷或执行过程中的偏差(即不符合项),若是文件规定不合理,则修改体系文件,若为具体工作人员的失误,则要求当事人引起重视并加以改进。这样就使得教育与管理过程始终处于受控状态,使体系得以持续改进。

2010年6月,国际海事组织(IMO)审议并通过了《STCW78公约》马尼拉修正案。随后,我国履行《STCW 78公约》马尼拉修正案工作正式启动。2012年2月29日,交通运输部海事局颁布了经修订的《中华人民共和国船员教育和培训质量管理规则》。新规则充分考虑10多年来体系建立、运行与审核的经验,进行适当调整,以解决体系建立、运行与审核中发现的问题。

(三)开展国际航海教育资源联合办学

在航海教育国际化的过程中,除各种形式的交流往来之外,各种模式的合作办学也是重要渠道。根据航运业自身发展的特点,将国际航运企业、行业协会的行业资源和信息优势与航海院校的教育、教学优势相结合,形成"国际化校企共同体",有效地促进了航海教育的国际化。

1999年6月,中国海运(集团)公司与挪威船东协会在奥斯陆正式签约,联合培训面向欧洲航运市场的高级船员。第一轮5年协议从1999年至2004年。7月,作为中国海运(集团)公司船员培训基地的上海海运学校招收首批中挪联合培训船员,开设"海洋船舶驾驶"和"轮机管理"两个专业,当年秋季开学。招生对象为应届高中毕业生,学制3年,学习期满合格由中海公司外派到挪威船东协会所属船公司船舶工作。该种联合办学形式得到国际航运界的一致认可和高度评价。2002年7月,第一届培训班48名船员获得结业证书。2004年10月,中挪双方举行了新一轮(2004—2009年)中挪联合培训项目协议签字仪式。

这种合作方式,对于中方而言,旨在于通过与航海发达国家合作,引进和借鉴海员教育与培训的先进经验,解决中国航海教育和中国海员存在的薄弱环节,培养符合欧洲市场需求的船员,为中国海员进入欧洲船员劳务市场打开通道。这是我国与世界航运发达国家联合培训国际海员的一次重要尝试,是对我国航海教育办学模式、课程设计、教学方法改革实践的有益探索。

具体来说,在培养模式上,改变中国航海教育的传统方式,针对航海职业教育特点,引进挪威"三明治"教育模式:第一学年,学生在校进行专业基础课程学习和基本技能、英语强化训练,取得应有技能证书和英语交流能力;第二学年,学生在挪威船舶实习,完成IMO推荐的《船上实习记录簿》规定的部分项目,掌握感性的航海知识和实际的专业技能,确定提高英语应用能力;第三学年,学生返校进一步接受专业课程学习和职业能力培养,结业后参加适任考证。

这一方式比之传统的航海教育有显著的优点,整个学习过程充分体现了国际化。一是教学紧密结合实际,学以致用。第一学年在校学习必须为学生第二学年实习作好知识和技能准备,包括英语能力,促使课程设置和教学内容更具有针对性和应用性;而第三学年在学生已经具备比较充分的感性知识和基本技能基础上,强化专业培训,为学生毕业考取船员适任证书创造条件。二是实习和实训时间充裕,占整个培训期将近一半时间,对学生的实践能力训练计划的设置有一定的时间跨度,有利于保证贯彻实施。三是学习目标明确,建立了竞争机制,提高了教育质量。学生必须在第一学年强化英语能力和基本知识及能力,为航行实习做好准备;第二学年远洋航行生产的实际环境有利于学生锻炼职业能力和提高英语水平;进入第三学年,学生在基本通过英语关及取得一定实践知识和能力后,对于专业课程学习及准备考证将更有积极性。

中挪联合培训海员项目实施仅几年,就取得了可喜的阶段性成果。

其一,通过中挪联合办学,引进了航海发达国家海员教育和培训的先进理念和方法,开拓了航海教育国际化办学的路子,明确了培养国际海员的目标,掌握了挪威等航海发达国家对海员培养的规格要求,培养的学生不仅符合国际公约的标准,而且在安全意识、国际法规和语言交流方面更加具有明显的特色,使航海教育逐步与国际接轨。

其二,通过国际校企合作,使学校的航海教育设备和设施建设达到了较高的水平。在主管企业和上海市教委的支持下,先后建成中挪船员消防训练中心、大型船舶操纵模拟器实验室、轮机操纵模拟器实验室和多媒体语音室等一流的培训设备;对学校 GMDSS 实验室、航海仪器实验室设备进行了改造;同时,在挪方的支持下,建成了焊接工场和计算机专用教室等。这些设施技术性能均达到国内同类先进水准,为学校的航海教育和培训提供了重要的资源保证。

其三,通过中挪联合培训项目,推动了学校的英语教学改革,使学生的英语口语水平和交流能力有了较大突破,得到了船东的认可,被认为"已具备进入挪威船队工作的语言条件"。

其四,通过国际合作办学,扩大了航海院校在国际航运和教育界的影响,为中国海员外派进入欧洲市场创造了有利条件。①

二、航海高等教育全面发展

(一)大连海事大学发展状况

1.全面推进"211 工程"建设

1998 年被正式批准进行"211 工程"建设之后,大连海事大学随即全面启动了"九五"期间的"211 工程"建设。至 2000 年,大连海事大学基本完成了"211 工程"一期建设任务:大型船舶操纵模拟器及采用虚拟现实技术的轮机模拟器等"211 工程"建设项目成为国内外瞩目的标志性成果,大型船舶操纵模拟器已推广应用。轮机动力装置实验室的船舶油液检测中心通过了中国船级社的认证。截至 2000 年底,大连海事大学通过对两个重点学科建设项目,其中包括 7 个重点实验室项目进行的重点建设,累计完成"211 工程"投资经费 11800 万元。

在全力进行一期建设任务的基础上,完成了二期建设计划的初步论证。"十五"期间大连海事大学"211 工程"建设目标为:航海类主干学科接近或达到国际先进水平;海上交通运输类学科专业的教育质量和科研水平争取达到国内同类院校领先水平,部分学科专业接近或达到国际同类院校先进水平;学校整体水平争取接近或达到世界同类院校一流水平,努力使学校成为我国培养航运业高层次人才的主要基地和解决航运领域重大科技问题的重要基地。

为全面做好"十五"期间"211 工程"建设工作,大连海事大学不断健全项目管理机构,制定完善规章制度,先后成立了"十五""211 工程"建设(学科建设)领导小组、"十五""211 工程"建设项目法人组织、"十五""211 工程"建设委员会、"十五""211 工程"建设项目验收工作办公室等。作为职能部门,大连海事大学还专门设立了"十五""211 工程"建设办公室。在"211 工程"项目建设与管理中,学校严格执行相关规章制度,先后制定了《大连海事大学"211 工程"建设实施管理办法》《大连海事大学"十五""211 工程"建设项目实施细则》《大连海事大学"211 工程"建设项目设备购置管理办法》等制度。

通过"十五"期间"211 工程"建设,大连海事大学各项事业全面发展,取得了显著成就,为国家经济建设特别是航运事业的发展发挥了不可替代的作用。学校社会地位明显提高,在单一航海类传统特色学科专业的基础上,逐步发展成为特色鲜明的著名高等航海学府,在国际上享有盛誉。毕业生深受用人单位欢迎,特别是航海类专业毕业生长期供不应求,并得到海外船东和国际航运界的好评。

---

① 孙欣欣:《引进发达国家教育理念,坚持航海教育模式创新》,《中国航海》2002 年第 4 期,第 26—28 页。

大连海事大学"十一五"期间"211工程"建设目标是:以学科建设为核心,凝练学科方向,强化特色与优势,提升学科整体水平,促进学科建设快速发展,使相关学科或学科方向接近国际先进水平;进一步提高学校公共服务体系和信息化水平;建设一支以高水平学科带头人为核心的、综合素质好、结构合理的师资队伍;使学校教学质量、科研水平、办学效益全面提升,为建设具有鲜明航运特色的高水平大学奠定基础。

2007年,大连海事大学完成"十一五""211工程"建设可研报告,启动了轮机系统与船舶新动力实验室——船用燃机与新型动力分实验室等3个学科实验室建设项目的建设工作。环境科学与工程实验室——高级氧化技术海洋污染防治分实验室等3个学科实验室建设项目得到交通部批复。

2008年,大连海事大学正式启动"211工程"三期建设。

2.质量管理体系的有效运行

大连海事大学自建立ISO9001质量管理体系以后,一直将强化该管理体系作为提高内部管理水平的重要手段,坚持每年开展内审和管理评审活动,促进了质量体系良好运行,为保证教学质量和规范化管理起到了积极作用。

1999年5月和11月,大连海事大学先后对教学单位和职能部门进行了两次内部审核,对质量体系文件进行了全面修改,对内审员进行了岗位培训。7月7日,挪威船级社对大连海事大学进行了质量体系通过认证后的第一次中间审核,认为质量体系运行基本有效,符合ISO9001质量体系标准的要求,复审通过。2000年5月和11月,大连海事大学对全部教学单位和机关职能部门进行了两次内部审核,并对质量体系文件进行了修改。2001年6月,大连海事大学确定每年5月为学校质量管理月,在此期间,将内部质量审核与学校期中教学检查、本科评价联合进行;每年6月,在内审后,针对内审出现的问题,积极组织有关人员及时整改;每年7月,接受外部质量审核;每年11月,进行第二次内部质量审核。2003年,大连海事大学进行了全校教学单位、职能部门的内部审核,通过了ISO9001:2000版的换发证书及DNV三个认证规则换证审核,成为中国第一所通过挪威船级社(DNV)ISO9001:2000版审核的大学。2004年,大连海事大学进行了第15次内部审核,通过了ISO9001、DNV三个认证规则的年度审核和中华人民共和国海事局的中间审核。2006年的7月和10月,大连海事大学分别通过了DNV和中国海事局质量管理体系的换证审核和再有效审核,特别在中国海事局的质量体系审核中获得高度评价。

大连海事大学始终坚持质量管理体系的有效运行与日常教学管理工作相结合,逐步建立并有效实施了本科教学质量多元化评价体系,营造了重视教学质量的良好氛围,促进了本科教学质量的稳步提高。

3.航海类专业教学发展情况

大连海事大学顺应国家发展需要,加强招生制度改革,增加招生地区,扩大招生规模。招生地区和招生规模由1994年从20个地区招收1550人,发展到2008年从30个地区招收4170人。

专业建设紧紧围绕学校定位和中长期发展规划,充分发挥优势,注重打造品牌。"九五"期间,大连海事大学提出,强化航海类主干学科专业的优势,突出海上交通运输类主体学科专业的特色,促进基础和相关学科专业的发展,形成航海类学科专业优势突出、海上交通运输类学科专业特色鲜明、基础和相关学科专业实力相当的学科专业体系。在航海类专业建设方面,遵照STCW78/95公约要求和我国海事局有关规定,进行了船舶驾驶和船舶通信导航专业、轮机管理与船舶电工专业合一的试点。"十五"期间,本科专业坚持以航海类学科专业为主干,以海上交通运输类学科专业为主体,坚持多学科协调发展。"十一五"期间继续加强航海技术、轮机工程两个传统特色优势专业建设,力争人才质量达到世界同类院校一流水平。

成人教育方面,至2009年4月,大连海事大学成人学历教育设有航海技术专业、轮机工程专业、海事管理专业等。大连海事大学积极探索航海职业教育新的办学模式,2004年首次将航海职业教育与成人高等教育相结合,实行捆绑式教学模式,以脱产的形式学习,学制两年半。招收高中毕业生及在职船员,当年招生180人。2005年对招生对象进一步提出出了要求,当年招生1045人,2006年招生929人,2007年招生1200人。2007年根据交通部要求,实施了对非航海类专业大专以上毕业生进行海员培训一年的新模式,要求其在学校接受一年的海员职业培训,参加国家海事局统一组织的船员适任考试,合格后上船从事高级海员工作。此举得到社会、企业、学校、学员等各方面的认可和欢迎。2008年,大连海事大学开办了高等教育自学考试船舶与海洋工程专科(航海技术方向、轮机工程方向)两个专业,学员脱产学习,学制两年半,在校学习两年,后半年校外实习,专业招生2111人。

在办好成人高等学历教育的同时,大连海事大学大力开展各类船员适任证书考前培训和考证班,以及其他不同专业和层次的短期培训班等。1994年以来,大连海事大学举办过船长考证、大副、三副、水手、值班水手、驾驶台资源管理、精通快速救助艇、精通救生艇筏和救助艇、高级消防、精通急救、自动雷达标绘仪高级航运管理、GMDSS、外轮安检班(PSC)、VTS、船舶和公司保安员、轮机长考证、报务员、大管轮考证、三管轮考证、通用电机员、机匠、值班机工、精通船电业务、大型船舶操纵、水上安全监督执法人员培训、船员基本安全知识更新培训、油轮、"三小证"、"四小证"、英语口语等培训班。

1997年,为保证船员满足"STCW78/95"海员培训、发证和值班标准国际公约要求,大连海事大学根据《中华人民共和国船员教育和培训质量管理规则》,建立了船员教育和培训质量管理体系。2005年大连海事大学职业培训进一步细分为航海类专业和非航海类专业。2007年,大连海事大学开展学历教育、干部培训、船员培训等15000余人次,并开展了非航海工科毕业生海员培训工作。2008年开展干部培训、船员培训等共计16600余人次。

(二)上海海事大学加快发展

20世纪90年代以来,上海海运学院进入了全面发展阶段。为了更好地适应交通运输事业和浦东开发开放的需要,使学院教育上层次,教学质量上水平,先后提出了重点课程和教材建设、师资队伍建设、专业学科建设、学风校风建设等一系列深化改革的措施。90年代末,上海海运学院已建设成以为海运为特色,高水平,多层次、国际型的新型大学。

2004年经教育部批准,上海海运学院更名为上海海事大学,开始了新一轮的快速发展,在2004年教育部本科教学工作水平评估和2006年教育部英语专业教学评估中获得优秀。2008年,上海市教育委员会、上海市城乡建设和交通委员会、上海海事大学、虹口区人民政府等20多家单位共同发起成立上海国际航运研究中心。中心挂靠上海海事大学,作为国际航运业发展的研究和咨询机构,为政府和国内外企业与航运机构等提供决策咨询和信息服务,是上海市教委首批建立的"高校知识服务平台"之一。为更好地服务上海国际航运中心建设和国家航运事业发展,根据上海市高校布局结构调整规划,2008年上海海事大学主体搬迁至临港新城。

上海海事大学与境外80余所姐妹院校建立了校际交流与合作关系,开展教师交流、合作办学、合作科研、学生交换等。与联合国国际海事组织、波罗的海国际航运公会、挪威船级社等国际知名航运组织/机构建立了密切联系。自2010年起开设"国际班",邀请美国、韩国、波兰、俄罗斯、德国等国家航海院校的学生来校学习"航海技术""航运管理"等专业。

上海海事大学致力于培养国家航运业所需要的各级各类专门人才,向全国港航企事业单位及政府部门输送了大量毕业生,被誉为"高级航运人才的摇篮"。

(三) 其他航海类院校发展状况

随着改革开放的不断深入,全国各航海类院校积极开展深化考试改革,特别是在加入《STCW 78/95公约》后,各院校都按要求建立并运行船员教育和培训质量管理体系,加强学生和船员培训质量教学。

集美航海学院根据《船员教育和培训质量管理规则》要求,成立质管办,编写体系文件,2001年6月18日,该校船员考试和培训质量体系正式建立并开始运行。2002年4月,该校船员教育和培训质量体系顺利通过中国海事局的审核。质量体系的建立把先进的管理模式引入学校的行政管理,给学校带来全新的质量管理理念和管理方式。

2005年6月15日,教育部批准广东省人民政府将原湛江水产专科学校更名为广东海洋大学,该校的船员培训中心也更名为广东海洋大学船员培训中心。2009年7月27日,该校获得中国海事局批准开展非航海类工科毕业生的船员培训,培训规模为80人/期(2个班)。

广州航海高等专科学校于1993年8月开始举办海船船员驾驶员、轮机员职业培训班,参加海船船员适任证书全国统考。1999年,该校根据《STCW78/95公约》和中国海事局的规定,建立了船员教育和培训质量管理体系。同年10月通过了中国海事局组织的外部质量审核,获得主管机关颁发的《质量体系证书》。2005年至2007年,该校共开办培训班339期,培训船员10476人。2009年,开展船员各类适任评估202班次,7043人次。该校先后为广东培养了两万余名航海类及相关专业人才,成为区域性高级船员培训和教育的重要基地。

三、内河船员培训机构的发展

21世纪前10年,在经济高速发展的大背景下,随着内河航道通航条件不断改善,各船舶单位的运营条件不断提高,高等级的船舶越来越多,内河航运面临新的发展契机。内河航运的新发展对内河船员的整体素质提出了高要求,内河船员培训机构也迎来了发展的机遇。

然而,一些培训机构在培训内河船员过程中,普遍存在着如下问题。一是重理论教学,轻实操训练。在船员培训过程中,培训机构通行的做法是租用一间教室,组织学员进行集中授课,讲授有关理论知识,而忽视了对船舶实操的训练或在这方面投入较少,以致培养出来的船员普遍存在"高分低能"现象,未能达到真正的培训目的。二是重形式教学,忽视综合素质培养。只要理论考试通过了,便可拿到相应等级的适任证书。分数和通过考试成为教学唯一目的,综合素质的培养和提高被置于不顾。其三,师资力量明显不足。一些培训机构培训教师基本上靠外聘,人员流动性大,而且缺乏实际操作能力较强的教师,以致一些实操考试不得不放松要求勉强维持,考试标准往往也达不到船员考试大纲的要求,这样培养出来的船员处理突发事件的能力不足,带来很大的安全隐患。

针对此种情况,为规范培训机构办学,保证培训质量,2005年9月5日,交通部海事局下发了《关于颁布〈内河船员等效职业培训管理暂行办法〉的通知》。《办法》对等效职业培训机构的教学计划、教师情况作了要求,并须在培训过程中接受海事管理机构的监督检查。当年10月和12月,分两批签发了重庆交通学院、武汉航海职业技术学院、广东交通职业技术学院、广西航运学校、安徽交通职业技术学院、江西交通职业技术学院、上海海运学校、江苏省无锡交通高等职业学校等25家内河船员等效职业培训机构。

2008年和2009年,交通部海事局又下发文件,批准浙江交通职业技术学院、交通部上海打捞局培训中心、哈尔滨航运学校、宁波大学、国家海洋局南海分局培训中心、南京市长江船员培训中心、珠海船员培训中心、黄石职业技术学院、广东省交通高级技工学校、长沙金舟船员培训中心等70余家教育培训机构进行内河船员基本安全项目培训。至2009年,经交通部海事局批准的内河船员培训机构达92家。①

21世纪前10年,国际航运市场充满动荡和起伏。中国航运业却能在惊涛骇浪中抓住机遇,快速发展,一举奠定我国海运大国地位,并向海运强国迈进,其中一个相当重要的原因,就是我们拥有一支经过市场洗礼的、高技术、高素质的海员队伍。他们默默承担着时代的使命,劈波斩浪,艰苦奋斗,融个人理想于海运强国梦想,砥砺前行,开启了21世纪属于中国的"大航海时代"。

---

① 资料来源:http://www.docin.com/p-695461830.html.一些2005年被批准的等效职业培训机构,2008年又被批准进行基本安全项目培训。

大事记(1949—2010年)

1949年

9月19日，招商局"海辽"轮首举义旗，在船长方枕流率领下，历经艰险，于9月28日胜利到达解放区大连。毛泽东主席致电方枕流船长和全体船员，表示祝贺和嘉勉。

10月1日，中华人民共和国宣告成立。同时，中央人民政府正式成立，并组建了新的交通部。

10月14日，广州解放后，市军管会接管了原国民政府国有企业招商局广州分公司，划归广州区港务局领导，定名为"招商局广州分公司"。

11月5日，中华全国总工会成立，组成全国统一的产业工会。中华海员工业联合会改称中国海员工会全国委员会。

12月18—25日，根据党中央的指示，在刘少奇同志的直接指导下，全国海员工会代表会议在北京召开。

1950年

1月15日，香港招商局及留港的"民302""民312""中106""成功""邓铿""教仁""鸿章""蔡锷""海康""林森""海汉""海厦""登禹"等13艘海轮和500多名船员在汤传篪、陈天骏的率领下起义。起义船舶先后于同年7月11日至10月21日成功地分批驶回广州。

1月，原招商局"海辰"轮由日本秘密开回青岛途中，船长张丕烈率船起义，因特务告密，被国民党军队拦截，起义失败。张丕烈船长于1951年7月11日在高雄英勇就义。

3月，东北人民政府根据中央人民政府政务院决定，将大连轮船公司改制易名为大连航务局，隶属东北航务总局。

4月，以招商局总公司为基础，上海成立国营轮船总公司，统一管理全国公营船舶和非运输部门所经营之500总吨以上的海轮和200总吨以上的长江江轮。同时，以设在各地的原招商局分公司、办事处为基础，组建若干区公司。

4月，交通部航务总局指示上海区港务局成立船员检定考试委员会。随后，大连、天津、青岛、广州等各沿海区港务局也相继成立了船员检定考试委员会。

5月1日，人民解放军在各地海员、船工、船民、渔民和海南人民的有力支持下，歼敌3.2万人，解放海南岛。

5月27日，根据政务院决定，交通部长江区航务局成立，10月12日，更名为中央人民政府交通部长江航务管理局。

5月至7月30日，上海市军事管制委员会完成了对招商局及善后救济总署水运大队中华拖轮驳运公司、中国油轮公司、中华水产公司、台湾航业公司上海分公司等12个单位的快接与清点工作，共接收大小各类船舶406艘，计161203总吨。

6月13日，原香港华南缉私舰队代理队长何炳材率此前宣布起义的九龙海关27艘缉私舰艇和7艘辅助船艇从中国香港驶抵广州，有力地支援了人民解放军解放万山群岛的战斗。

7月21日,政务院核准并公布了《公务轮船船员管理暂行规定》,为新中国最早的船员管理法规文件之一,标志着新、旧中国船员证书的过渡和新中国船员登记管理制度的重新建立。

7月,广州区港务局组织开展了第一届200总吨以上轮船船员检定考试工作。考试合格者由广州区港务局发给临时船员证书后报交通部,由交通部签发正式船员证书。

8月3日,广东海员、香港海员、武汉海员和解放军并肩战斗,万山群岛获得全部解放。

9月1日,华北对外贸易公司储运部改组为天津国外运输公司,直接受中央贸易部领导,统一组织国营对外贸易货物运输和租赁外国船舶业务,成为专业国际货运代理公司。

9月,波兰远洋公司商船"瓦尔达"号首航天津港成功,为两国政府就合资创建航运公司奠定了可靠基础。

10月30日,交通部公布了《未满200总吨轮船船员检定考试暂行办法(草案)》,率先开展对200总吨轮船船员进行考试。

1951年

1月29日,中国和波兰两国政府的全权代表在北京签署了《关于组织中波轮船股份公司协定》。同年6月15日,中波轮船股份公司正式成立,对外称中波海运公司。总公司设在中国上海,分公司设在波兰格丁尼亚。自此,新中国远洋运输事业掀开了崭新的一页。

2月1日,据交通部决定,国营轮船总公司改组为中国人民轮船总公司,并由上海迁至北京与交通部航务总局合署办公。中国人民轮船总公司下辖上海、长江、华南三个区公司。

7月1日,以大连航务局和东北航务总局为基础的北洋区海运管理局成立,隶属交通部,统一了北方沿海的水运指挥系统。

8月9日,广州区港务局船员考试委员会审核通过了第一批引水人参加考试资格共37人,确定了考试时间、方式、种类、科目及分数线、试题组卷及命题人员分工等。

8月24日,中国人民打捞公司成立,隶属交通部航道工程总局。

8月,交通部成立海运管理总局和河运管理总局,撤销原中国人民轮船总公司,其上海区公司改组为华东区海运管理局,华南公司改组为华南区海运管理局,隶属交通部。

1952年

6月,教育部和交通部联合公布《为制定驾驶轮机实习生的领导关系、待遇及考试问题的暂行规定》。

9月1日,民生公司在全国首先实行公私合营,同时在广州成立了公私合营民生轮船股份有限公司广州分公司。

是年,交通部制定了《船员工资暂行条例(草案)》,在交通部所属企业中实行。

1953年

4月11日,按照交通部统一全国内河航运管理机构名称的通知,长江航务管理局改称中央人民政府交通部长江航运管理局。

4月17日,中央人民政府交通部发布了《海运管理总局海务港务监督工作章程》,规定各区港务局及中型港务分局设港务监督室,港务监督长由各港务局副局长一人担任并负专责。各级港务监督室对外称"中华人民共和国××港务监督",明确区港务室的五项职责。

4月,华南区海运管理局改名为交通部广州海运管理局,先后将收发货物、代理等业务移交给港务局,转入以经营船舶运输为主。

5月1日,交通部撤销华东和北洋区海运管理局,合并成立交通部上海海运管理局,统一经营长江口以北航区的客货运输。在大连设上海海运管理局办事处,保留原华东区海运局南洋运输部。

6月30日,广东省交通厅颁发《广东省内河未满20总吨轮船驾驶、司机检定办法草案》,对本地区的内河小型船舶船员实施发证管理。该草案早于交通部颁布的《小型轮船船员检定考试暂行办法》。

7月21日,交通部颁布《中央人民政府交通部船员公休假试行办法》。

8月3日,交通部颁布《中央人民政府交通部海上轮船船员检定暂行办法》《出海小轮船船员检定考试暂行办法》,同年9月又颁布了《船舶无线电报务员证书考试暂行办法》,统称《53海船办法》,为新中国成立后第一批有关海船船员检定考试的管理规定。

8月5日,交通部海运总局公布《海上船舶船员职务规则试行草案》,明确规定了海船船舶上各个船员职务的行为准则和职责。

11月17日,交通部公布了《内河轮船船员检定考试暂行办法》和《小型轮船船员检定考试暂行办法》,统称"53内河办法",为新中国成立后最早关于内河船舶船员考试发证管理的重要规章。

12月5日,交通部海运总局制订并公布《海港引水暂行通则》,为新中国成立后第一个引水员管理的规范文件。

12月7日,交通部河运总局公布《内河船舶船员职务规则》,为新中国成立后第一个内河船舶船员职务管理的规范文件。

是年,交通部和高教部决定将上海航务学院、福建航海专科学校集中到大连,与原在大连的东北航海学院合并,成立大连海运学院。

1954年

5月,中波公司"哥特瓦尔德"号在运输途中被国民党飞机、军舰劫持到基隆,三副周士栋惨遭杀害。

6月,在两广内河局的基础上组建珠江航运管理局,统管两广珠江水系与广东的内河运输,直属交通部。

11月24日,交通部发布了《内河港航监督组织工作暂行章程》,规定了各级港航监督部门的职责。

1955年

8月,交通部发布《关于优先录用归国船员并量才录用失业船员的指示》。

8月,交通部、劳动部、外交部、海员工会联合发布《外轮在我国港口发生船员病死伤残和涉及我方员工伤亡事故处理原则》。

10月6日,交通部海运总局公布《高级船员技术考核办法》。

12月,交通部发布《关于在航运系统普遍签订劳保协议书的指示》。

是年,长江航运管理局上海分局进行了长江下游的江苏、安徽沿江港航所有船员的第一届考试。全年长江下游各地区共举办船员考试7次,及格者322人。

1956年

1月,广州海运局与广州区港务局合并成立华南区海运管理局。9月改名为"广州区海运管理局"。当年底,私营航业并入广州区海运管理局。

3月2日,经呈交通部内河总局核准,珠江航运管理局公布《珠江水系三吨以上内河木船驾长登记管理暂行办法》,规定正副驾长要通过申请登记评定合格后发给"登记证"方可上船任职。

5月5日,交通部内河航运总局制订了《船舶船员管理暂行办法草案》,对各类不同等级职务船员进行了明确的管理规定,其中包括对企业和船员的规范要求。

9月,交通部航务工程局颁发《交通部航务工程船舶船员奖惩暂行办法》,并在交通系统内实施。

1957年

6月,交通部颁发《航运系统职工工作时间和休息时间暂行规定的通知》,为我国最早的船员劳动权益保障法规。

1958年

8月,根据交通部"渔轮船员的考试工作,由所属水产部门自行办理"的指示,各地港务监督陆续将渔船船员的考试发证工作移交给当地水产部门管理。

1959年

12月22日,中国人民解放军总政治部为支援我国远洋运输事业,从军队中选调15名营团级干部(团级6名,营级9名)担任远洋船舶政治委员的工作。

是年,上海海运学院成立,初设航海和轮机专业,继而增设船舶机械和港口机械两个专业。

1960年

1月1日起,中波公司中方船员全部交由中国远洋运输局管理。

3月,中国远洋运输局在广州、大连两地接收人民解放军的复员士兵398名,经培训后分配到远洋船上工作。

是年,经国务院批准,交通部公布《颁发远洋船员海员证暂行办法》,为我国最早对出国海员身份证件管理的法规文件。

1961年

4月27日,中国远洋运输公司在北京成立。同日,中国远洋运输公司广州分公司也宣告成立。

4月28日,船长陈宏泽率中远广州分公司"光华"轮从黄埔港首航印度尼西亚"接侨",5月3日抵达雅加达,5月17日返抵黄埔港,胜利完成首航和"接侨"任务。

5月20日,船长贝汉廷率中远广州分公司"和平"轮从黄埔港起航赴雅加达,开辟了新中国第一条远洋货运航线。

8月1日,中远广州分公司"友谊"轮首航斯里兰卡首都科伦坡,开辟了中国—斯里兰卡(南亚)航线。

9月10日,交通部下发《关于解决高级船员代职证明书的办法》。1964年底,代职证制度停止实行。

10月17日,交通部下发《颁发远洋船员职务名称及译名的通知》,根据国际惯例和我国实际情况确定了船员职务名称英文译名,统一了填写海员证中英文名称的问题。

12月31日,中远广州分公司"光华"轮由黄埔港航往也门荷台达,开辟了中国至红海的西亚航线。

1962年

6月15日,中远广州分公司在波兰格但斯克船厂建造的"国际"轮在接船后返抵黄埔港。该轮返国途中经波罗的海和基尔运河,首航联邦德国汉堡、英国伦敦、比利时安特卫普和摩洛哥卡萨布兰卡等港口,为新中国第一艘开辟西欧、西非航线的货轮。

10月18日,中远广州分公司"星火"轮从湛江港起航,经红海驶往埃及,11月10日抵达地中海东岸的塞得港,后又挂靠苏丹港,开辟了中国至北非航线。

11月7日,中远广州分公司"和平"轮载着援助几内亚的建设物资2900吨、专家15人,从黄埔港起航,穿过苏伊士运河,经地中海出大西洋,历时54天,航行1万多海里,于12月30日抵达几内亚科纳克里港,开辟了西非航线。

是年,四川省港航监督先后在重庆、宜宾、南充建立3个港航监督站,并于当年对1159名船员进行了考试,及格668人。

1963年

2月26日,中远广州分公司"新华"轮航往阿尔巴尼亚都拉斯港,开辟中国至地中海的南欧航线。

3月9日,中远广州分公司"友谊"轮驶抵叙利亚拉塔基亚港,开辟了中国至地中海的西亚航线。

4月12日,中远广州分公司"光华""新华"两轮抵达印度马德拉斯港,接运大批华侨回国,开辟了中国至孟加拉湾(南亚)航线。

10月11日,中远广州分公司"和平"轮抵西哈努克港,开辟了中国至柬埔寨航线。

12月6日,交通部重新制订了《中华人民共和国轮船船员考试办法》(简称"63办法"),于1964年1月1日实施。该办法首次将海船船员和内河船员的考试发证规定整合在一起,并授权上海、黄埔、大连、天津港务监督负责对外国籍轮船上服务的中国籍船员的船员考试工作。

1964年

1月13日,交通部发出《关于颁发新的船员证书核发办法和停止使用船员代职证书的通知》;3月18日,又公布了《关于大连海运学院毕业生参加船员考试的规定》。这两个文件是为具体实施"63办法"而制定的。

1月,周恩来总理在访问阿尔巴尼亚期间,接见了靠泊在都拉斯港的中远广州分公司"星火"轮船员。

4月1日,中国远洋运输公司上海分公司在上海挂牌成立。

5月15日,中远广州分公司"和平"轮驶往桑给巴尔和达累斯萨拉姆,开辟了中国至坦桑尼亚的东非航线。

6月12日,中远上海分公司"和平60"轮从上海港起航,首航朝鲜民主主义人民共和国的南浦港,6月25日返回上海,开辟了中朝航线,为中远上海分公司成功开辟的第一条国外航线。

6月18日,中远上海分公司"燎原"轮从青岛港起航,首航日本的门司、东京和神户三港,7月6日返航,9日抵达上海,开辟了中日航线。

6月24日,交通部发布《关于改进远洋船员工资标准的指示》,从而建立了新中国远洋船员工资制度。

12月29日,香港招商局为中远广州分公司购进的"黎明"轮首航,为新中国从国外购买的第一艘货船。

是年,四川省对全省52个有船单位的654名船员进行了考试,及格483人。

是年,江西省港航监督成立船员考试审查委员会,分期分批组织船员学习、评审、考试。

1965 年

3月27日,在阿尔巴尼亚访问的周恩来总理接见了靠泊在都拉斯港的"友好"轮、"黎明"轮以及在"法罗那"轮工作的中远广州分公司的船员。

5月7日,交通部远洋局发出《关于加强船员培训工作的通知》,决定成立船员培训办公室,并明确了其领导关系和主要任务。

5月22日,中远广州分公司"光明"轮航往帕利斯港,开辟了中国至法国航线。

5月27日,中远广州分公司"黎明"轮从地中海穿过土耳其海峡,航达罗马尼亚的康斯坦察港,开辟了黑海航线。

9月1日,交通部决定中波公司混合配备中波船员的6艘船舶中的3艘改悬挂中国国旗,全部配备中国船员,将船名更改为"嘉定""松江"和"崇明"。另3艘继续悬挂波兰国旗,也全部配备中国船员。

10月5日,中远广州分公司"星火"轮驶往蒙巴萨港,开辟了中国至肯尼亚的东非航线。

11月5日,中远广州分公司"星火"轮驶往卡拉奇,开辟了中国—巴基斯坦(南亚)航线。

是年,长江全线报考的船员近3000人,经考试合格获发船员证书的占40%。

1966 年

1月24日,中远广州分公司"黄石"轮抵挪威山迪瑟约德港,开辟了中国—北欧航线。

3月26日,"建设17"号海轮载原油10889吨抵达南京,第一次行驶大连至南京的江海直达航线。

3月,南京远洋海员学校接受将海军复员的300名班排长培养为远洋船员的任务,完成培训后全部分配上远洋船工作。

4月15日,成立长江航政管理局,长江干线初步形成政企分开的管理体制。船员管理为长江航政管理局职责之一。

8月22日,交通部下发"通知",废除于1963年12月公布的《中华人民共和国轮船船员考试办法》。各地船员考试发证工作被迫停止,开始实行群众民主评选推荐和领导审查批准相结合的选拔船员(晋升)制,船员考试委员会也随之解散。

9月1日,交通部远洋局发出《关于废除远洋船员航行津贴制度和实行提职不提薪的通知》。

12月21日,交通部北方区海运管理局批准,同意上海港务监督提出的"大型轮船船员的考试工作暂由船舶单位自行办理,港务监督凭船舶单位出具的各种考试及格证明和指定医院体检合格证明发给正式船员证书"的建议。

1967 年

2月,长江航运系统实行了军事管制,并成立长江航运公司军事管制委员会,此后又先后成立了革命委员会。

3月,中远广州分公司实行军事管制,成立军管小组及临时性生产指挥部。

5月10日,国务院、中央军委发出《关于远洋船舶如何进行文化大革命的补充规定》。

5月31日,中共中央、国务院、中央军委及中央文革小组发出《关于对交通部实行军事管制的决定》,成立军事管制委员会。

5月,周恩来总理提出铁路、轮船交通不能中断,决定将沿海、内河的航运交海军军管包干。

6月20日,中远上海分公司向交通部建议自行签发远洋船员海员证,7月20日交通部远洋运输局与交通部港务监督局协商后予以同意。

6月22日,中国坦桑尼亚联合海运公司正式成立。9月,中远广州分公司开始为中坦公司培训坦方船员,至1969年11月共培训船员35人。

1968年

1月4日,中共中央、国务院、中央军委、文革小组联合发出《关于长江航运系统实行全线军事管制的决定》。

2月6日,武汉军区某部奉命对长江航运系统实行军事管制,并成立长江航运公司军事管制委员会。长江航运所属单位,亦由各地区驻军分别实行军管。

4月1日,黑龙江省交通厅航运管理局改称黑龙江省航运管理局革命委员会;9月26日,经黑龙江省革委会生产委员会批准,改为黑龙江省航运公司革委会。

4月25日,中远广州分公司"黎明"轮从湛江港起航,于5月8日抵达青岛。6月2日原路返航,6月14日抵达湛江港。新中国成立后中国自营船舶南北航线首次航行成功。

4月29日,上海轮船公司正式改名上海海运局。

7月30日,中远广州分公司"兰州"轮船员李文尧为抢救漂走的工作艇而牺牲,后由广东省革命委员会批准为革命烈士。

8月9日,中远广州分公司"兴宁"轮水手长吴淦波在大西洋海域遭遇大风浪时,为抢救国家财产,保证船舶安全航行而牺牲。后由国家内务部批准为革命烈士。

10月11日,中远上海分公司"红旗"轮从上海港启程南下,绕道台湾东部开往欧洲,于1969年2月20日返抵上海港,为第一艘从上海出发经南北航线航行欧洲的货轮。

1969年

1月1日,交通部各司局被撤销,合并成几个大组,中远公司、外代公司与水运局等单位合并为运输组。同日,中远广州分公司与广州海运局、广东省航运厅合并组成华南水运公司革命委员会。

7月,根据交通部军管会关于船舶整改工作的指示精神,广东华南水运公司直接运用海军舰艇当时编制相关规定,制定《沿海船舶人员编制方案初步意见》。

1970年

1月,周恩来总理指示,要加强远洋船队建设,"四五"期间将远洋船队从110万吨扩充到400万吨。

1月,华南水运公司告解体,远洋和沿海运输各自恢复建制,管理内河航运的原广东航运厅改为广东省航运管理局,基本上恢复了原来的管理职能。

2月20日,撤销华南水运公司革命委员会。中远广州分公司恢复建制,重新成立革委会,继续实行军事管制。

3月21日,中远广州分公司"临潼"轮从黄埔港开出,首次驶往澳大利亚西部邦伯里港装运小麦,开辟了澳洲航线。

6月22日,中央决定将铁道部、交通部、邮电部(邮政部分)合并组成新交通部,并对机构进行了调整。

6月,交通部开始恢复长江正常的航政管理秩序,同意干线各级航政部门由长江航运公司、分公司和各港领导,对外仍用"长江航政管理局"及其分支机构名义开展工作。

7月27日,中国自行设计建造的中远上海分公司万吨级货船"东风"轮由上海港起航,首航加拿大西海岸温哥华港运粮。

8月24日,交通部决定由中远广州分公司调"江门""玉门""海门""海丰""敦煌""金沙""九江""镇江""大名""大同"轮等10艘船给天津远洋分公司,船员按中远广州分公司配套办法配备,随船一并调转。

8月,新中国自行设计建造的远洋货船"向阳"轮首航利比亚港口。

10月19日,中远天津分公司在塘沽正式成立,后经研究确定10月1日为正式成立之日。

1971 年

7月17日,中远上海分公司"红旗"轮从大连港开出,首航智利,开辟了中国至南美洲航线。

7月21日至8月7日,交通部运输组在北京召开全国航政工作座谈会,沿海港务监督、船舶检验处、长江航政管理局、上海海运局、广东海运局和长江航运管理局等单位代表参加会议。经过讨论,明确了此后的航政工作主要进行船舶管理,船员管理,港口、航道、海区管理,船舶检验等诸方面工作。在船员管理方面,主要是办理船员考核,核发船员证书。

是年,长江航政管理局开始对长航和沿江各地中央厂矿企事业单位的轮船船员证书进行换发管理工作。

1972 年

2月22日,交通部向国务院呈报《关于重新组建中国远洋运输总公司的请示》。

6月14日,中远天津分公司革命委员会成立。

6月,上海海运局结合轮机部工作,颁发了《轮机部航行和停泊值班、交接班制度》《看炉须知》《货泵间值班操作规则》等规章制度,对轮机部相关船员的工作做出了具体的要求。

6月,中远广州分公司军事管制结束,撤销办事组、政工组、生产组,实行新编制,重新组建中远广州分公司党委。

9月,全国航政主管部门开始使用"中华人民共和国港务监督局"或"中华人民共和国港务监督"(简称"中国港监局"或"中国港监")名称,以独立机构正式对外。

9月,交通部发出《关于重新组建中国远洋运输总公司的通知》。10月1日起,重组的中远总公司正式办公。

10月1日起,船员办理初次出国审批手续的权限不再由国务院掌管,改由交通部负责审批。获交通部批准后,船员即可办理护照,出国手续明显简化。此外,针对船员因故离船回国以及携带物品问题,也做了相关规定。

10月22日,广州海运局"五指山"轮从八所港起航北上,于11月7日抵达大连港,圆满完成南北新航线试航任务。

10月,交通部远洋工作会议上,国务院分管交通工作的粟裕同志建议建立船员基地。

10月,中远广州分公司"济宁"轮首航马达加斯加。

11月29日,国务院、中央军委批准交通部《关于解决远洋船员问题的请示》,明确需从军队选调的政工、航海、机电干部和水兵由交通部与总政、海军直接商办。

12月1日,经国务院批准,交通部设立船检港监局,对外称"中华人民共和国船舶检验局"和"中华人民共和国港务监督局",从船舶管理、船员管理、通航秩序管理、船舶检验等方面全面加强水上安全监督管理。

12月16日,中远总公司发出《关于选送复员士兵去大连海运学校学习报务的通知》,共招生80人,其中内招40人,学制为1年。

12月20日,中远总公司发出《关于选送复员士兵去大连海运学校学习的通知》,共内招驾驶、轮机、船电200人。

12月,长江航政局对长江船员进行理论和实际考试,应考者上千人。

是年,经教育部和辽宁省批准,大连海运学院正式恢复招生工作。

是年,交通部下发《关于加强安全运输生产的紧急通知》,提出"车船驾驶人员,必须经考试合格发给驾驶证书,方能开车、开船"。从年初起,沿海各港务监督陆续恢复船员考试发证工作。

1973年

1月10日,交通部向各远洋分公司发出《关于部队支援1000名远洋船干部的分配问题的通知》。

2月15日,中远总公司发出《关于接收退伍水兵及办理落户手续的通知》,共计划接收3000人,其中广州分公司1800人、上海分公司680人、天津分公司520人。

3月8日,交通部批准恢复1970年停办的南京远洋海员学校,并改名为南京海员学校,由中远上海分公司领导。

3月30日,中远总公司决定选送700名退役士兵去长江航运管理局所属河校代为培训。

3月,广州海运局革委会决定撤销1969—1971年整改时在"红旗158"等5艘船舶试行的海军舰艇人员编制,恢复以前的岗位责任编制。

3月,中远广州分公司"前进"轮首靠马来西亚巴生港。

6月30日,中远广州分公司"昌都"轮在上海举行中国、斯里兰卡联合海运航线首航仪式,7月1日由上海起航开往科伦坡港。

6月,中远天津分公司"海门"轮首航西非几内亚湾哈科特港;中远广州分公司"昌都"轮首航西亚的伊朗霍拉姆沙赫尔港。

7月17日,国务院批复同意厦门大学航海系改办中专,恢复集美航海学校名称,由交通部中国远洋运输总公司领导。

9月11日,中远上海分公司"淮安"轮从青岛启程,首航朝鲜海州港,参加海州港开港仪式。

9月26日,交通部批准设立"青岛海员学校"。其规模为学生1200人,设驾驶、轮机和船电3个专业,为中远总公司所属的第一所中等专业学校。

10月12日交通部批准建立广州海员学校,发展规模为学生1000人,教职员工定编205人。

11月,中远天津分公司"祁门"轮进行了南北海上新航线的试航,并取得成功。

11月,中远总公司草拟了《远洋船员管理暂行规定》,后修订为《远洋船员管理工作若干规定》,重新对船员的选调和报批、提升和任免、船员调配和考核、奖励与处分、休假与请假、船员配偶等方面进行了具体规定。

是年,中国正式接受了《1960年国际海上避碰规则》,随后,各航运企业组织本单位所属各轮船员认真学习和掌握避碰规则的具体内容,并组织编写相关的学习材料。

1974年

3月16日,中远广州分公司"大安"轮自地中海回国途中,在西沙群岛附近海域救助了因燃油用尽而在海上漂流的台湾"金逸升"号渔船。

4—5月,中远天津分公司"金沙"轮先后首航古巴尼克罗港、牙买加金斯敦港、巴拿马共和国巴拿马港,并圆满完成环球航行任务,成为我国第一艘实现环球航行的船舶。

5月21日,中国港监局和中国远洋运输公司联合下发《关于换发远洋船员证书问题的暂行办法》,明确要求船员证书须港务监督机构考试合格后方可发放。

7月13日,交通部广州海难救助打捞局成立。

9月12日,交通部烟台海难救助打捞局成立。

9月,中远下发了《关于外单位支援船员来远洋船上工作的工资待遇的意见的通知》。

9月,中远广州分公司"长海"轮由南海出巽他海峡,绕好望角,首航阿根廷布宜诺斯艾利斯港。

10月1日起,恢复交通部远洋运输局。远洋运输局具有行政和企业双重性质。

11月,中远天津分公司"盐亭"轮首航丹麦哥本哈根港;中远上海分公司所属"江城"轮首航卡塔尔多哈港。

12月15日,长江航运公司成立长航船管部油船管理处,为集中统一专业化管理长江油运摸索经验。

12月,中坦公司"亚非"轮(挂中国旗)首航沙特阿拉伯吉达港。

1975年

5月,中远上海分公司"衡水"轮首航越南岘港。

6月5日,中远天津分公司"海门"轮于苏伊士运河宣布重新开放当日第一批通过。

6月,悬挂五星红旗的中远班轮开始营运。

7月1日,中波公司从中远广州分公司接管了中波船队的中方船员后,即成立了船员管理组,由政工组负责中国船员的管理工作,开始正式管理本公司船员。

10月1日,根据国务院重新调整长江航运管理体制的批文,长江航运公司改为长江航运管理局,下设重庆、武汉、芜湖、南京、上海5个分局。

10月,交通部船检港监局和交通部远洋局联合颁发了《关于远洋船员考核和职务证书签发暂行办法》,其中对技术干部船员的考核和船员职务证书的签发重新作了更加严格的规定。

11月,交通部远洋局下发了《关于加强"海员证"管理工作的通知》。

是年,福建省根据本省内河船舶发展的实际情况,制定了《福建省内河船员考试发证办法》。

是年,国务院、中央军委批准,从海军复员水兵中选调5000人,其中4700人分配到中国远洋运输公司各分公司的船舶上工作。

1976年

3月,中远公司"建德"轮从智利的瓦尔帕莱索港开往尼加拉瓜的科林托港,开辟了上海至尼加拉瓜的中国至美洲航线。

3月,中远广州分公司"无锡"轮新定船名"向阳红11"号,配合国家海洋局"向阳红5"号科考船对南太平洋进行远洋考察,胜利完成任务。

7月,中远青岛分公司成立。

9月8日,交通、外交、公安三部委首次联合公布《中华人民共和国海员证签发和使用范围暂行规定》。明确规定《海员证》适用于世界各国和地区的所有港口,有效期8年。

9月20日,交通部下发《〈中华人民共和国海员证签发和使用范围暂行规定〉实施办法的通知》,重新规定"海员证"由中国港务监督签发,并规定其签发工作先由大连、天津、青岛、上海、广州、黄埔港务监督具体办理。

10月21日至12月28日,广州救捞局"穗救201"轮拖带"南海1"号钻井平台自新加坡抵海南三亚港,为我国远洋拖船首次出国执行拖航任务。

是年,上海海运局对1962年10月颁发的《海上船舶船员职务规则》进行了修订,修订后改为《船员职务规则》。

1977年

1月,国家地质总局派海洋地质勘探船队赴中国南海进行勘探调查,中远总公司指示广州分公司安排有经验的远洋船长、二副、报务员等上勘探船帮助工作,以确保航行安全。

1月,中国政府派出海事专家参加国际海事组织的《1978年海员培训、发证和值班标准国际公约》(简称"STCW 78公约")的制订工作。

3月,中远公司"大德"轮首航濒临大西洋的南美洲圭亚那共和国乔治敦港。

7月1日,根据股东会第13次会议决议,中波轮船股份公司名称正式启用,公开船东身份,结束了自成立以来长期以波兰远洋公司的名义对外经营的历史。

1978年

1月1日,大连海运分局与上海海运管理局脱钩,并与筹建中的大连远洋分公司组建大连海运管理局,隶属中国远洋运输总公司。

1月,根据交通部的指示,大连港务监督对大连海运学院为坦桑尼亚培训的留学生根据在校成绩,对优秀、优良者发给二付、二管轮证书,对良好、及格者发给三付、三管轮证书。这是我国第一次给外国籍留学生颁发船员高级技术职务证书。

3月,交通部批复建设上海海员学校,定为中等专业学校,学生规模为1200人,设航海、轮机、船电、船舶通信等着专业。

3月,交通部调整部分内设机构,成立打捞局,恢复船舶检验局,撤销船检港监局。至年底,交通部内涉及航政管理部门为港口局(指港务监督部分)、安全监督委员会、通讯导航局、船舶检验局、打捞局。港务监督对外仍称"中华人民共和国港务监督局",下设海务处、内河处;船舶检验局对外仍称"中华人民共和国船舶检验局"。

3—4月,中远公司"武门"轮先后首航南美巴西的圣多斯港和西非加纳的特马港。

4月23日,中远广州分公司的"明华"轮运送由廖承志为团长、谭裕为总顾问的代表团驶往日本开展访问活动,被誉为"中日友好之船"。

4月30日,上海海运局"神州"轮首航澳大利亚,于6月11日返回上海港。

4月,中远公司"庆阳"轮首航澳大利亚墨尔本港。

7月7日,中国代表团在英国伦敦IMO总部代表中国政府签署了"STCW 78公约"的最终文本,中国成为"STCW 78公约"的原始签字国。

7月,根据交通部关于部属企、事业单位不再设立革命委员会,实行党委领导下的局、厂长分工负责制的决定,取消了上海海运局革命委员会,同时上海海运局改称为交通部上海海运管理局。同年跻身国际航运市场,开始沿海运输和远洋运输并举。

8月,中远公司利用从上海、广州去往日本的中远班轮承运去日本的邮件,从此开辟了中国至日本的海运邮路。

9月26日,中远上海分公司"平乡城"轮装载着162个国际标准箱(TEU)从上海港起航,于10月中旬抵达澳大利亚悉尼港,标志着中国远洋集装箱运输的正式开始。

11月,希腊昌德瑞士轮船公司经理帕纳约特普洛斯来中国访问期间,提出雇佣中国普通船员。

12月,武汉河运专科学校成立。其前身是创建于1945年的广东省立潮汕高级商船职业学校。1950年军管会接管后更名为广东省立潮汕高级商船技术学校,1953年更名为长江航务学校。1955年学校从汕头迁到武昌,更名为武汉河运学校。

12月28日,经国务院批准,集美航海学校升格为集美航海专科学校(大专),仍归交通部远洋局领导。

是年,中国港监局下发《对外轮的华籍船员申请领取〈海员证书〉的内部暂行办法》。

1979年

2月8日,上海海运管理局恢复职能处室建制,并设总船长、总轮机长、总会计师。

3月25日,中远总公司贝汉廷船长率"柳林海"轮由上海起航,横跨太平洋,于4月18日首次抵达美国西雅图港,中美海上航线正式开通。

3月,交通部上报国务院《关于我远洋船员受雇到外国船上工作的请示》获批准后,4月中旬中远各公司开始组织船员外派。

5月27日,广远公司货船"眉山"轮从广州黄埔港开航北上,昼夜安全通过台湾海峡,台湾海峡航线试航获得成功。

6月10日,广州海运局"红旗121"轮从珠江口起航经台湾海峡北上,于12日驶抵长江口。广州海运局第三条南北航线——台湾海峡航线宣告试航成功。

6月12日,交通部颁布《中华人民共和国轮船船员考试发证办法》(简称"79办法"),自1979年10月1日起施行。"79办法"是在原"63办法"的基础上,参照"STCW 78公约"标准,并结合我国国情而修订的。自此,船员的教育、培训、考试、发证等管理从"文化大革命"期间以院校和国有船公司为主,开始向政府主导和管理的方式转型和过渡。

6月25日,外代总公司与日本饭野海运株式会社首次就船员外派业务谈判成功。双方在京签订协议,由天远公司派遣大副、大管轮等29名船员到日本饭野海运株式会社所属6万吨级油船"睦邦丸"工作,合同期1年,主要航线为日本—中国—印尼。这29人是中远也是中国首批外派船员。

7月,交通部颁发了《关于我国商船通行台湾海峡的暂行规定》,确定通行台湾海峡走南彭高岛至东引岛的航线。从此,台湾海峡恢复正常通航。

10月26日,交通部公布了《船员考试委员会章程》(试行)。

12月25日,经交通部批准,广州海顺船务公司成立,这是新中国第一个海员管理和外派服务的专门公司。

1980年

1月1日,交通部作出决定,成立大连远洋分公司。

1月7日,我国加入《1972年国际海上避碰规则公约》,公约同日生效。

1月8日,香港招商局成立了香港明华船务有限公司。

3月17日,根据中国港监局批示,由香港海员工会组织的首批14名中国香港高级海员前往黄埔国际海员俱乐部进行《船员职务证书》过渡期换证培训。这是中国港监局首次应香港海员工会请求,委托黄埔港务监督参照"STCW 78 公约"标准和"79 办法"的规定,负责开展对香港海员到内地申请高级船员的过渡期培训、考试和发证工作。至1987年底,香港高级海员在黄埔港务监督参加船员考试1205人次,签发《船员职务证书》共1019本,到期换发《船员职务证书》477本。

3月,中远总公司"西江"轮首开中国香港至菲律宾的第一条全集装箱定期班轮航线。

4月25日,交通部制定并公布《关于颁发〈海港引航工作条例〉(试行)的通知》,自颁布之日起生效。这是中华人民共和国成立后专门对引航员管理的一个规范性文件。

5月23日,中远租船"欢庆"轮首航基隆港,于6月3日返回上海港,为新中国成立以来第一次由台湾直接装货开来大陆的船舶。

6月8日,经全国人大批准,中国政府向国际海事组织秘书长提交了批准"STCW 78 公约"的文书,中国成为该公约的缔约国。该公约于1984年4月28日生效。

1981 年

2月24日,交通部、国务院科技干部局联合发文《关于颁发〈船舶技术干部与工程技术干部职称对应的规定〉的通知》,这是新中国成立以来首次为解决船舶技术干部(含引航员)职称待遇问题而颁布的重要文件。

2月,中远总公司滚装船"张家口"轮首航美国西海岸的旧金山港,开辟了中国至美国全集装箱班轮航线,又开辟了从上海、天津、大连、青岛至日本主要港口的全集装箱定期班轮。

7月,上海海运管理局成立了上海海运对外技术服务公司,指导船员劳务输出工作。第一套外派船员班子被派往香港海星轮船公司"新鹰"轮,合同期1年。

7月,长航局成立集装箱运输公司,后于武汉港、武汉分局设立分公司,在宜昌、沙市港及武汉港汉阳作业区分设营业站,开展集装箱运输业务。

8月1日,中波公司"永兴"轮自波兰首航美国南部查尔斯顿港,载货返回中国华北港口。

9月,中远总公司将中远连云港供应站与船员基地合并为中远总公司驻连云港办事处,作为中远总公司驻连云港的派出机构。

10月21日,南京油运公司"大庆422"油轮装载5690吨航空煤油从南京栖霞码头首航日本。

10月,经交通部批准,中远总公司利用船员外派劳务收入,在广远公司试行在航船员岗位职务津贴制。

10月,长航局集装箱运输公司开辟了黄石—汉口—沙市—宜昌集装箱线。

1982 年

4月3日,长航局、上海海运局、中国国际信托投资公司合资组建中国扬子江轮船股份有限公司,为长江上第一家由中央直属企业联合经营外贸运输的轮船公司,总公司设于武汉。

4月25日,经中国港监局同意,黄埔港务监督与香港海员工会签约,在黄埔港筹办黄埔海员技术辅导中心,按照国际标准要求开展对香港海员的"四小证"培训和发证工作。

6月8日,经全国人大批准,中国政府向国际海事组织秘书长提交了批准"STCW78公约"的文书,正式成为该公约的缔约国。

6月27日,黄埔海员技术辅导中心举办的香港海员第一期"四小证"训练班在黄埔港客运站正式开学。至1984年辅导中心共举办35期59个班,培训船员3299人,这些船员分别来自香港地区的116家航运企业。

6月28日,中国扬子江轮船股份有限公司正式开业,远洋货轮"扬子江2"载货3000吨从武汉港航往香港。

7月,交通部按照职能调整部机关机构和人员编制,将水运、远洋(行政部分)、通信导航、港务监督局、安全局、工业局和基本建设局的航道部分合并,分别组建海洋运输管理局、内河运输管理局、生产调度局和水上安全监督局,撤销港务监督局。新设"水上安全监督局"(对外称"中华人民共和国港务监督局")是由原港务监督局、安全局、交通部环境保护办公室及原救捞局、全国海上安全指挥部的救助指挥和基本建设局的航标部分等合并组建的,下设海务处、监督处、安全委员会办公室、环境保护办公室、航标测量处、综合处。

9月,交通部改革远洋运输管理体制,对远洋运输事业的管理实行政企分开,撤销了远洋运输局。

是年,中远总公司3艘1200箱位的"汾河""清河""唐河"轮开辟了中国至美国东海岸全集装箱直达航线,以及中国至波斯湾、西非和西北欧各港的半集装箱班轮航线。

1983年

3月,交通部公布《关于〈中华人民共和国海员证签发和使用范围暂行规定〉的实施细则》。

4月,经交通部、劳动部批准,中远总公司在远洋船员中全面实行岗位职务津贴制,最高65元,最低15元,分为7档。船舶其他业务人员也实行不同的津贴标准。

8月,中远总公司船队又开辟了中国至地中海,天津、上海经中国香港、新加坡至西欧和北欧各港的集装箱班轮航线。

9月2日,全国人大常委会通过了《中华人民共和国海上交通安全法》,其中第七条规定:"船长、轮机长、驾驶员、轮机员、无线电报务员、话务员,以及水上飞机、潜水器的相应人员,必须持有合格的职务证书;其他船员必须经过相应的专业技术训练"。这是我国首次以法律形式确立海员发证制度,为海员任职发证管理提供了法律依据。

11月30日,广州海运局"紫罗兰"轮载客327人由黄埔港首航上海,为中华人民共和国成立后首次通过台湾海峡的客轮。

截至当年,全国已签发船员证书30万册。

截至当年,中远总公司已先后开辟了中澳、中美、中日、中欧及中国香港的全集装箱班轮,以及中国至波斯湾、西非、西北欧的半集装箱班轮航线共16条、24个班次,初步形成以中国港口为中心到达世界主要港口的中远国际集装箱运输网。

是年,经中国政府批准在大连海运学院正式成立"IMO亚太地区海事培训中心"。

1984年

1月1日,长江航运体制改革方案正式公布实行,撤销长江航运管理局,组建长江航务管理局,成立长江轮船总公司,并正式挂牌办公,走出了长江航运政企分开的第一步。

4月28日,国际海事组织《1978年海员培训、发证和值班标准国际公约》("STCW 78公约")生效。

6月14日,中国港务监督局颁布实施《中华人民共和国海员专业训练发证办法》和相应的专业训练纲要。同时,要求自1985年起,分期分批地争取五年内在全国海运系统陆续完成200总吨以上船舶现职船员中开展海员专业技能训练发证工作。

6月27日,为加强对国内船员的监督管理,中国港监局颁发《关于颁发和实施〈船员服务簿〉规定的通知》,自1985年1月1日起正式施行。从此,对船员的水上资历管理有了更加规范的标准和审查依据。同时,该"规定"取代了50年代实行的《海员手册》管理制度。

6月,南京海员学校开办首期"四小证"培训班,成为全国首家开展"四小证"培训工作的学校。

是年起,国家实施沿海港口体制改革,政企分开,组建直属交通部的14个海上安全监督局(大连、营口、秦皇岛、天津、青岛、烟台、石臼所、连云港、上海、宁波、汕头、广州、湛江、海南),对外仍称"中华人民共和国××港务监督局",作为交通部水上安全监督局的派出机构。组建长江、珠江、黑龙江3个航政管理局或港航监督局,作为中国港监局的派出机构。各省(区、市)参照交通部管理模式组建由其交通厅(局)领导的港航监督。

是年,交通部安全工作办公会议提出"要在五年内完成200总吨以上的海船船员'四小证'专业训练和考试发证,所有培训机构须经交通部港务监督局验收批准"的要求。

1985年

1月1日起,全国实施《船员服务簿》管理制度。

2月24日,中国港务监督局下发《关于试行船舶报务员全国统一考试的通知》。这是我国首次举行全国船舶报务员统考。根据中国港监局的统一部署,全国设立10个考区,即大连考区、天津考区、青岛考区、上海考区、黄埔考区、广州考区、湛江考区、武汉考区、重庆考区、南京考区。

3月,中国港监局下发《签发海员证的工作程序》,规范签发海员证的工作流程和规定。

4月1日,交通部发文正式批准大连海运分局同上海海运局脱钩,成立交通部直属企业大连轮船公司。

7月,由交通部和石油部联合成立华海石油运销公司(简称华海公司),经营原油中转运输。

9月28日,中国港监局发文《关于颁发〈船员服务簿〉实施办法的通知》,进一步规定了《船员服务簿》管理的要求。

11月22日,第六届全国人大常委会第十三次会议通过并公布了《中华人民共和国公民出境入境管理法》,明确指出海员因执行任务出境,由港务监督局或其授权的港务监督办理出境证件。

是年,世界海事大学第一个区域性分校——大连分校在大连海运学院正式成立,旨在帮助发展中国家培养高级航运管理人才。

是年,交通部从国外购进4艘客货滚装船,其中"红菊""红棉"两轮交广州海运局,"海樱"轮交上海海运局,"天鹅"轮交大连轮船公司使用。

1986年

4月1日,中国港务监督局颁布了《关于办理参加航行值班和机舱值班的一般船员值班签证的通知》。这是我国首次对一般船员(普通船员)作出任职资格的规定。

4月28日起,由《船员服务簿》签发机关在"主管机关签注"栏内办理参加海船甲板部航行值班和机舱值班一般船员的值班签证。

5月,为适应珠江水系航运发展的需要,根据国务院的决定,交通部在广州成立了珠江航务管理局。

9月,在国务院领导关心下,中远总公司根据《交通部所属企业船员工资制度改革的实施方案》,恢复了远洋船员职务工资制。

1987年

2月14日,交通部颁布了《中华人民共和国海船船员考试发证规则》(简称"87规则"),1988年1月

1日生效。这是"STCW 78公约"生效后,重新恢复海船船员考试发证制度的一部重要法规。

9月9日,中国港监局下发《关于海船船员考试发证机关分工原〈轮船船员证书〉过渡期间的若干规定的通知》。其中要求从1988年1月1日起,对港澳船员的考试发证工作,统一由广州海上安全监督局办理。

1988年

1月20日,交通部水上安全监督局颁发《船员档案管理暂行规定》。该规定是为配合"87规则"的实施,首次专对船员的考试、发证等相关档案资料进行规范管理的重要文件。

3月13日,蛇口液化气船船员特殊培训中心举办第一期液化气船船员特殊培训班,也是全国首期液化气船船员特殊培训班。至2016年为止,培训中心共举办了112期液化气船培训班,为我国近30家液化气船公司先后培养了2917名船员,占中国液化气船员的绝大多数。

3月24日,招商局集团购进的1245.6载重吨的"安龙"轮首航成功,为我国拥有的第一艘液化石油气船。

5月,上海海运管理局颁发执行《船长负责制条例》。

6月,经交通部批准,成立交通部航海教育研究会。

7月15日,大连轮船公司"北极星"轮满载20000多吨优质煤自秦皇岛港起航,当天抵达大连港和尚岛煤炭专用码头,并于16日试卸成功,标志着秦皇岛港至大连和尚岛煤码头的专用输煤航线正式开通,这是我国第一条煤炭自卸线。

8月1日,中国水监局发文《关于颁布〈海船船员考试发证规则〉实施细则的通知》,决定由交通部水监局统一组织实施海船船员A类适任证书全国统考,并按照海船船员考试发证机关分工,由大连、天津、青岛、上海、广州、湛江等6个海上安全监督局,负责具体实施海船船员的统考工作。同日,我国第一期海船船员A类适任证书全国统考分别在大连、天津、青岛、上海、广州、湛江等地举行,开启了我国船员考试管理改革的新模式。

8月12日,招商局集团购进27.4万载重吨的"惠砂"轮(WESER ORE),时为我国最大的散货船。

8月26日,招商局集团购进39万载重吨位的"凯达"轮(NEN EXPLORER),时为我国拥有的第一艘超级油轮。

是年,交通部水上安全监督局更名为安全监督局,下设海务处、监督处等机构。

是年,深圳华南液化气船务有限公司成立。

1989年

1月7日,交通部安全监督局下发《交通部安全监督工作规划》,明确其管理职责,船员培训考试发证和海员证颁发工作为其主要职责之一。

1月17日,大连轮船公司客/车滚装船"天鹅"轮在大连港客/车滚装码头满载旅客及汽车后,首航大连至烟台港,19日自烟台港滚装码头运载旅客及汽车返连,宣告连—烟客/车滚装航线试航成功。

4月,大连轮船公司所属船舶全面推行船长负责制。

5月11日,国家教委正式批准集美航海专科学校改名为集美航海学院。

8月,外经贸部成立了全国外派海员协调小组(后改称协调机构),定期召开会议,研究发展我国外派海员业务的大计,确定了"抓紧机遇,积极开拓,加强协调,稳步发展,以质取胜,长期经营"的发展策略。

8月14日,交通部、外交部、公安部联合下发了《中华人民共和国海员证管理办法》,自1989年12月

1日起施行。办法规定,海员乘坐服务船舶以外的其他交通工具出境,应办妥相关的入境过境签证。这是"文化大革命"结束后我国海员证管理的第一个重要规章。

12月,中国港监局首次开发海员证计算机管理发证数据信息管理系统,并向各签发海员证单位配发了专用计算机。

是年,我国首次当选为国际海事组织A类理事国。

是年,交通部提出"要把海员外派当做一项事业来抓",并下达交通部船员外派"八五"计划。

1990年

1月1日,长江轮船总公司整合系统内旅游资源,成立长江轮船海外旅游总公司(简称"长江海外")。

1月20日,交通部党组发出《关于完善船舶领导体制的通知》。

1月,广远开辟了上海、青岛、新港、大连4个港口沿海集装箱运输支线。

5月17日,中波公司"莫纽斯克"轮首次挂靠台湾基隆港。

5月,中远总公司设立船员外派部,各分公司均相应设立船员外派部。中远船员外派机构的设立和和管理制度的完善,促进了船员外派工作的顺利开展。

6月,中远总公司颁发《关于建立外派船员专业队伍的决定》,在保证中远船队营运和发展的前提下,抽调一定数量的在职船员,经培训后外派。

9月22日,中波公司"德乌果士"轮靠泊胡志明市和岘港,这是中波公司船舶中断12年之后重新靠泊越南港口。

截至当年,我国主要航运企业航海技术高级船员有7万余人,高等船员队伍中本科、专科、中专学校毕业的约占35%。

是年,全国各级各类航海学校招生总计6550人,在校生18880人。交通部所属高等航海学校航海类专业的本、专科招生数为1995人,在校生6270人,其中本科年招生980人,专科1015人。全国水运中专学校招生2305人,在校生6610人。水运技工学校1990年招生1730人,在校生4400人。在职船员高等学历教育年招生约520人,在校生约1620人。

1991年

4月8日,连云港远洋船务企业公司正式成立,为中远第6家远洋运输公司,主要经营国际近洋运输、货运代理、国内贸易、船舶物料供应等,仍实行独立核算,自负盈亏。

5月22日,国际海事组织(IMO)通过了《STCW公约1991年修正案》。该修正案引入全球海上遇险和安全系统(GMDSS),将原报务员使用莫尔斯电报人工发送SOS遇险电报,改为由卫星通信系统和地面无线电通信系统两大部分组成的遇险报警系统,并以自动、半自动方式值守报警。该系统于1992年2月1日开始实施。

7月8日,大连轮船公司"天鹅"和"天鹏"两艘客/车滚装船分别载着近百辆汽车和千余名旅客,从大连和烟台两港相对开出,宣告当时我国最大规模的一条客/车滚装航线正式开通。

11月7日,中国港监局制定和颁布《海船船员适任证书全国统考实施办法》(试行),自1992年1月1日起正式试行。办法明确了海船船员适任证书全国统考设6个考区,即大连、天津、青岛、上海、广州、湛江考区。同时在大连、天津、青岛、上海、广州、湛江海上安全监督局设考区办公室,具体组织实施统考工作。

是年,中远总公司颁发了《远洋船员管理工作条例》。

1992 年

1月1日,中远总公司正式实行船员持证上岗制度。

4月7日,交通部公布《内河船舶船员考试发证规则》(简称"92 规则")。自1993年1月1日施行。这是"文化大革命"结束后,重新修订内河船员考试发证制度的一部重要规章。至此,原"79 办法"全部废止。

8月22日,交通部安全监督局发布《关于B类海船船员适任证书纳入全国统考的通知》,范围包括B类一、二等船长,驾驶员,轮机长,轮机员,各等级电机员。与A类适任证书统考同时进行。

9月21日,中国港务监督局下发《〈内河船舶船员考试发证规则〉实施细则》。

11月7日,全国人民代表大会常务委员会公布《中华人民共和国海商法》(简称《海商法》),自1993年7月1日起施行。该法是我国开展船员管理业务的主要法律依据之一。

11月21日,连云港远洋船务企业公司更名为连云港远洋运输公司,简称"连远"。

12月25日,国家计委、国家体改委、国务院经贸办批准中国远洋运输总公司更名为"中国远洋运输(集团)总公司",同意以中国远洋运输总公司为核心企业,组建"中国远洋运输集团"(简称中远集团)。

是年,黑龙江海运公司成立,并在大连组建了办事处,后又相继在俄罗斯哈巴罗夫斯克(伯力)、日本酒田、上海和中国香港设代表处。

1993 年

2月16日,中远集团在北京宣告成立。根据集团总公司的部署,中远对外劳务合作公司于同年成立。

3月9日,连天祖担任招商局集团28万载重吨的"凯勇"轮(NEN VALOR)船长,为我国第一位超大型油轮船长。

6月1日,经交通部批准,大连轮船公司更名为大连海运(集团)公司。

6月15日,交通部颁布了《全球海上遇险和安全系统船舶无线电人员考试发证办法(试行)》,自1993年7月1日起施行。该办法是根据《海安法》、"STCW 78公约"和国际电信联盟《无线电规则》及有关要求而制定。

6月18日,交通部上海海运管理局改组为上海海运(集团)公司。

6月19日,朱伟强担任招商局集团27.4万载重吨的"惠砂"轮(WESER ORE)船长,为我国第一位超大型散货船船长。

8月4日,交通部发布了《海船船员考试发证规则近洋航区适任证书考试发证补充办法》,自发布之日起实施。办法设置了"近洋航区船员适任证书"(简称"D类证书")该证书有效地解决了从事水产品国际运输船舶船员(渔民)持证困难和我国航运发展实际需要的问题。

11月1日,大连海运学院正式向交通部提出《关于申请"211工程"预审的报告》,被交通部和辽宁省列为申报国家"211工程"重点院校。

11月18日,广州(佛山)至上海全集装箱航线开通,为中国第一条沿海全集装箱航线。

是年,交通部批准广州海运管理局改制为广州海运(集团)公司。

1994 年

5月5日,交通部根据国务院批准的机构改革"三定"方案,保留中华人民共和国港务监督局(对内称"交通部安全监督局"),下设办公室、港监规划处、通航监督处、船舶监督处、船员证件管理处、航标测量处、安全管理处等机构。

5月8日,交通部发布《关于成立中国海事咨询服务中心的通知》,中国海事咨询服务中心正式成立。根据中国港监局《关于委托中国海事咨询服务中心承担部分海船船员适任证书全国统考工作的通知》,中心自1995年起承担海船船员适任证书全国统考的征题、审题、命题、组卷、审卷、印卷、成卷、分卷、运卷、阅卷、计分统计分析等项工作。

6月1日,大连海运集团正式成立。

是年,大连海运学院更名为大连海事大学。

1995年

5月10日,中国政府成立了履行STCW公约委员会,依据"STCW 78公约"的规定和要求,全面调整、修正和编写船员管理的各项法规和规定,建立了一套使公约得以全面和充分实施的船员管理法规体系。同时,还成立了中国航海教育教学指导委员会,负责调整和制定中国海员的航海教育政策,制定教学大纲,编制新的教材。

6月26日,国际海事组织在伦敦总部召开了STCW公约缔约国大会,7月7日各缔约国代表在1995年STCW缔约国大会最终文件上签字。国际海事组织聘请了大连海事大学吴兆麟教授作为IMO顾问,且担任IMO审核员,他是中国唯一受聘IMO的专家。

10月,据统计,全国持有船员服务簿的船员113万人,全国持有适任证书的船员52.9万人,全国持有我国港务监督机关签发的海员证的海员16.4万。

是年,中远集团船员队伍基本稳定在自有船4.5万—4.7万人。

1996年

2月,经国家教委、国家计委和财政部的审核,大连海事大学被正式批准为首批"211工程"预备立项的29所院校之一。

7月3日,中华人民共和国港务监督局公布了《关于规范海员出境证件管理工作的规定》。其中规定海员证管理将实行计算机管理,采用统一的管理软件。这是海事管理机构首次组织开发的计算机船员管理业务应用软件。

9月1日,中远集团依据《劳动法》有关内容重新修订并颁发了《远洋船员管理工作条例》。

是年,中远集团拥有船舶600艘,1700万载重吨,航线遍布150多个国家的1200个港口;集装箱运输量达313.64万TEU,集装箱船箱位总量位居世界第四;散货船、杂货船运力亦在世界前列。

1997年

2月1日,"STCW 78/95公约"正式生效,过渡期至2002年2月1日,宽限期至2002年8月1日。

4月,中海集团"林园"轮开航投入内贸集装箱运输。

7月1日,在上海海运(集团)公司、广州海运(集团)有限公司、大连海运(集团)公司、中国海员对外技术服务公司和中交船业公司等5家交通部直属企业的基础上,组建成立中国海运(集团)总公司,总部设在上海。中海集团成立之初,船员在2万人左右。

7月,中远(集团)总公司决定对远洋运输实行专业化经营管理,同年12月,中远集装箱运输总部搬迁至上海,与上海远洋运输公司合二为一,组建成立中远集装箱运输有限公司(简称"中远集运"),与上海远洋运输公司"两块牌子、一套班子"运作。

10月9日,中国港监局公布《船员考试、评估和发证质量管理规则》《船员教育和培训质量管理规则》,于1998年8月1日起实施。这是我国首次按照"STCW 78/95公约"标准,制订全国海船船员管理机构、航海教育和培训机构建立质量管理体系的规则。

10月28日,中海集团下属第一家专业公司中海集运公司宣告成立。

11月10日,经交通部批准、外交部同意,中国政府驻英国大使馆正式向国际海事组织秘书长提交《中国政府履行STCW 78/98公约的履约报告》及其配套的法规体系文件,使我国成为第一个完全按照国际海事组织规定的要求和时间提交履约文件的缔约国,并第一个接受IMO审核组的审核。

11月,我国"STCW公约"履约分委会完成了公约修正案的国内法转化,形成了由《中华人民共和国海船船员适任考试、评估和发证规则》(简称"97规则")、《中华人民共和国船员培训管理规则》(简称"培训规则")、《中华人民共和国海船船员值班规则》(简称"值班规则"),以及中国港监局颁发的相关管理规定等一系列规范性文件组成的国内履约法规体系。

是年,中远集团的海外机构已发展到177个,海员队伍近5000人,初步形成了以北京为中心,以中国香港、欧洲、美洲、日本、新加坡、澳大利亚、南非、西亚八大区域公司为支点,以船舶、航线为纽带,业务遍及世界各地主要地区的跨国经营网络。

是年,我国外派海员人数达3.6万人。外派海员构成由初期的普通船员扩大到包括船长、轮机长、大副等在内的所有级别的高级船员,外派高级船员占全部外派海员的比例由初期的约15%上升到40%。

1998年

2月10日,中海油运公司成立。

5月22日,国家发展计划委员会下发《关于大连海事大学"211工程"建设项目可行性研究报告的批复》,同意大连海事大学作为"211工程"项目院校,在"九五"期间进行建设。

5月28日,中海货运公司成立。

6月6日,大连海事大学ISO9001质量体系顺利通过挪威船级社(DNV)的专家认证,成为世界上第一所通过DNV三个认证规则认证的大学。

6月16—20日,经过中国港监局审核组的审核,大连海事大学成为全国第一所通过《中华人民共和国船员教育和培训质量管理规则》质量管理体系审核的大学,也是全世界与第一所按"STCW 78/95公约"所规定的质量体系要求通过审核的大学。

7月6日,交通部和福建省正式签订《中华人民共和国交通部、福建省人民政府关于集美航海学院划转福建省管理协议书》,从本协议书签字生效之日起,集美航海学院建制撤销,并入集美大学,成为集美大学航海学院。

8月5日,中国港监局公布《关于STCW78/95公约过渡规定的实施办法》和《过渡期知识更新培训纲要》。

8月9日,中国港监局就履约过渡期开展轮机长(员)精通船电业务培训的条件、教材、规模、设施配备、操作训练规范等有关事项提出要求,指定由大连、天津、青岛、上海、广州港务监督负责实施。

8月20日,中国港监局公布《海船船员适任证书和培训合格证书制作细则(试行)》。

12月27日,中海集团第一艘1000TEN集装箱船"向平"轮首航,拉开集团内贸集装箱扩容的序幕。

是年,我国累计已向国(境)外提供各类商船海员41.38万人次,海员劳务产业取得了显著的经济效益和社会效益,服务的市场区域也从起初的中国香港、日本、新加坡等扩大到欧洲、美洲和亚洲的其他国家。

1999 年

1 月，青岛港务监督通过中国海事局组织的船员考试、评估和发证质量管理体系的外部审核，为直属海事系统首家通过审核的单位。

3 月 26 日，中海集团"向津"轮首航澳洲，开辟中国至澳大利亚航线，中海集装箱运输向全球运输迈出重要一步。

6 月，中国海运（集团）公司与挪威船东协会在奥斯陆正式签约，联合培训面向欧洲航运市场的高级船员。

10 月 27 日，国务院批准《交通部直属海事机构设置方案》，决定在中央管理水域内设置 20 个交通部直属海事机构，分别为黑龙江海事局、辽宁海事局、河北海事局、天津海事局、山东海事局、上海海事局、浙江海事局、江苏海事局、福建海事局、长江海事局、广东海事局、深圳海事局、广西海事局、海南海事局、营口海事局、烟台海事局、连云港海事局、厦门海事局、汕头海事局和湛江海事局。

11 月 17 日，中国海事局与公安部出入境管理局根据《中华人民共和国出入境管理法》的有关规定，联合印发通知，颁布施行《〈海员出境证明〉管理办法》。

11 月 24 日，山东烟大轮船轮渡有限公司"大舜"号客货滚装船由烟台港航往大连港途中沉没，造成特大海难事故。

是年，是中国海事局（原港监局）按照"87 规则"实施海船船员适任证书全国统考的最后一年，当年共举办了 3 期考试，考生达 21438 人次。据原广州海监局现存档案统计，从 1980 年 8 月至 1999 年 12 月全国共举行统考 24 期，该局组织参加全国统考考生共 12741 人次。

是年，交通部直属海事系统开始研发"水监一期信息管理工程系统"——船员信息管理子系统。

2000 年

3 月 8 日，针对山东烟大轮船轮渡有限公司"大舜"号客货滚装船特大海难事故，中国海事局将滚装客船船员特殊培训时间由不少于 60 小时调整为不少于 70 小时。

3 月 14 日，中国海事局和出入境管理局公布了新版《海员出境证明》的格式和填写规范，自 2000 年 5 月 1 日起统一启用，旧版于同年 10 月 1 日停止使用。

8 月，中国海事局首次按照"97 规则"在全国各考区进行海船船员适任证书统考，考试范围包括无限航区（甲类）、近洋航区（乙类）、沿海航区（丙类）的船长、驾驶员、轮机长、轮机员及全球海上遇险和安全系统一级、二级无线电电子员（甲类），共有 3802 名考生参加统考。

8 月，我国首个"海船船员英语听力与会话计算机辅助多媒体评估系统"由广东海事局和广州航海高等专科学校联合研制成功，并在全国海事系统推广使用。

12 月 6 日，国际海事组织（IMO）海安会决定签发第 978 号通函，公布第一批包括中国（含中国香港）在内的 71 个满足公约有关条款要求的缔约国名单，即"STCW 白名单"。中国是第一个上"白名单"的国家，中国的履约报告一度成为其他国家的范本。

2001 年

1 月 7 日，中国海事局发布《关于海船船员管理分工授权有关问题的通知》，决定将原在全国设立海船船员统考的 6 个考区调整为大连、天津、青岛、上海、广州等 5 个考区，考区办公室具体负责组织实施本考区的海船船员全国统考和区域统考工作。

4月10日,中国海事局下发《关于海员证管理分工授权有关问题的通知》,对海员证管理分工授权进行调整,授权上海等20家海事局自2001年6月1日起开展海员证签发工作。

6月1日,海员证管理系统实现全国联网,并开始使用新版海员证管理信息系统(简称CMS2000)软件签发海员证。

10月14—26日,中国海事局应台湾中华海员总工会的邀请派员前往台湾考察,并就中国大陆"STCW 78/95公约"的实施情况,以及台湾船员在大陆参加培训发证等问题进行业务交流。

10月15日,中国海事局根据"97规则"的规定,修订并公布了《军事船舶复转军人参加海船船员适任考试、评估和发证办法》。

10月25日,中国海事局根据国际海事组织关于从2001年2月1日起互为承认海船船员适任证书协议要求,我国主管机关与新加坡港口海事局签署两国相互承认对方签发和符合"STCW 78/95公约"规定的海船船员适任证书的协议;11月22日,又与巴哈马海事局签署巴哈马承认中国海事局签发的海船船员适任证书。

是年,直属海事系统先后对10万余人次船员进行实际操作和安全知识检查,其中6000多名船员参加安全知识培训。

是年,中国海员工会、中国公路运输工会和中国建设建材工会合并成立中国海员建设工会。

2002年

2月11日,经国务院台湾事务办公室批准,中国海事局同意台湾船员在大陆参加"STCW 78/95公约"规定的培训和适任证书考试;授权广东海事局统一办理台湾船员在大陆申请船员适任证书的考试、发证业务。

3月18日,台湾中华海员总工会组织首批14名台湾高级船员到广东海事局参加"STCW 78/95公约"履约过渡培训,经考试合格后,颁发大陆的船员适任证书。至2013年4月,广东海事局共举办了42期台湾高级船员培训班,参加培训船员共1156人次,为台湾船员签发各种船员适任证书共1846本,其中船长、驾驶员690本,轮机长、轮机员466本,GMDSS普通操作员690本。

6月,中远集团出台了《中远集团关于建立船员基地的指导意见》。

10月17日,上海海事局船员考试中心采用计算机辅助考试系统举行了首期海船船员适任证书计算机终端考试(简称无纸化考试),这在全国海事系统系第一次,自此开始了由传统的纸面考试向计算机无纸化考试的转变。

12月30日,中国海事局建立内河船员考试专家库,委托中国海事服务中心承办,主要承担对内河船员培训教材、考试大纲、试题题库的编写、修改、充实、完善和分析研究职能。

是年,为全面强制实施"STCW 78/95公约"过渡期的最后一年,全国海船船员共有近50000人次参加培训,至此,内地海员全部完成了履约培训换证。

是年底,中远船员共38862人,其中自有船员34411人,农合工船员4251人。

2003年

3月27—28日,中国海员建设工会第一届全国委员会第一次会议在北京召开。

5月28日,取得船员考试发证机关编码的海事机构计135家,包括20个直属海事局、112个分支机构、2个派出机构和1个省级地方海事局。

6月3日,水监信息系统一期工程——海船船员管理系统率先在广东海事局及各分支机构正式上线,之后全国各地直属海事局相继安装了该管理系统,首次实现了海船船员管理业务数据的全国联网。

6月3—19日,中国政府派出代表团出席了国际劳工组织(ILO)国际劳工局理事会在瑞士日内瓦召开的第91届会议。会议通过了《2003年海员身份证件公约(修订本)》(第185号公约),取代了1958年通过的第108号公约。

6月,舟山市成立舟山海员管理协会,促进海运企业、海员服务机构、海员培训教育单位之间的合作和交流,并为广大会员提供公平有序的竞争环境。

8月27—29日,首次长江干线内河三等及以上船员适任证书理论统考在9个考区、25个考点进行,约3000名考生参加。

2004年

3月26日,广州远洋运输公司与南充市就业局在成都正式签署协议,在南充建立广远海员基地。

6月22日,交通部第15次部务会议通过了新的《中华人民共和国海船船员适任考试、评估和发证规则》(简称"04规则"),自2004年8月1日起实施。该规则对"97规则"的部分内容进行了修订。

12月,中海国际船舶管理公司成立,并迅速成为国内最大的船舶管理公司。

是年,全国海事系统全部建成并运行海船船员管理信息系统,实现全国所有直属局和大部分分支机构联网。该系统的运行,实现了船员电子信息"一人一档"、船员信息全国共享以及快速准确地统计相关信息,解决了长期以来船员重复办证、异地办证以及处罚信息不畅和监管困难等问题。

是年,大连海事大学首次将航海职业教育与成人高等教育相结合,实行捆绑式教学模式,以脱产的形式学习,学制两年半。

是年,经教育部批准,上海海运学院更名为上海海事大学。

是年,中海集团第一艘VLCC"新金洋"轮加入油运船队。

2005年

3月21日,交通部颁布了《中华人民共和国内河船舶船员适任考试发证规则》。(简称"05规则"),自2005年6月1日起施行。该规则是在"92规则"的基础上进行了重新修订。

6月,舟山市成立舟山海员就业服务中心,主要负责海员就业的综合管理工作。

8月2日,中远集团经过广泛调研和深入研究,正式下发了《中远集团远洋船员管理办法》。

9月5日,交通部海事局下发了《关于颁布〈内河船员等效职业培训管理暂行办法〉的通知》。

10月20日,中国海事局发文授权江苏、广东海事局开展内河一、二等船舶船员适任考试发证工作,并于12月2日向各省、自治区、直辖市地方海事局,直属海事局授权开展内河一、二等船舶船员适任考试发证及航线实际操作考试权限。

10月21日,中国海事局发布《关于安装使用内河船员管理信息系统的通知》,由广东海事局开发的内河船员信息系统完成测试验收,经中国港监局在全国各内河船员管理机构推广,共有16家省级考试发证机关安装内河船员信息管理系统(网络版),非水网地区的考试发证机关也全部安装了内河船员管理信息系统(单机版)。首次建立了内河船员信息数据全国汇总库。

11月,天津海事局为推进中西部海员培训,指导和管理河南新乡海运学校开展船员培训工作。至2007年底,新乡海运学校共举办基本安全、精通救生艇筏和救助艇的培训22期,1366人;值班水手9期,404人;值班机工8期,309人;外派海员达5500人次。

是年,上海、天津、辽宁等直属海事局相继建成计算机考场,其他海事局则利用当地航海学校的计算机考场,试行和推广海船船员适任证书全国统考的无纸化考试。

是年,广东、广西海事局启动了"珠江水系内河船舶船员适任证书理论统考"工作,共1361名考生参加了统考。

是年,中远集团出台了《中远集团基地船员管理办法》。

2006年

2月7—23日,中国政府派出代表团出席了国际劳工组织(ILO)在瑞士日内瓦召开的第94届国际劳工(海事)大会,最终通过了《2006年海事劳工公约》。该公约的目的是实现海员体面工作与生活,被称为海上劳动者的"权利法案"。

3月13日,中国海事局下发《关于签发适用于海关公务船艇船员适任证书的有关事项的通知》。这是中华人民共和国成立以来首次专门对海关公务船艇船员的适任考试、评估和发证制定相关条款的管理办法。

4月19日,中国海事局在深圳组织召开"2006深圳'高素质海员'国际海事论坛",积极与国际海事界开展交流活动。

6月,舟山市创建舟山海员网站。

7月4日,中国海事局公布了《海船船员适任计算机终端考试实施办法(暂行)》。这标志着我国海船船员适任证书理论考试朝着程序化、规范化、标准化、无纸化的方向转变。是年,上海海事局共举办10期海船船员适任证书无纸化考试,2650人次参加;天津海事局举办1期,22人次参加;辽宁海事局举办4期,452人次参加。

7月30日,第一个海船船员军地合作培训基地经中国海事局批准在山东长岛启用。

8月,交通部出台《关于加强游艇管理的通知》。

11月17日,在大连机场发生了利用渔船船员证书骗取海员证组织偷渡的严重事件。

是年,中国共有船员培训机构81家,其中本科航海院校12所,专科院校13所,中专学校12所,其他培训机构44个,培训规模达17000人。

是年,已有超过30000名渔民通过船员培训考试顺利转为持海船证书的船员。

是年起,中国海事局在全国范围内开展评选"诚信船长"活动,建立船员"黑名单"制度,实施船员诚信管理,对船员违法行为实施累计记分制度。

是年底,交通部颁布并实施了《非航海工科毕业生海员培训管理规定》。

2007年

3月1日,中国海事局批复同意广东海事局在本年度第2期全国船员适任统考起开始实施计算机终端考试。

4月14日,国务院制定并颁布了《中华人民共和国船员条例》(简称"船员条例"),自2007年9月1日起施行。这是我国第一部专门规范船员管理的重要行政法规,适用于中国境内的船员注册、任职、培训、职业保障以及提供船员服务等活动。

6月,舟山市在全国首创"中国舟山海员日"主题活动。

6月10日,中海集团与湖南省签订《关于建立中国海运集团湖南省船员基地长期合作战略协议》,同日,中海集团湖南省船员基地揭牌。这是中海集团第一个船员基地。

9月22日,中国海事局同意中国远洋运输(集团)总公司将海员证审批权限下放给广州、上海、青岛、大连远洋运输公司以及中远散货、中波公司,由这6家公司按有关规定为所属船员出具《办理海员证批件》和《办理海员证审查批件》。

11月23日,中国海事局制定和发布了《中华人民共和国内河船舶船员基本安全培训、考试和发证办法》(简称"内河基安办法")。这是根据"内河安全条例""船员条例""05规则"等的相关规定而制定。

11月29日,中国海事局公布实施《海船船员适任考试远程计算机终端考场配置标准》。至年底,已有6家直属海事局开展计算机终端考试,分别为天津、广东、辽宁、山东、上海和福建海事局。

是年,中国海事局批准14所航海院校开展非航海类工科海员培训。

是年,中国海事局共安排了11期海船船员适任统考,其中3期纸面考试,8期计算机终端考试。

是年,中远集团船员总数为34626人,其中自有船员25191人,协作船员9435人。

是年,大连海事大学开展学历教育、干部培训、船员培训等15000余人次,并开展了非航海工科毕业生海员培训工作。

2008年

2月13日,交通部制定并颁布了《中华人民共和国引航员注册和任职资格管理办法》,自5月1日起施行。该办法是根据"船员条例"的要求而制定。适用于引航员注册、任职、培训、考试和评估等管理活动。

3月27日,交通部颁发了《加快船员队伍发展的十大措施》。

3月30日,中海集团与江苏省人民政府在南京市举行了建立船员基地长期战略合作协议签字仪式,"中国海运集团江苏省船员基地"揭牌。

4月3日,由中国液化气运输(控股)有限公司公司投资的8.3万载重吨的"大鹏昊"轮(DAPENG SUN)在上海沪东中华造船厂建造竣工出厂。这是我国自行建造自主营运的第一艘液化天然气运输专用船,创造了中国液化天然气运输史上的若干个第一。

5月4日,交通部以第1号令颁布了《中华人民共和国船员注册管理办法》,自7月1日起施行。该办法是根据"船员条例"而制定的,适用于中国境内的船员注册及相关管理活动,这是我国首次实行船员注册制度。

6月26日,按照交通运输部推进中西部海员发展的决策,由天津海事局建立的我国西部第一所海员培养基地——延安海员培养基地落户延安职业技术学院,为西部广大青年学子提供了学习航海技术和就业的平台。

6月30日,中海集团首制46000吨的成品油船"千池"轮命名交船。

7月22日,交通运输部制定并颁布了《中华人民共和国船员服务管理规定》(简称"船员服务规定"),自10月1日起施行。该规定是根据"船员条例"的相关规定而制定。以促进加强船员服务管理,规范和维护船员及船员服务机构的合法权益。

12月28日,中海集团第一艘全过程自主建造的散货船舶"中海昌运1"轮命名交船。

12月,交通运输部海事局下发《关于船员考试、评估和发证工作有关事宜的通知》。

是年,交通运输部投资近2亿元,为大连海事大学新建世界上最先进实习船"育鲲"轮。全国用于航海专业学生的实习船达12艘。

是年,交通运输部直属海事系统全面启用新的海员证管理信息管理系统和新版海员证;开发推广应用船员计算机无纸化考试系统和船员业务远程申报系统,以方便船公司、航海院校和船员申请船员业务。

是年,大连海事大学开展干部培训、船员培训等共计16600余人次。

是年,上海市教育委员会、上海市城乡建设和交通委员会、上海海事大学、虹口区人民政府等20多家单位共同发起成立上海国际航运研究中心,挂靠上海海事大学。

2009年

1月6日,中国海军首批护航编队抵达亚丁湾,开启我海军远洋护航之旅。为有力配合我海军远洋护航行动,是年,交通运输部从各海事局和各航海院校中先后派出24批次共41名远洋船长,参加亚丁湾护航保障工作,为维护世界和平和国家利益做出了重要贡献。

4月19日,"中华人民共和国船员网"完成二期建设项目并试行新版网站。

5月19—22日,中国海事局在5个考区举行了该年第2期(总第48期)海船船员适任证书全国统考。这是自实施"97规则"和"04规则"开展海船船员全国统考以来采用纸面考试的最后一期。据统计,从2000年7月至2009年5月,海船船员适任证书全国统考纸面考试共举办48期,约18万人次参加考试。6月起,中国海事局全面实施海船船员适任证书全国统考无纸化,至年底,共安排了11期无纸化考试。

6月22日,交通运输部颁布《中华人民共和国船员培训管理规则》(简称"培训规则"),自10月1日起施行。该规则根据"船员条例"规定,并在1997年颁布的"培训规则"基础上重新修订。

12月23日,三方协调机制成立暨《中国船员集体协议》首签仪式在北京中华全国总工会举行。机制的建立将进一步加强政府海上交通主管部门、海员工会组织和航运企业组织三方就涉及船员劳动关系、船员管理等重大问题的经常性沟通与协调。

是年,中国海员大连综合培训中心在大连旅顺口区成立。该培训中心由中国海员建设工会与全日本海员组合、日本国籍船员劳务协会合作建立,是国内第一家由国外承担费用、非营利性质、专门针对学历教育后的职业海员培训中心,每年可培训500余名高级海员。

是年,福建海事局获授权开展甲类海船船员考试、评估和发证工作,成为国内继大连、天津、青岛、上海、广东等5个直属海事局后,第6个正式开展我国高等级海船船员考试、评估和发证工作的直属局。

是年下半年,全国海船船员统考全面实施计算机终端考试。

是年,舟山市组织开展海员技能大比武活动,共有50多家航运企业、近万名海员参与此项活动,在全市海员中形成苦练岗位技能、争当一流海员的良好氛围。

是年,经交通运输部海事局批准的内河船员培训机构达92家。

2010年

2月5日,中海集团第一艘23万吨VLOC"兴旺"轮在广州举行首航仪式,中海拥有了自己的海岬型超大船舶。

6月21—25日,中国政府组成的代表团参加了国际海事组织(IMO)在菲律宾马尼拉召开的STCW公约缔约国外交大会。会议通过了2010年修正案(即马尼拉修正案)。其间,包括中国在内的41个国家代表团,以及国际航运公会(ICS)、国际航运联合会(ISF)、国际联合船东协会(IFSMA)和国际运输工人联合会(ITF)等4个国际组织联合提出设立"海员日"的提议。最终大会通过了并以"海员日"(Day of the Seafarer)的形式决定命名每年6月25日为"海员日"。

6月29日,交通运输部修订并颁布了新的《中华人民共和国内河船舶船员适任考试和发证规则》(简称"10规则"),自2011年1月1日起施行。该规则根据《船员条例》《内河安全条例》以及全国内河航运形势发展需要和行政管理要求,在原"05规则"的基础上进行了修订。

7月,中国海事局下发《2010年全国引航员适任统考、全国海上非自航船舶船员适任统考计划的通知》。

11月1日,广东省海上劳动关系三方协调机制成立仪式在广州举行,为全国首个成立的"省级海上劳动关系三方协调机制"。

是年,中国海事局相继下发《船员培训监督检查办法》《培训机构现场核验》《船员培训考试发证管理权限》。

是年底,中国海事局根据国际海事组织互为承认海员适任证书协议,已与23个国家(地区)的海事主管当局签署海员适任证书承认协议,中国船员培训、考试、发证工作在国际上获得广泛认可。全国船员数量达165万人,其中海员65万人,远洋商船高级船员近20万人,绝对数量位居世界首位,成为名副其实的船员大国。

附 录

一、国际公约

(一)《1978年海员培训、发证和值班标准国际公约》

各缔约国本着制订一致同意的海员培训、发证和值班的国际标准,以增进海上人命与财产的安全和保护海洋环境的愿望,考虑到达到这一目的的最好办法为缔结一项海员培训、发证和值班标准国际公约,现经协议如下:

第一条 公约的一般义务

一、各缔约国承担义务实施本公约及其附则的各项规定,该附则为本公约的组成部分。凡引用本公约时,同时也就是引用该附则。

二、各缔约国承担义务颁布一切必要的法律、法令、命令和规则,并采取一切必要的其他措施,使本公约得以充分和完全实施,以便从海上人命与财产的安全和保护海洋环境的观点出发,保证船上的海员是合格的并适于履行其职责。

第二条 定 义

除另有明文规定者外,就本公约而言:

一、"缔约国"系指本公约已对之生效的国家;

二、"主管机关"系指船舶有悬挂其国旗的缔约国政府;

三、"证书"系指由主管机关签发或经主管机关授权签发或为主管机关所认可的一种有效文件,不论其名称如何,该文件准许其持有人担任该文件中所指定的或国家法律所规定的职务;

四、"具有证书的"系指持有适当的证书;

五、"本组织"系指政府间海事协商组织(海协);

六、"秘书长"系指本组织秘书长;

七、"海船"系指除了在内陆水域中或者遮蔽水域或港章所适用的区域以内或与此两者紧邻的水域中航行的船舶以外的船舶;

八、"渔船"系指用于捕捞鱼类、鲸鱼、海豹、海象或其他海洋生物资源的船舶;

九、"无线电规则"系指附于或被视作附于随时生效的最新国际电信公约的《无线电规则》。

第三条 适 用 范 围

本公约适用于在有权悬挂缔约国国旗的海船上工作的海员,但在下列船上工作的海员不在此例:

一、军舰、海军辅助舰船或者为国家拥有或营运而只从事于政府的非商业性服务的其他船舶;但是各缔约国应采取无损于其拥有的或营运的此类船舶的作业或作业能力的适当措施,以保证在此类船上服务的人员在合理可行的范围内符合本公约的要求;

二、渔船;

三、非营业的游艇;

四、构造简单的木船。

第四条 资料交流

一、各缔约国应尽速将下述资料送交秘书长：

1.就本公约范围内各项事宜所颁布的法律、法令、命令、规则及文件的文本；

2.为根据本公约规定所颁发的每一种证书而设置的相应的学习课程内容和期限的详细情况及其国家的考试和其他要求；

3.根据本公约规定所颁发的证书的足够数量的样本。

二、秘书长应将本条第一款第1项所规定的任何资料的收到情况通知所有缔约国，同时为了第九条和条十条的目的，在承索时，特别应将按本条第一款第2项和第3项所送交的资料提供给这些国家。

第五条 其他条约与解释

一、缔约国之间一切以前的并现行有效的关于海员培训、发证和值班标准的条约、公约及协定，在其有效期间，应对以下人员继续充分和完全有效：

1.本公约不适用的海员；

2.在本公约未予明文规定的事项上，本公约适用的海员。

二、但是，在这些条约、公约或协定与本公约规定相抵触的方面，各缔约国应对其按这些条约、公约及协定所承担的义务重新予以审查，以保证这些义务与其根据本公约所承担的责任不相抵触。

三、凡本公约中未予明文规定的事项，仍受缔约国法规的约束。

四、本公约的任何规定，均不得损害根据联合国大会2750C(XXV)号决议召开的联合国海洋法会议对海洋法的编纂和发展，也不得损害任何国家目前和今后就海洋法以及沿海国和船旗国的管辖权的性质和范围所提出的要求和合法意见。

第六条 证书

一、船长、高级船员或普通船员的证书，应按照本公约附则的相应规定签发给主管机关满意地认为在服务、年龄、健康状况、培训、资格和考试各方面都符合要求的证书申请人。

二、按本条规定签发给船长和高级船员的证书，应由发证的主管机关按规则I/2规定的形式予以签证。如使用的文字不是英文，则该签证应包括英文译文。

第七条 过渡规定

一、在本公约对某一缔约国生效前，按缔约国法律或《无线电规则》，对本公约要求应持有证书的职位所签发的适任或职务证书，在本公约对该缔约国生效后，仍应被认为是有效的。

二、本公约对某一缔约国生效后，其主管机关可继续在不超过五年的期间内，按其过去的做法签发适任证书。就本公约而言，这种证书应被认为是有效的。在这一过渡期间内，这种证书只应签发给在本公约对该缔约国生效前业已开始在与这种证书有关的船上特定部门内从事海上工作的海员。主管机关应保证对所有其他的证书申请人均按本公约的规定进行考试和发证。

三、在本公约对某一缔约国生效后两年之内，该缔约国可对在本公约对该缔约国生效前既未持有本公约规定的适当证书，也未持有按该缔约国法律签发的适任证书的海员，签发服务证书，但这些海员应：

1.在本公约对该缔约国生效前的最近7年之内，至少在海上按其所要求取得的服务证书的职位已工作了3年；

2.已提出其令人满意地进行该项服务的证据；

3.已使主管机关参照其申请时的年龄,对其健康状况,包括视力和听力感到满意。

就本公约而言,根据本款规定签发的服务证书,应视为等同于根据本公约规定所签发的证书。

第八条 特　　免

一、在特殊需要的情况下,主管机关如认为对人员、财产和环境不致构成危害时,可签发特免证明,允许某一指定的海员在某一指定的船上,在为期不超过6个月的指定期限内,担任他并未持有适当证书的职位,除非有关的无线电规则另有规定,无线电报务员和无线电话务员不在此例。但是,被发给这种特免证明的人员,应系主管机关满意地认为能安全地充分胜任其所补缺的职位。然而,除不可抗力的情况外,对船长或轮机长不得给予特免证明,即使给予了这种证明,其期限也应尽可能的短。

二、凡给予某职位的特免证明,只应发给具有适当证书可充任权仅比该职位低一级职务的人员。如本公约对该低一级职位并无证书要求,则可对主管机关认为其资格和经验显然相当于所要充任职位的要求的人员签发特免证明,但是,如果该人并未持有相应的证书,则应通过主管机关认可的测试,以表明这种特免证明的签发是安全的。此外,主管机关应保证尽速由持有相应证书的人员来充任该项职位。

三、各缔约国应于每年1月1日后,尽速向秘书长送交一份报告,说明一年中间海船所签发的关于有证书要求的每项职位的特免证明的总数,以及分别说明1600总登记吨以上和以下船舶的艘数。

第九条 等　　效

一、本公约不应妨碍主管机关保留或采取其他教育和训练的安排,包括涉及专门适应技术上发展和特种船舶及贸易的海上服务和船上组织的教育和培训的安排,但是,就船舶和货物在航海和技术操作方面的海上服务、知识与效率的水平,应保证海上安全的程度和防止污染的效果至少相当于本公约的要求。

二、应尽早将这种安排的详情报告秘书长,秘书长则应将这种详情通报所有缔约国。

第十条 监　　督

一、除第三条所排除的船舶外,船舶在一缔约国的港口时,应接受该缔约国正式授权的官员的监督,以核实船上凡公约要求具有证书的海员均具有证书或持有适当的特免证明。除非有明显的理由认为证书系骗取的或持证人不是该证书原来所发给的人,否则此类证书应予承认。

二、在根据第一款或规则I/4的"监督程序"的规定发现任何缺陷时,执行监督的官员应以书面形式通知该船船长和船旗国的领事,或者在无领事时通知最近的外交代表或海事管理当局,以便采取适当的措施。这种通知应说明所发现的缺陷的细节,以及该缔约国据以判定这些缺陷危及人员、财产和环境的理由。

三、在根据第一款的规定执行监督时,如果考虑到船舶的尺度和类型以及航程的长短和性质,规则I/4第3款中所述的缺陷未能纠正并判定将危及人员、财产或环境时,执行监督的缔约国应采取措施,以保证船舶在消除危险并符合要求后才可开航。关于所采取行动的实情,应立即报告秘书长。

四、在根据本条执行监督时,应尽量避免使船舶受到不适当的滞留或延误。如果船舶受到这种滞留或延误,则该船对于由此而引起的任何损失或损害,有权要求赔偿。

五、本条规定应根据必要予以施行,以保证不给予有权悬挂非缔约国国旗的船舶比有权悬挂缔约国国旗的船舶以更为优惠的待遇。

第十一条　促进技术合作

一、本公约缔约国应与本组织协商并在本组织的协助下,促进并支持那些在下列方面要求技术援助的缔约国:

1.培训行政管理人员和技术人员;

2.建立培训海员的院校;

3.向培训院校提供设备与设施;

4.制订适当的培训计划,包括在海船上的实际培训;

5.促进提高海员资格的其他措施与安排。

考虑到发展中国家在这方面的特殊需要,这些援助宜以国家或地区为基础,以促进实现本公约的目的和宗旨。

二、本组织应根据情况与其他国际组织特别是国际劳工组织进行协商或联合,以寻求作出上述努力。

第十二条　修　正　案

一、本公约可按下述的任一程序进行修正:

1.经本组织内审议后的修正:

(1)一缔约国提议的任何修正案,应提交给秘书长,然后由秘书长至少在审议此修正案6个月前分发给本组织所有成员、所有缔约国以及国际劳工组织总干事;

(2)按上述规定提议和周知的任何修正案,应提交给本组织海上安全委员会审议;

(3)缔约国,不论其是否为本组织的成员,均有权参加海上安全委员会对修正案进行审议和通过的会议;

(4)修正案应在按本款第1项(3)所规定的扩大的海上安全委员会(以下简称为"海上安全委员会扩大会议")内,以到会的缔约国的三分之二多数并投票通过,但在投票时至少应有三分之一的缔约国出席;

(5)这样通过的修正案,应由秘书长通知所有的缔约国以供接受;

(6)对于条款的修正案,在其三分之二的缔约国接受之日,即应视为已被接受;

(7)对于附则的修正案,在下列情况下,应视为已被接受:

(a)自通知缔约国供其接受之日起满两年时;或

(b)自在海上安全委员会扩大会议上通过该修正案之日至经到会的缔约国三分之二多数投票所确定的另一期限届满时,但这一期限不得少于一年;

但是,如果在规定的期间内,有三分之一以上的缔约国,或其商船总和不少于世界100总登记吨或以上的商船总吨位的50%的缔约国,通知秘书长反对该修正案,则该修正案应视为未被接受;

(8)对于条款的修正案,应在其视为已被接受之后经过6个月对已接受该修正案的各缔约国生效;对在该修正案被视为接受之日后接受该修正案的每一个缔约国,则应在该缔约国接受之日的6个月后生效;

(9)对附则的修正案,应在其视为已被接受之日的6个月后对所有缔约国生效,但按第1项第(7)目的规定对该修正案提出过反对且未曾撤销该项反对的缔约国除外。在确定的生效日期之前,任何缔约国可通知秘书长,在该修正案生效之日起不超过一年的期间内,或在海上安全委员会扩大会议通过该修正案时经到会并投票的缔约国的三分之二多数确定的较此为长的期间内,该缔约国免于实施该修正案。

2.会议修正:

(1)应一个缔约国的请求,并至少有三分之一的缔约国同意,则应与国际劳工组织总干事联合或与之协商召开一次缔约国会议来审议对本公约的修正案;

(2)凡由这种会议以到会并投票的缔约国的三分之二多数通过的修正案,应由秘书长通知所有缔约国以供接受;

(3)除会议另有决定外,该修正案应分别按第1项第(6)目和第(8)目或第1项第(7)目和第(9)目中所规定的程序,视为已被接受和生效,但这些项目中所提到的扩大的海上安全委员会应被认为系指缔约国大会。

二、对于一项修正案的任何接受或反对的声明,或根据第一款第1项第(9)目所作的任何通知,均应以书面提交给秘书长。秘书长应将此类文件的提交及其收到日期通知所有缔约国。

三、秘书长应将任何生效的修正案连同这种修正案的每项生效日期通知所有缔约国。

第十三条 签署、批准、接受、核准和加入

一、本公约自1978年12月1日起至1979年11月30日止,在本组织总部开放签字,此后应继续开放供加入。任何国家可按下列方式参加本公约:

1.签字而对批准、接受或核准无保留;或

2.签字而有待批准、接受或核准,随后再予批准、接受或核准;或

3.加入。

二、批准、接受、核准或加入,应向秘书长交存一份相应的文件。

三、秘书长应将任何签字,或关于批准、接受、核准或加入的任何文件的交存及其交存日期,通知已签字或已加入本公约的所有国家和国际劳工组织总干事。

第十四条 生 效

一、本公约应在至少有25个国家,其商船总和不少于全世界100总登记吨或以上的商船总吨位的50%,按第十三条规定签字而对批准、接受或核准无保留,或交存了所需的关于批准、接受、核准或加入的文件之后,经过12个月生效。

二、秘书长应将本公约的生效日期通知所有已签字或已加入本公约的国家。

三、凡在第一款所述的12个月期间内交存的批准、接受、核准或加入的文件,应在本公约生效时而生效,或在交存上述文件之日后经过3个月生效,以较晚者为准。

四、凡在本公约生效之日后交存的批准、接受、核准或加入的文件,应在交存之日后经过3个月生效。

五、在修正案根据第十二条规定视为已被接受之日后交存的任何批准、接受、核准或加入的文件,应适用于修正后的公约。

第十五条 退 出

一、任何缔约国,在本公约对其生效满5年后,可随时退出本公约。

二、退出本公约应以书面形式通知秘书长。秘书长应将收到的任何这种通知和收到日期以及退出的生效日期,通知所有其他缔约国和国际劳工组织总干事。

三、退出本公约应在秘书长收到退出通知12个月后,或该通知中所载明的任何较长的期限届满后生效。

第十六条　保存和登记

一、本公约应交由秘书长保管,秘书长应将核证无误的本公约副本分发所有已签字或已加入本公约的国家。

二、本公约一经生效,秘书长应即按照联合国宪章第 102 条的规定,将本公约文本送联合国秘书长登记并公布。

第十七条　文　　字

本公约用中文、英文、法文、俄文和西班牙文写成单一文本,各种文本具有同等效力。应另备有阿拉伯文、德文的正式译本,与签署的原本一并存放。

下列具名的经各国政府正式授权的代表,特签署本公约,以昭信守。

1978 年 7 月 7 日订于伦敦

(二) 中国参加与海员相关的国际公约情况一览表
(1920—2010年)

序号	公约中英文名称	签订日期/地点/保存机关	生效日期	中国参加情况
1	确定允许儿童在海上工作的最低年龄公约 Convention Fixing the Minimun Age for Admission of Children to Employment at Sea	1920.6.15 热那亚 国际劳工局局长	1921.9.27	1984.6.11 承认 1936.12.2 当时中国政府的批准 1984.6.11 对中国生效
2	在海上工作的儿童及未成年人的强制体格检查公约 Convention Concerning the Compulsory Medical Examination of Children and Young Persons Employed at Sea	1921.10.25 日内瓦 国际劳工局局长	1922.11.20	1984.6.11 承认 1936.12.2 当时中国政府的批准 1984.6.11 对中国生效
3	海员遣返公约 Convention Concerning the Repatriation of Seamen	1926.6.23 日内瓦 国际劳工局局长	1928.04.16	1984.6.11 承认 1936.12.2 当时中国政府的批准 1984.6.11 对中国生效
4	海员协议条款公约 Convention Concerning Seamen's Articles of Agreement	1926.6.24 日内瓦 国际劳工局局长	1928.4.4	1984.6.11 承认 1936.12.2 当时中国政府的批准 1984.6.11 对中国生效
5	国际海事组织公约 Convention on the International Maritime Organization	1948.3.6 日内瓦 联合国秘书长	1958.3.17	1973.3.1 交存接受书 同日对中国生效
6	便利国际海上运输公约 Convention on facilitation of International Maritime Taffic	1965.4.9 伦敦 国际海事组织秘书长	1967.3.5	1994.12.29 决定加入 1995.1.16 交存加入书 1995.3.16 对中国生效
7	国际海上避碰规则公约 Convention on the International Regulations for Preventing Collisions at Sea	1972.10.20 伦敦 国际海事组织秘书长	1977.7.15	1980.1.7 交存加入书 同日对中国生效
8	国际海上人命安全公约 International Convention for the Safety of Life at Sea	1974.11.1 伦敦 国际海事组织秘书长	1980.5.25	1975.6.20 签署 1980.1.7 交存核准书
9	海员培训、发证和值班标准国际公约 International Convention on Standards of Training Certification and Watchkeeping for Seafarers	1978.7.7 伦敦 国际海事组织秘书长	1984.4.28	1979.6.3 签署 1981.6.8 交存加入书 1984.4.28 对中国生效
10	1974年国际海上人命安全公约1988年议定书 Protocol of 1988 relating to the International Convention for the Safty of life at Sea, 1974	1988.11.11 伦敦 国际海事组织秘书长		1994.12.9 核准

续上表

序号	公约中英文名称	签订日期/地点/保存机关	生效日期	中国参加情况
11	1974年国际海上人命安全公约1991年修正案 International Convention for the Safty of Life at Sea,1974 as amendment in 1991	1991.5.23 伦敦 国际海事组织秘书长		1994.1.1 对中国生效
12	国际海事组织公约1991年修正案 International Maritime Organization Convention as Amendment in 1991	1991.11.7 伦敦 联合国秘书长		1994.10.27 递交接受书
13	国际海事组织公约1993年修正案 Convention establishing International Maritime Organization as Amended in 1993	1993.11.4 伦敦 联合国秘书长		1994.10.27 递交接受书
14	1972年国际海上避碰规则1993年修正案（Annex）	国际海事组织秘书长		默认接受，1997.5.1 对中国生效
15	1974年国际海上人命安全公约1994年修正案	国际海事组织秘书长		默认接受，1998.7.1 对中国生效
16	1974年国际海上人命安全公约1995年修正案(ch-V)	国际海事组织秘书长		默认接受，1997.1.1 对中国生效
17	1974年国际人命安全公约1995年修正案(ch-ⅡI-1,Ⅱ-2,Ⅲ,Ⅳ,Ⅴ,Ⅵ)	国际海事组织秘书长		默认接受，1997.7.1 对中国生效
18	《1974年国际海上人命安全公约》1997年6月修正案	1997.6.4 伦敦 国际海事组织秘书长	1999.7.1	默认接受，1999.7.1 对中国生效
19	《1974年国际海上人命安全公约》1997年11月修正案	1997.11.27 伦敦 国际海事组织秘书长	1999.7.1	默认接受，1999.7.1 对中国生效
20	《1974年国际海上人命安全公约》2002年12月修正案（XI-2章）	国际海事组织秘书长	2004.7.1	默认接受，2004.7.1 对中国生效
21	《1974年国际海上人命安全公约》2006年5月修正案(Ⅱ-2,Ⅲ,Ⅳ,Ⅴ)	国际海事组织秘书长	2008.7.1	默认接受，2008.7.1 对中国生效
22	《1974年国际海上人命安全公约》2009年修正案(Ⅱ,Ⅴ,Ⅵ)	国际海事组织秘书长	2011.1.1	默认接受，2011.1.1 对中国生效
23	《1974年国际海上人命安全公约》2010修正案(GBS)			
24	《1978年海员培训、发证和值班标准国际公约》1991修正案（GMDSS和允许单人值班瞭望的试验）	1991.5.22	1992.12.1	1992.12.1
25	《1978年海员培训、发证和值班标准国际公约》1994修正案（"液货船船员特殊培训"取代公约附则第五章"对槽管轮的特别要求"）	1994.5.23	1996.1.1	1996.1.1

续上表

序号	公约中英文名称	签订日期/地点/保存机关	生效日期	中国参加情况
26	《1978年海员培训、发证和值班标准国际公约》1995案(全面的修改)	1995.7.7 伦敦 国际海事组织秘书长	1997.2.1 1998.8.1	2002.2.1过渡期结束全面生效,后宽限到2002.8.1
27	《1978年海员培训、发证和值班标准国际公约》1997修正案(在第五章中增加了规则Ⅴ/3)		1999.1.1	1999.1.1
28	《1978年海员培训、发证和值班标准国际公约》1998修正案(在规则A-Ⅱ/1和A-Ⅱ/2部分"货物操作和积载"的内容中加入对散装货物装卸和积载)		2003.1.1	2003.1.1
29	《1978年海员培训、发证和值班标准国际公约》2004修正案(2004年召开的MSC79批准了STCW规则表A-Ⅵ/2-1(救生艇筏和除快速救助艇以外的救助艇的最低适任标准)修正案(MSC.180(79)))		2006.7.1	2006.7.1
30	《1978年海员培训、发证和值班标准国际公约》2005修正案(2005年召开的MSC80次会议批准了对STCW规则第Ⅷ章B部分—关于机舱资源管理的指南(STCW.6/Circ.7))		2007.1.1	2007.1.1
31	《1978年海员培训、发证和值班标准国际公约》2006修正案(Ⅵ/4,B-Ⅰ/14)		2008.1.1	2008.1.1
32	《1978年海员培训、发证和值班标准国际公约》2010修正案(马尼拉修正案)	2010.6 马尼拉外交大会	2012.1.1	2012.1.1 2016.12.31过渡期结束
33	《2006海事劳工公约》	2006.2.23 劳工大会	2013.8.20	2016.11.12

二、国内法规

（一）公务轮船船员管理暂行规则

政务院财政经济委员会核准 1950 年 7 月 21 日公布
政务院财政经济委员会核准 1953 年 5 月 4 日修正

第一条 为统一管理考核船员,减少海损,保障航行安全起见,除军舰外,一切公务轮船之船员,悉依本规则规定管理之。

渔轮船员准用本规则办理。

第二条 本规则所称船员,系指服务于公务轮船之下列人员：

一、驾驶部：船长、大副、二副、三副、正驾驶、副驾驶、驾驶实习员。

二、轮机部：轮机长、大管轮、二管轮、三管轮、正司机、副司机、轮机实习员。

第三条 除实习员外,船员必须依照规定,领有中央交通部之证书,始得担任所领船员证书载明之职务；但在本规则未施行前,已在船舶服务,并未领有中央交通部之船员证书者,应于本规则公布后六个月内,依照船员考试办法考领中央交通部船员证书,过期仍未领有该项证书不得继续服务。

第四条 船员于初次被任用在船舶服务者,应于声请船舶所有机关所在港航务主管机关认可时,同时声请发给海员手册；其在本规则施行前已在船舶服务者,应补请发给。

海员手册之请领发给,补发,缴销,及其他有关事项,均依一般规定办理。

第五条 船员被任用后,应于到船服务前,检具海员手册、船员证书及船舶所有机关任用文件,声请船舶所有机关所在港航务主管机关任用之认可；并由航务主管机关在海员手册填注以凭考核。

第六条 船员解除船上职务时,应检具海员手册及船舶所有机关解职文件,声请船舶所有机关所在港航务主管机关为解职之认可；并由航务主管机关在海员手册填注,以凭考核。

第七条 船员任用或解职,如不在船舶所有机关所在港,应声请当地航务主管机关为前二条之认可；当地航务主管机关应迅即知照船舶所有机关所在港航务主管机关办理。

第八条 船员不依照本规则办理各项手续,除根据情节给以适当处分外,其任用后服务资历,并不予计算。

第九条 船舶所有机关如不依照规定任用合格船员,遇发生海事时,因船员合格与否所引起之争执,该机关应负其责任。

第十条 本规则未规定者,均依一般海员管理办法办理。

第十一条 本规则自公布之日施行。

（二）海上轮船船员检定考试暂行办法

1953 年 8 月 3 日交海(53)204 案海监字 304 号令公布

第一章 总 则

第一条 根据目前海上轮船船员具体情况,提拔海上轮船船员干部并提高其政治技术文化水平,使理论与实际相结合,技术与政治相结合,考试与需要相结合;发挥全体海员工人的积极性,保证安全航行,完成国家海上运输任务,订定海上轮船船员检定考试办法(以下简称本办法)。

第二条 船员非经中央人民政府交通部所属港务局及其船员考试委员会检定考试合格,领有中央人民政府交通部发给的证书,概不得在轮船上服务。

第三条 参加船员检定考试的船员,必须年龄在十八周岁以上,体格健全的中华人民共和国公民。

第四条 本办法所称船员,系指下列各级船员:

一、驾驶员:船长、大副、二副、三副;

二、轮机员:轮机长、大管轮、二管轮、三管轮。

第五条 驾驶员分远洋、近海、未满 200 总吨出海小轮(以下简称出海小轮)三种。

自苏联符拉迪沃斯托克(海参崴)经中国沿海至越南西贡,包括日本、菲律宾为近海范围;超出上述范围为远洋。

第六条 轮机员分为主机马力未满五百匹,五百匹至未满二千匹,二千匹以上三种。

各种主机并分内燃机、汽旋机、往复蒸汽机三类。内燃机以轴马力或指示马力计算;汽旋机以轴马力计算;往复蒸汽机以指示马力计算。

第七条 出海小轮驾驶员及主机马力未满五百匹轮船的轮机员,另按《出海小轮船船员检定考试办法》办理之。

第二章 初 级 检 定

第八条 在二百总吨以上海上轮船舱面任舵工满二年者(或任舵工一年及水手长一年,或任舵工一年及一级水手二年。其一级水手兼任舵工者按舵工资历计算),得受近海轮船三副的检定考试。

在主机马力五百匹以上轮船机舱任机匠满二年者(或任机匠一年及生火长一年,或任机匠一年加油二年,或生火长二年加油二年),得受主机马力五百匹至未满二千匹轮船三管轮的检定考试。

第九条 相当于大学程度专科以上学校航海科系毕业生,得受远洋轮船三副的检定考试。

相当于大学程度专科以上学校轮机科系毕业生,得受主机马力二千匹以上轮船三管轮的检定考试。

前述毕业生系指按中央人民政府交通部规定的教学计划实习期满者。

第十条 相当于中等学校航海科系毕业生实习满二年者,得受近海轮船三副检定考试。

相当于中等学校轮机科系毕业生,实习期满二年者(在船上实习不得少于一年半),得受主机马力五百匹至未满二千匹轮船三管轮的检定考试。

第十一条 各级学校航海或轮机科系毕业生,其毕业考试系由学校会同港务局船员考试委员会举行

343

者,即可认为船员初级检定考试。

第十二条 在出海小轮船任船长满二年者,得受近海三副的检定考试。

在主机马力未满五百匹轮船任轮机长满二年者,得受主机马力五百匹至未满二千匹轮船三管轮的检定考试。

第三章 升级检定

第十三条 领有船员证书,担任证书所载种级职务满二年,或担任证书所载种级职务满一年并担任低种同级以上职务共满二年者,准受原种升级检定。但大副升船长,大管轮升轮机长,必须经过检定考试。

第十四条 领有船员证书,担任证书所载种级不满一年并担任低种同级以上职务共满二年者,准受低种高一级检定或同种高一级检定考试。

第十五条 相当于大学程度专科以上学校航海或轮机科系毕业出身的船员。担任三副、三管轮职务满一年,准受升级检定,余按第十三条、第十四条办理。

第十六条 各种各类各级轮机员,均须按其所担任的轮机类别分别按第十三条、第十四条、第十五条的规定递升。

第十七条 持有二类或三类轮机员证书的轮机员,按照第十三条、第十四条、第十五条规定服务期满声请升级检定时,其全部服务时间内担任每类职务各不得少于六个月;其中如有不满六个月的一类或二类者,其不满六个月的一类或二类,必须经过考试始得升级。

第十八条 各级船员在任职期间,如因职务上过失,受记过以上处分者,得延期检定考试。

第十九条 有下列情事之一者,不得参加检定考试:

一、被剥夺政治权利者;

二、不合乎船员体格标准者(船员体格标准另定)。

第四章 编级检定

第二十条 海外归国船员,待解放区起义归国船员,或具有其他特殊情况者,得根据其实际服务资历,准予编级检定考试,于领得证书后即按一般规定办理。

第五章 种类相互关系

第二十一条 持有近海驾驶员证书调远洋轮船工作时,或持有主机马力五百匹至未满二千匹轮船轮机员证书调主机马力二千匹以上轮船工作时,均应降一级任用。担任上述工作满二年准受高一种同级检定。

第二十二条 持有一类或二类轮机员证书的轮机员,得声请所持有证书同种或同种以下他类的同级或同级一下轮机员考试,考试及格者,加发证书。

第六章 考试

第二十三条 声请检定考试者,经审查资历核定种级后,方得参加考试。

第二十四条 驾驶员考试科目:(1)游泳;(2)语文、政治常识;(3)驾驶学;(4)航用气象;(5)罗经;(6)海图;(7)船艺;(8)引港避碰章程;(9)船员职务;(10)货物装卸;(11)信号;(12)造船及轮机大意;(13)海商法规;(14)外国语文。

轮机员考试科目:(1)游泳;(2)语文、政治常识;(3)往复蒸汽机;(4)气旋机;(5)内燃机;(6)副机;(7)锅炉;(8)电工学;(9)度量器表;(10)绘图;(11)机舱管理;(12)造船大意;(13)外国语文。

各种级船员应考科目及其主科副科划分另表规定。

第二十五条 考试经核准得以口试或笔试两种方式分别举行。

第二十六条 考试主科及总平均分数不及格者,6个月内准予补考两次,补考仍不及格者,全部重考。

第二十七条 鉴定作检定考试的参考资料。

第七章 手 续

第二十八条 船员声请参加检定考试者,需办理以下手续:

一、填具船员检定考试声请书一份,鉴定表一份,履历调查表、服务或实习证明书、体格检查表各一式二份,其他证明文件及最近一寸半身免冠照片五张(各项书表格式另定);

二、船员填具的服务资历,驾驶员应以本轮船长及轮机长签具的服务证明为凭,或其他有效证书。

第八章 证 书

第二十九条 驾驶员证书依下列规定发给:

一、堪充远洋轮船驾驶员经检定合格或检定考试及格,发给远洋驾驶员证书;

二、堪充近海轮船驾驶员经检定合格或检定考试及格,发给近海驾驶员证书。

第三十条 轮机员证书依下列规定发给:

一、堪充主机马力五百匹至二千匹轮船轮机员经检定合格或检定考试及格,发给主机马力五百匹至二千匹轮船轮机远证书;

二、堪充主机马力二千匹以上轮船轮机员经检定合格或检定考试及格,发给主机马力二千匹以上轮船轮机员证书。

轮机员证书除按马力分种外,每种并按主机性质分类。能操纵其中一类经检定考试及格发给一类证书,同时能操纵二类以上者,经检定考试及格后发给二类以上证书。

第三十一条 船员的证书自发给之日起,除身体起变化不合船员体格标准者外,继续有效。

第三十二条 船员所领证书损毁或遗失,应登报声明并提出可靠证明声请换发或者补发,经审查属实后换发或补发。

第九章 其 他

第三十三条 海上轮船实习生应以各级学校的航海、轮机科系学生,或经政府核准特别指派者为限。

第三十四条 船员服务年资均按实际在船上参加航行的工作时间计算之。下列日期均不得计算在内:

一、轮船停航超过两个月以上的日期;

二、驾驶员于每年修船日期超过二个月以上的修船日期;

三、轮机员于每年修船日期超过三个月以上的修船日期。

第三十五条 海港港内轮船驾驶员的检定考试,按江河轮船船员检定考试办法办理。

第十章 附 则

第三十六条 自本办法公布之日起,一年以后,凡无船员证书的船员,一律不得在船上服务。

第三十七条 本办法由中央人民政府交通部公布施行。修改时同。

附 注

一、目前尚有非航海科系学生的实习生已在船上实习,在此过渡时期中仍应准予继续实习。按其所实习轮船的种类,实习驾驶满三年者得准其受该种轮船三副的检定考试;实习轮机满三年(在船上不得少于二年)者得准其受该种类轮船三管轮的检定考试。尚有个别情形,如有若干船员仅在固定航线内有特殊熟练的技术者,得经检定考试及格为该固定航线的船员,但此种船员不得航行其他航线。

二、船员各按实际技术条件分种,驾驶员以轮船航行区域及总吨划分标准,轮机员以主机马力划分标准,互不相涉。不轮检定或任派工作均不得互受牵制。亦即驾驶员不受主机马力牵制,轮机员不受航行区域及总吨牵制。

三、船员考试题目以实际应用题目为主。

四、海商法规一科在海商法规尚未编印以前,暂缓考试,另候通知办理。

五、船员鉴定由人事部门、政治部门、机务部门、海务监督及工会共同领导,以人事部门为主;根据德才,每半年民主评定一次。鉴定作为检定考试的参考资料。若考试成绩与鉴定有较大距离时,得由船员考试委员会专门小组进行调查研究。

六、大连、天津、青岛、上海、广州等五大港务局各设船员考试委员会,由下列成员组织之:

(一)港务局的港务监督长任主任委员;

(二)海运局的海务监督长任副主任委员;

(三)海员工会代表;

(四)港务局船员管理部门;

(五)海运局的机务部门;

(六)海运局的人事部门;

(七)海运局的政治部门;

(八)专家及教授。

具体人数及人选由各港务局自行拟订,呈报海运管理总局核准任命,考试委员应尽可能参加实际考试工作。

(三)出海小轮船船员检定考试暂行办法

1953 年 8 月 3 日交海(53)204 案海监字 304 号令公布

第一条 本办法所称出海小轮船,系指未满二百总吨或主机马力未满五百匹航行沿海的轮船而言。

第二条 《海上轮船船员检定考试办法》第一条、第二条、第三条、第六条第二款、第十六条、第十七条、第十八条、第十八条、第十九条、第二十三条、第二十五条、第二十六条、第二十七条、第二十八条、第三十一条、第三十二条、第三十四条、第三十六条与本办法适用之。

第三条 本办法所称船员,系指未满二百总吨轮船船长、大副或主机马力未满五百匹轮船轮机长、大管轮。

第四条 船员编级检定依下列规定:

一、曾在出海小轮船舱面工作满二年而有相当技能者,得受出海小轮船大副检定考试;

二、曾充出海小轮船大副满二年,得受出海小轮船船长检定考试;

三、曾在主机马力未满五百匹轮船机舱工作满二年而有相当技能者,得受主机马力未满五百匹轮船大管轮检定考试;

四、曾充主机马力未满五百匹轮船大管轮满二年者,得受主机马力未满五百匹轮船轮机长检定考试。

第五条 领有出海小轮大副证书或主机马力未满五百匹轮船大管轮证书服务各该级职务满一年半而无过失者,准受同种船长或轮机长检定。

第六条 检定合格或者检定考试及格船员,分别发给出海小轮船驾驶员证书或主机马力未满五百匹轮船轮机员证书。

第七条 本办法由中央人民政府交通部公布施行。修改时同。

(四)船舶无线电报务员证书考试暂行办法

1953年9月7日交厅(电)字第21案29号公布

第一章 通 则

第一条 为提高船舶无线电报务员(以下简称报务员)政治技术文化水平,保证航务通讯正确与畅通,以确保海上人命财产安全,完成国家运输任务,特本理论与实际、技术与政治相结合之精神,并根据当前实际情况与需要制定本办法。

第二条 报务员非经考试合格领有证书者,不得在船舶无线电台上服务(其属于军事系统者除外)。

第三条 本办法所称船舶无线电报务员计分下列三等:

一等船舶无线电报务员;

二等船舶无线电报务员;

三等船舶无线电报务员。

凡依其等级考试及格者,由中央人民政府交通部(以下简称本部)分别发给船舶无线电报务员证书(以下简称证书)并简称为一、二、三等报务员。

第二章 证 书

第四条 声请考领各等级报务员证书,应分别具备下列学识与技能:

一、考领一等报务员证书者:

(甲)电学及无线电学基本原理,行动业务上各种无线电报、电话收发讯机之校正与实际应用技能及普通无线电辅航机件之使用与维护常识。

(乙)上述机件附属发电机、蓄电池等之基本原理及实际使用与维护常识。

(丙)在航行途中能利用船上设备修理无线电收发讯机件损坏之实际经验。

(丁)熟谙国际电信公约附属无线电规则及其附加规则(包括通讯及营业)。

(戊)具有准确发报及耳听收报技能,每分钟收发罗马字母密语廿组(由字母、数目字及标点符号组成)每组五码,每一数目字或标点符号作二码计算,外文明语每分钟廿五组(以平均五个字母做一组计算),中文明语每分钟廿五组(以四个阿拉伯字作一组计算),其测验收发时间,每次为五分钟。

(已)具备处理中英文公电之知识。

(庚)熟知普通世界地理,注重于国内外主要港口、航线及重要电讯路线。

二、考领二等报务员证书者:

(甲)无线电学基本原理及实际经验,行动业务上各种无线电报收发讯机及探向器自动报警器之实际使用常识。

(乙)上述机件附属发电机、蓄电池等之实用与维护常识。

(丙)在航行途中能简单修理无线电收发讯机之轻微损坏。

(丁)了解国际电信公约附属无线电规则及其附加规则(包括通讯及营业)。

(戊)具有准确发报及耳听收报技能,每分钟收发罗马字母密语十六组(由字母、数目字及标点符号组成),每组五码,每一数目字或标点符号作二码计算,外文明语每分钟二十组(以平均五个字母做一组计算),中文明语每分钟廿五组(以四个阿拉伯字作一组计算),其测验收发时间,每次定为五分钟。

(已)具备处理中英文公电之知识。

(庚)了解国内外主要港口航线及重要电讯路线。

三、考领三等报务员证书者:

(甲)无线电学常识。

(乙)无线电收发讯机及蓄电池之使用与维护。

(丙)国际电信公约附属无线电规则及其附加规则(包括通讯、营业)概要。

(丁)具有准确发报及耳听收报技能,每分钟收发罗马字母密语十六组(由字母、数目字及标点符号混合组成),每组五码,每一数目字或标点符号作二码计算,中文明语每分钟廿组(以四个阿拉伯字作一组计算),其测验时间每次定为五分钟。

(戊)具备处理中英文公电之常识。

第五条 报务员经考试合格后即分别发给证书,于领取证书时须缴纳证书费。自证书发给之日起,除身体变化其体格已不合规定者外,应继续有效。

第六条 报务员所领证书损坏或遗失时,应即登报声明并提出可靠证明文件连同像片、证书费及所登报纸声请换发或补发,经审查属实后,给予换补。

第七条 报务员有下列情形之一者,由本部吊销其证书:

一、泄露国家机密者;

二、船舶遭遇危险时不尽职守者;

三、受徒刑以上刑事处分者。

第八条 报务员有下列情形之一者,由本部视其情节轻重分别给予教育或扣留、吊销其证书之处分:

一、妨害国营电信机关营业者;

二、违反航务电讯管理规章法令或不遵守通讯纪律者;

三、品行恶劣查明属实者。

第三章 资 历

第九条 凡属中华人民共和国人民,政治清楚、思想纯正、无不良嗜好,身体健康无精神病,耳听聪敏年在十八岁以上,依本办法第四条有关各项规定所具学识技能并符合下列各款资历之一而只有证明文件者,得分别报名参加各等报务员证书考试:

一、参加一等报务员证书考试者:

(甲)在船舶及航务电台或江海岸电台任报务员共满六年;

(乙)任报务员通讯工作共满七年,中曾在船舶及航务电台或江海岸电台服务共满四年;

(丙)曾在无线电专科以上学校或国家所创办之电信训练班毕业并任报务员通讯工作共满四年或曾在船舶及航务电台或江海岸电台服务共满三年;

(丁)曾任二等报务员在船舶及航务电台或江海岸电台服务共满二年。

二、参加二等报务员证书考试者:

(甲)在船舶及航务电台或江海岸电台任报务员共满四年;

(乙)任报务员通讯工作共满五年,中曾在船舶及航务电台或江海岸电台服务共满二年;

(丙)曾在无线电专科以上学校或国家所创办之电信训练班毕业并任报务员通讯工作共满三年或曾

在船舶及航务电台或江海岸电台服务共满二年；

（丁）曾任三等报务员在船舶及航务电台或江海岸电台服务共满二年。

三、参加三等报务员证书考试者：

（甲）在船舶及航务电台或江海岸电台任报务员共满一年，或曾在其他电台任报务员通讯工作共满一年半；

（乙）曾在无线电专科以上学校或国家所创办之电信训练班毕业并实习期满者。

第十条　报务员服务资历系以在电台连续服务之期间为限，如中途改就其他职务或间断者不予计资，但得前后接算。此项资历应以其主管船长或主管机关负责人所签具之服务证明文件为凭。

第十一条　有下列情形之一者，不得报名参加考试：

一、被剥夺公民权或受徒刑缓刑宣告而未满期者；

二、受扣留报务员证书处分尚未满期或受吊销证书处分者。

第四章　手　续

第十二条　凡申请报务员考试者须填具船舶无线电报务员证书考试申请书一份，并附服务证明文件、体格检验表各一式二份，区以上人民政府或机关团体介绍信暨其他证明文件及最近二寸半身脱帽像片五张（各项书表格式另定）。

第十三条　申请考试时须缴纳考试手续费，并领取准考证。

第五章　考　试

第十四条　申请报务员考试者，经审查资历核定等级通知后，方得参加考试。

第十五条　一、二等报务员考试科目：（一）语文、政治常识；（二）外国语文（英语）；（三）航务通讯业务规则；（四）电工学；（五）无线电学基本原理；（六）电码收发；（七）地理。

三等报务员考试科目：（一）语文、政治常识；（二）通讯用语（英语）；（三）航务通讯业务规则；（四）无线电常识；（五）电码收发；（六）地理。

以上各科航务通讯业务规则及电码收发两科必须满八十分为及格，其余各科以六十分为及格。

第十六条　考试不及格者得补考其不及格之科目，但以二次为限。二次补考不及格者得重新申请全部重考。

第六章　附　则

第十七条　本办法如有未尽事宜得随时修改之。

第十八条　本办法自呈准之日起施行。

(五) 中央人民政府交通部内河轮船船员检定考试暂行办法

1953年11月17日交河字第176案

河总发监(53)字115号公布

第一章 总 则

第一条 为适应内河航运需要,提高船员政治技术文化水平,使理论与实际相结合,技术与政治相结合,完成国家内河运输任务,特制订内河轮船船员检定考试暂行办法(以下简称本办法)。

第二条 本办法适用于下列各级船员:

一、驾驶员:船长、大副、二副、三副;

二、轮机员:轮机长、大管轮、二管轮、三管轮。

第三条 前条所称各级船员,均依照下列规定,分为一等、二等、三等三种等级。

一、在一五〇〇总吨以上或主机马力在一二〇〇匹以上的轮船服务者为一等;

二、在五〇〇至未满一五〇〇总吨或主机马力在五〇〇至未满一二〇〇匹之轮船上服务者为二等;

三、在一〇〇至未满五〇〇总吨或主机马力在一五〇至未满五〇〇匹之轮船上服务者为三等。

小型轮船船员,另按《小型轮船船员检定考试办法》办理之。

各种主机分内燃机、汽旋机、往复蒸汽机三种。其马力计算标准,内燃机以制动马力计算,汽旋机以轴马力计算,往复蒸汽机以指示马力计算。

第四条 船员非经检定考试合格,领有证书,概不得在轮船上服务。

第五条 凡属中华人民共和国之公民,不分性别,其年龄在十八周岁以上,体格健全而在轮船服务者,均得声请船员检定考试。

第二章 初级检定

第六条 凡在一〇〇至未满五〇〇总吨或主机马力在一五〇至未满五〇〇匹之船员,其在舱面任舵工满三年者,或任舵工二年及水手长(或水手)共满四年者(水手兼任舵工资历计算),得受三等船员二副检定考试;其在机舱任机匠满三年者,或任机匠二年及生火长(或加油)共满四年者,得受三等船员二管轮检定考试。

第七条 凡在五〇〇总吨以上或主机马力五〇〇匹以上轮船服务之船员,其在舱面任舵工满三年者或任舵工二年及水手长(或水手)共满四年者(水手兼任舵工资历计算),得受二等船员三副检定考试;其在机舱任机匠满三年者,或任机匠二年及生火长(或加油)共满四年者,得受二等船员三管轮检定考试。

第八条 执有正驾驶证书,在五〇总吨以上或主机马力五〇匹以上之轮船,担任正驾驶职务一年以上者,得受三等船员二副之检定考试。

执有正司机证书,在五〇总吨以上或主机马力五〇匹以上之轮船,担任正司机职务一年以上者,得受三等船员二管轮之检定考试。

第九条 相当于中等学校程度之驾驶科系或轮机科系毕业生,经实习期满者,得受二等船员三副或三管轮之检定考试;相当于大专学校程度之驾驶科系或轮机科系毕业生经实习期满者,得受一等船员三副或三管轮之检定考试。

实习生之实习时期,在中央交通部所属之航运学校毕业者,依照教育计划之规定;在其他学校毕业者以二年为实习期。

第三章 升级检定

第十条 执有船员证书,担任证书所载等级职务满二年者,或担任证书所载等级职务并低一等同级以上职务共满二年,而原等级职务之服务时间已满一年者,受原等级升级检定。

第十一条 执有船员证书担任证书所载等级职务并担任低一等同级以上职务共满二年,而原等级职务之服务时间未满一年者,受低一等高一级检定,或原等高一级检定考试。

第十二条 执有船员证书,担任证书所载等级职务或高一等低一级职务,已满二年者,受高一等同级检定考试。

第十三条 各等级船员,其服务时间,已符合本办法第十条所规定者,受升级检定,但大副升船长,大管轮升轮机长及低一等船员升高一等船员,须经检定考试。

第十四条 相当于中等学校以上程度之驾驶科系或轮机科系毕业生出身之船员,担任三副或三管轮之职务已满一年者,即可受升级检定,余均按本办法第十条第十一条及第十三条之规定办理之。

第十五条 执有二种以上主机之轮机员证书的轮机员,按照本办法第十条、第十一条及第十四条规定声请升级检定时,其在全部服务时间内,每种的服务时间已满六个月者得受升级检定考试,已满一年者受升级检定。

第四章 编级检定

第十六条 引水员得依照本办法第三条之规定,担任引水职务,已满六年者,受大副编级检;已满三年者,受二副编级检定;已满一年者,受三副编组检定;但以不得超过二等船员为限。

第五章 考 试

第十七条 声请检定考试者经审查资历检定等级后,方得参加考试。

第十八条 驾驶员考试科目:(1)游泳;(2)语文、政治常识;(3)实用驾驶;(4)航道图;(5)引港术、内河航行规章;(6)船艺;(7)船员职务、运输管理;(8)航行仪器;(9)航用气象;(10)载货学;(11)信号;(12)造船与轮机大意;(13)现行河运法规。

轮机员考试科目:(1)游泳;(2)语文、政治常识;(3)内燃机;(4)气旋机;(5)往复蒸汽机;(6)副机;(7)锅炉;(8)电工学;(9)度量器表;(10)机舱管理;(11)绘图;(12)造船大意。

各等级船员,应考科目及其主科副科划分另表规定。

第十九条 考试方式,得以笔试、口试及现场考试,结合举行。

第二十条 考试之主科及总平均分数不及格者,六个月内准予补考两次,补考仍不及格者,全部重考。

第二十一条 船员之鉴定表,应作为检定考试之参考资料。

第六章 手 续

第二十二条 声请检定考试之船员,须具备下列证件:

一、船员检定考试声请书一份；

二、履历调查表二份；

三、服务或实习证明书二份；

四、体格检查表二份；

五、鉴定表一份；

六、最近一寸半身免冠照片五张；

七、其他证明文件。

第二十三条 声请检定考试之船员，其服务资历，驾驶员应以本轮船长签具的服务证明书为准，轮机员应以本轮轮机长及船长签具的服务证明书为准，或海员工会其他有效证明文件。

第七章 证 书

第二十四条 驾驶员证书依下列规定发给：

一、堪充一〇〇至未满五〇〇总吨或主机马力一五〇至未满五〇〇匹轮船之驾驶员或轮机员，经检定合格或考试及格者，发给三等驾驶员或轮机员证书。

二、堪充五〇〇至未满一五〇〇总吨或主机马力五〇〇至未满一二〇〇匹轮船之驾驶员或轮机员，经检定合格或考试及格者，发给二等驾驶员或轮机员证书。

三、堪充一五〇〇总吨或主机马力在一二〇〇匹以上轮船之驾驶员或轮机员，经检定合格或考试及格者，发给一等驾驶员或轮机员证书。

第二十五条 各等级船员证书，自发给之日起，除因残疾而不合船员体格标准外，继续有效。

第二十六条 船员领有证书，得担任证书所载等级之高一等低一级或低一等高一级之职务。

第二十七条 船员所领证书损毁或遗失，应登报声明，并提出可靠证明，声请换发或补发，经审查属实后，得准予换发或补发。

第八章 年资计算及其他

第二十八条 船员资历均按其实际在船上参加工作时间计算之，如轮船停航或修理连续超过三十天者，其超过日期，不得计算在内。

第二十九条 各级船员在任职期间，因职务上过失，受大过以上处分者，得延期升级检定或检定考试，但有下列情形之一者不得参加升级检定或检定考试：

一、被剥夺政治权利者；

二、船员体格标准检定不合格者（船员体格标准另订）。

第三十条 内河轮船驾驶实习生或轮机实习生，应为学校之驾驶科系或轮机科系毕业生，或经航运主管机关核准特许之人员。

第九章 附 则

第三十一条 本办法由中央人民政府交通部公布施行，修改时同。

（六）中央人民政府交通部内河小型轮船船员检定考试暂行办法

1953年11月17日交河字第176案
河总发监(53)字115号公布

第一条　本办法所称小型轮船，系指未满一百总吨或主机马力未满一五〇匹，航行于江、湖、内河之轮船。

第二条　本办法所称船员，系指正驾驶、副驾驶、正司机及副司机。

第三条　船员检定考试依下列之规定：

一、曾在小型轮船担任舵工及水手职务已满二年，而有相当技能者，得受副驾驶检定考试。

执有副驾驶证书，充任小型轮船副驾驶职务满二年者，得受正驾驶升级检定。

二、曾在小型轮船担任加油或机匠职务已满二年，而有相当技能者，得受副司机检定考试。

执有副司机证书，充任小型轮船副司机职务满二年者，得受正司机升级检定。

第四条　船员考试科目如下：

一、驾驶员考试科目：(1)游泳；(2)驾驶；(3)船员职务；(4)避碰章程；(5)政治常识。

二、轮机员考试科目：(1)游泳；(2)蒸汽机或内燃机；(3)副机；(4)机舱管理；(5)政治常识。

第五条　检定考试合格，分别发给小型轮船驾驶员证书或轮机员证书。

第六条　《内河轮船船员检定考试暂行办法》之第一条、第四条、第五条、第十五条、第十七条、第十九条、第二十条、第二十一条、第二十二条、第二十五条、第二十七条、第二十八、第二十九条及第三十条，于本办法均适用之。

第七条　主机马力之计算按照《内河轮船船员检定考试暂行办法》第三条末项之规定办理之。

第八条　本办法由中央人民政府交通部公布施行，修改时同。

(七) 中华人民共和国轮船船员考试办法

中华人民共和国交通部交水督(63)于字第167号公布

自1964年1月1日起施行

第一章 总 则

第一条 为了鼓励海上和内河轮船船员为社会主义水运事业积极服务,不断地提高其政治思想、技术业务和文化水平,保障船舶航行安全,更好地完成国家水上运输任务,特制订中华人民共和国轮船船员考试办法(以下简称本办法)。

第二条 本办法所称"海上"包括远洋、近海;近海是指自苏联符拉迪沃斯托克(海参崴)经朝鲜、中国、越南沿海至新加坡,包括日本、菲律宾附近的海域;超出近海范围的为远洋。内河是指国境以内的江、河、湖泊、运河、水库。

第三条 本办法所称船员是指:远洋、近海、内河的船长、轮机长、驾驶员(包括:大副、二副、三副等)、轮机员(包括:大管轮、二管轮、三管轮等)、电机员和船舶报务员。

第四条 船长、驾驶员依照远洋、近海和内河分别以下不同等级:

远洋船长、驾驶员,是指远洋轮船的船长、驾驶员。

近海一等船长、驾驶员,是指500总吨以上近海轮船的船长、驾驶员。

近海二等船长、驾驶员,是指200总吨至未满500总吨近海轮船的船长、驾驶员。

内河一等船长、驾驶员,是指500总吨以上内河轮船的船长、驾驶员。

内河二等船长、驾驶员,是指200总吨至未满500总吨内河轮船的船长、驾驶员。

经常担任拖驳运输的拖轮,虽不满500总吨,而主机功率超过500马力的,其船长、驾驶员也应当作为一等船长、驾驶员看待。

第五条 轮机长、轮机员依照主机功率大小,分别以下不同等级:

一等轮机长、轮机员,是指主机功率2000马力以上轮船的轮机长、轮机员。

二等轮机长、轮机员,是指主机功率500马力至未满2000马力轮船的轮机长、轮机员。

三等轮机长、轮机员,是指主机功率150马力至未满500马力轮船的轮机长、轮机员。

第六条 轮船主机分为内燃机、往复蒸汽机和汽轮机三类。计算马力的标准:内燃机用制动马力,往复蒸汽机用指示马力,汽轮机用轴马力。

第七条 电机员依照电机功率大小,分别以下不同等级:

一等电机员,是指电机功率1500千瓦以上轮船的电机员。

二等电机员,是指电机功率800千瓦至未满1500千瓦轮船的电机员。

三等电机员,是指电机功率500千瓦至未满800千瓦轮船的电机员。

"电机功率"是指船上全部发电机的总功率。

第八条 船舶报务员是指担任船舶报务工作的人员,按技术操作水平,分为三等。

第二章 船员考试手续

第九条 凡中华人民共和国公民,年满18周岁,并具备本办法规定的实际服务资历,可以按照本办法的规定办理报考手续和参加船员考试。

但有下列情况之一者,不得参加船员考试:

(1)被剥夺政治权利者;

(2)不合乎船员体格检查标准(附表)者。

第十条 在职船员申请考试时,由船员本人填写船员考试申请书,船员考试申请书应当附有船员考试鉴定表,船员体格检查表和四张最近一寸半身脱帽照片,报经船员考试机关核准。

人民解放军的退役转业军人和就业船员(包括由国外归国就业船员)申请考试时,也应由船员本人填具船员考试申请书,船员考试申请书应附有船员所在机关或企业提出的证明或作出的鉴定,船员体格检查表和四张最近一寸半身脱帽照片,报经船员考试机关核准。

第十一条 在外国籍轮船上服务的中国籍船员申请船员考试时,应由船员本人填写船员考试申请书,船员考试申请书应当附有船员体格检查表和四张最近一寸半身脱帽照片,以及其他有关证明文件,报经船员考试机关申请核准。

第十二条 申请参加考试的人员,应向考试机关缴纳考试手续费人民币壹元整。

第三章 船员考试机关

第十三条 交通部直属沿海各港港务监督部门负责办理所在省、直辖市内的交通部直属单位的轮船和非交通部门的沿海轮船和港内作业轮船船员考试工作。

第十四条 交通部直属长江沿岸各港港务监督部门负责办理所在省内交通部直属单位的长江、内河和港内作业的轮船,以及航行长江干线和在港内作业的非交通部门的轮船船员考试工作。

第十五条 各省、自治区、直辖市交通(航运)厅、局或由各该厅、局指定有关单位负责办理本省、自治区、直辖市所属海、河运输单位的轮船,以及航行本省、自治区、直辖市所属内河(长江干线除外)的非交通部门的轮船船员考试工作。

第十六条 对外国籍轮船上服务的中国籍船员的船员考试工作,由上海、黄埔、大连、天津港港务监督部门负责办理。

第十七条 上述各负责主办船员考试机关,在办理考试工作时,可以会同各有关航运企业单位组成船员考试委员会,进行出题监考和开卷工作。

第四章 证书的类别和颁发

第十八条 凡经参加考试的船员,在考试及格后,即由负责主办船员考试的机关发给相应的船员证书,同时办理职务签证。

船员考试机关在发给船员证书时,可以向领证人收取证书工本费。

第十九条 船长、驾驶员证书分为三类、十种:

一、远洋船长,远洋驾驶员;

二、近海一等船长,近海一等驾驶员,及近海二等船长,近海二等驾驶员;

三、内河一等船长,内河一等驾驶员,及内河二等船长,内河二等驾驶员。

第二十条 轮机长,轮机员证书分为三等六种:

一等轮机长,一等轮机员;

二等轮机长,二等轮机员;

三等轮机长,三等轮机员。

第二十一条　电机员证书分:一等电机员、二等电机员、三等电机员三种。

第二十二条　船舶报务员证书分:船舶一等报务员、船舶二等报务员、船舶三等报务员三种。

第二十三条　远洋船长、驾驶员,一等轮机长、轮机员,一等、二等、三等电机员,船舶一等、二等报务员证书由交通部制发;其余各种类等级证书均由船员考试机关根据交通部规定的格式制发。

第二十四条　受到撤销证书处分的船员,应由确定处分的机关收回其证书,转送颁发机关注销。受刑事处分而被撤销证书的,在刑期届满以后,或受行政处分而被撤销证书的,自受处分之日起一年以后,由船员本人向船员考试机关申请原等级或者低等级的考试,并填写轮船船员考试申请书,船员考试申请书必须附有所在单位对本人的实际表现的鉴定意见,经船员考试机关审查,可以核准免考或者参加考试后重发证书。

第二十五条　轮船船员证书如有损毁或者遗失,经船员所在单位或者所在船舶审查属实,出具证明,申请换发或者补发。如遗失的证书复被发现,应即缴送原发单位注销。

第二十六条　船员证书,是证明某一船员已经具备某等级船员技术水平的依据,但不能作为职务任命书使用。

第五章　证书使用范围

第二十七条　等级船长、驾驶员证书,除适用证书所载等级和等级以下职务外,还可以按照下列规定,适用于不同等级的船长、驾驶员职务。

一、远洋船长证书,适用于任何海轮船长和驾驶员职务。

二、远洋驾驶员证书:(1)如在证书职务栏签明已担任大副职务的适用于任何海轮驾驶员职务,任期满一年以上的适用于未满1000总吨近海一等船长职务;(2)如在证书职务栏签明已担任二副职务的适用于近海一、二等大副及其以下职务;(3)如在证书职务栏签明已担任三副职务的,适用于近海一、二等二副及其以下职务。

三、近海一等船长证书,适用于任何近海轮船船长和任何海轮驾驶员职务。

四、近海一等驾驶员证书:(1)如在证书职务栏签明已担任大副的,适用于远洋轮船二副及其以下职务和近海二等大副及其以下职务,任期满一年以上的适用于近海二等船长职务;(2)如在证书职务栏签明已担任二副职务的,适用于远洋三副及其以下职务和近海二等大副及其以下职务;(3)如证书职务栏签明已担任三副职务的适用于近海二等二副及其以下职务。

五、近海二等船长证书适用于未满200总吨沿海小轮船长和任何近海轮船驾驶员职务。

六、近海二等驾驶员证书:(1)如在证书职务栏签明已担任大副职务的适用于近海一等二副和未满200总吨沿海小轮大副及其以下职务;任期满一年以上的适用于未满200总吨沿海小轮船长职务;(2)如在证书职务栏签明已担任二副职务的,适用于近海一等三副和未满200总吨沿海小轮大副及其以下职务;(3)如在证书职务栏签明已担任三副职务,适用于未满200总吨沿海小轮二副及其以下职务。

七、内河一等船长证书适用于任何内河轮船船长和驾驶员职务。

八、内河一等驾驶员证书:(1)如在证书职务栏签明已担任大副职务的适用于任何内河轮船驾驶员职务,任期满一年以上的适用于内河二等船长职务;(2)如在证书职务栏签明已担任二副职务的适用于内河二等大副及其以下职务;(3)如在证书职务栏签明已担任三副职务的适用于二等二副及其以下职务。

九、内河二等船长证书适用于未满200总吨内河小轮船长和任何内河轮船驾驶员职务。

十、内河二等驾驶员证书:(1)如在证书职务栏内签明已担任大副职务的适用于内河一等二副和未满200吨内河小轮大副及其以下职务;任期满一年的适用于未满200总吨内河小轮船长职务;(2)如在证书职务栏签明已担任二副职务的适用于内河一等三副和未满200总吨内河小轮大副及其以下职务;(3)如在证书职务栏签明已担任三副职务的,适用于未满200总吨内河小轮二副及其以下职务。

各等级船长、驾驶员证书可以注明适用航区。如果已注明适用航区的,只适用于所注明的航区。

第二十八条 各等级轮机长、轮机员证书,除适用于本等级及其以下职务外,还可以按照下列规定适用于不同等级的轮机长、轮机员职务。

一、一等轮机长证书适用于任何轮船轮机长和轮机员职务。

二、一等轮机员证书:(1)如在证书职务栏签明已担任大管轮职务的适用于任何轮船轮机员职务,任期满一年的适用于二等和三等轮机长职务;(2)如在证书职务栏签明已担任二管轮职务的,适用于二等和三等大管轮及其以下职务;(3)如在证书职务栏签明已担任三管轮职务的,适用于二等和三等二管轮及其以下职务。

三、二等轮机长证书适用于三等轮机长和任何轮船轮机员职务。

四、二等轮机员证书:(1)如在证书职务栏内签明已担任大管轮职务的,适用于一等二等轮和三等大管轮及其以下职务,任期满一年以上的适用于三等轮机长职务;(2)如在证书职务栏内签明已担任二管轮职务的,适用于一等三管轮和三等大管轮及其以下职务;(3)如在证书职务栏内签明已担任三管轮职务的,适用于三等二管轮及其以下职务。

五、三等轮机长证书适用于主机功率未满150马力小轮船轮机长和二等大管轮及其以下职务。

六、三等轮机员证书:(1)如在证书职务栏签明已担任大管轮职务的适用于二等二管轮和主机功率未满150马力轮船大管轮及其以下职务,任期满一年以上的适用于主机功率未满150马力轮船轮机长职务;(2)如在证书职务栏签明已担任二管轮职务的适用于二等三管轮和主机功率未满150马力轮船大管轮及其以下职务;(3)如证书职务栏签明已担任三管轮职务的适用于主机功率未满150马力轮船二管轮及其以下职务。

各等级轮机长、轮机员证书都应当注明适用主机类别。持有证书的人只能在符合证书注明的主机类别的轮船上担任工作。

第二十九条 各等电机员证书用于下列船舶主任电机员和电机员职务:

一、一等电机员证书,适用于任何船舶主任电机员和电机员职务。

二、二等电机员证书,适用于近海、内河船舶的主任电机员和任何船舶的电机员职务。

三、三等电机员证书,适用于任何船舶的电机员职务。

第三十条 各等船舶报务员证书,适用于下列船舶主任报务员和报务员职务:

一、船舶一等报务员证书,适用于任何船舶电台的主任报务员和报务员职务。

二、船舶二等报务员证书,适用于近海、内河船舶电台主任报务员和任何船舶电台报务员职务。

三、船舶三等报务员证书,适用于近海、内河船舶电台报务员职务。

第六章 申请考试应具备的资历

第三十一条 申请船长和驾驶员考试一般应具备以下实际服务资历:

一、申请远洋船长考试:(1)领到远洋驾驶员证书后,担任海轮驾驶员满六年,其中至少担任远洋大副满二年的;(2)领到近海一等船长证书后,担任远洋大副满二年或者担任近海一等船长和远洋大副共满二年的。

二、申请远洋驾驶员考试:(1)高等学院海船驾驶专业的毕业生按照国家规定实习期满的;(2)领到近海一等驾驶员证书后,担任近海一等驾驶员满三年的;(3)曾经在远洋轮船上担任驾驶助理和一级水手(舵工)满五年,其中至少担任驾驶助理满三年的。

三、申请近海一等船长考试:(1)领到近海一等驾驶员证书后,担任海轮驾驶员满六年,其中至少担任近海一等大副满二年的;(2)领到近海二等船长证书后,担任近海一等大副满三年,或者担任近海二等船长和近海一等大副共满三年的;(3)领到远洋驾驶员证书后,担任海轮驾驶员满四年,其中至少担任近海一等大副满二年的。

四、申请近海一等驾驶员考试:(1)高等学院或中等学校海船驾驶专业的毕业生按照国家规定实习期满的;(2)领到近海二等驾驶员证书后,担任近海二等驾驶员满一年的;(3)曾经在500总吨以上海轮担任一级水手(舵工)满三年,或者担任一级水手(舵工)满二年和水手长满一年的。

五、申请内河一等船长考试:(1)领到内河一等驾驶员证书后,担任内河驾驶员满六年,其中至少担任内河一等大副满二年的;(2)领到内河二等船长证书后担任内河一等大副满三年或者担任内河二等船长和内河一等大副共满三年的;(3)担任内河500总吨以上轮船大引水满二年的。

六、申请内河一等驾驶员考试:(1)高等学院、中等学校河船驾驶专业毕业生按照国家规定实习期满的;(2)领到内河二等驾驶员证书后,担任内河二等驾驶员满一年的;(3)曾经在内河500总吨以上轮船担任一级水手(舵工)满三年,或者担任一级水手(舵工)满二年和水手长满一年的;(4)担任内河轮船水手满五年,其中至少担任一级水手(舵工)满三年,或者担任一级水手(舵工)满二年和水手长满一年的;(5)担任内河500总吨以上轮船三引水满二年的。

七、申请近海二等船长考试:领到近海二等驾驶员证书后,担任近海驾驶员满四年,其中至少担任近海二等大副满二年,或者担任近海二等大副和沿海小轮船长(或正驾驶)共满二年的。

八、申请近海二等驾驶员考试:(1)中等学校海船驾驶专业毕业生,按照国家规定实习期满的;(2)曾经担任海轮水手满四年,其中至少担任一级水手(舵工)满二年的;(3)担任沿海小轮大副(或副驾驶)满二年的。

九、申请内河二等船长考试:(1)领到内河二等驾驶员证书后,担任内河驾驶员满四年,其中至少担任内河二等大副满二年,或者担任内河二等大副和内河小轮船长(或正驾驶)共满二年的;(2)担任内河200总吨至未满500总吨轮船大引水满二年的。

十、申请内河二等驾驶员:(1)中等学校河船驾驶专业毕业生按照国家规定实习期满的;(2)曾经担任内河轮船水手满四年,其中至少担任一级水手(舵工)满二年的;(3)担任内河小轮大副(或副驾驶)满二年的;(4)担任内河200总吨至未满500总吨轮船三引水满二年的。

第三十二条 申请轮机长和轮机员考试一般应具备以下实际服务资历:

一、申请一等轮机长考试:(1)领到一等轮机员证书后,担任轮机员满六年,其中至少担任一等大管轮满二年的;(2)领到二等轮机长证书后担任一等大管轮满二年,或者担任二等轮机长和一等大管轮共满二年的。

二、申请一等轮机员考试:(1)高等学院轮机专业的毕业生按照国家规定实习期满的;(2)领到二等轮机员证书后,担任二等轮机员满二年后,在担任一等三管轮满一年的;(3)曾经在主机功率2000马力以上轮船上担任轮机助理(铜匠)和马达将(机匠)或加油满五年,其中至少担任轮机助理满三年的;(4)曾经在主机功率2000马力以上轮船上担任机匠满四年的,或者担任机匠三年和加油满一年的。

三、申请二等轮机长考试:(1)领到二等轮机员证书后,担任轮机员满六年,其中至少担任二等大管轮满二年的;(2)领到三等轮机长证书后,担任二等大管轮满三年,或者担任三等轮机长和二等大管轮共满三年的;(3)领到一等轮机员证书后,担任轮机员满四年,其中至少担任二等大管轮满二年的。

四、申请二等轮机员考试:(1)高等学院、中等学校轮机专业的毕业生按照国家规定实习期满的;(2)领到三等轮机员证书后,担任三等轮机员满一年的;(3)曾经在主机功率500马力以上轮船担任机匠满三年,或者担任机匠满二年和生活长、加油满一年。

五、申请三等轮机长考试:领到三等轮机员证书后,担任三等、二等轮机员满四年,其中至少担任三等大管轮满二年,或者担任三等大管轮和主机功率未满150马力轮船轮机长(或正司机)共满二年的。

六、申请三等轮机员考试:(1)中等学校轮机专业毕业生按照国家规定实习期满的;(2)曾经担任轮船机匠满四年,或者机匠满二年和加油满三年的,或者加油满三年和生火长满二年的;(3)在没有机匠(或者加油)的轮船担任生火满五年的;(4)在没有机匠和生火长的轮船担任加油满五年;(5)担任主机功率未满150马力轮船大管轮(或副司机)满二年的。

第三十三条 申请电机员考试一般应具备以下实际服务资历:

一、申请一等电机员考试:领到二等电机员证书后,担任二等电机员满三年的;

二、申请二等电机员考试:领到三等电机员证书后,担任三等电机员满三年的;

三、申请三等电机员考试:(1)大学专科和工程技术学校电机专业的毕业生按照国家规定实习期满的;(2)曾经在轮船担任电匠满四年的。

第三十四条 申请船舶报务员考试一般应具以下实际服务资历:

一、申请船舶一等报务员考试:(1)领到船舶二等报务员证书后,担任船舶或者航务电台报务员满二年的;(2)在船舶或者航务电台担任报务员满五年的。

二、申请船舶二等报务员考试:(1)高等学院无线电通讯专业的毕业生按照国家规定实习期满的;(2)领到船舶三等报务员证书后,担任船舶或者航务电台报务员满二年的;(3)在船舶或者航务电台担任报务员满三年的。

三、申请船舶三等报务员考试:(1)中等学校无线电通讯专业或电讯训练班毕业生按照国家规定实习期满的;(2)非航务电讯系统的报务员。

第三十五条 具有一定的政治觉悟和相当的实际工作经验,一贯表现积极负责并工作中有特殊成绩获发明创造的优秀船员,可由船员服务的机关、企业提名,并报经船员考试机关核准,其实际服务资历可不完全受上述资历规定的限制,但最低不得少于规定服务资历的三分之二。

第三十六条 在人民解放军的军事舰艇担任过驾驶、轮机、电机、报务工作的人员退伍、转业时,经船员考试机关根据他的证件和申请,参照第三十一、第三十二、第三十三和第三十四条的规定,审查核准后,参加轮船船员考试。

第三十七条 在外国籍轮船上服务的中国籍船员和由国外归国工作的船员可以根据他们的实际服务资历,参照第三十一、第三十二、第三十三和第三十四条的规定申请轮船驾驶员、轮机员、电机员、船舶报务员考试,但是申请考试的种类等级不能超过他们所担任过的最高职务。

第三十八条 驾驶、轮机、电机、无线电通讯专业的毕业生,按照国家规定实习期满,具有服务机关或企业的鉴定以后,经过船员考试及格,由负责主办船员考试的机关发给证书。

第三十九条 持有各等级驾驶员、轮机员证书,担任证书职务栏签明的职务实际服务资历满二年以上,经所属单位考核并发给可给予升级的证明书,即可向船员考试机关办理升级签证。

按照本办法第二十七、第二十八、第二十九和第三十条规定担任其他等级职务的应由所属单位出具证明,向船员考试机关办理签证。

第七章 考 试

第四十条 举行船员考试时间由负责主办船员考试的机关规定,并予以公告。

第四十一条 船长、轮机长、驾驶员、轮机员、电机员、船舶报务员的考试科目：

一、政治常识，是参加各种类、等级考试的船员的必考科目（在外国籍轮船上服务的中国籍船员可以免考），轮船船员考试鉴定表中的政治思想和实际工作表现是政治常识考试评分的主要参考材料。

二、海轮驾驶员技术业务考试科目：

（1）远洋轮船长、近海轮一等船长，应考科目有：驾驶学、船艺、海图、引港、避碰规则、一般助航仪器、电航仪器、无线电助航仪器、船用气象、船员职务、造船和轮机大意、海运法规、英语。

（2）远洋轮驾驶员、近海轮一等驾驶员，应考科目有：游泳、驾驶学、船艺、海图、引港、避碰规则、船用气象、一般助航仪器、电航仪器、无线电助航仪器、船员职务、货物装卸、信号、造船和轮机大意、海运法规。远洋轮驾驶员还应考英语。

（3）近海轮二等船长：驾驶学、船艺（包括助航仪器、信号、造船、轮机大意）、航用气象、引港（包括海图）、避碰规则、船员职务、海运法规。

（4）近海二等驾驶员：游泳、驾驶学、船艺（包括助航仪器、信号）、船用气象、引港（包括海图）、避碰规则、船员职务（包括货物装卸）、海运法规。

三、内河驾驶员技术业务考试科目：

内河一等船长、一等驾驶员、内河二等船长、二等驾驶员，应考科目有：实用驾驶（包括拖带编队）、内河航章、船艺、河运法规、船员职务。内河一等船长、一等驾驶员还应考引航航道图、造船和轮机大意。内河一等驾驶员还应考游泳和货物装卸。内河二等驾驶员还应考游泳。

引航航道图科目中包括水文、航道航标。内河二等船长、二等驾驶员考试科目中，实用驾驶应包括引航航道图。

四、轮机员技术业务考试科目：

（1）一等轮机长、轮机员，应考科目有：主机、锅炉、辅机、机舱管理、绘图、度量仪表、电工学、造船大意、船员职务、外国语。轮机员还应考游泳。

（2）二等轮机长、轮机员，应考科目有：主机、锅炉、辅机、机舱管理、绘图、度量仪表、电工学、船员职务，轮机长还应考造船大意。轮机员还应考游泳。

（3）三等轮机长、轮机员，应考科目有：主机、锅炉、辅机、电工常识、机舱管理、船员职务。轮机员还应考游泳。

主机（内燃机、往复蒸汽机或者汽轮机），根据申请和核准考试的轮机种类分别进行考试。考内燃机的，蒸汽机和锅炉并入辅机内考试；考往复蒸汽机、汽轮机的，内燃机并入辅机内考试。

五、电机员技术业务考试科目：

一等、二等、三等电机员，应考科目有：游泳、直流电机、交流电机、电航仪表、电气自动控制；一级电机员还应考外国语。

六、船舶报务员技术业务考试科目：

（1）船舶一等、二等报务员应考科目有：航务通讯业务规程、电码收发、国际无线电规则和附加规则、无线电学、电工学、无线电助航设备一般原理与必要的实际检修能力、船舶通讯设备原理与实际检修能力、英语、地理、译电、游泳（海洋气象常识并入英语中考试）。

（2）船舶三等报务员应考科目有：航务通讯业务规程、电码收发、通讯用语（英语）、船舶通讯设备的使用与维修保养、无线电常识、地理、译电、游泳。

内河船舶的报务员的考试，可依内河的实际需要为主。

电码每分钟收发标准：（1）船舶一等报务员：数码25组、密码字组20组、英语明语25组。（2）船舶二等报务员:数码 25 组、密码字组 16 组、英语明语 20 组。(3)船舶三等报务员:数码 20 组、密码字组 16 组。

数码每组由四个阿拉伯数目字组成,密语每组五码,由拉丁字母、数目字、标点符号组成,每一数目字或者标点符号作两码计算。英语明语以平均每组五个字母计算。收发每次各为五分钟。

译电标准:一等报务员,每五分钟译完 80 个字;二等报务员,每五分钟译完 70 个字;三等报务员,每五分钟译完 60 个字。以上皆由汉字译成电码。

七、轮船主机中的往复蒸汽机带废汽头平和挖泥船、港作船等各种轮船船员的技术业务考试科目应根据需要由考试部门适当增减有关科目。

第四十二条 考试科目,如半数或半数以上不及格的应当重考,半数以上科目及格,其他不及格的科目可以在六个月内补考两次,补考两次不及格的应全部重考。如果考试的成绩与鉴定有显著距离时,由船员考试机关经过调查后,决定是否发给证书。

第四十三条 船员考试以笔试为主,对于个别人员,经考试委员会同意,可以采用口试或现场操作等方式进行。但是对远洋船长、驾驶员,近海一等船长、驾驶员的考试必须采用笔试方式。

第八章 附 则

第四十四条 沿海、内河未满 200 总吨和主机功率未满 150 马力轮船船员,以及打捞、疏浚等工程轮船船员的考试和证书的使用范围,由各港务局、各省、自治区、直辖市交通(航运)厅、局,根据本办法规定的原则和各该地区的具体情况自行制定办法。水产部门所属渔业轮船船员的考试办法,由水产部制定。其余均按本办法规定办理。

（八）中华人民共和国轮船船员考试办法

1979年6月12日交通部（79）交港字703号发布
1979年10月1日施行

第一章 总 则

第一条 为促进海上和内河轮船船员不断地提高其政治思想、技术业务和文化水平，保障船舶航行安全，更好地完成国家水上运输任务，特制订《中华人民共和国轮船船员考试发证办法》（以下简称本办法）。

第二条 本办法所称"海上"包括远洋、近海、沿海。"沿海"是指距离我国海岸五十海里以内的海域；"近海"是指自苏联符拉迪沃斯托克（海参崴）经朝鲜、中国、越南沿海至新加坡，包括日本、菲律宾附近的海域；超出近海范围为远洋。

"内河"是指国境以内的江、河、湖泊、运河、水库。

第三条 本办法所称"船员"是指：远洋、近海、沿海、内河的船长、轮机长、驾驶员（包括：大副、二副、三副等）、轮机员（包括：大管轮、二管轮、三管轮等）、电机员、船舶报务员和话务员。

第四条 船长、驾驶员根据职称、船舶种类、航行区域和等级分为以下类别：

职称：船长、大副、二副、三副。

船舶种类：货轮、客货轮（客轮）、槽管轮（油轮、液化气体船、化学品船、罐轮）、拖轮、工程船、辅助船、特殊操纵性能船。

航行区域：远洋、近海、沿海、内河。

等级：（1）1600总吨以上；

（2）200总吨—1600总吨；

（3）未满200总吨。

注：拖轮船长、驾驶员的等级按主机功率签注。

第五条 轮机长、轮机员根据职称、主机种类和等级分为以下类别：

职称：轮机长、大管轮、二管轮、三管轮。

主机种类：内燃机、蒸汽机、汽轮机（燃汽轮机）。

主机等级：（1）3000千瓦以上（4080马力以上）；

（2）750千瓦—3000千瓦（1020马力—4080马力）；

（3）未满750千瓦（1020马力以下）。

第六条 电机员根据船上全部发电机总功率的大小，分以下不同类别：

（1）发电机总功率1500千瓦以上；

（2）发电机总功率800千瓦—1500千瓦；

（3）发电机总功率500千瓦—800千瓦。

第七条 船舶报务员是指担任船舶电台（报、话）通讯人员；船舶话务员是指仅设无线电话台的通讯人员（可兼职）。根据其担任的职责和技术要求，分为以下不同类别：

职称:报务主任、报务员、话务员。

等级:一级报务员(可担任任何船舶电台的报务主任、报务员或话务员)。

二等报务员(可担任任何船舶的报务员或话务员,并可担任除远洋客轮以外的任何船舶电台的报务主任)。

三等报务员(可担任任何船舶电台的报务员或话务员)。话务员(仅可担任沿海、内河船舶电话电台的话务员)。

第二章 考试手续

第八条 在职船员申请船员考试发证的,需年满18周岁,并具备本办法规定的实际服务资历,由船员本人填写"轮船船员考试发证申请书",并附"船员体格检查表"和四张最近二寸半身正面脱帽照片,由船员所在机关或企业的主管部门审核报经船员考试机关核准。

第九条 在外国籍船上服务的中国籍船员和外国籍船员;外国政府委托或与中国政府有协定在中国学习船舶驾驶、轮机、电机业务的外国留学生或中国有关单位协助培训的外国籍实习生或船员,要求申领中华人民共和国轮船船员证书时,可以通过中国外轮代理公司或经有关部门代转,向大连、天津、青岛、上海、黄埔港务监督办进申请考试手续。

第十条 申请参加考试的人员,应向考试机关缴纳考试费,在领取船员证书时还应缴纳证书工本费。

第三章 船员考试发证机关

第十一条 交通部沿海各港港务监督负责办理所在地的各交通、航运单位的轮船和非交通部门的沿海轮船及港内作业轮船船员考试发证工作。

第十二条 交通部长江航政管理局及所属各分局(处)负责办理所在省、自治区、直辖市内交通部直属单位的长江、内河和港内作业的轮船,以及航行长江干线和在港内作业的非交通部门的轮船船员考试发证工作。

第十三条 各省、自治区、直辖市交通(航运)局,负责办理本省、自治区、直辖市所属海、河航运单位轮船,以及航行本省、自治区、直辖市所属内河(长江干线除外)的非交通部门的轮船船员考试发证工作。

第四章 申请考试者应具备的资历

第十四条 申请考试发证的船员,必须具备相应的不少于三年以上的海上(内河)资历,并实际担任其所申请考试的证书类别低一级职务(包括其他同等资历)满一年或以上,或经考试机关认可的同等海上(内河)资历的特殊培训,则上述实际资历可缩减为一年。

申请考试远洋、近海船长或轮机长证书的,必须具备实际担任大副或大管轮满一年并担任大、二、三副或大、二、三管轮总共满三年半的资历。

申请考试沿海、内河船长或轮机长证书的,必须具备实际担任驾驶员或轮机员满三年(其中实际担任大副或大管轮满一年)的资历。

第五章 船员考试

第十五条 举行船员考试的时间、地点由负责主办船员考试的各港务监督予以公布。

第十六条 船长、轮机长、驾驶员、轮机员、电机员、船舶报务员、话务员的考试科目:

一、海轮船长、驾驶员考试科目：

天文、地文、航海、船舶操纵、驾驶员职务规则、磁罗经和电罗经、雷达电子导航仪器的正确使用、海洋气象、国际海上避碰规则、通讯、造船和轮机大意、海运法规、海运业务、救生、救火和救护、人事管理和培训、环境保护、英语、游泳。

二、内河船长、驾驶员考试科目：

实用驾驶（包括拖带编队）、内河避碰规则、船艺、河运法规、驾驶员职务规则、引航航道图（包括水文、航标）、造船和轮机大意、货物装卸、救生、救火和救护、环境保护、游泳。

三、轮机长、轮机员考试科目：

船舶动力装置和制冷设备、辅机、电气和控制设备、造船大意、机舱管理、绘图、度量仪表、轮机员职务规则、基础理论、救生、救火和救护、环境保护、英语、游泳。

四、电机员考试科目：

直流电机、交流电机、船舶电气工艺学、电子学和电气设备、自动控制原理、检测仪表和控制系统、电气及控制设备的操作和测试及保养、电机故障查找和损坏部位的确定以及防止损失的措施、安全操作的实践和触电急救、防火灭火特别是电气的防火灭火、英语、游泳。

五、船舶报务员和话务员考试科目：

1.一等、二等报务员应考科目有，国内无线电通讯规则，国际无线电规则，电码收发、译电，电工学和无线电学的基本原理，无线电通讯设备及其附属装置的工作原理和实际检修能力，无线电导航设备的一般原理和必要的实际检修能力，英语，地理和游泳。

2.三等报务员应考科目有，国内无线电通讯规则，国际无线电规则，电码收发、译电，电工学和无线电学基本原理，无线电通讯设备及其附属装置的使用和维修保养，英语，地理和游泳。

3.话务员应考科目有，国内无线电通讯规则（电话部分），无线电话的基本原理，设备使用和维护保养知识，地理，游泳。

对未满200总吨和主机功率未满750千瓦（1020马力）的轮机船员，以及对从事打捞、疏浚及其他特殊工作船舶，应根据其特点由考试机关确定，适当增减有关考试科目和内容。

第十七条 由主办船员考试的机关会同各有关航运企业单位、院校、科研机关和专业技术人员组成考试委员会。

考试委员会的职责是：命题、考试和成绩评定。

第十八条 船员考试以笔试、口试、操作等方式进行。

第十九条 驾驶、轮机、船电、无线电通讯专业的毕业生，按照国家规定实习期满，具有服务机关或企业的鉴定，并经考试合格和符合船员体格检查标准的，由负责主办船员考试的机关给证书。

第六章 船员证书

第二十条 凡参加船员考试，经考试合格，并符合船员体格检查标准的，负责主办船员考试的机关，根据申报类别核发相应的船员证书。

第二十一条 《中华人民共和国轮船船员证书》按交通部统一格式印刷。

证书封皮为桔红色，下面印有金黄色中华人民共和国国徽图案和"中华人民共和国轮船船员证书"字样。

远洋和近海船员证书，封皮及内页各项均用中、英两种文字印制。

第二十二条 证书和印章

"发证机关"栏:交通部各对外开放港口的港务监督颁发的船员证书统一盖"中华人民共和国港务监督局船员证书专用章"印章;交通部长江航政管理局颁发的船员证书盖"交通部长江航政管理局船员证书专用章"印章;省、市、自治区主管考试机关颁发的船员证书盖"xx省(市、自治区)港航监督船员证书专用章"印章。

持证人相片处的骑缝章盖各有关港务监督(或港航监督)的钢印。

第二十三条 船员证书的使用范围,各类别船长、驾驶员、轮机长、轮机员、电机员、船舶报务员、话务员的证书,只适用于证书上所签注的类别范围。

第二十四条 船员证书仅证明持证人能够胜任该职务的技术工作。

船员证书,自发证之日起有效期限为五年。

证书有效期满或证书遗失要求换发或补发的,须向原发证机关按本办法第二章规定办理申请手续。

第二十五条 受到撤销证书处分的船员,应由决定处分的机关收回其证书,转送颁发机关注销。受刑事处分而被撤销证书的在刑期届满以后,或受行政处分而被撤销证书的,自受处分之日起一年以后需恢复船员职务的,由所属机关或企业的主管部门,按本办法第二章的规定办理申请手续,经船员考试机关审查,可以核准免考或者参加考试后重新发证。

第二十六条 特免证书

对符合本办法规定在特殊情况需要下,经船员考试机关认可,可颁发特免证书。

需临时担任驾驶员、轮机员而申请核发特免证书时,由船员所属机关或企业主管部门,按本办法第二章规定可向船员考试发证机关申请办理为期不超过六个月的特免证书。

在不可抗力的情况下,大副或大管轮需代理船长或轮机长的,可按上述办法申请办理为期不超过六个月的特免证书;船舶报务员不办理特免证书。

第七章 船员职务签证

第二十七条 在中国籍轮船上持证的现职驾驶员、轮机员,其实际担任所确定的类别职务满一年以上,根据所属机关或企业主管部门的申请,填具"船员职务签证申请表",经船员考试机关核准,可签发同类别高一级的职务签证(远洋船员职务签证,可在就近港务监督办理)。

第二十八条 在中国籍轮船上持证的现职船员,根据所属机关或企业主管部门的申请,需升任船长或轮机长;或各级船长、驾驶员、轮机长、轮机员、电机员、船舶报务员,需改变航行区域、船舶种类、功率,提高发电机总功率的类别,提高船舶报务员等级等而要求换证或签证的,均需按本办法第二章和第五章的规定办理申请和参加有关科目的考试。

第八章 附　则

第二十九条 凡在槽管轮(油轮、化学品船、液化气体船、罐轮等)任职的船员,申领船员证书时,必须呈验按槽管轮的特别要求进行培训的证明。

第三十条 沿海、内河未满200总吨和主机功率未满750千瓦(1020马力)船舶的船员考试内容和小轮船员证书类别的划分,各港航监督机关,可根据本办法规定的原则和各地区的具体情况由各省、市、自治区和长江航政局自行制定补充办法,报部备案后施行。

附 表

船员体格检查标准

检查项目			合 格 标 准
视力(采用万国视力表5米视距)	驾驶员	新录	两眼1.0以上,或者一眼0.8、另一眼1.2者为合格
		现职	两眼0.8以上,或者一眼0.6、另一眼1.0者为合格
	轮机员	新录	两眼0.6以上,或者一眼0.5、另一眼0.8以上,或者两眼0.5经矫正后(即戴眼镜)均能达到1.0以上者为合格
		现职	两眼0.4以上,或者一眼0.3、另一眼0.6以上,或者两眼0.3经矫正后均能达到0.8以上者为合格
眼病			以没有深度砂眼、斜视和其他严重眼疾者为合格
辨色力	驾驶员		辨色完全正常
	轮机员		以没有红绿色盲为合格
听力			两耳能听清50厘米距离的秒表(赛跑用表)声音者为合格
血压			血压不高于135/90,或者不低于90/50毫米水银柱者为合格
其他			除患开放性结核病和其他严重损害健康的慢性病、传染病以及永久性的残疾外,其他疾病以对执行船上工作无妨碍者为合格

附注:

1."新录"是指新录用人员,包括海河院校毕业生和新招聘上船工作的驾驶、轮机人员,"现职"是指现已在职的船员,包括军事舰艇转业的船员和现在船上驾驶、轮机部门工作的高级和普通船员。

2.轮机员(包括新录和现职)若一眼为盲眼,但另一眼的视力能达到0.8以上者,仍为合格。

3.现职高级船员,可以不受上述血压的极限,只要本身的健康状况经医师证明无碍船上工作者,仍允许参加船员升等升级考试。

（九）中华人民共和国海船船员考试发证规则

1987年2月24日交通部（87）交水监字15号发布
1988年1月1日生效

第一章 总 则

第一条 为促进船员不断地提高技术业务水平，保障海上人命与财产的安全，保护海洋环境，根据《中华人民共和国海上交通安全法》的规定，以及《1978年海员培训、发证和值班标准国际公约》的要求，特制定本规则。

第二条 本规则适用于在中国籍海船上服务的船员和在外国籍海船上服务的中国籍船员以及受外国政府委托或与中国政府有协定在中国接受训练的海船驾驶、轮机管理及船舶无线电通讯专业的外国留学生和实习生。移动式海上平台或设施上的中国籍无线电报（话）务人员、电机人员也适用本规则。

在军事舰船、渔船、体育运动船和上款规定以外的非自航船上服务的船员不适用本规则。

第三条 中华人民共和国港务监督局是全国船员考试发证的主管机关。

主管机关依照本规则规定，负责监督实施船员考试发证工作；制定颁布船员考试大纲和专业训练纲要；监督指导船员专业训练。

第四条 经主管机关授权的港务监督（或航政机构）为船员考试发证机关。

船员考试发证机关根据主管机关授予的考试发证权限，依照本规则规定，组织实施船员考试；核发船员技术证书；指导船员专业训练；监督、检查持证船员的任职情况。

第五条 申请适任证书者的资格

年满十八周岁至未满六十周岁符合本规则规定的现职船员，经体格检查合格，符合相应的海上服务资历及专业训练要求，均可申请参加船员考试。

第六条 申请考试的手续

船员向考试发证机关申请考试，应填具《海船船员考试发证申请表》（见附件一）并附四张近期二英寸证件照片，递交由船员考试发证机关指定医院出具的十二个月以内的《船员体格检查表》，出示《海员专业训练合格证》，交验《船员服务簿》和有关证明文件。申请人所在单位应在《海船船员考试发证鉴定、登记表》（见附件二）内填写对该申请人的技术能力的鉴定。船员考试发证机关对审查合格的申请人，发给《准考证》。

第七条 定义

除本规则其他条文另有说明外，下述名词的定义为：

1."海船"：系指在内陆水域、遮蔽水域和港区水域以外航行的运输船和非运输船。

2."运输船"：系指在海上从事商业性运送旅客和货物的机动船舶。

3."非运输船"：系指运输船以外的任何海上机动船舶。

4."自动化船舶"：系指取得中华人民共和国船舶检验局授予的AUT—0或AUT—1船级的船舶。

5."半自动化船舶"：系指取得中华人民共和国船舶检验局授予的MCC或MIP船级的船舶。

6."非自动化船舶"：系指自动化船舶和半自动化船舶以外的机动船舶。

7."渔船"：系指在海上从事捕捞鱼类或其他海洋生物的船舶。

8."无限航区"：系指海上任何水域，其中包括世界各国港口和国际通航运河。

9."沿海航区"：系指中国沿海水域，包括中国沿海港口。

10."近岸航区"：系指中国沿海各省本省境内的各海港之间或距船籍港的航程不超过400海里，并距离中国海岸（即大陆、海南岛、台湾岛的自然岸形）均为50海里以内的水域。

11."适任证书"：系指船员考试发证机关认为持证者具备担任某类船舶某一技术职务的资格证明文件。

12."特殊培训"：系指由于船舶装备、航行操纵、所载货物性质、海上人命财产安全以及海洋环境保护的特别要求，而对在这类船舶工作的船员进行相应的附加培训。

13."考核"：系指船员考试发证机关就申请海船船员适任证书者所在单位的人事与技术管理部门对该申请者能否适任其所申请的职务所作的技术鉴定进行的审核。

14."高等或中等航海院校"：系指国家教育委员会批准、认可的专业院校。

15."初级考试"：系指申请三副（或值班驾驶员）、三管轮（或值班轮机员）、二等报务员、二等电机员适任证书的考试。

第二章 证　　书

第八条　中华人民共和国海船船员适任证书由中华人民共和国港务监督局统一印制。

第九条　适任证书的发证机关栏统一加盖"中华人民共和国港务监督局"印章；持证人像片处加盖船员考试发证机关的钢印。

第十条　适任证书由中华人民共和国港务监督局正式授权的官员署名签发。

第十一条　中华人民共和国海船船员适任证书的类别与格式：

一、A类：证书格式见附件三。

A类适任证书适用于：

1.无限航区船舶的船长、驾驶员；

2.无限航区船舶的轮机长、轮机员；

3.船舶通用、一等、二等无线电报务员，船舶通用无线电话务员。

二、B类：证书格式见附件三。

B类适任证书适用于：

1.沿海航区船舶的船长、驾驶员；

2.沿海航区和近岸航区船舶的轮机长、轮机员；

3.船舶通用、一等、二等电机员。

三、C类：证书格式见附件三。

C类适任证书适用于：

1.近岸航区船舶的船长、驾驶员；

2.船舶限用无线电报务员、船舶限用无线电话务员。

第十二条　中华人民共和国海船船员适任证书自签发之日起有效期为五年。

第三章　船长、驾驶员考试

第十三条　船长、驾驶员适任证书的等级、职务、船舶种类。

一、根据航区、船舶总吨位分为以下等级：

1. 无限航区1600总吨及以上；

2. 无限航区200总吨—1600总吨；

3. 沿海航区1600总吨及以上；

4. 沿海航区200总吨—1600总吨；

5. 近岸航区200总吨—1600总吨及以上；

6. 近岸航区未满200总吨。

注：拖轮船长、驾驶员按主推进动力装置功率划分等级（见第三十七条）。

二、职务：船长、大副、二副、三副。

注：近岸航区未满200总吨船舶不设大副、二副、三副，而将该三种职务合并设置为值班驾驶员。

三、船舶种类：运输船、非运输船。

第十四条 除本规则另有规定外，本章规定的考试科目，均以运输船为准，非运输船的考试科目与运输船考试科目相同。

第十五条 申请无限航区1600总吨及以上船舶船长适任证书考试。

一、职务晋升

1. 资历要求

持有无限航区1600总吨及以上船舶大副适任证书，实际担任其职务满二十四个月，并经不少于三个月的无限航区船长业务培训者。

2. 考试科目

（1）航海学；（2）船舶操纵；（3）船舶避碰；（4）航海气象；（5）职务与海运法规；（6）英语。

二、航区扩大

1. 资历要求

持有沿海航区1600总吨及以上船舶船长适任证书，实际担任其职务满十八个月，并经不少于三个月的无限航区船长业务培训者。

2. 考试科目

（1）航海学；（2）航海仪器；（3）船舶避碰；（4）航海气象；（5）职务与海运法规；（6）英语。

三、吨位提高

1. 资历要求

持有无限航区200总吨—1600总吨及以上船舶船长适任证书，实际担任其职务满十二个月，并经不少于三个月的无限航区船长业务培训者。

2. 考试科目

（1）船舶操纵；（2）船舶避碰；（3）航海仪器；（4）货物运输（非运输船免）。

第十六条 申请无限航区1600总吨及以上船舶大副适任证书考试。

一、职务晋升

1. 资历要求

持有无限航区1600总吨及以上船舶二副适任证书，实际担任其职务满十八个月者。

2. 考试科目

（1）天文航海；（2）船舶避碰；（3）职务与海运法规；（4）船艺；（5）货物运输（非运输船免）；（6）英语。

二、航区扩大

1.资历要求

持有沿海航区1600总吨及以上船舶大副适任证书,实际担任其职务满十八个月者。

2.考试科目

(1)天文航海;(2)船舶避碰;(3)航海仪器;(4)职务与海运法规;(5)英语。

三、吨位提高

1.资历要求

持有无限航区200总吨—1600总吨及以上船舶大副适任证书,实际担任其职务满十二个月者。

2.考试科目

(1)船舶避碰;(2)航海仪器;(3)船艺;(4)货物运输(非运输船免)。

第十七条 申请无限航区1600总吨及以上船舶二副适任证书考试。

一、高等专业院校毕业生

1.资历要求

高等航海院校海洋船舶驾驶专业本科毕业生,在无限航区1600总吨及以上船舶见习满十二个月者。

2.考试科目

理论考试结合国家毕业考试一起进行。见习后,写出见习报告或论文,经考核合格,发无限航区1600总吨及以上船舶二副适任证书。

二、航区扩大

1.资历要求

持有沿海航区1600总吨及以上船舶二副适任证书,实际担任其职务满十八个月者。

2.考试科目

(1)天文航海;(2)地文航海;(3)船舶避碰;(4)航海仪器;(5)英语。

三、吨位提高

1.资历要求

持有无限航区200总吨—1600总吨及以上船舶二副适任证书,实际担任其职务满十二个月者。

2.考试科目

(1)船舶避碰;(2)航海仪器;(3)船艺;(4)货物运输(非运输船免)。

第十八条 申请无限航区1600总吨及以上船舶三副适任证书考试。

一、高等专业院校毕业生

1.资历要求

高等航海院校海洋船舶驾驶专业专科毕业生,在无限航区1600总吨及以上船舶见习满十二个月者。

2.考试科目

理论考试结合国家毕业考试一起进行。见习后,写出见习报告或论文,经考核合格,发无限航区1600总吨及以上船舶三副适任证书。

二、中等专业学校毕业生

1.资历要求

中等航海学校海洋船舶驾驶专业毕业生,在无限航区1600总吨及以上船舶见习满十二个月者。

2.考试科目

(1)天文航海;(2)地文航海;(3)船艺;(4)船舶避碰;(5)英语。

三、职务晋升

1.资历要求

在无限航区1600总吨及以上船舶实际担任一级水手满三十六个月,并经考证培训及具有高中毕业文化程度或同等学力者。

2.考试科目

(1)天文航海;(2)地文航海;(3)船舶避碰;(4)航海仪器;(5)航海气象;(6)船艺;(7)货物运输(非运输船免);(8)职务与海运法规;(9)英语。

四、航区扩大

1.资历要求

持有沿海航区1600总吨及以上船舶三副适任证书,实际担任其职务满十八个月者。

2.考试科目

(1)天文航海;(2)地文航海;(3)船舶避碰;(4)航海仪器;(5)英语。

五、吨位提高

1.资历要求

持有无限航区200总吨—1600总吨及以上船舶三副适任证书,实际担任其职务满十二个月者。

2.考试科目

(1)船舶避碰;(2)航海仪器;(3)货物运输(非运输船免);(4)船艺。

第十九条 申请无限航区200总吨—1600总吨及以上船舶船长适任证书考试。

一、职务晋升

1.资历要求

持有无限航区200总吨—1600总吨船舶大副适任证书,实际担任其职务满二十四个月者。

2.考试科目

(1)航海学;(2)船舶操纵;(3)船舶避碰;(4)航海气象;(5)职务与海运法规;(6)英语。

二、航区扩大

1.资历要求

持有沿海航区200总吨—1600总吨及以上船舶船长适任证书,实际担任其职务满十八个月者。

2.考试科目

(1)航海学;(2)船舶避碰;(3)航海气象;(4)职务与海运法规;(5)英语。

第二十条 申请无限航区200总吨—1600总吨及以上船舶大副适任证书考试。

一、职务晋升

1.资历要求

持有无限航区200总吨—1600总吨及以上船舶二副适任证书,实际担任其职务满十八个月者。

2.考试科目

(1)天文航海;(2)船舶避碰;(3)职务与海运法规;(4)船艺;(5)货物运输(非运输船免);(6)英语。

二、航区扩大

1.资历要求

持有沿海航区200总吨—1600总吨及以上船舶大副适任证书,实际担任其职务满十八个月者。

2.考试科目

(1)天文航海;(2)船舶避碰;(3)航海仪器;(4)职务与海运法规;(5)英语。

第二十一条 申请无限航区200总吨—1600总吨及以上船舶二副适任证书考试。

一、高等专业院校毕业生

1.资历要求

高等航海院校海洋船舶驾驶专业本科、专科毕业生,在无限航区200总吨及以上船舶见习满十二个月者。

2.考试科目

理论考试结合国家毕业考试一起进行。见习后,写出见习报告或论文,经考核合格,发无限航区200总吨—1600总吨及以上船舶二副适任证书。

二、航区扩大

1.资历要求

持有沿海航区200总吨—1600总吨及以上船舶二副适任证书,实际担任其职务满十八个月者。

2.考试科目

(1)天文航海;(2)地文航海;(3)船舶避碰;(4)航海仪器;(5)英语。

第二十二条 申请无限航区200总吨—1600总吨及以上船舶三副适任证书考试。

一、中等专业学校毕业生

1.资历要求

中等航海学校海洋船舶驾驶专业毕业生,在无限航区200总吨及以上船舶见习满十二个月者。

2.考试科目

理论考试结合国家毕业考试一起进行。见习后,写出见习报告,经考核合格,发无限航区200总吨—1600总吨及以上船舶三副适任证书。

二、职务晋升

1.资历要求

在无限航区200总吨及以上船舶担任一级水手满三十六个月,并经考证培训及具有高中毕业文化程度或同等学力者。

2.考试科目

(1)天文航海;(2)地文航海;(3)船舶避碰;(4)航海仪器;(5)航海气象;(6)职务与海运法规;(7)船艺;(8)货物运输(非运输船免);(9)英语。

三、航区扩大

1.资历要求

持有沿海航区200总吨—1600总吨及以上船舶三副适任证书,实际担任其职务满十八个月者。

2.考试科目

(1)天文航海;(2)地文航海;(3)船舶避碰;(4)航海仪器;(5)英语。

第二十三条 申请沿海航区1600总吨及以上船舶船长适任证书考试。

一、职务晋升

1.资历要求

持有沿海航区1600总吨及以上船舶大副适任证书,实际担任其职务满二十四个月者。

2.考试科目

(1)船舶操纵;(2)地文航海;(3)航海气象;(4)船舶避碰;(5)职务与海运法规;(6)英语。

二、吨位提高

1.资历要求

持有沿海航区200总吨—1600总吨及以上船舶船长适任证书,实际担任其职务满十二个月者。

2.考试科目

(1)船舶操纵;(2)船舶避碰;(3)货物运输(非运输船免);(4)英语。

第二十四条 申请沿海航区1600总吨及以上船舶大副适任证书考试。

一、职务晋升

1.资历要求

持有沿海航区1600总吨及以上船舶二副适任证书,实际担任其职务满十八个月者。

2.考试科目

(1)天文航海;(2)船舶避碰;(3)船艺;(4)职务与海运法规;(5)货物运输(非运输船免);(6)英语。

二、吨位提高

1.资历要求

持有沿海航区200总吨—1600总吨及以上船舶大副适任证书,实际担任其职务满十二个月者。

2.考试科目

(1)船舶避碰;(2)船艺;(3)货物运输(非运输船免);(4)英语。

第二十五条 申请沿海航区1600总吨及以上船舶二副适任证书考试。

一、高等专业院校毕业生

1.资历要求

高等航海院校海洋船舶驾驶专业本科毕业生,在沿海航区1600总吨及以上船舶见习满十二个月者。

2.考试科目

理论考试结合国家毕业考试一起进行。见习后,写出见习报告或论文,经考核合格,发沿海航区1600总吨及以上船舶二副适任证书。

二、吨位提高

1.资历要求

持有沿海航区200总吨—1600总吨及以上船舶二副适任证书,实际担任其职务满十二个月者。

2.考试科目

(1)船舶避碰;(2)航海仪器;(3)船艺;(4)货物运输(非运输船免)。

第二十六条 申请沿海航区1600总吨及以上船舶三副适任证书考试。

一、高等专业院校毕业生

1.资历要求

高等航海院校海洋船舶驾驶专业专科毕业生,在沿海航区1600总吨及以上船舶见习满十二个月者。

2.考试科目

理论考试结合国家毕业考试一起进行。见习后,写出见习报告或论文,经考核合格,发沿海航区1600总吨及以上船舶三副适任证书。

二、中等专业学校毕业生

1.资历要求

中等航海学校海洋船舶驾驶专业毕业生,在沿海航区1600总吨及以上船舶见习满十二个月者。

2.考试科目

(1)天文航海;(2)地文航海;(3)船舶避碰;(4)船艺。

三、职务晋升

1.资历要求

在沿海航区1600总吨及以上船舶实际担任一级水手满三十六个月,并经考证培训及具有高中毕业文化程度或同等学力者。

2.考试科目

(1)天文航海;(2)地文航海;(3)船舶避碰;(4)航海仪器;(5)航海气象;(6)职务与海运法规;(7)船艺;(8)货物运输(非运输船免)。

四、吨位提高

1.资历要求

持有沿海航区200总吨—1600总吨船舶三副适任证书,实际担任其职务满十二个月者。

2.考试科目

(1)船舶避碰;(2)航海仪器;(3)船艺;(4)货物运输(非运输船免)。

第二十七条 申请沿海航区200总吨—1600总吨船舶船长适任证书考试。

一、职务晋升

1.资历要求

持有沿海航区200总吨—1600总吨及以上船舶大副适任证书,实际担任其职务满二十四个月者。

2.考试科目

(1)地文航海;(2)船舶避碰;(3)船舶操纵;(4)航海气象;(5)职务与海运法规。

二、航区扩大

1.资历要求

持有近岸航区200总吨—1600总吨及以上船舶船长适任证书,实际担任其职务满十八个月者。

2.考试科目

(1)天文航海;(2)地文航海;(3)船舶避碰;(4)航海气象;(5)职务与海运法规。

第二十八条 申请沿海航区200总吨—1600总吨及以上船舶大副适任证书考试。

一、职务晋升

1.资历要求

持有沿海航区200总吨—1600总吨及以上船舶二副适任证书,实际担任其职务满十八个月者。

2.考试科目

(1)天文航海;(2)船舶避碰;(3)职务与海运法规;(4)船艺;(5)货物运输(非运输船免)。

二、航区扩大

1.资历要求

持有近岸航区200总吨—1600总吨及以上船舶大副适任证书,实际担任其职务满十八个月者。

2.考试科目

(1)天文航海;(2)地文航海;(3)船舶避碰;(4)职务与海运法规。

第二十九条 申请沿海航区200总吨—1600总吨及以上船舶二副适任证书考试。

一、高等专业院校毕业生

1.资历要求

高等航海院校海洋船舶驾驶专业本科、专业毕业生,在沿海航区200总吨及以上船舶见习满十二个月者。

2.考试科目

理论考试结合国家毕业考试一起进行。见习后,写出见习报告或论文,经考核合格,发沿海航区200总吨—1600总吨及以上船舶二副适任证书。

二、航区扩大

1.资历要求

持有近岸航区200总吨—1600总吨及以上船舶二副适任证书,实际担任其职务满十八个月者。

2.考试科目

(1)天文航海;(2)地文航海;(3)船舶避碰;(4)航海仪器;(5)职务与海运法规。

第三十条 申请沿海航区200总吨—1600总吨及以上船舶三副适任证书考试。

一、中等专业学校毕业生

1.资历要求

中等航海学校海洋船舶驾驶专业毕业生,在沿海航区200总吨及以上船舶见习满十二个月者。

2.考试科目

理论考试结合国家毕业考试一起进行。见习后,写出见习报告,经考核合格,发沿海航区200总吨—1600总吨及以上船舶二副适任证书。

二、职务晋升

1.资历要求

在沿海航区200总吨及以上船舶实际担任水手满三十六个月,并经考证培训及具有高中毕业文化程度或同等学力者。

2.考试科目

(1)天文航海;(2)地文航海;(3)船舶避碰;(4)航海仪器;(5)航海气象;(6)职务与海运法规;(7)船艺。

三、航区扩大

1.资历要求

持有近岸航区200总吨—1600总吨及以上船舶三副适任证书,实际担任其职务满十八个月者。

2.考试科目

(1)天文航海;(2)地文航海;(3)船舶避碰;(4)航海仪器;(5)职务与海运法规。

第三十一条 申请近岸航区200总吨—1600总吨及以上船舶船长适任证书考试。

1.资历要求

持有近岸航区200总吨—1600总吨及以上船舶大副适任证书,实际担任其职务满二十四个月者。

2.考试科目

(1)船舶操纵;(2)地文航海;(3)船舶避碰;(4)航海气象;(5)职务与海运法规。

第三十二条 申请近岸航区200总吨—1600总吨及以上船舶大副适任证书考试。

一、职务晋升

1.资历要求

持有近岸航区200总吨—1600总吨及以上船舶二副适任证书,实际担任其职务满十八个月者。

2.考试科目

(1)船舶避碰;(2)职务与海运法规;(3)船艺;(4)货物运输(非运输船免)。

二、吨位提高

1.资历要求

持有近岸航区未满200总吨船舶船长适任证书,实际担任其职务满十二个月者。

2.考试科目

(1)地文航海;(2)船舶避碰;(3)航海仪器;(4)货物运输(非运输船免)。

第三十三条 申请近岸航区200总吨—1600总吨及以上船舶二副适任证书考试。

一、高等专业院校毕业生

1.资历要求

高等航海院校海洋船舶驾驶专业本科、专科毕业生,在近岸航区200总吨及以上船舶见习满十二个月者。

2.考试科目

理论考试结合国家毕业考试一起进行。见习后,写出见习报告或论文,经考核合格,发近岸航区200总吨—1600总吨及以上船舶二副适任证书。

二、吨位提高

1.资历要求

持有近岸航区未满200总吨船舶值班驾驶员适任证书,实际担任其职务满二十四个月者。

2.考试科目

(1)地文航海;(2)船舶避碰;(3)航海气象;(4)航海仪器;(5)货物运输(非运输船免)。

第三十四条 申请近岸航区200总吨—1600总吨及以上船舶三副适任证书考试。

一、中等专业学校毕业生

1.资历要求

中等航海学校海洋船舶驾驶专业毕业生,在近岸航区200总吨及以上船舶见习满十二个月者。

2.考试科目

理论考试结合国家毕业考试一起进行。见习后,写出见习报告,经考核合格,发近岸航区200总吨—1600总吨及以上船舶三副适任证书。

二、职务晋升

1.资历要求

在近岸航区200总吨及以上船舶实际担任水手满三十六个月,并经考证培训及具有初中毕业文化程度或同等学力者。

2.考试科目

(1)地文航海;(2)船舶避碰;(3)航海仪器;(4)职务与海运法规;(5)航海气象;(6)船艺;(7)货物运输(非运输船免)。

三、吨位提高

1.资历要求

持有近岸航区未满200总吨船舶值班驾驶员适任证书,实际担任其职务满十二个月者。

2.考试科目

(1)地文航海;(2)船舶避碰;(3)航海仪器;(4)航海气象;(5)货物运输(非运输船免)。

第三十五条 申请近岸航区未满200总吨船舶船长适任证书考试。

1.资历要求

持有近岸航区未满200总吨船舶值班驾驶员适任证书,实际担任其职务满三十个月者。

2.考试科目

(1)地文航海;(2)船舶避碰;(3)职务与海运法规;(4)航海气象。

第三十六条 申请近岸航区未满200总吨船舶值班驾驶员适任证书考试。

一、中等专业学校毕业生

1.资历要求

中等航海学校海洋船航驾驶专业毕业生,在近岸航区未满200总吨船舶见习满十二个月者。

2.考试科目

理论考试结合国家毕业考试一起进行。见习后,写出见习报告,经考核合格,发近岸航区未满200总吨船舶值班驾驶员适任证书。

二、职务晋升

1.资历要求

在近岸航区未满200总吨船舶实际担任水手满三十六个月,并经考证培训者。

2.考试科目

(1)航海基础;(2)船舶避碰;(3)职务与海运法规;(4)船艺。

第四章 轮机长、轮机员考试

第三十七条 轮机长、轮机员适任证书的等级、职务、主推进动力装置种类。

一、根据主推进动力装置的功率分为以下等级:

1.主推进动力装置3000千瓦及以上;

2.主推进动力装置750千瓦—3000千瓦;

3.主推进动力装置未满750千瓦。

二、职务:轮机长、大管轮、二管轮、三管轮。

注:主推进动力装置未满750千瓦船舶不设大管轮、二管轮、三管轮,而将该三种职务合并设置为值班轮机员。

三、主推进动力装置种类:内燃机、汽轮机、蒸汽机。

第三十八条 申请主推进动力装置3000千瓦及以上船舶轮机长适任证书考试。

一、职务晋升

1.资历要求

持有主推进动力装置3000千瓦及以上船舶大管轮适任证书,实际担任其职务满二十四个月,并经不少于三个月轮机长业务培训者。

2.考试科目

(1)船舶动力装置;(2)轮机自动化;(3)轮机管理;(4)英语。

二、功率提高

1.资历要求

持有主推进动力装置750千瓦—3000千瓦船舶轮机长适任证书,实际担任其职务满十二个月,并经不少于三个月轮机长业务培训者。

2.考试科目

(1)船舶动力装置;(2)船舶辅机;(3)轮机自动化;(4)轮机管理;(5)英语。

第三十九条 申请主推进动力装置3000千瓦及以上船舶大管轮适任证书考试。

一、职务晋升

1.资历要求

持有主推进动力装置3000千瓦及以上船舶二管轮适任证书,实际担适其职务满十八个月者。

2.考试科目

(1)船舶动力装置;(2)船舶辅机;(3)轮机自动化;(4)英语(限于航行无限航区船舶)。

二、功率提高

1.资历要求

持有主推进动力装置750千瓦—3000千瓦船舶大管轮适任证书,实际担任其职务满十二个月者。

2.考试科目

(1)船舶动力装置;(2)船舶辅机;(3)轮机管理;(4)轮机自动化;(5)英语(限于航行无限航区船舶)。

第四十条 申请主推进动力装置3000千瓦及以上船舶二管轮适任证书考试。

一、高等专业院校毕业生

1.资历要求

高等航海院校轮机管理专业本科毕业生,在主推进动力装置3000千瓦及以上船舶见习满十二个月者。

2.考试科目

理论考试结合国家毕业考试一起进行。见习后,写出见习报告或论文,经考核合格,发主推进动力装置3000千瓦及以上船舶二管轮适任证书。

二、功率提高

1.资历要求

持有主推进动力装置750千瓦—3000千瓦船舶二管轮适任证书,实际担任其职务满十二个月者。

2.考试科目

(1)船舶动力装置;(2)船舶辅机;(3)轮机管理;(4)船舶电气;(5)英语(限于航行无限航区船舶)。

第四十一条 申请主推进动力装置3000千瓦及以上船舶三管轮适任证书考试。

一、高等专业院校毕业生

1.资历要求

高等航海院校轮机管理专业专科毕业生,在主推进动力装置3000千瓦及以上船舶见习满十二个月者。

2.考试科目

理论考试结合国家毕业考试一起进行。见习后,写出见习报告或论文,经考核合格,发主推进动力装置3000千瓦及以上船舶三管轮适任证书。

二、中等专业学校毕业生

1.资历要求

中等航海学校轮机管理专业毕业生,在主推进动力装置3000千瓦及以上船舶见习满十二个月者。

2.考试科目

(1)船舶动力装置;(2)船舶辅机;(3)轮机管理;(4)英语(限于航行无限航区船舶)。

三、职务晋升

1.资历要求

在主推进动力装置3000千瓦及以上船舶,实际担任一级机工满三十六个月,并经考证培训及具有高中毕业文化程度或同等学力者。

2.考试科目

(1)船舶动力装置;(2)船舶辅机;(3)轮机管理;(4)轮机基础理论;(5)船舶电气;(6)造船大意;(7)英语(限于航行无限航区船舶)。

四、功率提高

1.资历要求

持有主推进动力装置750千瓦—3000千瓦船舶三管轮适任证书,实际担任其职务满十二个月者。

2.考试科目

(1)船舶动力装置;(2)船舶辅机;(3)轮机管理;(4)船舶电气;(5)英语(限于航行无限航区船舶)。

第四十二条 申请主推进动力装置750千瓦—3000千瓦船舶轮机长适任证书考试。

1.资历要求

持有主推进动力装置750千瓦—3000千瓦船舶大管轮适任证书,实际担任其职务满二十四个月者。

2.考试科目

(1)船舶动力装置;(2)船舶辅机;(3)轮机自动化;(4)英语(限于航行无限航区船舶)。

第四十三条 申请主推进动力装置750千瓦—3000千瓦船舶大管轮适任证书考试。

一、职务晋升

1.资历要求

持有主推进动力装置750千瓦—3000千瓦船舶二管轮适任证书,实际担任其职务满十八个月者。

2.考试科目

(1)船舶动力装置;(2)轮机管理;(3)船舶电气。

二、功率提高

1.资历要求

持有主推进动力装置未满750千瓦船舶轮机长适任证书,实际担任其职务满十二个月者。

2.考试科目

(1)船舶辅机;(2)船舶电气;(3)轮机基础理论;(4)造船大意。

第四十四条 申请主推进动力装置750千瓦—3000千瓦船舶二管轮适任证书考试。

一、高等专业院校毕业生

1.资历要求

高等航海院校轮机管理专业本科、专科毕业生,在主推进动力装置750千瓦及以上船舶见习满十二个月者。

2.考试科目

理论考试结合国家毕业考试一起进行。见习后,写出见习报告或论文,经考核合格,发主推进动力装置750千瓦—3000千瓦船舶二管轮适任证书。

二、功率提高

1.资历要求

持有主推进动力装置未满750千瓦船舶值班轮机员适任证书,实际担任其职务满二十四个月者。

2.考试科目

(1)船舶动力装置;(2)船舶辅机;(3)造船大意;(4)轮机基础理论。

第四十五条 申请主推进动力装置750千瓦—3000千瓦船舶三管轮适任证书考试。

一、中等专业学校毕业生

1.资历要求

中等航海学校轮机管理专业毕业生,在主推进动力装置750千瓦及以上船舶见习满十二个月者。

2.考试科目

理论考试结合国家毕业考试一起进行,见习后,写出见习报告,经考核合格,发主推进动力装置750千瓦—3000千瓦船舶三管轮适任证书。

二、职务晋升

1.资历要求

在主推进动力装置750千瓦及以上船舶,实际担任机工满三十六个月,并经考证培训及具有高中毕业文化程度或同等学力者。

2.考试科目

(1)船舶动力装置;(2)船舶辅机;(3)轮机管理;(4)轮机基础理论;(5)船舶电气;(6)造船大意。

三、功率提高

1.资历要求

持有主推进动力装置未满750千瓦值班轮机员证书,实际担任其职务满十二个月者。

2.考试科目

(1)船舶动力装置;(2)船舶辅机;(3)造船大意;(4)轮机基础理论。

第四十六条 申请主推进动力装置未满750千瓦船舶轮机长适任证书考试。

1.资历要求

持有主推进动力装置未满750千瓦船舶值班轮机员适任证书,实际担任其职务满三十个月者。

2.考试科目

(1)船舶动力装置;(2)船舶辅机;(3)轮机管理。

第四十七条 申请主推进动力装置未满750千瓦船舶值班轮机员适任证书考试。

一、中等专业学校毕业生

1.资历要求

中等航海学校轮机管理专业毕业生,在主推进动力装置未满750千瓦船舶见习满十二个月者。

2.考试科目

理论考试结合国家毕业考试一起进行。见习后,写出见习报告,经考核合格,发主推进动力装置未满750千瓦船舶值班轮机员适任证书。

二、职务晋升

1.资力要求

在主推进动力装置未满750千瓦船舶,实际担任机工满三十六个月,并经考证培训者。

2.考试科目

(1)船舶动力装置;(2)船舶辅机;(3)轮机管理;(4)轮机基础知识;(5)船舶电气。

第四十八条 轮机长、轮机员在职务、等级相同,申请改变适任证书的主推进动力装置种类时,应参加相应的主推进动力装置科目的考试。

第五章　船舶无线电报(话)务员考试

第四十九条　船舶无线电报(话)务员适任证书的等级及适用范围：

一、船舶无线电报务员通用证书：适用于任何航区的任何船舶及移动式海上平台或设施上电台的报务主任、报(话)务员；

二、船舶无线电报务员一等证书：适用于任何航区的任何船舶及移动式海上平台或设施上电台的报(话)务员，以及除无限航区客轮(或客货轮)以外的任何船舶及移动式海上平台或设施上电台的报务主任；

三、船舶无线电报务员二等证书：适用于任何航区的任何船舶及移动式海上平台或设施上电台的报(话)务员；

四、船舶无线电报务员限用证书：适用于近岸航区未满1600总吨船舶及无自航能力的移动式海上平台或设施上电台的报(话)务员；

五、船舶无线电话务员通用证书：适用于任何航区的任何船舶及移动式海上平台或设施上无线电话台的话务员；

六、船舶无线电话务员限用证书：适用于近岸航区未满1600总吨船舶及无自航能力的移动式海上平台或设施上无线电话台的话务员。

第五十条　申请船舶无线电报务员通用证书考试。

1.资历要求

持有船舶无线电报务员一等证书，实际担任其职务满二十四个月，并经不少于三个月的业务培训者。

2.考试科目

(1)无线电机务；(2)无线电通信业务；(3)英语。

第五十一条　申请船舶无线电报务员一等证书考试。

1.资历要求

持有船舶无线电报务员二等证书，实际担任其职务满十八个月者。

2.考试科目

(1)无线电机务；(2)无线电通信业务；(3)译电；(4)收报；(5)发报；(6)英语。

第五十二条　申请船舶无线电报务员二等证书考试。

一、高等专业院校毕业生

1.资历要求

高等航海院校船舶无线电通信专业本科、专科毕业生，在沿海航区或无限航区船舶或在有自航能力的海上平台或设施见习，本科毕业生满十二个月、专科毕业生满十八个月者。

2.考试科目

理论考试结合国家毕业考试一起进行。见习后，写出见习报告或论文，经考核合格，发船舶无线电报务员二等证书。

二、中等专业学校毕业生

1.资历要求

中等航海学校船舶无线电通信专业毕业生，在沿海航区或无限航区船舶或在有自航能力的海上平台或设施见习满十二个月者。

2.考试科目

(1)无线电通信业务;(2)收报;(3)发报;(4)英语。

三、职务晋升

1.资历要求

(1)持有船舶无线电报务员限用证书,实际担任其职务满二十四个月,并在沿海航区或无限航区船舶或在有自航能力的海上平台或设施上实际担任见习报务员满十二个月者;

(2)在沿海航区或无限航区船舶或在有自航能力的海上平台或设施上实际见习报务工作满三十六个月,并经考证培训及具有高中毕业文化程度或同等学力者。

2.考试科目

(1)无线电机务;(2)无线电通信业务;(3)译电;(4)收报;(5)发报;(6)英语。

第五十三条 申请船舶无线电报务员限用证书考试。

一、中等专业学校毕业生

1.资历要求

中等航海学校船舶无线电通信专业毕业生,在内河船舶、海船或在移动式海上平台或设施上见习满十二个月者。

2.考试科目

理论考试结合国家毕业考试一起进行。见习后,写出见习报告,经考核合格,发船舶无线电报务员限用证书。

二、职务晋升

1.资历要求

(1)在内河船舶、海船或在移动式海上平台或设施上实际见习报务工作满三十六个月,并经考证培训者;

(2)从事岸上航务电台工作满二十四个月,且最近五年内在内河船舶、海船或在移动式海上平台或设施上实际见习报务工作满十二个月者。

2.考试科目

(1)无线电机务;(2)无线电通信业务;(3)译电;(4)收报;(5)发报。

第五十四条 申请船舶无线电话务员通用证书考试。

1.资历要求

(1)持有船舶无线电话务员限用证书,实际担任其职务满十二个月者;

(2)在沿海航区或无限航区船舶或在有自航能力的海上平台或设施实际见习话务工作满二十四个月,并经考证培训者;

(3)持有内河船舶或海船三副(或值班驾驶员)及以上适任证书者。

2.考试科目

(1)无线电机务;(2)无线电通信业务;(3)英语。

第五十五条 申请船舶无线电话务员限用证书考试。

1.资历要求

(1)在内河船舶、海船或在移动式海上平台或设施上实际见习话务工作满十二个月,并经考证培训者;

(2)持有内河船舶或海船三副(或值班驾驶员)及以上适任证书者。

2.考试科目

(1)无线电机务;(2)无线电通信业务。

第六章 船舶电机员考试

第五十六条 船舶电机员适任证书的等级和种类:

一、根据自动化程度和发电机总容量分为以下等级:

1.船舶电机员通用证书:适用于自动化、半自动化或发电机总容量1200千瓦及以上的船舶、移动式海上平台或设施;

2.船舶电机员一等证书:适用于半自动化或发电机总容量1200千瓦及以上船舶、移动式海上平台或设施;

3.船舶电机员二等证书:适用于发电机总容量750千瓦至1200千瓦船舶、移动式海上平台或设施。

二、种类:1.自航船(包括有自航能力的海上平台、海上设施);2.非自航船(仅指无自航能力的移动式海上平台或设施)。

第五十七条 申请船舶电机员通用证书考试。

1.资历要求

持有船舶电机员一等证书,实际担任其职务满二十四个月,其中在半自动化船舶担任其职务满六个月,并经不少于三个月的通用电机员业务培训者。

2.考试科目

(1)船舶自动控制理论;(2)微处理机原理及应用;(3)英语。

第五十八条 申请船舶电机员一等证书考试。

1.资历要求

持有船舶电机员二等证书,实际担任其职务满十八个月者。

2.考试科目

(1)电子技术与电路;(2)船舶电力拖动自动控制;(3)船舶电站及其自动化装置;(4)船舶电气自动化基础及应用;(5)英语。

第五十九条 申请船舶电机员二等证书考试。

一、高等专业院校毕业生

1.资历要求

高等航海院校船舶电气管理专业毕业生,在发电机总容量750千瓦及以上船舶、移动式海上平台或设施见习满十二个月者。

2.考试科目

理论考试结合国家毕业考试一起进行。见习后,写出见习报告或论文,经考核合格,发船舶电机员二等证书。

二、中等专业学校毕业生

1.资历要求

中等航海学校船舶电气管理专业毕业生,在发电机总容量750千瓦及以上船舶、移动式海上平台或设施见习满十二个月者。

2.考试科目

(1)船舶电站及其自动化装置;(2)船舶电力拖动自动控制;(3)船舶电机;(4)船舶电气管理与

工艺。

三、职务晋升

1. 资历要求

在发电机总容量750千瓦及以上船舶、移动式海上平台或设施实际担任电工满三十六个月,并经考证培训具有高中毕业文化程度或同等学力者。

2. 考试科目

(1)电工原理与电子技术基础;(2)船舶电站及其自动化装置;(3)船舶电力拖动自动控制;(4)船舶电机;(5)船舶电气管理与工艺;(6)英语。

第六十条 在非自航船上任职的电机员,如申请同等级自航船电机员适任证书,应在自航船上实际担任见习电机员满六个月,方可换发同等级自航船电机员适任证书。

第六十一条 在非自航船上任职的电机员,如申请晋升自航船电机员适任证书,应在自航船上实际担任见习电机员满十二个月,按本章有关条款考试合格,发给相应的自航船电机员适任证书。

第七章 专业训练与特殊培训

第六十二条 本规则所述各项专业训练与特殊培训,必须在中华人民共和国港务监督局认可的培训机构中进行。经过培训者,由船员考试发证机关考试合格,发给相应的专业训练合格证。

第六十三条 申请参加200总吨及以上船舶船员考试者,必须按《中华人民共和国海员专业训练发证办法》通过船舶消防、救生艇筏操纵、海上求生、海上急救等专业训练。

申请参加无限航区船长、驾驶员考试者,应通过无线电话通讯、雷达观测与模拟、自动雷达标绘等专业训练。

第六十四条 在槽管轮工作的甲板部和轮机部船员,须经相应的油轮、液化气体船、化学品船的特殊培训。

在配有原油洗舱机船舶上工作的船长、大副和清洗油舱的指挥者,须经原油洗舱的训练。

第八章 发证、职务签证及换证

第六十五条 按本规则规定申请船员考试者,经船员考试发证机关考试(或考核)合格后,发给相应类别和职务的海船船员适任证书。

第六十六条 凡持有海船三副、三管轮适任证书,实际担任其职务满十二个月者,经体格检查合格,可向船员考试发证机关申请办理职务签证。船员考试发证机关对其海上资历、任职情况及身体状况审查合格后,可签发与原三副、三管轮适任证书相同类别的海船二副、二管轮适任证书。

第六十七条 持有海船船员适任证书者,应在其证书有效期的最后十二个月内,向船员考试发证机关申请换证。

申请换证者,应填具《船员换证申请表》,递交由船员考试发证机关指定医院出具的十二个月以内的《船员体格检查表》和两张近期二英寸证件照片,交验《船员服务簿》和有关证明文件。船员考试发证机关对其海上资历、任职情况及身体状况审查合格后,可换发与原适任证书类别、等级、职务相同的海船船员适任证书。

第六十八条 申请换发海船船员适任证书的船员,在证书有效期内的实际海上资历,必须满足在符合其证书等级的海船上实际担任其证书所载职务或较低一级职务的海上资历不少于十二个月。

第六十九条 持有海船船员适任证书,但有下列情况之一者,不予办理换证:

一、年龄超过六十周岁。

二、体格检查不合格。

三、不符合本规则第六十八条的规定。

四、船员考试发证机关有充分的理由认为不适任者。

第七十条 离船工作超过五年或在证书有效期内实际海上资历不足十二个月者,应满足或补足在不低于其证书等级的海船上见习不少于六个月,经考试其原职务应考科目的半数或以上科目合格(二副、二管轮按三副、三管轮的考试科目),发给原类别、等级和职务的适任证书。

第七十一条 高、中等航海院校海上专业毕业生,自毕业之日起五年后上船工作者,在满足按本规则对专业院校毕业生的海上见习资历要求后,驾驶员按本规则第十八条二款2项、轮机员按本规则第四十一条二款2项、无线电报务员按本规则第五十二条二款2项、电机员按本规则第五十九条三款2项规定的考试科目进行考试(考试内容按相应等级的考试大纲),合格者,由船员考试发证机关按本规则对高、中等专业院校毕业生的相应规定发给适任证书。

第七十二条 被船员考试发证机关吊销证书的船员,自证书吊销之日起两年后,方可重新申请其原类别、等级和职务的船员考试。申请者应符合本规则的相应规定,经体格检查合格以及经全部考试科目考试合格,由船员考试发证机关签发与其原证书类别、等级和职务相符的适任证书。

第七十三条 海船船员适任证书在有效期间内,如有毁损或遗失,经船员所在单位审查属实,出具证明,可向原船员考试发证机关申请办理补发手续。

第九章 特免证书

第七十四条 在特殊需要的情况下,主管机关可根据船舶单位的申请,按照下列条件对航行无限航区的某一指定船上的船员颁发为期不超过六个月的特免证书。

一、现任一级水手或一级机工职务不少于十二个月者,经考核合格,可发三副或三管轮的特免证书;

二、现任三副或三管轮职务不少于六个月者,经考核合格,可发二副或二管轮特免证书;

三、现任二副或二管轮职务不少于六个月者,经考核合格,可发大副或大管轮特免证书。

第七十五条 在遇有不可抗力的情况下,对航行无限航区的某一指定船上担任大副或大管轮职务不少于十二个月者,经考核合格,可发为期不超过四个月的船长或轮机长特免证书。

第七十六条 船舶报(话)务员、电机员一律不予办理特免证书。

第十章 附 则

第七十七条 曾在军事舰船上担任驾驶、轮机、电机及报务工作的人员,退伍转业后,如在海船上继续从事其工作,在申请海船船员考试时,应满足不少于十二个月的海船见习资历,并出具原所属部队颁发的有关专业合格证(包括军队院校的毕业文凭)以及在服役期内的海上资历证明。船员考试发证机关根据其专业学历、海上资历、服务舰船类别及所任职务,核准其参加不超过1600总吨及以上船舶的大副、主推进动力装置3000千瓦及以上船舶的大管轮、一等无线电报务员,二等电机员的考试。

第七十八条 曾在渔船上工作的船员,如在海船上继续从事其工作,在申请海船船员考试时,应满足不少于十二个月的海船见习资历,并出具渔船船员职务证书及渔业部门对其在渔船时的海上资历的证明。船员考试发证机关根据其专业学历和渔船海上资历及所任职务,核准其参加不超过1600总吨及以上船舶的大副,主推进动力装置3000千瓦及以上船舶的大管轮、一等无线电报务员的考试。

第七十九条 曾在内河船舶上工作的船员,如在海船上继续从事其工作,并满足不少于十二个月的海船见习资历,可按本规则有关规定,申请海船船员适任证书。船员考试发证机关根据其内河资历、专业学历以及内河轮船船员适任证书的等级和职别,核准其参加相应类别的船员考试。

第八十条 在江海直达船舶工作的甲板部船员,除按《中华人民共和国内河轮船船员考试发证规则》申请办理内河轮船船员适任证书,还应满足不少于十二个月海船见习资历,由其所在单位向主管机关授权的海船船员考试发证机关申请办理海船船员适任证书。船员考试发证机关根据船舶在海上航行区域,核准其参加相应类别的考试,成绩合格者,发给相应类别的、与其内河轮船船员适任证书的职别相符的海船船员适任证书。

第八十一条 航行于近岸航区,但超过1600总吨(或主推进动力装置超过3000千瓦)海船的甲板部船员,按本规则对沿海航区船舶的船员考试规定和要求考试发证。

第八十二条 持有非运输船船员适任证书者,如从事运输船工作,应满足不少于六个月运输船的见习资历,经加试有关科目合格,发给相应类别的运输船船员适任证书。

第八十三条 按本规则规定上船见习某一职务的船员,均应持有《船舶消防》、《救生艇筏操纵》、《海上求生》、《海上急救》等专业训练合格证。见习二副、二管轮、一等报务员、一等电机员或以上职务的船员,应持有较低一级职务或较低等级或较低类别的海船船员适任证书。在槽管轮见习的船员,还应符合本规则第六十四条规定。

第八十四条 船员实际海上服务资历,不包括船员离船公休和调岸工作、学习的时间,但应包括按本规则进行的专业训练、业务培训和考证培训的时间。

船舶建造、修理或停航的时间,凡超过两个月,船员的海上资历按两个月计;不足两个月,按实际天数计。

第八十五条 船员考试实行笔试,必要时可辅以口试或实际操作。

第八十六条 考试科目全部及格者予以发证。如有不及格的科目,参加初级考试者,准许补考两次;其他应试者只准补考一次。

按本条规定进行补考后仍有不及格科目者,须重新申请考试。

第八十七条 船员申请考试发证、职务签证、换发或补发适任证书等,均应向船员考试发证机关缴纳有关费用。

第八十八条 港务监督对有下列行为之一者,有权给予警告、罚款、取消考试资格六个月至二十四个月、扣留或吊销适任证书等处分:

一、涂改、伪造、转让、出借或出售证书;

二、向船员考试发证机关提供假证明材料、伪造海上资历;

三、工作中造成严重海损、机损责任事故,或者受到刑事处分;

四、违反考场纪律;

五、通过不正当途径或以舞弊行为获取证书;

六、违反本规则有关规定。

第八十九条 受到吊销证书处分的船员,应由其所在单位收回证书,转交签发机关注销。

第十一章 生 效

第九十条 本规则自一九八八年一月一日起生效。一九七九年颁发的《中华人民共和国轮船船员考试发证办法》同时废止。其他有关规定,凡与本规则相抵触者,均以本规则为准。

海港的港内作业船舶的船员考试发证,由主管机关授权的所在港船员考试发证机关依照本规则的精神制订本港港内作业船舶的船员考试发证办法,报经主管机关批准后实施。

第九十一条 本规则解释权属船员考试发证的主管机关。

附件一　中华人民共和国海船船员考试发证申请表(略)

附件二　中华人民共和国海船船员考试发证鉴定、登记表(略)

(十) 内河船舶船员考试发证规则

1992年4月7日交通部第34号令
1993年1月1日施行

第一章 总 则

第一条 为加强内河船舶船员技术管理,提高船员技术业务水平,根据《中华人民共和国内河交通安全管理条例》,制定本规则。

第二条 本规则适用于内河机动船舶船员的考试发证。

军事船舶、公安船舶、渔船和体育运动船艇船员的考试发证不适用本规则。

第三条 中华人民共和国港务监督局是统一管理全国内河船员考试发证工作的主管机关,负责全面管理船员考试发证工作,制定船员考试大纲、专业训练办法。

第四条 县以上港航监督机构或长江、黑龙江港航监督局所属局(分局)以上港航监督机构是考试发证机关。下级考试发证机关的考试发证权限和范围,由其上一级考试发证机关确定。省级港航监督机构和长江、黑龙江港航监督局的考试发证权限和范围,由主管机关确定。考试发证机关应在各自的权限和范围内依照本规则规定,组织实施船员考试发证工作。

第五条 凡年龄18周岁以上60周岁(女性55周岁)以下的船员。具备相应的文化程度和本规则规定的水上服务资历,经体格检查合格,可申请船员考试。

第六条 船员考试包括初级考试、升职考试、升等考试、定职考试、延伸航线考试及考核。考试采取笔试形式,考试发证机关结合实际情况可进行口试。对申请驾驶专业职务初级考试、升等考试、定职考试、延伸航线考试和一、二等船舶船长考试以及轮机专业职务初级考试、定职考试的船员,须进行实际操作考试。

对申请其他职务考试的船员,考试发证机关结合实际情况尽可能进行实际操作考试。

第七条 对按本规则规定考试合格的船员,考试发证机关应给予签发或换发相应等级、职务的《中华人民共和国船员职务适任证书》(以下简称《职务适任证书》)。

第八条 《职务适任证书》是考试发证机关对船员签发的一种技术资格证明,自签发之日起有效期为五年。对60周岁(女性55周岁)以上的船员,其《职务适任证书》有效期最多可到该船员年满65周岁(女性60周岁)之日为止。

持有《职务适任证书》的船员,有资格在相应等级船舶上任职,但在拖轮、槽管轮、快速船任职,还需通过专业训练。

第二章 船舶等级及船员职务

第九条 船舶等级按船舶总吨位及主推动力装置功率划分为:

(一)一等船舶:1600总吨以上或1500千瓦(2040马力)以上;

(二)二等船舶:600总吨以上至1600总吨以下或441千瓦(600马力)以上至1500千瓦以下;

(三)三等船舶:200总吨以上至600总吨以下或147千瓦(200马力)以上至441千瓦以下;

(四)四等船舶:50总吨以上至200总吨以下或36.8千瓦(50马力)以上至147千瓦以下;

(五)五等船舶:50总吨以下或36.8千瓦以下,以及所有挂桨机船舶。

驾驶专业船员所服务的船舶等级按船舶总吨位划分,当所服务的船舶按主推动力装置功率划分的等级高于按船舶总吨位划分的等级时(快速船除外),则按主推动力装置功率划分;当所服务的船舶为50总吨以上的快速船时,其等级为按船舶总吨位划分的等级高一等。

轮机专业船员所服务的船舶等级按船舶主推动力装置功率划分,但当所服务的船舶为36.8千瓦以上的快速船时,其等级为按船舶主推动力装置功率划分的等级低一等。

第十条 船员职务设置分别为:

(一)驾驶专业

1.一、二等船舶设船长、大副、二副、三副。

2.三、四等船舶设船长、大副、二副。

3.五等船舶设驾驶。挂桨机船舶设驾机员。

(二)轮机专业

1.一、二等船舶设轮机长、大管轮、二管轮、三管轮。

2.三、四等船舶设轮机长、大管轮、二管轮。

3.五等船舶设司机。

(三)无线电通信专业不分船舶等级,设通用报务员、一等报务员、二等报务员和话务员。

第三章 资历要求与考试科目

第十一条 报考一等船长

(一)升职考试

1.资历要求:持有一等大副《职务适任证书》,任该职实际服务满24个月。

2.考试科目:

(1)船舶操纵;(2)避碰与信号;(3)职务与法规;(4)航道与引航。

(二)升等考试

1.资历要求:持有二等船长《职务适任证书》,任该职实际服务满18个月。

2.考试科目:

(1)船舶操纵;(2)职务与法规;(3)航道与引航。

第十二条 报考一等大副

(一)升职考试

1.资历要求:持有一等二副《职务适任证书》,任该职实际服务满18个月。

2.考试科目:

(1)船舶操纵;(2)职务与法规;(3)船艺;(4)造船轮机大意。

(二)升等考试

1.资历要求:持有二等大副《职务适任证书》,任该职实际服务满12个月。

2.考试科目:

(1)船舶操纵;(2)避碰与信号;(3)船艺。

第十三条 报考一等二副(升等考试)

1.资历要求:持有二等二副《职务适任证书》,任该职实际服务满12个月。

2.考试科目:

(1)船舶操纵;(2)避碰与信号;(3)船艺。

第十四条 报考一等三副

(一)初级考试

1.资历要求:具有36个月的水上服务资历,其中在一等船舶实际担任舵工或相应职务满18个月。

2.考试科目:

(1)船舶操纵;(2)避碰与信号;(3)职务与法规;(4)航道与引航;(5)船艺;(6)造船轮机大意。

(二)升等考试

1.资历要求:持有二等三副《职务适任证书》,任该职实际服务满12个月。

2.考试科目:

(1)船舶操纵;(2)避碰与信号;(3)职务与法规;(4)航道与引航。

第十五条 报考二等船长

(一)升职考试

1.资历要求:持有二等大副《职务适任证书》,任该职实际服务满24个月。

2.考试科目:

(1)船舶操纵;(2)避碰与信号;(3)职务与法规;(4)航道与引航。

(二)升等考试

1.资历要求:持有三等船长《职务适任证书》,任该职实际服务满24个月。

2.考试科目:

(1)船舶操纵;(2)避碰与信号;(3)航道与引航;(4)造船轮机大意。

第十六条 报考二等大副

(一)升职考试

1.资历要求:持有二等二副《职务适任证书》,任该职实际服务满18个月。

2.考试科目:

(1)船舶操纵;(2)避碰与信号;(3)船艺;(4)造船轮机大意。

(二)升等考试

1.资历要求:持有三等大副《职务适任证书》,任该职实际服务满18个月。

2.考试科目:

(1)船舶操纵;(2)职务与法规;(3)船艺;(4)造船轮机大意。

第十七条 报考二等二副(升等考试)

(一)资历要求:持有三等二副《职务适任证书》,任该职实际服务满18个月。

(二)考试科目:

(1)船舶操纵;(2)避碰与信号;(3)船艺;(4)造船轮机大意。

第十八条 报考二等三副(初级考试)

(一)资历要求:具有36个月的水上服务资历,其中在二等船舶实际担任舵工或相应职务满18个月。

(二)考试科目:

(1)船舶操纵;(2)避碰与信号;(3)职务与法规;(4)航道与引航;(5)船艺;(6)造船轮机大意。

第十九条 报考三等船长

(一)升职考试

1.资历要求:持有三等大副《职务适任证书》,任该职实际服务满24个月。

2.考试科目:

(1)船舶操纵;(2)避碰与信号;(3)职务与法规;(4)造船轮机大意。

(二)升等考试

1.资历要求:持有四等船长《职务适任证书》,任该职实际服务满18个月。

2.考试科目:

(1)船舶操纵;(2)职务与法规;(3)航道与引航。

第二十条　报考三等大副(升等考试)

(一)资历要求:持有四等大副《职务适任证书》,任该职实际服务满12个月。

(二)考试科目:

(1)船舶操纵;(2)避碰与信号;(3)航道与引航。

第二十一条　报考三等二副

(一)初级考试

1.资历要求:具有36个月的水上服务资历,其中在三等船舶实际担任舵工或相应职务满18个月。

2.考试科目:

(1)船舶操纵;(2)避碰与信号;(3)职务与法规;(4)航道与引航;(5)船艺。

(二)升等考试

1.资历要求:持有四等二副《职务适任证书》,任该职实际服务满12个月。

2.考试科目:

(1)船舶操纵;(2)避碰与信号。

第二十二条　报考四等船长(升职考试)

(一)资历要求:持有四等大副《职务适任证书》,任该职实际服务满18个月。

(二)考试科目:

(1)船舶操纵;(2)避碰与信号;(3)职务与法规;(4)造船轮机大意。

第二十三条　报考四等大副(升等考试)

(一)资历要求:持有五等驾驶《职务适任证书》,任该职实际服务满24个月。

(二)考试科目:

(1)船舶操纵;(2)避碰与信号;(3)职务与法规;(4)航道与引航;(5)船艺。

第二十四条　报考四等二副(初级考试)

(一)资历要求:具有36个月的水上服务资历,其中在四等船舶实际担任舵工或相应职务满18个月;或持有五等驾驶《职务适任证书》,任该职实际服务满12个月;或持有五等驾机员《职务适任证书》,任该职实际服务满18个月。

(二)考试科目:

(1)船舶操纵;(2)避碰与信号;(3)职务与法规;(4)航道与引航;(5)船艺。

第二十五条　报考五等驾驶、驾机员

(一)驾驶初级考试

1.资历要求:具有24个月的水上服务资历。

2.考试科目:

(1)船舶操纵;(2)避碰与信号;(3)职务与法规;(4)航道与引航。

(二)驾机员初级考试

1.资历要求:具有12个月的水上服务资历。

2.考试科目:

(1)船舶驾驶常识;(2)船舶机械常识。

第二十六条　延伸航线考试

(一)资历要求:三等以上船舶船长、驾驶员应在相应等级船舶上经所报考航线连续见习6个月;三等以下船舶的,见习3个月。

(二)考试科目:

(1)避碰与信号;(2)航道与引航。

第二十七条　报考一等轮机长

(一)升职考试

1.资历要求:持有一等大管轮《职务适任证书》,任该职实际服务满24个月。

2.考试科目:

(1)船舶动力装置;(2)船舶辅机;(3)机舱管理;(4)船舶电器。

(二)升等考试

1.资历要求:持有二等轮机长《职务适任证书》,任该职实际服务满18个月。

2.考试科目:

(1)船舶动力装置;(2)机舱管理;(3)船舶电器。

第二十八条　报考一等大管轮

(一)升职考试

1.资历要求:持有一等二管轮《职务适任证书》,任该职实际服务满18个月。

2.考试科目:

(1)船舶动力装置;(2)船舶辅机;(3)机舱管理;(4)轮机基础理论。

(二)升等考试

1.资历要求:持有二等大管轮《职务适任证书》,任该职实际服务满12个月。

2.考试科目:

(1)船舶动力装置;(2)船舶辅机;(3)轮机基础理论。

第二十九条　报考一等二管轮(升等考试)

(一)资历要求:持有二等二管轮《职务适任证书》,任该职实际服务满12个月。

(二)考试科目:

(1)船舶动力装置;(2)船舶辅机;(3)造船大意。

第三十条　报考一等三管轮

(一)初级考试

1.资历要求:具有36个月的水上服务资历,其中在一等船舶实际担任机匠或加油满18个月。

2.考试科目:

(1)船舶动力装置;(2)船舶辅机;(3)机舱管理;(4)船舶电器;(5)轮机基础理论;(6)造船大意。

(二)升等考试

1.资历要求:持有二等三管轮《职务适任证书》,任该职实际服务满12个月。

2.考试科目:

(1)船舶动力装置;(2)船舶辅机;(3)船舶电器。

第三十一条 报考二等轮机长

(一)升职考试

1.资历要求:持有二等大管轮《职务适任证书》,任该职实际服务满24个月。

2.考试科目:

(1)船舶动力装置;(2)机舱管理;(3)船舶电器;(4)造船大意。

(二)升等考试

1.资历要求:持有三等轮机长《职务适任证书》,任该职实际服务满24个月。

2.考试科目:

(1)船舶动力装置;(2)船舶辅机;(3)船舶电器;(4)轮机基础理论;(5)造船大意。

第三十二条 报考二等大管轮

(一)升职考试

1.资历要求:持有二等二管轮《职务适任证书》,任该职实际服务满18个月。

2.考试科目:

(1)船舶动力装置;(2)船舶辅机;(3)机舱管理;(4)轮机基础理论。

(二)升等考试

1.资历要求:持有三等大管轮《职务适任证书》,任该职实际服务满18个月。

2.考试科目:

(1)船舶动力装置;(2)船舶辅机;(3)机舱管理;(4)轮机基础理论。

第三十三条 报考二等二管轮(升等考试)

(一)资历要求:持有三等二管轮《职务适任证书》,任该职实际服务满18个月。

(二)考试科目:

(1)船舶动力装置;(2)船舶辅机;(3)机舱管理;(4)轮机基础理论。

第三十四条 报考二等三管轮(初级考试)

(一)资历要求:具有36个月的水上服务资历,其中在二等船舶实际担任机匠或加油满18个月。

(二)考试科目:

(1)船舶动力装置;(2)船舶辅机;(3)机舱管理;(4)船舶电器;(5)轮机基础理论;(6)造船大意。

第三十五条 报考三等轮机长

(一)升职考试

1.资历要求:持有三等大管轮《职务适任证书》,任该职实际服务满24个月。

2.考试科目:

(1)船舶动力装置;(2)船舶辅机;(3)机舱管理;(4)船舶电器。

(二)升等考试

1.资历要求:持有四等轮机长《职务适任证书》,任该职实际服务满18个月。

2.考试科目:

(1)船舶动力装置;(2)机舱管理;(3)船舶电器。

第三十六条 报考三等大管轮(升等考试)

(一)资历要求:持有四等大管轮《职务适任证书》,任该职实际服务满12个月。

(二)考试科目:

(1)船舶动力装置;(2)船舶辅机;(3)机舱管理。

第三十七条 报考三等二管轮

(一)初级考试

1.资历要求:具有36个月的水上服务资历,其中在三等船舶实际担任机匠或加油满18个月。

2.考试科目:

(1)船舶动力装置;(2)机舱管理;(3)船舶电器;(4)轮机基础理论;(5)造船大意。

(二)升等考试

1.资历要求:持有四等二管轮《职务适任证书》,任该职实际服务满12个月。

2.考试科目:

(1)船舶动力装置;(2)船舶辅机。

第三十八条 报考四等轮机长(升职考试)

(一)资历要求:持有四等大管轮《职务适任证书》,任该职实际服务满18个月。

(二)考试科目:

(1)船舶动力装置;(2)船舶辅机;(3)机舱管理;(4)船舶电器。

第三十九条 报考四等大管轮(升等考试)

(一)资历要求:持有五等司机《职务适任证书》,任该职实际服务满24个月。

(二)考试科目:

(1)船舶动和装置;(2)机舱管理;(3)船舶电器;(4)轮机基础理论;(5)造船大意。

第四十条 报考四等二管轮(初级考试)

(一)资历要求:具有36个月的水上服务资历,其中在四等船舶实际担任机匠或加油满18个月;或持有五等司机《职务适任证书》,任该职实际服务满12个月;或持有五等驾机员《职务适任证书》,任该职实际服务满18个月。

(二)考试科目:

(1)船舶动力装置;(2)机舱管理;(3)船舶电器;(4)轮机基础理论;(5)造船大意。

第四十一条 报考五等司机(初级考试)

(一)资历要求:具有24个月的水上服务资历。

(二)考试科目:

(1)船舶机械常识;(2)机舱管理常识。

第四十二条 报考通用报务员

(一)资历要求:持有一等报务员《职务适任证书》,任该职实际服务满24个月。

(二)考试科目:

(1)无线电机务;(2)无线电通信业务;(3)英语。

第四十三条 报考一等报务员

(一)资历要求:持有二等报务员《职务适任证书》,任该职实际服务满18个月。

(二)考试科目:

(1)无线电机务;(2)无线电通信业务;(3)译电;(4)收报;(5)发报;(6)英语。

第四十四条 报考二等报务员。

(一)资历要求:具有36个月的水上服务资历,其中在船上见习无线电报务工作满18个月;或持有话务员《职务适任证书》,任该职实际服务满12个月。

(二)考试科目:

(1)无线电机务;(2)无线电通信业务;(3)译电;(4)收报;(5)发报。

第四十五条 报考话务员

(一)资历要求:具有18个月的水上服务资历,其中在船上见习无线电话务工作满12个月;或在话务台见习无线电话务工作满12个月并具有6个月的水上服务资历;或持有一、二等三副或三、四等二副及以上《职务适任证书》。

(二)考试科目:

(1)无线电机务;(2)无线电通信业务。

第四十六条 高等水运院校毕业生参加船员考试

(一)船舶驾驶、轮机管理专业本科毕业生,可分别报考各等级二副、二管轮,其理论考试与国家毕业考试结合进行。毕业后,在相应等级船舶上连续见习满12个月,写出见习报告或论文,并经考试发证机关考核。

(二)船舶驾驶、轮机管理专业专科毕业生,可分别报考一、二等三副、三管轮、三、四等二副二管轮,其理论考试与国家毕业考试结合进行。毕业后,在相应等级船舶上连续见习满12个月,写出见习报告或论文,并经考试发证机关考核。

(三)船舶无线电通信专业毕业生,可报考二等报务员,其理论考试与国家毕业考试结合进行。毕业后,在船舶上连续见习满12个月,写出见习报告或论文,并经考试发证机关考核。

第四十七条 中等水运学校毕业生参加船员考试

(一)船舶驾驶专业毕业生,报考一、二等三副,需具备在相应等级船舶上连续见习满12个月的资历,并参加下列科目考试:

(1)船舶操纵;(2)避碰与信号;(3)职务与法规;(4)航道与引航。

(二)船舶驾驶专业毕业生,报考三等二副,需具备在相应等级船舶上连续见习满12个月的资历,并参加下列科目考试:

(1)避碰与信号;(2)航道与引航。

(三)轮机管理专业满毕业生,报考一、二等三管轮,需具备在相应等级船舶上连续见习满12个月的资历,并参加下列科目考试:

(1)船舶动力装置;(2)船舶辅机;(3)机舱管理;(4)船舶电器。

(四)轮机管理专业毕业生,报考三等二管轮,需具备在相应等级船舶上连续见习满12个月的资历,并参加下列科目考试:

(1)船舶动力装置;(2)机舱管理。

(五)船舶无线电通信专业毕业生,报考二等报务员,需具备在船舶上连续见习满12个月的资历,并参加下列科目考试:

(1)无线电通信业务;(2)译电;(3)收报;(4)发报。

(六)船舶驾驶、轮机管理专业毕业生,报考四等二副、二管轮,其理论考试与国家毕业考试结合进行。毕业后在该等级船舶上连续见习满12个月,写出见习报告或论文,并经考试发证机关考核。

第四十八条 曾在军事船舶上担任驾驶、轮机及报务工作职务的人员,在本规则规定的船舶上从事工作,申请船员考试时,应具有不少于12个月的见习资历并出具原所属部队颁发的有关专业合格证(包括军事院校毕业文凭)以及在服役期内的水上服务资历证明。船员考试发证机关根据其专业学历、水上服务资历及所任职务,核准其参加除一等船长、一等轮机长、通用报务员以外的相应等级、职务的考试。

第四十九条 曾在渔船上工作的船员,在本规则规定的船舶上从事工作,申请船员考试时,应具有不少于12个月的见习资历并出具渔船船员证书及渔业部门对其在渔船时的水上服务资历证明。船员考试发证机关根据其专业学历、水上服务资历及所任职务,核准其参加除一等船长、一等轮机长、通用报务员以外的相应等级、职务的考试。

第四章 申请考试及发证

第五十条 船员向考试发证机关申请考试,应填具《船员职务适任证书申请表》(以下简称《申请表》)并附四张近期5厘米(二英寸)证件照片,递交由考试发证机关指定医院出具的《船员体格检查表》(十二个月以内有效,下同),交验《船员服务簿》、现有《职务适任证书》等有关证明文件。申请人所在单位应在《申请表》上签注对申请人的技术鉴定和审批意见。经考试发证机关审查合格后,准予参加考试。

第五十一条 各科考试成绩以100分为满分。《避碰与信号》一科的及格分数为80分,其他各科的及格分数为60分。

第五十二条 船员经考试后,有部分科目不及格的,可以在三年内参加三次补考,全部科目不及格的,无补考资格。

第五十三条 经四等以上各等级初级考试(话务员考试除外)合格的船员,必须在相应等级船舶上见习6个月。见习期满后,交验《船员服务簿》,经考试发证机关审核合格,签发相应等级、职务的《职务适任证书》。

第五十四条 持有一、二等三副,三管轮和三、四等二副、二管轮《职务适任证书》的船员,任该职实际服务满12个月的,可向考试发证机关申请升职换证,填具《申请表》并附两张近期5厘米证件照片,交验《船员体格检查表》、《船员服务簿》,经考试发证机关审核合格后,分别换发一、二等二副、二管轮和三、四等大副、大管轮《职务适任证书》。

第五十五条 持有《职务适任证书》的船员,应在其证书有效期满前的12个月内,向船员考试发证机关申请换证,并应当符合下列条件:

(一)在《职务适任证书》所载等级的船舶上实际担任所载职务或低一级职务满12个月;

(二)填具《申请表》并附四张近期5厘米证件照片,递交《船员体格检查表》,交验《船员服务簿》和有关证明文件。

经考试发证机关审查合格后,可换发与原等级、职务相同的《职务适任证书》。

第五十六条 年龄在60周岁(女性55周岁)以上的船员,如仍需在船任职,应每隔一年向考试发证机关申请办理一次验证手续。

申请验证的船员,应由所服务的单位签署意见或出具聘用证明,填写《申请表》,递交《船员体格检查表》,交验《船员服务簿》,经考试发证机关审查合格后,予以签注。

第五十七条 有下述情况的船员,报考主管机关指定的考试科目合格后,换发与原等级、职务相同的《职务适任证书》:

(一)实际脱离水上服务超过60个月,但在不低于其《职务适任证书》所载等级的船舶见习满12个月;

(二)在《职务适任证书》有效期内担任其所载等级、职务或低一级职务不足12个月,但满6个月。

第五十八条 《职务适任证书》被吊销的船员,自吊销之日起24个月后方有资格按本规则的相应规定申请与原《职务适任证书》等级、职务相同的船员考试。

第五十九条 《职务适任证书》在其有效期内,如有毁损或遗失,经船员服务单位审查属实并出具证明,可向原考试发证机关申请补发。

第六十条 船舶申请考试发证、换证、验证、补发证书,均应向船员考试发证机关缴纳费用。

第五章 附 则

第六十一条 本规则下列用语的含义是:

"升职考试"是指持证船员申请参加与原《职务适任证书》所载船舶等级相同,而职务高一级的考试。

"升等考试"是指持证船员申请参加与原《职务适任证书》所载职务相同,而船舶等级高一级的考试(包括五等驾驶、司机报考四等大副、大管轮)。

"初级考试"是指船员申请参加各等级船舶最低一级职务的考试。

"定职考试"是指高等、中等水运院校毕业生,军事船舶和渔船船员按本规则规定申请参加确定其相应等级、职务的考试。

"延伸航线考试"是指驾驶专业持证船员申请参加延伸或扩大所持《职务适任证书》的航线签注范围的考试。

"考核"是指船员考试发证机关根据申请者所在单位的人事技术管理部门所作的技术鉴定,对该申请者能否适任其所申请的职务进行的审核。

第六十二条 本规则中"以上"包含本数,"以下"不包含本数。

第六十三条 船员实际水上服务资历不包括船员离船和调岸工作、学习的时间,但应包括本规则第六十六条所指的专业培训时间。专业培训时间不满6个月的,按实际天数计算;超过6个月的,按6个月计算。

船舶停航时间超过2个月的船员,水上服务资历按2个月计算;不足2个月的,水上服务资历按实际天数计算。

第六十四条 持有海船船长、驾驶员职务适任证书的船员,申请参加内河航线考试,合格后可取得相应的资格证明。

第六十五条 船员考试发证机关对有下列行为之一者,视情节给予警告、罚款、取消考试资格6个月至12个月的处罚:

(一)向船员考试发证机关提供假证明材料、伪造水上服务资历;

(二)违反考场规则;

(三)其他违反本规则有关规定的行为。

第六十六条 经省级港航监督机构或长江、黑龙江港航监督局认可的单位,可根据具体情况组织应试船员进行专业培训。

第六十七条 《职务适任证书》以及本规则中船员申请考试发证的有关表册,由中华人民共和国港务监督局统一制定。

第六十八条 长江干线和黑龙江水系的非机动船船员考试发证办法分别由长江港航监督局和黑龙江港航监督局制定。其他水域的非机动船船员考试发证办法分别由各省级港航监督机构制定。

第六十九条 中华人民共和国港务监督局可根据本规则制定实施细则。

第七十条 本规则由交通部负责解释。

第七十一条 本规则自一九九三年一月一日起生效。

（十一）中华人民共和国海船船员适任考试、评估和发证规则

1997年11月5日交通部第14号令
1998年8月1日施行

第一章 总 则

第一条 为提高海员的技术素质，保障海上人命和财产的安全，保护海洋环境促进海运业的发展，依据《中华人民共和国海上交通安全法》和我国政府加入的《1978年海员培训、发证和值班标准国际公约（1995修正）》（以下简称 STCW78/95 公约）及其他有关国际公约的规定，制定本规则。

第二条 船长、高级船员和负有值班职责的普通船员在中国籍海船上任职时应持有《中华人民共和国海船船员适任证书》（以下简称适任证书）或承认另一缔约国适任证书的签证。

第三条 本规则适用于下列人员或单位申请和办理海员适任考试、评估、发证及有关业务。

（一）在中国籍海船上服务的海员；

（二）在外国籍海船上服务的中国籍海员；

（三）正接受认可的教育和培训的学员；

（四）有关的公司、航海院校和海员培训机构除另有规定外，本规则不适用于在军用船舶、渔船、非机动船、非营业的游艇、体育运动船或构造简单的木船上服务的人员。

第四条 申请适任证书者应符合下列基本要求：

（一）持有效的《船员服务簿》；

（二）满足以最低年龄要求：

1.申请海船甲板部和轮机部高级船员适任证书者，年龄不小于20周岁；

2.申请值班水手和值班机工适任证书者，年龄不小于18周岁。

（三）符合海员体检标准，特别是关于视觉、听觉和会话能力等方面的要求；

（四）具有规则规定的最近5年内的海上服务资历，完成规定的船上培训或见习，以及具有良好的海上安全记录；

（五）完成主管机关认可的海员教育和培训；

（六）参加并通过本规则规定的适任考试和评估。

第五条 中华人民共和国港务监督局是全国海船船员适任考试、评估和发证的主管机关。港务监督依照主管机关确定的职责范围负责实施本规则。

第二章 适任证书

第六条 适任证书由中华人民共和国港务监督局统一印制。

第七条 适任证书由港务监督依照主管机关确定的职责范围签发。适任证书的签发机关栏内加盖规定的印章，持证人照片处加盖规定的骑缝钢印。

第八条 适任证书包含的基本内容有：

(一)适任证书编号；

(二)持证人的姓名和签名、出生日期；

(三)STCW 78/95 公约规定的适用条款；

(四)持证人适任的职能、级别和职位(等级和职务)；

(五)适任证书的限制项目,包括特定类型船舶、主推进动力装置等；

(六)主管机关正式授权的官员的签名；

(七)发证日期和终止日期。

第九条 适任证书的"限制"栏目内容,由签发证书的港务监督负责签注。

第十条 适任证书的类别和适用范围：

(一)甲类适任证书适用用于：

1.无限航区 3000 总吨及以上船舶的船长、大副、二副和三副；

2.无限航区主推进动力装置 3000 千瓦以上船舶的轮机长、大管轮、二管轮、三管轮；

3.GMDSS 一级无线电电子员；

4.GMDSS 二级无线电电子员；

5.GMDSS 通用操作员。

(二)乙类适任证书适用于：

1.近洋航区 3000 总吨及以上船舶的船长、大副、二副和三副；

2.近洋航区 500 至 3000 总吨船舶的船长、大副、二副和三副；

3.近洋航区主推进动力装置 3000 千瓦及以上船舶的轮机长、大管轮、二管轮、三管轮；

4.近洋航区主推进动力装置 750 至 3000 千瓦及以上船舶的轮机长、大管轮、二管轮、三管轮；

5.无限航区 500 总吨及以上船舶的值班水手；

6.无限航区主推进动力装置 750 千瓦及以上船舶的值班机工；

(三)丙类适任证书适用于：

1.沿海航区 3000 总吨及以上船舶的船长、大副、二副和三副；

2.沿海航区 500 至 3000 总吨船舶的船长、大副、二副和三副；

3.沿海航区主推进动力装置 3000 千瓦及以上船舶的轮机长、大管轮、二管轮和三管轮；

4.沿海航区主推进动力装置 750 至 3000 千瓦船舶的轮机长、大管轮、二管轮和三管轮；

5.GMDSS 限用操作员；

6.沿海航区 500 总吨及以上船舶的值班水手；

7.沿海航区主推进动力装置 750 千瓦及以上船舶的值班机工。

(四)丁类适任证书适用于：

1.近岸航区未满 500 总吨船舶的船长、大副、二副和三副；

2.近岸航区主推进动力装置未满 750 千瓦船舶的轮机长、大管轮、二管轮和三管轮；

3.近岸航区未满 500 总吨船舶的值班水手；

4.近岸航区主推进动力装置未满 750 千瓦船舶的值班机工。

第十一条 适任证书的有效期不超过 5 年。

第三章 船长和甲板部船员

第一节 一般规定

第十二条 船长、驾驶员和值班水手适任证书所适用的职务、航区和船舶等级的设置：

(一)职务设为:船长、大副、二副、三副、值班水手,其中大副、二副、三副合称为驾驶员;驾驶员和值班水手合称为甲板部船员;

(二)航区分为:近岸航区、沿海航区、近洋航区、无限航区;

(三)船舶等级:船长、驾驶员适任证书所适用的船舶等级根据航区、船舶总吨分为:

1.无限航区 3000 总吨及以上;

2.近洋航区 3000 总吨及以上;

3.近洋航区 500 至 3000 总吨;

4.沿海航区 3000 总吨及以上;

5.沿海航区 500 至 3000 总吨;

6.近岸航区未满 500 总吨。

(四)值班水手适任证书所适用的船舶等级根据航区和船舶总吨分为:

1.无限航区 500 总吨及以上;

2.沿海航区 500 总吨及以上;

3.近岸航区未满 500 总吨。

拖轮船长、驾驶员和值班水手适任证书所适用的船舶等级按航区和拖轮的主推进动力装置功率划分。

第十三条 申请船长或甲板部船员适任证书职务晋升者,应具有以下海上服务资历:

(一)申请值班水手适任证书者,应具有相应航区、等级的海上服务资历满 6 个月;

(二)申请三副适任证书,应持有相应航区和等级的值班水手适任证书,并实际担任其职务满 12 个月;

(三)申请二副适任证书者,应持有相应航区、等级的三副适任证书,并实际担任其职务满 18 个月;

(四)申请大副适任证书者,应持有相应航区、等级的二副适任证书,并实际担任其职务满 12 个月;

(五)申请船长适任证书者,应持有相应航区、等级大副适任证书,并实际担任其职务满 18 个月。

在籍学员可按第六十四条的规定办理。

第十四条 在近洋航区船舶上任职的船长、驾驶员的海上服务资历可视为相当于在无限航区船舶上的海上服务资历。

第十五条 在无限航区 500 至 3000 总吨船舶上任职的船长、驾驶员,应持有无限航区 3000 总吨及以上船舶船长、驾驶员适任证书。

第十六条 在沿海或近洋航区未满 500 总吨船舶上任职的船长、驾驶员,应持有沿海或近洋航区 500 至 3000 总吨船舶船长、驾驶员适任证书。

第二节 申请考试的条件

第十七条 申请船长或甲板部船员适任考试者,应完成以下认可的教育和培训:

(一)申请 500 总吨及以船值班水手适任考试者,应完成认可的不少于 6 个月的水手适任培训;或完成认可的航海类技工学校船舶驾驶专业的教育。

(二)申请 500 总吨及以上船舶三副适任考试者,应完成认可的不少于 2 年的航海职业教育和培训;或者完成认可的航海类院校船舶驾驶专业中专及以上的学历教育。

(三)申请无限航区船舶大副适任考试者,应完成认可的航海类院校船舶驾驶专业大专及以上的学历教育;或者完成(二)项规定的教育和培训,并再完成认可的不少于 1 年的航海职业教育和培训。

(四)申请船长适任考试者,除满足本条(二)、(三)项规定的规定外,还应完成认可的不少于 3 个月的船长业务培训。

第十八条 每个申请甲板部船员适任考试者,还应完成下列相应的海员专业培训项目,并取得培训合格证:

(一)申请甲板部适任考试者,应完成:

1.熟悉和基本安全培训;2.精通救生艇筏和救助艇培训。

(二)申请三副适任考试者,还应完成:

1.高级消防培训;2.精通急救培训;3.雷达观测与标绘培训和雷达模拟器培训;4.自动雷达标绘仪培训;5.GMDSS通用操作员培训,并取得GMDSS通用操作员适任证书。

但申请近岸航区未满500总吨船舶三副适任证书者,可完成GMDSS限用操作员培训,并取得适任证书。

(三)申请500总吨及以上船舶大副适任考试者,还应完成船上医护培训。

第十九条 申请适任证书的航区扩大考试者,应持有与所申请的航区较低一级航区但相同等级和职务的适任证书,并实际担任其职务满6个月持有沿海航区船长或甲板部船员适任证书并实际担任其职务满6个月者,经港务监督核准,可跨航区申请无限航区的相同等级和职务的适任考试。

第二十条 申请适任证书的吨位提高考试者,应持有与所申请的吨位较低一级吨位但相同航区和职务的适任证书,并实际担任其职务满12个月。

第二十一条 同时申请适任证书的航区扩大和吨位提高考试者,应持有与所申请的航区和吨位均较低一级的相同职务的适任证书,实际担任其职务满18个月并只能申请原职务的适任证书的考试。

第三节 理论考试科目和评估项目

第二十二条 本规定规定的理论考试科目和评估项目,适用于申请海船船长、驾驶员和值班水手的适任证书的考试和评估。

第二十三条 申请三副适任考试者,应参加下列理论考试科目的考试和评估项目的评估:

(一)职务晋升的理论考试科目

1.航行职能:

(1)航海学;(2)船舶值班与避碰;(3)航海气象与海洋学;(4)航海英语;

2.货物装卸和积载职能:(5)海上货物运输;

3.船舶作业管理和人员管理职能:

(6)船舶管理;(7)船舶结构与设备。

(二)航区扩大的理论考试科目

1.航行职能:

(1)航海学;(2)航海气象与海洋学;(3)航海英语;

2.船舶作业管理和人员管理职能:

(4)船舶管理。

(三)吨位提高的理论考试科目

1.航行职能:

(1)船舶值班与避碰;

2.货物装卸和积载职能:

(2)海上货物运输;

3.船舶作业管理和人员管理职能:

(3)船舶结构与设备。

(四)评估项目

1.海图作业;2.航线设计;3.船舶定位;4.航海仪器的正确使用;5.测罗经差;6.货物积载与系固;7.航海英语听力与会话。

申请三副适任证书的航区扩大者,应通过上述第2项和第7项的评估;申请三副适任证书的吨位提高者,应通过上述第6项的评估。

第二十四条 除本规则第七十条规定的职务签证外,如需申请二副适任考试者应按本规则第二十三条的规定参加相应的考试和评估。

第二十五条 申请大副适任考试者,应参加下列理论考试科目的考试和评估项目的评估:

(一)职务晋升的理论考试科目

1.航行职能:

(1)航海学;(2)船舶值班与避碰;(3)船舶操纵;(4)航海气象与海洋学;(5)航海英语;

2.货物装卸和积载职能:

(6)海上货物运输;

3.船舶作业管理和人员管理职能:

(7)船舶管理;(8)船舶结构与设备。

(二)航区扩大的理论考试科目

1.航行职能:

(1)航海学;(2)航海气象与海洋学;(3)航海英语;

2.船舶作业管理和人员管理职能:

(4)船舶管理。

(三)吨位提高的理论考试科目

1.航行职能:

(1)船舶值班与避碰;(2)船舶操纵;

2.货物装卸和积载职能:

(3)海上货物运输;

3.船舶作业管理和人员管理职能:

(4)船舶结构与设备。

(四)评估项目

1.货物积载与系固;2.航海英语听力与会话;3.气象传真天气图分析。

申请大副适任证书的航区扩大者,应通过上述第2项和第3项的评估,其中第3项的评估仅适用于无限航区船舶的大副;申请大副适任证书的吨位提高者,应通过上述第1项的评估。

第二十六条 申请船长适任考试者,应参加下列理论考试科目的考试和评估项目的评估:

(一)职务晋升的理论考试科目

1.船长业务;2.航海英语。

(二)航区扩大的理论考试科目

1.航海学;2.航海气象与海洋学;3.航海英语;4.船长业务。

(三)吨位提高的理论考试科目

1.船舶值班与避碰;2.船舶操纵;3.海上货物运输;4.船舶结构与设备。

(四)评估项目

1.航次计划;2.海上搜救与海事案例分析;3.航海英语听力与会话。

申请船长适任证书航区扩大者,应通过上述第1项和第3项的评估。

第二十七条 申请值班水手适任考试者,应参加下列理论考试科目的考试和评估项目的评估:

(一)职务晋升和吨位提高的理论考试科目

1.水手业务;2.航海英语。

(二)航区扩大的理论考试科目

1.水手业务;2.航海英语。

(三)评估项目

1.水手工艺;2.水手值班;3.航海英语听力与会话。

第二十八条 同时申请船长或甲板部船员适任证书航区扩大和吨位提高考试者应参加本节对航区扩大和吨位提高所规定的全部理论考试科目的考试和评估项目的评估。

第二十九条 申请近岸航区船长、驾驶员、值班水手适任考试者,可免于参加英语理论考试科目的考试和航海英语听力与会话评估项目的评估。

第四章 轮机部船员

第一节 一般规定

第三十条 轮机长、轮机员和值班机工(以下合称轮机部船员)适任证书所适用的职务、航区、船舶等级、主推进动力装置种类的设置:

(一)职务设为:轮机长、大管轮、二管轮、三管轮和值班机工。其中大管轮、二管轮、三管轮合称为轮机员。

(二)航区分为:近岸航区、沿海航区、近洋航区、无限航区。

(三)船舶等级:轮机长、轮机员适任证书所适用的船舶等级根据航区和主推进动力装置的功率分为:

1.无限航区主推进动力装置3000千瓦及以上;

2.近洋航区主推进动力装置3000千瓦及以上;

3.近洋航区主推进动力装置750千瓦至3000千瓦;

4.沿海航区主推进动力装置3000千瓦及以上;

5.沿海航区主推进动力装置750千瓦至3000千瓦;

6.近岸航区主推进动力装置未满750千瓦。

(四)值班机工适任证书所适用的船舶等级根据航区和主推进动车装置的功率分为:

1.无限航区主推进动力装置750千瓦及以上;

2.沿海航区主推进动力装置750千瓦及以上;

3.近岸航区主推进动力装置未满750千瓦。

(五)主推进动力装置种类有内燃机、蒸汽机、燃气轮机。

第三十一条 申请轮机部船员适任证书职务晋升者,应具有以下海上服务资历:

(一)申请值班机工适任考试者,应具有相应航区、等级的海上服务资历满6个月。

(二)申请三管轮适任考试者,应持有相应航区、等级的值班机工适任证书并实际担任其职务满12个月。

(三)申请二管轮适任考试者,应持有相应航区、等级的三管轮适任证书,并实际担任其职务满18个月。

(四)申请大管轮适任考试者,应持有相应航区、等级的二管轮适任证书,并实际担任其职务满12个月。

(五)申请轮机长适任考试者,应持有相应航区、等级的大管轮适任证书,并实际担任其职务满18个月。

在籍学员可按第六十四条的规定办理。

第三十二条 在近洋航区船舶上任职的轮机长、轮机员的海上服务资历可视为相当于在无限航区船舶上的海上服务资历。

第三十三条 在无限航区主推进动力装置750至3000船舶上任职的轮机长、轮机员,应持有无限航区主推进动力装置3000千瓦及以上船舶轮机长、轮机员适任证书。

第三十四条 在沿海或近洋航区未满750千瓦船舶上任职的轮机长、轮机员应持有相应的沿海航区或近洋航区主推进动力装置750至3000船舶轮机长、轮机员适任证书。

第二节 申请考试的条件

第三十五条 申请轮机部船员适任考试者,应完成以下认可的考试和培训:

(一)申请750千瓦及以上船舶值班机工适任考试者,应完成认可的不少于6个月的值班机工适任培训;或者完成认可的航海类技工学校船舶轮机专业的教育。

(二)申请主推进动力装置750千瓦及以上船舶三管轮适任考试者,应完成认可的不少于2年的岸上航海职业教育和培训;或者完成航海类院校船舶轮机专业中专及以上的学历教育。

(三)申请无限航区主推进动力装置3000千瓦及以上船舶大管轮适任考试者,应完成航海类院校航轮机专业大专及以上的学历教育;或者完成本条(二)项规定的教育和培训,并再完成认可的不少于1年的航海职业教育和培训。

(四)申请轮机长适任考试者,除满足本条(二)(三)项的规定外,还应完成不少于3个月的轮机长业务培训。

第三十六条 每个申请轮机部船员适任考试者,还应完成下列相应的海员专业培训项目,并取得培训合格证。

(一)申请各级轮机部船员适任考试者,应完成:

1.熟悉和基本安全培训;2.精通救生艇筏和救助艇培训。

(二)申请三管轮适任证书者,还应完成:

1.精通急救培训;2.高级消防培训。

第三十七条 申请轮机部船员适任证书的航区扩大考试者,应持有与所申请航区较低一级航区但相同等级和职务的适任证书,并实际担任其职务满6个月。

持有轮机部沿海航区适任证书并实际担任其职务满6个月者,经港务监督核准可跨航区申请无限航区船员相同等级和职务的适任证书。

第三十八条 申请轮机部船员适任证书的功率提高考试者、应持有与所申请功率较低一级功率但相同航区和职务的适任证书,并实际担任其职务满12个月。

第三十九条 同时申请轮机部船员适任证书的航区扩大和功率提高考试者,应持有与所申请的航区和功率均较低一级的相同职务的适任证书,实际担任其职务满18个月,并只能申请原职务的适任证书的考试。

第三节 理论考试科目和评估项目

第四十条 本节规定的理论考试科目和评估项目,仅适用于申请主推进动力装置种类为内燃机船舶的轮机长、轮机员、值班机工适任证书的考试与评估。

申请适用蒸汽机、燃气轮机船舶的轮机部船员适任证书者,应参加相应的蒸汽机、燃气轮机的培训、考试和评估。

第四十一条 申请三管轮适任考试者,应参加下列理论考试科目的考试和评估项目的评估:

(一)职务晋升的理论考试科目

1.轮机工程职能:

(1)轮机工程基础;(2)主推进动力装置;(3)船舶辅机;(4)轮机英语;

2.电气、电子和自动控制职能:

(5)船舶电气;

3.维护和修理职能:

(6)轮机维护与修理;

4.船舶作业管理和人员管理职能:

(7)船舶管理。

(二)功率提高的理论考试科目

1.轮机工程职能:

(1)轮机工程基础;(2)主推进动力装置;(3)船舶辅机;

2.电气、电子和自动控制职能:

(4)船舶电气;

3.维护和修理职能:

(5)轮机维护与修理;

4.船舶作业管理和人员管理职能:

(6)船舶管理。

(三)评估项目

1.动力设备拆装;2.动力设备操作;3.金工工艺;4.船舶电工工艺和电气测试;5.船舶电站操作;6.轮机英语听力与会话。

申请三管轮适任证书的功率提高考试者,应参加上述第1、2、5和6项的评估。

第四十二条 除本规则第七十条规定的职务签证外,如需申请二管轮适任考试者,应按本规则第四十一条的规定参加相应的考试和评估。

第四十三条 申请大管轮适任考试者,应参加下列理论考试科目的考试和评估项目的评估:

(一)职务晋升的理论考试科目

1.轮机工程职能:

(1)轮机工程基础;(2)主推进动力装置;(3)船舶辅机;(4)轮机英语;

2.电气、电子与自动控制职能:

(5)轮机自动化;

3.维护与修理职能:

(6)轮机维护与修理;

4.船舶作业管理和人员管理职能：

(7)船舶管理。

(二)功率提高的理论考试科目

1.轮机工程职能：

(1)轮机工程基础；(2)主推进动力装置；(3)船舶辅机；(4)轮机英语；

2.电气、电子与自动控制职能：

(5)轮机自动化；

3.维护与修理职能：

(6)轮机维护与修理；

4.船舶作业管理和人员管理职能：

(7)船舶管理。

(三)评估项目

1.动力设备拆装；2.动力装备测试分析与操作；3.自动控制实验；4.轮机英语听力与会话。

申请大管轮适任证书功率提高考试者，应参加上述第1、2、3项的评估。

第四十四条 申请轮机长适任考试者，应参加下列理论考试科目的考试和评估项目的评估：

(一)职务晋升的理论考试科目

1.轮机长业务；2.轮机英语。

(二)功率提高的理论考试科目

1.主推进动力装置；2.船舶辅机；3.轮机英语；4.轮机自动化；5.轮机维护与修理。

(三)评估项目

1.轮机模拟器；2.轮机英语听力与会话。

其中轮机模拟器仅适用于3000千瓦及以上船舶轮机长。

第四十五条 申请值班机工适任考试者，应参加下列理论考试科目的考试和评估项目的评估：

(一)职务晋升的理论考试科目

1.机工业务；2.轮机英语。

(二)功率提高的理论考试科目

1.机工业务；2.轮机英语。

(三)评估项目

1.机工值班；2.金工工艺；3.轮机英语听力与会话。

第四十六条 申请轮机部船员适任证书航区扩大考试者，应参加轮机英语理论考试科目的考试和轮机英语听力与会话评估项目的评估。

第四十七条 申请近岸航区轮机长、轮机员和值班机工适任考试者，可免于参加英语理论考试科目的考试和轮机英语听力与会话评估项目的评估。

第五章 无线电人员

第一节 一般规定

第四十八条 本规章规定适用于装备全球海上遇险和安全系统(以下简称"GMDSS")船舶的无线电人员，并适用于在近海移动装置和海上平台或设施上负责 GMDSS 无线电通信的人员。

第四十九条 GMDSS 的适用范围按船舶配备的通信设备划分为四个海区 A1 海区、A2 海区、A3 海区、A4 海区。

第五十条 船舶 GMDSS 无线电人员适任证书所适用的职务、等级和海区：

（一）GMDSS 限用操作员适用于 A1 海区的船舶、近海移动装置、海上平台或设施的 GMDSS 无线电操作人员。

（二）GMDSS 通用操作员适用于 A1、A2 海区的船舶、近海移动装置、海上平台或设施上的 GMDSS 无线电操作人员；或者 A3、A4 海区配备双套 GMDSS 设备的船舶、近海移动装置、海上平台或设施上的 GMDSS 无线电操作人员。

（三）GMDSS 二级无线电电子员适用于 A1、A2 或 A3 海区的船舶、近海移动装置、海上平台或设施上的具有维修职能和 GMDSS 无线电人员。

（四）GMDSS 一级无线电电子员适用于 A1、A2、A3 或 A4 海区的船舶、近海移动装置、海上平台或设施上的具有维修职能的 GMDSS 无线电人员。

第五十一条 申请无线电人员适任证书职务晋升者，应具有以下海上服务资历：

（一）申请 GMDSS 限用操作员或 GMDSS 通用操作员适任考试者，应具有不少于 12 个月的相应海区的服务资历。

（二）申请 GMDSS 二级无线电电子员适任考试者，应持有通用操作员适任证书，并实际担任其职务满 12 个月。

（三）申请 GMDSS 一级无线电电子员适任考试者，应持有 GMDSS 二级无线电电子员适任证书，并实际担任其职务满 18 个月。

在籍学员可按第六十四条的规定办理。

第二节 申请考试的条件

第五十二条 申请 GMDSS 无线电人员适任考试者，应完成以下认可的教育和培训：

（一）申请 GMDSS 限用制作员适任考试者，应完成认可的不少于 6 个月的船舶通信职业教育和培训，或者完成认可的航海类技工学校船舶通信专业或船舶驾驶（驾通合一）专业的教育。

（二）申请 GMDSS 通用操作员适任考试者，应完成认可的船舶通信或船舶驾驶（驾通合一）的职业教育和培训，或完成认可的航海类院校船舶通信专业或船舶驾驶（驾通合一）专业中专或以上的学历教育。

（三）申请船舶 GMDSS 一级、二级无线电电子员适任考试者，应完成认可的航海类院校船舶通信专业大专及以上的学历教育。

第五十三条 每个申请船舶 GMDSS 无线电人员适任考试者，还应完成以下海员专业培训项目，并取得培训合格证。

（一）熟悉和基本安全培训；

（二）精通救生艇筏和救助艇培训；

（三）精通急救培训。

第三节 理论考试科目和评估项目

第五十四条 申请 GMDSS 限用、通用操作员适任考试者，应通过下列理论考试科目的考试和评估项目的评估：

（一）职务晋升的理论考试科目

1.海上无线电通信；2.通信英语。

（二）评估项目

1.GMDSS 设备操作；2.通信英语听力与会话。

第五十五条 申请 GMDSS 一级、二级无线电电子员适任考试者,应通过下列理论考试科目的考试和评估项目的评估:

(一)职务晋升的理论考试科目

1.无线电电子学;2.海上无线电通信;3.通信英语。

(二)评估项目

1.GMDSS 设备操作;2.GMDSS 设备维修;3.通信英语听力与会话。

第六章 适任考试与评估

第五十六条 海员适任考试和评估工作,由港务监督依照主管机关确定的职责范围组织和实施。

第五十七条 从事海员适任考试和评估的人员,应具备相应专业的大专以上学历和包括海上资历在内的相应的专业工作经历,并经相应的考试理论和技术的培训采用模拟设备对海员(或学员)进行考试和评估的人员,还应经过相应的模拟器操作和应用模拟器进行考试和评估的训练。

从事海员适任考试和评估的人员,应熟悉相应的考试大纲和评估纲要,以及考试、评估的程序、规范和要求。从事适任考试和评估的人员应具备完全胜任相应的考试和评估的资格和经验并取得主管机关的认可。

第五十八条 为确保海员适任考试和评估的技术性和权威性,主管机关可设立海员考试和评估技术委员会,该委员会由主管机关认可的有关专家组成。

第五十九条 从事海员教育和培训的航海类院校或其他机构,应建立质量标准体系,并取得主管机关颁发的质量体系证书。全部的教学和培训工作,包括教员的资格和经历,应在质量标准体系中受到连续的监控,以确保达到既定的目标。

第六十条 在确保质量和等效的前提下,主管机关可以认可有关航海类院校的相应考试科目的考试和评估项目的评估,以等效于本规则规定的相应的考试和评估。但这种认可,应由主管机关进行定期的审验,对不能保证质量和等效的,主管机关可不予认可。

第六十一条 从事海员适任考试、评估和发证工作的港务监督,应建立质量管理体系,并通过主管机关的审核。全部的适任考试、评估和发证工作,包括考试和评估人员的资格和经历,应在质量管理体系中受到连续的监控,以确保达到既定的目标。

第七章 考试和评估的申请

第六十二条 凡参加适任考试和评估的申请人,应向指定的港务监督提交下列材料:

(一)填妥的《海船舶船员适任证书申请表》;

(二)有效的《海员服务簿》;

(三)主管机关认可的统一格式为《海船船员体格检查表》;

(四)有效的适任证书(如适用);

(五)表明适任情况的其他相关材料;

(六)两张近期两寸证件照片;

(七)本规则规定的培训合格证;

(八)已完成认可的教育和培训的证明。

第六十三条 申请人所属的公司应按本规则的规定向港务监督出具最近五年内申请人的资历、专业水平技能、适任能力、任职(可包括实习、见习)表现和安全记录等客观的鉴定和必要的说明材料。

第六十四条 对正在航海类院校或海员培训机构接受认可的教育和培训的在籍学员,可于毕业前按规定向指定的港务监督申请参加三副、三管轮或 GMDSS 二级电子员及以下职务的适任证书考试和评估。

在籍学员申请适任考试和评估的手续由其所在院校或培训机构负责办理,并提交学员的身份证明、学籍证明和本规则。

第六十五条 在籍学员须在完成规定的评估项目的评估后,方可参加相应理论考试科目的考试。

第六十六条 对申请适任考试和评估的船员或学员,应由受理的港务监督对其资格进行审核,并向合格者签发《准考证》。

第六十七条 对持有港务监督签发的《准考证》并参加了适任考试和评估者,港务监督予以签发《海船船员适任考试和评估成绩单》。

第六十八条 凡通过规定的适任考试和评估,应在5年内完成下列船上培训或见习。

(一)通过三副、三管轮适任考试和评估者,应持港务监督颁发的《船上培训记录簿》,在船上完成不少于 12 个月(在校直接参加考试和评估的学员应完成不少于 18 个月)的《船上培训记录簿》中所规定的船上培训项目和内容;其中有 6 个月是在船长或合格的高级船员的监督下履行了相应的驾驶台或机舱的值班职责。

(二)通过船长、大副、轮机长、大管轮和 GMDSS 船舶无线电人员适任考试和评估者,应持港务监督颁发的《船上见习记录簿》,完成不少于 3 个月相应职务的船上见习。

第八章 发证、职务签证及证书再有效

第六十九条 凡按本规则的规定通过适任考试、评估并完成船上培训或船上见习的适任证书申请者,应向港务监督提交《船上培训记录簿》或《船上见习记录簿》。经审核合格,由港务监督签发相应类别、等级和职务的适任证书。

第七十条 凡持有海船三副、三管轮适任证书者,实际担任其职务满 18 个月,经体格检查合格,可向港务监督申请办理二副、二管轮职务签证。港务监督对其海上资历、安全记录、任职情况和身体状况审查合格后,可签发与原三副、三管轮适任证书相同类别和等级的海船二副、二管轮适任证书。

第七十一条 持有适任证书的海员在特定类型的船舶上任职前,应按主管机关的规定完成相应的特定类型船舶的特殊培训,取得相应的特殊培训合格证。凡取得特殊培训合格证者,可申请将其适任证书的适用范围扩大至相应特定类型船舶的签证。

第七十二条 适任证书"限制"栏目签证的特定类型船舶有:油船、化学品船、液化气船、客船、滚装客船、拖轮。

第七十三条 曾在内河船舶、江海直达船舶、渔船或军用船舶上担任驾驶、轮机和无线电通信工作的人员,如需到海船上工作,可向主管机关指定的港务监督申请本规则规定的适任证书。港务监督根据其专业、学历、服务船舶的类别、航区、等级以及职务和资历核准其申请不超过 3000 总吨船舶的大副、主推进动力装置 3000 千瓦船舶的大管轮、GMDSS 通用操作员职务的适任证书。

第七十四条 持有海船船员适任证书者,应在其适任证书有效期的最后 6 个月内,向港务监督申请适任证书再有效,以换领新的适任证书。

第七十五条 申请适任证书再有效的人员,需向港务监督提交本规则第六十二条(一)至(六)项规定的材料。

第七十六条 凡申请适任证书再有效者,均应参加并通过主管机关规定的精通业务和知识更新培训。

第七十七条 申请适任证书再有效的人员除应满足本办法第四条规定的基本要求和第七十六条的规定外,还应满足下列条件之一,以确保适任证书持有人具备持续的专业能力。

(一)在最近的5年内累计有不少于12个月与其适任证书所载适用范围、航区、等级、职务相应的海上服务资历,并且任职表现和安全记录良好。

(二)在船上以一种相应的编外职务,并在船长、轮机长或相应职务的高级船员的监督下,履行值班职责不少于6个月,并由船长鉴定其适任能力。

(三)完成并通过岸上相应的模拟器的培训。

(四)按规定参加并通过抽考科目的考试和评估。

(五)履行了主管机关认可的等同于本条(一)项要求的海上服务资历的职能。

第七十八条 除另有规定外,海上资历不包括海员离船公休、在岸工作和学习时间。海上服务资历,以《船员服务簿》内记载并经港务监督认可的资历为依据。

第七十九条 年满六十周岁的持证人,港务监督可签发两年有效期的适任证书,并且不得超过持证人年满六十五周岁的日期。

第八十条 在外国籍船上工作的中国籍船员,需提供主管机关认可的海上服务资历的证明材料,方可按本规则规定申请船员适任证书的考试或证书再有效。中国籍海员持有非缔约国签发的适任证书以及持有此种证书从事海上服务的资历,港务监督不予认可。

第九章 特 免 证 明

第八十一条 当中国籍船舶在国外港口遇有在职船员死亡或因故不能履行其职务等特殊情况而需要补充职位时,公司可向港务监督申请办理特免证明。受理的港务监督负责审核并报主管机关批准后,可为某一指定船舶上的高级船员签发为期不超过6个月的特免证明。但只有在不可抗力的情况下方能签发船长或轮机长的特免证明,其有效期不超过三个月。公司向港务监督申请办理特免证明时,应提供有关的材料和申请报告。申请报告中应包括船舶名称、航行区域、船舶停泊港口、申请特免证明的理由、签发对象的资历情况等。

第八十二条 申请驾驶员和轮机员特免证明者,应符合下列相应的条件:

(一)持有值班水手、值班机工适任证书,并实际担任其职务满12个月者,可以申请三副、三管轮特免证明。

(二)持有三副、三管轮适任证书,并实际担任其职务满6个月者,可以申请二副、二管轮特免证明。

(三)持有二副、二管轮适任证书,并实际担任其职务满12个月者,可以申请大副、大管轮特免证明。

第八十三条 持有大副或大管轮适任证书并实际担任其职务满12个月者,可以申请船长或轮机长特免证明。

第八十四条 船舶无线电通信人员不能申请特免证明。

第八十五条 一艘船上同时持特免证明的高级船员不得超过3名。

第八十六条 当事船舶抵达本国第一个港口后,特免证明自动失效。失效的特免证明由公司负责收回并送交港务监督。

第八十七条 特免证明由主管机关统一印制。签发特免证明的港务监督应每半年向主管机关报告特免证明的签发情况。

第十章　证书的承认

第八十八条　经中国政府批准在中国籍船舶上任职的按 STCW 78/95 公约规定应持有适当证书的外国籍海员,除必须持有主管机关承认的该缔约国签发的证书外,还须持有中国政府承认该缔约国证书的签证。

第八十九条　申请承认另一缔约国证书的签证时,申请人应向主管机关指定的港务监督提交下列材料:

(一)该缔约国签发的有效适任证书的原件;

(二)表明申请人符合 STCW 78/95 公约有关要求和该缔约国有关规定的证明文件;

(三)申请人的海员身份证件。

第九十条　申请承认另一缔约国签发的管理级适任证书的签证海员,应按主管机关的规定参加相应的培训,以具备与允许其执行的职能或职务有关的海事法规的适当知识。

第九十一条　港务监督对提交的材料进行审核并报经主管机关核准后,方可签发承认另一缔约国证书的签证。

第九十二条　承认另一缔约国证书签证的有效期不得超过被承认的证书内载明的有效期。当被承认的另一缔约国的证书失效时,中国承认该缔约国证书的签证自动失效。中国承认另一缔约国的证书的签证失效时,该缔约国的证书在中国籍船舶上自动失效。

第九十三条　为签发承认另一缔约国签发的证书的签证,主管机关应采取一切必要的措施,其中包括与该缔约国进行双边协商,检查其培训设施和发证程序,以确定下列事项已完全符合"STCW 78/95 公约"的规定:

(一)该缔约国签发证书或签证的适任标准、程序和要求,以及保持证书登记的状况。

(二)该缔约国为海员发证所进行的教育和培训的课程、训练程序、培训设施以及相应的考试和评估。主管机关应与该缔约国约定,及时交换有关海员培训和发证安排中的任何重大变化。

对非缔约国签发的适任证书,主管机关不予承认。

第九十四条　持有主管机关承认的另一缔约国签发的证书的中国籍海员,可按本规则的有关规定向主管机关指定的港务监督申请换发相应类别、等级、职务的适任证书。港务监督认为必要时,申请人须通过相应的适任考试和评估,或完成相应的航海教育和培训。

第九十五条　中国籍海员不得持另一缔约国签发的证书在中国籍船舶上任职。

第九十六条　承认另一缔约国签发的适任证书的签证由主管机关统一印制。

第十一章　公司的责任

第九十七条　公司应满足以下要求:

(一)有负责海员技术和安全考核、任职管理的部门,并配备足够的有资格的专业管理人员。

(二)有完整的和最新的国际、国内有关海员管理的法律、法规、规章和有关国际条约。

(三)配备管理海员的设备。

(四)建立良好有效的海员管理规章制度。

第九十八条　公司应建立海员档案,以确保对海员的录用、培训、任职和解职、安全和技术考核、申请考试和评估、申请发证或签证等进行连续和有效的管理,并按主管机关的规定向港务监督提供有关海员管理的资料。

第九十九条 公司应保持并随时可查到在其船上服务的所有海员的文件和数据,包括海员的资历、培训、持证、适任情况以及健康状况等。

第一百条 公司指派海员到船上任职时,应保证:

(一)每个指派到其所属或管理的任何一艘船上的海员,均按本规则的规定主管机关的安全配员要求持有适当的适任证书。

(二)被指派到任何一艘船上的海员熟悉其在船上的具体职责,以及与其日常职责或应急职责有关的船舶布置、装置、设备、程序、船舶特性和局限性等。

(三)船舶在编海员能在紧急情况下和在执行与安全或防止、减轻污染至关重要的职能时,有效地协调其活动。

第一百零一条 公司应制定并向船舶提供帮助新海员熟悉其职责范围内的所有程序和设备的具体计划。

第一百零二条 公司应向其管理的每艘船舶的船长提供书面指示,规定船长应该遵循的旨在帮助新海员熟悉其职责的有关政策和程序,以确保为新到船上工作的每个海员提供一个合理的机会,使其在履行其职责之前熟悉船上的设备、操作程序,以及为正确履行其职责所需的其他安排。这些政策和程序应包括以下内容:

(一)给出一段合理的时间,在此期间,每个新海员将有机会了解其即将使用或操作的具体设备,船上具体的值班、安全、环境保护和紧急程序以及需要懂得的正确履行指定职责的有关安排。

(二)指定一名了解情况的海员,让其负责并保证向每个新海员提供一次机会,以一种新海员懂得的语言向其传输基本的信息。

第十二章 监督管理

第一百零三条 参加适任考试和评估的人员应遵守考场规则。

第一百零四条 每个适任证书的持证人在船上任职期间,其适任证书的原件应保留在船上,并接受港务监督官员的监督检查。

第一百零五条 当发生下列任一情况而有明显理由认为未能维持值班标准时,港务监督官员可对持证人维持值班标准的能力和适任资格进行专业性评估:

(一)船舶发生碰撞、搁浅或触礁;

(二)在航行、锚泊或靠泊时,发生从船上非法排放物质;

(三)以不安全的方式操纵船舶,或违反航行规则;

(四)以其他危及人命、财产和海洋环境的方式操作船舶。

对评估不合格者,港务监督可对其作出降职、降级、重新培训考试、吊销适任证书等处理。评估的程序和要求由主管机关另行规定。

第一百零六条 任何人不得以任何理由和方式伪造、变造、涂改、买卖、租借、转让、冒用适任证书。

第一百零七条 海员适任证书被损坏、遗失,持证人应通过其所在单位及时向签发该适任证书的港务监督报告,港务监督经核实后,可以按照规定的程序和要求予以补发。补发适任证书的有效期不得超过原证书的有效期。

第一百零八条 被吊销适任证书的海员,自被吊销之日起一年后,可按本规则规定的程序和要求向原签发机关申请较低航区、等级或职务的适任证书,港务监督可根据申请视情况采取以下措施签发较低航区、等级或职务的适任证书:

(一)参加培训;

(二)通过一定评估项目的评估;

(三)通过一定考试科目的考试。

第一百零九条 被港务监督宣布作废、扣留、吊销的适任证书,持证人或其所在公司应在规定的时间内交还港务监督。

第一百一十条 除港务监督外,任何单位不得以任何理由扣留或吊销适任证书。

第一百一十一条 持另一缔约国签发的承认《中华人民共和国海船船员适任证书》的签证在外国籍船上工作的中国籍海员,必须同时持有《中华人民共和国海船船员适任证书》。

第一百一十二条 港务监督应为每个持有适任证书的海员建立档案,对海员的适任状况实施连续的跟踪管理,并确保有关机构或公司查询时能提供有关证书可靠性和有效性的资料。

第一百一十三条 海员的适任证书档案应从申请到发证全过程的每个环节逐项登记,其中至少包括海员的自然情况、健康情况、教育和培训情况、考试和评估情况及其当时持有的和曾经持有的所有适任证书的各项内容,以及这些证书的再有效、注销、扣留、吊销、损坏或遗失等记载。

第一百一十四条 未经主管机关批准,任何境外机构或人员不得在中华人民共和国境内设立办理或授权办理签发"STCW 78/95 公约"涉及的各种证书的机构。

第十三章 法律责任和行政措施

第一百一十五条 有下列情形之一的单位或个人,港务监督可视情节给予警告、处以不超过 1000 元的罚款、扣留或吊销适任证书等一种或几种处罚:

(一)海员未持适当的、有效的适任证书;

(二)以欺骗、造假、舞弊等不正当的手段向港务监督申请或取得适任证书或提供假证明材料、伪造海上服务资历;

(三)遗失适任证书不按规定报告;

(四)违反考场纪律。

第一百一十六条 对伪造、变造、涂改、买卖、租借、转让、冒用适任证书的港务监督可吊销适任证书并处以不超过非法所得 3 倍,但最高不超过 30000 元的罚款,没有违法所得的,可并处以不超过 10000 元的罚款。

第一百一十七条 对受到刑事处分或违反国家有关法规受到其他处分的持证人,港务监督可扣留或吊销其适任证书。

第一百一十八条 港务监督发现已经承认的另一缔约国签发的证书的持证人有不适任的证据,或者违反国际公约和有关规定并受到港务监督的行政处罚或处分,可以扣留或吊销港务监督签发的承认该缔约国的证书的签证。

第一百一十九条 对违反本规则的规定,有第一百一十五条所列情形或行为之一的单位或个人,主管机关和港务监督还可同时采取下列一种或几种强制性行政措施:

(一)将有关办证人员列入不准办理适任证书的名单;

(二)退回或暂停受理其办理适任证书的申请;

(三)注销其适任证书;

(四)延长其申请适任证书再有效或考试所需的海上服务资历;

(五)取消其参加考试、评估的资格;

(六)宣布其培训无效、考试、评估成绩作废;

(七)降低其适任证书的类别、等级、职务。

第一百二十条 港务监督官员在实施本规则时,有徇私舞弊、玩忽职守、滥用职权、索贿受贿或其他违法失职行为的,由所在单位给予行政处分。其行为触犯刑律的,由司法机关依法追究刑事责任。

第一百二十一条 行政处罚的程序按照《交通行政处罚程序规定》(中华人民共和国交通部令1996年第7号)执行。

第十四章 附 则

第一百二十二条 在本规则中,下列名词的定义为:

(一)"海员"系指在海船上任职和编入海员名单的所有人员。

(二)"船长"系指在海船上任职并负责指挥一艘船舶的人。

(三)"高级船员"系指除船长以外的操作级和管理级的人员。

(四)"大副"系指级别仅次于船长,并且在船长不能工作时替代船长指挥船舶的甲板部高级船员。

(五)"轮机长"系指主管船舶机械推进以及机械和电气装置的操作和维护的轮机部高级船员。

(六)"大管轮"系指级别仅次于船长,并且在轮机长不能工作时替代轮机长负责船舶机械推进以及机械和电气装置的操作和维护的轮机部高级船员。

(七)"适任证书"系指持证人业经相应的培训、考试和评估,达到本规则和"STCW 78/95 公约"的相应规定,具备在证书标明的航区、船舶种类、吨位、推进功率的船舶上,担任证书标明的适任级别的职务或职能的能力的证书。

(八)"培训合格证"系指持证人业已按照主管机关的规定,通过相应的培训、考试和评估,符合主管机关颁布的有关海船船员专业培训或特殊培训规则的相应规定的证明文件。

(九)"海船"系指航行于海上以及江海直达的各类机动船舶。

(十)"军用船舶"系指军队拥有并用于军事的船舶。

(十一)"渔船"系指用于捕捞鱼类、鲸鱼、海豹、海象或其他海洋生物资源的船舶。

(十二)"特定类型船舶"系指"STCW 78/95 公约"第 V 章规定所适用的船舶,包括液货船、客船、滚装客船、高速船、大型船舶等有特殊培训要求的船舶。

(十三)"液货船"系指建造成或改建成适合于运输散装液体货物的船舶,包括:

1.油轮,系指建造并用于运载散装石油和石油产品的船舶;

2.散装化学品船,系指建造或改建成并用于散装运载《国际散装化学品规则》第 17 章所列的任何液体产品的船舶;

3.散装液化气体船,系指建造或改建成并用于散装运载《国际气体船舶规则》第 19 章所列的任何液化气体或其他产品的船舶。

(十四)"滚装客船"系指经修正的《1974 年国际海上人命安全公约》所限定的、设有滚装货物处所或特种处所的客船。

(十五)"无限航区"系指海上任何通航水域,其中包括世界各国的开放港口和国际通航运河及河流。

(十六)"近洋航区"系指北纬 55 度至北回归线之间与东经 142 度以西的太平洋水域以及北回归线至赤道之间与东经 99 度以东、东经 130 度以西所包括的太平洋水域。

(十七)"沿海航区"系指包括中国的近岸航区、黄海、东海、南海和中国各沿海港口的水域。

(十八)"近岸航区"系指距中国海岸不超过 50 海里的通航水域,其中包括渤海和中国沿海各港口。

（十九）"A1 海区"系指至少由一个具有连续数字选择呼叫（即 DSC）报警能力的甚高频（VHF）岸台的无线电话所覆盖的区域。

（二十）"A2 海区"系指除 A1 海区以外，至少由一个具有连续 DSC 报警能力的中频（MF）岸台的无线电话所覆盖的区域。

（二十一）"A3 海区"系指 A1 和 A2 海区以外，由具有连续报警能力的国际海事卫星组织（INMARSAT）静止卫星覆盖的区域。

（二十二）"A4 海区"系指 A1、A2 和 A3 海区以外的海区。

（二十三）"专业培训"系指主管机关依据国家有关法律、法规和"STCW 78/95 公约"第 Ⅱ、Ⅲ、Ⅳ、Ⅵ章，规定船上有关人员应完成的专业训练。

（二十四）"特殊培训"系指主管机关依据国家有关法律、法规和"STCW 78/95 公约"第 Ⅴ 章，规定船上有关人员应完成的特殊训练。

（二十五）"船上培训"系指申请人按照本规则的规定，在完成相应的岸上专业教育、培训、考试、评估后，在正式取得适任证书前，在船上船长和有资格的高级船员的监督下，完成任职前的综合性实际训练。

（二十六）"考试"系指以理论知识、原理、概念为主要内容，用以测量考生的专业知识水平和应用能力的书面考试。

（二十七）"评估"系指以综合运用能力和实际操作能力为主要目标，通过相应的设备或模拟器操作、听力测验、口试、船上培训以及海上资历和业绩考核等，对申请人进行的技能考核。

（二十八）"航海类院校"系指经国家教育委员会批准并经主管机关认可的从事海洋船舶驾驶、轮机管理、海上通信等专业或职业教育的院校。

（二十九）"培训机构"系指从事 STCW 78/95 公约和主管机关规定的海员培训的单位。

（三十）"公司"系指船舶所有人或者从船舶所有人处取得船舶营运责任，同时同意承担船舶所有人应承担的包括 STCW 78/95 附则所规定的责任和义务的船舶管理人、光船租赁人等其他单位或个人。

（三十一）"海员所在单位"系指海员与之签订劳动合同或人事关系所在的单位。

（三十二）"缔约国"系指 STCW 78/95 公约的缔约国。

（三十三）"全球海上遇险和安全系统（GMDSS）"系指经修正的《无线电规则》和《1974 年国际海上人命安全公约》规定的全球海上移动无线电通信系统。

（三十四）"海上服务资历"系指与签发的证书或其他资格有关的船上服务经历。

（三十五）"职能"系指 STCW 规则指明的船舶操作、海上人命安全或保护海洋环境所需的一组任务、职务和责任。

（三十六）"管理级"系指与下列内容有关的责任级别：

1.作为船长、大副、轮机长或大管轮在海船上的服务；

2.确保正确履行指定职责范围内的所有职能。

（三十七）"操作级"系指与下列内容有关的责任级别：

1.作为负责航行或轮机值班的高级船员或被指定为周期无人机舱的值班轮机员或作为无线电操作员在海船上的服务；

2.在相同责任级别范围内的管理级人员的指导下，按照正规的程序，对指定责任范围内的所有职能的履行保持直接的控制。

（三十八）"支持级"系指在操作级或管理级人员的指定下，在海船上履行指定的任务、职责和责任有关的责任级别。

第一百二十三条 海员依据本规则申请适任证书的考试、评估和发证,应按国家财政、物价部门的规定向港务监督缴纳有关费用。

第一百二十四条 主管机关可依据本规则制定和颁布相应的实施规定。

第一百二十五条 本规则自 1998 年 8 月 1 日起施行。交通部于 1987 年颁布的《中华人民共和国海船海员考试发证办法》在 2002 年 1 月 31 日前,对 1998 年 8 月 1 日之前从事海员职业和正在接受海员教育和培训的人员继续有效。

(十二) 中华人民共和国船员条例

2007年4月14日国务院令第494号
2007年9月1日起施行

第一章 总 则

第一条 为了加强船员管理,提高船员素质,维护船员的合法权益,保障水上交通安全,保护水域环境,制定本条例。

第二条 中华人民共和国境内的船员注册、任职、培训、职业保障以及提供船员服务等活动,适用本条例。

第三条 国务院交通主管部门主管全国船员管理工作。

国家海事管理机构依照本条例负责统一实施船员管理工作。

负责管理中央管辖水域的海事管理机构和负责管理其他水域的地方海事管理机构(以下统称海事管理机构),依照各自职责具体负责船员管理工作。

第二章 船员注册和任职资格

第四条 本条例所称船员,是指依照本条例的规定经船员注册取得船员服务簿的人员,包括船长、高级船员、普通船员。

本条例所称船长,是指依照本条例的规定取得船长任职资格,负责管理和指挥船舶的人员。

本条例所称高级船员,是指依照本条例的规定取得相应任职资格的大副、二副、三副、轮机长、大管轮、二管轮、三管轮、通信人员以及其他在船舶上任职的高级技术或者管理人员。

本条例所称普通船员,是指除船长、高级船员外的其他船员。

第五条 申请船员注册,应当具备下列条件:

(一)年满18周岁(在船实习、见习人员年满16周岁)但不超过60周岁;

(二)符合船员健康要求;

(三)经过船员基本安全培训,并经海事管理机构考试合格。

申请注册国际航行船舶船员的,还应当通过船员专业外语考试。

第六条 申请船员注册,可以由申请人或者其代理人向任何海事管理机构提出书面申请,并附送申请人符合本条例第五条规定条件的证明材料。

海事管理机构应当自受理船员注册申请之日起10日内做出注册或者不予注册的决定。对符合本条例第五条规定条件的,应当给予注册,发给船员服务簿,但是申请人被依法吊销船员服务簿未满5年的,不予注册。

第七条 船员服务簿是船员的职业身份证件,应当载明船员的姓名、住所、联系人、联系方式以及其他有关事项。

船员服务簿记载的事项发生变更的,船员应当向海事管理机构办理变更手续。

第八条 船员有下列情形之一的,海事管理机构应当注销船员注册,并予以公告:

(一)死亡或者被宣告失踪的；
(二)丧失民事行为能力的；
(三)被依法吊销船员服务簿的；
(四)本人申请注销注册的。

第九条 参加航行和轮机值班的船员，应当依照本条例的规定取得相应的船员适任证书。

申请船员适任证书，应当具备下列条件：

(一)已经取得船员服务簿；
(二)符合船员任职岗位健康要求；
(三)经过相应的船员适任培训、特殊培训；
(四)具备相应的船员任职资历，并且任职表现和安全记录良好。

第十条 申请船员适任证书，应当向海事管理机构提出书面申请，并附送申请人符合本条例第九条规定条件的证明材料。对符合规定条件并通过国家海事管理机构组织的船员任职考试的，海事管理机构应当发给相应的船员适任证书。

第十一条 船员适任证书应当注明船员适任的航区(线)、船舶类别和等级、职务以及有效期限等事项。

船员适任证书的有效期不超过5年。

第十二条 中国籍船舶的船长和高级船员应当由中国籍船员担任；确需外国籍船员担任高级船员的，应当报国家海事管理机构批准。

第十三条 中国籍船舶在境外遇有不可抗力或者其他特殊情况，无法满足船舶最低安全配员要求，需要由本船下一级船员临时担任上一级职务时，应当向海事管理机构提出申请。海事管理机构根据拟担任上一级船员职务船员的任职资历、任职表现和安全记录，签发相应的批准文书。

第十四条 曾经在军用船舶、渔业船舶上工作的人员，或者持有其他国家、地区船员适任证书的船员，依照本条例的规定申请船员适任证书的，海事管理机构可以免除船员培训和考试的相应内容。具体办法由国务院交通主管部门另行规定。

第十五条 以海员身份出入国境和在国外船舶上从事工作的中国籍船员，应当向国家海事管理机构指定的海事管理机构申请中华人民共和国海员证。

申请中华人民共和国海员证，应当符合下列条件：

(一)是中华人民共和国公民；
(二)持有国际航行船舶船员适任证书或者有确定的船员出境任务；
(三)无法律、行政法规规定禁止出境的情形。

第十六条 海事管理机构应当自受理申请之日起7日内做出批准或者不予批准的决定。予以批准的，发给中华人民共和国海员证；不予批准的，应当书面通知申请人并说明理由。

第十七条 中华人民共和国海员证是中国籍船员在境外执行任务时表明其中华人民共和国公民身份的证件。中华人民共和国海员证遗失、被盗或者损毁的，应当向海事管理机构申请补发。船员在境外的，应当向中华人民共和国驻外使馆、领馆申请补发。

中华人民共和国海员证的有效期不超过5年。

第十八条 持有中华人民共和国海员证的船员，在其他国家、地区享有按照当地法律、有关国际条约以及中华人民共和国与有关国家签订的海运或者航运协定规定的权利和通行便利。

第十九条 在中国籍船舶上工作的外国籍船员，应当依照法律、行政法规和国家其他有关规定取得就业许可,并持有国务院交通主管部门规定的相应证书和其所属国政府签发的相关身份证件。

在中华人民共和国管辖水域航行、停泊、作业的外国籍船舶上任职的外国籍船员,应当持有中华人民共和国缔结或者加入的国际条约规定的相应证书和其所属国政府签发的相关身份证件。

第三章 船员职责

第二十条 船员在船工作期间,应当符合下列要求:

(一)携带本条例规定的有效证件;

(二)掌握船舶的适航状况和航线的通航保障情况,以及有关航区气象、海况等必要的信息;

(三)遵守船舶的管理制度和值班规定,按照水上交通安全和防治船舶污染的操作规则操纵、控制和管理船舶,如实填写有关船舶法定文书,不得隐匿、篡改或者销毁有关船舶法定证书、文书;

(四)参加船舶应急训练、演习,按照船舶应急部署的要求,落实各项应急预防措施;

(五)遵守船舶报告制度,发现或者发生险情、事故、保安事件或影响航行安全的情况,应当及时报告;

(六)在不严重危及自身安全的情况下,尽力救助遇险人员;

(七)不得利用船舶私载旅客、货物,不得携带违禁物品。

第二十一条 船长在其职权范围内发布的命令,船舶上所有人员必须执行。

高级船员应当组织下属船员执行船长命令,督促下属船员履行职责。

第二十二条 船长管理和指挥船舶时,应当符合下列要求:

(一)保证船舶和船员携带符合法定要求的证书、文书以及有关航行资料;

(二)制订船舶应急计划并保证其有效实施;

(三)保证船舶和船员在开航时处于适航、适任状态,按照规定保障船舶的最低安全配员,保证船舶的正常值班;

(四)执行海事管理机构有关水上交通安全和防治船舶污染的指令,船舶发生水上交通事故或者污染事故的,向海事管理机构提交事故报告;

(五)对本船船员进行日常训练和考核,在本船船员的船员服务簿内如实记载船员的服务资历和任职表现;

(六)船舶进港、出港、靠泊、离泊,通过交通密集区、危险航区等区域,或者遇有恶劣天气和海况,或者发生水上交通事故、船舶污染事故、船舶保安事件以及其他紧急情况时,应当在驾驶台值班,必要时应当直接指挥船舶;

(七)保障船舶上人员和临时上船人员的安全;

(八)船舶发生事故,危及船舶上人员和财产安全时,应当组织船员和船舶上其他人员尽力施救;

(九)弃船时,应当采取一切措施,首先组织旅客安全离船,然后安排船员离船,船长应当最后离船,在离船前,船长应当指挥船员尽力抢救航海日志、机舱日志、油类记录簿、无线电台日志、本航次使用过的航行图和文件,以及贵重物品、邮件和现金。

第二十三条 船长、高级船员在航次中,不得擅自辞职、离职或者中止职务。

第二十四条 船长在保障水上人身与财产安全、船舶保安、防治船舶污染水域方面,具有独立决定权,并负有最终责任。

船长为履行职责,可以行使下列权力:

(一)决定船舶的航次计划,对不具备船舶安全航行条件的,可以拒绝开航或者续航;

(二)对船员用人单位或者船舶所有人下达的违法指令,或者可能危及有关人员、财产和船舶安全或

者可能造成水域环境污染的指令,可以拒绝执行;

(三)发现引航员的操纵指令可能对船舶航行安全构成威胁或者可能造成水域环境污染时,应当及时纠正、制止,必要时可以要求更换引航员;

(四)当船舶遇险并严重危及船舶上人员的生命安全时,船长可以决定撤离船舶;

(五)在船舶的沉没、毁灭不可避免的情况下,船长可以决定弃船,但是,除紧急情况外,应当报经船舶所有人同意;

(六)对不称职的船员,可以责令其离岗。

船舶在海上航行时,船长为保障船舶上人员和船舶的安全,可以依照法律的规定对在船舶上进行违法、犯罪活动的人采取禁闭或者其他必要措施。

第四章 船员职业保障

第二十五条 船员用人单位和船员应当按照国家有关规定参加工伤保险、医疗保险、养老保险、失业保险以及其他社会保险,并依法按时足额缴纳各项保险费用。

船员用人单位应当为在驶往或者驶经战区、疫区或者运输有毒、有害物质的船舶上工作的船员,办理专门的人身、健康保险,并提供相应的防护措施。

第二十六条 船舶上船员生活和工作的场所,应当符合国家船舶检验规范中有关船员生活环境、作业安全和防护的要求。

船员用人单位应当为船员提供必要的生活用品、防护用品、医疗用品,建立船员健康档案,并为船员定期进行健康检查,防治职业疾病。

船员在船工作期间患病或者受伤的,船员用人单位应当及时给予救治;船员失踪或者死亡的,船员用人单位应当及时做好相应的善后工作。

第二十七条 船员用人单位应当依照有关劳动合同的法律、法规和中华人民共和国缔结或者加入的有关船员劳动与社会保障国际条约的规定,与船员订立劳动合同。

船员用人单位不得招用未取得本条例规定证件的人员上船工作。

第二十八条 船员工会组织应当加强对船员合法权益的保护,指导、帮助船员与船员用人单位订立劳动合同。

第二十九条 船员用人单位应当根据船员职业的风险性、艰苦性、流动性等因素,向船员支付合理的工资,并按时足额发放给船员。任何单位和个人不得克扣船员的工资。

船员用人单位应当向在劳动合同有效期内的待派船员,支付不低于船员用人单位所在地人民政府公布的最低工资。

第三十条 船员在船工作时间应当符合国务院交通主管部门规定的标准,不得疲劳值班。

船员除享有国家法定节假日的假期外,还享有在船舶上每工作2个月不少于5日的年休假。

船员用人单位应当在船员年休假期间,向其支付不低于该船员在船工作期间平均工资的报酬。

第三十一条 船员在船工作期间,有下列情形之一的,可以要求遣返:

(一)船员的劳动合同终止或者依法解除的;

(二)船员不具备履行船上岗位职责能力的;

(三)船舶灭失的;

(四)未经船员同意,船舶驶往战区、疫区的;

(五)由于破产、变卖船舶、改变船舶登记或者其他原因,船员用人单位、船舶所有人不能继续履行对船员的法定或者约定义务的。

第三十二条　船员可以从下列地点中选择遣返地点：

（一）船员接受招用的地点或者上船任职的地点；

（二）船员的居住地、户籍所在地或者船籍登记国；

（三）船员与船员用人单位或者船舶所有人约定的地点。

第三十三条　船员的遣返费用由船员用人单位支付。遣返费用包括船员乘坐交通工具的费用、旅途中合理的食宿及医疗费用和30公斤行李的运输费用。

第三十四条　船员的遣返权利受到侵害的，船员当时所在地民政部门或者中华人民共和国驻境外领事机构，应当向船员提供援助；必要时，可以直接安排船员遣返。民政部门或者中华人民共和国驻境外领事机构为船员遣返所垫付的费用，船员用人单位应当及时返还。

第五章　船员培训和船员服务

第三十五条　申请在船舶上工作的船员，应当按照国务院交通主管部门的规定，完成相应的船员基本安全培训、船员适任培训。

在危险品船、客船等特殊船舶上工作的船员，还应当完成相应的特殊培训。

第三十六条　依法设立的培训机构从事船员培训，应当符合下列条件：

（一）有符合船员培训要求的场地、设施和设备；

（二）有与船员培训相适应的教学人员、管理人员；

（三）有健全的船员培训管理制度、安全防护制度；

（四）有符合国务院交通主管部门规定的船员培训质量控制体系。

第三十七条　依法设立的培训机构从事船员培训业务，应当向国家海事管理机构提出申请，并附送符合本条例第三十六条规定条件的证明材料。

国家海事管理机构应当自受理申请之日起30日内，做出批准或者不予批准的决定。予以批准的，发给船员培训许可证；不予批准的，书面通知申请人并说明理由。

第三十八条　从事船员培训业务的机构，应当按照国务院交通主管部门规定的船员培训大纲和水上交通安全、防治船舶污染、船舶保安等要求，在核定的范围内开展船员培训，确保船员培训质量。

第三十九条　从事代理船员办理申请培训、考试、申领证书（包括外国船员证书）等有关手续，代理船员用人单位管理船员事务，提供船舶配员等船员服务业务的机构，应当符合下列条件：

（一）在中华人民共和国境内依法设立的法人；

（二）有2名以上具有高级船员任职资历的管理人员；

（三）有符合国务院交通主管部门规定的船员服务管理制度；

（四）具有与所从事业务相适应的服务能力。

第四十条　从事船员服务业务的机构（以下简称船员服务机构），应当向海事管理机构提交书面申请，并附送符合本条例第三十九条规定条件的证明材料。

海事管理机构应当自受理申请之日起30日内做出批准或者不予批准的决定。予以批准的，发给相应的批准文件；不予批准的，书面通知申请人并说明理由。

第四十一条　船员服务机构应当建立船员档案，加强船舶配员管理，掌握船员的培训、任职资历、安全记录、健康状况等情况，并将上述情况定期报海事管理机构备案。

船员用人单位直接招用船员的，应当遵守前款的规定。

第四十二条 船员服务机构应当向社会公布服务项目和收费标准。

第四十三条 船员服务机构为船员提供服务,应当诚实守信,不得提供虚假信息,不得损害船员的合法权益。

第四十四条 船员服务机构为船员用人单位提供船舶配员服务,应当督促船员用人单位与船员依法订立劳动合同。船员用人单位未与船员依法订立劳动合同的,船员服务机构应当终止向船员用人单位提供船员服务。

船员服务机构为船员用人单位提供的船员失踪或者死亡的,船员服务机构应当配合船员用人单位做好善后工作。

第六章 监督检查

第四十五条 海事管理机构应当建立健全船员管理的监督检查制度,重点加强对船员注册、任职资格、履行职责、安全记录,船员培训机构培训质量,船员服务机构诚实守信以及船员用人单位保护船员合法权益等情况的监督检查,督促船员用人单位、船舶所有人以及相关的机构建立健全船员在船舶上的人身安全、卫生、健康和劳动安全保障制度,落实相应的保障措施。

第四十六条 海事管理机构对船员实施监督检查时,应当查验船员必须携带的证件的有效性,检查船员履行职责的情况,必要时可以进行现场考核。

第四十七条 依照本条例的规定,取得船员服务簿、船员适任证书、中华人民共和国海员证的船员以及取得从事船员培训业务许可、船员服务业务许可的机构,不再具备规定条件的,由海事管理机构责令限期改正;拒不改正或者无法改正的,海事管理机构应当撤销相应的行政许可决定,并依法办理有关行政许可的注销手续。

第四十八条 海事管理机构对有违反水上交通安全和防治船舶污染水域法律、行政法规行为的船员,除依法给予行政处罚外,实行累计记分制度。海事管理机构对累计记分达到规定分值的船员,应当扣留船员适任证书,责令其参加水上交通安全、防治船舶污染等有关法律、行政法规的培训并进行相应的考试;考试合格的,发还其船员适任证书。

第四十九条 船舶违反本条例和有关法律、行政法规规定的,海事管理机构应当责令限期改正;在规定期限内未能改正的,海事管理机构可以禁止船舶离港或者限制船舶航行、停泊、作业。

第五十条 海事管理机构实施监督检查时,应当有2名以上执法人员参加,并出示有效的执法证件。

海事管理机构实施监督检查,可以询问当事人,向有关单位或者个人了解情况,查阅、复制有关资料,并保守被调查单位或者个人的商业秘密。

接受海事管理机构监督检查的有关单位或者个人,应当如实提供有关资料或者情况。

第五十一条 海事管理机构应当公开管理事项、办事程序、举报电话号码、通信地址、电子邮件信箱等信息,自觉接受社会的监督。

第五十二条 劳动保障行政部门应当加强对船员用人单位遵守劳动和社会保障的法律、法规和国家其他有关规定情况的监督检查。

第七章 法律责任

第五十三条 违反本条例的规定,以欺骗、贿赂等不正当手段取得船员服务簿、船员适任证书、船员培训合格证书、中华人民共和国海员证的,由海事管理机构吊销有关证件,并处2000元以上2万元以下罚款。

第五十四条 违反本条例的规定,伪造、变造或者买卖船员服务簿、船员适任证书、船员培训合格证书、中华人民共和国海员证的,由海事管理机构收缴有关证件,处 2 万元以上 10 万元以下罚款,有违法所得的,还应当没收违法所得。

第五十五条 违反本条例的规定,船员服务簿记载的事项发生变更,船员未办理变更手续的,由海事管理机构责令改正,可以处 1000 元以下罚款。

第五十六条 违反本条例的规定,船员在船工作期间未携带本条例规定的有效证件的,由海事管理机构责令改正,可以处 2000 元以下罚款。

第五十七条 违反本条例的规定,船员有下列情形之一的,由海事管理机构处 1000 元以上 1 万元以下罚款;情节严重的,并给予暂扣船员服务簿、船员适任证书 6 个月以上 2 年以下直至吊销船员服务簿、船员适任证书的处罚:

（一）未遵守值班规定擅自离开工作岗位的;
（二）未按照水上交通安全和防治船舶污染操作规则操纵、控制和管理船舶的;
（三）发现或者发生险情、事故、保安事件或者影响航行安全的情况未及时报告的;
（四）未如实填写或者记载有关船舶法定文书的;
（五）隐匿、篡改或者销毁有关船舶法定证书、文书的;
（六）不依法履行救助义务或者肇事逃逸的;
（七）利用船舶私载旅客、货物或者携带违禁物品的。

第五十八条 违反本条例的规定,船长有下列情形之一的,由海事管理机构处 2000 元以上 2 万元以下罚款;情节严重的,并给予暂扣船员适任证书 6 个月以上 2 年以下直至吊销船员适任证书的处罚:

（一）未保证船舶和船员携带符合法定要求的证书、文书以及有关航行资料的;
（二）未保证船舶和船员在开航时处于适航、适任状态,或者未按照规定保障船舶的最低安全配员,或者未保证船舶的正常值班的;
（三）未在船员服务簿内如实记载船员的服务资历和任职表现的;
（四）船舶进港、出港、靠泊、离泊、通过交通密集区、危险航区等区域,或者遇有恶劣天气和海况,或者发生水上交通事故、船舶污染事故、船舶保安事件以及其他紧急情况时,未在驾驶台值班的;
（五）在弃船或者撤离船舶时未最后离船的。

第五十九条 船员适任证书被吊销的,自被吊销之日起 2 年内,不得申请船员适任证书。

第六十条 违反本条例的规定,船员用人单位、船舶所有人有下列行为之一的,由海事管理机构责令改正,处 3 万元以上 15 万元以下罚款:

（一）招用未依照本条例规定取得相应有效证件的人员上船工作的;
（二）中国籍船舶擅自招用外国籍船员担任船长或者高级船员的;
（三）船员在船舶上生活和工作的场所不符合国家船舶检验规范中有关船员生活环境、作业安全和防护要求的;
（四）不履行遣返义务的;
（五）船员在船工作期间患病或者受伤,未及时给予救治的。

第六十一条 违反本条例的规定,未取得船员培训许可证擅自从事船员培训的,由海事管理机构责令改正,处 5 万元以上 25 万元以下罚款,有违法所得的,还应当没收违法所得。

第六十二条 违反本条例的规定,船员培训机构不按照国务院交通主管部门规定的培训大纲和水上交通安全、防治船舶污染等要求,进行培训的,由海事管理机构责令改正,可以处 2 万元以上 10 万元以下罚款;情节严重的,给予暂扣船员培训许可证 6 个月以上 2 年以下直至吊销船员培训许可证的处罚。

第六十三条 违反本条例的规定,未经批准擅自从事船员服务的,由海事管理机构责令改正,处 5 万元以上 25 万元以下罚款,有违法所得的,还应当没收违法所得。

第六十四条 违反本条例的规定,船员服务机构和船员用人单位未将其招用或者管理的船员的有关情况定期报海事管理机构备案的,由海事管理机构责令改正,处 5000 元以上 2 万元以下罚款。

第六十五条 违反本条例的规定,船员服务机构在提供船员服务时,提供虚假信息,欺诈船员的,由海事管理机构责令改正,处 3 万元以上 15 万元以下罚款;情节严重的,并给予暂停船员服务 6 个月以上 2 年以下直至吊销船员服务许可的处罚。

第六十六条 违反本条例的规定,船员服务机构在船员用人单位未与船员订立劳动合同的情况下,向船员用人单位提供船员的,由海事管理机构责令改正,处 5 万元以上 25 万元以下罚款;情节严重的,给予暂停船员服务 6 个月以上 2 年以下直至吊销船员服务许可的处罚。

第六十七条 海事管理机构工作人员有下列情形之一的,依法给予处分:

(一)违反规定签发船员服务簿、船员适任证书、中华人民共和国海员证,或者违反规定批准船员培训机构、船员服务机构从事相关活动的;

(二)不依法履行监督检查职责的;

(三)不依法实施行政强制或者行政处罚的;

(四)滥用职权、玩忽职守的其他行为。

第六十八条 违反本条例的规定,情节严重,构成犯罪的,依法追究刑事责任。

第八章 附 则

第六十九条 申请参加取得船员服务簿、船员适任证书考试,应当按照国家有关规定交纳考试费用。

第七十条 引航员的注册、培训和任职资格依照本条例有关船员注册、培训和任职资格的规定执行。具体办法由国务院交通主管部门制订。

第七十一条 军用船舶船员的管理,按照国家和军队有关规定执行。

渔业船员的管理由国务院渔业行政主管部门负责,具体管理办法由国务院渔业行政主管部门参照本条例另行规定。

第七十二条 除本条例对船员用人单位及船员的劳动和社会保障有特别规定外,船员用人单位及船员应当执行有关劳动和社会保障的法律、行政法规以及国家有关规定。

船员专业技术职称的取得和专业技术职务的聘任工作,按照国家有关规定实施。

第七十三条 本条例自 2007 年 9 月 1 日起施行。

三、附　　表

(一)全国海员服务(劳务外派)机构(单位)名单一览表

序号	外派机构或单位名称	所在省份	法人代表	成立或注册时间	所属海事机构
外派机构编号 HYWP02					
1	中波轮船股份公司	上海市	刘上海,皮特·米科瓦伊契克	1951年6月15日	上海海事局
2	中远海运船员管理有限公司	上海市	孙家康	1953年5月1日	上海海事局
3	上海远洋运输有限公司	上海市	侯立平	1984年8月29日	上海海事局
4	上海对外劳务经贸合作有限公司	上海市	王耀华	1988年11月8日	上海海事局
5	交通运输部上海打捞局	上海市	洪冲	1990年7月31日	上海海事局
6	中国石化集团上海海洋石油局有限公司	上海市	张旭	1993年3月12日	上海海事局
7	上海育海航运公司	上海市	徐允连	1993年8月27日	上海海事局
8	中英海底系统有限公司	上海市	冯武锋	1995年1月14日	上海海事局
9	上海振华船运有限公司	上海市	刘建波	1996年2月15日	上海海事局
10	上海长航船员劳务合作公司	上海市	方黎明	1996年4月8日	上海海事局
11	上海长航船员管理有限公司	上海市	方黎明	1996年4月8日	上海海事局
12	上海中远劳务合作有限公司	上海市	刘志屹	1997年10月7日	上海海事局
13	上海兴洋船务有限公司	上海市	张恒林	1998年2月12日	上海海事局
14	上海远洋对外劳务有限公司	上海市	秦江平	2001年1月9日	上海海事局
15	上海华交海员劳务服务有限公司	上海市	吕文友	2002年8月6日	上海海事局
16	上海鼎衡船务有限责任公司	上海市	李多珠	2004年3月12日	上海海事局
17	上海森海海事服务有限公司	上海市	赵玮	2005年4月13日	上海海事局
18	上海仁泰船务有限公司	上海市	熊玲龙	2005年5月26日	上海海事局
19	上海广嘉国际船舶管理有限公司	上海市	胡世花	2005年10月28日	上海海事局
20	上海赛尔船舶管理有限公司	上海市	夏赟	2007年1月9日	上海海事局
21	上海国远劳务服务有限公司	上海市	高荣华	2007年8月18日	上海海事局
22	上海集瑞船务有限公司	上海市	袁刚	2008年6月17日	上海海事局
23	上海帆顺船舶技术有限公司	上海市	黄培芳	2008年10月23日	上海海事局
24	上海鹤圣船舶科技有限公司	上海市	盛卫凤	2010年3月9日	上海海事局
外派机构编号 HYWP03					
25	中国海洋工程有限公司	北京市	王雷	1981年6月16日	天津海事局
26	天津港海员对外技术服务有限责任公司	天津市	张鹏	1985年7月18日	天津海事局
27	中国首钢国际贸易工程有限公司	北京市	张炳成	1991年4月29日	天津海事局
28	中外运国际经济技术合作有限公司	北京市	马军功	1993年5月21日	天津海事局
29	北京中远对外劳务合作有限公司	北京市	闫晓波	1993年6月25日	天津海事局
30	华洋海事中心	北京市	张宝晨	1995年2月23日	天津海事局
31	中远散货运输有限公司	天津市	张治平	1995年10月26日	天津海事局
32	河南省人力资源开发中心	河南省	李志浩	1996年11月23日	天津海事局

续上表

序号	外派机构或单位名称	所在省份	法人代表	成立或注册时间	所属海事机构
33	中国水产有限公司	北京市	伏卫民	1996年12月27日	天津海事局
34	中远海运对外劳务合作有限公司	北京市	闫晓波	1997年10月7日	天津海事局
35	河南海特劳务服务有限公司	河南省	许卫杰	1998年5月26日	天津海事局
36	新乡市海外合作有限责任公司	河南省	齐玉梅	1998年7月24日	天津海事局
37	天津市天海海员服务有限公司	天津市	喻斌	1998年12月3日	天津海事局
38	天津市中天海外劳务经济发展有限公司	天津市	姚坤	1999年3月12日	天津海事局
39	天津海龙石油地球物理勘探有限公司	天津市	刘海波	1999年10月20日	天津海事局
40	天津市惠通海员管理服务有限公司	天津市	杨克杰	1999年10月29日	天津海事局
41	天津跨洋国际船舶管理有限公司	天津市	李建国	2000年1月18日	天津海事局
42	海洋石油工程股份有限公司	天津市	金晓剑	2000年4月20日	天津海事局
43	天津市北洋船舶服务中心	天津市	王平兴	2000年6月6日	天津海事局
44	北京鑫裕盛船舶管理有限公司	北京市	王吉宣	2001年9月13日	天津海事局
45	中海油田服务股份有限公司	天津市	齐美胜	2001年12月25日	天津海事局
46	天津市海源国际船舶管理有限公司	天津市	郝江潇	2002年6月6日	天津海事局
47	天津金阳航运技术服务有限公司	天津市	林向阳	2002年6月26日	天津海事局
48	天津鸿远船舶管理服务有限公司	天津市	刘自环	2003年10月13日	天津海事局
49	北京华远富邦船舶企业管理有限公司	北京市	刘文鸿	2003年10月16日	天津海事局
50	中船海员管理有限公司	天津市	荣强	2003年12月3日	天津海事局
51	天津五星国际船舶管理有限公司	天津市	孙东升	2004年5月21日	天津海事局
52	天津泰通船舶管理服务有限公司	天津市	孙金波	2005年11月8日	天津海事局
53	靖阳(天津)船舶管理咨询有限公司	天津市	马彬	2006年11月13日	天津海事局
54	天津永隆船员管理有限公司	天津市	罗迎光	2008年8月21日	天津海事局
55	河南万正远洋船舶管理有限公司	河南省	范伟俊	2008年11月5日	天津海事局
56	河南中航船舶管理有限公司	河南省	王伟	2010年1月15日	天津海事局
57	天津海运星翰科技发展有限公司	天津市	张振运	2010年11月10日	天津海事局
58	天津市海星海员人力资源管理服务有限公司	天津市	高卫平	2010年11月11日	天津海事局
外派机构编号HYWP04					
59	中国大连国际经济技术合作集团有限公司	辽宁省	朱明义	1985年2月16日	辽宁海事局
60	大连轮船公司对外技术服务公司	辽宁省	—	1992年8月18日	辽宁海事局
61	大新船务有限公司	辽宁省	—	1992年9月26日	辽宁海事局
62	辽渔集团有限公司	辽宁省	杨卫新	1992年11月23日	辽宁海事局
63	大连万益股份有限公司	辽宁省	—	1992年12月16日	辽宁海事局
64	中广核核技术发展股份有限公司	辽宁省	林坚	1993年4月17日	辽宁海事局
65	大连海运(集团)公司	辽宁省	吴中校	1993年5月14日	辽宁海事局
66	中海集团大连海运(集团)公司	辽宁省		1997年7月1日	辽宁海事局
67	丹东海运有限公司	辽宁省	胡博	1998年11月23日	辽宁海事局
68	大连春安船舶管理有限公司	辽宁省	宋振海	1998年11月26日	辽宁海事局
69	大连国际海事技术服务有限公司	辽宁省	朱明义	1999年2月28日	辽宁海事局
70	大连中远海运油运船员船舶管理有限公司	辽宁省	郑家旭	2000年12月18日	辽宁海事局
71	大连新凯船舶管理有限公司	辽宁省	许军	2003年5月28日	辽宁海事局

续上表

序号	外派机构或单位名称	所在省份	法人代表	成立或注册时间	所属海事机构
72	大连华航海事有限公司	辽宁省	李明会	2004年7月15日	辽宁海事局
73	大连德顺船舶管理有限公司	辽宁省	李洪敏	2004年7月27日	辽宁海事局
74	大连海达船员管理有限公司	辽宁省	曹德信	2005年10月24日	辽宁海事局
75	辽宁国运船员管理有限公司	辽宁省	申屠关炎	2007年3月29日	辽宁海事局
76	大连晟华船舶管理有限公司	辽宁省	李茂奎	2008年1月2日	辽宁海事局
77	星航国际船舶管理(大连)有限公司	辽宁省	于前	2008年3月10日	辽宁海事局
78	大连吉安国际海运有限公司	辽宁省	蒋雨桦	2008年5月23日	辽宁海事局
79	大连越航国际船舶管理有限公司	辽宁省	徐越	2010年5月11日	辽宁海事局
	外派机构编号 HYWP05				
80	青岛远洋运输有限公司	山东省	张治平	1985年7月19日	山东海事局
81	威海国际经济技术合作股份有限公司	山东省	张起云	1993年5月15日	山东海事局
82	山东省中鲁水产海运有限公司	山东省	王欢	1994年1月3日	山东海事局
83	青岛远洋对外劳务合作有限公司	山东省	戚文忠	1995年5月9日	山东海事局
84	威海市威通国际海运有限责任公司	山东省	邢剑涛	1995年12月12日	山东海事局
85	青岛育远劳务合作有限公司	山东省	肖瑞钦	1997年3月31日	山东海事局
86	青岛中鸿远洋劳务合作有限公司	山东省	宫群利	1998年5月5日	山东海事局
87	青岛兴亚国际海事服务有限公司	山东省	王文杰	1999年4月28日	山东海事局
88	青岛鹏腾国际船舶管理有限公司	山东省	张玉玲	1999年9月24日	山东海事局
89	烟台市平洋航运有限公司	山东省	李德宁	2000年6月20日	山东海事局
90	山东省海丰船舶管理有限公司	山东省	肖森元	2001年4月25日	山东海事局
91	日照远洋运输有限公司	山东省	刘祥江	2001年8月9日	山东海事局
92	日照寰宇海员服务有限公司	山东省	王翠翠	2001年11月9日	山东海事局
93	山东洲际之星船员有限公司	山东省	郭金魁	2002年4月28日	山东海事局
94	山东海运海员劳务有限公司	山东省	徐涛	2003年1月16日	山东海事局
95	聊城鲁西国际经济技术合作有限公司	山东省	张振书	2003年4月17日	山东海事局
96	青岛英航国际船舶管理有限公司	山东省	贺先龙	2003年8月27日	山东海事局
97	烟台友联国际船舶管理有限公司	山东省	李宾	2003年12月26日	山东海事局
98	山东齐鲁社会保障服务有限公司	山东省	王琦	2003年12月30日	山东海事局
99	青岛海之星船舶管理有限公司	山东省	郑大寨	2004年7月23日	山东海事局
100	青岛韦立国际船舶管理有限公司	山东省	孙思远	2004年8月11日	山东海事局
101	青岛青远华国际船舶管理有限公司	山东省	周琳芳	2004年10月15日	山东海事局
102	山东通达国际船舶管理有限公司	山东省	郭宪勇	2005年3月10日	山东海事局
103	青岛远航源丰润国际劳务有限公司	山东省	姜卫	2005年6月21日	山东海事局
104	青岛海达航船舶服务有限公司	山东省	刘爱国	2005年9月26日	山东海事局
105	青岛凯瑞特船舶管理有限公司	山东省	朱哲	2005年11月15日	山东海事局
106	山东中圣国际船舶管理有限公司	山东省	石玉娟	2005年12月2日	山东海事局
107	威海市海润船务有限公司	山东省	王正明	2006年5月19日	山东海事局
108	青岛大通国际船舶管理有限公司	山东省	陈红英	2006年6月7日	山东海事局
109	青岛颐和润丰国际船舶管理有限公司	山东省	张建刚	2006年6月7日	山东海事局
110	烟台中洋国际船舶管理有限公司	山东省	蒋珍珍	2006年7月28日	山东海事局

续上表

序号	外派机构或单位名称	所在省份	法人代表	成立或注册时间	所属海事机构
111	威海市升安海运有限责任公司	山东省	张广仕	2007年11月12日	山东海事局
112	青岛惠亚船舶管理有限公司	山东省	李征鸿	2009年2月10日	山东海事局
113	青岛海诺国际海员劳务合作有限公司	山东省	李亚非	2009年3月9日	山东海事局
114	德州德仁人力资源有限公司	山东省	张斌	2009年11月24日	山东海事局
115	青岛连航船舶管理服务有限公司	山东省	连智强	2010年3月29日	山东海事局
外派机构编号 HYWP06					
116	广州中远海运劳务合作有限公司	广东省	—	1984年8月1日	广东海事局
117	广州海顺船务有限公司	广东省	杨荣辉	1987年7月14日	广东海事局
118	广州海运对外技术服务公司	广东省	—	1991年8月30日	广东海事局
119	广州海运(集团)公司	广东省	钱维扬	1993年1月1日	广东海事局
120	广东省珠江海运有限公司	广东省	黄烈彰	1997年11月6日	广东海事局
121	广东粤安航运有限公司	广东省	吴远扬	1999年7月30日	广东海事局
122	中远海运特种运输股份有限公司	广东省	孙家康	1999年12月8日	广东海事局
123	广州宏光船舶管理有限公司	广东省	刘季春	2000年4月27日	广东海事局
124	东莞市海昌船务有限公司	广东省	朱志升	2004年2月12日	广东海事局
125	广州市通洋海事服务有限公司	广东省	陈梦琳	2004年7月12日	广东海事局
126	河源市远航船员服务有限公司	广东省	陈晓越	2005年4月13日	广东海事局
127	广州明洋船舶管理有限公司	广东省	梁学毅	2005年7月1日	广东海事局
128	广州大洋船务有限公司	广东省	叶海艳	2006年12月26日	广东海事局
129	广州宏洋海事服务有限公司	广东省	王钱堆	2009年5月15日	广东海事局
130	广州铭源船舶管理有限公司	广东省	孙瑜	2010年9月20日	广东海事局
外派机构编号 HYWP07					
131	河北远洋运输集团股份有限公司	河北省	高彦明	2001年1月18日	河北海事局
外派机构编号 HYWP08					
132	江苏远洋运输公司	江苏省	毛雪强	1981年8月29日	江苏海事局
133	中国江苏国际经济技术合作集团有限公司	江苏省	孔新宁	1981年11月7日	江苏海事局
134	连云港远洋运输有限公司	江苏省	潘东光	1989年3月22日	江苏海事局
135	江苏国际海员服务有限公司	江苏省	朱耀军	1992年1月31日	江苏海事局
136	连云港云济国际船务有限公司	江苏省	左志军	1992年3月12日	连云港海事局
137	苏州海兴船务有限公司	江苏省	董彦超	1998年5月12日	江苏海事局
138	江苏省兴联海运有限公司	江苏省	刘向阳	1998年8月26日	江苏海事局
139	苏州泛洋船舶管理有限公司	江苏省	沈晓平	1998年9月8日	江苏海事局
140	南京润洋海员劳务合作有限公司	江苏省	李奎	2000年7月21日	江苏海事局
141	江苏远东海员管理有限公司	江苏省	符道仁	2001年6月12日	江苏海事局
142	盐城苏悦海船务有限公司	江苏省	王永龙	2001年7月23日	江苏海事局
143	扬州远洋航务有限公司	江苏省	孙飞	2004年10月25日	江苏海事局
144	南通四海船务发展有限公司	江苏省	戴菁华	2005年12月28日	江苏海事局
145	南通鑫诺洋船务有限公司	江苏省	俞志华	2006年5月31日	江苏海事局
146	南京新海船舶管理有限公司	江苏省	陈雷远	2007年1月12日	江苏海事局

续上表

序号	外派机构或单位名称	所在省份	法人代表	成立或注册时间	所属海事机构
147	南京金希普船舶管理有限公司	江苏省	陈国红	2007年1月31日	江苏海事局
148	盐城海荣船务有限公司	江苏省	孙之末	2007年4月11日	江苏海事局
149	盐城海通国际远洋服务有限公司	江苏省	李红	2007年9月30日	江苏海事局
150	南京长航油运海员服务有限公司	江苏省	张先明	2008年3月17日	江苏海事局
151	江苏华海船舶管理有限公司	江苏省	杨清云	2008年3月21日	南京海事局
152	南京森诺船舶管理有限公司	江苏省	张欣	2008年7月31日	江苏海事局
153	南京远腾船务有限公司	江苏省	周卓平	2009年8月6日	江苏海事局
154	江苏华西远洋船舶管理有限公司	江苏省	吕苏君	2010年3月16日	江苏海事局
155	南京海欣船务有限公司	江苏省	崇庆刚	2010年3月16日	江苏海事局
外派机构编号 HYWP09					
156	中国浙江国际经济技术合作有限责任公司	浙江省	施闻雷	1983年12月15日	浙江海事局
157	中国宁波国际合作有限责任公司	浙江省	陈志勇	1988年4月20日	浙江海事局
158	舟山泰荣国际海运有限公司	浙江省	孔晓明	1999年4月30日	浙江海事局
159	舟山市四通船员服务有限公司	浙江省	边疆	2001年12月27日	浙江海事局
160	舟山东方船员服务有限公司	浙江省	刘静波	2007年8月9日	浙江海事局
161	宁波翔云海事服务有限公司	浙江省	王江兵	2008年8月28日	浙江海事局
外派机构编号 HYWP10					
162	福建省海运集团有限责任公司	福建省	阮剑平	1986年2月17日	福建海事局
163	福建福通对外经济合作有限公司	福建省	蔡长图	1988年12月27日	福建海事局
164	厦门诚毅船务公司	福建省	施恭乐	1990年9月21日	福建海事局
165	中国福州国际经济技术合作公司	福建省	王波	1990年10月1日	福建海事局
166	中国厦门国际经济技术合作公司	福建省	王明成	1991年3月23日	福建海事局
167	中远海运(厦门)有限公司	福建省	袁小宇	1993年10月27日	福建海事局
168	厦门海隆对外劳务合作有限公司	福建省	蔡长图	1998年10月12日	福建海事局
169	福建省漳州轮船有限公司	福建省	王黎平	1999年1月1日	福建海事局
170	厦门中远海运劳务合作有限公司	福建省	刘志屹	1999年3月31日	福建海事局
171	厦门景洋船舶管理有限公司	福建省	郑清访	1999年11月16日	福建海事局
172	中挪诺航船员管理有限公司	福建省	SebjornDahl	2000年10月23日	福建海事局
173	泉州中泉国际经济技术合作(集团)有限公司	福建省	林丁富	2001年1月17日	福建海事局
174	莆田市明洋海事交流有限公司	福建省	黄永光	2002年4月12日	福建海事局
175	福建省人力境外就业服务有限公司	福建省	陈树亮	2003年3月11日	福建海事局
176	莆田市宏发对外劳务合作有限公司	福建省	刘珍发	2003年3月12日	福建海事局
177	海南龙帆船舶运输有限公司	海南省	陈金莲	2003年8月27日	海南海事局
178	厦门登涵船务有限公司	福建省	罗建平	2003年9月3日	福建海事局
179	福建大荣船务有限公司	福建省	林明	2005年3月25日	福建海事局
180	厦门泛航船员服务有限公司	福建省	吴庆福	2005年12月8日	福建海事局
181	厦门兴诺信船务有限公司	福建省	韩永沛	2007年8月24日	福建海事局
182	厦门泛海国际船舶管理有限公司	福建省	林秀圻	2009年1月14日	福建海事局

续上表

序号	外派机构或单位名称	所在省份	法人代表	成立或注册时间	所属海事机构
外派机构编号 HYWP13					
183	重庆长江轮船有限公司	重庆市	刘清余	1984年10月18日	长江海事局
184	武汉长江轮船有限公司	湖北省	诸凡	1990年7月20日	长江海事局
185	湖南远洋运输公司	湖南省	张显耀	1992年4月9日	长江海事局
186	安徽远洋船员管理有限公司	安徽省	马忠民	1992年11月30日	长江海事局
187	武汉航运科技开发有限公司	湖北省	谢传钢	1993年6月19日	长江海事局
188	中外运国际经济技术合作湖北有限公司	湖北省	任远	1994年6月13日	长江海事局
189	武汉天地国际劳务合作有限公司	湖北省	席德勇	2002年10月31日	长江海事局
190	武汉兴盛洋船舶管理有限公司	湖北省	吴桂芳	2004年8月3日	长江海事局
191	武汉怡东船舶管理有限公司	湖北省	罗光利	2005年10月31日	长江海事局
192	武汉富洋航海服务有限公司	湖北省	何绍光	2005年11月9日	长江海事局
193	武汉泛和船舶管理有限公司	湖北省	江如辉	2007年4月27日	长江海事局
194	湖南湘辉国际劳务服务有限公司	湖南省	丁福顺	2005年3月11日	长江海事局
195	武汉凤琪国际船舶管理有限公司	湖北省	周庆华	2005年12月31	长江海事局
外派机构编号 HYWP15					
196	深圳华威近海船舶运输股份有限公司	广东省	洪冲	1982年8月8日	深圳海事局
197	深圳市深粤航运有限公司	广东省	吴锦来	1984年9月1日	深圳海事局
198	深圳市蛇口船务运输股份有限公司	广东省	郑仕南	1984年9月20日	深圳海事局
199	深圳华南液化气船务有限公司	广东省	吴汉川	1988年5月5日	深圳海事局
200	深圳中远海运劳务合作有限公司	广东省	钟振荣	1990年8月18日	深圳海事局
201	深圳市海工船舶服务有限公司	广东省	许进	2003年7月28日	深圳海事局
202	深圳香远船员管理有限公司	广东省	陈延	2005年1月17日	深圳海事局
203	深圳中船船员管理有限公司	广东省	曲绍民	2005年10月21日	深圳海事局
204	深圳勇春国际船舶管理有限公司	广东省	黄钟平	2010年7月20日	深圳海事局

注：表中信息截止到2010年。由于多年的改革调整，表中所列机构名单中的部分名称与时间或有出入，或有遗漏，仅供参考。

（二）新中国历年开展海上人命救助重大事件的部分清单列表

时　间	施　救　船　舶	海上人命遇难救助事件简况	被救人数	施救船舶所属单位
1961.11.16	和平41、和平57、民主10等	救助遇风拖缆断裂的"营航9""114"驳船遇险船员	23	上海海运局
1983.11.11	烟救8轮	救助遇风翻沉的"战斗67"货轮遇险船员	21	烟台救捞局
1988.11.26	烟救15轮	救助失火遇难的"辽营105"货船遇险船员	11	烟台救捞局
1997.5.7	烟养拖3、烟救13等	救助触礁遇难的"西方红宝石"轮遇险船员	20	烟台救捞局
2003.10.11	北海救195	救助失控船舶"冀滦渔3199"轮遇险渔民	7	北海救助局
2004.1.16	德翔轮、北海救197等	救助机舱起火遇险的"利达洲18"邮轮遇难船员	15	北海救助局
2004.5.14	德翔轮	救助失火客滚船的"英华"轮遇险船员	143	北海救助局
2004.11.16	北海救198轮	救助失火遇险的"辽海"号滚装客船遇难旅客及船员	340	北海救助局
2004.11.26	北海救195轮	救助遇大风倾覆的"海鹭15"轮遇险船员	13	北海救助局
2004.12.31	德洋轮	救助遇险的"浙普26167"轮遇险船员	12	北海救助局
2005.2.6	北海救196、德翔轮等	救助失火的"沽源"轮遇险船员	19	北海救助局
2005.5.2	7艘专业救助船	救助失火遇险的"宝华"轮滚装船遇难旅客及船员	745	北海救助局
2005.8.17	华跃轮、北海救197、北海救158、华旺轮等	救助因恶劣天气遇险的"渚扬3号""永宁7号"船遇难船员	14	北海救助局 上海打捞局
2006.9.30	北海救111轮	救助被撞翻扣的"鲁寿渔0768"渔船遇险人员	9	北海救助局
2005.12.9	北海救169、北海救115等	救助被撞翻扣的"辽瓦渔25048"轮遇险人员	4	北海救助局
2006.1.12	北海救108、北海救169等	救助失火渔业加工船的"辽渔18"轮遇险人员	69	北海救助局
2006.8.4	北海救108轮	救助翻沉运沙船的"福华1"号遇险人员	2	北海救助局
2006.12.26	北海救131、北海救111、北海救108等	救助朝鲜籍的"RYONGAKSAN"货轮遇险人员	25	北海救助局
2008.10.29	北海救108轮	救助翻扣运沙船的"山岐"轮遇险人员	8	北海救助局
2008.12.10	德成轮、胜利251等	救助失控运沙船的"聚鑫"轮遇险人员	8	烟台打捞局
2009.5.2	北海救131、北海救112等	救助失火客滚船"银河公主"轮遇险人员	140	北海救助局
2009.5.6	北海救108、华英386、北海救201等	救助翻扣无名污油回收船被困的遇险船员	2	北海救助局
2009.6.11	北海救131、北海救199等	救助巴拿马籍货船"RUBYCREST"轮的遇险人员	22	北海救助局
2009.9.18	北海救159轮	救助翻扣船"鲁龙渔4716"轮的遇险人员	2	北海救助局
2009.10.3	北海救195、华跃轮等	救助失火运沙船"海洋88"轮的遇险人员	12	北海救助局 上海打捞局

续上表

时　间	施　救　船　舶	海上人命遇难救助事件简况	被救人数	施救船舶所属单位
2009.11.17	北海救196、北海救131、北海救195等	搜救沉没货船"吉松5"轮的失踪船员	14	北海救助局
2009.12.5	北海救111轮	救助触礁货船"AFFLATUS"轮的遇险人员	27	北海救助局
2010.12.5	北海救199、北海救111等	救助船舱进水货船利舟8"轮的遇险人员	4	北海救助局
1986.12.12	德平轮	救助失控渔船"闽惠渔251"轮的遇险人员	35	上海救捞局
1998.9.29	沪救7轮	救助"浙舟65"号的遇险人员	28	上海救捞局
1999.2.12	沪救1轮	救助韩国渔船的遇险人员	8	上海救捞局
1999.12.20	华如轮	救助大风进水的"新珠江"轮遇险人员	28	上海救捞局
2003.8.19	沪救捞3号	救助"沪崇渔19188"渔船的重伤船员	1	东海救助局
2003.11.11	东海159、德意轮等	救助船舱进水的"盛鑫轮8"号遇险人员	11	东海救助局
2003.12.15	东海救159轮	救助被撞渔船"浙普运8988"轮的遇险人员	6	东海救助局
2004.3.1	华意轮	救助机舱进水打桩船"汕航工22"号的遇险人员	3	东海救助局
2004.9.6	德意轮、东海159等	救助"金昌68"轮的遇险人员	15	东海救助局
2005.2.9	东海159、德意轮等	救助遇大风捕鳗苗筏的遇险渔民	6	东海救助局
2005.3.8	东海救169轮	救助马绍尔群岛籍"RICKMERSGENOA"轮与韩国籍"SUNCROSS"轮碰撞的遇险人员	17	东海救助局
2005.8.23	东海救198轮	救助油柜爆炸的集装箱船"凯悦"轮遇险人员	11	东海救助局
2005.11.13	德意轮	救助主机失灵的"荆州6818"轮遇险人员	17	东海救助局
2005.11.14	东海救131轮	救助"先锋海1"号货轮和"通成818"轮遇险船的船员	29	东海救助局
2005.12.4	东海救169轮	救助失控船"浙岱渔03221"轮的落水船员	11	东海救助局
2005.12.4	东海救131、东海救198、东海救169等	救助机舱进水的"振乐57"轮遇险人员	12	东海救助局
2006.1.21	东海救111轮	救助倾斜集装箱船"凯丰达1"号的遇险人员	17	东海救助局
2006.2.11	德意轮	救助机舱爆炸的"辽大东渔15149"遇险人员	7	东海救助局
2006.2.16	东海救199、华财轮、东海救131、东海救195、南海救131等	救助触礁船体断裂沉没的巴拿马籍冷藏船"HENG-DAE"轮遇险人员	33	东海救助局 南海救助局
2006.2.27	华财轮、东海救199等	救助主机故障的韩国籍"MV.CHUNYEON"货轮的遇险人员	16	东海救助局
2006.2.28	东海救111轮	救助搁浅渔船"沪宝渔2368"轮的遇险人员	8	东海救助局
2006.4.30	东海救169轮	救助"鲁成渔0066"和"浙玉渔"作业受伤渔民	2	东海救助局
2006.8.10	东海救199、华英399等	救助主机故障的"银湖38"轮遇险人员	4	东海救助局
2006.9.13	东海救111轮	救助失控船"海鸿达21"轮的遇险人员	12	东海救助局
2006.10.3	东海救111、东海救199等	救助翻扣船"浙嵊91098"轮的遇险人员	3	东海救助局
2006.12.18	东海救112轮	救助沉没船"浙岱渔03520"轮的遇险人员	14	东海救助局
2006.12.29	东海救196轮	救助遇风翻沉船"浙嵊97076"轮的遇险人员	3	东海救助局
2007.2.13	东海救111、东海救197等	救助利比尼亚籍集装箱船"CONTISUDNEY"轮的遇险人员	4	东海救助局
2007.2.17	东海救201轮	救助搁浅船"泰航899"轮的遇险人员	2	东海救助局
2007.6.4	东海救201、东海救112等	救助搁浅工程船"铺排船1668"轮的遇险人员	15	东海救助局

续上表

时间	施救船舶	海上人命遇难救助事件简况	被救人数	施救船舶所属单位
2007.7.5	东海救112轮	救助搁浅船"浙岱渔11549"轮的遇险人员	17	东海救助局
2007.9.1	东海救201轮	救助搁浅船"宝钢拖2"号的遇险人员	15	东海救助局
2007.9.7	东海救112轮	救助"勤丰117"轮的遇险人员	12	东海救助局
2007.10.6	东海救131、东海救111等	救助主机故障的"ALADDINDREAM"轮遇险人员	27	东海救助局
2007.12.4	东海救201、东海救199等	救助失联船"浙余杭货2278"轮的遇险人员	3	东海救助局
2008.1.31	东海救112、东海救199等	救助碰撞船"锦源油9"号和"锦泰顺"轮的遇险人员	17	东海救助局
2008.4.22	东海救195轮	救助翻沉渔船"浙岭渔7136"号的遇险人员	14	东海救助局
2008.5.8	东海救201轮	救助失控船"苏灌南渔11832"轮的遇险人员	4	东海救助局
2008.6.25	东海救201轮	救助搁浅渔船"沪崇渔2388"轮的遇险人员	7	东海救助局
2008.6.28	东海救169轮	救助失联船"浩平"轮的遇险人员	3	东海救助局
2008.9.1	东海救169轮	救助沉没船"骏宇"号货轮的遇险人员	9	东海救助局
2008.9.27	东海救195、南海救101等	救助运沙船"顺东"轮的遇险人员	11	东海救助局
2008.11.1	东海救112、东海救201等	救助搁浅渔船"沪崇渔138930"轮的遇险人员	8	东海救助局
2009.1.9	东海救112轮	救助中国香港籍失火船"ANTAIJIANG"货船的遇险人员	17	东海救助局
2009.3.2	东海救111轮	救助柬埔寨籍失火船"RICHBRIDGE"轮的遇险人员	14	东海救助局
2009.9.10	东海救113轮	救助船舱进水的"岱翔1"轮遇险人员	14	东海救助局
2009.10.4	东海救111轮	救助巴拿马籍集装箱沉没船"银海"轮的遇险人员	14	东海救助局
2010.3.18	东海救195、华英393等	救助机舱起火船"全顺9"轮的遇险人员	9	东海救助局
2010.4.4	东海救113、东海救169、东海救111等	救助巴拿马籍机舱爆炸的液化气船"GOLDENCRUX18"轮的遇险人员	14	东海救助局
2010.10.25	东海救113轮	救助搁浅船"渝路港抓1"轮的遇险人员	12	东海救助局
2010.11.16	东海救209、华英389等	救助韩国籍船舱进水的杂货船"M.KIMITSU"轮的遇险人员	12	东海救助局
2010.11.22	东海救111轮	救助沉没船"海欣"轮的遇险人员	18	东海救助局
2010.12.24	东海救113轮	救助越南籍大风沉没的货船"HUNGCUONG168"轮遇险船员	13	东海救助局
2010.12.31	东海救111轮	救助朝鲜籍遇险沉没的货轮"KANGHONG"轮遇险船员	3	东海救助局
1974.11.20	穗救捞1轮	救助德国籍搁浅货轮"宁堡"轮的遇险人员	18	广州救捞局
1974.12.16	穗救捞1轮	救助触礁搁浅外轮"东星"轮的遇险人员	39	广州救捞局
1974.12.18	穗救201轮	救助泰国籍搁浅拖轮"东方3"轮的遇险人员	9	广州救捞局
1974.12.20	穗救201轮	救助巴拿马籍搁浅货轮"玛利"轮的遇险人员	11	广州救捞局
1976.1.2	穗救201轮	救助塞浦路斯籍搁浅船"密斯·巴巴鲁斯"轮的遇险船员	14	广州救捞局
1978.8.7	穗救201轮	救助搁浅供水船"X933"及海军战士	59	广州救捞局

续上表

时　间	施救船舶	海上人命遇难救助事件简况	被救人数	施救船舶所属单位
1978.10.4	穗救201轮	救助中国台湾籍搁浅船"海安2"号的遇险人员	20	广州救捞局
1979.2.1	穗救201轮	救助希腊籍爆炸沉没货轮"阿比里奥"轮的遇险船员	5	广州救捞局
1979.7.1	穗救拖8轮	救助越南籍遇险渔船的渔民	13	广州救捞局
1979.10.11	德顺轮	救助巴拿马籍触礁船"摩萨"轮的遇险船员	26	广州救捞局
1982.9.15	穗救206轮	救助主机故障渔船"上兴"轮的遇险人员	5	广州救捞局
1991.9.27	穗救206轮	救助船舱进水船"成功408"货轮的遇险人员	10	广州救捞局
1992.8.16	穗救204轮	救助巴拿马籍触礁集装箱船"联升"轮的遇险人员	30	广州救捞局
1992.12.29	穗救204轮	救助货舱进水船"鲁海177"轮的遇险人员	26	广州救捞局
1997.10.30	穗救205轮	救助搁浅船"鲁海501"轮的遇险人员	22	广州救捞局
2003.7.23	德利轮	救助失控集装箱船"福丰"轮的遇险人员	16	南海救助局
2003.10.4	穗救207轮	救助触礁船"浙乐油35"号的遇险人员	15	南海救助局
2003.10.31	南海救159轮	救助搁浅"新世纪51"轮遇险人员	33	南海救助局
2004.3.23	南海救159轮	救助遇险船"J.hope"轮的遇险人员	24	南海救助局
2004.4.4	南海救159轮	救助主机故障船"闽东渔4591"号的遇险人员	5	南海救助局
2004.6.5	德中轮	救助搁浅船"粤新会工1039"轮的遇险人员	19	南海救助局
2004.8.28	德进轮、德跃轮	救助遇险船"银河山168"轮的遇险人员	13	南海救助局
2004.8.29	南海救197轮	救助沉没船"金昌928"轮的遇险人员	7	南海救助局
2004.12.2	南海救159轮	救助因台风受困的45艘渔船的渔民	1125	南海救助局
2004.12.2	德中轮	救助受伤渔民	1	南海救助局
2005.2.19	南海救198轮	救助沉没船"浙海308"轮的遇险人员	16	南海救助局
2005.3.27	德中轮、南海救209等	救助搁浅船"粤海铁1"号的遇险人员	293	南海救助局
2005.5.5	南海救196轮	救助遇大风遇险的"电白15103"渔船上的游客	44	南海救助局
2005.6.12	德进轮	救助主机故障的中远集装箱船"腾云河"轮遇险人员	25	南海救助局
2005.9.23	南海救131轮	救助失控船"粤陆丰61088"号渔船的遇险人员	5	南海救助局
2006.5.17	德进轮、南海救111、南海救159、南海救199等	救助因台风"珍珠"受灾的渔船和渔民	330	南海救助局
2006.12.1	南海救111、南海救159等	救助主机故障的利比尼亚籍集装箱船"TSgaohsiung"轮的遇险人员	20	南海救助局
2006.12.10	南海救196、华英396等	救助中国香港籍因两船碰撞破损进水的"茗花女王"邮轮与越南籍货轮"美丘"轮的遇险人员	907	南海救助局
2006.12.13	南海救131轮	救助触礁遇难的"琼海05098"轮遇险人员	16	南海救助局
2007.1.7	南海救112轮	救助失事沉没船"湛江00029"号的遇险人员	7	南海救助局
2007.10.2	南海救131、南海救111等	救助巴拿马籍搁浅船"金雨"轮的遇险人员	29	南海救助局
2007.11.22	南海救112轮、南海救111、南海救199等	参加西沙、南沙海域国际大救援行动	986	南海救助局
2007.12.5	德进轮	救助遇险的"琼儋州11046"渔船遇难人员	13	南海救助局

续上表

时 间	施 救 船 舶	海上人命遇难救助事件简况	被救人数	施救船舶所属单位
2008.3.13	南海救111轮	救助越南籍主机故障的渔船遇险渔民	20	南海救助局
2008.4.17	南海救111、南海救199、南海救101等	救助台风"浣熊"影响的多艘中越渔船上遇险人员	160	南海救助局
2008.8.12	南海救197轮	救助遇险船的"顺强1"号矿砂船渔民	13	南海救助局
2008.9.24	南海救111、南海救168、南海救195等	救助巴拿马籍搁浅船"春江"货轮的遇险人员	25	南海救助局
2008.9.26	南海救101轮	救助巴拿马籍遇险船"顺东"轮的遇险人员	27	南海救助局
2008.11.8	南海救196轮	救助沉没渔船"粤雷州02301""琼东方11167"轮的遇险人员	22	南海救助局
2008.12.10	华英392、南海救159等	救助船体进水渔船"粤南澳13098"号的遇险人员	26	南海救助局
2010.3.2	南海救169轮	救助碰撞沉没的"深航932"轮遇险人员	10	南海救助局
2010.10.18	南海救111轮	救助因台风被困的海南渔民	141	南海救助局
2010.10.19	穗救201轮	应急救援因台风涉险的人员	147	南海救助局
1987.9.25	华佳轮	救助船舱进水木质捕鱼船的遇险渔民	28	广州海顺船务公司
1994.8.26	华盈轮	救助主机失灵的散货船"胶港8号"遇险船员	10	广州海顺船务公司

注：因信息不全，还有一些重大事件未列入表中。

后　　记

《中国海员史》（现代部分）终于付梓，为本书付出艰辛劳动的全体编纂人员都甚感欣慰。白驹过隙，倏忽六载，从茫然无措的零起点到如今专家审定的成稿，每一个编写人员都如释重负并感慨万千。

2012年4月，受交通运输部海事局委托，广东海事局承担了《中国海员史》的编写工作。在各级领导的关心和支持下，当年6月，广东海事局即成立了《中国海员史》编写委员会和编写办公室。2013年3月，广东海事局抽调专职人员，正式启动编写工作。为确保史书的编写质量，7月与大连海事大学航海历史与文化研究中心合作，共同组成编写组。

丰富而翔实的史料是史书编写成功的第一要素。为尽可能多地获取第一手资料，从2013年起，编写组先后到全国各地23个省级行政区的百余家单位和机构走访调研，包括政府部门、港航企业、航海院校、海员工会、港澳地区的有关机构以及涉海文博机构等；专程拜访相关人员90多人次；多次组织召开各种形式的研讨、调研、座谈、访谈等会议。编写组的调研活动得到各方的积极配合，所到之处均给予热情支持和协助，获取了不少珍贵的第一手资料，使本书编写工作顺利开展。

资料调研的同时，编写工作也稳步推进。从2013年下半年起，在《中国海员史》编写委员会和广东海事局的组织下，由航运企业、海事管理部门、高等院校、海员工会、出版单位等方面的顾问和专家组成专家评审组，对编写大纲和阶段性成果进行了13次评审，指出问题，提出修改意见和建议。

为提高编写质量，编写组又先后走访了多名专家和领导，包括原中国远洋运输（集团）总公司副总经理卓东明先生，中国著名海商法学家、航运专家朱曾杰先生，原交通部部长钱永昌先生，原交通部水运司司长张奇先生，原交通部海事局纪委书记孙继先生，原中国海员建设工会副主席朱临庆先生，中国交通报报社原社长李育平先生，上海航海学会秘书长桑史良先生，原广州航学会会长李景森先生，广州海顺船务公司原副总经理、招商局史研究会研究员孙波先生，原中波海运公司杨驰先生，原广东省海员工会黄河先生，复旦大学教授沈关宝先生，原武汉长江航运局黄振亚先生，原南海石油联合服务总公司船舶公司总船长吴昌世先生，原香港华润公司朱仲平先生，原广东省港务监督局助理巡视员、高级工程师、原广东省两届"省志"书编写者之一林文正先生，原民生公司船长、广州海上安全监督局船长李代文先生，原福州海运公司轮机长王亚夫女士等。

各位专家和领导为史书的编写付出了不少心血。原中远集团总公司卓东明副总经理，已80多岁高龄了，不仅亲自指导编写工作，还热心为编写组联系历史见证人和重要领导人，并提供了许多自己记录的珍贵资料和珍藏史料；中国海员建设工会朱临庆副主席，也将自己珍藏的史料（这些史料堪称是目前我国工会组织活动的绝版资料）无偿地提供给编写组参考；孙继、朱增杰、张奇、林文正、孙波、吴昌世等，也将自己长年积累的史料、书籍提供给我们。有几位专家已与世长辞，没有看到本书的出版。他们对航海事业、对海员群体的执着和关怀深深地感动着我们，激励我们努力做好史书的编写工作，将中国海员精神传承下去。

在编写组的辛勤劳动和社会各界的无私帮助下，2018年8月，书稿经过多次审核修订最终成稿，并通过了专家评审。尽管必然存在着这样或那样的不足，但作为有幸为中国海员职业群体书写历史的开路者，我们有理由感到些许自豪和欣慰。

付梓之际,编写组全体人员对于给予本书编写工作以大力支持的交通运输部海事局、各直属海事局以及基层海事机构领导和业界专家,各地文博机构、高等院校的专家、学者致以深深的谢意!

《中国海员史》编写组
2018 年 12 月